Ataç/Küçük/Şener (Hrsg.)
Perspektiven auf die Türkei

Ilker Ataç ist Lehrbeauftragter und Projektmitarbeiter am Institut für Politikwissenschaft der Universität Wien. Er hat Politikwissenschaft und Volkswirtschaftslehre an der Universität Wien, Wirtschaftsuniversität Wien und am University College London studiert. Er schließt derzeit seine Promotion am Fachbereich Gesellschaftswissenschaften der J.W.Goethe-Universität in Frankfurt/Main ab. Zuletzt herausgegeben, das Schwerpunktheft der Zeitschrift Journal für Entwicklungspolitik zum Thema Periphere Staatlichkeit: Kritische Staatstheorie des globalen Südens. Forschungsschwerpunkte sind politische Ökonomie, Staatstheorie und Migration.

Bülent Küçük (Dr. phil.) ist zurzeit Post-doctoral Fellow im Forschungsprojekt „Eurosphere" an der Sabancı Universität in Istanbul. Er studierte Soziologie und Sozialwissenschaften an der METU in Ankara und an der Humboldt Universität zu Berlin und promovierte am Institut für Sozialwissenschaften der HUB. Buchveröffentlichung: Die Türkei und das andere Europa, Phantasmen der Identität im Beitrittsdiskurs, transcript Bielefeld 2008.

Ulaş Şener promoviert zurzeit an der Universität Potsdam über die Geld- und Währungspolitik der Türkischen Zentralbank im Zuge der EU-Integration und ist Stipendiat der Heinrich-Böll-Stiftung. Er studierte Politologie, Volkswirtschaft und Philosophie an der J.W.Goethe-Universität in Frankfurt/Main. Seine Forschungsinteressen liegen in politischer Ökonomie und Heterodoxer Theorie, kritischer Staatstheorie, Migrationspolitik und Rassismus.

Ilker Ataç/Bülent Küçük/Ulaş Şener (Hrsg.)

Perspektiven auf die Türkei –
Ökonomische und gesellschaftliche
(Dis)Kontinuitäten im Kontext
der Europäisierung

WESTFÄLISCHES DAMPFBOOT

Gefördert durch:

HEINRICH BÖLL STIFTUNG
FREUNDE + FREUNDINNEN

STUDIENVERTRETUNG POLITIKWISSENSCHAFT
DER UNIVERSITÄT WIEN

Bibliografische Information der Deutschen Bibliothek
Die Deutsche Bibliothek verzeichnet diese Publikation in der Deutschen
Nationalbibliografie; detaillierte bibliografische Daten sind im Internet
über http://dnb.ddb.de abrufbar.

1. Auflage Münster 2008
© 2008 Verlag Westfälisches Dampfboot
Alle Rechte vorbehalten
Umschlag: Lütke Fahle Seifert AGD, Münster; Miro Kaygalak, Berlin
Druck: Rosch-Buch Druckerei GmbH, Scheßlitz
Gedruckt auf säurefreiem, alterungsbeständigem Papier
ISBN 978-3-89691-744-7

Inhalt

Danksagung

Wir möchten uns bei allen bedanken, die uns unmittelbar aus der Nähe oder aus dem Hintergrund ermutigt und unterstützt haben. Wir bedanken uns bei den *Freundinnen und Freunden der Heinrich Böll Stiftung* für der Finanzierung der Übersetzungen sowie bei der *Studienvertretung Politikwissenschaft der Universität Wien* für ihre Unterstützung.

Wir bedanken uns insbesondere bei *Maja Figge, Christine Mathioszek, Julian Müller, Sandra Pollex, Sophia Schmitz, Harald Schüler* und *Michael Willenbücher*, die trotz nur knapp zur Verfügung stehender Mittel die nicht immer einfachen Texte übersetzt und die Herausgabe des Sammelbandes unterstützt haben.

Ganz herzlicher Dank gilt *Joachim Becker, Evi Genetti, Belinda Kazeem, Gundula Ludwig und Benjamin Opratko* für wertvolle Anregungen und Hinweise.

Wie bedanken uns bei den freundlichen MitarbeiterInnen des *Verlags Westfälisches Dampfboot*, insbesondere bei *Ceren Türkmen,* die uns mit professionellem Rat beiseite stand.

Persönliche Danksagung geht an *Demet und Yalçın Ataç, Ulrike Dufner, Nükhet Oğan, Matthias Falter, Claudia Liebelt, Hayati ve Tülay Şener, Miro Kaygalak* und *Ulaş Sunata.*

Wien, Istanbul und Tel Aviv-Jaffo, Juni 2008
Ilker Ataç, Bülent Küçük, Ulaş Şener

Einleitung*

Die Konjunktur der europäischen Aufmerksamkeit für die Türkei scheint in den letzten Jahren vermehrt an den Verlauf der Beitrittsverhandlungen zur Europäischen Union gekoppelt zu sein. Hierbei schwanken die Debatten über einen möglichen türkischen Beitritt zur EU zwischen kulturalistischen *Kassandra*rufen, die ein düsteres Unheil für das europäische Abendland vorhersehen, sowie geopolitischen und institutionellen Analysen, die Fragen zur Europäisierung des türkischen politischen Systems stellen. Kulturalistische Ansätze fokussieren dabei religiöse und historisch-kulturelle Ausprägungen der türkischen Gesellschaft und betrachten diese Merkmale sowie eine fehlende Aufklärungstradition als essentielle und starre Barrieren für eine „Europäisierung" der türkischen Gesellschaft. Demzufolge sei die Türkei „zerrissen" zwischen westlicher Moderne und Islam, West und Ost, Staat und Gesellschaft – und diese inhärenten Gegensätzlichkeiten seien nicht miteinander kompatibel. Die liberal-institutionelle Sichtweise hingegen deessentialisiert diesen Ansatz bis zu einem gewissen Grad. Sie stellt die geostrategische Bedeutung der Türkei in den Vordergrund und betrachtet die Türkei als Modell für die „Islamische Welt", das zeigen solle, dass Demokratie und Islam kompatibel gemacht werden könnten. Diese Debatten deuten auf Formationsprozesse einer europäischen Öffentlichkeit hin, in denen die identitätsstiftenden Motive und Grenzen eines imaginären Europas sichtbar werden (vgl. Küçük 2008). Unabhängig davon, ob die politischen Akteure für oder gegen einen türkischen EU-Beitritt sind, offenbaren diese Kontroversen, dass Europa sich hierüber in erster Linie selber und weniger die Türkei verhandelt (vgl. Ataç/Şener 2005: 84).

Wir möchten für einen Moment diesen dominanten Blickwinkel ruhen lassen und versuchen die Facetten des komplexen und widersprüchlichen gesellschaftlichen und ökonomischen Wandlungsprozesses in der Türkei seit den 1980er Jahren bis zur Gegenwart zu skizzieren. Die Türkei durchlebt im Zuge der Globalisierung und Neoliberalisierung in dieser Zeit einen tief greifenden sozialen Wandlungsprozess, in dem der Nexus Staat, Gesellschaft und Ökonomie sich veränderte und unterschiedliche politische Kämpfe und Auseinandersetzungen hervorrief. Die in dieser Periode eingeleitete Liberalisierung und Internationalisierung der Ökono-

---

*   Die Herausgeber bedanken sich bei Joachim Becker und Michael Willenbücher für die wertvollen Hinweise.

mie führte zu einer Veränderung der Rolle des Staates, die sich in einer etappenwei-sen Anpassung der Regulationsmechanismen ausdrückte. Wie in vielen Teilen der Welt war auch in der Türkei diese Phase von steigender Armut und einer Renais-sance konservativ-religiöser politischer Kräfte geprägt, in der gleichzeitig ethnische Identitäten zunehmend zum Politikum wurden und nationalistisch-reaktionäre Bewegungen an gesellschaftlichem Zulauf gewannen.

In der Türkei war der Militärputsch vom 12. September 1980 in vieler Hinsicht prägend für den gesellschaftlichen Wandel. In der Literatur werden zwei Merkmale des Putsches hervorgehoben: Einerseits die brutale Repression gegenüber Gewerk-schaften und linken politischen Gruppen und Parteien, die die Bedingungen für ein Strukturanpassungsprogramm ermöglichte und einen Entwicklungskurs Richtung Neoliberalismus einleitete. Andererseits griff die Militärregierung radikal in das po-litische System ein und schrieb einen Parlamentarismus mit beschränkten demokra-tischen Elementen in die Verfassung von 1982 ein, indem die Exekutive und zentral-staatliche autoritäre Apparate gegenüber der politischen Opposition gestärkt wurde. So wurde zum Beispiel das Wahlsystem mit einer landesweiten Zehn-Prozent-Hürde restringiert, die den Einzug von politischen Parteien, die den Minderheiten sowie radikal-oppositionellen Gruppen zuzuordnen sind, in das Parlament beschränkte. Es wurden autoritäre Institutionen wie der landesweit zentrale Hochschulrat, Staats-sicherheitsgerichte sowie ein nationaler Sicherheitsrat ins Leben gerufen, die die ge-sellschaftliche Entwicklung observieren und präventive Maßnahmen verabschieden sollten. Diese institutionelle Verschiebung wurde von einem neuen Gesellschafts- und Idealbürgermodell flankiert. Die kemalistische Staatsideologie wurde unter dem Begriff „türkisch-islamische Synthese" neu konfiguriert, welche die Verschmelzung von türkischer und sunnitisch-muslimischer Identität zum zentralen Anker eines Nationalismusverständnisses machte. Durch die Öffnung einer Vielzahl sekundärer Religionsschulen und eine systematische Popularisierung des Islams wurde die Reli-gion aufgewertet und in die kemalistische Staatsideologie integriert.

Unter diesen Bedingungen war die ökonomische und politische Entwicklung der 1980er Jahre von zwei Entwicklungen geprägt: Erstens einer schrittweisen Li-beralisierung der Ökonomie und einer Senkung der Reallöhne, die die türkische Ökonomie unter dem neuen Entwicklungsmodell, einem nach Außen offenen, exportorientierten Akkumulationsregime, auf den globalen Märkten wettbe-werbsfähig machen sollte. Zweitens konnte die 1983 gewählte liberal-konservative ANAP-Regierung auf der politischen Ebene – in dem politischen Vakuum der Post-Militärjunta-Phase – Elemente von politischer Zentralisierung, marktlibera-ler Öffnung, Deregulierung und einer zivilgesellschaftlichen Öffnung, die auf einer Kritik der etatistischen Staatlichkeit beruhte, vereinen.

Ende der 1980er Jahre kam es zu einer ersten Wiederbelebung der gesellschaft-lichen Kräfte. In dieser Phase mobilisierte die erneuerte Gewerkschaftsbewegung gegen die niedrigen Reallöhne und verschlechterten Arbeitsbedingungen. Gleichzeitig kam es zu einer Rekonstituierung der feministischen Frauenbewegung, die mit ihrer Kritik an den patriarchalischen Strukturen eine wichtige gesellschaftliche Oppositionsbewegung darstellte. Es formierten sich neue feministische Subjektivitäten, die u.a. die Frauenpolitik des säkular-modernistischen Diskurses[1] problematisierten und in Gestalt neuer sozialer Bewegungen in öffentlichen Räumen sichtbar wurden. Anfang der 1990er Jahre stand auch für die politischen Parteien, der sozialdemokratischen SHP und konservativen DYP, die Demokratisierung auf der Agenda. Die SHP schloss dabei mit der damaligen kurdischen Partei DEP ein Wahlbündnis und so konnten kurdische Oppositionspolitiker 1991 als Abgeordnete ins Parlament einziehen. Diese parlamentarische Repräsentation war jedoch nicht von langer Dauer und wurde von der autoritären Staatsräson per Ausschluss aus dem Parlament beendet. Dies fand in der Atmosphäre eines sich ab Mitte der 1980er verschärfenden bewaffneten Konflikts zwischen der kurdischen Untergrundbewegung (PKK) und dem türkischen Sicherheits- und Militärapparat statt.

Die 1990er Jahre waren geprägt von ökonomischen Instabilitäten und von zwei wichtigen aufkeimenden politischen Strömungen, die die Grundlagen des Kemalismus, den Säkularismus und den ethnischen Nationalismus, stark in Frage stellten und sich als Alternativen zum Kemalismus präsentierten. Erstens war der Aufstieg einer politischen Bewegung zu beobachten, die den Islam mit einem alternativen Gesellschaftsmodell zunehmend präsent in der türkischen Öffentlichkeit machte und die Formierung einer „post-säkularen" türkischen Gesellschaft beschleunigte. Der Wahlerfolg der Wohlfahrtspartei (Refah Partisi, RP) bei den Kommunalwahlen von 1994 in zahlreichen Großstädten markierte diesbezüglich einen Wendepunkt. 1995 ging die RP als stärkste Partei aus den Parlamentswahlen hervor.[2] Die RP konnte mit einer kulturalistisch-islamistischen Symbolik und einem quasi alternativen Entwicklungsmodell, über die geographische und politische Peripherie hinaus, neue Wählergruppen in den Städten erreichen. Zudem bildete die Bewegung des politischen Islams auch ein gesellschaftliches Phänomen, das neue Fraktionen der aufsteigenden islamischen Bourgeoisie, neue Lifestyles sowie eine aktive StudentInnenbewegung umfasste. Spätestens seit Mitte der 1990er Jahre kündigte sich eine „Islamisierung der türkischen Gesellschaft" an, die in der öffentlichen Sphäre über die politische Symbolik von Atatürk und kopftuchtragenden Frauen ausgetragen wurde. Infolge übte das Militär im Februar 1997 öffentlichen Druck auf die Koalitionsregierung von RP und der rechten DYP um den Premier Erbakan aus und zwang die Regierung zum Rücktritt. Eine nachfolgende Schließung der RP durch das Verfassungsgericht schwächte die soziale Basis der Partei und führte in den Folgejahren zu einer Spaltung innerhalb der islamistischen Bewegung.

Zweitens formierte sich eine zunehmend stärkere kurdische Bewegung gegen den im Kemalismus verkörperten ethnischen Nationalismus: Diese Bewegung, die sich größtenteils um die separatistische Partei der Arbeiter Kurdistans (PKK) organisierte, forderte ab Mitte der 1980er Jahre mit gewaltsamen Aktionen den zentralistisch-unitären Charakter des türkischen Staates heraus. Der Ursprung der PKK lag in den 1970er Jahren, als sich innerhalb der linken Bewegungen eine kurdische Untergrundbewegung formierte. Als Folge der langjährigen gewaltsamen Auseinandersetzungen, des „Krieges mit geringer Intensität", sind seitdem zehntausende Menschen ums Leben gekommen. Mehrere Millionen Menschen kurdischer Abstammung wurden vom Sicherheitsapparat gezwungen ihre Dörfer in den ost- und südostanatolischen Provinzen zu verlassen, in die Großstädte und in den Westen der Türkei zu ziehen oder nach Europa zu fliehen. Im Zuge der Erfolge des türkischen Militärs Ende der 1990er Jahre und des steigenden internationalen diplomatischen Drucks der Türkei, die 1999 zur Festnahme des Vorsitzenden der PKK Abdullah Öcalan führte, erlebte die kurdische Bewegung einen Wandel. In dieser Folgeperiode formierten sich neue Begriffe, neue Narrative und argumentative Strategien in der kurdischen Bewegung und der PKK, die bestrebt war, sich von einer „machtorientierten" nationalen Befreiungsbewegung zu einer „reformorientierten" kulturellen Bewegung zu transformieren, indem sie neue Themen wie „Demokratie" und „Ökologie" in ihren Diskurs aufnahm.[3] Die aus der DEHAP (Demokratische Volkspartei) hervorgegangene kurdische Teilbewegung, die heutige DTP (Demokratischen Gesellschaftspartei), versuchte ihre Legitimität und ihren Geltungsanspruch in den modernen türkischen Gründungsmythen zu finden, wobei sie anders als vorher im Rahmen des kemalistischen Diskurses blieb. In diesem Kontext engagierte sich die DTP für den EU-Beitritt der Türkei, für mehr Demokratie, Menschenrechte und kulturelle Rechte der kurdischen Minderheit (vgl. Küçük/Grojean 2005).

Neben diesen politischen Umwälzungen kam es nach der Liberalisierung der Finanzmärkte 1989 zu einer krisenreichen und instabilen ökonomischen Entwicklung in den 1990er Jahren, die durch hohe Inflation und eine zunehmende Abhängigkeit von internationalen volatilen Kapitalflüssen geprägt war. Eine Geldpolitik mit hohen Realzinsen verstärkte die Herausbildung eines finanziellen Akkumulationsregimes, das die staatliche Verschuldung dramatisch erhöhte. In diesem Kontext markierte die Finanzkrise von 1994 einen Tiefpunkt und offenbarte gleichzeitig, dass die türkische Wirtschaft zunehmend sensibel auf konjunkturelle Schwankungen auf den globalen Finanzmärkten reagierte. Insbesondere die Asienkrise von 1997 verstärkte die ökonomischen Probleme der Türkei und führte zu einer folgenreichen Rezession. Als Reaktion auf diese instabilen Entwicklungen und die hohe Inflation verabschiedete die 1999 gewählte sozialdemokratisch-rechts-liberale Koalitionsregierung um Ministerpräsident Bülent Ecevit (Demokratische Links Partei, DSP) ein Stabilitätsprogramm mit dem IMF, welches das Staatsbudget konsolidieren und die Inflation senken sowie die neoliberalen Reformen und die ins Stocken geratenen Privatisierungen erneut aktivieren sollte. Diese Bemühungen scheiterten jedoch aufgrund von internen Widersprüchen des Programms sowie der Fragilität des Finanz- und Bankensektors und mündeten Anfang 2001, initiiert durch eine Kapitalflucht, in der bisher schwersten Finanz- und Wirtschaftskrise der Türkei.

Die Krise von 2001 führte zu einem politisch-ökonomischen Bruch. Dabei wurde der EU-Kurs der Türkei bekräftigt und ein umfangreicher Harmonisierungsprozess mit der EU eingeleitet[4]. Dabei wurden weitere neoliberale Reformen, die mit dem IWF und der Weltbank ausgehandelt wurden, auf alle gesellschaftlichen und ökonomischen Bereiche ausgedehnt. Die Umsetzung der IWF-Auflagen sowie der EU-Beitrittskriterien sollten als ein doppelter Anker das internationale Vertrauen in die türkische Ökonomie erhöhen und einen kontinuierlichen Kapitalzufluss gewährleisten, um zur Stabilisierung der Ökonomie beizutragen. Im Zentrum des Stabilitätsprogramms standen Maßnahmen, die die inflationäre Dynamik durch eine restriktive Fiskalpolitik und Überbewertung der nationalen Währung brechen sollten. In dieser Phase kam es des Weiteren auch zu einer Veränderung des dominanten neoliberalen Paradigmas im Kontext des „Post-Washington Konsenses". Während in den 1980er und 1990er Jahren eine Liberalisierungs- und Deregulierungspolitik im Vordergrund stand, wurden nach der Krise 2001 Reregulierungsmechanismen sowie unabhängige Regulierungsbehörden etabliert und durch die Technokratisierung der Entscheidungsmechanismen wurde eine formale institutionelle Trennung der Ökonomie und Politik festgeschrieben. Die Legitimationsgrundlage für die neuen Reformen bildete die Kritik am bisherigen Etatismus, der mit Rentierstaat und Korruption identifiziert wurde.

Politisch führte die Wirtschaftskrise von 2001 zu einem Regierungswechsel. Die angeschlagene Koalitionsregierung um den Premier Ecevit wurde von der neu gegründeten Gerechtigkeits- und Entwicklungspartei (AKP), die sich im Zuge der Schließung der Wohlfahrtspartei konstitutierte, abgelöst. Ende 2002 erhielt sie bei den Parlamentswahlen, dank des verzerrten Wahlsystems, mit einem Drittel der abgegebenen Stimmen eine Zweidrittelmehrheit im Parlament. Diese Verschiebung pflasterte den Übergang in eine politische umkämpfte Periode zwischen der AKP und den kemalistischen Kräften.

In Abgrenzung zu den geistigen Leitfiguren der RP formierte sich ein moderater islamischer Diskurs von islamischen Intellektuellen und Eliten der zweiten Generation. Unter der Führung des jetzigen Ministerpräsidenten Tayyip Erdoğan und Staatspräsidenten Abdullah Gül wurde 2001 die neue AKP gegründet, die sich von der bisherigen konfrontativen Politik der RP distanzierte. Im Gegensatz zur Rhetorik der RP wurde Europa von der AKP als Metapher für mehr Demokratie, gesellschaftlich-kulturellen Pluralismus und religiöse Freiheiten positiv hervorgehoben und die kulturelle Brückenrolle der Türkei zwischen Ost und West unterstrichen. Die AKP stieg mit ihrer politisch pragmatischen, neokonservativen und wirtschaftspolitisch neoliberalen Haltung, mit ihrem Anspruch die neue Mitte der

Türkei zu repräsentieren und sich verstärkt für eine EU-Mitgliedschaft zu engagieren sowie mit einer neuen, versöhnlich klingenden Rhetorik, die kurdische Frage auf demokratischen Wegen friedlich zu lösen, in kurzer Zeit auf.

Parallel dazu erlebte der *kemalistische* Nationalismus eine Neu-Formierung und Renaissance. In einem dialogischen Verhältnis zur islamistischen Präsenz in der politischen Öffentlichkeit und zu kurdischen Forderungen auf Anerkennung ethnischer Differenz beobachten wir eine Popularisierung des kemalistischen Nationalismus, der bis dahin vorherrschend als dominante elitäre Staatsideologie fungierte, in der das Militär und die bürokratischen Eliten eine maßgebliche Rolle in der Produktion und Kontrolle dieser Ideologie spielten. Mit der Popularisierung des offiziellen Diskurses verwandelte der elitäre institutionelle Charakter des Kemalismus sich in eine neue nationalistische Massenbewegung.

Das Neue an dieser Entwicklung war, dass deren Träger den Bereich der Zivilgesellschaft als die Sphäre der politischen Artikulation besetzten: Die Repräsentation der staatlichen Ideologie verschob sich hin zu Massendemonstrationen, in denen die Zivilbürger mit Flaggen und Atatürkbildern die Einheit und den Laizismus des Staates gegen die „islamische Bedrohung der Republik" verteidigten. Atatürks Mausoleum in Ankara, Anıtkabir, wurde zum symbolischen Austragungsort dieser Kämpfe. Immer, wenn sich die Konflikte zwischen Islamisten und Kemalisten verschärften, organisierten die Kemalisten „Wallfahrten" zum Anıtkabir, um sich bei Atatürk über die Islamisten zu beschweren. Diesem schlossen sich politische Parteien, Universitätsrektoren, Offiziere, Beamte, Bauern und Gewerkschaften immer dann an, wenn sie sich über die politischen Missstände, soziale Ungerechtigkeit, Armut, korrupte Politiker, islamischen Fundamentalismus, kurdischen Separatismus oder auch über Initiativen, die Ermordung der Armenier im Ersten Weltkrieg zu thematisieren oder als Genozid anzuerkennen, beschweren wollten. Diese symbolische Politik bildete eine neue Form über die Politisierung von Emotionen die „Nation" zu mobilisieren. Der nationalistische Hype drückte sich insbesondere auch durch feindliche Äußerungen und Drohungen gegenüber nichtmuslimischen Minderheiten aus, und gipfelte Anfang 2007 in der Ermordung des armenisch-türkischen linken Intellektuellen Hrant Dink.

Auf der parteipolitischen Ebene wurde die politische Führung und Repräsentation von der Republikanischen Volkspartei (CHP) in Anspruch genommen, die sich als Gründerpartei der türkischen Republik versteht. Sie steht für die Fortführung und Verteidigung des modernistisch-säkularen Paradigmas des Nationalstaates der Gründungszeit gegen politische Forderungen der ethnischen und religiösen Teile der Gesellschaft. Spätestens seit Aufnahme der Beitrittsverhandlungen mit der EU hat die Popularisierung des Kemalismus eine offene „anti-europäische" und nationalistische Gestalt angenommen. Anstatt die sozioökonomischen Transformationen durch den EU-Integrationsprozess zu thematisieren, wird auf der ideologischen Ebene ein „doppelgesichtiges" Europa kritisiert, das darauf ausgerichtet sei, Minderheiten zu erzeugen und Bedingungen zu stellen, die die Integrität und Säkularität des türkischen Staates bedrohen.

Der Nationalismus wird dabei als strategisches Argument gegen die AKP ins diskursive Feld geführt, der – nicht zuletzt aufgrund den Bemühungen im Zusammenhang mit dem EU-Beitritt der Türkei – ein Verrat an der türkischen Nation vorgeworfen wird. Historisch deutet dies auf ein Paradox hin, zumal es bisher stets die kemalistischen Eliten waren, die in der Türkei ein Modernisierungs- und Verwestlichungsprojekt verfolgten und dies mit einem EU-Beitritt in Verbindung brachten, während die islamistischen Kräfte diejenigen waren, die dieses Projekt kritisierten. Betrachtet man jedoch die Entwicklung der islamistischen Ideologie in der Türkei genauer, stellt man fest, dass das Projekt des politischen Islam sich – trotz seiner Kritik am Kemalismus und dessen nationalistischer Orientierung – nie wirklich vom Nationalismus abgeschottet hat. Dies wird insbesondere an der restriktiv schwankenden Positionierung der AKP gegenüber Forderungen nach einer demokratischen Lösung der kurdischen Frage deutlich.

Jenseits dieser Relativierung lässt sich der Pro-EU-Kurs der AKP in erster Linie darüber erklären, dass sie versucht, das kemalistische Establishment in der Türkei zu ersetzen – der EU-Beitritt erscheint ihr dafür als die geeignete Legitimationsbasis. Zugleich geht es der AKP – die sich erst 2001 offiziell gegründet hat, wenn auch bereits in den 1990er Jahren als eine Protestpartei formierte – auch darum, eine neue Basis für ihr hegemoniales Projekt zu schaffen. Dabei kann man beobachten, dass sowohl die ökonomische als auch die politische Internationalisierung ein Baustein war, um eine solche Basis zu entwickeln. Denn erst darüber war es der AKP möglich, Bündnisse mit den dominanten Kapitalfraktionen – die ursprünglich nichts mit dem AKP-Projekt zu tun hatten, jedoch einen Pro-EU-Kurs verfolgten – einzugehen.

Aufbau des Buches

In den 1990er Jahren beobachten wir eine erhebliche Zunahme an Studien, die den Nationalstaatsbildungsprozess in der Türkei kritisch untersuchen sowie die Konstruktion des Imaginären der türkischen Nation problematisieren. Diese Perspektiven heben hervor, dass die Defizite der demokratischen Strukturen und die autoritäre politische Kultur in der Türkei –auch in dem gegenwärtigen Europäisierungsprozess – darin liegen, dass hier ein gesamtgesellschaftlicher Wandlungsprozess historisch nicht vollzogen wurde und die Modernität an der Oberfläche blieb. Die „türkische nationale Identität" sei nicht nur konstruiert, sondern auch nach einem vorgestellten westlichen Modell „von oben" initiiert (vgl. Mardin 2003; Keyder 1998). Dabei werden die defizitären Strukturelemente dieses Imitationsprozesses erörtert und kritisiert, dass während die westlichen Gesellschaften die Modernisierung als einen antizipierten sozialen Aufklärungsprozess erlebten, diese in der Türkei als Projekt aufoktroyiert wurde. Das Ziel sei die Erschaffung und Erziehung einer Gesellschaft gewesen, die mehr einer „Imitation" gleiche, da die Gesellschaft und die politischen Strukturen zwar eine westliche Erscheinung bekamen, sich aber nicht wirklich transformierten (vgl. Mardin 1998; Göle 1998). Die gegenwärtige Spannung zwischen pro-europäischen Post-Säkularisten, wie die AKP, und kontra-europäischen Säkularisten, wie der CHP, wird als ein Kampf zwischen Staat und Gesellschaft bzw. zwischen Zentrum und Peripherie gedeutet. Zweitens wird die spezifische Rolle der Eliten im türkischen Modernisierungsprozess herausgearbeitet. Dabei stehen insbesondere die zentrale Rolle der Bürokraten, des Militärs sowie die Kontinuität zwischen dem Osmanischen Imperium und der türkischen Republik bezüglich ihrer Rezeption einer autonomen und gesonderten Staatlichkeit im Mittelpunkt (vgl. Heper 1993; Karaosmanoğlu 1993).

Diese Perspektiven haben das Ziel, die Agenten der türkischen Modernität und nationalistischen Historiographie zu entmystifizieren. Indem sie aber diese bürokratischen Eliten heute noch als die autonomen und transhistorischen Hauptakteure betrachten, die unabhängig von den komplexen gesellschaftlichen Machtverhältnissen handeln, übersehen sie postkoloniale kulturelle Bedingungen des (Re-) Formierungsprozesses der nationalen Identität und die intertextuelle diskursive Beziehung zu westlichen Diskursen. Das Konzept des „imitativen Projektes" vernachlässigt die türkischen Perversionen, Umdeutungen und Grenzen und ignoriert, dass die türkischen Akteure Repräsentationen über den Westen konstruieren und beginnen, von dieser Position aus zu sprechen und zu handeln.

Das vorliegende Sammelband setzt sich zum Ziel, deutschsprachigen LeserInnen neuere kritische Ansätze aus den sozialwissenschaftlichen Diskussionen in der Türkei sowie im angelsächsischen Raum zugänglich zu machen. Im Rahmen eines poststrukturalistischen Blickwinkels sollen die historisch spezifischen Subjektivitäten dieses Prozesses verdeutlicht werden. Ein zentraler roter Faden des Buches lautet, dass die türkischen Akteure aktiv an der Produktion von Repräsentationen über West und Ost teilnehmen. Es geht hierbei insbesondere um eine Veranschaulichung der subjektiven Bestimmung normativer Grenzen und interner Machtpraktiken im Bildungsprozess der türkischen Nation. Die Konstruktion der türkischen Nation findet im Kontext eines vorgestellten Westens statt, anhand dessen die türkischen Eliten die Gesellschaft nach einem imaginierten Modell von oben nach unten konstruiert haben wollen (vgl. Ahıska 2005). Das türkische nationale Imaginäre formiert sich dabei durch Grenzziehungstechniken an der Schwelle zwischen West und Ost, wobei bestimmte Ideale der westlichen Modernität teilweise angeeignet bzw. realisiert, andere als unangemessen betrachtet und damit ausgeschlossen werden. Genau hier, in diesen inneren Grenzziehungstechniken, manifestiert sich eine spezifische türkische Subjektivität und operiert von dieser Basis aus, wobei das immaterielle Feld als ihr souveränes Gebiet deklariert wird.

Ein weiterer Schwerpunkt des Buches ist der Anspruch, im Rahmen heterodoxer und neo-marxistischer Theorien über die binären Kategorisierungen zwischen Staat und Gesellschaft sowie zwischen Staat und Ökonomie hinauszugehen, um die komplexe Verflechtung gesellschaftlicher Kräfte in den Vordergrund zu stellen. Der Staat wird dabei als ein Raum betrachtet, in dem sich die diversen Klassenpositionen und Widersprüche artikulieren und neu formulieren. Die Aufmerksamkeit wird zum einen auf polit-ökonomische Umwälzungen und die Rekonstituierung des Staates in diesem Prozess gerichtet und zum anderen auf das Verhältnis der dominanten Diskursformationen. Dabei werden die Praktiken der sozialen AkteurInnen und ihr Verhältnis zu den jeweiligen Staatsprojekten, die Kritik am zentralistischen Staat und die Bedingungen für die Herausbildung des Neoliberalismus skizziert. Hierdurch sollen die gesellschaftlichen Dynamiken und Strukturelemente im Zuge der Internationalisierung und Globalisierung als auch die vielschichtigen Standpunkte der Akteure eingebettet in die dominanten Diskurse kohärent diskutiert werden.

Kapitel I des Bandes problematisiert die Bedeutung des Westens in der türkischen nationalen Imagination. Der Aufsatz von *Meltem Ahıska* bietet einen theoretischen Rahmen hierfür. Laut Ahıska ist die Türkei weder zerrissen zwischen West und Ost noch eine erfolgreiche Synthese dieser beiden dichotomisierenden Konstrukte. Sie ist vielmehr ein Ort, in dem verschiedene soziale Spaltungen und Antagonismen artikuliert, maskiert oder versetzt und westliche Repräsentationen für verschiedene Macht- und Rechtfertigungstrategien mobilisiert werden. Ahıska führt den Begriff des *Okzidentalismus* als konzeptionellen Rahmen ein, der als Diskurs des Anderen den türkischen Akteuren einen ambivalenten Handlungsraum hinsichtlich der widersprüchlichen Beantwortungspraxis auf den Orientalismus bietet. Der Okzidentalismus formiere sich nicht gegen den Orientalismus, sondern in einem dialogischen Prozess mit diesem – quasi als Antwort auf diesen Prozess, in dem der Blick des Anderen angeeignet wird.

Tanıl Bora untersucht die Bedeutung des Westens im Diskurs der nationalistisch-konservativen Intellektuellen. Mit seinen „verfallenen kulturellen Werten" fungiere der Westen als negatives Leitmotiv des konservativen und islamistischen Diskurses, er sei der ewige essentielle Feind schlechthin. Dabei markieren die historischen Tanzimat-Reformen aus dem frühen 19. Jahrhundert den Anfang des Verwestlichungsprozesses, der zur Entfremdung der türkisch-muslimischen Kultur führe. Bora betont, dass diese Intellektuellen zwischen westlichen Institutionen und Technologien auf dem materiellen Feld, auf dem diese Nationalismen die westliche Überlegenheit akzeptieren, und nationalen lokalen Werten, Normen und Traditionen auf dem immateriellen Feld unterscheiden. Während das materielle

Feld das Außen kennzeichne, charakterisiere das immaterielle Feld die „Essenz" der kulturellen Identität im Inneren.

In dem Beitrag von *Bülent Küçük* geht es um die Bedeutung des Westens im türkischen EU-Beitrittsdiskurs. Küçük konstatiert, dass politische Akteure auf die ihr vom Westen auferlegten sozialen Repräsentationen und Rollen dialogisch und diskursiv mit unterschiedlichen Strategien reagieren. Um diesen dialogischen Prozess aufzuzeigen, bedient er sich der Theorie des Okzidentalismus. Küçük unterteilt den türkischen Okzidentalismus dabei in zwei Projektionskategorien bzw. diskursive Blöcke – den kontra-europäischen nationalistischen und den pro-europäisch pragmatischen Okzidentalismus. Mit diesen Kategorien analysiert er die Repräsentationsmuster und Subjektpositionen und verortet die miteinander konkurrierenden politischen Bewegungen – die religiös konservativ-liberale AKP und der kemalistisch-etatistische Block, die er als die beiden stärksten Hauptblöcke hervorhebt – im türkischen EU-Beitrittsdiskurs.

Kapitel II behandelt unterschiedliche Aspekte des polit-ökonomischen Strukturwandels der Türkei im neoliberalen Zeitalter. Dabei stehen zum einen Debatten über das konzeptionelle Verhältnis von Staat und Ökonomie im Fokus, das sich im Zuge der Internationalisierung des Staates und der EU-Orientierung verändert. Zum anderen richtet sich der multilinguale Blick der Beiträge auf die Wirtschafts- und Sozialpolitik der Türkei.

Pınar Bedirhanoğlu diskutiert die historischen Besonderheiten der kapitalistischen Entwicklung in der Türkei unter Bezugnahme auf den Prozess der neoliberalen Globalisierung und bringt diese mit der Transformation des Staates in Zusammenhang. Sie betrachtet diese Umstrukturierung als Ursache für die anhaltenden gesellschaftlichen Kämpfe und Auseinandersetzungen und geht auf deren Klassencharakter ein. Bedirhanoğlu analysiert diese Phase unter Rückgriff auf den Gramscischen Begriff der Zivilgesellschaft und fokussiert die Stärkung der Exekutive und die Veränderungen im Sicherheitssektor sowie die ideologischen und gesellschaftlichen Folgen dieser Prozesse. Sie unterstreicht, dass die Fähigkeit des Staates, die dabei entstehenden politischen, wirtschaftlichen und gesellschaftlichen Auseinandersetzungen regierungstechnisch zu bewältigen, aus Sicht der neoliberalen Ideologie die wichtigste Aufgabe darstellt.

Im Mittelpunkt des Beitrags von *Galip Yalman* steht eine theoretische Auseinandersetzung mit neo-institutionellen und post-strukturalistischen Analysen und Kritiken der Konstitution des türkischen Staates. Dabei fokussiert Yalman zum einen die Veränderung der Dynamik im Verhältnis von Staat und Markt und kritisiert zum anderen theoretische Ansätze, die zunächst eine „Pfadabhängigkeit" des türkischen Staates konstruieren, um anschließend mit ihr – im Zuge der Europäisierung – zu brechen. In diesem Kontext kritisiert er die Idealisierung eines westlichen Modells, das sich in der gegenwärtigen Situation in den ökonomischen und politischen Kopenhagen-Kriterien für die EU-Erweiterung ausdrücke und aus dem ein Anti-Etatismus abgeleitet werde, der den Staat per se auf eine Hürde und Blockade für die Entwicklung von Gesellschaft, Gemeinwesen und Wirtschaft reduziere.

Özlem Onaran analysiert in ihrem Beitrag den Wachstumspfad der Türkei in der Post-1980er Periode mit Schwerpunkt auf dessen Auswirkungen auf die Arbeitsverhältnisse. Sie unterstreicht dabei, dass die Einkommens- und Lohnpolitik eine entscheidende Rolle spielte, den Druck auf die Profitraten auszugleichen, der sich durch den Integrationsprozess der Türkei in die globale Ökonomie erhöhte. Der Wachstumspfad der Türkei wurde in dieser Periode zunehmend abhängig von Kapitalflüssen, die zugleich Aufschwung und Krisen, sogenannte „boom-and-bust" Zyklen, generierten, die insbesondere durch die Krisen von 1994 und 2001 in Umverteilungsschocks auf Kosten von Lohn- und Arbeitseinkommen mündeten. Anhand dieser Beispiele diskutiert Onaran den Trend in der Lohn- und Beschäftigungsentwicklung und deckt die Dynamik und Persistenz dieser Umverteilungsschocks auf.

Der Artikel von *Aslı Odman* befasst sich mit der Entwicklung der türkischen Schiffsbauindustrie in Tuzla/Istanbul. Sie geht hierbei insbesondere auf die informellen Arbeitsbedingungen ein, die im Schatten einer gegenwärtigen, nicht anhaltenden Serie von tödlichen Arbeitsunfällen stehen und Empörung und gesellschaftlichen Protest hervorrufen. Odman verknüpft die Bedingungen und Umstände in den Werften, die sie als *Laboratorium der Informalität* bezeichnet, mit dem enormen Wachstum und Wettbewerb im Schiffsbausektor, die im Zeichen einer systematischen Überarbeitung und Erschöpfung ihrer Arbeiter stehen. Anschließend diskutiert sie die Strategien der Gewerkschaften, die den gesellschaftlichen Protest organisieren, um sich gegen die informellen Arbeitsbedingungen zu wehren.

In dem Beitrag von *Ulaş Şener* bildet die Analyse der kontemporären Mainstream-Geldtheorie den Ausgangspunkt für die Beschreibung der institutionellen Transformation der Geldpolitik in der Türkei. Şener befasst sich dabei mit dem Reformprozess nach der Krise 2001, die das Verhältnis von Politik und Ökonomie an externalisierte Kontroll- und Aufsichtsinstanzen delegiert und damit prinzipiell „verselbständigt". Er fokussiert zunächst die Etablierung der Zentralbankunabhängigkeit und die Finanzmarktstabilisierung und analysiert anschließend den monetären Policy-Mix und dessen Folgen. Dabei unterstreicht er, dass die Geld- und Fiskalpolitik in dieser Periode zunehmend von einer Finanzialisierung geprägt wird. In diesem Kontext argumentiert er, dass die Inflationssenkung in dieser Periode entgegen einer praktizierten Zielinflationspolitik, in Verbindung mit der Fortsetzung einer hohen Realzinspolitik und eines aufgewerteten Wechselkurses verstanden werden muss, die jedoch gleichzeitig die Verschuldung und ökonomische Instabilität der Türkei fortsetzen.

Kapitel III setzt sich aus Beiträgen zusammen, die den türkischen Nationalismus, die gegenwärtige Popularisierung des Kemalismus sowie die Entwicklung des rechtsextremen Nationalismus thematisieren. Im Anschluss wird die kurdische

Problematik einerseits in Bezug auf Staatsbürgerschafts- und Alltagspraktiken auf der Ebene der türkischen Verfassungen diskutiert und andererseits anhand einer ethnographischer Studie der alltäglichen Praktiken vertriebener kurdischer Frauen aus Ostanatolien in die Großstadt Istanbul erörtert.

In ihrer ethnographischen Studie beschreibt *Esra Özyürek* die Wege und Formen der Popularisierung des Kemalismus seit den 1990er Jahren, der bis dahin als elitäre Staatsideologie fungierte. Sie stellt dabei einen radikalen Bruch in der Zirkulation von Atatürks Bildern in öffentlichen Räumen fest. Im Vergleich zu den älteren *ernsthaften* Bildern von ihm vermitteln neue abgestaubte Bilder ein lächelndes menschliches Antlitz. Während Atatürk in den staatlichen Räumen, Schulen und Kasernen weiterhin als Staatsmann oder als Offizier ausgestellt ist, vollzieht sich in der Gesellschaft zunehmend der Trend, in Kaffeehäusern, Unternehmen, Sportplätzen sowie Haushalten, Stadtverwaltungen und Kulturstädten private Bilder von ihm zu zeigen. Özyürek verbindet diese Bilderkonjunktur mit einer neuen Art von politisch-kommerzieller Vermarktung Atatürks, die sowohl eine Botschaft als auch eine „Marke" kreiere und transportiere.

In dem Beitrag von *Mesut Yeğen* wird die „kurdische Frage" in Verbindung mit dem türkischen Nationen- und Staatsbürgerschaftskonzept diskutiert. Er hebt hervor, dass die kurdische Frage seit der Gründung der Republik ein allgegenwärtiges Thema in der türkischen Politik gewesen ist. Dabei geht er auf das Spektrum der unterschiedlichen Wahrnehmungen der kurdischen Frage innerhalb des türkischen Nationalismus ein, die historisch mal als „regionale Zurückgebliebenheit" oder Reaktionismus, mal als „Banditentum" oder „Aufwiegelung aus dem Ausland" und zuletzt im Begriff von „Pseudo-Staatsbürgerschaft" zum Ausdruck kam. Yeğen stellt fest, dass der türkische Nationalismus kurdische Bürger zunächst als „werdende Türken" betrachtete und arbeitet die dadurch entstandenen Auswirkungen auf Praktiken der Staatsbürgerschaft heraus.

Nazan Üstündağ zeigt in ihrem Beitrag exemplarisch, wie aus dem Osten der Türkei vertriebene kurdische Frauen in den schwierigen Lebensumständen der Großstadt das Urbane politisch und räumlich wieder erschaffen. Anhand einer ethnografischen Studie in Esenyurt, einem Stadtteil an der Istanbuler Peripherie, zeigt sie, dass die urbane Begegnung einerseits zu Feindseligkeiten führt und die Grenzen der Staatsbürgerschaft aufzeigt, sobald diese Grenzen andererseits jedoch als solche aufgedeckt werden, dies auch die Möglichkeit beinhaltet, in den traumatisierten kurdischen Gemeinden neue Wege der alltäglichen Interaktion zu finden. Üstündağ unterstreicht hierbei, dass in der gegenwärtigen politischen Situation eine nicht-staatliche Resozialisierung, die Verarbeitung von Traumata und die Wiederherstellung einer souveränen Identität an der Basis stattfinden.

Der Beitrag von *Emre Arslan* stellt die Entstehungs- und Aufstiegsgeschichte der radikalen Strömung des türkischen Nationalismus und die Transformation von einer intellektuellen hin zu einer politisch militanten Bewegung und extremistisch nationalistischen Partei vor. Dabei beschreibt er das Verhältnis der Nationalisten zum Kemalismus in der Gründungsperiode, die Annäherung der nationalistischen zu politisch-islamistischen Strömungen und die Verschiebung der ideologischen Ausrichtung hin zu einer Politik der türkisch-islamischen Synthese. Arslan beschreibt, dass vor allem der Aufstieg des politischen Islams den Weg für eine Annäherung zwischen nationalistischen und kemalistischen Kräften ebnete. Er zeigt, dass die Partei der Nationalistischen Bewegung (MHP) in dieser Phase versuchte ihr extremistisches und gewaltverherrlichendes Image loszuwerden, um sich als nationale moderate Kraft zu etablieren, wobei sie eine Doppelstrategie verfolge, die zwischen kemalistischen und islamistischen Diskursen und Kräfteverhältnissen pendle.

Im letzten Kapitel wird die Geschlechterfrage in der Türkei historisch und in ihrer gegenwärtigen Verfassung diskutiert. In den folgenden Beiträgen geht es um die Entwicklung und Transformation der Frauenbewegung im Nexus des kemalistischen Nationalismus, der Staatsbürgerschaft und der türkischen Modernität.

Nükhet Sirman geht der Frage einer Geschlechter-Perspektive in Bezug auf Staatsbürgerschaft und Souveränitätskonstitution im postkolonialen Kontext nach. Statt vom universellen Diskurs des Bürgers auszugehen, zeigt sie die Diskurse und Praktiken, durch die der türkische Nationalstaat erst hergestellt wurde. Sie geht auf die kulturellen Codes ein, die es ermöglichen, die ausschließenden Effekte von Klasse, Geschlecht und Rasse zu erhalten, ohne diese (als solche) in den Staatsangehörigkeit konstituierenden Diskursen zu benennen. Sirman vertritt die These, dass diese spezifische Form der in diesen Diskursen entstandenen Staatsbürgerschaft als familiale Staatsbürgerschaft bezeichnet werden kann, in der der ideale Bürger als souveräner Ehemann und seine abhängige Ehefrau/Mutter stattdessen als Individuum eingeschrieben wird. Dabei erhalten öffentliche Identitäten ihren Sinn in erster Linie durch die familiären Identitäten, die ebenfalls im Kontext der sie produzierenden Diskurse spezifisch sind und nicht als weitere universelle Identitäten verstanden werden sollten.

In dem Beitrag von *Anıl Al-Rebholz* stellt der neoliberale strukturelle Wandel, der einen Rückzug des Staats aus dem Sozialen impliziere und eine umfassende Reformulierung des Sozialen und Politischen hervorbringe, den Rahmen der Analyse. Dabei wird hervorgehoben, dass sich der Ort politischer Konflikte und gesellschaftlicher Auseinandersetzungen vom Staat zur Zivilgesellschaft verschoben hat. Von diesem Kontext ausgehend befasst sich Al-Rebholz mit der Entwicklung der Frauenbewegung in Bezug auf deren Organisationsform, Ideologie und Positionierung in der Zivilgesellschaft und analysiert die Veränderungen im feministischen Politikverständnis im Zuge der NGOisierung und Transformation der Frauenbewegung. Dabei untersucht sie die Konsequenzen dieser neuen Dynamiken für die

Prozesse der Wissensproduktion und für die Verschiebung der Bedeutung der oppositionellen Politik.

Bihter Somersan legt ihren Fokus auf die Geschlechterverhältnisse und die Produktion von hegemonialer Männlichkeit in der Türkei. Anhand von Interviews stellt sie die politischen Praktiken der Protagonistinnen aus der Frauenbewegung in der Türkei vor. Dabei geht sie auf Ausschlusserfahrungen von Politikerinnen und von Aktivistinnen der Frauenbewegung ein, die sich auf dem politischen Feld bewegen und fragt, wie sich männlich kodierte Praktiken und Normen gegenüber Frauen artikulieren und wie Frauen diese wahrnehmen.

Anmerkungen

1   Der modernistische Diskurs repräsentierte einerseits die bürgerlich-westlich geprägte Frauenfigur als „Ikone" der modernen türkischen Nation (Kandiyoti 1993) und hob sie zum Akteur im Dienst des Fortschritts hervor, andererseits konstruierte er die Frauen als „Mütter" bzw. „Schwester", die von „übermäßigen schlechten" westlichen Frauenfiguren Abstand nehmen sollten (vgl. Ahıska 2005).

2   Der Ursprung dieser Partei geht auf die Nationale Heilspartei (MSP) unter dem Vorsitz von Necmettin Erbakan zurück, die in den 1970er Jahren die Interessen anatolischer Kleinhändler und -produzenten gegen die metropolitane Bourgeoisie vertrat und sich einer religiösen Sprache gegen die nach Westen-orientierten ökonomischen und politischen Eliten bediente (Ataç 2007).

3   Trotz dieser Entwicklungen ist diese Transformation sowohl auf der Seite der kurdischen Bewegung als auch auf der des türkischen Staates durch einen ambivalenten und prekären Verlauf gekennzeichnet: Obwohl von diskursiver und strategischer Transformation (Bruch) seitens der kurdischen Bewegung die Rede ist, blieb die hierarchische Organisationsstruktur innerhalb der Organisation bestehen. Darüber hinaus wurde der seit 1998 erklärte einseitige Waffenstillstand im Juni 2004 von der PKK wieder aufgehoben. Der Wiederbelebung des Kriegszustands beeinflusst wiederum die Sprache der DTP, in der sich eine moderate und eine relativ radikale Position sichtbar macht.

4   Seit 2000 wurden mehrere Reformpakete verabschiedet die einen Fortschritt der Demokratisierung in der Türkei darstellen: Von der Abschaffung der Todesstrafe, Garantien der Meinungs- und Versammlungsfreiheit, über die Aufhebung des Ausnahmezustandes im kurdisch bewohnten Ostanatolien bis zur Unterbindung von Folterpraktiken. Die Kurdenfrage ist thematisierbar geworden und die Rolle des Militärs im Nationalen Sicherheitsrat wurde teilweise eingeschränkt, ferner wurde das Zivil- und Strafrecht grundlegend reformiert. Eine im Januar 2004 erlassene neue Verordnung ermöglichte den privaten Fernseh- und Radiosendern, neben der staatlichen Rundfunkgesellschaft in anderen Sprachen als türkisch auszustrahlen. Trotz dieser verbesserten Rahmenbedingungen wird die Verordnung weiterhin restriktiv umgesetzt und der Ausstrahlung in anderen Sprachen strenge zeitliche Grenzen vorgeschrieben (vgl. Kommission der europäischen Gemeinschaften 2004: 40).

Literatur

Ahıska, Meltem (2005): Radyonun Sihirli Kapısı. Garbiyatçılık ve Politik Öznellik, Istanbul: Metis

Ataç, İlker (2007): Kampf um Hegemonie: Zur Entstehung des politischen Islam in der Türkei in den 1970er Jahren in: Gerald Faschingeder/Clemens Six (Hrsg.), Religion und Entwicklung, Wien: Mandelbaum

Ataç, İlker/Şener, Ulaş (2005): Aufeinanderprallende Diskurse: Der türkische EU-Beitritt und die besondere europäische Frage, in: *Kurswechsel*, 01, 84-92

Heper, Metin (1993): Political Culture as a Dimension of Compatibility, in: Heper, M. et al. (Hrsg.), Turkey and West. Changing Political and Cultural Identities, London & New York: I. B. Tauris: 1-19

Göle, Nilüfer (1998): Modernleşme Bağlamında Islami Kimlik Anlayışı, in: Bozdoğan, S./Kasaba, R. (Hrsg.), Türkiye'de Modernleşme ve Ulusal Kimlik, Istanbul: Tarih Vakfı: 70-82

Kandiyoti, Deniz (1993): Identity and Its Discontents, in: L. Chrisman und P. Williams (Hrsg.), Colonial Discourse and Post-colonial Theory, London: Harvester Weatsheaf: 376-392

Karaosmanoğlu, Ali L. (1993): 'Officers: Westernization and Democracy', in: Heper, M. et al. (Hrsg.), Turkey and West. Changing Political and Cultural Identities, London & New York: I.B. Tauris: 20-35

Keyder, Çağlar (1998): 1990'larda Türkiye'de Modernleşme Doğrultusu, in: Bozdoğan, S./Kasaba, R. (Hrsg.), Türkiye'de Moderleşme ve Ulusal Kimlik, Istanbul: Tarih Vakfı: 29-43

Küçük, Bülent/Grojean, Olivier (2005): Re-formierung der Macht. Die ambivalente Transformation der kurdischen Teilbewegung PKK, in: *Kurdische Studien*, 4/5, Berlin, 41-60

Küçük, Bülent (2008): Die Türkei und das andere Europa. Phantasmen der Identität im Beitrittsdiskurs, Bielefeld: Transcript Verlag

Mardin, Şerif (1998): Modern Türk Sosyal Bilimleri üzerine bazı Düşünceler, in: Bozdoğan, S./Kasaba, R. (Hrsg.), Türkiye'de Moderleşme ve Ulusal Kimlik, İstanbul: Tarih Vakfı: 54-70

– (2003): Türk Modernleşmesi, Makaleler 4, Istanbul: İletişim

1.
Türkische Modernität
und Projektionen auf den Westen

Meltem Ahıska

Okzidentalismus: Die historische Fantasie des Modernen

> Ein Ort auf einer Karte ist auch ein Ort in
> der Geschichte.
> (Adrianne Rich,
> *Notes toward a Politics of Location*)

> Aufgrund der Geographie kommt, wer zu
> weit gen Osten geht, im Westen an. Das
> gilt auch umgekehrt.
> (Ece Ayhan, *Yort Savul*)

Actualité ist das Gefängnis der 'Gegenwart'. Häufig komprimiert die moderne
Medientechnik deren Bedeutung in politische Ereignisse, formatiert und kodiert
sie dabei gemäß einer hegemonialen 'Grammatik'. Jeden Tag erwachen wir in ein
neues Ereignis hinein, welches die Tagesordnung politischer Debatten und alltäglicher Konversation bestimmt. Dadurch wird der breitere, dialogisch strukturierte
Zusammenhang dieser Ereignisse, oder mit den Worten Walter Benjamins: die mit
der Vergangenheit angefüllte *Jetztzeit* unsichtbar gemacht. In diesem Beitrag[1] argumentiere ich, dass Geschichte eine wichtige Trope ist, um das Politische in der Türkei zu denken – besonders ihr Verhältnis zu Europa, einem Wunschobjekt und einer Quelle der Frustration für die türkische nationale Identität in einer langen und
spannungsreichen Geschichte. Ich verwende den Begriff des *Okzidentalismus*, um
die dialogischen Performanzen der mythischen und repressiven Ost/West-Dualität
zu verstehen, die in die Fantasie der Moderne eingeschrieben ist.[2] Ich behaupte,
dass Okzidentalismus ein begrifflicher Rahmen ist, der uns nicht nur Identitätsfragen zu verstehen hilft, sondern auch die Grammatik der Macht in nichtwestlichen
Teilen der Welt, welche dort teilweise in Opposition, meist aber in einem Verhältnis der Komplizenschaft mit den Machtregimes des sogenannten Westens steht.

Die Türkei hat lange versucht, Teil Europas zu werden[3], aber ihre Hoffnungen
auf Mitgliedschaft in der Europäischen Union (EU) werden heute vor allem durch
die unaufgelösten Spannungen zwischen ihr und Europa untergraben. Zurzeit können wir klar sehen, dass statt der Aussicht auf eine gemeinsame Zukunft Furcht und
Gewalt das immer konservativere politische Klima sowohl in der Türkei als auch
in Europa beherrschen.[4] Dennoch fungiert 'der Westen' nach wie vor als übergrei-

fender Bezugspunkt in diesen Spannungen sowohl auf nationaler als auch internationaler Ebene, insofern sie in einem 'zivilisatorischen Diskurs' artikuliert werden.[5] Darum bleibt die geschichtliche Last der Ost/West-Polarität bestehen, auch wenn die tiefen Risse in der national/modernen Fantasie, die in der türkischen Politik hegemonial ist, mit jedem Tag wachsen, an dem die Medien ein neues 'Ereignis' enthüllen, das auf die Aktivitäten des sogenannten 'tiefen Staates' hinweist und die Gesellschaft in 'Islamisten' und 'Laizisten' spaltet.

Anstatt mich denen anzuschließen, die die hegemoniale Dualität reproduzieren, der zufolge Islamismus der 'Moderne' entgegengesetzt ist, und die in der islamischen Ideologie der die Türkei seit 2002 regierenden AKP das Haupthindernis für den 'Fortschritt' und folglich auch für das Verhältnis zur EU sehen, möchte ich die gegenwärtige Krise in den Kontext einer verdrängten Geschichte stellen. Die Ermordung des populären armenisch-türkischen Journalisten Hrant Dink am 19. Januar 2007 beschleunigte die mittlerweile offensichtliche 'Spaltung' der türkischen Gesellschaft und kann als bedeutendes Symptom der oben erwähnten Krise betrachtet werden. Die national/moderne Fantasie, die dank ihres Bruchs mit der osmanischen Vergangenheit und vor allem der Verleugnung der gewalttätigen historischen Konflikte mit nichtmuslimischen Bevölkerungsgruppen in der Türkei dominierte, erhielt einen schweren Schlag. Nicht nur weil ein türkischer Armenier getötet worden war, sondern auch weil dieser Mord unerwartet große Kundgebungen nach sich zog. Über 200.000 begleiteten schweigend Dinks Beerdigung und trugen Plakate mit der Aufschrift „Wir sind alle Armenier". Sehr bald darauf wurde die direkte Beteiligung einiger hochrangiger Polizei- und Gendarmerieoffiziere an dem Mord aufgedeckt. Dennoch waren die Reaktionen in der Bevölkerung gespalten. Während manche Regierung und Staat beschuldigten, schlossen andere sich der stärker werdenden nationalistischen Reaktion an und behaupteten, dass der türkische Nationalismus nun auf eine harte Probe gestellt werde.[6] Teilweise kam es sogar zur offenen Identifizierung mit dem Mörder. Die verdrängte Geschichte wurde zum Ort einer Schlacht, die die Gesellschaft entlang der brüchigen Grenzen des 'nationalistischen Erbes' spaltet. Auch die jüngsten Debatten und gewalttätigen Ereignisse im Zusammenhang mit der 'Kurden-'[7] oder der 'Kopftuchfrage'[8] führten zu Rissen in den Grundprinzipien der mutmaßlich ethnisch homogenen und laizistischen Türkei.

Im Zuge dessen wurde Nationalismus zu einem Schlagwort für die Legitimierung politischer Aktionen, wenn auch mit unterschiedlichen, zumeist widersprüchlichen und polarisierenden Bedeutungen.[9] Nationalismus und Modernität, die im türkischen Projekt der 'Verwestlichung' einst durch das Prisma der herrschenden Elite hegemonial definiert waren, sind nun dabei, voneinander abgekoppelt zu werden. Es tauchen unterschiedliche Nationalismen und Modernitäten in der politischen Arena auf. Während der Nationalismus sich stärker politisiert und dabei weniger eine kohärente Ideologie, als vielmehr eine performative Grammatik der Macht für diejenigen Gruppen in der Gesellschaft liefert, die wirtschaftlich und sozial bedroht sind, wird der Begriff der Modernität zusehends vage. Sie hat heute eher lokal spezifische Bedeutungen, welche von unterschiedlichen Akteuren in wechselnden Kontexten ins Werk gesetzt und von Klasse, Geschlecht und Ethnizität beeinflusst werden. Nicht nur ihre Gründungsprinzipien, sondern auch das nationale Territorium, das für die 'moderne Türkei' stand, werden heute in Frage gestellt. Während der Anspruch der Kurden auf eine eigene Identität die territorialen Grenzen destabilisierte, beschwören einige Gruppen, darunter 'progressive' Intellektuelle, interessanterweise imperiale Visionen mit der Absicht, die osmanische imperiale Macht zu ent-entzaubern (siehe Küçükkaya 2008). Modernität bezieht sich nicht mehr nur auf Europa. Obgleich es heute wohletablierte Finanzierungskanäle der EU für diverse zivilgesellschaftliche Projekte in der Türkei gibt und gelegentlich Konferenzen zum Thema 'EU-Beitritt' stattfinden, so ist Europa immer weniger ein Teil der türkischen politischen Imagination und hinterlässt nur mehr einen abgenutzten, aber immer noch einschnürenden Code einer (westlichen) Zivilisation.

Es ist sinnvoll, daran zu erinnern, dass der EU-Erweiterungskommissar Olli Rehn in den Verhandlungen mit der Türkei im Jahre 2005 von einem „Zugunglück" sprach. Diese Metapher beschwört den Kampf der Kulturen und ebenso die unsichtbare Geschichte, welche die Gegenwart überdeterminiert. Dies bringt uns zurück in die Zeit der pro-europäischen Kampagnen des Jahres 2002, die eindringlich mahnten, den Zug der Zivilisation nicht zu verpassen. Damals war in der Türkei der Wunsch europäisch zu sein stark ausgeprägt, aber auch durchmischt mit tiefsitzenden und hartnäckigen Ängsten. Zwischen der Hoffnung, 'den Zug nicht zu verpassen', und der Katastrophe des 'Zugunglücks' liegt die historische Spannung der 'türkischen Moderne'.

1 Der 'Rückstand' und der Westen

Die Metapher vom 'Erwischen des Zuges' findet sich verstärkt in Texten, die über die Verspätung der türkischen Moderne und die dringende Notwendigkeit sprechen, mit dem 'Westen' aufzuholen. Ich erinnere mich an einen vor Jahren in einem populären Comicheft erschienenen Strip, der die Zugmetapher auf brillante Weise aufgriff und sich über sie lustig machte. Zu sehen ist ein 'typisch' gekleideter kurdischer Mann, der faul an einer verlassenen Zughaltestelle sitzt und eine 'typisch' westlich gekleidete junge Frau beobachtet, die mit einem großen Koffer auf den Zug wartet. Er sagt zu ihr, „Der letzte Zug ist längst abgefahren, mein Fräulein. Heiraten Sie mich!" Die Botschaft ist klar: die Zugmetapher wird zur Bezeichnung des Wunsches nach einer westlichen Zukunft benutzt, den die westlich aussehende

Frau verkörpert. Die Gegenwart jedoch ist die von allerlei Problemen geplagte Türkei, die nicht mit der Frage der kurdischen und anderer ethnischer Identitäten umzugehen weiß. Statt sich auf die gegenwärtigen Probleme und deren Lösung zu konzentrieren, blickt die hegemoniale Imagination durch die Brille eines stets schon verspäteten und stets aufgeschobenen Ideals über die Gegenwart hinaus. Trotz der augenscheinlichen Betonung von Geschwindigkeit und Bewegung, die die Metapher vom 'Erwischen des Zuges' besonders gut ausdrückt, impliziert die Art und Weise ihrer Verwendung einen gewissen zeitlichen Stillstand oder sogar Zeitlosigkeit. 'Geschwindigkeit' ist symptomatisch für ein weitaus älteres Problem der Modernität in der Türkei, was zu der Annahme verleitet, dass deren Betonung nichts mit Bewegung, sondern mit Stillstand zu tun hat.[10]

Ich möchte dafür argumentieren, dass das lähmende Paradox der Geschwindigkeit durch den Begriff des *Okzidentalismus* erläutert werden kann. Aber nicht so, wie ihn diverse Forscher verwendet haben, nämlich im Sinne einer einfachen anti- oder pro-westlichen Einstellung[11], sondern in all seiner historischen Fülle, die die besondere verdinglichte und kolonialisierende Konzeption des 'Westens' erfasst, welche westliche und nicht-westliche Machtregimes legitimiert hat. Auf genau diese Weise hat 'der Westen' seine Rolle in der zeitlich/räumlichen Vorstellungswelt der modernen türkischen nationalen Identität gespielt. Von seiner erstmaligen Konzeptionalisierung im Prozess der Definition einer türkischen nationalen Identität im späten 19. Jahrhundert wird 'der Westen' bis zum heutigen Tag 'dem Osten' in einem andauernden Aushandlungsprozess zwischen beiden Konstrukten entgegengesetzt. Ersterer wurde entweder als zu befolgendes 'Modell' gefeiert, oder als Bedrohung 'einheimischer' nationaler Werte verteufelt. M.E. können wir bei der begrifflichen Erfassung der Konstruktion und Repräsentation der türkischen Moderne weder unproblematisch die Gültigkeit des westlichen Modells verkünden, noch einfach die Bedeutung in der Fantasie 'des Westens', die die politische Imagination nach wie vor einengt, herunterspielen. Die Türkei, die sowohl intern als auch von Außenstehenden als Brücke zwischen Ost und West[12] bezeichnet wurde, hat ein zwiespältiges Verhältnis nicht nur zum geographischen Sitz von Ost und West, sondern auch zu deren *zeitlicher* Bedeutung: Rückständigkeit und Fortschritt. Seit mehr als 100 Jahren nun versucht die Türkei, die Brücke zwischen Ost und West zu überschreiten, dabei befürchtend, dass es dieselbe Brücke sein könnte, die sie in Zeit und Raum festhält. Anders gesagt, der Sinn der Gegenwart hat einen mythischen Kern, der Jahre überdauert hat und als eine Quelle von Frustration und Bedrohungsgefühl sowie als Symptom internalisierter Minderwertigkeit bestehen bleibt. Kurioserweise halten diese emotionalen Zustände in der Türkei ein gewisses Funktionieren der Macht sowie durch ihre Dynamik mobilisierte Performanzen aufrecht.

Das Studium des Okzidentalismus, so wie ich es verstehe, bedeutet, aufmerksam zu sein für die Probleme auf der Trennungslinie des Ost/West-Gegensatzes. Es handelt sich daher weder um eine *emische* Analyse, die versucht, „die Dinge vom Standpunkt des Akteurs zu sehen" (Geertz 1993: 14), noch um eine *ethische* Analyse, die die Dinge von einem ihnen aufgezwungenen, zum Beispiel auf westlichen Repräsentationen beruhenden, Bezugsrahmen aus betrachtet. Ich arbeite mit einem theoretischen Rahmen, der beansprucht, die Lücken und das Unpassende an den Grenzlinien der miteinander verbundenen Projektionen des Okzidents und Orients zu analysieren. Dieser Bezugsrahmen konzentriert sich auf Fragen der Moderne in einem nichtwestlichen Kontext und sucht, die Geschichtlichkeit des nichtwestlichen Anderen offenzulegen, die in den hegemonialen Erklärungen der westlichen Moderne, und selbst in einigen Sozialtheorien, die diese Erklärungen zu verstehen suchen, unsichtbar gemacht wird. Mein Ziel ist daher, nicht einfach nur über den Ost/West-Gegensatz hinauszugehen, sondern die konstitutive Rolle des historischen Gegensatzes sowohl für die ʻwestlicheʼ als auch die ʻöstlicheʼ Modernität in Erinnerung zu rufen. Diese Aufgabe erscheint umso wichtiger in einer Zeit, in der die Kräfte der Globalisierung den Gegensatz praktisch überwinden, die kriegerischen Positionen ihn aber nach wie vor in gewalttätigen Formen reproduzieren.

Die Last des historischen Gegensatz zwischen ʻdem Westenʼ und ʻdem Ostenʼ gipfelt in einer weiten Kluft zwischen ʻGegenwartʼ und ʻZukunftʼ, die die Zugmetapher auf den Punkt bringt. Aber das ist für die türkische Moderne nicht spezifisch. Aufgrund des zeitlichen ʻHinterherhinkensʼ, das in der Darstellung nichtwestlicher Modernitäten stigmatisiert und als ʻRückständigkeitʼ internalisiert ist, sind Nicht-Westler, so Nilüfer Göle, „von ihrer eigenen Gegenwart entfremdet, welche sie überwinden wollen, indem sie sich entweder in eine utopische Zukunft oder das goldene Zeitalter der Vergangenheit projizieren" (2000a: 48). Ähnlich argumentiert Halil Nalçaoğlu: die Selbstidentität jener Länder, die sich an Modernisierung in einem nichtwestlichen Kontext versuchen, sei stark vom ʻzu spät Seinʼ bestimmt (2002).[13] ʻDen Zug erwischenʼ ist eine Metapher, die ein geschichtliches Ziel bezeichnet, an dem die ʻNachzüglerʼ *immer schon* zu spät sind.[14] Nalçaoğlu weist auch auf die „chronische Sorge" und das „Universum symbolischer Krisen" hin, das hierdurch erzeugt wird.

Dieser ʻRückstandʼ ist auf paradoxe Weise unbeweglich und unterscheidet sich von der beständig vorwärts schreitenden chronologischen Sequenz des westlichen Fortschritts.[15] Dies ist ein zeitloses Element der Selbstdefinitionen von Nicht-Westlern, aber es ist nicht in der Kultur der als nicht-westlich etikettierten Orte begründet und kann auch nicht auf Wesenszüge eines Kulturerbes aus der Vergangenheit zurückgeführt werden. Vielmehr sollte man die mit diesem Stillstand verbundene Vergangenheit im Zusammenhang mit der geschichtlichen Dynamik der Moderne sehen. Jene Bewegung, welche durch die Gleichsetzung der Gegenwart mit Stillstand gefesselt und gehemmt wird, verweist auf den verschobenen Raum und die verschobene Zeit des Nicht-Westlichen. Die ʻGegenwartʼ kann weder auf eine naturalisierte und privatisierte Zeit reduziert werden, die ins Alltagsleben eingebettet ist, noch auf ein Vergangenheit und Zukunft im jeweiligen Zeitpunkt zusammenführendes Segment in der national periodisierten Zeit der modernen Geschichte. Die Gegenwart hat ihre eigene Politik von Zeit und Raum, die durch das überdeterminiert ist, was gemeinhin Geschichte genannt wird und selbst eine geographisch-temporale Repräsentation ist.

In diesem weiteren Rahmen gesehen, ist es nicht überraschend, dass dieselbe Furcht vor dem 'Rückstand' sich auch darin findet, wie die EU in der Türkei wahrgenommen und diskutiert wurde – selbst als sie noch ein erreichbares politisches Ziel schien.[16] Ich werde die temporalen Konstruktionen der Moderne, die man sich in der Diskussion über die EU im Jahr 2002 zu eigen machte, als Teil in einen größeren historischen Rahmens einordnen, um im Anschluss daran auszuführen, wie die Moderne und die Nation in der Türkei im Verhältnis zum 'Westen' begriffen und erfahren werden.

Auch wenn es nicht einfach ist, die kurz- und langfristigen politischen Interessen aller Akteure darzulegen, die sich an jener Debatte beteiligten, so ist doch festzuhalten, dass die EU, im guten wie im schlechten Sinne, als symbolischer Platzhalter für die Zukunft der türkischen Gesellschaft fungierte. Allen an der Diskussion beteiligten Parteien ist die ambivalente Einstellung[17] zur *transzendentalen* Bedeutung der für die EU-Mitgliedschaft notwendigen Reformen gemeinsam. Diese von der EU vor der Aufnahme von Beitrittsverhandlungen geforderten Reformen wurden nicht *als solche* diskutiert, d.h. als Lösungen für gegenwärtige gesellschaftliche Probleme. Vielmehr wurden sie als Chiffre für die entweder ersehnte oder befürchtete Verwestlichung verwendet. Die öffentliche Debatte beschäftigte sich vor allem mit der Frage „Wie sieht uns Europa?"[18], während die praktisch-politische Bedeutung der Reformen ins Hintertreffen geriet. Die Kluft zwischen dem, was diese Reformen – etwa das Recht ethnischer Minderheiten, ihre eigene Sprache zu sprechen –, implizierten, und dem nach wie vor auf dieselben Gruppen ausgeübten politischen Druck, wurde nur dann irritierend empfunden, wenn EU-Vertreter ausdrücklich auf sie hinwiesen. Dies zeigt, dass jene Reformen nicht dazu gedacht waren, die aktuellen Probleme der türkischen Gesellschaft anzugehen, sondern dass sie Teil einer für westliche Augen aufgeführten Performance waren.

Die hegemoniale Imagination bezüglich der EU hat die Gegenwart verdrängt und sich auf die Zukunft konzentriert – und dennoch wurde diese von einer fixierten Vergangenheit überschattet. Dies lässt sich am besten anhand einer pro-europäischen Kampagne verdeutlichen, die den Namen *Bewegung Europa 2002* trug. Dabei handelte es sich um eine 'zivilgesellschaftliche' Bewegung, die von einer großen Anzahl von Organisationen aus Handel und Wirtschaft unterstützt wurde. Die eigentliche Kampagne bestand aus Zeitungsanzeigen und Großplakaten, auf denen die besondere Dringlichkeit eines türkischen Beitritts zur EU hervorgehoben wurde.[19] Ihr Motto war: „Es gibt kein anderes Morgen." Sowohl dieses Motto als auch die Anzeigen versuchten vor allem, ein Gefühl der Dringlichkeit hervorzurufen. Die erste Anzeige nahm die alte kemalistische Parole „Türke, sei stolz, arbeite und habe Zuversicht" und ergänzte sie durch den Zusatz „und sei schnell". Hier wurde die gegenwärtige Sorge über die Zukunft mit dem jahrhundertealten 'Kampf' der türkischen Nationalisten verbunden, Teil der 'zeitgenössischen Zivilisation' zu sein. Die unbewegliche Vergangenheit wurde im Licht des Drucks, eine Zukunft wählen zu müssen, neu überdacht. Die zweite Anzeige zielte auf Furcht ab, indem sie eine Bedrohung an die Wand malte. Zu sehen war ein weinendes Baby und in ironischem Tonfall war zu lesen, dass die Türkei ohne eine 'europäische Zukunft' dazu verurteilt sei, in der gegenwärtigen (oder vergangenen?) unerträglichen Krise zu verharren. Diese Infantilisierung der nationalen Identität, welche für ihr Überleben unbedingt auf den Westen angewiesen sei, war eine weitere Wiederaufnahme des alten Motivs, welches die türkische Gesellschaft als Kind im Vergleich zum 'alten' Europa darstellte. An der dritten Anzeige war vor allem bedeutsam, dass sie die vergangenen (aber ungelösten) Fragen nationaler Identität ins Spiel brachte. Gezeigt wurden zwei identische Abbildungen eines orientalisch aussehenden Mannes mit Schnurrbart, während die Anzeige Betrachter aufforderte, auf den 'Unterschied' zu achten, welcher zwar unsichtbar war, aber trotzdem mutmaßlich einen entscheidenden Einfluss auf ihre gegenwärtige Lage hat. Der Text der Anzeige verriet, dass der Unterschied in der Lebensqualität zwischen dem Griechen, der EU-Mitglied ist, und dem Türken, der dies nicht ist, bestand. Hier wurde zunächst an deren Gemeinsamkeit erinnert, insofern die Griechen einst Teil des Osmanischen Reiches waren – um sogleich durch die *nationale* Differenz widerrufen zu werden, welche in Wahrheit Resultat der unsichtbaren Vermittlung durch den Westen war.[20] Die letzte Anzeige präsentierte endlich die lange erwartete Lösung. Die Überschrift „Golden Goal" bezog sich auf den überraschenden 'Sieg' der Türkei in der in etwa gleichzeitig stattfindenden Weltmeisterschaft. Zu lesen war, dass die Türkei mit ein bisschen 'Willenskraft' und 'Mut' einen letzten 'Angriff' machen würde, um das Spiel zu gewinnen. Diese auf die Förderung einer pro-europäischen Stimmung abzielenden Anzeigen trennten die Bedeutung der Reformen (als Chiffren für die EU) von ihrer gegenwärtigen Bedeutung (dem andauernden, schmerzhaften Kampf für die Gewährung von Menschenrechten in der Gesellschaft[21]) und reduzierten sie auf kluge Taktik in einem Spiel, das von der westlichen Welt dirigiert und beobachtet wurde.

Wie die in den Anzeigen auftauchenden Motive beweisen, war der Diskurs dieser Kampagne zutiefst geprägt und belastet von früheren, aber nie ganz vergangenen, symbolischen Krisen der türkischen nationalen Identität. Die Beschwörung der Zukunft wiederholt die Vergangenheit als unveränderlichen und zeitlosen Ursprung der Gegenwart, der ausgelöscht werden muss durch einen radikalen Sprung in eine Zukunft, die keine Verbindung mit der Gegenwart aufweist. Der heterogene Erfahrungsgehalt der gegenwärtigen Zeit wird verleugnet und auf eine permanente Krise reduziert, der die nationale Elite der Türkei von Anfang an zu entrinnen sich 'abmühte'.

Die Gegenwart wird von den Anfängen verfolgt.[22] Die zeitlose Fantasie vom 'Westen' im Gegensatz zum 'Osten' ist allerdings keine Konstruktion im leeren Raum, denn sie hat, wie in Edward Saids Buch *Orientalism* (1995) geschildert, einen dialogischen Bezug zur Fantasie 'des Ostens', die aus dem geschichtlichen Zusammentreffen von West und Ost entstand. Said zufolge findet der Dialogismus dieser Fantasien aber innerhalb eines hierarchischen Machtregimes statt, welches das Privileg des Westens, in 'den Osten' einzudringen, ihn zu erkennen und daher zu kolonisieren, aufrechterhält und welches daher über die Macht verfügt zu bestimmen, was der 'wahre' Westen ist. Die von westlichen Medien zur Beschreibung der Reformen in der Türkei im Jahr 2002 benutzte Metaphorik ist hierfür ein schlagkräftiges Beispiel. Westliche Journalisten bezogen sich in ihren Kommentaren zur Frage der EU-Mitgliedschaft der Türkei des Öfteren auf die 'Anfänge' der türkischen nationalen Identität.[23] Dass sie zum Beispiel von der Türkei als dem 'kranken Mann' Europas sprachen, hatte eine doppelte Bedeutung: während sie einerseits auf die Gegenwart, d.h. den schlechten Gesundheitszustand Bülent Ecevits, des damaligen türkischen Premiers, verwiesen, bekräftigten sie andererseits das Schlagwort, das die Europäer im späten 19. Jahrhundert benutzten, um das osmanische Reich zu verunglimpfen. Ein anderer 'klassischer' Kommentar, der von westlichen Journalisten ausgehend auch in türkische Medien einsickerte, zog die Authentizität der türkischen Moderne in Zweifel. Er besagte, dass die Türkei nach Inkrafttreten der Reformen nun sei wie Europa.[24] Auch dies war keine neue Perspektive. Westliches 'Modell' und türkische 'Kopie' sind altbekannte Motive nicht nur im Journalismus, sondern auch in sozialer Theorie. Die Differenz, die zwischen dem Modell und der Kopie historisch aufgemacht wurde, steht im Zentrum der hegemonialen Imagination bezüglich der Konstruktionen von Osten und Westen. Die hegemoniale Imagination der Türkei bildete sich innerhalb eines Zusammentreffens mit dem Westen heraus, der in seiner kolonialistischen und imperialistischen Geschichte anderen stets ein 'Modell' der Moderne aufgezwungen und sich durch ungenügende 'Kopien' reproduziert hat. Lassen Sie uns nun die mal sichtbare, mal unsichtbare Präsenz der Begriffe *Modell* und *Kopie* in Theorien über die 'türkische Moderne' untersuchen.

2　Die Zeitdifferenz zwischen Modell und Kopie

Modernisierungstheoretiker betrachten den Prozess der Verwestlichung und/oder Modernisierung als eine Bewegung westlicher Werte und Techniken vom Zentrum der Moderne hin zu den noch 'entwicklungsbedürftigen' Rändern.[25] Diese eurozentrische Sichtweise vernachlässigt Komplexität und Krise der Moderne und reduziert sie auf ein 'Modell', welches als ein *„rein europäisches* Phänomen" (Dussell 1998: 18) betrachtet wird. Solange jedoch die sogenannte Modernisierungsmission integraler Teil dieser Sichtweise bleibt, bleibt auch das Modell der Modernität, das auf linearer, mutmaßlich vom Modernen zum Traditionellen reichender Zeit basiert, paradox. Der auf Homogenisierung zielende Impetus der Modernisierung basiert auf einer Unterscheidung, die Peter Osborne zufolge „zunächst anerkannt werden muss, bevor sie negiert werden kann", so dass „die Resultate synchronischer Vergleiche diachronisch angeordnet werden, um eine Entwicklungsskala zu produzieren, die 'Fortschritt' definiert im Sinne einer Projektion der Gegenwarten bestimmter Völker auf die Zukunft anderer Völker, und zwar auf der Ebene der geschichtlichen Entwicklung im Ganzen" (Osborne 1995: 17). In diesem Sinne ist das Modell linearer Zeit auch ein verdecktes räumliches Modell.[26] Daraus ergibt sich das Paradox, dass die Bewegung in der Zeit durch den Stillstand im Raum aufgehoben wird. Letztlich wird die Modernisierung daher durch die wesentlichen Eigenheiten des betreffenden Raumes verzerrt. Für die Modernisierungstheorien, die stets predigen, dass Modernisierung in nicht-westlichen Kontexten möglich sei, bedeutet dies, dass sie zur selben Zeit einen Gegensatz von Zeit und Raum setzen, der innerhalb ihres Paradigmas nicht aufgelöst werden kann.[27] Der 'wesentliche Raum' des Nicht-Westens ist, wie Edward Said auf vorzügliche Weise darlegt, unbewegt und wird im Kontrast zu Zeit und Wandel definiert. Es ist daher nicht überraschend, dass Bernard Lewis, der vor über dreißig Jahren „die Entstehung der modernen Türkei" (1968) feierte, vor nicht allzu langer Zeit erklärte, dass sie nach wie vor eine „wichtige Wahl" zu treffen habe zwischen dem Mittleren Osten und dem Westen (1997: 48). Die Türkei sei noch nicht „da", denn „mit der modernen Welt aufzuholen bedeutet mehr als einfach moderne Technik auszuleihen oder einzukaufen" (Lewis 1997: 46). Auch Lewis zufolge ist es der Türkei noch nicht gelungen, die Brücke zu überqueren. Wie aus diesem Beispiel klar hervorgeht, verhält sich die Modernisierungstheorie im Hinblick auf die Unvermeidlichkeit von Modernität in Orten wie der Türkei zweideutig. An nicht-westlichen Orten verfügt der Prozess der Moderne nicht über eine inhärente Dynamik und ist daher immer abhängig von der sich stets präsentierenden kritischen Entscheidung zwischen Ost und West, welche auf paradoxe Weise in ihren wesentlichen Raum eingeschrieben ist.

Die jüngere Forschung zu Modernität und Nationalismus in der Türkei ist sehr kritisch gegenüber den Modernisierungstheorien. Im Gegensatz zur klassischen Modernisierungstheorie, welche die 'asymptotische' Annäherung der Türkei an die westliche Moderne hochleben ließ, haben Kritiker dieses Ansatzes „die kemalistische Doktrin öffentlich in Frage gestellt und als eine patriarchale und antidemokratische Auferlegung von oben kritisiert, die die geschichtlichen und kulturellen

Erfahrungen der Menschen in der Türkei verleugnet" (Bozdoğan/Kasaba 1997: 4). Während die Modernisierungstheorien den türkischen Fall als mehr oder minder erfolgreiches *Beispiel*[28] einer universellen Moderne verstanden, sahen die Kritiker ihn als Scheitern des Versuchs, eine demokratische und moderne Gesellschaft zu errichten.[29] Beide Sichtweisen beziehen sich jedoch auf dasselbe implizite Modell. Ob die Geschichte der Verwestlichung als Erfolg oder Fehlschlag gewertet wird: in beiden Fällen wird impliziert, dass die Türkei, die den Westen 'imitiert' hat, ein Ausnahmefall und ein ungeeignetes Vehikel westlicher Modernisierung ist. Sie ist dazu verdammt, 'Kopie' zu sein.

Außerdem findet sich in jüngeren kritischen Ansätzen die Tendenz, die Entstehung der türkischen Nation im Sinne der 'Fabrikation' auf Basis eines Modells zu interpretieren (siehe Kadıoğlu 1996). Dies scheint ein Spiegelbild der nationalistischen Ideologie zu sein, die die erfolgreiche Initiative der politischen und kulturellen Führung in den miteinander verbundenen Prozessen der Nationalisierung/ Modernisierung/Verwestlichung an erste Stelle rückt. Hebt die offizielle nationalistische Darstellung die 'guten Absichten' jener Initiative hervor, so verweist die Kritik auf deren 'diktatorische Absichten'. Der letztgenannten Ansicht zufolge übernahm die 'modernisierungsbewusste Elite' freiwillig das Modell westlicher Zivilisation und zwang es den Massen von oben auf, was natürlich kaum dem 'demokratischen' westlichen Modell entspricht. Beide Sichtweisen behandeln türkische Identität im Rahmen einer Problematik der Imitation und behalten somit die notwendige zeitlich/räumliche Distanz zwischen Modell und Kopie bei. Selbst Forscher, die die westliche Dominanz kritisieren, folgen in ihrer Denunziation der Übel der Imitation derselben Logik. So behauptet beispielsweise Kevin Robins, die türkische Kultur „sei in ihrer Nachahmung des europäischen Modells imitierend und abgeleitet. „Aber selbstverständlich", so fährt er fort, „ist die Simulation, wie gut sie auch sei, nicht dasselbe wie *das Original* [the *real thing*]" (Robins 1996: 67; Hervorhebung M.A.). Der Westen wird als die ursprüngliche Bühne betrachtet, auf der die Moderne ihre Begriffe und Institutionen vor-/aufführt, und dieser Ansatz degradiert die türkische Moderne zu einem unhistorischen und unsoziologischen Phänomen.

Aus den oben beschriebenen Perspektiven auf Verwestlichung/Modernisierung in der Türkei ergeben sich eine Reihe von Fragen: wie man sich 'Auswirkungen' und 'Einflüsse' vorstellen soll; was genau 'Imitation' bedeutet; und natürlich die Frage nach dem 'Original/real thing'. Diese Fragen stellen eine sowohl theoretische als auch praktisch/politische Herausforderung dar. Das Problem von 'Modell' und 'Kopie' ist natürlich nicht auf die Türkei beschränkt, denn dieselbe Herausforderung wird beispielsweise auch in postkolonialen Theorien aufgegriffen. Diese versuchen, die historischen Repräsentationen von Modell/Kopie oder Selbst/Anderer durch die Untersuchung der kolonialen Geschichte dieser Dichotomien zu dekonstruieren.[30] Was aber durchaus spezifisch ist für die Türkei, ist ihr kompliziertes Verhältnis zum Kolonialismus und infolge dessen ihre Vernachlässigung in post-kolonialen Theorien.

Der türkische Fall hat die postkolonialen Kritiker nur wenig interessiert.[31] Modernisierungstheorien haben hierzu mehr zu sagen; sie argumentieren, dass die Türkei verwestlicht wurde ohne kolonisiert zu werden.[32] Dies macht es sinnvoll, über die Unsichtbarkeit der Türkei in der postkolonialen Kritik nachzudenken. Angesichts der Tatsache, dass Edward Saids kritische Untersuchung westlicher Konzeptionen des Nicht-Westens einen starken Einfluss auf Studien über Modernität, einschließlich der postkolonialen Kritik, gehabt hat, ist es besonders auffallend, dass er die Türkei in seiner Studie des Orientalismus übergeht. Er überspringt nicht nur die lange osmanische Geschichte, welche Gegenstand orientalistischer Wunschvorstellungen und Spott auf vielen Gebieten wie etwa Philosophie, Reiseliteratur und Kunst war (siehe Grosrichard 1998). Er geht auch nicht auf die Komplikationen durch die „Niederlage der Türkei und die westliche Aneignung" ihrer einstigen imperialen Besitztümer" (Moore-Gilbert 1997: 52) nach dem ersten Weltkrieg ein. Saids diesbezügliches Schweigen ist besonders merkwürdig, da er doch eben jene Periode als eine beschreibt, in welcher der 'Orient' eine immer stärkere „Herausforderung an den Geist, das Wissen und das Imperium des Westens darzustellen schien" (Said 1995: 248). Said verortet den 'orientalischen' Anderen primär in der arabischen Welt, der er teilweise selbst angehört. Seine Vernachlässigung des türkischen Falls zeigt, dass die Türkei ein problematisches Verhältnis zur arabischen Welt hat, da das osmanische Reich dort einst Kolonialmacht war. Womöglich spiegelt sich hierin Saids eigene ambivalente Haltung zur Geschichte der osmanischen Kolonisierung Palästinas wider: das osmanische Reich sprengt die binären Gegensätze von Ost und West, Kolonialherr und Kolonisierter, auf denen seine Analyse hauptsächlich beruht.

Der Status der Türkei im Hinblick auf die Geschichte des Kolonialismus wird weiter dadurch verkompliziert, dass das osmanische Reich selbst Kolonialmacht war.[33] Beginnend im 18. Jahrhundert erwuchs der osmanischen Herrschaft im sogenannten Westen eine bedeutende Herausforderung. Der Einfall von Wissenschaft, technischem Wissen und Werkzeugen aus dem Westen, die mit der islamischen und traditionalen Lebensweise nicht übereinstimmten und das Bewusstsein eines 'Mangels' erzeugten, wurde von westlichen Unternehmen begleitet, die bestimmte Industriezweige etablierten und monopolisierten. Dem schloss sich eine Periode des Niedergangs der osmanischen Herrschaft an, die als Kolonisierung des Kolonialherren betrachtet werden kann.[34] Die Auswirkungen dieser Periode – und zwar sowohl der westlichen Kolonisierung des osmanischen Lebens wie auch des Problems der osmanischen Kolonien – wurden im nach der Gründung der türkischen Republik vorherrschenden kemalistischen Diskurs nicht offen angesprochen. Der kemalistische Bruch, der einen zeitlichen Nullpunkt zu setzen versuchte, hat zu der ambivalenten Einstellung zum Westen wie auch zur osmanischen Vergangenheit beigetragen, die in der Türkei vorherrschend ist. Wie der kemalistische Diskurs, der die Dynamik der Kolonisierung des osmanischen Kolonisierers verschwieg, so hat parallel dazu auch die soziale Theorie die Komplexität des Prozesses bislang nicht ausreichend angesprochen. Entsprechend wird die türkische 'Replik' der Moderne in Modernisierungstheorie, Orientalismustheorie und postkolonialer Kritik entweder zu wörtlich genommen oder unsichtbar gemacht.

3   Die Bedeutung der 'Gegenwart': Alternative oder multiple Modernitäten

Während die postkoloniale Kritik den türkischen Fall zumeist schlicht ignoriert, existiert noch eine weitere Linie der Kritik. Obgleich sie ihre Wurzeln ebenfalls in postkolonialer Theorie hat, hat sie sich freigemacht vom Dialogismus zwischen Selbst und Anderem und lässt die hybriden und multiplen (oder alternativen) Modernitäten in der Türkei und anderen nichtwestlichen Ländern hochleben. In gewissem Sinne ist dies eine partielle Befreiung von der geschichtlichen Last von Moderne und Kolonialismus. Der erdrückende Rahmen von 'Modell' und 'Kopie' wird zurückgewiesen und stattdessen „eine ortsbasierte Lesart von Modernität" (Goankar 1999: 14)[35] bevorzugt. Goankar zufolge „ist Modernität heute global und vielfältig und weist nicht länger ein beherrschendes Zentrum oder sie begleitende Großerzählungen auf" (1999: 13). Natürlich bedeutet das für die sich mit der Idee alternativer oder multipler Modernitäten befassenden Autoren nicht, dass der westliche Diskurs der Modernität aufgegeben werden könnte oder sollte. Kulturelle Unterschiede einfach nur zu feiern, wäre zu naiv. Um die Schwierigkeiten der Bestimmung der 'universellen' und der 'lokalen' Bedeutung von Modernität zu überwinden, müsse eine Unterscheidung zwischen 'gesellschaftlicher Modernisierung' und 'kultureller Modernität' getroffen werden – allerdings auf dialektische Weise. In den Worten Taylors und Lees: „Eine brauchbare Theorie multipler Modernitäten muss gleichermaßen auf den Drang nach Gleichheit eingehen wie auf die Faktoren, die Unterschiede hervorbringen."[36] Es wird daher angenommen, dass gesellschaftliche Modernisierung für die verschiedenen „ortsspezifischen 'kreativen Aneignungen'" die Achse der Konvergenz darstellt (Goankar 1999: 16). Goankar geht von dieser Unterscheidung aus, um der/den Bedeutung/en der Moderne nachzuspüren. Durch Foucaults Kant-Lektüre inspiriert, argumentiert er vor allem, dass Modernität „am besten als eine Einstellung des Hinterfragens der Gegenwart verstanden werden sollte" (1999: 13).

Dieser Ansatz ist ein Versuch, das oben von mir diskutierte inhärente Paradox der Modernisierung zu negieren. Statt den Raum mit Hilfe hegemonial strukturierter zeitlicher Kategorien zu unterteilen (wie die Begriffe *rückwärts* oder *Fortschritt*), wird er als differenzierter und produktiver Bestandteil von Modernität behandelt. Nichtwestliche Orte sollten als Plätze gedacht werden, „an denen sich die Menschen selbst modern 'machen', anstatt von äußeren und unpersönlichen Kräften dazu 'gemacht zu werden' (Goankar 1999: 16). Wenn Modernität eine „Art der Beziehung zur Gegenwart und zu sich selbst" ist, welche auf dem ganzen Globus entsteht, kann die Analyse der Moderne auch nicht mehr auf einer „sequenziellen Chronologie" beruhen, sondern nur auf „gleichzeitiger Zeit" (Göle 2000a: 46). Eine solche Auffassung von Modernität mag durchaus befreiende Aspekte haben, vor allem für Nicht-Westler. Ich möchte jedoch behaupten, dass innerhalb dieses Rahmens, die den Modernisierungsansatz verfolgenden theoretischen und politischen Probleme *nicht* vollständig gelöst sind, wenn sie nicht sogar einfach umgekehrt wurden.

Der Versuch, die Unterscheidung von 'gesellschaftlicher Modernisierung' und 'kultureller Modernität' entlang der Achse Konvergenz/Divergenz zu überdenken und dennoch beizubehalten, bleibt hochproblematisch. Zwar wird angenommen, dass Divergenz *innerhalb* der von Konvergenz gezogenen Linien möglich ist und dass Divergenz an jenen Grenzen Ähnlichkeiten produziert. Dennoch wird innerhalb dieses Rahmens das Problem der abgenutzten, aber immer noch lebendigen historischen Darstellungen von Modernität nicht thematisiert, wie sie sich nicht nur in akademischen Texten finden, sondern auch in Diskursen, welche die Machtregime sowohl im Westen als auch im Nichtwesten legitimieren. Die Betonung gleichzeitiger Zeit und differenzierten Raums reduziert die von Macht gezeichnete Struktur der Moderne auf eine glatte Oberfläche, auf welcher Gleichheit und Differenz sich unbegrenzt betätigen. In einem gewissen Sinne wird hier der implizite räumliche Faktor in den auf linearer Zeit basierenden Modellen der Modernisierungstheorien umgekehrt. Im Rahmen der multiplen oder alternativen Modernitäten erscheint Modernität als wünschenswertes Endziel, welchem sich die 'Nachzügler' auf ihre je eigene einfallsreiche Weise nähern. Dennoch müsse man, so die Vertreter dieses Ansatzes, um der Theorie und Praxis „kreativer Aneignung' willen, aufgeschlossen sein für „die Sprache und die Lektionen der westlichen Modernität (Goankar 1999: 16f). Auf diese Weise wird die Chronologie der westlichen Modernität nicht nur ohne Hinterfragen ihrer historischen Konstruktion und Repräsentation akzeptiert, sie wird auch stillschweigend als Modell angenommen. Die implizite Chronologie, welche in der ortsspezifischen Lesart von Modernität unsichtbar gemacht wird, bekräftigt ein weiteres Mal die Hinterlassenschaft und das Modell der westlichen Moderne.[37]

Im Hinblick auf die spezifischen Probleme, die in diesem Artikel über den türkischen Fall behandelt werden, ist die faszinierendste Frage die nach der *Gegenwart*. Modernität im Sinne einer Einstellung oder eines Ethos' der Befragung der Gegenwart steht im Gegensatz zu meiner bisherigen Argumentation, wonach in der Türkei die Bedeutung der Gegenwart verschoben ist. Es lohnt sich zu untersuchen, wie der Ansatz multipler Modernitäten auf die Türkei angewendet wird. Nilüfer Göle behauptet, dass es in der Türkei und anderen nichtwestlichen Kontexten zu einer „Indigenisierung der Moderne" komme, was „eine Trennung von Verwestlichung und Modernisierung" impliziere (2000a: 40-42).[38] In ihrer ausführlichen Diskussion der Probleme und Potenziale multipler Modernitäten, weist sie zurecht auf ein neues begriffliches Bewusstsein im Versuch, nichtwestliche Modernitäten anders zu interpretieren, hin, welches auch relevant ist für das Verständnis der in der Einleitung beschriebenen jüngsten Entkopplung von Nationalismus/-en und Modernität/en in der Türkei. Göle postuliert: „1. Dezentrierung des Westens; 2. Einführung gleichzeitiger Zeit; 3. Die Vorstellung eines 'Mangels' muss durch die eines 'Überschusses' an Modernität ersetzt werden; 4. Dissonante Traditionen können eine gewisse methodologische Basis für einen Ansatz im Hinblick auf nichtwestliche Modernitäten darstellen." (2000a: 45). All diese Postulate mögen teilweise nützlich sein, um das erdrückende Modell westlicher Modernität theoretisch zu bekämpfen und um die 'Gegenwart' zur Geltung kommen zu lassen. Göles Beispiele – besonders diejenigen, die die islamischen Erfahrungen mit Modernität in der Türkei betreffen – weisen auf die Heterogenität 'des Modernen' hin. Ich möchte jedoch behaupten, dass diese Hybridität und Heterogenität moderner Identitäten letztlich auf die historischen Markierungen Ost und West hinauslaufen, und zwar in dem Maße wie diese Identitäten innerhalb der Grammatik des Nationalismus' angeeignet und reartikuliert werden, die mit den Grenzen der Fantasie der Moderne untrennbar verbunden ist. Identitäten sind stets 'hybrid' und 'ambivalent', aber sie werden zur selben Zeit innerhalb gewisser Grenzen verabsolutiert und tragen die Gewalt und die Last der Geschichte aber auch Widerstandspotenziale in sich. Es ist daher möglich, dass die einschränkende und verabsolutierende Fantasie des Modernen gänzlich unverträglich ist mit den Versuchen 'kreativer Aneignung' seitens heterogener gesellschaftlicher Gruppen. Ich behaupte, dass das, was mutmaßlich der Vergangenheit der türkischen Modernität zugehörte und vermeintlich überwunden ist – westliche Hegemonie; die Vorstellung eines 'Mangels'; die ungleichzeitige Wahrnehmung der Zeit; die binäre Gegenüberstellung von traditional/modern – in den gegenwärtigen Ausformulierungen der Bedeutung von Modernität sehr präsent ist.

Zu leichtfertig setzt Göle das neue theoretische Bewusstsein mit der Auflösung der Ost/West-Unterscheidung gleich. Zum Beispiel behauptet sie, dass die Dezentrierung des Westens den Spiegel der westlichen Identität durch einen anderen ersetze, der „die Möglichkeit bietet, unsere Erfahrungen im Lichte der historischen Erfahrung und sozialen Praxen der anderen zu lesen" (2000a: 45). Das lässt sofort an die Frage denken, ob in diesem Fall die oft erwähnte türkisch-griechische Feindschaft aufgelöst und Türken und Griechen fortan ihre Erfahrungen im Lichte der historisch miteinander verbundenen Erfahrungen der jeweils anderen lesen werden? Viele gegenwärtige Beispiele, einschließlich der oben erwähnten Darstellung eines griechischen und eines türkischen Mannes in der *Bewegung-Europa-2002*-Kampagne, lassen aber vermuten, dass 'der Westen' immer noch ein machtvoller Vermittler der Konstruktion nationaler Identitäten ist, in denen lokale Erfahrung in einer mythischen Zeit eingeschlossen ist. Was Geschichte genannt wird, lässt sich in der Theorie, die selbst eine Herausforderung an Theorie ist, nur schwer entflechten.

4　Die mythische Zeit des Okzidentalismus

Ein neuer theoretischer Begriff ist nötig, um die geschichtliche Interdependenz zwischen der Türkei und dem Westen verstehen zu können, ohne dabei entweder die Unterschiede in einem dubiosen Universalismus auszulöschen oder Partikularismen um ihrer selbst willen hochleben zu lassen. Diese neue Perspektive ist für die Türkei, die als idealer Treffpunkt von Ost und West betrachtet wird, besonders relevant. Gleichzeitig war sie aber auch der Ort, an dem die Grenze zwischen Ost und West gezogen und folglich reproduziert wurde.[39] Die Geschichte der türkischen Nationwerdung/Modernisierung/Verwestlichung stellt reichhaltiges Material für die Untersuchung der fortlaufenden Reproduktionen der Teilung von Ost und West dar.[40]

Wenn Orientalismus als Repräsentation gelten kann, die von historischen und materiellen Konfigurationen der Macht gezeichnet ist (Said 1995: 23), aber auch das Begehren des westlichen Subjektes zum Ausdruck bringt, dann wirft die Art und Weise, in der die 'Orientalen' auf ihre eigene Darstellung im Westen reagieren, ein Licht auf ein komplexes Feld der Subjektivität. Was ist in diesem Fall die Subjektivität des anderen? Wenn außerdem „die Erschaffung des Orients ... auf die Selbstverdrängung des Westens hinweist, auf ein Inneres, welches als außerhalb stehend präsentiert, erzählt wird" (Young 1990: 139), was stellt dann umgekehrt die von Nichtwestlern produzierte Vorstellung 'des Westens' dar und was verdrängt sie?

Der von mir verwendete Okzidentalismusbegriff unterscheidet sich von der Vorstellung eines internalisierten Orientalismus' oder einer Abwehrreaktion gegen den Westen. Stattdessen verweist er sowohl auf die Mechanismen, die die 'Orientalen' anwenden, um ihren Subjektstatus zu erzeugen (welcher keineswegs eine homogene Entität ist), als auch auf den gemeinsamen Himmel, der verschiedene Horizonte strukturiert. Anders als in der Orientalismustheorie wird der Andere nicht nur durch das westliche Subjekt repräsentiert, Okzidentalismus bezeichnet auch die *Subjektivität* des Anderen im Verhältnis zum Orientalismus. Dadurch wird ein Raum geöffnet für die Positivität des Anderen – seine Erfahrungen, Äußerungen und Praktiken –, anstatt die meist negativen Definitionen des Anderen in Theorien des Orientalismus zu übernehmen. Aber es wird auch aufgezeigt, wie die Subjektivität des anderen im diskursiven Feld 'des Anderen', dem *wirkliche* Modernität verweigert wird, eingeschlossen ist. Es ist dasselbe Universum von Bedeutungen, in dem andere sowohl den Raum 'des Anderen' einnehmen als auch für sich selbst sprechen. Es liegt hier eine doppelte Reflektion vor, die den Prozess der Identitätsbildung verkompliziert: der Blickwinkel der westlichen Vorstellung, oder genauer: wie der Nichtwestler seiner eigenen Ansicht nach vom Westen gesehen wird, geht in die Reflektion über seine eigene Identität ein. Kritische Okzidentalismusforschung beschäftigt sich daher nicht bloß mit der ambivalenten Identität des Nichtwestlers, sondern deckt auch auf, dass der vorgestellte westliche Blick integraler Bestandteil dieser Identität ist. Sie untersucht, wie 'Zentrum' und 'Peripherie' oder 'Modell' und 'Kopie' bereits in den Begriff von Modernität eingeschrieben sind.

Meines Erachtens sollte der Begriff Okzidentalismus am besten verstanden werden als Beschreibung einer Reihe von Praxen und Arrangements im Nicht-Westen, welche durch und gegen die vorgestellte Idee 'des Westens' gerechtfertigt werden. Einerseits bezeichnet er eine projektive Identifizierung[41] mit der bedrohlichen Macht des Westens, andererseits die Ziehung innerer wie äußerer Grenzen durch die hegemonialen Kriterien der Westlichkeit. Daher kann Verwestlichung im Falle der Türkei nicht als ein objektiver Prozess verstanden werden, im Zuge dessen bestimmte Dinge, unter anderem bestimmte Sitten, aus dem Westen importiert wurden. Es handelt sich aber auch nicht um eine bloß subjektive Einstellung, die den Gang der Ereignisse gemäß der Willenskraft der herrschenden Elite formte. Vielmehr handelt es sich um einen Prozess, in dem die Nicht-Westler zum Anderen gemacht und ungleichen Machtbeziehungen unterworfen wurden, obwohl sie im selben Zusammentreffen aber auch ihre Subjektivität hervorbrachten. Okzidentalismus bezieht sich auf ein Feld der gesellschaftlichen und politischen Imagination, auf dem die Machthaber die Projektion 'des Westens' anwenden und reproduzieren, um ihre Hegemonie im Sinne ihrer Eigeninteressen zur Geltung zu bringen und zu reproduzieren. Diese Hegemonie beruht auf der Anwendung der Projektionsmechanismen, die die Fantasie vom 'Westen' unterstützen.

5 Schluss

Dass Wirtschaft, Politik und Gesellschaftsleben in der Türkei sich seit den ersten Anfängen der 'modernen/nationalen Identität' tiefgreifend gewandelt haben, bedarf keiner Erwähnung. Schon eingangs habe ich angedeutet, dass es heutzutage in der Türkei ernsthafte Risse in der hegemonialen national/modernen Fantasie gibt. Diese Risse sind einerseits Symptom einer abgenutzten Hegemonie, aber sie enthüllen auch, wie die verdinglichte Konzeption 'des Westens' die Grenzen der politischen

Vorstellungskraft absteckt. Die *mythische Zeit* des Okzidentalismus' ist bis auf den heutigen Tag weitgehend unverändert geblieben.[42] Es handelt sich vor allem um einen Mangel an Historizität[43], eine Weigerung, das Feld der Kräfte zur Kenntnis zu nehmen, die den Status quo produzieren. Dies ist eine Darstellungsweise der sozialen Realität, die deren Komplexität und Heterogenität in einem nationalen Idiom reduziert, welches in der zeitlosen Polarität von West und Ost gefangen ist. Sie wird so lange reproduziert, wie sie die Performanzen der Macht aufrechterhält, und sie steckt Grenzen und Bedingungen für die Subjektivitäten der verschiedenen gesellschaftlichen Gruppen ab, die sich in der Türkei im Konflikt miteinander befinden.

Das Beispiel der türkischen Debatte über die EU im Jahre 2002 verdeutlichte den Kontrast zwischen Hoffnungen und Beschränkungen – den 'zeitlosen' Markierungen von Ost und West. Ich will keineswegs die Bedeutung materieller Interessen in diesen Machtkämpfen unterschätzen, aber auch Bezeichnungen und Repräsentationen beeinflussen Strategien der Macht auf komplexe Weise. Genau wie der Westen sich ständig auf die Idee des 'Ostens' (und einen potenziell 'terroristischen' Islam) bezieht, um seine Hegemonie zu bekräftigen, so reproduziert die Türkei die verdinglichten Vorstellungen vom Westen, um ihr Machtregime und ihr Grenzmanagement zu legitimieren, durch welches sie Sphären, Regionen und Völker entlang der Ost/West-Achse voneinander trennt. Die okzidentalistische Fantasie nährt Strategien der Macht; sie ist nicht bloß entweder Bewunderung des Westens oder Hass auf ihn. Für die Türkei kann das verdinglichte Bild des Westens in diesem Zusammenhang sowohl negative als auch positive Bedeutungen haben. So kann etwa eine türkische Regierung die Menschenrechtsfrage auf die Tagesordnung setzen, indem sie, wie im Falle der EU, auf westliche Sensibilitäten verweist. Würde dieselbe Regierung jedoch einer Verletzung der Menschenrechte bezichtigt, kann sie wiederum das Volk vor den Gefahren westlicher Einmischung warnen.[44] Auch der Begriff des Islamismus' kann mitsamt der Bedeutung, die er durch den westlichen Blickwinkel und westliche Verunglimpfung erhält, übernommen werden – wie jüngst im Fall der Mobilisierung der Mittelschichten für 'nationalistische' Demonstrationen. Okzidentalismus ermöglicht diese konfligierenden Positionen, indem jede Handlung und jede Aussage mit Bezug auf eine vorgestellte Westlichkeit gerechtfertigt wird.

In diesem Artikel habe ich argumentiert, dass Modernität ein geschichtliches Konstrukt ist, dessen Historizität in der Polarität von Ost und West verdrängt wird. Darum wird der historische Pfad der Moderne in der Türkei, welcher innig verknüpft ist mit der Entwicklung (und Krise) des Weltkapitalismus', mit Kolonialismus und Nationalismus, weiterhin nicht anerkannt. Stattdessen bedient sich die politische Imagination einer Fantasie vom 'Westen'. Ich habe auch argumentiert, dass Sozialtheorien wie etwa die Modernisierungstheorie zu dieser Fantasie durch die Aufrechterhaltung der Ost/West-Polarität beigetragen haben, während neuere kritische Ansätze alternativer oder multipler Modernitäten die Rolle dieser Fantasie verkennen, indem sie die Pole von Ost und West allzu leichtfertig auflösen. Ich habe auch behauptet, dass man die Spannungen thematisieren muss, die bei der Reproduktion dieser Polarität, sowohl in ihren jeweiligen historischen Manifestationen als auch ihrer 'universellen' Bedeutung, auftauchen. Eine kritische Untersuchung des Okzidentalismus' gibt Beispiele für diese Spannung und vermag auch zu veranschaulichen, wie die Projektionen des Westens seitens der Nicht-Westler wie ein verzögertes Echo über den universellen Prinzipien westlicher Modernität schweben, das deren 'universelle' und 'lokale' Bedeutungen in Frage stellt und verändert.

Ich habe ebenfalls argumentiert, dass die auf der Vorstellung eines zeitlichen Rückstands basierende Betonung von Geschwindigkeit in Verwestlichung/Modernisierung auf paradoxe Weise mögliche Veränderungen der Strukturen des gesellschaftlichen Lebens in der Türkei blockiert. Es ist diese Idee von Geschwindigkeit, die den verdinglichten Charakter 'des Westens' aufrechterhält. Sie schließt Energien ein, die in der Auseinandersetzung mit versteinerten Identitäten und Problematiken verausgabt werden könnten. Die Metapher 'den Zug der westlichen Zivilisation erwischen' kanalisiert *und* frustriert gleichzeitig den Wunsch der Menschen modern zu sein. Die Furcht 'zu spät zu kommen' legt kritischem und kreativem Denken, das sich den Fragen der Gegenwart zuwenden könnte, Steine in den Weg. Die drängendsten Probleme der heutigen Türkei – etwa wachsende Armut, Menschenrechtsverletzungen, Geschlechterungleichheit, ethnische Probleme und der politische Islam – werden aufgeschoben oder schlicht undenkbar gemacht durch ihre okzidentalistische Verdrängung.

Der Verdinglichung zu widerstehen, ist niemals leicht – weder auf der Ebene der Produktion von Waren, noch der von Repräsentationen. Aber es ist einen Versuch wert! Wenn es uns gelingt, die inneren Widersprüche und Spannungen der Moderne zu verstehen und zu analysieren, die die ineinander verflochtenen Geschichten von Orientalismus und Okzidentalismus hervorbringt, dann können wir vielleicht auch das verschüttete Versprechen der Moderne wiederbeleben: die Praxis der Kritik. Es ist an der Zeit, im 'Zug der westlichen Zivilisation' nach der Notbremse[45] zu greifen, bevor er endgültig aufprallt.

Aus dem Englischen von Julian Müller

Anmerkungen

1 Es handelt sich hierbei um die überarbeitete Version eines früheren Artikels: Meltem Ahıska, „Occidentalism: the Historical Fantasy of the Modern", The South Atlantic Quarterly, 102:2/3, Spring/Summer 2003.

2   Der Begriff der Fantasie bezieht sich auf die psycho-politischen Dynamiken der Konstitution von Subjektivitäten in bestimmten geschichtlichen Kontexten. Die von der Psychoanalyse beeinflusste postkoloniale Theorie verwendet ihn, um die Spaltungen und Projektionen im Prozess der Subjektkonstitution und Identifikation in kolonialen und postkolonialen Situationen zu benennen. Relevante Beispiele bei Ashis Nandy (1994); Frantz Fanon (1993); Homi Bhabha (1993); Mladen Dolar (1998).

3   Die Türkei wurde in den 1960ern erstmals Aufnahmekandidat für die Europäische Wirtschaftsgemeinschaft (EWG). Nach einer langen Phase der Unbestimmtheit wurde sie im Dezember 1990 offiziell zum Kandidaten für die 'Vollmitgliedschaft' in der EU (Europäischen Union) erklärt, zusammen mit zwölf weiteren Ländern. Die Beitrittsverhandlungen konnten jedoch erst am 3. Oktober 2005 beginnen und sind seither in Europa heftig umstritten.

4   Siehe Umut Özkırımlı (2008).

5   Während in der EU die Eignung der Türkei als Mitglied weiterhin aus kultureller Perspektive problematisiert wird (besonders in religiöser Hinsicht), hat die AKP versucht, dem Diskurs vom 'Kampf der Kulturen' durch eine 'Allianz der Kulturen' zu begegnen. Siehe hierzu kritisch Bülent Küçüks Beitrag im vorliegenden Band.

6   Die glühend nationalistischen Demonstrationen, die in mehreren türkischen Städten genau vor den Wahlen im Jahr 2007 stattfanden, richteten sich scheinbar gegen die AKP und den 'rückschrittlichen' politischen Islam. Aber ich halte es für sehr bedeutsam, dass jene Demonstrationen sich in Parolen und Plakaten in formaler Hinsicht auf die Aufsehen erregende Beerdigung Hrant Dinks wenige Monate zuvor bezogen. Die unerwartet große Menge, die an der Beerdigung teilnahm, die Parolen „Wir sind alle Armenier", „Wir sind alle Hrant Dink" sowie die Hrandt-Dink-Masken, die von den Teilnehmern zur Untermalung jener Slogans getragen wurden, hatten eine schockierende Wirkung auf eine Gesellschaft, in welcher die armenische Identität als das *Andere* marginalisiert und zumeist mit Feindschaft gegen die türkische Nation in Verbindung gebracht worden war. Die nationalistischen Demonstrationen versuchten, der Beerdigung Hrant Dinks etwas entgegenzusetzen, indem sie sich deren Formen aneigneten, aber mit anderem Inhalt. Es gab also Atatürk-Masken zu sehen und Slogans wie „Wir sind alle Atatürks". Nationalismus ist zu einem Vehikel geworden, durch das die verdrängte Geschichte ausgelebt wird (Ahıska 2007).

7   Siehe Mesut Yeğens Beitrag im vorliegenden Band.

8   Die 'Kopftuchfrage', die in der Türkei wieder aufgetaucht ist, wurde zum Gegenstand scharfer und kontroverser Debatten darüber, ob es Kopftuch tragenden Frauen erlaubt sein sollte, an Universitäten zu studieren. Diese Frage spaltete unterschiedlichste gesellschaftliche Gruppen; selbst Feministinnen untereinander.

9   In unserer Studie über gegenwärtigen Nationalismus in der Türkei diskutieren wir, wie die von globalisierten ökonomischen und sozialen Regimes ausgehenden Bedrohungen unterschiedliche Nationalismen als Überlebensstrategien hervorbringen, welche die Bevölkerung aber spalten statt sie zusammenzubringen. Diese Arbeit basiert auf mehr als 90 Interviews und Fokusgruppen in verschiedenen Teilen der Türkei (Kentel et. al. 2007).

10   Mustafa Kemals Worte zur 'Zivilisation' veranschaulichen das Gefühl der Dringlichkeit bei den frühen Kemalisten. Ihm zufolge ist Zivilisation eine stürmische Kraft, die

diejenigen zerstört, die sich ihr entgegenstellen oder sich gleichgültig verhalten; sie ist aggressiv, bedrohlich und allmächtig. Das Panikgefühl, das ihr Fortschreiten erzeugt, und die Furcht 'zu spät zu kommen' werden von einem Gefühl der Minderwertigkeit begleitet, welches diejenigen befällt, die nicht Teil der westlichen Zivilisation sind (vgl. Atatürk 1957: 207-212).

11 Verschiedene Forscher haben den Begriff Okzidentalismus auf verschiedene Weise erwendet. Er wird häufig benutzt, um anti-westliche Einstellungen zu bezeichnen. Das prominenteste Beispiel hierfür sind Buruma/Margalit 2004. Andere wiederum, so wie Hasan Hanafi (2005) oder Mohamed Tavokoli Targhi (2000), verwenden ihn zum Zweck der Umkehrung des Orientalismus, oder zur Bezeichnung der Konstruktion des kolonialen Westens, etwa bei Couze Venn (2000). Die in den Artikeln in James Carriers Buch anklingende Bedeutung des Begriffs kommt meinem Verständnis desselben am nächsten. Carrier schreibt: „Okzidentalismen und Orientalismen dienen nicht nur dazu, unterschiedliche Gesellschaften voneinander abzugrenzen, sie ziehen Grenzlinien auch durch diese selbst ... es ist anzunehmen, dass dieser Prozess in Gesellschaften, die bewusst auf der Grenze zwischen Okzident und Orient stehen, besonders ausgeprägt ist." (1995: 22f)

12 Es ist bezeichnend, dass in den 30er Jahren des 18. Jahrhunderts Auguste Comte dem Großwesir Reşit Paşa die folgenden Worte schrieb: „Jahrhunderte lang war die Welt in zwei einander entgegengesetzte Welten gespalten, Asien und Europa; es ist an der Zeit, dass diese Entgegensetzung überwunden wird; dass es eine gemeinsame Zivilisation in der Welt gibt." Comte „betrachtete die Türkei als das einzige Land, das in geschichtlicher wie geographischer Hinsicht befähigt war, diese Synthese der Welten zustande zu bringen".(Kaplan 1967: 73)

13 Siehe auch Gregory Jusdanis' (1991) ausführliche Schilderung der 'verspäteten Moderne' in Griechenland.

14 Nalçaoğlu zufolge besteht die symptomatische Bedeutung der Zugmetapher nicht darin, dass wir zu spät sind, sondern dass wir immer zu spät sind (2002: 146).

15 Siehe Peter Osbornes (1995: 16) Analyse der „temporalen Dialektik der Moderne".

16 Die Türkei betrachtete das Jahr 2002 als besonders kritisch im Hinblick auf ihre Beziehung zur EU. In der Hoffnung, ein Datum für die Aufnahme von 'Verhandlungen' über die Vollmitgliedschaft am Ende des Jahres zu erhalten, verstärkte die türkische Regierung ihr Bemühen, Gesetzesreformen auf dem Feld der Menschenrechte einzuleiten.

17 Ahmet İnsel (2002) zufolge funktionierte die ambivalente Haltung zur EU wie eine hegemoniale Strategie der Macht, die in Hoffnungslosigkeit investierte, die als vertagte Hoffnung getarnt wurde, und damit die türkische Gesellschaft in einer Grauzone festhielt.

18 Avni Özgürel (2002) zufolge wurde die Diskussion über die EU in der Türkei von der Frage geprägt „Was denkt Europa?". Auf Basis seiner historischen Schilderung der Problematik des westlichen Blicks behauptet er, dass diese Frage bereits eine 250-jährige Geschichte hat.

19 Die Kampagne war in den Printmedien sehr präsent und verfügte über eine Website, die Besucher dazu aufforderte, der Bewegung beizutreten.

20 Griechenland und die Türkei haben nicht nur territoriale Zwistigkeiten, wie etwa im Falle der ägäischen Inseln oder Zyperns. Sie wetteifern auch darum, als westlich aner-

kannt zu werden (Kushner 1984: 234-40). Auf der anderen Seite weist Herzfeld (1995) darauf hin, dass die griechische Identität durch die Erfindung einer griechischen Tradition konstituiert wurde, welche im Unterschied zur 'fremden' türkischen Kultur als *westlich* galt.

21 In einer Pressemitteilung vom 3. August 2002, nach der Verabschiedung der Reformen, erklärte die IHD (Human Rights Association/Gesellschaft für Menschenrechte): „Die Abschaffung der Todesstrafe darf nicht als eine Entscheidung des Augenblicks gesehen werden. Viele haben sich jahrzehntelang in der Türkei für dieses Ziel eingesetzt und dafür einen Preis gezahlt. Manche wurden verurteilt, andere gar getötet. Daher sollten wir nicht die den jüngsten Reformen vorausgehenden gesellschaftlichen Kämpfe vergessen, indem wir jene mit den Forderungen der EU gleichsetzen." (www.ihd.org.tr)

22 Sich auf Michel de Certeau (1988) beziehend argumentiert Homi Bhabha: „Anfänge können narrative Grenzen des Wissbaren, Ränder des Sinnhaften sein." (1997: 449)

23 Die *Times*, der *Economist* und *Die Welt* sprachen in jener Zeit alle von der Türkei als dem 'kranken Mann' Europas. Übersetzungen dieser Artikel erschienen in der Zeitung *Radikal* als Teil der Diskussionen zur Frage der EU-Mitgliedschaft. „Avrupa'nın Hasta Adamı", *Radikal*, 6. Juli, 2002 (*The Times*, 5. Juli, 2002); „Tükenmiş Başbakana Yer Yok", *Radikal*, 6. Juli, 2002 (*The Economist*, 5. Juli, 2002); Dietrich Aleksander, „'Hasta Adam'ın Özgüveni Yerinde", *Radikal*, 7. Juli, 2002 (*Die Welt*, 1. Juli, 2002).

24 Eine der italienischen kommunistischen Zeitung *Manifesto* entnommene Passage zeigt deutlich das Zusammenspiel der Projektionen zwischen der Türkei und dem Westen auf. Der sarkastische Kommentar hierzu sagt, „die neue Türkei sei jetzt 'wie Europa'" (Cerrahoğlu 2002).

25 Klassische Beispiele der Anwendung der Modernisierungstheorie auf die Türkei finden sich bei Daniel Lerner (1958) und Bernard Lewis (1968).

26 Osborne zufolge „sind es die verdrängten räumlichen Prämissen des Begriffs der Moderne, in denen ihre politische Logik zu finden ist" (1995: 16).

27 Die Opposition von Raum und Zeit ist auch geschlechtlich kodiert: Raum ist weiblich, Zeit männlich (Massey 1993).

28 Dass Europa selbst als Beispiel bereits von der Geschichte der Herrschaft über andere gekennzeichnet ist, erschafft eine Hierarchie zwischen den Beispielen in Europa und denen woanders. (Derrida 1992: 115)

29 Keyder behauptet: „Der türkische Nationalismus ist ein extremes Beispiel einer Situation, in der die Massen stille Partner geblieben sind, während die modernisierungsbewusste Elite keine Versuche machte, auf den Unmut im Volke einzugehen." (1997: 43).

30 So hat sich Homi Bhabha zum Beispiel bemüht, die polaren Identitäten in den Dichotomien von Modell/Kopie und Selbst/Anderer durch den Nachweis von Hybridität und Ambivalenz im kolonialen Diskurs zu überwinden. Er behauptet, dass das Narrativ der kolonialen Nachahmung eine hartnäckige Differenz enthält, „eine Differenz, die beinahe, aber nicht ganz dasselbe ist" (1985: 26).

31 Auch wenn die Türkei aufgrund ihrer eigenen kolonialen Vergangenheit und weil sie nie offen kolonisiert wurde nicht gut in ein postkoloniales Modell passt, so ist es dennoch vertretbar, sie als ein im Großen und Ganzen angemessenes Studienobjekt postkolonialer Kritik zu behandeln, sofern akzeptiert wird, dass es sich bei dieser hauptsächlich um

eine Reflektion handelt „auf die – ökonomischen, kulturellen und politischen – Beziehungen von Herrschaft und Unterordnung zwischen (und häufig innerhalb von) Nationen, Rassen oder Kulturen, welche ihre Wurzeln typischerweise in der Geschichte des modernen europäischen Kolonialismus und Imperialismus haben und welche, ebenso typischerweise, in der neoliberalen Ära weiter bestehen" (Moore-Gilbert 1997: 12).

32 Ernest Gellner beispielsweise behauptet, dass die Türkei in folgendem Sinne einzigartig sei: „Die Türkei ... kann von sich behaupten, dass ihr Bekenntnis zu modernen politischen Ideen nichts mit äußerem Zwang, aber sehr viel mit endogenen Entwicklungen zu tun hat. Die Türkei hat ihr Schicksal selbst gewählt. Sie *errang* politische Modernität; sie wurde ihr nicht aufgedrängt." (1994: 83). Das Bekenntnis zu einer gewählten und verfassungsmäßigen Regierung belegt dies für Gellner. Obgleich Anzeichen eines nicht ganz „leichten Rittes" auf dem Feld liberaler Demokratie, sind die Militärputsche in seiner Sichtweise nur notwendige Sünden gegen die Demokratie, da sie sicherstellen, dass diese letztlich wieder hergestellt wird.

33 Das Machtregime des osmanischen Reiches war zwar hochzentralisiert, zugleich aber flexibel genug, um verschiedene ethnische und religiöse Gemeinschaften auf einem vom Balkan zur arabischen Halbinsel reichenden Territorium zu kontrollieren, indem diesen Gemeinschaften im Rahmen eines besonderen Steuersystems ein gewisses Maß kultureller Autonomie zugestanden wurde. Die besonderen Mechanismen und Grundprinzipien osmanischer Herrschaft in den Kolonien sind ein reichhaltiges Feld für türkische und westliche Forscher, gehören aber nicht zum Gegenstandsbereich dieses Kapitels.

34 Das Einsickern westlichen Kapitals in das osmanische gesellschaftliche, wirtschaftliche und politische Leben begann im 19. Jahrhundert. Niedrige Handelszölle während der Tanzimat-Periode führten zu einer Flut europäischer Importe, die Handwerk und Kleinindustrie einen schweren Schlag versetzten (Mardin 1990: 89). Ökonomische Zugeständnisse an westliche Mächte sowie Verträge, die europäischen Kaufleuten wirtschaftliche Privilegien einräumten „reduzierten die türkische Regierung auf den Status eines 'Gendarms fremden Kapitals'" (Ahmad 1993: 93). Zusätzlich zur Kolonisierung des Wirtschaftslebens wurde auch das gesellschaftliche Leben kolonisiert durch die Einrichtung westlicher Schulen und anderer Organisationen, den Zustrom westlicher Techniken und Ideen sowie durch die politische Macht, welche westliche Botschaften innehatten (Ahmad 1993: 41; Davison 1990). Mete Tuncay (1981: 198) argumentiert, dass sich die Position der 'Fremden' im wirtschaftlichen, gesellschaftlichen und politischen Leben in den ersten zehn Jahren nach der Gründung der Republik trotz der nationalistische Kämpfe gegen fremde Privilegien nicht nachhaltig änderte.

35 Dilip Parameshwar Goankar war Herausgeber der *Public Culture*-Ausgabe über „Alternative Modernities", in der verschiedene Kulturen in Asien, Afrika und Australien vom Standpunkt eines alternative-Modernitäten-Ansatzes analysiert wurden.

36 Aus Charles Taylors und Benjamin Lees Arbeitsskizze zum Multiple Modernities Project, zit. nach Göle (2000a: 42).

37 „Diejenigen, die sich der Modernitätsbegeisterung hingeben, sind nicht naiv; sie sind sich ihrer westlichen Ursprungs, ihrer kolonialen Konstruktion, ihrer kapitalistischen Logik und globalen Reichweite durchaus bewusst. Indem sie willkürlich alles als modern bezeichnen, üben sie eines der wenigen Privilegien aus, welches den Nachzüglern zu-

kommt: die Erlaubnis, mit Form zu spielen und Funktionen je nach den Anforderungen der Situation umzugestalten. Im Angesicht der Moderne wendet man sich daher nicht nach innen, man zieht sich nicht zurück; man bewegt sich seitwärts, man geht vorwärts. All dies ist kreative Aneignung. Nichtwestliche Völker, die Nachzügler der Moderne, praktizieren diese Manöver seit beinahe einem Jahrhundert." (Goankar 1999: 17).

38 Siehe auch Göle 1996 (2000b).

39 Konstitution und kontinuierliche Modifikation der türkischen nationalen Identität fanden in einem Grenzbereich zwischen dem Status eines 'schlechten' und eines 'guten' Beispiels für Modernität statt. Der Islam trug entscheidend zu dieser Zweideutigkeit bei, denn er wurde als im Widerspruch zu Verwestlichung und Modernisierung stehend angesehen, und zwar sowohl von Westlern als auch türkischen Nationalisten, die sich ihre eigene Verwestlichung wünschten. Doch wie Bobby Sayyid argumentiert, fanden sich türkische Nationalisten und Kemalisten „in einer paradoxen Situation: um westlich zu sein, mussten sie den Orient ablehnen, [aber] ihre Ablehnung des Orients beruhte auf ihrer Fähigkeit, eine orientalische Identität zu artikulieren und zu perpetuieren. ... Die einzige Weise für die Kemalisten, mit diesem Paradox von Verwestlichung und Orientalisierung umzugehen, bestand darin, dem Islam die Repräsentation von Orientalität aufzuladen." (Sayyid 1997: 69).

40 Ich habe den Okzidentalismus im geschichtlichen Kontext der Konstruktion der 'modernen Nation' in der Türkei mit Bezug auf Radiosendungen als einem technischen Medium der Inszenierung von Okzidentalismus analysiert (Ahıska 2005). Siehe auch Ahıska: *Occidentalism in Turkey: Questions of Modernity and National Identity in Turkish Radio Broadcasting*, I.B. Tauris; im Erscheinen.

41 Im psychoanalytischen Sinne bedeutet „Projektion" sowohl Verschiebung des Unerträglichen in die Außenwelt, also Weigerung, etwas zur Kenntnis zu nehmen, als auch Introjektion des Bedrohlichen in die Außenwelt, um es einzudämmen und zu bewältigen.

42 Mythische Zeit ist die Wiederkehr des Gleichen als etwas Neues und Begehrenswertes. Benjamin zieht eine Verbindung zwischen dem Fortschrittsmythos und der ewigen Wiederkehr des Neuen im Warenfetischismus. Ich verwende den Begriff der mythischen Zeit in Anlehnung an Benjamins Fortschrittskritik (1999).

43 Siehe Ahıska (2006) für eine Diskussion über Erinnerung und Geschichte in der Türkei.

44 Es sollte nicht vergessen werden, dass Kenan Evren, der General, der nach dem Militärputsch von 1980 an die Macht kam, sagte, dass die Türkei ein integraler Bestandteil des freien und demokratischen Europas sei und das auch zu bleiben gedenke.

45 Gegen Marx' Idee von den Revolutionen als 'Lokomotiven der Weltgeschichte' sagt Benjamin in seinen Thesen *Über den Begriff der Geschichte*: „Vielleicht sind die Revolutionen der Griff des in diesem Zuge reisenden Menschengeschlechts nach der Notbremse." (Benjamin 1974: 1232)

Literatur

Ahıska, Meltem (2005): Radyonun Sihirli Kapısı: Garbiyatçılık ve Politik Öznellik, Istanbul

– (2006): Occidentalism and Registers of Truth: Politics of Archives in Turkey, in: New Perspectives on Turkey, 34

– (2007): A Deep Fissure is Revealed after Hrant Dink's Assasination, in: New Perspectives on Turkey, 36

Ahmad, Feroz (1993): The Making of Modern Turkey, London/New York

Atatürk, Mustafa Kemal (1957): Atatürk'ün Söylev ve Demeçleri II, Ankara

Benjamin, Walter (1974): Über den Begriff der Geschichte [Anmerkungen], in: Schweppenhäuser, Hermann/Tiedemann, Rolf (Hrsg.): Walter Benjamin: Gesammelte Schriften, Bd. I.3, Frankfurt am Main

– (1999): The Arcades Project, übers. von Howard Eiland und Kevin McLaughlin, Cambridge/Massachusetts

Bhabha, Homi (1985): Of Mimicry and Man: The Ambivalence of Colonial Discourse, October 34.

– (1993): Remembering Fanon: Self, Psyche and the Colonial Condition, in: P. Williams, L. Chrisman (Hrsg.): Colonial Discourse and Post-Colonial Theory: A Reader, New York

– (1997): The World and the Home, in: A. McClintock, A. Mufti, E. Shohat (Hrsg.): Dangerous Liaisons: Gender, Nation and Postcolonial Perspectives, Minneapolis/London

Bozdoğan, Sibel/Kasaba, Reşat (1997): Introduction, in: dies. (Hrsg.): Rethinking Modernity and National Identity in Turkey, London/Seattle

Buruma, Ian/Margalit, Avishai (2004): Occidentalism: the West in the eyes of its enemies, New York

Carrier, James (1995): Introduction, in: ders. (Hrsg.): Occidentalism: Images of the West, Oxford

Cerrahoğlu, Nilgün (2002): Türkiye'ye Evet Ama..., Cumhuriyet, 5. August 2002

de Certeau, Michel (1988): The Writing of History, New York

Davison, Roderick (1990): Essays in Ottoman and Turkish History, 1774-1923: The Impact of the West, SAQI Books

Derrida, Jacques (1992): The Other Heading: Reflections on Today's Europe, übers. von P. Brault, Bloomington/Indianapolis

Dolar, Mladen (1998): The Subject Supposed to Enjoy, in: Grosrichard, Alain: The Sultan's Court: European Fantasies of the East, London/İletişim New York

Dussell, Enrique (1998): Beyond Eurocentrism: The World-System and the Limits of Modernity, in: F. Jameson, M. Miyoshi (Hrsg.): The Cultures of Globalization, Durham; London

Fanon, Frantz (1993): Black Skin, White Masks, übers. von C. L. Markmann, London

Geertz, Clifford (1993): The Interpretation of Cultures, London

Gellner, Ernest (1994): Encounters with Nationalism, Oxford; Cambridge/Massachusetts.

Goankar, Dilip Parameshwar (1999): On Alternative Modernities, in: Public Culture 27

Göle, Nilüfer (1996): The Forbidden Modern: Civilization and Veiling, Ann Arbor

– (2000a): Global Expectations, Local Experiences: Non-Western Modernities,in: Arts/Wil (Hrsg.): Through a Glass, Darkly, Leiden/Boston/Köln

– (2000b): Snapshots of Islamic Modernities, in: Deadalus 129

Grosrichard, Alain (1998): The Sultan's Court: European Fantasies of the East, übers. von L. Heron, London/New York

Hanafi, Hasan (2005): From Orientalism to Occidentalism, in: Zeitschrift für Kulturaustausch, 1/2005, http://www.ifa.de/zfk/themen/05_1_fortschritt/ehanafi.htm

Herzfeld, Michael (1995): Hellenism and Occidentalism: The Permutations of Performance in Greek Bourgeois Identity, in: Carrier, James (Hrsg.): Occidentalism: Images of the West, Oxford

İnsel, Ahmet (2002): AB Kapısı Kapanırken, Radikal, 23. Juni 2002

Jusdanis, Gregory (1991): Belated Modernity and Aesthetic Culture: Inventing National Literature, in: Theory and History of Literature 81, Minneapolis/Oxford

Kadıoğlu, Ayşe (1996): The Paradox of Turkish Nationalism and the Construction of Official Identity, in: S. Kedourie (Hrsg.): Turkey: Identity, Democracy, Politics, London/Portland

Kaplan, Mehmet (1967): Nesillerin Ruhu, Istanbul

Kentel, Ferhat/Ahıska, Meltem/Genç, Fırat (2008): Milletin Bölünmez Bütünlüğü: Demokratikleşme Sürecinde parçalayan Milliyetçilik(ler), Istanbul

Keyder, Çağlar (1997): Whither the Project of Modernity? Turkey in the 1990s, in: Bozdoğan, Sibel/Kasaba, Reşat (Hrsg.): Rethinking Modernity and National Identity in Turkey, London/Seattle

Kushner, David (1984): Westernism in Contemporary Turkey, in: J. M. Landau (Hrsg.): Atatürk and the Modernization of Turkey, Boulder/Colorado

Küçükkaya, İsmail (2008): Cumhuriyetimize Dair, Istanbul

Lerner, Daniel (1958): The Passing of Traditional Society, Free Press of Glencoe.

Lewis, Bernard (1968) The Emergence of Modern Turkey, London/Oxford/New York

– (1997): The Future of the Middle East, London

Mardin, Şerif (1990): Türkiye'de Toplum ve Siyaset, Istanbul

Massey, Doreen (1993): Politics and Space/Time, in: M. Keith, S. Pile (Hrsg.): Place and the Politics of Identity, London/New York

Moore-Gilbert, Bart (1997): Postcolonial Theory: Contexts, Practices, Politics, London/New York

Nalçaoğlu, Halil (2002): Devrimci Öğrencilerin Özgül Fantezi Uzamı, in: Toplum ve Bilim 93

Nandy, Ashis (1994): The Intimate Enemy: Loss and Recovery of Self Under Colonialism, Delhi/Bombay/Calcutta/Madras

Osborne, Peter (1995): The Politics of Time: Modernity and Avant-Garde, London/New York

Özgürel, Avni (2002): Osmanlı'dan Başlayıp Bugüne Kadar Gelen 250 Yıllık Bir Soru... Avrupa Ne Düşünüyor?" Radikal, 4. August 2002

Özkırımlı, Umut (2008): Milliyetçilik ve Türkiye-AB İlişkileri, Istanbul

Robins, Kevin (1996): Interrupting Identities: Turkey/Europe, in: du Gay, Paul/Hall, Stuart (Hrsg.): Questions of Cultural Identity, London/Thousand Oaks/New Delhi

Said, Edward (1995): Orientalism, London

Sayyid, Bobby (1997): A Fundamental Fear: Eurocentrism and the Emergence of Islamism, London/New York.

Targhi, Mohamed Tavokoli (2000): Refashioning Iran: Orientalism, Occidentalism and Historiography, Hampshire/New York

Tuncay, Mete (1981): Türkiye Cumhuriyeti'nde Tek-Parti Yönetimi'nin Kurulması, Ankara

Venn, Couze (2000): Occidentalism: Modernity and Subjectivity, London/Thousand Oaks/New Delhi

Young, Robert (1990): White Mythologies: Writing History and the West, London/New York

Tanıl Bora

Der bleierne Ruß über dem Abendlande
Das negative Bild vom Westen im Denken der türkischen Konservativen

1 Einleitung

Spätestens seit Mitte des 19. Jahrhunderts beschäftigt *der Westen* die muslimisch-türkischen Bürokraten, Intellektuellen und die schreibende Zunft. Die Schlag auf Schlag erlittenen politischen und militärischen Niederlagen, die im „goldenen Zeitalter" des Osmanischen Reiches noch als Ausnahme betrachtet werden konnten, ließen das Interesse am Westen steigen, den man bis dahin geringschätzig als eine weit entfernte *andersartige* Welt betrachtet hatte. Seither bewegt sich die geistige Auseinandersetzung um die Beziehungen der Türkei zum Westen im Spannungsfeld zweier Pole: Neid und Hass. Sie pendelt zwischen der Begeisterung für ihn, für das leuchtende Vorbild, und dem Topos des ewigen Feindes, dem man hilflos ausgeliefert ist und bis auf das Blut hasst. Sich, um mit ihm gleichziehen zu können, nur die materielle Dimension seiner zivilisatorischen Errungenschaften (seine Technik) anzueignen – diese Idee steht für den einen Pol, für den anderen der Wunsch nach *Verwestlichung* im Sinne einer ganzheitlichen Veränderung, um mit der Moderne schritthalten zu können.

Ein dem Westen gegenüber empfundenes tiefes Misstrauen, das sich zwar nicht immer in Form eines unverblümt und total geäußerten West-Antagonismus geäußert hat, ist von Gründung der Republik Türkei an bis in die jüngste Zeit hinein stets ein Merkmal der national-konservativen und islamischen/islamistischen Strömungen gewesen. Der Westen wird sowohl als immerwährender Feind des Islams und der Türkei auf politischer Ebene angesehen, als auch mit den degenerierenden Einflüssen der Moderne gleichgesetzt, die die althergebrachte Welt entzaubern – diese Vorstellungen haben der Gedankenwelt dieser politischen Strömungen ihren Stempel aufgedrückt. Dabei wird der Westen als ein homogenes Ganzes definiert, dessen politische, soziale und intellektuelle Diversifikationen außer Acht gelassen werden.

Dieser Artikel befasst sich mit Elementen des Anti-West-Diskurses, die in der modernen Türkei von Nationalkonservativen tradiert werden. Was hat ihre Vertreter am Westen intellektuell aufgeschreckt und irritiert? Welche Quellen spiegeln ihre intellektuellen Beweggründe wider? Wie haben sich diese Motive ausdifferenziert? Welche kommunikativen Handlungsstrategien sind im Zuge der Abwehr der Gefahr des Westens entwickelt worden? Welche Routen, welche Transformationen hat dieses Leitmotiv durchlaufen? Um diese Fragen geht es im Folgenden.

Im Rahmen dieser Fragestellungen wird in zweiter Linie auch von Interesse sein, zu prüfen, inwieweit sich solcherlei Schemata im Gedankengut der Nationalkonservativen von Haltungen im gemeinhin als „modern" und „fortschrittlich" bezeichneten intellektuellen *Mainstream* unterscheiden bzw. ob, und wenn ja, welche Schnittpunkte es gibt.

2 Die Gegnerschaft zum Westen im Denken der Nationalkonservativen

Şerif Mardin (1991) hat auf eine Problematik hingewiesen, die ihm bei seiner Kritik an Berkes' *Die Verwestlichungsproblematik im türkischen Denken* (Berkes, 1975) aufgefallen ist: Schon vor dem Zeitalter des Imperialismus wurde dem Westen vorgeworfen, „selbstherrlich" und „gewalttätig" zu sein. Und schon damals hat sich eine Denkweise etabliert, die, anstatt die Ursachen des Prozesses der Verwestlichung in der Türkei und ihrer partiellen Kolonialisierung zu analysieren, dazu ermuntert, sich auf die „Jagd nach den Verantwortlichen" für diese Entwicklungen zu machen. Ein solcher Schuldiger verhilft dazu, sich vom Westen mit all seinen Facetten als Aggressor/Okkupant/Ausbeuter abzugrenzen – und mit ihm all jene Kollaborateure/Imitatoren/Handlanger auszugrenzen, die bei diesem Verrat, die bei dieser Selbstentfremdung ihre Hand im Spiel gehabt hatten...

In der Tat ist es möglich, im historischen Diskurs der Verwestlichungsbefürworter eine gewisse Kontinuität dieser Einstellung festzustellen, von der Mardin behauptet, dass sich Spuren davon sogar bei Leuten wie Berkes aufzeigen ließen, einem analytischen Soziologen, der zum Westen/zur Modernisierung eine äußerst positive Haltung eingenommen hat. Selbst in der von ihren Gegnern als „blindwütig auf Verwestlichung setzend" abgestempelten Periode des kemalistischen Einparteienstaates hat sich dieser Unterton von einer potentiellen Verdorbenheit des „altersstarrsinnigen und heimtückischen Europas" (Levend 1941: 63), von einer Degeneriertheit und nicht endenden Feindschaft zur Türkei Gehör verschafft. Die Behauptung, die neue Türkei werde fähig sein, die zivilisatorischen Grundsätze des Westens in reinerer Form und vollständig umzusetzen (vgl. Bora 1999: 23-7), spielt auf die unauslöschbaren Spuren einer von Rückständigkeit und Illiberalität geprägten Geschichte des Westens an – und Mehmet Akif Ersoys Vergleich im vierten Vers der von ihm verfassten türkischen Nationalhymne von jenem, „was du 'Zivilisation' nennst", mit „einem Ungeheuer, das ein [feiges] Weibsbild (geblieben)

ist" bildet hier eine Schnittstelle, an der Kemalismus und Nationalkonservatismus
für einen Moment aufeinandertreffen. Nach den „Erkenntnissen" der Sonnensprachentheorie, denen zufolge die Türken bereits zum Umgang mit Steinwerkzeugen
übergegangen waren, als die Europäer noch in Höhlen hausten, reicht diese ewige
Rückständigkeit des Westens bis in die Vorgeschichte der Menschheit zurück.
Yunus Nadi schrieb 1937:

> Zweifellos, soweit Europa in der Renaissance den Schleier der Unkenntnis lüften konnte,
> ist es ihm gelungen, die griechische und römische Zivilisation wiederzuentdecken und
> aus dem daraus resultierenden Impetus einen neuen Weg des Wissen einzuschlagen.
> Aber bis heute hat es sich nicht von dem Fanatismus befreien können, den ihm das
> Christentum eingeimpft hatte. (Kaplan u.a. 1992: 298)

Selbst die *Anadolucular*[1], ein Zirkel von Humanisten, den man innerhalb des nationalkonservativen Diskurses gemeinhin als Vertreter einer überaus vorbehaltlosen/
nicht kommentierenden Haltung zur Verwestlichung schätzt, haben mit einer zivilisatorischen Rückständigkeit des Westens in der Geschichte argumentiert. Auch
Kemalisten und Befürworter einer Verwestlichung, die in der Zeit nach 1980 Vorwürfe zu kontern hatten, die bei Verhandlungen auf internationaler Plattform vor
allem von Institutionen „des Westens" in Bezug auf Re-Demokratisierung und bei
Menschenrechtsfragen erhoben wurden, haben sich dieses Topos bedient und wer-
teten derlei Vorwürfe als Beweis für die unveränderliche Feindschaft des Westens
zur Türkei und ein Messen mit zweierlei Maß, gerade in Dingen, die die zivilisatorischen Werte des Westens betreffen. Anti-westliche Tendenzen, die im Kemalismus
von Zeit zu Zeit zu Tage treten, lassen sich jedoch auch als Versuch interpretieren,
jene Lücke zu schließen, die der Kemalismus mit seinem nur rumpfartig formulierten anti-imperialistischen Anspruch offen lässt (vgl. Koçak 1995).
Die Interpretation des Westens als ewiger Feind und als Ursache der Verhaftung
in Rückständigkeit in Bezug auf die zivilisatorischen und menschlichen Werte gewinnt erst im Diskurs der Religiös- und Nationalkonservativen Hand und Fuß,
wird erst dort zu einem geschlossenen Ganzen. Aus der ganzen Bandbreite von
Stellungnahmen, die von einer selten kritisch ausfallenden Suche nach „Überwindung der Dazugehörigkeit zum Westen" bis zu einer stärker auf Ausgrenzung
zielenden substantiellen Ablehnung des Westens reichen, lassen sich viele Beispiele
anführen, bei denen der Westen als das Schlechte schlechthin gebrandmarkt wird:
Etwa die Kennzeichnung des christlichen Abendlandes als „unrein, ekelhaft" mit
dem Wort *ahbes,* wie sie Mustafa Yazgan (1977: 137), einer der populären religiös-
konservativen Autoren der 70er Jahre, vollzogen hat.

2.1 Verwestlichung als „schlimmes Schicksal"

Wie Nihad Sami Banarlı (vgl. Bora 1999: 88f), ein Autor, der aufgrund seines ko-
härenten konservativen Weltbildes unsere Aufmerksamkeit verdient, den Prozess
der Verwestlichung geschildert hat: „Eines Tages hat die Geschichte die[se] Nation
zum Verlierer gemacht. Und dies passierte zu einer Zeit, da eine jegliche Nation, die
fortzubestehen gedachte, gezwungen war, sich mit allen anderen Nationen, gerade
aber den europäischen, ins Benehmen zu setzen, den Ausgleich zu suchen und wenn
möglich sogar eine Liebschaft einzugehen. Die türkische Nation bei der westlichen
Welt, über die sie jahrhundertelang gesiegt hatte, beliebt zu machen, war jedoch
schwieriger, als ein Kamel über einen Graben springen zu lassen. Daher gab es nur
zwei Möglichkeiten: Entweder würden wir es schaffen, ein auf dieser Welt noch
nicht bezeugtes Wunder zu vollbringen, würden wir es schaffen, uns mit dem uns
eigenen originären nationalen Wesen, unserer Art uns zu kleiden, unserer Schrift,
unseren Ideen, unserer Kunst und Kultur in Europa, das uns seine Anerkennung
verweigerte, beliebt zu machen. Anders gesagt, würden wir uns ganz und gar der
westlichen Welt eingliedern und diese davon in Kenntnis setzen, dass uns weder ihr
eigenes Verständnis von Zivilisation, noch irgendein anderes Verständnis von Zivilisation auf dieser Welt, sei es von dessen Geist oder dessen Erscheinungsformen her,
in irgendeiner Weise fremd ist, dass wir nicht, wie sie denken, irgendwelchen dunklen Glaubensvorstellungen verhaftet geblieben und eine in die Jahre gekommene,
zurückgebliebene Nation, sondern vielleicht in der gesamten Geschichte und unter
allen Nationen eine der fortschrittlichsten sind. Der zweite Weg war der Weg einer
nationalen und realistischen Weltsicht, die keine Zeit hat, auf ein Wunder warten
und keinem Trugbild hinterherläuft." (Banarlı 1985: 217f) Deutlich wird die Vorstellung von Verwestlichung als einer gegen den Willen durchlebten Zwangslage.
Jedenfalls als eine Mühsal, die die geistige nationale Identität beschädigt, etwas,
für das man einen Preis zu bezahlen hat. Wie andere Konservative hat sich Banarlı
überdies mit dem Gang der Dinge auf dem Weg der „nationalen und realistischen"
Weltsicht unzufrieden gezeigt, befürchtete er, dass diese Entwicklungen nicht zur
Belebung der (muslimisch-türkischen) Zivilisation führen, sondern einen Identi-
tätsverlust zur Folge haben werden.

Im Gegensatz zu dem vom Kemalismus und konservativen Modernisten (vgl. Demirel 2002: 218ff) erhobenen Anspruch auf eine selbstbestimmt vollzogene Anpassung und Übernahme westlicher Werte, verstehen die streng Nationalkonservativen
den Prozess der Verwestlichung als Niederlage, als eine Gemeinheit, die man in Kontinuität des historischen Niederganges zu erleiden hat. Sie erscheint als die Schmach
des „Erobert- und Geschlucktwerdens", gänzlich unvereinbar mit dem „türkischen
Herrscher- und Eroberungsgeist" der Altvorderen, „der sich zu eigen gemacht hat,
was ihm von Nutzen gewesen ist und er benötigt hat, wie jene Beute, die ihm auf-

grund seines Eroberungsmutes zugestanden hat." (Kabaklı 1990: 15). Ihr Versprechen, bei der Einbindung in den Westen würden letztlich jene Kräfte obsiegen, die
ihren Beitrag zur Belebung der nationalen Zivilisation leisteten, verbleibt, selbst
wenn sie sich verbal damit identifizieren, im Schatten des Kulturpessimismus.

Ein Weg der Kompensation, den man zur Abwendung kultureller Schwarzsehe-
rei einschlug, sollte darin bestehen, *unter Berufung auf westliche Quellen* sich selbst
und den anderen die Größe unserer altehrwürdigen Zivilisation vor Augen zu führen. Dieser Weg stellt ein konservatives Pendant zur Sonnensprachentheorie und
den dieser Theorie zugrunde liegenden Anstrengungen dar, dem Orientalismus, der
der türkischen Kultur eine Vereinbarkeit mit der Zivilisation abgesprochen hatte,
ein nationales Selbstvertrauen und Widerstand entgegenzusetzen. Abseits von einer melancholisch-nostalgischen Sehnsucht nach dem Althergebrachten bestand
hierbei noch der Wunsch, die Befürworter der Verwestlichung und ihre Behauptungen zu entkräften, indem man sich ihrer eigenen Referenzen bemächtigt. Die Texte
von İsmail Hami Danişmend sind typische Zeugnisse dieser Verteidigungsliteratur.
Danişmend widerspricht der Auffassung, sämtliche kulturellen und zivilisatorischen
Werte seien aus dem Westen übernommen worden, und behauptet, alle Elemente
der Kultur, angefangen bei der Demokratie, über die Wissenschaft, über das Thea-
ter bis hin zur Kostümierung der Schauspieler, seien türkischen Ursprungs gewesen
(Danişmend 1964).

2.2 Kopistentum und (Selbst-) Entfremdung

Eine Verwestlichung im Sinne eines trivialen Abklatsches, der nichts zu tun hat mit
einer sich aneignenden, bekennenden und adaptierenden Herangehensweise, ist innerhalb des Kemalismus seit eh und je kritisiert worden. Bereits in den Reden Mustafa Kemals finden sich Beispiele dafür, ein solches Kopistentum in Frage zu stellen. Indem er die Tanzimatzeit (1839-1876) einer oberflächlichen, ja degenerierten
Form der Verwestlichung bezichtigte, hat sich der Kemalismus mit seinen kultur-
revolutionären Ansprüchen hiervon abgegrenzt (vgl. Mustafa Kemals Rede vom 19.
September 1921, in: Atatürk'ün Söylev ve Demeçleri: 1-219). Niyazi Berkes trennt
zwischen dem protonationalen osmanisch-türkischen Kulturverständnis der Tanzimatzeit und dem progressiven Zivilisationsverständnis des Kemalismus; er ist der
Überzeugung, dass eine Restauration der „Westernisierung ohne Bodenhaftung"
im Rahmen einer US-abhängigen Wirtschaftspolitik von den konservativ-liberalen
Regierungen vollzogen worden sei (1975).[2]

Auch im national-konservativen Denken verkörpert die Tanzimat-Ära ein Zeitalter der Selbstentfremdung, ausgelöst durch die rein nachahmenden Verwestlichungsbestrebungen. Schlagworte wie die vom „Minderwertigkeitskomplex der
Protagonisten der Tanzimat" oder den „Tanzimatphilistern" symbolisieren dies. Als

eine Fortsetzung der Tanzimat stellen Nationalkonservative jedoch auch die Kultur-reformen der jungen Republik und deren Stoßrichtung in Frage, sehen sie darin eine Kontinuität „von Mustafa Reşid Pascha bis Bülent Ecevit" (Doğan 1974: 15). Breite Übereinstimmung herrscht bei ihnen darüber, dass die unreflektierte Nachahmung des Westens (Kuran 1994:30) das hervorstechende Merkmal des türkischen Mo-dernisierungsprozesses gewesen sei. Anders als bei den konservativen Modernisten in der Zeit nach dem Zweiten Weltkrieg (vgl. Demirel 2002), die das Kopistentum kritisieren und eine der Oberflächlichkeit entledigte „echte" Verwestlichung für notwendig hielten, besteht für Nationalkonservative nur ein äußerst geringer Un-terschied zwischen Verwestlichung und platter Imitation. Fast alle in diesem Lager konzentrieren sich darauf, die Nachäffung des Westens anzuprangern und zu verteu-feln. Sie haben sich völlig darauf eingefahren, mechanisch und grob vereinfachend den von Ziya Gökalp[3] aufgezeigten Unterschied zwischen Kultur und Zivilisation herunterzubeten und Beispiele von der Nachahmung des Westens zu karikieren.

Wenn sie eine nachahmende Verwestlichung anprangern, lässt sich eher ein Ge-fühl der Rache konstatieren als Sarkasmus. Die Imitation des Westens bedeutet für sie, die Entfremdung vom authentischen Wesen eines muslimischen Türken, die Entfernung von den Wurzeln, den Verlust der Persönlichkeit und die Selbst-entfremdung. Der islamische Dichter und Intellektuelle Sezai Karakoç verwendet für diesen Vorgang den Begriff „Autokolonisierung" (vgl. Kara 1994: 383). Exakt gleichzusetzen mit der Schmach, nicht mehr das – oben erwähnte – Volk der Herr-scher/Eroberer/Effendis zu sein.[4]

Seit nunmehr rund einem Jahrhundert wird im politischen und literarischen Diskurs der Konservativen an der Personifizierung dieser Schmach, am Aufbau ei-nes Feindbildes gearbeitet, versinnbildlicht durch die „nachäffenden Bewunderer des Westens" (Serdengeçti 1986: 59) mit ihrer kosmopolitischen europäischen Le-bensweise, oder diejenigen, die wie die Franzosen leben und „sich schämen zu sagen, ich bin Türke" (Doğan 1979: 46). Mit derartigen schablonenhaften Bildern wird eine unveränderliche Trennung zwischen den selbstentfremdeten, verwestlichten Intellektuellen und dem Volk konstruiert, das seinen „eigenen Werten" verbunden geblieben sei. Die studierten/intellektuellen Nachäffer – oder mit Ahmet Kabaklıs Worten, „Was man so türkische 'Intellektuelle' nennt" – sind ihrer Religion und Nation abtrünnig geworden und haben sich in die Dienste des Westens gestellt, sie sind, wie bei einer Knabenlese unter umgekehrten Vorzeichen, zu „Janitscharen des Westens" geworden (Kabaklı 1990: 361f). Zurück bleibt ein groteskes Panorama der Sittenlosigkeit: „Um jenem Geist Genüge zu tun, den man in den Glauben ver-setzt hatte, er sei auf die Gunst und Hilfe des Westens angewiesen, musste man sie nach Kräften mit dem füttern, was sie für den Westen hielten: Alkohol, Frauen, Mode und Ballveranstaltungen" (ebd.: 355). Hinzugefügt sei jedoch, dass auch die reaktionäre Ausprägung des Kemalismus, wenn ihre Politik mit einer Opposition konfrontiert wurde, nicht davor zurückgeschreckt hat, sich des Topos' vom „entfremdeten Intellektuellen" zu bedienen.

Zu den Entfremdungsvorstellungen der Nationalkonservativen passen jene Charaktere, die dem türkischen Roman – zumindest – in den ersten 50 Jahren seines Bestehens, als er die Wandlung von der Figur eines Felâtuns „im Gewande der Europäer" bei Ahmet Mithat zu den Abbildern „europäischer Verräter" wie den negativen Helden Peyami Safas vollzogen hat, ihren Stempel aufgedrückt haben. Charaktere, die an Fabeln und Farcen zur Typisierung der Sehnsucht nach dem Westen (vgl. Moran 1983: 219-226) erinnern und sich dadurch auszeichnen, dass sie etwas Schlechtes im Schilde führen. Darin, dass man die Diskreditierung der Modernisierung mit ihren vielseitigen Verwerfungen, Zweideutigkeiten und Konfliktlinien in den Bereich des Komischen oder Verrats verlagert und sich so der ernsthaften Auseinandersetzung mit der Tragik dieser Probleme entzieht,[5] zeigt sich eine Unzulänglichkeit der Nationalkonservativen bei der Aufarbeitung der Moderne. Und ein faschistoid-totalitärer Einschlag zur Kompensation dieser Defizite...

2.3 (Kultur-) Imperialismus und Kreuzfahrermentalität

Die Antipathie gegenüber dem Westen im nationalkonservativen Weltbild beruht darauf, dass dieser als unmittelbare Bedrohung aufgefasst wird. Als grundlegende existenzielle Bedrohung, die mit rationalen pragmatischen Maßnahmen nicht zu überwinden sei. Keine phasenweise, sondern eine ständig evidente Gefahr. Die Feindschaft zum Islam und zum Türkentum liege in den natürlichen Anlagen des Westens begründet und dies allein schon deshalb, weil der Westen in Quintessenz mit dem *Christentum* gleichzusetzen sei. Im Christentum und seiner politischen Kultur – oder, um ein populäres Stereotyp zu verwenden, in der *Kreuzfahrermentalität* – seien die Türken, die man sowieso mit dem Islam gleichsetze, das wesentliche Bollwerk, das dem Endziel, der Vernichtung des Islams, im Wege stehe. Nicht nur der Imperialismus sondern auch jene Dynamik, die im Zusammenhang mit der Verbreitung der modernen Zivilisation stehe, sei daher vor dem Hintergrund dieser historischen Feindschaft zu bewerten. So tut man sich leicht, Verwestlichung als eine Fortsetzung der Kreuzzüge zu betrachten (vgl. z.B. Topçu 1972: 148). Kurz: „Der Westen als eine Synthese von Imperialismus, Christentum und Ausbeuterei ist parteiisch, hinterhältig, blutrünstig und aggressiv" (Kabaklı 1990: 350). Auch hier sei wiederum angemerkt, dass auch der Kemalismus in seiner reaktionären Ausprägung in Konfliktsituationen mit dem Westen auf internationaler Bühne auf ein solch diabolisches Bild vom Westen zurückgreift. Daneben ließen sich auch aus dem Lager der kemalistischen Linken Beispiele anführen, in denen im Kampf gegen den Imperialismus Argumente von der *kulturell-begründeten* Aversion gegenüber dem Westen angeführt werden.

In einer Broschüre des Verbandes der Idealistenvereine der Provinz Izmir mit dem Titel „Hintergründe zum Festival in Efes" aus dem Jahre 1970 heißt es: „Gestern tauchte der christliche Imperialismus mit seinen Kreuzrittern, Herzögen und seiner Armee hier auf, heute tritt er uns mit Auslandsschulen, Missionaren und Friedensaktivisten gegenüber." In den 60er Jahren, unter der rhetorischen Vorherrschaft eines linken Antiimperialismus, der sich radikal gegen eine ökonomische und politische Abhängigkeit vom Westen ausgesprochen hatte, sah sich die türkische Rechte gezwungen, die Westmächte – konkret aber die USA – zu verteidigen. Und sie hat versucht, diesen Widerspruch über die Schiene „Kulturimperialismus" zu überbrücken. Ein Bestandteil dieser Bestrebungen ist es gewesen, die Linke/den Kommunismus mit der Verwestlichung auf geistig-kultureller Ebene gleichzusetzen, worauf unten noch näher einzugehen sein wird. In der Gefahrenwahrnehmung hat die Angst „vor dem Verlust der kulturellen Unabhängigkeit" (Banguoğlu 1984: 116) auch nach 1980, als die Phrasen vom Imperialismus abgedroschen erschienen, ihren Stellenwert behalten. Des Verrats beschuldigt wurden jene Kulturinstitutionen, die im Verdacht standen, sich als Handlanger des Kulturimperialismus zu betätigen, der „auf den Verfall, die stillschweigende Vernichtung unserer nationalen Kultur hinarbeitet und danach trachtet, uns stattdessen Prothesen einer 'bastardisierten Kultur' anzuflicken" (Yazgan 1977: 179). Vor allem die staatlichen Rundfunk- und Fernsehanstalten (TRT) waren in den 1970er Jahren Zielscheibe solcher Angriffe aus dem Lager der Nationalkonservativen.

Man stellt sich vor, die verheerenden Auswirkungen des westlichen Kulturimperialismus würden über das Einimpfen fremder Kulturelemente und die Desensibilisierung des Volkes für seine eigenen nationalen Werte angerichtet. Im Fundamentalismus der Nationalkonservativen erscheint fremde Kultur per se destruktiv, eben weil sie *fremd* ist. Weil man davon ausgeht, es sei nicht nötig näher zu bestimmen, was denn daran schädlich sei, werden Versuche einer inhaltlichen Bestimmung dieser Schädlichkeit nur selten unternommen. Die vulgäre Variante der Begriffsbestimmung besagt, Kern der Kulturinvasion des Westens sei, dass sie die moralischen Werte mit Füßen trete und den Materialismus und die Sittenlosigkeit befördere – „freie Liebe", vergleichbare Anomalien (Kabaklı 1970: 143) und vieles mehr...

2.4 Kommunismus als radikale Form der Befürwortung des Westens

Für Nationalkonservative besteht ein „natürlicher" Zusammenhang zwischen dem von den eigenen nationalen und kulturellen Werten entfremdenden Nachäffen des Westens und dem Kommunismus/linken Orientierungen. „Hammer und Sichel, Davidstern und die internationalen Kräfte des Imperialismus unter dem Kruzifix" (Kabaklı, 1970: 131) werden als ein Konglomerat angesehen. Zunächst wird jegliche Kritik von Seiten der marxistischen Linken (oder z.T. auch vom

Realsozialismus sowjetischer und chinesischer Prägung) an der kapitalistischen Zivilisation ignoriert. Und dann begründet man diesen Zusammenhang damit, dass der Kommunismus/Sozialismus/Marxismus oder die Verwestlichung/Modernisierung bzw. die – für einen muslimischen Türken als *seit jeher* fremd und schädlich angesehene – Kultur des Westens den Kristallisationspunkt aller abartigen Faktoren wie „Entwurzelung", „Entfremdung", „Kosmopolitismus" und „Entfernung von der Religion" darstelle: „Der Kommunismus als radikalste Form der Westbefürwortung..." (Edebali, 1991: 192). Oder wie es Tahsin Banguoğlu, Bildungsminister von 1948-50, 1977 in der Zeitschrift *Bayrak* auf den Punkt gebracht hat: „Die degenerierte Lebensweise des Westens und der Kommunismus, der aus der Kreuzung mit dieser hervorgegangen ist..." Verwestlichung und eine Ausrichtung an der Kultur und Zivilisation des Westens sind also gleichbedeutend mit der Öffnung für die Einflüsse des Kommunismus. Zur Untermauerung dieser Warnung wurden sogar Anekdoten ersonnen; etwa die von Stalin, dem man folgendes angedichtet hat: „Es sieht nicht so aus, als ließen sich die Türken unmittelbar für den Kommunismus gewinnen, lasst uns deshalb erst einmal in die [die Fänge der] Kultur des Westens treiben und unsere Saat dann auf diesem vorbereiteten Acker verteilen." (Ayverdi 1985: 370) Hinter diesem Zerrbild, das den Kommunismus/linke Positionen als Erscheinung einer maßlos übersteigerten Form der Verwestlichung betrachtet, steht eine in der volksläufigen rechten Ideologie sehr weit verbreitete Denkart. Sie wurde seit eh und je agitatorisch dadurch bekräftigt, dass „die türkischen Kommunisten" eine Gruppe von Leuten seien, die sich noch mehr als die Kommunisten in anderen Ländern von ihrem Volk und nationalem Selbst entfremdet hätten. Die in ihrem Entfremdet-Sein karikierten türkischen Linken werden also in persona als *Symbol* einer „falschen" Verwestlichung der Türkei aufgefasst. Selbst nationalkonservative Autoren, die sich mit der Interpretation der Motive und der Entstehungsursachen der Linken befassen, ohne sich dabei in den Schablonen von Auslandskomplott und -verrat zu bewegen, neigen dazu, Linkssein als eine Art Infektionskrankheit zu betrachten, deren Keime von der unter dem Einfluss des Westens ausgelösten *Entwurzelung* und *Entfernung von der Bodenständigkeit* übertragen wurden.

2.5 „Der Verrat mit der Verwestlichung" und „Die Hinterfragung der Grundlagen"

D. Mehmet Doğans im Jahre 1975 erschienenes Buch „Der Verrat mit der Verwestlichung" (Batılılaşma İhaneti, Doğan, 1979) stellt im Denken der Nationalkonservativen so etwas wie ein Manifest dar, eine verdichtende Zusammenstellung von Reaktionen auf die Verwestlichung. Das Buch stieß auf breites Interesse, weil sein Autor in den 1970er Jahren, als Rechte und Nationalkonservative radikaler als die traditionell anti-kommunistische und auf Erhalt des status quo ausgerichtete etatistische Linie Position gegen die herrschende Ordnung bezogen hatten, an der Schnittstelle von Nationalkonservativen und islamisch orientierten Ideologen die Position eines editierenden Moderators eingenommen hatte.

Wie schon der Titel besagt, stellt das Buch eine Gegenrede auf die Europäisierung, Verwestlichung und [Pseudo-]Zivilisierung dar. Doğan hebt zunächst die Bedeutung der offenen und versteckten „Fremdeinflüsse auf die pro-westliche Bewegung „hervor (ebd.: 9). Hinter den Reformen in der Endphase des Osmanischen Reiches habe die Ausbeuterpolitik des Westens gestanden, darauf abgezielt zu haben, den antiwestlichen Widerstand des Volkes zu brechen und durch die Aufhebung des islamischen Charakters des osmanischen Staates eine Liberalisierung (ebd.: 29) herbeizuführen. Die Wendung zum Verrat wird über Kompradoren vollzogen, die an dieser Stelle auf den Plan treten: Volksverräter sind sie, diese „von der Gesellschaft entfremdeten" pro-westlichen Intellektuellen, die eine Interessenkoalition mit Vertretern des imperialistischen Westens und den Angehörigen der Minderheiten eingegangen sind, und sich „einer affenhaften [Selbst-]'Zivilisierung' verschrieben haben." (Ebd.: 10)

Heimstatt dieser pro-westlichen Intellektuellen ist die Bürokratie: Ein auf den Westen schielender, anationaler und sich mehr und mehr zu einer „Kompradorenbürokratie" (ebd.: 128) wandelnder Beamtenapparat. Doğan komplettiert das Bild vom verräterischen Wesen der Intellektuellen, Bürokraten und Staatsmänner, die die Kernbeschlüsse zur Verwestlichung getroffen haben, mit persönlichen Schwächen, sittlicher Verdorbenheit (Mustafa Reşid Paschas ausschweifendes Leben in Paris und seine Beziehungen zu Prostituierten; der Karrierismus von Mithat Pascha; Bülent Ecevits Ausbildung an einem amerikanischen College in Istanbul und sein Rockefeller-Stipendium für Harvard) und offenkundig materiellen Interessen. Seiner Darstellung nach bilden Bürokraten und Intellektuelle eine eigene Klasse: „Im Zuge der Verwestlichung hat die Türkei einen Niedergang erlebt, sie ist kolonialisiert und zum Erfüllungsgehilfen ausländischer Interessen gemacht worden. Während unser Volk im Verlauf der Verwestlichung immer stärker zur geistigen und materiellen Verelendung verurteilt wurde, sind einige Kreaturen aus dem Beamtenapparat an Einkünfte gelangt, die sie in ein bourgeoises Luxusleben investieren können. Wendet sich unser Volk dann mit seiner ureigenen Identität, dem Islam, gegen jene, die es in die Verelendung getrieben haben, so sprechen sie von Reaktion, Fortschrittsfeindlichkeit und vorsintflutlichem Verhalten." (ebd.: 124f). Auch die kulturellen Reformen in der jungen Republik dienten da nur der Festigung der Bürokraten-Macht : Zum Beispiel die Sprach- und Schriftreform; man habe mit den gebrochen „französisch" klingenden Fremdworten (Lehnworten aus den europäischen Sprachen mit französischem Anklang, die von Maßnahmen zur Purifizierung der türkischen Sprache ausgenommen geblieben sind – vgl. ebd.: 176)

eine spezifische Sprache geschaffen, deren Beherrschung de facto zum Aufnahme-
kriterium in intellektuelle Zirkel und die Kreise der Bürokratie erklärt worden sei
(ebd.: 152).

Doğan sieht die kemalistischen Kader und unausgesprochen auch Mustafa Kemal in den Verrat mit der Verwestlichung verstrickt. Für ihn stellt der Befreiungskampf, der seiner Ansicht nach unter den einfachen Leuten ganz besonders unter
dem Zeichen eines muslimischen Selbstbewusstseins und einer ablehnenden Haltung zur Verwestlichung gestanden habe, einen glorreichen Zeitabschnitt dar (ebd.:
184). Der Turkismus habe nur in dieser Periode das Fahrwasser des in seiner Folge
entstandenen Westernismus verlassen können und einheimisch-islamische Züge
angenommen. Die nach dem Befreiungskampf eingeleiteten kemalistischen Reformen sind nichts anderes als ein brutaler Vergeltungsschlag des Westernismus.

Der Verrat mit der Verwestlichung kann als eine Schrift angesehen werden, die
die seit den 1940er Jahren wiederholten Kernthesen der islamistischen und religiös
komplementierten nationalkonservativen Denkschulen zur Verwestlichung zu einem Gesamtbild verdichtet. Ahmet Kabaklıs *Hinterfragung der Grundlagen* kann
man als eine kritische Überarbeitung dieser Kompilation betrachten. Das Buch ist
1989 erschienen, in mehreren Auflagen erschienen und hat bedeutende Reputation
erhalten. Kabaklı sieht drei Wege, wie man auf die Überlegenheit des Westens in
der jüngsten Geschichte reagieren könne. Der erste bestehe darin, „es den starken
Herrschaften gleichzutun." Der zweite sei „die Modernisierung nach japanischem
Modell. Also Lösungen zu suchen, wie man mit dem Westen in Wissen und Macht
gleichziehen kann, in Bezug auf Sitten und Gebräuche, Kultur, Religion, Lebensart,
Kleidung und das, was einem heilig ist, aber die Identität bewahren kann – eben einfach in allem." Der dritte Weg sei der, den die Türkei mit ihrer Begriffsvermischung
von Modernisierung und Europäisierung eingeschlagen habe (ebd.: 358-60). Wie
Doğan glorifiziert auch Kabaklı die Jahre von 1918-23 zu einem kurzen „Zeitalter der Glückseligkeit", in dem man aus dem Zustand der schutzlosen Auslieferung
gegenüber dem Westen und der Verwestlichung erwacht sei und zu sich selbst gefunden habe. Immer wieder wird bedauert, diese historische Gelegenheit vertan
zu haben, und die Abrechnung damit steht im Mittelpunkt des Buches. Er geht
davon aus, dass die Gründung der Republik Türkei –beginnend mit dem Vertrag
von Lausanne – auf eine Reihe geheimer Absprachen der pro-westlichen Vertreter
aus der Staatselite mit dem Westen zurückgeht (ebd.:364). Mustafa Kemals Rolle
in diesen „Verirrungen" wird von ihm mit deutlicheren Worten kritisiert. Zudem
unterscheidet sich Kabaklı von Doğan dadurch, dass er die Notwendigkeit verteidigt, trotz alledem für Staat und Regime einzutreten.

2.6 Das Maschinengequietsche des Westens

Auf das Motiv der *Wertlosigkeit* und *Verderbtheit* der westlichen Zivilisation hat man auch in Kreisen, die mit dem politischen Islam und den Nationalkonservativen eher lose verbunden sind, immer wieder gerne zurückgegriffen. In diesem Zusammenhang sind vor allem die Schriften Necip Fazıls anzuführen, die von den 1940er bis in die 1980er Jahre hinein ihre Wirkung in breiten Kreisen der Rechten entfaltet haben. Zur Ost-West-Dichotomie, einer Zweiteilung, die unmittelbar mit der zwischen Geist und Materie zur Deckung gebracht wird, erläutert Necip Fazıl (Kısakürek 1986: 19-59) in poetisch-agitatorischen Worten, dass der eigentlich nur aus „Wundern eines trockenen Verstandes" bestehende Westen in seinem Kampf, der Materie Herr zu werden, seiner geistigen Wurzeln entrissen worden und in die Krise geraten sei. Der Westen „entbehrt den Pol einer spirituellen Verfasstheit, der Moral und des Glaubens." *Büyük Doğu/Der glorreiche Osten*, der Titel jener zwischen 1945 und 1978 periodisch erschienenen Zeitschrift, mit der Necip Fazıl seinen politischen Kampf führte, spiegelt den Traum von einer „alternativen Zivilisation" gegenüber dem „im Niedergang befindlichen Westen" wider. Auch traditionalistisch konservativ eingestellte Kreise teilen die Ansicht, dass der Westen sich „eigentlich im Niedergang befindet." Ekrem Hakkı Ayverdi (1985: 258ff) etwa hebt die „Verdorrtheit der geistigen Erkenntnisfähigkeit" des Abendlandes hervor und konstatiert, dass man diesen Mangel durch den nichts als die Materie anerkennenden Rationalismus des alten Griechenlands auszugleichen versuche, und dass Europas geistige Verirrung mit der Renaissance eingesetzt habe.

Es existiert eine breite Vielfalt von Literatur zur Beschreibung und Verbildlichung der moralischen und menschlichen Verkommenheit des Westens. Ein leuchtendes Beispiel für einen Text, der sich aus dem vulgär-propagandistischen Mittelfeld und von dessen klischeehafter Sprache abhebt, sind die *Anmerkungen zum Westen* des islamischen Poeten Nuri Pakdil (1972). In den *Anmerkungen zum Westen* verdichtet sich das im Rahmen dieses Diskurses hin und wieder geäußerte Mitleid und Bedauern für die „gegenseitige Entfremdung der Menschen im Abendland." Pakdil konstatiert „eine auf die Herrschaft von Maschinen zurückzuführende Disharmonie im Leben der Menschen" (ebd.: 13) und beschreibt den Westen als Heimat jener, die aufgrund ihrer materialistischen Einstellungen „das Geistige leugnen und für sich nicht mehr erforderlich halten" (ebd.: 97), als einen „Ort der Verbannung" für jene, „die ihre Scham und damit sich selbst verloren haben." (ebd.: 102). Alles dort sei vom „Ruß des Westens" (ebd.: 97) bedeckt, der die Sonne wie ein Ding aus Plastik aussehen ließe, und den nur die Augen der Orientalen überhaupt wahrnehmen könnten. Man kann darin einen verspäteten Hieb gegen den „ersten" Orientalismus/gegen die Orientkunde erkennen, die das Bild vom mysteriösen unheilbringenden Osten gezeichnet haben, und die Einstellung eines Okzidentalismus/einer Abendlandkunde ausmachen, die im Zuge dieser Polarisierung eine gleichgeartete Wesenslehre produzierten.

Eine grundsätzlichere Kritik des Westens und der Moderne findet man erst in den Schriften solcher Denker, die zwar allgemein noch dem konservativen Lager zuzurechnen sind, innerhalb dieses Spektrums aber eher in die Randbereiche dieser Denkschulen zu verorten sind, sowohl, was den politischen Islam als auch die nationalistisch-konservativen Kräfte angeht. Die vermutlich erste in sich geschlossene Kritik und Zurückweisung der Moderne in der Türkei findet sich in den Werken von Nurettin Topçu. Topçu vollzieht seine Kritik und Zurückweisung in Begriffen des abendländischen Denkens, lässt sich inspirieren vom Gedankengut des Idealismus und des Spiritualismus, der in der Zwischenkriegszeit einflussreich war. Er kommt über diese Inspiration jedoch zu einem anderen Schluss als die konservativen Befürworter der Moderne, die für sich daraus die Forderung nach einem gesteuerten kontrollierten Modernismus ableiteten. Er hingegen ist ein *konservativer Umstürzler*, der versucht, die Willens- und *Schaffens*kraft der Moderne dazu zu verwenden, die Tradition zu beleben (vgl. Bora 1999: 67f, 90f). Topçu sieht in der Geistigkeit des Christentums (seinem Spiritualismus) und in der aus dem Imperialismus erwachsenen Großindustrie die beiden für den „Westen impulsgebenden Kräfte" (Topçu 1972: 173). Letztere dieser im Streit befindlichen Kräfte habe über erstere obsiegt und deren Degeneration bewirkt: Europa befinde sich im Zustand der Verkommenheit und liefe Gefahr, seine eigene Moral zu verlieren (Topçu 1998: 41). Weil man sich dem Materialismus verschrieben habe, sei es infolge der Entfremdung von den eigenen geistigen Werthaltungen zu einer Entspiritualisierung gekommen. Kapitalismus, Industrie, Technologie und Verstädterung können Topçu zufolge daher niemals „gut" oder „richtig" sein, er betrachtet sie als *implizit schlecht* und als destruktive Angelegenheiten (vgl. Öğün 1992: 115-128). Er verabscheut „das Maschinengequietsche des Westens" (Topçu 1972: 172); und überhaupt – für ihn heißt Westen nichts anderes als ein „Gequietsche von Maschinen."

Topçu wendet sich gegen eine Verwestlichung in erster Linie deshalb, weil diese bedeuten würde, dass „die technische Zivilisation auf eine Kolonialisierung hinausläuft" (Topçu 1972: 272f). In Floskeln wie „ehrenwerte Besitzer eines Hauses", die sich ihre Kultur aufgebaut haben, und „vom Geist der Ausbeutung beseelte Nationen, parasitäre Gäste, die den Aufbau ihrer eigenen Kultur versäumt haben", bekräftigt er seine Ablehnung. Und er erklärt es zu einem Grundsatzanliegen, dem Westen nicht ähnlich zu werden" (Topçu 1998: 11). Er sehnt sich nach einer Zivilisation, „die zwangsläufig das gemeinsame Werk unserer Kultur und der uns geistesverwandten Nationen des Ostens sein wird, und sicherlich auf einem anderen geistig-moralischem Fundament basieren wird, als die des Westens." (vgl. Topçu 1972:162-169). Deshalb dürfen „wir uns nicht von uns selbst entfernen", müssen wir, „in Zeiten, da die Welt ihren Blick ins All richtet, zu unserer Seele zurückfinden." (vgl. Topçu, 1998: 119-26). Seine Alternative besteht darin, die Dichotomie von Kultur und Zivilisation zu überwinden, in dem man die Kultur zur Grundlage erklärt. Die Kultur sei *das Wesentliche*, es sei unmöglich, „die Kultur beiseite zu lassen und zivilisatorischen Fortschritt zu erreichen", mehr noch, „die Kultur" müsse „dem zivilisatorischen Fortschritt Einhalt gebieten" (zitiert nach Öğün, 1992: 115).

Cemil Meriç, ein origineller Denker, der von politischer Einvernahme Abstand hält, jedoch – in gewisser Weise ganz gegen seinen Wunsch! (Meriç 1993: 192) – eher von Vertretern des politischen Islams und von Nationalkonservativen mit Interesse verfolgt wird, nimmt in diesen politischen Milieus die Funktion eines Verfassers von Referenzwerken und *Sekundärliteratur* ein, die deshalb ansprechen, weil sie keine eindeutige Absage an das abendländische Denken formulieren. Auch Meriç legt letzten Endes seine Betonung auf die *Bosheit* des Westens und darauf, dass zwischen „ihm und uns" ein *Unterschied im Wesen* bestehe. All seine Siege verdanke der Westen seinem Kannibalismus, sein Aufstieg beruhe auf der Sklaverei im antiken Griechenland und auf dem Kolonialismus des modernen Europas (Meriç 1986: 385). Er verkörpere eine *feindliche* Zivilisation und wir, „wir sind Kinder einer Zivilisation, die viel älter, edlerer Herkunft und viel humaner ist, und haben ganz andere Maßstäbe." (Meriç 1992: 97). Meriç hinterfragt die Begriffe des Westens auf Basis dieser *kulturellen Andersartigkeit*; schlägt vor, an die Stelle des „schwammigen, finsteren, unaufrichtigen" Kulturbegriffs des Westens in seiner Bedeutung von „Bildung und Wissen" (irfan) den Begriff „blühender Zustand, Prosperität" (*umran*) zu setzen, der Zivilisation und Kultur als Bestandteile ein und desselben Ganzen zusammenfasse (Meriç, 1986: 9ff.). Auch er sieht Verwestlichung im Rahmen einer Intervention von außen: Er schreibt, dass Europa seit der Tanzimat das Ziel verfolgt habe, in den Köpfen der türkischen Intellektuellen das, was heilig ist, eo ipso ihre Zugehörigkeit zur Welt des Islams, auszuradieren (Meriç 1992: 174). Meriç zeichnet sich nicht nur dadurch aus, dass er seine Ablehnung des Westens, die ihre Spuren im Denken des politischen Islams hinterlassen hat, kenntnisreich und in einem eindrucksvollen literarischen Stil zum Ausdruck bringt. „Europa richtig zu kennen", ein Okzidentalismus bzw. eine Abendlandkunde sind bei ihm keine logistischen Erfordernisse, sondern philosophisch begründet, in seiner Liebe zum Wissen (ebd.: 137). Wichtig ist seine These, dass man den Übergang von einer papageienhaften zu einer echten Verwestlichung in der Türkei Einflüssen des Marxismus verdanke (Meriç 1980: 276); und, dass er sich mit den inneren Spannungen im abendländischen Denken und dem *negativen Selbstbewusstsein* des Westens befasst. Für ihn gibt es zwei Europas: Ein „freiheitliches, der Humanität, Gerechtigkeit und dem Fortschritt verschriebenes Europa, das sich das Wohlergehen der ganzen Menschheit zum Ziel gesetzt hat", und das andere, das „unerbittliche, nur auf seinen eigenen Vorteil und Gewinn bedachte" Europa, das

„sein rein zufällig erlangtes Wissensmonopol unbarmherzig auszunutzen gedenkt"
(Meriç 1981: 77). Letztendlich kommt er zu dem Schluss, dass diese „beiden Europas mit einer Zunge sprechen"; bis er dorthin gelangt, erkennt man jedoch, dass er
die Suche nach Selbstfindung, die Kontroversen, Dilemmata und Dichotomien im
westlichen Denken positiv auf sich selbst bezieht. Meriç hinterfragt den Westen
auf *differenzierte* Art und sein In-Frage-Stellen trägt Züge einer Kritik von innen
heraus. Über seine unbarmherzig geäußerte Kritik am Verwestlichungsprozess der
Türkei hinaus ist bei ihm eine empathische Sichtweise zu erkennen, die der Tragik
in diesem pragmatischen Transformationsprozess bewusst ist.

3   Die Ablehnung des Westens im Islamismus

Aus einer sich auf den Kern rückbesinnenden, lokalpatriotisch-nationalen Haltung
heraus resultiert das gemeinschaftskonstituierende *Pathos* des nationalkonservativen
Mainstreams, der Islamismus und türkischen Nationalismus fortentwickeln und zu
einer „Synthese" verschmelzen will. Vorausgeschickt sei, dass sich der Islamismus im
Kampf um die Vorherrschaft der unter diesem Dach versammelten Strömungen mit
der Radikalität seiner Kritik am Westen in den Vordergrund gespielt hat.

Ein wesentlicher Schachzug besteht darin, zunächst die Verbundenheit mit den
Essentials des Islams zu einem Grundwert zu erheben, und dessen Einlösung dann
zur Voraussetzung zu machen für eine Ablehnung des Westens – oder besser gesagt,
für die Erfüllung der zum religiösen Gebot deklarierten Aufgabe, sich einer Nachahmung des Westens zu enthalten – und für die Verwirklichung eines *wirklich authentischen* Nationalismus. Dieser Winkelzug ist Teil einer Vereinnahmungsstra-
tegie des Islamismus zur Erlangung der Vorherrschaft über andere nationalistische
Denkschulen, etwa des Turkismus. Der auf Konkretisierung ideologischer Grenz-
verläufe hinarbeitende „eigenständige" Islamismus ist ohnehin darauf bedacht, den
Nationalismus, der das Türkentum glorifiziert, als eine Abart der Befürwortung
von Verwestlichung bloßzustellen. Vertreter des türkischen Rassedenkens seien im
Grunde Feinde der türkischen Muslime, „europäisierte Atheisten" (Said-i Nursi,
zitiert nach Düzdağ 1978: 260ff), die darauf abzielten, die Türken vom Islam zu
entfremden. Bei den radikalsten Bloßstellungsversuchen dieser Art wird die Zugehörigkeit eines „Juden" – Moiz Kohen (Tekinalp) – zum Kreise der Begründer des
türkischen Nationalismus als Beweis für ein westliches und zionistisches Komplott
angeführt, mit dem es dieser spezifische Nationalismus auf die Spaltung der islamischen Welt abgesehen habe.

Ein anderer Grund, weshalb der ideologische Diskurs um den Westantagonis-
mus mehr und mehr von den Islamisten dominiert wurde, liegt in der Formierung
einer Bewegung, die sich Mitte der 1970er Jahre zunächst für die Palästinensische
Sache stark gemacht hatte und nach der Iranischen Revolution von 1979 den An-

spruch erhob, weltweit eine politische Alternative zu den eingefahrenen, vom Westen beherrschten Machtverhältnissen anbieten zu können. Dieser internationale politische Kontext hat den Islamisten in ihrer anti-westlichen Propaganda einerseits zu einem Selbstvertrauen verholfen, zum anderen eröffnete er ihnen eine langfristige strategische Perspektive. So konnte der Islamismus seine Vorherrschaft über den türkischen Nationalismus erlangen, dessen antiwestliche Haltung mit ihrem Gejammere und Bedauern des „Erdrückt-worden-Seins" nicht über dieses Selbstwertgefühl und eine hoffnungsvolle Zukunftsperspektive verfügte.

Man kann es wie folgt auf den Punkt bringen: Der Islamismus ist die Hauptströmung, die diese Ideen als politische Positionen ersten Ranges in den Vordergrund stellt, und bei der sie zu jenen Gegensätzlichkeiten gehören, die die politische Weltanschauung begründen. Im politischen Denken des Islamismus nimmt die Abrechnung mit dem Westen und mit der Verwestlichung breiten Raum ein, man lehnt auf breiter Linie eine Verwestlichung ab.

Aus dem islamistischen Denken der zweiten konstitutionellen Periode (1908-1918) ist eine Fülle von Literatur zur Abrechnung mit dem Westen in die Zeit der Republik übernommen worden. Wenn sich der politische Islam in den 1950ern in der republikanischen Türkei zu Wort gemeldet hat, kam er im Grunde nicht über eine Wiederholung der Ideen dieses „ersten" Islamismus hinaus, und konzentrierte sich darauf, seine antagonistische Haltung zum Westen herauszustellen und eine entfremdende Nachahmung des Westens anzuprangern (vgl. z.B. Kara 1994: 99-107). In seiner Systemkritik der Republik, speziell der Politik des Laizismus, hat er unmittelbar auf die Kritik an der imperialen Einflussnahme des Westens und an den Verwestlichungsbestrebungen in der spätosmanischen Türkei aufgebaut.

Widerstand gegen das Nachäffen des Westens ist zur zentralen Parole der „Bewegung der nationalen Weltsicht" (Milli Görüş) geworden, die sich Anfang der 1970er zu einer eigenständigen parteipolitischen Institution formte und seither unter zahlreichen Namen (Partei der Nationalen Ordnung/MNP; Nationale Heilspartei/MSP; Wohlstandspartei/RP; Tugendpartei/FP; Partei der Glückseligkeit/SP; Partei für Gerechtigkeit und wirtschaftliche Entwicklung/AKP) Bestand gezeigt hat. Necmettin Erbakan, der Führer dieser Bewegung, wurde nicht müde zu betonen, dass der Anspruch des Westens auf seine zivilisatorische Überlegenheit eine hohle Phrase sei. Seiner Ansicht nach haben die Europäer all ihr Wissen von den Muslimen übernommen und dies noch dazu angewandt, ohne es wirklich zu verstehen. Dies habe sie letztendlich in den Stillstand versetzt. Der Westen sei durch den Materialismus versehrt, der seine kognitiven Fähigkeiten einschränke, in ein Durcheinander führe, den Werteverfall verursache und Verworrenheit stifte. In der islamischen Welt sei man dem Verfall preisgegeben gewesen, unaufmerksam geworden und in die missliche Lage gelangt, das „authentische" Wissen vom Westen zurück zu übernehmen, allerdings ohne es wiederum wirklich verstanden zu haben

(Erbakan 1970: 22-27,38,54 ff). Erbakan sieht die Lösung dieses Problems in der Überwindung „der Mentalität, den Westen nachahmen zu wollen." Das Grundproblem der Türkei liege in dem vom Westen eingeimpften Geist der Nachahmung, die „der Macht und nicht der Gerechtigkeit den Vorzug gibt." (Erbakan 1991: 6-12) Vom Kapitalismus bis zum Kommunismus – alle modernen Gesellschaftssysteme und deren Subformen – packt er als verschiedene Erscheinungsformen des „Clubs des Westens" in eine Schublade und hält Diskussionen über diese Systeme für überflüssig, weil sie darauf hinausliefen, dass man sich zum Gefangenen einer vom „Nachahmungsgeist" aufgestellten falschen Tagesordnung mache.

Ähnliche Themen sind in der populären Literatur des politischen Islams nach 1970 verarbeitet worden. Abdurrahman Dilipak, einer der Autoren, die ein breiteres Leserspektrum als das der Milli-Görüş-Anhänger ansprechen, hat z.b. die These wiederholt, dass der Westen dem Osten sein Wissen entrissen habe, nun aber langsam an einem toten Punkt angelangt sei. Das *Ausbeutertum,* betont er, sei die wesentliche dem Westen beizustellende Eigenschaft, jener Hauptfaktor, der ihm seine sog. „Überlegenheit" verschafft habe. Die Verteidigung der Verwestlichung sei daher eine Schande: „Einer aus dem Westen zu sein, ist sicherlich kein Vergehen, wenn man keiner ist, der das Alte verteidigt. Aber ein Anhänger des Westens zu sein und die kulturellen Grundlagen des Westens zu verteidigen, ist ein Verbrechen gegen die Menschlichkeit. Denn er [der Westen] stützt sich auf das Blut der unterdrückten Völker, auf das, was sie sich in ihrem Schweiße erarbeitet haben... (Dilipak 1988: 201). Der Kolonialismus habe die Macht der Juden, die als Kapitalisten in diesem Prozess eine Rolle gespielt hätten, außerordentlich vergrößert (ebd.: 152ff). Und sowieso sei der Westen zu keiner Zeit – selbst nicht zur Zeit der Kreuzzüge – in wirklichem Sinne christlich gewesen; sei doch das wahre Christentum den Verfälschungen der Magier des Mittelalters, der Heiden, Freimaurer und Juden erlegen (ebd.: 181ff).

Es wurde bereits erwähnt, dass weite Teile der nationalkonservativen Kreise von den 1940er bis zum Ende 1980er Jahre den Kommunismus als die am stärksten überspitzte Form der Verwestlichung aufgefasst haben. Eine ähnliche Verbindung hat der Islamismus zwischen Westen und Zionismus hergestellt, in dem er die Verwestlichung als einen Türöffner und Helfershelfer des Zionismus (gemeint ist das Judentum) betrachtet, der nicht nur für den Islam, sondern für die gesamte Menschheit Ausdruck des absolut größten Übels sei. Danach übt „der internationale Zionismus/das internationale Judentum" die Kontrolle über die Staaten und Institutionen des Westens aus, und sowohl die politische als auch die kulturelle Verwestlichung trage dazu bei, dass das Judentum seine aus dem Alten Testament abgeleitete Mission erfülle, die Weltherrschaft zu erlangen (Bali 2001: 284ff).

Nach Ansicht von Milli Görüş lässt sich die Ablehnung des Westens mit den Begriffen „Imperialismus und Zionismus" auf einen Nenner bringen. Nachdem die besagten äußeren Mächte einen dazu gebracht hätten, sich mit dem Geist der Nachahmung zu identifizieren, plünderten sie das Land zunächst aus, sorgten dann Stück für Stück für den Verlust der Unabhängigkeit und zielten in der letzten Stufe darauf ab, dass diese ihre Identität verlieren und *vernichtet* werden (Erbakan 1991: 13f). Mit solchen und ähnlichen Vorstellungen hat die Gegnerschaft zum Westen bis in die zweite Hälfte der 1990er Jahre hinein einen bestimmenden Platz in der politischen Propaganda von Milli Görüş eingenommen. Man opponierte gegen den Gedanken an einen Beitritt zur EU, der man nachsagte, sie sei „nur der erste Schritt auf dem Weg zur Gründung Großisraels" und sie wolle die Türkei zu ihrer „Vasallenprovinz" machen (ebd.: 14). Besonders zwischen 1980 und 1990 gaben die USA, „das Zentrum des Imperialismus und des Zionismus", das eigentliche Feindbild ab, stellten sie „den großen Satan" dar. In der Phase des internationalen Aufstiegs des Islamismus hat die oben erwähnte Bildung einer Front gegen die USA eine treibende Rolle gespielt. Diese Frontenbildung wird von radikalen Elementen im Islamismus als Teil einer globalen Strategie des Dschihad betrachtet, und sie dürfte auch die Anhängerschaft von Milli Görüş – zweifelsohne in psychologisch moderaterer Form – beeinflusst haben.

Nach ihrem Aufstieg in den 1980er Jahren hat Milli Görüş ihre anti-westliche Agitation bis ins Vorfeld der Wahlen von 1995, bei denen sie durchaus eine Aussicht auf die Übernahme von Regierungsverantwortung hatte, beibehalten, dann aber gleichzeitig ihre Suche nach vertrauensbildenden Beziehungen zu Europa und zu den USA intensiviert (vgl. Çakır 1994: 161-77). Die Vorgänge um die „Maßnahmen" des Nationalen Sicherheitsrates „gegen Umtriebe reaktionärer Regimegegner" vom 28.2.1997, aufgrund derer die Wohlstandspartei zunächst aus der Regierung ausscheiden musste und später aufgelöst wurde, – was zur Gründung einer Nachfolgepartei (Tugendpartei/FP) und schließlich auch zu deren Auflösung führen sollte – versetzten die Bewegung Milli Görüş in die Defensive und hat sie dazu gebracht, sich auf die demokratischen Standards des Westens zu beziehen. Und zwar so weit, dass gegen den Beschluss zur Schließung der Wohlstandspartei Beschwerde vor dem Europäischen Menschengerichtshof eingelegt wurde. Als der Gerichtshof den Parteiauflösungsbeschluss für legal befand, war dies zwar Anlass, Thesen von der „Doppelmoral des Westen und seiner Feindschaft zum Islam" wieder aufzuwärmen, man kann jedoch nicht behaupten, dass dieser Beschluss in der moderateren Mitte der Bewegung Forderungen nach dem Abbruch aller Beziehungen zu den internationalen Organisationen des Westens auf den Plan gerufen hätte.

Der anti-westliche Diskurs der Bewegung Milli Görüş ist ausgesprochen pragmatisch und naiv. Er ist einerseits oberflächlich, geht nicht ins Detail und redet einer vollständigen Ablehnung das Wort, gibt sich aber auf der anderen Seite offen für jedwede Übernahme. Unausgesprochen macht er sich die Gökalp'sche Unterscheidung zwischen Kultur und Zivilisation zu Eigen. Die rein instrumentale

Übernahme der technologischen und industriellen Errungenschaften des Westens wird dringendst erwünscht. Erbakan mit seinem Ingenieursimage und seinem „Plan zum Aufbau einer Schwerindustrie", der den 1970er Jahren seinen Stempel aufgedrückt hat, war ein enthusiastischer Vertreter dieses Begehrens.

Das „Geheimnis des Fortschritts" zu entschlüsseln, Mehmet Akif[6] komprimierte diese Gesinnung schon 1912 in der Parole „Übernehmt die Wissenschaft des Westens, übernehmt seine Industrie!", ist keine Zielsetzung, die nur in der Bewegung Milli Görüş anzutreffen gewesen wäre. Mindestens bis in die 1980er Jahre hinein hat diese parzellierende und instrumentalisierende Betrachtungsweise der Modernisierung in allen wesentlichen Fraktionen des politischen Islams ihren Stellenwert behalten. Gruppierungen, die jegliche Berührung mit der modernen Technik als Frevel angesehen haben, waren in der Minderheit und haben sich nach und nach von dieser Position zurückgezogen (vgl. Çakır 1990: 23ff, 60ff). Besonders bei Said-i Nursî, der eine breit angelegte und einflussreiche Denkschule begründet hat, fällt im Kontrast zu einer prinzipiellen Ablehnung der abendländischen Zivilisation (Işık 1990: 108ff) eine „Begeisterung für die Magie der Technologie des Westens" (Mardin 1992: 321) ins Auge. Das Nebeneinander eines politisch und kulturell begründeten Hasses auf den Westen und einer realen Begeisterung für sein materielles Potential ist ein Dualismus, der nicht allein im Denken der Islamisten und Nationalkonservativen, sondern im gesamten modernen politischen Denken der Türkei seine Spuren hinterlassen hat. Dieses Hin-und-hergerissen-Sein zwischen Hass und Begeisterung sollte man als psychologischen Background des politischen Denkens in der Türkei stets mit berücksichtigen.

Im Anschluss an die 1980er Jahre hat sich im politischen Islam auf der einen Seite eine Kritik der Moderne auf intellektueller Ebene etabliert, die unten noch zu behandeln sein wird, auf der anderen Seite ist bei den Hauptströmungen der Bewegung ein erheblich gewachsener Hunger auf die Errungenschaften der materiellen Errungenschaften des Westens zu beobachten gewesen. Zum Beispiel denken die Anhänger von Fethullah Gülen in diese Richtung, der mit elitären, pragmatischen und nationalistischen Interpretationen von Ideen der auf Said-i Nursî zurückgehenden islamischen Denkschule (Nurculuk) als Rivale der Bewegung Milli Görüş in Erscheinung getreten ist. Gülen ist nicht davor zurückgeschreckt zu verkünden, dass „wir in Großvaters Zeiten stecken bleiben, wenn wir die Integration in den Westen verweigern." Seine offene Haltung zum Westen wird begleitet von der Einschätzung, dass sich die abendländische Zivilisation im Niedergang befinde, und dass da eigentlich nichts mehr sei, weshalb ein islamisch ausgeprägtes Türkentum, das zu seinen Wurzeln zurückgefunden hat, Zurückhaltung gegenüber dem Westen an den Tag legen müsse.[7]

3.1 İsmet Özel und seine „totale Ablehnung"

Selbst Meriç, der vorgeschlagen hat, man solle Kultur und Zivilisation in dem Begriff „blühender Zustand, Prosperität" (umran) verschmelzen, hat sich gedanklich nicht von dieser begrifflichen Zweiteilung lösen können. Genauso sind Nationalkonservative und islamistische Denker, – Nurettin Topçu eingeschlossen –, die eine „sich vom Westen unterscheidende alternative Zivilisation" propagiert hatten, kaum über eine Repetition hinaus gegangen; sie haben nur den Nukleus der abendländisch-orientalistischen Denkschablone durch den (türkischen) Islam ersetzt. İsmet Özels Versuch einer theoriekritischen Intervention kommt hier eine besondere Bedeutung zu, erhebt er doch den Anspruch, dieses Dilemma überwinden zu können.

Üç Mesele (Die drei Probleme) lautet der Titel von Özels Werk (Özel 1984), in dem er sich eingehender mit dieser Fragestellung auseinandersetzt. Mit der Charakterisierung des Westens als etwas *essentiell Schlechtem* entfernt sich *Üç Mesele* nicht vom nationalkonservativen Mainstream: „Wenn wir auf den Westen oder die Leute aus dem Abendland zu sprechen kommen, überfällt uns stets ein Schaudern und Unbehagen. Ein Gefühl, dass in Afrika und Asien vielleicht im Herzen eines jeden Menschen mitschwingt. Die Muslime erkennen die geistige Rohheit im Wesen des Abendländers, und es fällt ihnen leicht, sie als nicht besonders intelligent einzustufen, und selbst wenn sie sich ihrem profanen Wissen beugen, so schätzen sie sie nicht besonders als Menschen, da sie bekanntlich keinerlei Anteil an der geistigen Weisheit erfahren haben." (ebd.: 68) Der Typus Mensch, den die intellektuellen Anhänger der Verwestlichung hervorbringen, ist nach Ansicht Özels eine „charakterlose, nachahmende Kreatur ohne eigene Zielsetzungen" (ebd.: 60). Der Westen ist für ihn prometheisch, gierig und streitsüchtig, der Osten hingegen stelle auf die Weisheit des Herzens ab, lege Wert auf Gleichgewicht und Harmonie (ebd.: 63). Es sei sogar schwierig, die Geschöpfe der auf Konflikt angelegten westlichen Kultur noch als „Menschen" zu bezeichnen (ebd.: 68)! Europa ist eine Zivilisation der Maschinen; ist mit seiner Schritt für Schritt vollzogenen Abkehr vom Christentum zu seinen heidnischen Wurzeln zurückgekehrt (ebd.: 140). Der Mensch als Sklave des Menschen, dies sei es, was die Beständigkeit der westlichen Zivilisation ausmache (ebd.: 40). Infolge seiner unbegrenzten Expansion habe der Westen nie Selbstkritik leisten können (ebd.:60). Auch später (im Rahmen des Marxismus etc.) seien formulierte Einsprüche nur systemimmanente Kritiken gewesen (ebd.: 70,123).

Özel insistiert darauf, dass der Westens *total* abgelehnt werden müsse. Er widerspricht der Auffassung, Technologie sei etwas Neutrales/Unverbindliches, nur ein Mittel/nur eine Option: „Wir denken in die Richtung, dass die ganze Technik der heute die Welt beherrschenden westlichen Zivilisation der vitalen Entwicklung einer islamischen Gesellschaft nur im Wege stehen wird, und dass die muslimische

Welt nur unter der Bedingung in eine umfassendere Dimension wird vorstoßen können, dass die Technologie des Westens nicht in die Grundlagen unserer Gesellschaft
und die Funktionsweise des menschlichen Verstandes eingreift." (ebd.: 177) Weder
hätten wir einer Not zu gehorchen, noch bedürften wir dieser Technologie. „Sie wird
sich in einer Gesellschaft, die sich nach den islamischen Geboten richtet, später von
selbst entwickeln" (ebd.: 54).

Ergo lässt sich der Westen nur im Ganzen annehmen oder ablehnen. Man mache
sich zwangsläufig zum Schwachkopf, wenn man es auf „einen Ausgleich zwischen
irgendeinem Gedankengang des" – sich in der Nabelschau als äußerst stabil und
höchst konsequent betrachtenden – „Westens und den Bestimmungen des Islams
anlege" (ebd.: 67). Es sei doch Fakt, dass man Maßstäbe des Westens anlege, wenn
man wie üblich versuche, den Islam westlichen Wertvorstellungen anzunähern und
eine Kompatibilität nachzuweisen (ebd.: 20, 46).

Die Suche nach einer Alternative zur Zivilisation des Westens ist für Özel auch
nur ein Ausdruck von *Rückwärtsgewandtheit* (ebd.: 118). Er stellt den Begriff Zivilisation in Frage und kommt letztlich zu dem Schluss, dass dieser nichts anderes als
Imperialismus und Ausbeutung bedeute (ebd.: 102-109,121). Er betont, wie wichtig
es sei, dass der Islam sich von der Dichotomie Kultur und Zivilisation löse, und dass
man ihn aus seiner Bindung an die (moderne) Zeit und seiner Abhängigkeit von
fremden konzeptionellen Paradigmen befreie (ebd.: 117). „Ach stünden wir doch
nur außerhalb der [modernen] Zeit" (ebd.74), klagt er, und verleiht damit seiner
Sehnsucht Ausdruck, diese Unabhängigkeit, diese Freiheit zu erlangen.

Özels Anspruch, die Wesenslehre vom Osten und Westen zu überwinden, ist
bei ihm jedoch ein auf die Wesensart abzielender West-Antagonismus, ein Okzidentalismus nicht zu übersehen. Auf der anderen Seite ist da bei Özel das Timbre
eines Autors herauszuhören, der sich aus der philosophischen Tradition des Westens heraus artikuliert (Çiğdem 2001: 141f). Wiederum mit Verweis auf Ahmet
Çiğdems kurze und prägnante Einschätzung hält Özel daran fest, mit der er darauf
besteht, die Legitimität der Politik in der Türkei grundsätzlich nur noch danach zu
bewerten, ob sie mit der muslimischen Identität und dem, was er darunter subsu-
miert, nämlich der angesagten Lösung sämtlicher Verbindungen zum Westen, in
Einklang steht.

3.2 Die Kritik der Moderne

Um die 1980er Jahre trifft man im islamischen Denken auf eine *modernisierte* Kritik (bzw. *modernisierte* Ablehnung) der Moderne. Hierbei haben Übersetzungen
eine wichtige Rolle gespielt. Auf intellektueller Ebene ging der Impuls von dem
persischen Philosophen Seyyed Hossein Nasr aus, der eine umfassende Kritik des
Modernismus, der modernen Philosophie und der Modernisierungstendenzen im

zeitgenössischen Islam vorgelegt hatte. Die Werke abendländischer Autoren wie René Guénon (später Abdel Wahid Yahia), Fritjof Capra und Martin Lings (später Abu Bakr Siraj ed-Din), die den Westen und die Moderne wegen ihrer *Rückständigkeit im spirituellen Bereich* kritisierten, trafen in den gebildeten Schichten auf großes Interesse. Diese Literatur zeichnete sich dadurch aus, dass sie die Tradition und religiöse Gedankenwelt in der Begrifflichkeit der modernen Wissenschaft und Philosophie zu beschreiben vermochte. Gegen Ende der 1980er Jahre haben dann Diskussionen über die Postmoderne einen Ausgangspunkt für die islamische Kritik der Moderne geliefert, in denen der kontra-positivistische Gesichtspunkt in den Vordergrund gerückt wurde, und die im Grunde auf die Ablehnung des Modernismus herunter gebrochen wurden.

Ein bedeutender Autor in diesem Zusammenhang ist Ali Bulaç, der auf diese modernisierte Kritik am Westen und an der Moderne aufbaute und damit zur Erneuerung des politischen Denkens im Islam beigetragen hat. Bulaç reformuliert seine These, der Modernismus zerstöre das Heilige, die den Religionen innewohnende Vorstellung von Kollektivität und Harmonie, er vereinheitliche alle Dinge und mache Vielfalt und Heterogenität zunichte. Dies ist eine Aktualisierung, die auch eine politische Dimension aufweist: In der Diktion der liberal-demokratischen Positionen der 1980er und 90er Jahre stellen Begriffe wie *Bürgergesellschaft*, *Pluralismus* und *Demokratie* seinen Bezugsrahmen dar – die er ohne Zweifel mit dem Islam in Einklang bringt. Auch indem er den Nationalstaat hinterfragt, den er für ein Exportprodukt des europäischen Kolonialismus hält, stimmt er mit der globalen politischen Tagesordnung überein. Bulaç hofft darauf, der Westen werde seine Modernität überwinden und zu seiner eigenen Identität zurückfinden, und hält einen Dialog mit dem Westen prinzipiell für möglich (Bulaç 1995). Çiğdem (2001: 39) hat bereits darauf hingewiesen, dass bei Bulaç der Kontext der westlichen/modernen Begrifflichkeit von ihren geschichtlichen/sozialen Hintergründen getrennt wird. Eine Trennung, die ihm ermöglicht zu behaupten, die universalen Regeln des Zusammenlebens stünden in Einklang mit dem Islam, ja, seien das, was ihn auszeichne. Auf diese Weise wird die Fragestellung der islamischen Reformer am Ende des 19.Jh. wieder aufgenommen, die eine Vereinbarkeit des Islams mit der Moderne hervorgehoben hatten, und die grundlegenden Ideen des Postmodernismus werden auf einen Antimodernismus reduziert.[8]

3.3 Die AKP als EU-Befürworterin – Verkehrte Welten?

Genau dieser Punkt, also die anti-westlichen Motive, die die ideologischen Schnittstelle zwischen dem politischen Islam und den Kemalisten bilden, ist zu Beginn dieses Jahrzehnts mit den Verhandlungen um die Aufnahme von Beitrittsverhandlungen zwischen der EU und der Türkei evident geworden. Und gleichzeitig wurde

auch die geistige Konfusion größer... Auf Regierungsseite stand die Koalition der
liberal-konservativen ANAP, der DSP mit ihrem volkstümlichen Nationalismus
und der extrem nationalistischen MHP, die gemeinsam eilfertig bestrebt waren,
den Erfordernissen der von ihnen zur „strategischen Zielsetzung" erklärten EU-
Mitgliedschaft gerecht zu werden. Dazu war es auch erforderlich, sich die Verantwortung für die Umwandlung der über den PKK-Führer Abdullah Öcalan ver-
hängten Todesstrafe in lebenslange Haft zu teilen. Im anderen Lager, sei es bei den
Nationalkonservativen, den Kemalisten oder im politischen Islam, wurden Vorbehalte gegen den Westen in immer agitatorischerem Tonfall vorgetragen. Die EU
mit ihrem Wunsch nach „Integration" wurde hier verdächtigt, sie wolle die Türkei
übervorteilen und zu Zugeständnissen in der Zypern- und Kurdenfrage bewegen,
und sie habe insgeheim ihr uraltes Vorhaben wieder auf die Tagesordnung gesetzt,
die Türkei spalten oder instabilisieren zu wollen. Überdies würden die Herrschenden in der Türkei dieses neo-imperialistische Vorhaben unterstützen, entweder,
weil ihnen der politische Weitblick fehle oder sie Verrat im Schilde führten. Alle
politisch-ideologischen Lager führten diese Kampagne in ihrem jeweiligen Jargon,
beeinflussten sich dabei gegenseitig und tauschten Argumente aus. Man ließ Bilder
von ohnmächtigen „Kollaborationsregierungen" wieder aufleben, die in der Phase
des Niedergangs des Osmanischen Reiches auf Hilfe aus dem Westen gesetzt hatten, und erweckte Assoziationen mit den wirtschaftlichen und rechtlichen Unter-
werfungserklärungen der spätosmanischen Herrscher.

Man darf jedoch nicht vergessen, dass bei der Popularisierung dieses parano-
iden Weltbildes die ökonomische Krise von 2001 und das in deren Folge in der
Mittelschicht erlittene Trauma eine wesentliche Rolle gespielt haben. Die totale
Anfälligkeit der türkischen Ökonomie für Gefährdungen durch internationale
Finanzströme traf damals zusammen mit einem aus dem jeweils individuellen Kar-
riereknick heraus resultierenden Verlust des kollektiven „nationalen" Selbstvertrau-
ens. Ein zweiter wichtiger Faktor waren die Reaktionen der bürokratischen Elite,
die in Zusammenhang mit den strukturellen Reformen im EU-Anpassungsprozess
um den Bestand ihrer Privilegien zu fürchten hatte.

Innerhalb der AKP, die bei den Parlamentswahlen von 2002 alleine an die
Macht kam und ihren Stimmenanteil bei den Wahlen 2008 noch einmal ausbauen
konnte, wurde die Situation noch verworrener. Die Gründer und Meinungsfüh-
rer der AKP, die sich dem neoliberal-konservativen Lager zuordneten, kamen aus
der Tradition des politischen Islams, in dem man die EU als „Club der Christen"
betrachtete. Gerade sie erklärten die EU-Mitgliedschaft zum vordringlichen Anliegen ihrer Regierung. Zentral war, dass sich die Opposition zum EU-Gegner bzw.
-skeptiker wandelte, als sich die AKP ab 2002 als EU-Befürworterin positionierte.
Die Lage wurde scheinbar immer widersprüchlicher und eskalierte soweit, dass sich
die kemalistischen Verfechter der Republik, denen man auf der politischen Bühne

seit eh und je die Rolle *der* Befürworter des Westens zugewiesen hatte, dazu hinreißen ließen, die AKP mit Worten wie „EU-Kollaborateur, Strohmann der EU" zu desavouieren!

Hinter dem Fernziel der AKP, eine EU-Integration anzustreben, lässt sich das Zusammentreffen der islamistischen Intelligenzija mit Ideen des Postmodernismus erkennen. Die „klassischen" Ideen vom linearen Fortschritt und des Positivismus zu hinterfragen, sich von den holistischen Ansprüchen der Aufklärung abzuwenden, den Postmodernismus neu zu interpretieren und so ein fragmentiertes Verständnis von Modernität zu ermöglichen, über eine Diskussion der Begriffe Multikulturalität und Networking den politischen und religiösen Gemeinschaften ihr Ansehen zurückgeben – all dies hat die Intelligenzija des politischen Islams seit Mitte der 1980er Jahre stark interessiert. Diese intellektuelle Aktivität hat dazu beigetragen, Vorbehalte gegen den Westen und die Modernität zumindest graduell abzubauen.

Natürlich wurde diese Situation deutlich stärker als von derlei indirekten geistigen Einflüssen von pragmatischen Überlegungen bestimmt. Die AKP-Führung erkannte, dass die Macht der autoritär-bevormundenden Staatselite im Rahmen des EU-Anpassungsprozesses geschwächt werden würde. Und sie war der Ansicht, dass das Dilemma, „zwar an die Regierung, aber nicht an die Macht" gekommen zu sein, das ihre Vorgängerin, die Wohlstandspartei als Teil einer Koalitionsregierung Ende der 1990er Jahre erlebt hatte, nur auf dem Wege dieser strukturellen Reformen zu überwinden sei. Noch bestimmender war eine Art ökonomischer Pragmatismus. Die AKP war sich darüber im Klaren, dass die durch eine positive Entwicklung der Beziehungen zur EU zu erreichende „Stabilität" für die türkische Wirtschaft einen lebenswichtigen Anker im Wellenschlag der internationalen Finanzströme darstellen würde. Der AKP-Vorsitzende Recep Tayyip Erdoğan vervollständigte diesen Pragmatismus, indem er betonte, dass Europa auf die Türkei angewiesen sei. Demnach seien die EU-Länder schon in naher Zukunft auf das Potential der jungen und dynamischen Bevölkerung der Türkei angewiesen. Indirekt enthält diese Formulierung wieder das nationalkonservative Stereotyp vom „überalterten Westen": Europa ist „alt" geworden, „hat sich verbraucht" oder „steht vor dem Niedergang". Was soviel heißen soll, dass die junge, dynamische und begierige Türkei bei dieser Vereinigung die dominante Rolle einnehmen wird. Immer wieder haben Erdoğan und die Sprecher der AKP betont, dass die EU angesichts der Reformbereitschaft der Türkei zu beweisen habe, dass sie kein „Club der Christen" ist und vor der Herausforderung stehe, durch Aufnahme eines islamischen Landes das Modell eines multikulturellen Zusammenlebens verwirklichen zu können. Ein eindrucksvolles Beispiel für die unerschütterliche Vitalität des negativen Bildes vom Westen ist ein Ausspruch Tayyip Erdoğans vom 23.1.2008:

> Nicht die Kenntnisse und Fertigkeiten des Westens haben wir übernommen. Stattdessen
> seine Sittenlosigkeit, die im Widerspruch zu unseren moralischen Wertvorstellungen

steht. Wir sollten in einen Wettbewerb treten, uns die Kenntnisse und Fertigkeiten des Westens anzueignen.

Darin liegt eine nur als naiv zu bezeichnende Wiederbelebung von Denkansätzen aus dem vergangenen Jahrhundert, denen die Vorstellung zugrunde lag, man könne die „guten" und die „schlechten" Seiten des Westens chirurgisch voneinander trennen. Das Unterfangen der Zeitschrift *Vakit*, die unter den islamistischen Publikationen eine volkstümlich-faschistoide Linie vertritt, diesen Worten des Ministerpräsidenten unverzüglich mit einer Liste „sittlicher Verfehlungen des Westens" „Klarheit zu verschaffen", ist hingegen nur noch schwerlich als naiv einzustufen. *Vakit* vom 27.1.2008 listet Erscheinungsformen der Dekadenz des Westens wie folgt auf: „Der Zusammenbruch der Institution Familie. Ablösung der Ehe durch das Zusammenleben ohne Trauschein. Frauen, die anstelle von Kindern Hunde auf ihren Schoß setzen. Abschieben alter Leute in Altersheime. Lesbentum und Homosexualität feiern fröhliche Urständ. Beförderung der sexuellen Freizügigkeit. Absinken des Alters der sexuellen Reife auf 10 bis 11 Jahre. Verkauf von Präservativen sogar an Grundschulen. Ausweitung der Drogenabhängigkeit bis in die Grundschulen. Das Ende aller nachbarschaftlichen Beziehungen. Keine Gastfreundschaft mehr. Von solidarischem Beistand ist nicht einmal mehr die Rede. Summa summarum eine 'Vereinzelung unter Millionen', die das bedauernswerte Individuum im Westen erfahren muss."

Was Bulaç über den „Europäischen Automatismus" geschrieben hat, zeigt uns, dass die „alten" Stereotypen und Vorbehalte auch unter den Intellektuellen jener Strömung im politischen Islam lebendig geblieben sind, die im Postmodernismus die Grundlage für eine Aussöhnung des Islams mit dem Westen gesehen hat. Bulaç vertritt die Ansicht, dass Europa reflexartig seine Politik aus dem 19.Jh. fortsetze, die darauf ausgerichtet gewesen sei, zur Manipulation der Osmanen Minderheiten ausfindig zu machen bzw. Minderheiten zu konstruieren. Europa sei bestrebt, Aleviten und Kurden den Status nationaler Minderheiten zuzuerkennen und missionarische Aktivitäten zu unterstützen, die sich die Option zur Schaffung einer kleinen christlichen Minderheit im Lande offen halten wollten (vgl. Bulaç 2008: 251ff).

Zum Schluss ist hervorzuheben, dass bei Diskussionen um die Bestimmung Europas und der EU wieder das Bild eines einheitlichen, homogenen, großen Ganzen reproduziert wird und nationalistische Denkschablonen damit verfestigt werden.

4   Eine abschließende Gegenüberstellung

Der West-Antagonismus gehört zu den beständigen Bildern im Denken der Nationalkonservativen und des politischen Islams. Und in Bezug auf Letzteren darf man sicher behaupten, dass die Feindschaft gegenüber dem Westen zu den Ideologiebegründenden Topoi gehört.

Die Ablehnung wird auf ganz unterschiedlichen Niveaus vorgetragen, von einem vulgär und agitativ formulierten bloßen „Dagegen sein" bis hin zur theoretischen Kritik der Moderne, die sich aus einer intellektuellen Auseinandersetzung mit Denkrichtungen im Westen entwickelt hat. Im einschlägigen Schrifttum lassen sich sowohl theoretisch als auch literarisch eindrucksvolle Schilderungen, Entlarvungen und Kritiken der kapitalistischen Zivilisation bzw. Barbarei finden. Eine grundlegende Gemeinsamkeit gibt es: der Westen wird aufgrund seines befremdlichen Charakters, seiner Wesensart für gänzlich verschieden und zu *etwas Anderem* erklärt – ein Orientalismus unter umgekehrten Vorzeichen. Zu dieser Vorstellung gehört auch, sich den Westen als *ein* Subjekt vorzustellen.

Die historischen Lasten aus dem Verwestlichungsprozess der Türkei, aktuelle Krisen in ihren Beziehungen zum Westen und in internationalen und globalen Angelegenheiten, das Hervorheben kultureller Andersartigkeit und gerade auch der Reichtum an Fantasie, der in den Ost-Westvergleichen zum Tragen kommt, und natürlich auch die religiöse Komponente; all diese Faktoren schaffen einen Bezugsrahmen, der es ermöglicht, das Knäuel von Problemen mit Modernismus und Kapitalismus auf den Begriff *„der* Westen/die Verwestlichung" zu reduzieren. Und dies eröffnet zugleich die Möglichkeit, *den* Westen als *den* „Schuldigen" auszugrenzen. Dass es bei dieser Ausgrenzung zu Überschneidungen in der Mentalität der Nationalkonservativen und Islamisten und der kemalistischen Befürwortern der Verwestlichung kommt, sei nicht vergessen.

Im letzten Abschnitt dieses Artikel wurde erläutert, dass dem EU-Beitritt der Türkei seit dem Jahr 2000 von Regierungsseite höchste Priorität eingeräumt worden ist, und zwar von einer Partei, die aus der Bewegung des politischen Islams hervorgegangen ist, und dass Gegner und Befürworter des Westen ihre Positionen damit so gut wie vertauscht haben. Aus Sicht der auf eine „vaterlandsverteidigende nationale Linie" eingeschwenkten kemalistischen Republikaner verhalten sich die Dinge wie folgt: Die EU, die das ewige Ziel verfolgt, die Türkei zu beseitigen, aufzusplittern oder zumindest zu destabilisieren, und die AKP, die das Land Schritt für Schritt in einen Gottesstaat oder ein gemäßigtes islamisches Staatswesen umwandeln will, sind eine unheilverheißende Allianz eingegangen. Den kemalistischen Republikanern, die bislang die „traditionell" west-gewandte moderne Linie repräsentierten, gelingt es mit Leichtigkeit, in ihrer Agitation eine ganze Reihe von Motiven aus der nationalkonservativen Mottenkiste wieder aufleben zu lassen – ganz zuvorderst die Vorstellung vom Westen als einem politisch und sozial homogenen Subjekt. Der Unterschied besteht darin, dass die kemalistischen Republikaner den Westen zum politischen Feind erklären und von der Zivilisationskritik der Nationalkonservativen und Religiösen Abstand nehmen.

Die kurdische Dichterin und Schriftstellerin Bejan Matur (2007) hat in Zusammenhang mit den „Meetings [zur Verteidigung] der Republik", die sowohl

gegen die AKP als auch gegen die EU gerichtet waren, eine bemerkenswerte Beobachtung gemacht. Sie sagt, die Verfechter des republikanischen Gedankens, des
Kemalismus, des Laizismus und der Verwestlichung seien in eine Leere gestürzt als
die Vereinigung mit Europa, nach der sie seit Generationen gestrebt haben, zum
Greifen nahe war. Aus sei es da gewesen mit der „unstillbaren Sehnsucht", aus der
sich Verlangen und Liebe speisen. Mehr noch, es sei für sie schmerzhaft spürbar,
dass sie, wenn sie erst einmal Teil von Europa seien, nichts mehr von dem darstellen
würden, was sie von Europa unterscheidbar gemacht hatte, dass sie jenes Identität
stiftende, mächtige und originäre Etwas verlieren würden. Die aus dem politischen
Islam hervorgegangenen Anhänger der AKP hingegen hätten ihre Beziehungen zu
Europa, das in ihren Augen ja sowieso *anders* ist, pragmatisch, als ein Geben und
Nehmen aufgefasst und hätten sich so von der Last ihrer Komplexe im Verhältnis
zu Europa befreien können.

Diese auch eine sozialpsychologische Komponente beinhaltende Interpretation
ist durchaus diskussionswürdig. Allenthalben gilt es jedoch, in Rechnung zu stellen, dass in dem von kemalistischen Republikanern determinierten Bildungska-
non, den sie alle durchlaufen haben, homogenisierende Werturteile und Denkschablonen gegenüber dem Westen enthalten sind. Der Nationalismus tritt darin als
eigentlicher „türkischer Fundamentalismus" in Erscheinung, der den gemeinsamen
ideologischen Nenner bei Nationalkonservativen, Islamisten und Kemalisten darstellt.

Aus dem Türkischen von Harald Schüler

Anmerkungen

1   In Abgrenzung zum Panturkismus/Turanismus und Internationalismus/Kommunis-
    mus Mitte der 1930er Jahre in der Türkei, die Anatolien zum Nabel der Zivilisation
    erklärten. Ihre Vertreter argumentierten u.a. damit, dass das als Wiege der westlichen
    Zivilisation angesehene antike Griechenland doch nur nachgemacht habe, was anato-
    lische Zivilisationen bereits hervorgebracht hatten (vgl. Akyıldız 2002: 465; Karacasu
    2002: 472).

2   Ebenfalls interessant sind im Gegensatz zu dieser Auffassung vertretene Standpunkte, die
    von einer Kontinuität zwischen der Tanzimat und der kemalistischen Reformbewegung
    ausgehen und sogar argumentieren, dass die Tanzimat-Reformen den radikaleren Ein-
    schnitt und eigentlichen Beginn der Verwestlichung dargestellt haben (vgl. z.B. Küçük
    2001: 164-171, 281).

3   Gökalp hat die Zivilisation als etwas, das auf „der Manier und dem persönlichen Wil-
    len beruht", von der Kultur als den künstlichen, fiktiven und willkürlichen Realitäten
    unterschieden. Mit der Kultur verhalte es sich wie mit der Religion, man muss an sie
    glauben und mit ihr im Herzen verbunden sein. Zivilisation sei nur von Beständigkeit,
    wenn sie aus der nationalen Kultur Befruchtung erhalte. Und wie die Überentwicklung

des Geistes den Charakter verderben und zur Destabilisierung der Persönlichkeit führen könne, könne auch die übereifrige Fortentwicklung der Zivilisation der nationalen Kultur zum Verderbnis gereichen (Gökalp 2007: 190-203).

4 Serdengeçti, der Agitator des nationalkonservativen Populismus der 1940er – 1960er Jahre, redete davon, die türkische Nation sei keine, „die einer anderen zu ähneln gedenke", sondern eine Nation, „der man zu ähneln gedenke." (Serdengeçti 1992: 46).

5 Siehe Belge, Murat: „Komik/trajik", in: Radikal vom 13.10.2001.

6 (siehe Ersoy 1986: 187). Akifs eigentliche Inspirationsquelle dieses Fortschrittswunders war das japanische Experiment: „Nur über die technischen Wissenschaften den Zugang zur Zivilisation erlangt /auch das nur mit Zustimmung der Seinen /Hat an den Küsten aufgepflanzt zur Wacht die Voraussicht und seinen Glauben /Der Tür verwiesen alle Narretei! Was vom Profanen des Westens an Wert ist, das habe Bestand /was als modisches Laster den Eintritt begehrt, ward abgewiesen." (ebd.: 171). Akif ist unter den Konservativen jedoch nicht der alleinige Urheber des Gedankens einer Modernisierung ohne geistige Verwestlichung nach dem japanischen Modell.

7 (vgl. Can 1996: 41ff). Gülen formuliert diesen Gedanken in frauenfeindlichen und sexistischen Worten: „Ich betrachte den Westen als etwas, das als Zivilisation geleistet hat, was es leisten konnte, als ein schon leicht vor sich hin muffelndes altes Hexenweib, eine Frau im Alter von 50 bis 60 Jahren. Nicht mehr dazu in der Lage, etwas zu befruchten, noch dazu, sich von etwas befruchten zu lassen..."

8 Partha Chatterjee sagt, ein aus dem Anti-Imperialismus entstandener nationalistischer Gedanke lehne das Problem Orientalismus ab, indem er es auf den Kopf stelle; er produziere damit dasselbe Problem unter umgekehrten Vorzeichen. Thematisch verwende er dieselben Typologien wie die Leute im Westen und der Orientalismus (Chatterjee 1996: 77f).

Literatur

Atatürk'ün Söylev ve Demeçleri (I-III) (1997), Ankara: Atatürk Araştırma Merkezi

Ayverdi, Ekrem Hakkı (1985): Makaleler, İstanbul: İstanbul Fetih Cemiyeti

Akyıldız, Kaya (2002): Mavi Anadoluculuk, in: Modern Türkiye'de Siyasi Düşünce, Bd. 3, Modernleşme ve Batıcılık, Istanbul: İletişim, 465-481

Bali, Rıfat N. (2001): Musa'nın Evlâtları, Cumhuriyet'in Yurttaşları, Istanbul: İletişim

Banarlı, Nihad Sami (1985): Devlet ve Devlet Terbiyesi, İstanbul: Kubbealtı Neşriyatı

Banguoğlu, Tahsin (1984): Kendimize Geleceğiz, İstanbul: Derya Dağıtım Yayınları

Berkes, Niyazi (1975): Türk Düşününde Batı Sorunu, Ankara: Bilgi Yayınevi

Bora, Tanıl (1999): Türk Sağının Üç Hâli, Istanbul: Birikim Yayınları

Bulaç, Ali (1995): Modern Ulus Devlet, Istanbul: İz Yayıncılık

– (2008): Din, Kent ve Cemaat – Fethullah Gülen Örneği, İstanbul: Ufuk Kitap

Chatterjee, Partha (1996): Milliyetçi Düşünce ve Sömürge Dünyası, Istanbul: İletişim

Çakır, Ruşen (1990): Ayet ve Slogan, İstanbul: Metis Yayınları

– (1994): Ne Şeriat ne Demokrasi – Refah Partisini Anlamak, İstanbul: Metis Yayınları

Çiğdem, Ahmet (2001): Taşra Epiği, Istanbul: Birikim Yayınları

Danişmend, İsmail Hami (1964): Garp Menba'larına Göre Eski Türk Demokrasisi, İstanbul: Sucuoğlu Matbaası

Demirel, Tanel (2002): 1946 Sonrası Muhafazakâr Modernleşmeci Eğilimler Üzerine Bazı Değinmeler, in: Modern Türkiye'de Siyasi Düşünce, Bd. 3, Modernleşme ve Batıcılık, Istanbul: İletişim: 218-238

Dilipak, Abdurrahman (1988): Coğrafi Keşiflerin İçyüzü, İstanbul: İnkılâb Yayınları

Doğan, D. Mehmet (1979): Batılılaşma İhaneti, Ankara: Birlik Yayınları

Düzdağ, M. Ertuğrul (1978): Türkiye'de İslâm ve Irkçılık Meselesi, İstanbul: Med Yayınları

Edebali, Aykut (1991): Birlik Davamız, Istanbul: Bayrak Yayınları

Erbakan, Necmettin (1970): Üç Konferans, Istanbul: Fetih Yayınevi

– (1991): Türkiye'nin Meseleleri ve Çözümleri, Ankara

Ersoy, Mehmet Akif (1986): Süleymaniye Kürsüsünde, in: Safahat, Istanbul: İnkılâp Kitabevi

Gökalp, Ziya (2007): Kitaplar 1. Hrsg. v. Sabri Koz, Istanbul: Yapı Kredi Yayınları Işık, İhsan (1990): Bediüzzaman Said Nursî ve Nurculuk, İstanbul: ÜnlemYayınlar

Kabaklı, Ahmet (1970): Müslüman Türkiye, Istanbul: Toker Yayınları

– (1990): Temellerin Duruşması. Türk Edebiyatı, Istanbul: Vakfı Yayınları

Kaplan, Mehmet et al. (1992): Atatürk Devri Fikir Hayatı, Ankara

Kara, İsmail (1994): Türkiye'de İslâmcılık Düşüncesi, Bd. 3, Istanbul: Pınar Yayınları

Karacasu, Barış (2002): Cevat Şakir Kabaağaçlı, in: Modern Türkiye'de Siyasi Düşünce, Bd. 3, Modernleşme ve Batıcılık, Istanbul: İletişim

Kısakürek, Necip Fazıl (1986): İdeolocya Örgüsü. Istanbul: Büyük Doğu Yayınları

Kuran, Ercüment (1994): Türkiye'nin Batılılaşması ve Milli Meseleler, Ankara: Türkiye Diyanet Vakfı Yayınları

Küçük, Yalçın (2001): Sırlar, Istanbul: YGS Yayıncılık

Levend, Agâh Sırrı (1941): Halk Kürsüsünden Akisler, Istanbul: Bürhaneddin Matbaası

Lukacs, Georg (1982): Wie ist die faschistische Philosophie in Deutschland entstanden? Budapest: Akadémiai Kiado

Mardin, Şerif (1991): *Türk Düşüncesinde Batı Sorunu*, in: Türk Modernleşmesi, Istanbul: İletişim: 238-247

– (1992): Bediüzzaman Said Nursi Olayı, İstanbul: İletişim

Matur, Bejan (2007): Avrupa arzusu, Avrupa korkusu, Zaman vom 13.5.2007

Meriç, Cemil (1980): Mağaradakiler, İstanbul: Ötüken

– (1981): Bir Facianın Hikâyesi, Ankara: Umran Yayınları

– (1986): Kültürden İrfana, İstanbul: İnsan Yayınları

– (1992): Bu Ülke, İstanbul: İletişim

– (1992): Jurnal -2, İstanbul: İletişim Yayınları

Modern Türkiye'de Siyasi Düşünce (Bd. 3), Modernleşme ve Batıcılık, Hg. von Uygur Kocabaşoğlu, İstanbul: İletişim

Moran, Berna (1983): Türk Romanına Eleştirel Bir Bakış, Bd. 1, İstanbul: İletişim

Öğün, Süleyman Seyfi (1992): Türkiye'de Cemaatçi Milliyetçilik ve Nurettin Topçu, İstanbul: Dergâh Yayınları

Özel, İsmet (1984): Üç Mesele, İstanbul: Dergâh Yayınları

Pakdil, Nuri (1972): Batı Notları, Ankara: Edebiyat Dergisi Yayınları

Serdengeçti, Osman Yüksel (1986). Bu Millet Neden Ağlar? Konya: Millî Ülkü Yayınevi

– (1986). Kanlı Balkanlar, İstanbul: Kamer Yayınları

Topçu, Nurettin (1972): Yarınki Türkiye, İstanbul: Yağmur Yayınları

– (1998): Kültür ve Medeniyet, İstanbul: Dergâh Yayınları

Yazgan, Mustafa (1977): Tuğra, Nr. 2, Ankara: İkbal Yayınları

Bülent Küçük

Die türkischen Fantasmen im EU-Beitrittsdiskurs[1]

1 Einleitung

Seit Gründung der Republik ist es der Wunsch der kemalistischen Eliten ein Teil eines imaginierten Europas zu sein, doch gegenwärtig sind sie offensichtlich selbst zur Hürde ihrer Zielsetzung, und ironischerweise die ehemaligen (konservativen) „Gegner"[2] umgekehrt zu Befürwortern des türkischen Beitritts in die EU geworden. Insbesondere seit dem Beginn der Beitrittsverhandlungen im Dezember 2004 mobilisieren die kemalistischen Eliten mit türkischen Flaggen ausgestatte Protestmassen gegen einen EU-Beitritt der Türkei, obwohl ihre historische Fantasie „die Stufe der zeitgenössischen westlichen Zivilisation einzuholen" sich erfüllt zu haben scheint. Die politischen Reformen im Kontext des türkischen Beitritts werden in diesem Prozess nicht als Lösung gesellschaftlicher Probleme angesehen, sondern entweder als „europäische Auflagen", die die Einheit der Nation und Säkularität des Staates gefährden, oder aber als Kodex des Demokratisch- bzw. Europäischseins verstanden, wobei die Frage wichtig wird, „wie die Europäer uns sehen" (vgl. Ahıska 2003). Der vorliegende Aufsatz analysiert die Bedeutungsstruktur der türkischen Debatte um den Türkei-Beitritt in die EU. Es geht darum zu zeigen, wie türkische Akteure sich selbst und Europa repräsentieren und wie sie sich in Beziehung zum europäischen Diskurs setzen oder sich von ihm abgrenzen. Entlang welcher diskursiver Knotenpunkte[3] werden dabei symbolische Äquivalenzen und/oder Differenzen in der türkischen Gesellschaft artikuliert, welche Rolle spielen dabei Ost-West Repräsentationen? Zu diesem Zweck habe ich bestimmte exemplarische Artikel in den Tageszeitungen[4] interpretiert, um die sprachliche Realisierung der Diskursstrategien zu erfassen.

Von einer poststrukturalistischen Ausgangsposition aus werde ich die Subjektivität des türkischen Anderen im dialogischen[5] (EU-Beitritts)Diskurs[6] akzentuieren. Subjektivität, verstanden als die Art und Weise, wie soziale Akteure handeln, formiert sich, da der Ort des Subjekts im Diskurs nicht pre-determiniert, sondern ein leerer Raum ist, der erst durch Identifikation gefüllt werden muss. Diese fantasmatische Füllung[7] bleibt jedoch unvollständig, d.h. die diskursiven Strukturen bleiben durchlässig, was wiederum einen Raum für andere Formen von subjektiven Artikulationen eröffnet. Die Äußerungen sind dabei als diskursive Bemühungen zur (vollständigen) symbolischen Integration zu begreifen. (Žižek 1989: 250). Ich werde von dieser Basis aus argumentieren, dass türkische Akteure nicht nur die ihnen aufgezwungenen europäischen politischen Normen/Werte internalisieren oder imitieren, sondern darüber hinaus die Repräsentationen über West und Ost produzieren, und von diesen Positionen aus anfangen zu sprechen und zu handeln. Denn, obwohl die nicht-westlichen Gesellschaften von westlichen Subjekten zum Anderen gemacht werden, wie auch Meltem Ahıska in diesem Band in den Vordergrund stellt, sind diese „orientalen" Gesellschaften nicht lediglich Opfer dieses Prozesses. Sie reagieren auf das ihnen auferlegte Modell in einem dialogischen diskursiven Prozess mit unterschiedlichen Strategien unter unterschiedlichen historischen Bedingungen, die spezifische Subjektivitäten bzw. Strategien in den nicht-westlichen Gesellschaften hervorbringen. Es geht mit anderen Worten um „[...] a specific appropriation of one ideal of Western modernity, only partially realized through the exclusion or adulteration of such other ideals as democracy and individual autonomy" (Irzık/Güzeldere 2003: 285).

Die Theorie des Okzidentalismus bietet uns insofern einen kritischen Rahmen, die Momente, Gesichter und Effekte der türkischen Subjektivität im Kontext der türkischen Integration in die EU zu erfassen. Okzidentalismus formiert sich in einem dialogischen Prozess mit den westlichen Diskursen, er beantwortet sie, indem er sich einen vorgestellten Blick des europäischen Anderen zu Eigen macht (vgl. Ahıska 2003; 2005; Chen 2001). Der Begriff „Westen" (Europa) ist dabei der permanente Signifikant in der Sprache des türkischen öffentlichen Raums und übt eine effektive Macht in der Imagination der modernen türkischen Identität bzw. Differenz aus, sowohl als Bedeutung für Fortschritt, Demokratisierung und Wohlstand als auch als Figur der Entfremdung und Spaltung der nationalen Einheit (vgl. Irzık & Güzeldere 2003: 285). Der türkische Okzidentalismus formiert sich an der imaginären Schwelle, an der Grenzziehungspolitik zwischen „westlichen Ideen und Techniken" und „östlichen Werten und Traditionen." Er operiert zwischen dem, was als gut und nützlich gedeutet und angeeignet werden soll, und was als schädlich und unangemessen betrachtet wird.

2 Türkische Selbst- und Europa-Repräsentationen im Beitrittsdiskurs

Auf dem türkischen symbolischen Feld formieren sich seit 1999 zwei miteinander konkurrierende Diskurse, die unterschiedliche Repräsentationen über sich selbst und über Europa produzieren, wobei die Grenzen zwischen beiden Diskursen nicht deutlich sind:[8] ein pro-europäischer und ein kontra-europäischer diskursiver Block, die sich aus unterschiedlichen politischen Parteien, Journalisten und sonstigen gesellschaftlichen Akteuren zusammensetzen[9]. Den pro-europäischen Diskurs werde ich als pragmatischen Okzidentalismus und den kontra-europäischen Diskurs als nationalistischen Okzidentalismus bezeichnen. Der pragmatische Okzidentalismus deutet den türkischen Beitritt in die EU als einen Gewinn an Demokratie, Stabilität und wirtschaftlicher Wohlfahrt und akzentuiert die „Brückenfunktion der Türkei zwischen Europa und Islamischer Welt." Der nationalistische Okzidentalismus dagegen deutet die politischen Kriterien der EU als eine Gefahr für die Einheit des türkischen Staates. Er versucht sich entlang einer negativen Bedeutung Europas zu schließen. Europa ist folglich „unehrlich", „doppelgesichtig", „erzeugt Minderheiten" und stellt „unerfüllbare/ungleiche" Bedingungen.

2.1 Pragmatischer Okzidentalismus: die Türkei als Brücke

Als eine privilegierte Metapher funktioniert die „Brücke" als Medium der Verknüpfung bzw. als ein diskursiver Knotenpunkt, der die sonst unterschiedlich positionierten türkischen politischen Akteure auf der symbolischen Ebene miteinander verbindet, wenn sie sich zum Beitritt der Türkei in die EU artikulieren. Insbesondere seit dem Kopenhagener Gipfel im Dezember 2002 ähneln sich die narrativen Strategien der islamisch geprägten Regierungspartei (Partei für Gerechtigkeit und Entwicklung, AKP) und die der Kolumnisten von Zaman (ZAM) und Hürriyet (HÜR), wenn diese sich zum Beitritt äußern. Der ehemalige Staatspräsident Süleyman Demirel (Partei des rechten Weges, DYP) betonte, die Türkei beweise, dass „Demokratie, Laizismus und Islam kompatibel" seien, und, dass sie die europäische Vielfältigkeit bereichern könne (Demirel, HÜR: 01.12.2002). Premierminister Erdoğan (AKP) und der damalige Außenminister und jetzige Staatspräsident Abdullah Gül akzentuierten die „Brückenfunktion der Türkei zwischen den Zivilisationen." Eine Mitgliedschaft werde ein „Modell für das Treffen islamischer Kultur mit Demokratie" sein.

Die Brückenmetapher erinnert an den deutschen Orientalisten und Islamwissenschaftler C. H. Becker, der sich von den dominierenden deutschen und europäischen Orientalisten Anfang des 20. Jahrhunderts insofern unterschied, als er den Islam als integralen Teil des europäischen kulturellen „Zirkels" betrachtete (vgl. Todorova 2007). Im Gegensatz zu Max Weber[10], der den Islam als die Antithese zur modernen Lebensweise konstruiert und somit Kapitalismus, Rationalität und Demokratie in den Widerspruch zum Islam setzt (vgl. Schluchter 1987), steht hier die islamische Zivilisation nicht der europäischen Zivilisation entgegen, sondern wird als die Summe des antiken Orient mit seinen jüdischen, persischen und babylonischen Elementen auf der einen, und der hellenistischen und christlichen auf der anderen Seite angesehen. Der Islam war für Becker ein Mediator zwischen Europa und Asien:

[Islam] is located exactly in the middle between Europe and Asia. Ethnographically, it belongs more Asia; however, from the point of view of decisive cultural issues that delineate cultural spheres, it has more in common with Europe [...] the line [...] run not between Europe and Islam, but rather between Europe and Islam on the one hand, and Asia on the other (Becker 1924, zit. nach Todorova 2007: 2).

Die Logik dieser Repräsentation, die revolutionär klingt, wie Todorova feststellt, basiert auf der (orientalistischen) epistemologischen Prämisse, die „Europa" und „Asien" als strenge Binaritäten, als abgeschlossene Zivilisationen bzw. „Kulturzirkel" versteht.[11] Die Rolle, die Becker dem Islam zuordnet wird im gegenwärtigen Diskurs der Türkei geteilt, wobei sie weniger zwischen Asien und Europa, sondern vielmehr zwischen Europa und „Islamischer Welt" vermitteln soll. Die Türkei sei gerade zu diesem Zeitpunkt für diese „Brücken"-Aufgabe geeignet, weil eine islamisch geprägte Regierung diese legitime Rolle glaubwürdiger für die islamischen Anderen übernehmen könne. Es soll mittels des türkischen Beitritts eine Botschaft an die „Islamische Welt" gesendet werden, die stets Europa und die Türkei beobachtet, ja, die beide im Visier hat. Die „Islamische Welt" würde sich verändern, sie würde sich entwickeln, das in Bewegung setzen, was stehen geblieben ist. Die Europäer sollten diesen beobachtenden islamischen Blick beantworten, ihm entgegenkommen. Das Andere ist dabei nicht die Türkei, sondern die imaginäre „Islamische Welt" als „Superadressat", wobei insbesondere die AKP sich selbst als ihr authentischer Vertreter versteht und stilisiert. Die Beziehung zwischen Europa und der „Islamischen Welt" besteht dabei nicht lediglich im Markieren von kulturellen Differenzen. Die „Islamische Welt" leidet dabei unter einem allgemeinen Mangel, immer verglichen mit Europa. Als ein imaginärer Ort des Zitierens und des Vergleichens unterstützt sie Europa einem dynamischen Modernisierungsprozess zuzuschreiben, während die „Islamische Welt" der Dekadenz und Bedrohung verschrieben wird. Die „Islamische Welt" wird dabei in die Kategorie von „traditionellen Gesellschaften" eingesperrt, sie wird zu einem kulturellen Objekt, das mit Hilfe des türkischen Beitritts verwandelt werden soll. Sie würde eventuell den türkischen Europa-Weg verfolgen, wenn ihr durch die Aufnahme der Türkei eine positive Botschaft gesendet werde.

Der pro-europäische pragmatische Beitrittsdiskurs, der mit diesem orientalistischen Deutungsmuster operiert, versteht sich zwar als ein Teil der „Islamischen Welt", aber eben als besserer. Die Übernahme von westlichen Normen verspricht mehr Anerkennung und Achtung durch das europäische Andere. Der pragmatische Diskurs internalisiert mit „Kompatibilität der Demokratie mit dem Islam" genau diese orientalistischen Prämissen, die den Islam als etwas, das zu Modernität und Fortschritt im Widerspruch steht, konstruieren. Er versucht dabei das orientalistische Stigma abzulegen und zu zeigen, dass Islam und Demokratie mindestens in der Türkei kompatibel sein könnten, wenn Europa dabei helfen würde. Er verfällt dabei dem Wunsch, nicht nur sich selbst von diesem orientalistischen Stigma zu retten, sondern darüber hinauszugehen und der „Islamischen Welt", der er sich auch zugehörig fühlt, behilflich zu sein. Die narrativen Strategien dieses Diskurses erinnern uns auch an jene osmanischen Reformisten, die ab der zweiten Hälfte des 19. Jahrhunderts die osmanische „Dekadenz" und „Rückständigkeit" und die militärischen Niederlagen nicht auf die sozioökonomischen Bedingungen und den westlichen Kolonialismus zurückgeführt haben, sondern sie mit essentialisierten kulturellen Deutungsstrategien begründeten (Aberglauben, islamisch geprägte lokale Kultur, Fatalismus und Schicksalsgläubigkeit). Ähnlich hatten die Eliten der Republik stets das Bedürfnis, den Westen davon zu überzeugen, dass der „Islam" mit dem „Fortschritt" kompatibel gemacht werden könne. Die islamisch geprägten lokalen kulturellen Praktiken sollten durch eine (vorgestellte) westliche „Zivilisation" (çağdaş uygarlık) ersetzt werden. Es sollte eine Art von „Kulturrevolution" stattfinden. Ein Gefühl des Mangels herrschte, welches in der nationalen Identität konstitutiv wirkte.

> [...] der Tag, an dem die seit Jahren andauernde Identitätsfrage der türkischen Nation gelöst wird. Es ist der Tag, an dem bekannt gegeben wird, dass die Türkei in der ersten Liga spielen darf/kann. Es ist der Tag, an dem man sich am meisten an Atatürk erinnern soll, an jenen, der die Türkei auf die westliche Zivilisation zu erheben beabsichtigt hat (Birand, HÜR: 13.12.2004).

Der pragmatische Diskurs bezieht sich auf die türkischen nationalen „Erfolgsgeschichten", das Lausanner Abkommen[12] und die nationalen Mythen, um den Kopenhagener Beschluss als „türkischen Erfolg" zu deuten: „Seit dem Lausanner Abkommen hat das Herz der Türkei nicht mehr so stark geschlagen. Seitdem war sie nicht mehr mit einem solchen Gipfel konfrontiert" (Birand, HÜR: 13.12.2002). Ertuğrul Özkok (HÜR) zufolge beabsichtigten die türkischen Bürger auf dem Standard der entwickelten Länder zu leben, deswegen sei „unsere Richtung Entwicklung, Zivilisation und menschliche Werte". Die Türken seien seit 600 Jahren „europäisch" und zum Westen hin orientiert (Özkok, HÜR: 12.12.1999). Özkok bezieht sich dabei auf Atatürk, der sich in seiner Begegnung mit dem französischen Schriftsteller Maurice Pernot folgendermaßen äußerte:

> Seit Jahrhunderten wenden sich die Türken beständig in eine einzige Richtung. Wir liefen stets von Osten nach Westen [...] Wenn auch unser Körper sich im Osten befindet, so sind unsere Ideen doch nach Westen gerichtet" (Atatürk 1990: 66).

Ein verinnerlichter Orientalismus zeigt sich im pragmatischen Diskurs, der mit dem Blick des Anderen sich selbst beobachtet, wobei die imaginierten West- und Ostbilder hierarchisch organisiert und westliche Repräsentationen privilegiert werden. Die Weltgeschichte ist die Geschichte des Westens, der dem dekadenten Osten ontologisch und normativ überlegen ist. Der Osten ist, Özkok zufolge, unterentwickelt und unzivilisiert. Der Westen wird dabei zum Telos, er ist der Ort von Entwicklung, Zivilisation und menschlichen Werten, während der Osten zum gegenteiligen Ort erklärt wird. Der pro-europäische Diskurs kann sich mit den un-

erwünschten Mängeln des „Orients" nicht identifizieren und versucht seiner „Dekadenz" zu entfliehen, indem er sich in die Fantasie eines fortschrittlichen Westens
flüchtet. Er bestätigt damit die eurozentristische Logik, die die „Fundamente" einer europäischen Identität und „europäischen Zivilisation" in der Antike verortet
und eine Kontinuität bis in die Gegenwart konstruiert. Um das „Westlichsein der
Türken" zu legitimieren, bedient sich der Diskurs der nationalistischen Geschichtsschreibung und Gründungsmythen, welche von den ungarischen orientalistischen
Linguisten[13] des 19. Jahrhunderts geprägt und Anfang des Jahrhunderts von kemalistischen Eliten übernommen wurden. Türkische Eliten erfanden einen Ursprung
der „türkischen Rasse" bei den uralten anatolischen oder asiatischen Völkern, um
nachzuweisen, dass die „Türken" schon immer der „europäischen Zivilisation"
vertraut waren. Mit der Gründung der Republik radikalisierte sich der türkische
Modernisierungsdiskurs, wobei rassistische Elemente eine wesentliche Rolle übernahmen (vgl. Maksudyan 2005). Im Formierungs- und Institutionalisierungspro-
zess des kemalistischen Diskurses in den 1930er Jahren wurden die Islamisierung
der „Türken" und die osmanische Geschichte als eine Art von Entfremdung von
der „westlichen Zivilisation" bzw. „türkischen Zivilisation" dargestellt. Die „türkische Kultur" habe sich auf dem Terrain der „westlichen Kultur" entwickelt, sie
habe die „Griechen" gelesen. Nun werde die Rückkehr zum türkischen Ursprung
notwendig.

Der Hauptkolumnist der Hürriyet, Oktay Ekşi, argumentiert, dass in der Welt
ca. 1.5 Milliarden Muslime lebten und in ca. 54 Ländern die Mehrheit der Gesellschaft bildeten. Wenn man die Türkei mit diesen islamischen Ländern vergleiche, werde man schnell zu sehen bekommen, dass es außer der Türkei kein einziges
islamisches Land gebe, in dem der Laizismus eingeführt sei und die Demokratie
praktiziert würde. In keinem islamischen Land werde über Menschenrechte und
Rechtsstaat so offen debattiert wie in der Türkei oder gebe es freie, saubere Wahlen. In wie vielen dieser Länder gebe es eine Revolution in der Sprache, Kleidung,
Rechtsystem, Frauenpolitik und Kultur, fragt er, und, wie sehen diese muslimischen
Länder aus, und wie die Türkei. Vergliche man die Türkei mit den europäischen
Ländern, so sehe man, dass die türkischen Frauen in Berufsbildung, Arbeitswelt
und Kultur und im gesellschaftlichen Leben viel aktiver seien als beispielsweise in
Deutschland, Frankreich oder Dänemark. Um sein Gefühl des Mangels gegenüber
Europa zu kompensieren, benötigt Oktay Ekşi eine noch unterlegenere „Islamische
Welt". Während er sich vom orientalistischen Stigma loslösen will, argumentiert er
doch mit demselben Argumentationsmuster. Demokratie und Islam scheinen auch
für Ekşi nicht kompatibel zu sein, doch die Türkei differenziere sich wohl von der
„Islamischen Welt", sie sei ganz anders. Gegenüber dem Westen fehlt es zwar an etwas, dieser Mangel wird jedoch entschädigt, etwa durch die imaginäre aktive Rolle
der türkischen Frauen in der Gesellschaft[14].

Die Bilder der Demonstration für das Kopftuchtragen „Hand in Hand – Menschenkette" (*el ele insan zinciri*), passen nicht zur europäischen Türkei, die sich angestrengt bemüht ein Teil Europas zu sein. Frauen mit schwarzen Kopftüchern erinnern an Saudi-Arabien und entsprechen nicht der zeitgemäßen Zivilisation. Auch der farbige Luftballon in ihrer Hand konnte diese schwarzen Bilder nicht retten. Dieses dunkle Bild mitten im Zentrum von İstanbul ist das schwarze Schicksal der europäischen Türkei (HÜR: 13.12.1999).

Die politische Forderung, das Kopftuchtragen im öffentlichen Raum zuzulassen, wird nicht im politisch-demokratischen, sondern im orientalistisch-kulturalistischen Deutungsrahmen debattiert, wobei die Dichotomie von Modernität/Mittelalter, Innen/Außen, West/Ost von großer Bedeutung ist. Entlang der hierarchisch organisierten Dualismen wird nicht nur ein Bild von Westen und Osten im Außen konstruiert, sondern es werden bestimmte Gruppierungen im Innen ebenfalls als östlich oder westlich markiert. Um das „verspätet sein" und die „Rückständigkeit" aufzuholen, wird wiederum eine Äquivalenz mit dem Westen angestrebt. Dabei scheinen die Fragen „wie wir im Westen erscheinen" und „was sie von uns halten" entscheidend konstitutiv zu sein. Der pragmatische Diskurs leidet unter der Unzulänglichkeit, fortwährend auf Bestätigung durch die europäischen Anderen angewiesen zu sein. Er beantwortet beständig dessen imaginären Blick. Es wird davon ausgegangen, dass der Westen die Türkei beobachtet, und mit diesem Blick betrachtet man sich selbst. Die „schwarzen dunklen Bilder" lösen dabei Schamgefühle aus, sie manifestieren den Mangel des türkischen Selbst. Wenn die maskierten internen Anderen (Kopftuchträger/innen) nicht so wären, wie sie sind, dann würde Europa wahrscheinlich die Türkei in die europäische „Wir-Gruppe" aufnehmen. Diese einheimischen „dunklen Bilder" funktionieren als Erinnerungsstücke, die das pro-europäische Subjekt an sein unterdrücktes „Östlichsein" erinnern. Die „schwarzen dunklen" Bilder von Frauen gehören nicht zur modernen türkischen Nation, sondern symbolisieren die islamische arabische Welt.

Navaro-Yashin (2002) macht diesbezüglich darauf aufmerksam, dass Saudi Arabien und Iran seit den 1990er Jahren bevorzugte Metaphern des säkularistischen Diskurses sind – einhergehend mit dem Erstarken des politischen Islam – die negativ belegt werden, um eben diesen politischen Islam in der Türkei außer Gefecht zu setzen. Iran und Saudi Arabien symbolisieren dabei Mittelalter, Fundamentalismus, Anti-Modernität und Anti-Europäischsein, während der säkulare Kemalismus Modernität, Fortschritt und Westen symbolisiert (vgl. Navaro-Yashin 2002: 38ff). Die Türken sollten, so der Diskurs, ihre gegenwärtigen säkularen Werte genießen, die mit der Machtübernahme durch einen gefürchteten Islamismus verloren gehen könnten, da die Wohlfahrtspartei und ihr Islamverständnis sich kaum von den saudischen religiösen Praktiken unterscheide. In der „arabischen Welt" herrschten die islamischen Gottesgesetze, Todesurteile würden immer noch mit dem Schwert auf öffentlichen Plätzen durchgeführt, die Frauen würden unterdrückt und gezwungen Kopftuch zu tragen. Die Kemalisten wollen „die Nation" vorwarnen und über die Brutalität der islamischen und arabischen Gefahr aufklären.

Der pro-europäische pragmatische Diskurs der AKP eignet sich dagegen die negativen Repräsentationen an, die zuvor von den kemalistischen Eliten etabliert wurden und ihn dämonisierten, und kehrt sie ins Positive. Dabei werden die politischen Forderungen in den Rahmen von liberaler Demokratie, Menschenrechten und Multikulturalismus gefasst. Während für die Kemalisten beispielsweise das Kopftuch Rückschrittlichkeit und Unterdrückung bedeutet, so ist es für die Islamisten Symbol der Freiheit der Frauen und demokratisches individuelles Recht. Ihr Diskurs stellt osmanische Heldenfiguren dem Gründungsvater der Republik gegenüber[15]. Der pragmatische islamistische Diskurs benutzt dabei seit 2002 den Begriff Europa als eine Metapher für mehr Demokratie, Pluralismus, Religionsfreiheit und Dezentralismus, indem er die Türkei als „kulturelle Brücke zwischen beiden Zivilisationen" repräsentiert. Aber auch er ist geprägt von der Trennung zwischen „westlicher Zivilisation" und nationalisierter „türkisch-muslimischer Kultur." Er repräsentiert sich als die aufgeklärten friedlichen Muslime und spricht als „authentischer" Vertreter der „Islamischen Welt." Doch auch er rekonstruiert einen ambivalenten Westen, der seinem Zivilisationsbegriff immanent ist: eine Zivilisation mit einem Januskopf, die beneidenswert und gleichzeitig bedrohlich ist. Diese Gefühle, die durch selbst verinnerlichte orientalistische Deutungen bewirkt werden, erweisen sich also als ein Handicap für das türkische Selbst. Um diesem Handicap entkommen zu können akzentuiert der pragmatische Diskurs „türkische Authentizitäten" und „Sensibilitäten" gegenüber den politischen Anpassungswünschen Europas. Wenn der Westen auf die türkischen Symptome hinweist, nämlich auf das, was durch die türkische symbolische Ordnung ausgeschlossen wurde, flüchtet er in einen imaginären „Osten", also in eine harmonische türkisch-muslimische „Nation", die sich vom europäischen Anderen essentiell unterscheidet, wie im Falle der Minderheiten.

2.2. Nationalistischer Okzidentalismus: das doppelgesichtige Europa

Auf dem türkischen symbolischen Feld findet insbesondere seit dem 1990er Jahren ein Deutungsstreit um die Frage statt, was die „authentische türkische Kultur" ausmacht und was nicht. Die Islamisten würden die modernen Reformen von Atatürk zunichte machen, um einen islamischen Staat und eine islamische Gesellschaft zu errichten, verteidigen sich die Kemalisten. Diese „unzeitgenössische Mentalität" würde das Land in die „Dunkelheit des Mittelalters" zurückwerfen. Sie würde die rückschrittliche arabische Kultur in die moderne europäische Türkei importieren. Die konservativen Islamisten dagegen betrachten den Islam als authentisch türkisch und lasten den Kemalisten an, dass sie nicht nur die Technologien des Westens, sondern auch seine fremden kulturellen Werte imitieren würden. Anti-europäische Bekundungen sind etablierte Motive, die sowohl von Kemalisten als auch von konservativen Islamisten geteilt werden. Dem Westen wird die Rolle des konstituierenden Anderen für die islamische Identität zugeschrieben und die Kritik am Kemalismus über die Dualismen Kultur-Zivilisation und Ost-West betrieben. Hier liegt eine essentialistische, okzidentalistische Betrachtung des Westens vor. Exemplarisch sollen dann vom Westen auch nur die „technischen" Elemente übernommen werden, während die eigene östliche sinnstiftende „Kultur" erhalten werden soll, denn, wie Tanıl Bora in diesem Band feststellt, die westliche Zivilisation sei sinngemäß ein 'Unglück', lediglich Maschinengequietsche und Technik.

Es ist genau dieser Widerspruch der Ausgangspunkt eines inversen Orientalismus, der sowohl den Westen als auch den Osten essentialisiert und gegenüber dem Eurozentrismus einen Afrozentrismus hervorbringt. Der Westen wird als einheitliches Subjekt konstruiert und ist gleichzeitig eine leere Hülse, die die inneren Widersprüche ausschließt und somit als Schnittstelle die beiden Diskurse zusammenführt. Die Fantasie eines „unehrlichen doppelgesichtigen Europas" kennzeichnet das Moment, indem der Antagonismus zwischen beiden Diskursen maskiert wird und sich die Grenzen des türkisch-muslimischen „Wir" manifestieren.

Mustafa Balbay (Hauptkolumnist der Cumhuriyet, CUM) schreibt in seinem Artikel „Europa, kranker Mann der Türkei!":

> Die europäischen Freunde raten uns immer, wenn wir über unsere Sensibilitäten berichten, dass wir uns von dem Sèvres-Syndrom[16] befreien sollen. Doch nicht wir, sondern die Europäer haben das „Sèvres-Syndrom." Man sieht es heute noch auf in manchen europäischen Staaten verwendeten Landkarten, in denen viele unserer Regionen mit dieser Sèvres-Fantasie eingezeichnet sind. Ein Touristenführer hat mir eine von einer Kirche verteilte Landkarte für europäische Touristen gezeigt. Viele Orte in Anatolien waren gekennzeichnet und mit 'Auf uns wartende Landschaften' kommentiert (Balbay, CUM: 6.12.2002).

In Balbays Aussage manifestiert sich diese obsessive Fantasie des türkischen Nationalismus, die sich Anfang des 20. Jahrhunderts herausbildete. Sie überlebte den Kalten Krieg, und hat mit der kurdischen Frage und den politischen Kriterien Europas einen „realen" Körper erhalten. Diese Fantasie, die ständig Verschwörungen der Nachbarstaaten und der westlichen Mächte artikuliert, bildet den zentralen Referenzpunkt des türkischen Nationalismus. Beide, konservative Islamisten und Kemalisten, ziehen unterschiedliche staatliche Gesichter an und reden im nationalistischen Deutungsmuster. Der politische Islamismus ist zwar Symptom des säkularistisch- zentralistischen Kemalismus, er formiert sich jedoch in einem dialogischen Prozess mit ihm, wobei er sich kaum vom türkischen Nationalismus distanziert.

İlhan Selçuk (CUM), einer der bekanntesten kemalistischen Kolumnisten der Cumhuriyet, vergleicht pro-europäisch eingestellte Politiker mit den Tanzimat[17]-Bürokraten. Mit Reşit Paşa (Hauptfigur der Tanzimat-Reformen) habe eine politische Tradition angefangen, in der bestimmte Politiker mit der Rückendeckung ausländischer Mächte im Inneren an Einfluss gewinnen wollten. So habe es bereits Politiker in der türkisch-osmanischen Geschichte gegeben, skandiert Selçuk, die pro-europäisch und liberal eingestellt waren. Warum sei das osmanische Reich dann trotzdem auseinander gefallen und aufgeteilt worden, warum sei es diesen Tanzimatisten nicht gelungen, das Reich zu retten, fragt er.

> Von Anfang an mögen die Europäer uns nicht, aber wir sind verliebt in sie, heute wie damals sind wir pro-europäisch, wir geben alles, was sie von uns wünschen. Es ist eine einseitige krankhafte und hoffnungslose Liebe. Amerika und Europa halten die Türkei in ihrer Hand, und sie spielen so, wie sie es wollen (Selçuk, CUM: 12.12.02)

Die Kemalisten sprechen von einer verlassenen und getäuschten Türkei, deren „Stolz" stets verletzt wird. Sie verdiene nicht ständig „schikaniert" zu werden und solle Europa endlich ihre „Zähne zeigen." Die Türkei müsse „trotz ihrer Leiden sich selbst und der Außenwelt beweisen," dass sie „selbstständig auf eigenen Füßen" stehen könne (Ateş, CUM: 23.12.1997). Es entstehe eine Mentalität, die davon ausgehe, dass ohne europäische Ratschläge die „türkischen Missstände" nicht aufgehoben werden können, dass man ohne sie „nicht einmal ein Mensch wird" (Som, CUM: 18.12.2002). Europa mische in den türkischen „nationalen Zement chemische Stoffe" ein, um das „große Stück in kleine Stücke zu zerteilen" (İnan, ZAM: 15.12.2004), um so den Vertrag von Sèvres schrittweise umzusetzen. Der Angst, dass die gesamte Welt gegen „uns" sei, niemand „uns" möge, das „wir" das ungewollte „Adoptivkind" Europas seien und immer ungerecht behandelt würden, sind typische Komponenten dieses nationalistischen Diskurses, der die Symptome des Minderwertigkomplexes manifestiert: ein Zustand des nicht Verstanden-, nicht Respektiert-, nicht Anerkanntwerdens (vgl. Akçam 1995: 43ff). Die Kemalisten dagegen beziehen sich nostalgisch auf die Gründungsjahre, die ersten 15 Jahre der Republik zwischen nationaler Befreiung 1923 bis zum Tod Atatürks 1938.

Ähnlich wie die Kemalisten stellen auch die konservativen Islamisten (Refah/ Fazilet) und Zaman-Kolumnisten (bis 1999) eine Verbindung zwischen den Kopenhagener Kriterien und dem Tanzimat-Reformen her. Für den konservativen Islamisten Mithat Baydur (ZAM) machten sich seit den Tanzimat- Periode die Türken auf den Weg nach Europa, jedoch, wenn er diese ungleiche Behandlungen sehe – bezogen auf den EU Beschluss von Luxemburg 1997 – dann gebe er den Feststellungen von Sultan Abdulhamit II. (1876-1909) recht:

> Aber es sind die trügerischen Spiele der großen westlichen Mächte, die uns Verfall bringen. Diese Mächte provozieren meine Untertanen Schritt für Schritt zur Rebellion und bringen uns somit in Schwierigkeiten. Mit den Geldern, die wir auf diese Weise ausgeben, hätten wir unser Reich vorangebracht, wir finden jedoch keine Gelegenheit. Leider haben wir unser Zelt auf dem Transitionsgebiet der europäischen Wölfe aufgeschlagen (Sultan Abdulhamid zit. nach Baydur, ZAM: 8.12.1997).

Die Europäer beschäftigen, Baydur zufolge, die Türkei zum einen mit EU-Erwartungen, die stets verschoben würden, und zum anderen kritisierten sie die geostrategische Politik und das unitäre Prinzip des türkischen Staates. Weiterhin unterstütze Europa einerseits diejenigen, die gegen die Einheit des Staates operierten, anderseits wolle es die „Türken" über die Menschenrechte unterrichten (Baydur, ZAM: 8.12.1997). Der nationalistische Diskurs, gerahmt mit einer politischen Romantik nach der verloren gegangenen osmanischen Herrschaft ist auch im Artikel von Mustafa Yazgan (ZAM) zu lesen. Die Tanzimat-Periode markiere den Anfang des Verfalls der osmanischen Zivilisation. 1839 sei jenes Jahr, das das „osmanische Schicksal" besiegelt habe. „Seitdem haben unsere Feinde den Mut, den Zivilisationsstaat (der Osmanen) mittels offenen und geheimen Allianzen mit verräterischen Organisationen und Banden zu zerschlagen" (Yazgan, ZAM: 21.12.1997).

> Ich respektiere immer die europäische Zivilisation, aber niemals habe ich das Christentum dem Islam bevorzugt, es hat keine Überlegenheit gegenüber dem Islam. Ich mag nicht die Europäer willkürlich imitieren. Die Tugend besteht darin, diese Zivilisation unserem Körper anzupassen. Ich habe die guten Seiten dieser Zivilisation an meinen Hof gebracht. Im Yıldız Palast habe ich befohlen, westliche Theaterstücke und Konzerte zu organisieren. [...] Meine Absicht war, dass mein Hof zum Beispiel wird, wie die westlichen Normen und Werte von oben nach unten in die osmanische Kultur diszipliniert und kontrolliert zu übernehmen seien. Aber unsere Feinde haben uns keine Gelegenheit gegeben, ihre Absicht war, den Staat zu zerschlagen und nicht ihn zu retten (Sultan Abulhamid II, zit. nach Yazgan, ZAM: 21.12.1997).

Yazgan aktualisiert diese Aussage und fügt hinzu, dass die Beziehung zwischen EU und Türkei heute genau so sei wie damals, die Europäer inszenierten ein Schauspiel (Yazgan, ZAM: 21.12.1997). Wenn es die reformistischen „Jungtürken" – gemeint sind Tanzimat-Reformisten – und die „hinterhältigen europäischen Spiele" nicht gegeben hätten, so Mehmet Kamış (ZAM), wäre das Osmanische Reich nicht zerfallen, es hätte keinen Krieg zwischen Israel und den Palästinensern gegeben, Selbstmordattentate und Staatsterror wären nicht soweit gekommen. Wenn die Osmanen sich so entwickelt hätten wie die USA heute, dann hätte es keinen Genozid in Falludscha (im Irak) gegeben, die palästinischen Kinder und Jugendliche würden nicht getötet, der Genozid in Bosnien hätte nicht stattgefunden, Kaukasien und Kosovo hätten weiterhin in Frieden gelebt (Kamış, ZAM: 08.12.2004).

Wie Tanzimat, der „Verfall" und die „Zersplitterung" des Osmanischen Reiches, für die konservativen Islamisten ein Trauma ist und sie nach einer verloren gegangenen Vormachtstellung begehren, so sind die „territorialen Verluste" auf dem Balkan und das Abkommen von Sèvres nach dem ersten Weltkrieg das Trauma der kemalistischen Nationalisten. Während der Modernisierungs- und Verwestlichungsprozess nach der Gründung der türkischen Republik für die kemalistischen Eliten einen neuen Anfang markiert, einen „richtigen Reformprozess zum Erreichen des Zivilisationsstandes", sind für die konservativen Islamisten die kemalisti-

schen Reformen lediglich eine radikale Fortsetzung der falschen Verwestlichungspolitik der Tanzimatisten, welche die osmanisch-islamische Tradition eliminiert
hat. Während die konservativen Islamisten Europäer und Tanzimatisten für den
Zerfall des Osmanischen Reiches verantwortlich machen, unterscheiden die kemalistischen Nationalisten zwischen den Tanzimat- Reformen im 19. Jahrhundert
und der „Atatürk-Revolution" nach der Gründung der Republik: die gegenwärtige
Politik der Europäisierung ist für die kemalistischen Nationalisten nichts anderes
als die Fortsetzung der „falschen gefährlichen Verwestlichungspolitik" der Tanzimat-Reformisten, da die Bedingungen der EU „unter dem Zwang europäischer
Patrone" verwirklicht würden. Die Republik dagegen hätte die Bemühungen zum
„Erreichen des Zivilisationsstandes" nicht mittels äußerer Gewalt, sondern selbstständig aus ihrem eigenen Willen heraus verwirklicht (vgl. Leitartikel, CUM:
13.12. 1999).

Der Westen wird einerseits begehrt und zum Ziel erhoben, andererseits wird von
einem „unehrlichen" und „gefährlichen" Europa gesprochen. Diese ambivalente
historische Fantasie konstruiert Okzident und Orient gleichermaßen. Die osmanischen und türkischen Eliten wollten das Land verwestlichen, um dem „Verfall"
des Reiches und der kolonialen Invasion nach dem ersten Weltkrieg entgegenzuwirken. Die Bedeutung des Westens bestand in einem Paradox: Auf der einen Seite
importierte man Technik und Güter aus dem Westen, seine Institutionen wurden
imitiert, auf der anderen Seite wurde ab den 1850er Jahren zunehmend von der
„Habgier" und „Doppelmoral" des Westens gesprochen. Der „Westen" wurde für
den „Verfall" des Osmanischen Reiches verantwortlich gemacht (vgl. Mardin 2003:
277f). Auf der einen Seite zeigte der Diskurs Resistenz gegenüber der europäischen
„Kolonialmacht", auf der anderen Seite akzeptierte er die zentralen Ausgangsposi-
tionen der modernen Epistemologie, auf der koloniale Macht sich errichtete und
rechtfertigte (vgl. Chatterjee 1993: 120). Der Westen bedeutete „Maschinenge-
töse", „eine Kreatur mit lediglich einem verbliebenen Zahn", „eine materielle Zivilisation mit einer geistig verfallenen Kultur". Diese Ambivalenz ist weder mit der
Gründung der Republik noch in der Gegenwart verschwunden.

Der kontra-europäische Diskurs formiert sich heute weniger im kulturellen
Rahmen, in dem die Entfremdung der „türkisch-islamischen authentischen Kultur" in den Vordergrund gestellt wird, sondern vielmehr in einem nationalistischen
Deutungsrahmen. In der türkischen Öffentlichkeit dominiert die Dichotomie zwischen „Europäisierung als Demokratisierung" versus „Europäisierung als Gefährdung nationaler Einheit."

3 Minderheiten als interner Okzident

Die politischen Bedingungen des EU-Beitritts werden insbesondere vom nationalistischen kontra-europäischen Block als „Auflagen", die Türkei als „Kriegsverlierer" und die Erfüllung dieser Bedingungen als „Abstriche" bezeichnet. Für Gülerce (ZAM) wurden auf dem Gipfel in Luxemburg 1997 derartige „Auflagen aufgelistet", als sei die Türkei ein „Kriegsverlierer" (Gülerce, ZAM: 15.12.1997). In einem Symposium über den Beitrittsprozess und die Prinzipien der Rechtsstaatlichkeit erzählt der rechtskonservative DYP-Vorsitzende Mehmet Ağar (Partei des rechten Weges), dass seit Tanzimat alle Reformen unter Auflagen des Westens gemacht würden. Was passiert, wenn sie immer noch mit diesen von „Fremden ausgestellten Rezepten" Reformen durchsetzen, fragt auch der ehemalige Polizeichef und spätere türkische Innenminister Ağar: „Ich sage euch, wir nähern uns dem 17. Dezember 2004 [Aufnahmetermin der Beitrittsverhandlungen mit der EU], jeder will etwas, sie verhalten sich, als ob die Türkei einen Krieg verloren hat [...]" (Ağar, CUM: 8.12.2004). Der Hochschullehrer und Kolumnist der Cumhuriyet Erol Manisalı veränderte seine Argumentationsstrategie im Jahre 2004. Während er in den Jahren 1997, 1999 und 2002 stets von der „Aufnahmefähigkeit" der EU gesprochen hatte, und zwar, dass die EU ein Land wie die Türkei mit 70 Millionen Menschen, Armut und Arbeitslosigkeit nicht zu integrieren in der Lage wäre, spricht von nun an von einem westlichen Imperialismus, der die Türkei okkupiere.

> Im Namen des Westens okkupieren diese Kollaborateure die Regierung. Nicht die Türkei tritt in die EU ein, sondern Europa penetriert die Türkei [...] Die Besatzungsmedien [gemeint sind pro-europäische Medien] feiern mit Chirac, Schröder und Berlusconi. Sie feiern zusammen die europäische Besetzung der Türkei. Es wird gegen die Türkische Republik gefeiert, die von Atatürk gegen den westlichen Imperialismus gegründet wurde. Das ist keine Feier von 70 Millionen, sondern von einheimischen Kollaborateuren und von Imperialisten. Diejenige Mentalität, die während der Besatzung (1920 Besetzung von Istanbul durch England) Fußballturniere mit den Besatzungsarmeen organisierte, stößt heute feierlich mit Schröder, Chirac und Berlusconi an (Manisalı, CUM: 8.11.2004).

Die Europäer teilen das, was als harmonisch gedacht wird, sie zerstückeln das, was als einheitlich vorgestellt wird. Die nationalistisch-kemalistischen Bedrohungserzählungen sind Versuche, den Riss in der türkischen Nation zu nähen, um ihren strukturellen Mangel abzudecken. Die Unvollständigkeit der Identität, dass die türkische Nation nicht vollständig harmonisch, nicht ausschließlich muslimisch und nicht ganz türkisch ist, wird verdeckt. Das „doppelgesichtige unehrliche Europa" zeigt genau diese Abwehr des kontra-europäischen Blocks, es verdeckt sowohl die inneren Ambivalenzen und Antagonismen, des türkischen Selbst als auch die Differenzen innerhalb des europäischen Anderen. Das negative Bild von Europa externalisiert die internen Konflikte und Antagonismen und die Verantwortung für diese Konflikte wird nach außen hin übertragen. Dabei bleiben Europa und die türkische Nation immer abstrakt und imaginär. Hilmi Yavuz (ZAM), als einer der bekanntesten afro-zentristischen Kulturalisten, der den kemalistischen Säkularismus stets kritisiert, weil er sich völlig vom Osten, den Osmanen und dem Islam abgewandt, bzw. die Türkei „orientalisiert" habe, bedient sich derselben kemalistischen nationalen Mythen. Yavuz macht seine Leser bezüglich der Kopenhagener Kriterien auf ein Legende während der Lausanner Verhandlungen im Jahre 1923 aufmerksam: nachdem der Außenminister İsmet Paşa, als Vertreter der neuen türkischen Republik auf der Lausanner Konferenz die türkischen Forderungen aufgelistet hatte, so Yavuz, habe der englische Verhandlungspartner Außenminister Lord Curzon[18] nach den Verhandlungen İsmet Paşa vorhergesagt:

> Pascha, nun akzeptieren wir eure Bedingungen. Aber ihr seid ein armes Land. Sie werden ja irgendwann notwendigerweise zu uns kommen und um Hilfe bitten. Dann werden wir Ihre Forderungen, die wir heute hier akzeptiert haben, Schritt für Schritt zurückverlangen (Yavuz, ZAM: 22.12.2004).

Der Diskurs weist darauf hin, dass die Beitrittsbedingungen eigentlich die alten Bedingungen des Sèvres-Vertrages seien. Europa wolle nun dieses alte „Versprechen" umsetzen und das Lausanner Abkommen Schritt für Schritt außer Kraft setzen, die Türkei spalten, das Land teilen. Das was die Europäer mit militärischer Gewalt nicht geschafft hätten, würden sie mit Hilfe einer „schlauen hinterhältigen Diplomatie" durchsetzen. In dieser Hinsicht kann eine Kontinuität zwischen kontra-europäischem Diskurs und türkischem Nationalismus im ersten Viertel des 20. Jahrhunderts festgestellt werden. Der imperialistische Westen hätte sich – laut Jungtürken und kemalistischen Eliten – „unter dem Deckmantel der Menschen- und Minderheitenrechte" (von christlichen Minderheiten) in die inneren Angelegenheiten des Reiches eingemischt und das Reich dadurch zersplittert. Wenn die Nase eines Christen blutete, hätte der Westen rebelliert, doch wenn Tausende von Muslimen und Türken auf dem Balkan ermordet wurden, hätten sie lediglich zugeschaut (Kocabaş, zit. nach Akçam 1995: 83). Die christlichen Minderheiten (auch die Armenier) hätten die Muslime getötet und das Reich provoziert, und als die Muslime darauf reagierten, hätten sie sich in den westlichen Medien als „Opfer eines Genozids" dargestellt, um die „Einmischung des Westens" zu ermöglichen. „Was die in unserem Land lebenden christlichen Elemente erlebt haben [...] ist die Folge ihrer barbarischen separatistischen Politik durch den Missbrauch ihrer Privilegien" (Atatürk, zit. nach Akçam 1995: 85).

Hier gibt es einen wesentlichen Aspekt, der in diesem Kontext bisher nur am Rande behandelt wurde: Der türkische Laizismus ist nicht etwa eine Trennung von Religion und Staat, vielmehr reguliert und kontrolliert er den Islam, und hebt gegenüber diversen christlichen Minderheiten einen nationalisierten Islam hervor. Wie Leyla Neyzi (2002) bezüglich der „*Dönme*"[19] in der Türkei feststellt:

[*Dönme*] points up the Janus-faced character of Turkish national identity: while Kemalism [...] was based on modernist values predicated on a rejection of tradition, Turkishness continued to be defined vis-à-vis Sunni Muslim heritage identified with an imagined Turkish ethnicity (Neyzi 2002: 138).

Anlässlich des Besuchs des Präsidenten des europäischen Parlaments (EP) Josep Borell in Diyarbakır, einer größtenteils von Kurden bewohnten Stadt im Osten Anatoliens, wies Tayyip Erdoğan darauf hin, dass die türkische Nation gegenüber Minderheiten tolerant sei, dies dürfe allerdings nicht missbraucht werden. Er empfehle stets seinen europäischen Freunden, dass sie auch eine der anderen 81 Städte der Türkei wie Erzurum, Konya, Kayseri oder Rize besuchen sollen, statt immer nur Diyarbakır (Erdoğan, HÜR: 24.12.2004). Mit ähnlichem Sarkasmus fragt auch Kamran İnan (ANAP) danach, warum europäische Politiker, Bürokraten und Kommissionen stets nach Diyarbakır gingen, nicht aber nach Trabzon oder Samsun. İlhan Selçuk (CUM) fügt hinzu, er habe gedacht, die EU sei eine demokratische Vereinigung in Wirtschaft und Justizwesen.

Doch die EU-Staaten verstehen die EU als eine historische und politische Abrechnung mit der Türkei. Wie viele Schmerzen, die sie unter osmanischer Herrschaft erlitten haben, möchten sie nun rächen? Mehr noch, sie wollen die Ethnizitäten in Anatolien aufhetzen (Selçuk, CUM: 8.12.2004).

Der nationalistische Block annonciert die Gesellschaft als einen Ort der Gefahr. Die Nation bleibt im Diskurs imaginär, das „Volk" selbst soll von internen „Parasiten" und externen „Feinden" geschützt werden. Die „Nation" hat eine „Ehre", und eine „tapfere Geschichte", doch die reale Gesellschaft selbst ist ein Ort, in der am die „Verräter" aufwachsen. Die ausländischen Mächte hätten deswegen kaum „Schwierigkeiten", die Türkei von innen her zu manipulieren (İnan, CUM: 14.12.2004). Kamran İnan erzeugt ein Bild von einer (naiven) Gesellschaft, die leicht von „Fremden" zu verführen ist. Während also die Gesellschaft von der staatlichen Macht real ferngehalten werden soll, wird eine türkisch-muslimische nationale Identität propagiert und insbesondere ihre Verletzbarkeit betont. Diese Techniken der Grenzziehung sind institutionalisierte Praktiken des zentralistischen Staates. In ihrer Untersuchung von Schullehrbüchern von 1908 bis zu den 1990er Jahren stellt Füsun Üstel fest, dass die „türkische Solidarität" vor allem entlang von effektiven Bedrohungserzählungen (von internen und externen Feinden) hergestellt wird. In den Bildungsinstitutionen (Schule und Militär) wird der Typus eines Bürgers erzogen, der nicht zivil, sondern militant ist. Die Nation solle wach und wenn nötig aktiv sein (vgl. Üstel 2005: 295ff). Es ist Teil der politischen Kultur, Oppositionen durch Vorwürfe wie „Heimatverrat" und „Nationsspalter" zu diskreditieren. Es ist diese Rationalität, die die Einflussnahmemöglichkeiten von gesellschaftlichen Gruppen auf die politischen Prozesse blockiert (vgl. Mardin 2003). Die nicht-muslimischen Minderheiten werden dabei als interne Werkzeuge der westlichen

Mächte dargestellt. Sie fungieren als interne Symptome, die den Mangel der nationalen Schließung sichtbar machen.

4 Fazit

Im Kontext des türkischen Beitritts in die EU findet eine Verschiebung der diskursiven Positionierungen statt. Die ehemaligen Träger des Verwestlichugsprozesses bilden heute den kontra-europäischen Block, während seine ehemaligen Gegner den gegenwärtigen pro-europäischen Block bilden. Ersterer akzentuiert die Gefährdung der „Einheit des Staates und der türkischen Nation" durch den Beitrittsprozess, während letzterer die „Demokratisierung des Landes durch den Beitritt" in den Vordergrund stellt. Nach der Demokratievorstellung der nationalistischen Okzidentalisten müsse die Türkei zwar noch demokratisiert werden, doch sie solle die „nationale Einheit und Sicherheit" und die „laizistischen Strukturen" nicht gefährden. Die Demokratisierung sollte ohne „europäische Einmischung" und ohne „äußeren Zwang" vonstatten gehen. Die Türkei habe bestimmte politische „Sensibilitäten," die nicht verhandelt werden dürften. Die Rolle des Militärs in der Innen- und Außenpolitik sei zwar ungewünscht, aber notwendig, da die Türkei intern und extern bedroht werde.

Die Hinweise auf nicht-türkische und nicht-muslimische Minderheiten beunruhigen dabei die nationale symbolische Ordnung, wobei die Stimmen der Minderheiten als ausgeschlossene Symptome fungieren. Mit anderen Worten: die Frage der Minderheitenrechte kennzeichnet den nationalistischen Mangel, der als „nationale Sensibilität" artikuliert wird. Dabei hat die politische Fantasie vom „doppelgesichtigen Europa" eine Funktion: Sie integriert die pro-europäischen Pragmatisten und die kontra-europäischen Nationalisten. Der Diskurs gestattet die Symbolisierung und verdeckt die Konflikte und Differenzen, schafft eine harmonische muslimisch-türkische Nation, indem „Europa" diskreditiert und die Minderheiten stigmatisiert werden. Der türkische Gesamtdiskurs distanziert sich währenddessen einerseits von der „Nation", um sich mit dem Westen identifizieren zu können, andererseits wird versucht die Nation vor den westlichen Gefahren zu schützen und von unerwünschten Elementen fernzuhalten. Diese „Selbsttechnologien" kennzeichnen genau an diesem ambivalenten Ort der Grenzziehung zwischen Westen und Osten die türkische Subjektivität, die in dieser spannungsgeladenen Schwankung einerseits westlich sein und andererseits östlich bleiben möchte. Die Türkei soll insofern weder als zerrissen zwischen „West und Ost" oder „Modernität und Mittelalter" noch als eine erfolgreiche Synthese dieser beiden Konstrukte betrachtet werden. Sie ist vielmehr ein Ort, an dem soziale Spaltungen und Antagonismen erfahren, artikuliert, maskiert oder versetzt werden, wobei westliche Repräsentationen für verschiedene interne Macht- und Rechtfertigungsstrategien mobilisiert werden (vgl. Irzık & Güzeldere 2003). Die Performanzen des Diskurses des türkischen Anderen sollen dabei nicht auf Reaktionen bzw. Imitationen reduziert werden. Die Türkei als Brücke und Grenze, Distanzierung und Annäherung zu konstruieren, sind Versuche die „Nation" vom orientalistischen Stigma zu entlasten bzw. es zu beantworten, wobei der imaginäre Westen je nachdem entweder als Freund oder als Feind gedeutet wird. Dieses Hin- und Her zwischen westlich und östlich sein, die Ambivalenz und doppelte imaginäre Konstruktion charakterisieren vor allem die internen Machtstrategien und Grenzziehungstechniken, die auf der diskursiven Ebene sichtbar werden.

Anmerkungen

1 Dieser Artikel ist eine überarbeitete Version des empirischen Abschnitts meiner Dissertationsschrift, die ich an der Humboldt Universität zu Berlin am Institut für Sozialwissenschaften Ende 2007 abgeschlossen habe.

2 In Folge der Festnahme von A. Öcalan im Jahre 1999 war die PKK (Kurdische Arbeiterpartei) bestrebt, sich von einer machtorientierten politischen Bewegung hin zu einer „reformorientierten" kulturellen Bewegung zu orientieren, deren Forderungen nach kulturellen Rechten für Kurden mit den politischen Beitrittskriterien der EU überwiegend übereinstimmen. Ferner kam es nach dem s. g. „28.-Februar-Prozess" 1997 zu einer Spaltung innerhalb der islamistischen Bewegung und es formierte sich ein liberal konservativer Diskurs aus der zweiten Generation von muslimischen Eliten (Partei für Gerechtigkeit und Entwicklung, AKP), der sich von der bis dato konfrontativen Politik der Refah-Partei (Wohlfahrt Partei) distanzierte und sich für einen moderaten EU-Beitrittskurs engagiert.

3 Die diskursiven Knotenpunkte, verstanden auch als dominante Fantasie, zeigen was in einer Gesellschaft bzw. in einem Diskurs für relevant und „wahr" gehalten wird. Sie lenken die gesellschaftliche Aufmerksamkeit und zeigen ihre Resonanzstrukturen (vgl. Knoblauch 2001: 221). Sie sind als jene Schlüsselbegriffe und Metaphern zu verstehen, die eine tragende Botschaft übernehmen, um die herum die Aussagen im Diskurs strukturiert werden (vgl. Laclau/Mouffe 1992).

4 Die untersuchten Zeitungen sind Hürriyet (HÜR), Cumhuriyet (CUM) und Zaman (ZAM). HÜR wird dem staatsnahen rechtsliberalen, CUM dem (links-) kemalistisch-nationalistischen, und ZAM (seit 2002) dem liberalen islamischen Spektrum zugerechnet. Der gewählte Untersuchungszeitraum sind die Dezemberausgaben der oben erwähnten Zeitungen aus den Jahren 1997, 1999, 2002 und 2004. Im Dezember 1997 hatte die EU in Luxemburg die Qualifikation der Türkei für eine EU-Mitgliedschaft bestätigt, schloss sie jedoch hinsichtlich des Erweiterungsprozesses aus. Beim Helsinki-Gipfel des Europäischen Rates im Dezember 1999 erhielt die Türkei den Status eines Beitrittskandidaten zur EU. Der Europäische Rat von Kopenhagen beschloss im Dezember 2002, der Türkei konkrete Beitrittsverhandlungen in Aussicht zu stellen, wenn sie bis Ende 2004 „die erforderlichen Voraussetzungen" aufweise. Schließlich entschied der Rat am 17. Dezember 2004 in Brüssel, die Aufnahme der Beitrittsverhandlungen

mit der Türkei am 3. Oktober 2005 zu beginnen, falls die bestimmten Bedingungen vollzogen sein würden.

5 Diskurse formieren sich nicht isoliert, sondern in einem dialogischen Prozess mit anderen Diskursen. Jedes Wort taucht als eine lebendige Antwort auf etwas auf, das sie anruft (vgl. Bachtin 2001: 46f). Alle Konversationen und Texte sind also dialogisch und sie sind immer eine Reaktion auf andere gesprochene oder geschriebene Sprachformen, die zitiert, nachgeahmt oder pervertiert werden.

6 Diskurse repräsentieren weniger die Wirklichkeit, sie fungieren vielmehr als eine symbolische Ordnung, indem sie Grenzen zwischen Wahrem und Falschem ziehen (vgl. Bublitz et al. 1999: 12f). Sie sind institutionalisiert, geregelt und an Handlungen gekoppelt (vgl. Jäger 2001). Diskurse sind jedoch nicht auf Dauer fixiert, sie sind sich durch Artikulationen verändernde Formationen, die durch die Praktiken des Anderen stets versetzt werden. Jedes versetzende Ereignis ist dabei destruktiv und konstruktiv zugleich. Es ist destruktiv, weil es den Mangel an symbolischer Ordnung sichtbar macht. Konstruktiv, weil es ein Begehren nach neuen politischen Identifikationen und sozialen Fantasien erzeugt, die den „Riss" zu nähen versuchen (Stavrakakis 1999: 46f).

7 Mit Fantasie wird ein ideologisches Versprechen gemeint, das als retro-aktiver Effekt der Symbolisierung in politische Mythen und Erzählungen eingebettet ist.

8 Das politische Spektrum in der Türkei ist insbesondere zwischen 1997 und 2002 zersplittert. In diesem Zeitraum gab es zwei Koalitionen aus jeweils drei verschiedenen politischen Parteien. In beiden waren pro- und kontra-europäische Parteien beteiligt. Es ist schwierig die Programmatik der ANAP (Mutterlandspartei) und der DYP (Partei des Rechten Weges) zu unterscheiden, beide sind rechtsliberal. Die DYP positionierte sich bis 1999 pro-europäisch: es war die Regierungskoalition von DYP und CHP (Republikanische Volkspartei) unter Tansu Çiller und Deniz Baykal, die den Zollunions-Vertrag 1995 unterzeichnete. Ihre Regierung plante, das Datum der Unterzeichnung zum „nationalen Feiertag" zu erklären. Beiden Parteien positionieren sich jedoch ab 1999 bis heute kontra-europäisch. Die CHP und die DSP (Demokratische Linkspartei) stehen sich politisch ebenfalls sehr nahe, beide sind kemalistisch, und beide sind in der Gegenwart kontra-europäisch, jedoch war Bülent Ecevit (DSP) als Premierminister der Regierung von 1999-2002 derjenige, der das Helsinki-Abkommen unterzeichnete.

9 Während seit 2002 die rechtsliberale ANAP (Mutterlandspartei), die liberale islamische AKP und die pro-kurdische Partei DEHAP (Demokratische Volkspartei, seit 2005 DTP) überwiegend pro-europäisch eingestellt sind, sind die sekularistischen Sozialdemokraten (CHP und DSP), Rechtsliberale (DYP), Ultra-Nationalisten (Nationalistische Bewegungspartei, MHP) und die Arbeiterpartei (IP) kontra-europäisch positioniert.

10 Weber versuchte in seiner religionssoziologischen Arbeit die okzidental-kapitalistischen (rationalen) Entwicklungen im Zusammenspiel von 'Geist' und 'Form' (Lebensführung) zu rekonstruieren. Er stellt die Frage, warum nur im Okzident eine rational-methodische Lebensführung, rationaler Industriekapitalismus, rationale Staatlichkeit, rationale Wissenschaft und akkordharmonische Musik auftreten, und warum diese Kulturerscheinungen sich nicht (in dem Maße) in anderen Orten und Religionen, sprich: im Orient (China, Japan, und Indien, Judentum und Islam) herausgebildet haben (vgl. Schluchter 1987: 15ff). Im Vergleich zum calvinistischen allgütigen und all-

gnädigen Gott sei z.B. im Islam Gott allmächtig und allwirksam. Deshalb sei im Islam die Gott-Mensch-Beziehung eine Herrscher-Untertanen-Beziehung, eine Beziehung der Unterwerfung (vgl. Schluchter 1987: 39ff).

11 Die Kehrseite dieser Logik spricht von der Unvereinbarkeit dieser beiden geschlossenen „Kulturzirkel." Auf dem türkischen symbolischen Feld hingegen formiert sich in einem dialogischen Verhältnis ein afrozentristischer Okzidentalismus, der die Ursprünge der Weltzivilisation in der afrikanischen kulturellen Kreativität, z.b. Ägyptens sucht und nicht in der griechischen Antike erfindet (vgl. Chen 2001: 941f) und entweder vom Dialog der Kulturen oder von deren Unvereinbarkeit spricht.

12 Im Vertrag von Lausanne (1923) wurden die Bestimmungen des nach dem Ersten Weltkrieg abgeschlossenen Vertrags von Sèvres revidiert. Die Türkei erhielt den Großteil Ost- und Südostanatoliens, Ostthrakien (der europäische Teil der heutigen Türkei) sowie Smyrna (Izmir). Der Vertrag regelte auch die Rechte vor allem der nicht-muslimischen Minderheiten in der Türkei sowie der muslimischen Minderheiten in Griechenland und bezog sich somit auf Religionsangehörige, aber nicht auf Ethnien.

13 Taner Timur zufolge sind die türkischen Nationalisten vor allem von den ungarischen orientalistischen Linguisten des 19. Jahrhunderts geprägt. Sie beziehen sich in ihren Erzählungen auf diese orientalistischen Erzählungen und suchen mit deren „Hilfe" den türkischen Ursprung in chinesischen Quellen und der *Ergenekon*-Legende, um ein kollektives Gedächtnis zu erzeugen. Auch wenn der nationalistische Diskurs anti-westliche Elemente beinhaltet, er ist westlich orientiert und ein Produkt des verspäteten Modernisierungsprozesses (Timur 1986: 2ff).

14 Laut ESI-*Paper* (2007) bleibt die Türkei in fast jedem Kriterium zur Messung der Gleichberechtigung hinter allen anderen europäischen Staaten zurück. Sie hat den niedrigsten Frauenanteil unter Parlamentariern und unter der erwerbstätigen Bevölkerung und die höchste Analphabetenrate bei Frauen (ESI 2007: 2, in: http://www.esiweb.org).

15 Der Eroberer von Istanbul im Jahr 1453, Fatih Sultan Mehmet, oder auch der oben erwähnte Sultan Abdulhamid II. werden bevorzugt hierfür eingesetzt. Das osmanische Reich, figürlich vertreten durch seine Sultane, symbolisiert Multikulturalität, Toleranz und religiöse Freiheiten, die moderne Republik dagegen Zentralismus, Monokulturalismus und „totalitäre Demokratie" (vgl. Navaro-Yashin 2002: 199f).

16 Der Vertrag von Sèvres wurde am 10. August 1920 von den Siegermächten mit dem Osmanischen Reich geschlossen. Er markierte quasi das Ende des Osmanischen Reiches, doch er wurde wegen des türkischen und kurdischen Widerstandes nie umgesetzt und später im Vertrag von Lausanne zu Gunsten der Türken revidiert. Durch den Sèvres-Vertrag verlor das Osmanische Reich einen Großteil seines Territoriums in Anatolien, Saudi-Arabien und Mesopotamien.

17 Die Reformperiode zwischen 1839-1876 ist als Tanzimat-Periode bekannt. Der Begriff *Tanzimat* bedeutet „ordnen" oder „umordnen" und verweist auf eine Reihe von Modernisierungsreformen, die 1839 mit der Verkündigung des Gülhane-Erlasses eingeleitet wurden. Der Erlass wurde feierlich am Sultanshof in Gülhane (in Istanbul – Konstantinopel) verkündet – in Anwesenheit aller europäischer Botschafter. Mit diesem Erlass hatte Sultan Abdülmecid seine Absicht bekundet, die Modernisierung des Osmanischen Reiches fortzusetzen. Dabei wurde der Schwerpunkt auf drei Punkte gelegt: Den

Untertanen wird die volle Sicherheit für ihr Leben, ihre Ehre und ihr Vermögen garantiert; die Steuern werden gerecht und geregelt festgesetzt und eingetrieben; die Wehrdienstpflichtigen werden geordnet einberufen und ihre Wehrdienstzeit wird geregelt (vgl. Somel 2001: 96).

18 George N. Curzon (1859-1925) vertrat Großbritannien während der Verhandlungen in Lausanne. Er thematisierte Minderheitenrechte von Nichtmuslimen, insbesondere forderte er ein autonomes Gebiet für die armenische Bevölkerung.

19 Der Begriff bezeichnet die Konversion vom Judentum zum Islam.

Literatur

Hürriyet (HÜR), Cumhuriyet (CUM), Zaman (ZAM), jeweils Dezemberausgaben von 1997, 1999, 2002, 2004

Ahıska, Meltem (2003): Occidentalism: The Historical Fantasy of the Modern, in: The South Atlantic Quarterly 102:2/3, Duke University Press, 351-379

– (2005): Radyonun Sihirli Kapısı. Garbiyatçılık ve Politik Öznellik, İstanbul: Metis

Akçam, Taner (1995): Türk Ulusal Kimliği ve Ermeni Sorunu, Istanbul: İletişim

Atatürk, M. Kemal (1999): Medeniyet ne Demektir, in: Atatürk Kültür, Dil ve Tarih Yüksek Kurumu (Hrsg.), Atatürk'ün Kültür ve Medeniyet Konusundaki Sözleri, Ankara: AKM

Bachtin, Mikhail (2001): Romandan Söyleme, in: Irzık, S. (Hrsg.), Karnavaldan Romana. Mikhail Bakhtin. Edebiyat Teorisinden Dil Felsefesine Seçme Yazılar, Istanbul: Ayrıntı

Bublitz, Hannelore et al. (1999): Diskursanalyse – (k)eine Methode. Eine Einleitung, in: Bublitz, H. et al. (Hrsg.), Das Wuchern der Diskurse. Perspektiven der Diskursanalyse Foucaults, Frankfurt & New York: Campus Verlag, 10-22

Chatterjee, Partha (1993): The Nation and its Fragments, Princeton: Princeton University Press

Chen, Xiaomei (2001): Introduction to Occidentalism, in: Brydon, D (Hrsg.), Postcolonialism. Critical concepts in literary and cultural studies, vol. III. 934-960

Irzık Sibel/Güzeldere, Güven (2003): Introduction, in: The South Atlantic Quarterly, 102: 2/3 Spring & Sommer: Duke University Press, 283-292

Jäger, Siegfried (2001): Kritische Diskursanalyse. Eine Einführung, Duisburg: Diss

Knoblauch, Hubert (2001): Diskurs, Kommunikation und Wissenssoziologie, in: Keller, Rainer. et al. (Hrsg.), Handbuch Sozialwissenschaftliche Diskursanalyse, Band. I: Theorien und Methoden, Opladen: Leske & Budrich, 145-177

Laclau, Ernesto/Mouffe, Chanta. (1992): Hegemonya ve Sosyalist Strateji, Istanbul: Birikim

Mardin, Şerif (2003): Türk Modernleşmesi, Makaleler 4, Istanbul: İletişim

Maksudyan, Nazan (2005): Türklüğü Ölçmek. Bilimkurgusal Antropoloji ve Türk Milliyetçiliğinin Irkçı Çehresi 1925-1939, Istanbul: Metis

Navaro-Yashin, Yael (2002): Faces of the State. Secularism and public life in Turkey, Princeton & Oxford: Princeton University Press

Neyzi, Leyla (2002): Remembering to Forget: Sabbateanism, National Identity and Subjectivity in Turkey, in: Society for Comparative Study of Society and History, No. 02, 137-158

Schluchter, Wolfgang (Hrsg.) (1987): Max Webers Sicht des Islams. Interpretation und Kritik, Frankfurt: Suhrkamp

Somel, S. Akşin (2001): Osmanlı Reform Çağında Osmanlıcılık Düşüncesi (1839-1913), in: Modern Türkiye'de Siyasi Düşünce, Tanzimat ve Meşrutiyet'in Birikimi, Band 1, Istanbul: İletişim, 180-196

Stravakakis, Yannis (1999): Lacan and the Political, London: Routledge

Timur, Taner (1986): Osmanlı Kimliği, Istanbul: hil

Todorova, Maria (2007): Historical Legacies Between Europe and Near East. Vortrag im Rahmen von Carl Heinrich Becker Lecture of the Fritz Thyssen Stiftung an der Akademie der Wissenschaften, Berlin 21. Mai

Üstel, Füsun (2005): Makbul Vatandaş'ın Peşinde. Ikinci Meşrutiyet'ten Bugüne Vatandaşlık Eğitimi, Istanbul: İletişim

Žižek, Slovaj (1989): The Sublime of Ideology, London: Verso

2.
Staat, Ökonomie und Arbeitsverhältnisse

Pınar Bedirhanoğlu

Restrukturierung des türkischen Staates im Kontext der neoliberalen Globalisierung

1 Einleitung

Die Auswirkungen der in den 1980er Jahren als Projekt des Kapitals begonnenen und bald weltweit spürbaren neoliberalen Globalisierung auf den Staat waren von Beginn an in verschiedenen Disziplinen und auf verschiedenen Ebenen ein umstrittenes Thema. Das hat vor allem mit dem Wandel der Rolle des Staates in der neoliberalen Ideologie und der Charakterisierung der Globalisierung zu tun (McMichael 2001). Entsprechend dieser Ideologie sei das Schrumpfen des Staates eine unausweichliche Folge der außerordentlichen Entwicklung der Kommunikationstechnologien und eine Dimension der Vollendung der Transformation der Globalisierung. Begreift man den Staat der peripheren Länder in der Phase des kalten Krieges unter außergewöhnlichen Bedingungen als partiell unter der Kontrolle der Profiteure und Rentiers stehend, dann bedeutet sein Rückzug aus Wirtschaft und Gesellschaft eine Entwicklung, die im Sinne der Demokratie und der Menschenrechte positiv gewertet und sogar unterstützt werden muss (Ohmae 1996; Tanzi 1998). Die Grenzen einer solchen Auffassung, die als politische Strategie gelesen werden kann, wurden sowohl von liberalen/historistischen Ansätzen (Evans 1992; Weiss 2005), die auf die Bedeutung der Institutionen und der Institutionalisierung für das Funktionieren einer liberalen Ökonomie hinweisen, als auch von marxistischen Ansätzen (Clarke 2001; Gamble 2006; Panitch und Gindin 2003; Wood 2003), die den Klassencharakter des Staates bei der Neuzusammensetzung der kapitalistischen Produktionsbeziehungen betonen, heftig kritisiert. Dass der Begriff des *guten Regierens* im Diskurs der neoliberale Ideologien transportierenden Institutionen wie dem IWF und der Weltbank ab Mitte der 1990er Jahre eine zentrale Rolle einnimmt, ist daher ein Ausdruck davon, dass diese Kritiken zutreffend sind. Anstatt in Begriffen des Schrumpfens oder der Schwächung wird die Position des Staates schließlich seit den 2000er Jahren eher in Begriffen der Restrukturierung und der Transformation behandelt.

In der Türkei war der Staat seit Beginn des neoliberalen Projekts in den 1980er Jahren auf verschiedenen Ebenen im Fokus politischer und ökonomischer Diskussionen. Ziel dieses Artikels ist es, die Phase der Restrukturierung des Staates, die als Ursache für die anhaltenden gesellschaftlichen Kämpfe und Auseinandersetzungen seit Mitte der 1990er Jahre gelten kann, unter Fokussierung auf die Stärkung der Exekutive und die Veränderungen auf dem Sicherheitssektor, in einer kritischen historischen Analyse zu diskutieren. Dabei sollen die allgemeinen Eigenschaften der neoliberalen Globalisierung, wie sie auch in anderen Ländern festzustellen sind, und die historischen Besonderheiten der kapitalistischen Entwicklung in der Türkei in Bezug auf die Transformation des Staates zusammen betrachtet werden.

In der Türkei gibt es heute eine Reihe von interessanten akademischen und politischen Arbeiten, die das Verhältnis von neoliberaler Globalisierung und Staat kritisch diskutieren. Diese Arbeiten enthalten unabhängig von den politischen Positionen ihrer Autoren wichtige Einsichten und der vorliegende Artikel profitiert daher in seinem weiteren Verlauf vielfältig von ihnen. Auf der anderen Seite beschränken sich viele dieser Arbeiten lediglich auf bestimmte Dimensionen der Transformation des Staates. Wenn man sie sehr vereinfachend einteilen will, dann beschäftigen sich die Arbeiten linker kritischer Autoren mit wenigen ausgewählten Dimensionen des Verhältnisses von Staat und Ökonomie (Türel 1999; Yeldan 2001: 105-126), Staat und Kapital/Bourgeoisie (Ercan 2003; Yalman 2003), Staat und Gesellschaft (Gambetti 2007; İnsel 2005; Keyman 2008), Staat und Klasse (Boratav 1991), Staat und Ideologie (Bayramoğlu 2005), Staat und Sicherheit (Bilgin 2005; Cizre 2004; Kaygusuz 2006) und Staat und Außenpolitik (Uzgel 2004). Um allerdings die Restrukturierung des Staates in der Türkei einer umfassenden Analyse zu unterziehen, muss man alle diese Dimensionen zusammen betrachten.

Eine solche umfassende Analyse läuft zwar Gefahr oberflächlich zu bleiben, kann aber den methodologischen Unzulänglichkeiten und den reduktionistischen Fallen der Staatsdiskussion entgehen. Denn viele kritische-linke Arbeiten, die sich den staatlichen Transformationen unter der Perspektive tagespolitischer Tendenzen und Kämpfe nähern, tendieren zu instrumentalistischen und funktionalistischen Analysen und schwanken zwischen willkürlichen, eklektischen und strukturalistischen Positionen. Man kann dabei davon ausgehen, dass die Fragilität der Position des innerhalb des sich globalisierenden Kapitalismus als spät entwickelt, als peripher oder halbperipher definierten türkischen Kapitalismus solche methodologischen Ungenauigkeiten in Bezug auf die Veränderungen des Staates erleichtert. Die sich in der heutigen türkischen Linken abspielenden Auseinandersetzungen zwischen einer nationalistischen und einer freiheitlich-liberalen Tendenz werden durch solche reduktionistischen Erklärungsmuster ermöglicht, die gleichzeitig einen Hang zum Pragmatismus fördern. Man muss daher darüber nachdenken, welchen Anteil einseitige und beschränkte Staatsanalysen an der Tatsache haben, dass die Linke in der Türkei, und nicht nur dort, trotz der durch die neoliberale Globalisierung hervorgerufenen Verwilderung der Alltagspraktiken keine wirksamen Gegenstrategien entwickeln kann.

Im Sinne dieser Besorgnisse wird der Artikel zunächst versuchen, einen Blick auf die Veränderungen zu werfen, denen der Staat durch die neoliberalen Umstrukturierungen unterworfen ist, und welche Rolle der Klassencharakter dieser Umstrukturierung hat. Dabei wird unterstrichen, dass die Fähigkeit des Staates, die politischen, wirtschaftlichen und gesellschaftlichen Auseinandersetzungen regierungstechnisch zu bewältigen, aus Sicht der neoliberalen Ideologie seine wichtigste Aufgabe darstellt (zweiter Teil). Den dritten Teil wird der Versuch einer theoretischen und historischen Erklärung der grundlegenden Dynamiken der Umstrukturierung des Staates unter Bedingungen der neoliberalen Globalisierung darstellen. Der vierte Teil wird untersuchen, welche Kämpfe, Anpassungen, Rückschläge und Widersprüche aus dem Versuch der Umstrukturierung des türkischen Staates unter dem Druck der neoliberalen Globalisierung seit den 1980er Jahren hervorgingen. Unter Rückgriff auf Gramscis Begriff der Zivilgesellschaft (Gramsci 1971:263) wird zu beurteilen versucht, welchen Veränderungen die Funktionen des Staats in Bezug auf die Bereiche der Ökonomie und der inneren Sicherheit unterworfen waren und welche ideologischen und gesellschaftlichen Folgen diese Prozesse hatten.

2 Die Bedeutung des Staates für die neoliberale Umgestaltung

In der neoliberalen Theoriedebatte gibt es von Beginn an zwei Stränge, die sich laut Gamble (2006: 21f.) um das Verständnis eines „freien" und eines „sozialen" Marktverständnisses gruppieren und sich an der Stelle treffen, wo die Notwendigkeit eines effektiven und daher starken Staates zur Schaffung und Sicherung des Marktes vorausgesetzt wird. Während der Ansatz des „freien" Marktes den Staat als notwendig betrachtet, die Hindernisse aus dem Weg zu räumen, die einer freien Entfaltung des Marktes entgegenstehen, sieht der Ansatz des „sozialen" Marktes die Rolle und Funktion des Staates darin, die institutionellen Voraussetzungen für ein reibungsloses Funktionieren der Wirtschaft zu schaffen.

Es macht durchaus Sinn, diese beiden Stränge der neoliberalen Ideologie als Ausdruck von innerhalb der neoliberalen Globalisierung selbst historisch aufeinander folgenden Abschnitten zu sehen, die in der politischen und ökonomischen Diskussion in Bezug auf den sog. Washington-Konsens grob als „Washington" und „Nach-Washington" bezeichnet werden. Der erste Abschnitt reichte bis in die Mitte der 1990er Jahre und ist charakterisiert durch ein Zusammenkommen von Privatisierungspolitik und Deregulierung der Finanz- und Handelsmärkte. In dieser Phase wurden durch den Rückzug des Staates dem Kapital vergrößerte Handlungsspielräume und Möglichkeiten gesteigerter Ausbeutung zuteil. Die Deregulierung, die diese Phase charakterisierte, hatte die Zurückdrängung der rechtlichen Grundlagen zum Ziel, die sich unter spezifischen politischen und wirtschaftlichen Bedingungen nach 1945 herausgebildet hatten und die ab den 1970er Jahren im

Zeichen eines „Entwicklungskapitalismus" in der Lage waren, der Kapitalakkumulation gewisse Grenzen zu setzen. Sie konnte allerdings keine geeigneten neuen rechtlichen Fundamente setzen, da die nötige politische Verankerung noch fehlte. Die staatlichen Interventionen zur Schaffung eines „freien" Marktes begünstigten, so widersprüchlich das auch klingen mag, stattdessen eine Akkumulation des Kapitals in Form von Korruption oder Plünderung. Die zweite Phase dagegen, die als „Nach-Washington" bezeichnet wird, war aus der Perspektive des Kapitals eine Phase, in der die sozialen Gruppen, in erster Linie die Arbeiter und Arbeiterinnen, die sich den neuen Akkumulationsbedingungen widersetzten oder dazu in der Lage schienen, unter Kontrolle gebracht und diese Kontrolle in Gesetzgebungsprozessen kodifiziert wurden (BSB 2007: 74f.). Governance, Transparenz, soziale Sicherungssysteme, rechtlich verankerte soziale Verantwortung oder soziales und menschliches Kapital waren die diese Phase prägenden Begriffe, mit denen die neue Politik legitimiert wurde.

Die Phase der neoliberalen Umgestaltung in der Türkei passt, wenn auch mit manchen Unterschieden, grob in dieses Raster der Periodisierung. Die Einführung der neoliberalen Deregulierung durch den Staat dauerte in der Türkei von 1980 bis zum Ende der 1990er Jahre. Es ist kein Zufall, dass viele der in der ersten Zeit gegründeten kleinen Banken später in einem finanziellen Chaos untergingen (Boratav 2002: 151f.), und die Zeit nach 1990 durch eine Folge von Korruptionsskandalen geprägt war.[1] Dass in diesem Reformprozess Anstrengungen für eine bestimmte Art der Institutionalisierung gemacht werden mussten, war allen deutlich. Ihre wesentlichen Eckpfeiler waren die Zollgemeinschaft mit der Europäischen Union (EU) 1995, das im Dezember 1999 mit dem IWF unterzeichnete Standby-Abkommen und der im gleichen Monat auf der Helsinkikonferenz der EU zur Sprache gebrachte Wunsch nach einem offiziellen Anwärterstatus auf EU-Mitgliedschaft. Konkrete Schritte in diese Richtung konnten allerdings erst nach der Finanzkrise im Jahre 2001 gemacht und von dem ehemaligen Angestellten der Weltbank Kemal Derviş in Eile „in 15 Tagen 15 Gesetze" verabschiedet werden, die die neoliberale Institutionalisierung vorantrieben. In erster Linie wurden im Banken- und Gesundheitssystem Umstrukturierungen begonnen und zentral neue Zuständigkeiten für die regionalen Verwaltungsebenen geschaffen. In Folge der Krise von 2001 kam im Jahr 2002 die Partei der Gerechtigkeit und Entwicklung (Adalet ve Kalkınma Partisi – AKP) an die Macht[2], die ihre Verankerung unter den Wählern im Juli 2007 noch verstärken konnte: Damit wurde auch die Kraft der EU und des IWF als „politische Anker" weiter verstärkt. Man darf aber nicht glauben, dass diese Anstrengungen einer neoliberalen Politik der Institutionalisierung zu einem Nachlassen der Korruption geführt hätten. Einerseits hat die AKP unter der Rhetorik des Kampfes gegen die Korruption eine Reihe von Gesetzen eingeführt, andererseits verschaffte sie über neue Mechanismen zur „Verteilung der Rentiergewinne, der Vorteile und des Wuchers" dem „grünen" (islamistischen, Anm. d. Übersetzers) Kapital zusätzliche Gewinne (Bedirhanoğlu 2007; BSB 2007: 69ff.). Die Privatisierung von großen und rentablen staatlichen Firmen wie Erdemir, Tüpraş und Petrol Ofisi konnten erst nach dem Jahr 2000 begonnen werden.

Die Versuche der neoliberalen Politik, alle Hindernisse aus dem Weg zu räumen, die der Kapitalakkumulation im Wege stehen, durch Schaffung freier Zugänge zu den Weltmärkten für Güter, Dienstleistungen und Finanzen und der entsprechenden politischen und rechtlichen Voraussetzungen, haben in allen betroffenen Ländern zu harten politischen und gesellschaftlichen Kämpfen geführt. Die Staaten, die nach 1945 das Modell des Entwicklungsstaats präferierten, in dessen Rahmen sie dem nationalen Kapital, der Arbeit und den Bauern Schutz vor dem Weltmarkt und soziale Privilegien gewährten, hoben diese nach und nach auf und brachten diese Schichten, die gezwungen waren, unter den neuen Marktbedingungen zu überleben, nach und nach in verschiedenen Graden und Abstufungen in eine oppositionelle Position zur Reformpolitik. Wenn man bedenkt, dass nicht nur diese Schichten, sondern auch Teile der zivilen und militärischen Bürokratien dem Reformprozess unterworfen wurden, dann wird schnell klar, dass es sich bei der Umstrukturierung des Staates im Zeichen des Neoliberalismus um eine tiefgehende soziale Veränderung handelt. Deshalb war es von Beginn an eine wichtige Frage, wie der Exklusion, der Armut, der Hoffnungslosigkeit und dem Unmut, die als Reaktionen in verschiedenen gesellschaftlichen Schichten entstanden, von Seiten der Vertreter dieser Politik begegnet werden konnte. Ob etwa wie in den Ländern des ehemaligen Ostblocks nach dem Zerfall der Sowjetunion mit Schocktherapien gearbeitet werden oder eine schrittweise Umgestaltung angestrebt werden sollte, war Gegenstand langer Diskussionen.[3] In diesem Zusammenhang war eine immer wieder zur Sprache gebrachte Strategie, den Verlierern dieses Prozesses eine Koalition der Gewinner gegenüberzustellen (Evans 1992:143). Da die Schichten der Gewinner der neoliberalen Umstrukturierung äußerst klein waren, wurde klar, dass diese beschränkten und instabilen Koalitionen ständig neu zusammengesetzt werden mussten. Deshalb war in vielen Ländern die Umsetzung der neoliberalen Politik, die zu Korruption und Misswirtschaft führte, von Politiken der Unterdrückung, Assimilation und Ignoranz begleitet. Zur Jahrtausendwende begannen daher viele Arbeiten, die von Gramsci (1971: 80, Fußnote 49) inspiriert waren, diesen Prozess als „passive Revolution" zu charakterisieren (Morton 2007; Bedirhanoğlu 2004; Yıldırım 2008).

In der Türkei waren es die Schichten der Arbeiter, Bauern und die kleinen und mittleren Kapitaleigner, die in erster Linie von der neoliberalen Globalisierung betroffen waren. Wenn man versucht, diese Schichten nach ihren religiösen und ethnischen Zugehörigkeiten zu klassifizieren, dann kann man feststellen, dass der Großteil der alevitischen und kurdischstämmigen Bürger zu den arbeitenden

Schichten, die kleinen und mittleren Kapitaleigner hingegen zu einer islamisch geprägten Kultur gehören (Özdemir 2006). Eine sich vertiefende Ausbeutung der Frauen und der Kinder ist ein weiteres Ergebnis der Auswirkungen der neoliberalen Restrukturierung der Arbeit in der Türkei (Dedeoğlu 2000). Wie in den folgenden Kapiteln zu zeigen sein wird, hängt die Legitimation des türkischen Staates davon ab, wie die genannten Schichten dem durch die neoliberalen Reformen auf sie entstehenden Druck standhalten.

3 Warum und wie der Staat in eine Phase der Umstrukturierung geht – Theoretische und historische Erklärungsmuster

Die Restrukturierung des Staates im Rahmen der neoliberalen Globalisierung kann weder als einfaches Ergebnis „innerer" oder „äußerer" Faktoren verstanden werden, die Druck auf den Staat ausüben und deren Opfer der Staat wird. Um diesen Prozess zu verstehen, ohne auf die Verlockungen reduktionistischer Erklärungsmuster hereinzufallen, ist es notwendig, auf eine historische Spezifizität des Kapitalismus einzugehen, die Bedeutung der Marktmechanismen, von denen angenommen wird, dass sie nach eigenen Regeln funktionieren (Wood: 1995). Sieht man von der Phase der sogenannten „ursprünglichen Akkumulation" ab, in der die zwangsweise Trennung der Produzenten von den Produktionsmitteln stattfand, werden alle Widersprüche und Kämpfe, zu denen die Reproduktion des Verhältnisses Kapital-Arbeit führt, durch den kapitalistischen Marktmechanismus geregelt. Die Qualität des kapitalistischen Staates drückt sich am ehesten in den auf ihn gerichteten Zwängen zur Reproduktion der Marktstruktur aus, deren abstraktester Ausdruck das Geld ist und die durch „Recht" geschützt werden (Clarke 1991: 188f., 194). Durch die kapitalistische Marktstruktur ist die Subordination des Staates unter die vorherrschenden Produktionsstrukturen des Kapitals vermittelt.

Da der Staat den rechtlichen Rahmen herstellt und schützt und damit eine Institution darstellt, die in der Lage ist, die Marktstruktur zu bestimmen, ist die Beziehung zwischen Markt und Staat einigermaßen verworren und schwierig. Entgegen den Behauptungen der Liberalen ist diese Beziehung keine äußere, sondern eine innere, und der Markt ist keine Struktur, die sich „von selbst" regelt, sondern historischer Ausdruck einer politischen Vermittlung, die durch Kräfteverhältnisse der Klassen strukturiert wird. Die rechtlichen Regulierungen können daher entsprechend den spezifischen Bedingungen in verschiedenen Staaten unterschiedliche Formen annehmen. Die rechtlichen Regulierungen, die eine sich inter- und transnationalisierende Wirtschaft betreffen, legen den Ländern des Südens eine „äußere" Disziplin auf, die einer Logik globalisierter Märkte folgt, da die Fähigkeit des nationalen Kapitals, sich diesen Regulierungen zu widersetzen, aufgrund der globalen Konkurrenz beschränkt ist.

Auf der anderen Seite ist es die in den kapitalistischen Marktbeziehungen, die die Entfremdung der Arbeitskraft beständig reproduzieren, verankerte Geldbeziehung, die ständig an „Selbstständigkeit" gewinnt. Budgetknappheit und Schulden erscheinen der Kapitalakkumulation als Hindernisse, die der Reproduktion des Staates selbst im Wege stehen. Allerdings liefert der Marktmechanismus, der die Widersprüche der kapitalistischen Produktionweise in Richtung des Staates lenkt, von sich aus keine Strategien, einen Ausweg aus den Krisen zu finden, die im Zuge der in den in politischen, wirtschaftlichen, rechtlichen, kulturellen und ideologischen Feldern geführten Kämpfe und gefundenen Kompromisse immer einen offenen Ausgang haben. Die Politiken und Strategien, die die Staaten als Antwort entwickeln, artikulieren sich im Rahmen der ihnen eigenen, jeweils spezifischen, historischen Besonderheiten. Auch wenn die kapitalistische Marktstruktur generell bestimmte Grenzen vorgibt, gibt es immer auch die Möglichkeit für die Staaten diese zu überschreiten, die Krisen der Kapitalakkumulation zu vertiefen oder neue Krisen zu schaffen. Auf der anderen Seite sind es die Krisenperioden, in denen verschiedene gesellschaftliche Gruppen, in erster Linie das Kapital, ihre eigenen Forderungen an den Staat herantragen (Clarke 1991: 195).

Piciotto (1991) erinnert daran, dass die kapitalistischen Produktionsbeziehungen von Anbeginn an in einer zwischen den Nationalstaaten aufgeteilten Geografie stattfinden. Auch wenn auf der einen Seite die kapitalistischen Produktionsbeziehungen politisch, wirtschaftlich, kulturell und ideologisch ständig in verschiedenen Geografien neu definiert werden, muss sich die Legitimität des Nationalstaats doch zuerst auf einer nationalen Ebene herstellen (Clarke 2001: 80). Daher hat die historische Entwicklung der kapitalistischen Produktionsbeziehungen, basierend auf der Auseinandersetzung zwischen Kapital und Arbeit, die tradierten politischen, wirtschaftlichen und kulturellen Unterschiede verinnerlicht und vertieft, und daraus neue Varianten der Klassenherrschaft gewonnen. Das Verständnis verschiedener staatlicher Politiken und ihrer internationalen Anstrengungen zu Kompromissen ist daher nur auf diesem historischen Hintergrund, d.h. entsprechend der spezifischen Bedingungen der jeweiligen Nationalstaaten zu verstehen.

Die Umsetzung des auf ultraliberalen Marktmethoden basierenden neoliberalen Projekts, das von Hayek und Friedman in den 1970er Jahren als Antwort auf die sich vertiefende Krise des Weltkapitalismus entworfen und seither in verschiedenen Ländern umgesetzt wurde,[4] muss innerhalb des oben gezogenen theoretischen Rahmens an einigen Stellen näher betrachtet werden. Geht man chronologisch vor, dann wurde nach dem Putsch von General Pinochet 1973 in Chile der erste „Versuch" gestartet, das neoliberale Projekt umzusetzen, der später in England unter Margaret Thatcher und in der Regierungszeit Ronald Reagans in den USA fortgesetzt wurde. Nach 1980 wurde das Projekt im Zusammenhang mit der Schuldenkrise zahlreichen Ländern der Peripherie im Zuge der Politik des IWF und anderer internationaler Organisationen aufgezwungen. In der darauf folgenden Periode waren es besonders die als Motor der neoliberalen Globalisierung zu bezeichende Liberalisierung des Finanzsektors und die damit einhergehenden Finanzkrisen, die vom Staat und allen gesellschaftlichen Gruppen die Disziplin erforderten, das neoliberale Projekt zu implementieren. Gamble, der behauptet, dass im England Thatchers die Staatsausgaben anstatt gesunken gestiegen waren und lediglich die Steuern in ihrer Zusammensetzung geändert wurden, bemerkt, dass „die entwickelten kapitalistischen Länder es für einfacher halten, den 'erfolgslosen Staaten' der Peripherie ihre neoliberalen Rezepte aufzuoktroieren, als sie bei sich selbst anzuwenden" (2006: 27).

Die Umsetzung der neoliberalen Politik hat in allen betroffenen Ländern neben Korruption, Arbeitslosigkeit, Informalität und Armut tiefe politische und gesellschaftliche Krisen ausgelöst und neue Auseinandersetzungen und Politikformen auf der Grundlage von „Identitäten" heraufbeschworen. Hobsbawm führt das Auftauchen ethnisierter Auseinandersetzungen beispielsweise nach dem Zusammenbruch der UdSSR darauf zurück, dass, wie bei der Trennung der tschechischen von der slowakischen Republik, die Reicheren und politisch Stärkeren, basierend auf einer gemeinsamen „Identität", egoistische Interessen gegenüber anderen gesellschaftlichen Gruppen durchzusetzen suchen (1994: 425-8). Die Gründe für die Zunahme ethnischer oder religiöser Spannungen im Zuge der neoliberalen Globalisierung müssen sorgsam in den spezifischen historischen Bedingungen der jeweiligen Länder gesucht werden. Allerdings muss man darauf hinweisen, dass im Gegensatz zu Behauptungen nationalistischer Erklärungsansätze die Ursachen ethnischer Gegensätze nicht im Eingriff äußerer Mächte zu suchen sind. Denn wie Hobsbawm (1994: 428-9) betont, wurden historisch gegebene Ungleichheiten in verschiedenen Modernisierungsgeschichten je unterschiedlich tradiert und im Rahmen der von der neoliberalen Politik hervorgerufenen Krisen lediglich vertieft[5] und, als „Identitäten" kodiert, als Mittel politischer Auseinandersetzung neu erfunden und eingesetzt.

Wie nach dem Ende des kalten Krieges die eines zentralen politischen Aushandlungsmechanismus entblößten Nationalstaaten ihre Sicherheitsprobleme entsprechend den neoliberalen Anforderungen in den Griff bekommen können, ist eine der zentralen Fragestellungen der neoliberalen Ideologen in den letzten Jahren. Mit diesem Ziel werden überall auf der Welt Armeen umstrukturiert, sowohl verstärkt als auch teilweise privatisiert und nach den neuen Möglichkeiten, die der 11.September gebracht hat, ideologisch und strategisch für den „Kampf gegen den Terrorismus" positioniert. Besonders die Lage der Armeen, die historisch eine Position jenseits der Tagespolitik eingenommen hatten, wird in den verstärkt von religiösen und ethnischen Konflikten geplagten Ländern des Südens immer problematischer.

Die USA, die in 1970er Jahren fürchteten, ihre hegemoniale Position zu verlieren, konnten in nahezu 30 Jahren neoliberaler Politik trotz aller ökonomischen Fragilität ihre zentrale Position auf dem Weltmarkt stabilisieren und auf dem Feld der militärischen Präsenz ihre Position behaupten. Heute ist ein möglicher Kollaps der US-Ökonomie mit seinen Auswirkungen auf die restliche Welt ein in allen Finanzkreisen mit Sorge diskutiertes Szenario.[6] Allerdings wäre zu erwarten, dass Japan und China, die über den Aufkauf von Wertpapieren mit am meisten in den US-Haushalt investierenden Länder, im Falle eines dramatischen Wertverlustes des Dollars alles in ihrer Macht stehende tun würden, einen solchen Zusammenbruch abzuwenden.[7] Auf der anderen Seite ist die militärische Macht der USA unbestritten und kolossal. Nach den Zahlen von Cox (2002: 268) betrug der Verteidigungshaushalt der USA im Jahre 2000 280 Milliarden Dollar und die Hälfte der weltweiten Waffengeschäfte wurden von den USA getätigt. Sie sind die weltweit größten Produzenten konventioneller Waffen und haben gegenüber ihrem größten Konkurrenten auf diesem Gebiet, Frankreich, siebenmal höhere Ausgaben. Es ist offensichtlich, dass die USA, auch wenn man nicht genau festlegen kann, bis zu welchem Grade sie auf Grund dieser Kraft in der Lage ist, die Sicherheitsapparate der Staaten des Südens zu disziplinieren, militärisch in einer dominanten Ausgangsposition sind, zudem sie diese Position nicht nur dazu benutzten, ihre strategischen Vorgaben im Bereich der Sicherheit umzusetzen. Man kann mit Wood davon sprechen, dass die USA, auch wenn ihre militärische Macht nicht ausreicht, die Widersprüche der Marktökonomie aufzulösen, sie „entsprechend den wechselnden Bedürfnissen des eigenen Kapitals mittels Schulden, Handelsregulierungen, Entwicklungshilfe und des ganzen Finanzsystems anderen Staaten ihren imperialen hegemonialen Kurs aufzwingen können" (2003:134).

4 Die Transformation des türkischen Staates

Die historischen Bedingungen des Übergangs zu einer neoliberalen Politik in der Türkei müssen vor dem Hintergrund der sich weltweit vertiefenden Akkumulationskrise der 1970er Jahre und der parallel dazu verlaufenden Hegemoniekrise im Land verstanden werden. Die inneren strukturellen Widersprüche, die auf Grund der schnellen kapitalistischen Entwicklung seit 1960 entstanden, und die Hegemoniekrise, die aus den daraus folgenden gesellschaftlichen Kämpfen hervorging (Tünay 1993: 17), führten dazu, dass der Staat nicht mehr in der Lage war, seine Auslandsschulden zu zahlen und mit den gesellschaftlichen Widerständen umzugehen. Die Idee, aus dieser Krise durch die Anwendung neoliberaler Politik einen Ausgang zu finden, reifte während der Zeit der beiden 1978 und 1979 unterzeichneten Standby-Agreements mit dem IWF und des am 24. Januar 1980 vom damaligen stellvertretenden Ministerpräsident Turgut Özal begonnenen harten Stabilitäts-

programms.[8] Mit dem Militärputsch vom 12. September 1980, der die Möglichkeiten der politischen und gesellschaftlichen Opposition stark einschränkten, gewann sie weiteren Boden (Boratav 2002: 145-50; Kazgan 2002: 113-26). Das den
Übergang von einem importsubstituierenden Entwicklungsmodell zu einer exportorientierten Politik, die Liberalisierung des Finanz- und Handelssektors und die
Privatisierung vormals staatlicher Betriebe favorisierende neoliberale Projekt begann ab 1989 besonders auf den Finanzmärkten Wirkung zu zeigen. 1989 wurden
alle Beschränkungen der Kapitalbewegungen aufgehoben, mit der Folge, dass die
Finanzmärkte für die Finanzierung des Staatshaushalts, die Finanzierung der Investitionen der Unternehmen und die Sparmöglichkeiten der Privatpersonen eine
zentrale Dynamik erlangten. Von dieser Zeit an begannen die über „die Märkte",
als hätten sie eine eigenständige unabhängige Existenz, räsonierenden und in ihrem Namen sprechenden Investoren, Berater, Rating-Organisationen und internationalen Finanzinstitute einen zunehmenden Einfluss darauf zu gewinnen, was in
der Türkei als politische Stabilität aufgefasst werden konnte. Lässt man einmal die
Frage beiseite, wie rationell das war, wurde spätestens mit den 1994, 1999 und 2001
stattfindenden Finanz- und Wirtschaftskrisen klar, dass es sich bei den Liberalisierungen um ein äußerst risikoreiches und instabiles Unterfangen handelte. Die neoliberalen Maßnahmen, die ihre Kraft aus der finanziellen Liberalisierung erhalten,
werden allerdings in den Phasen, die diesen Krisen folgen, nicht etwa hinterfragt,
sondern im Gegenteil bestätigt und führen so zu einer Struktur, in der die neoliberale Restrukturierung durch die Krisen genährt wird.

In diesem historischen Rahmen wird klar, dass die Restrukturierung der Türkei
von Beginn an zwei verschiedenen Linien folgte. Auf der einen Seite wurden eine
Reihe von Sektoren wie Gesundheit und soziale Sicherheit, die zuvor in öffentlicher
Hand verwaltet wurden, aus der Kontrolle des Staates entlassen und auf legalem
oder illegalem Wege zu einem Objekt der Kapitalakkumulation gemacht. Auf der
anderen Seite wurde versucht, eine staatliche Struktur zu schaffen, die in der Lage
sein sollte, Formen der Herrschaft über jene Schichten, besonders die Arbeit, aufrechtzuerhalten und neu zu schaffen, die bei dem neoliberalen Projekt zu den Verlierern zählen sollten. Diese neue Phase, die zu einer Stärkung der Exekutive führte
und die dadurch bestimmt war, die Sicherheitsfunktionen des Staates den neuen
Gegebenheiten entsprechend auszurichten, wurde daher von vielfältigen Kämpfen
durchzogen.

4.1 Die Stärkung der Exekutive

Eine der Auswirkungen der neoliberalen Globalisierung in der Türkei war die Tatsache, dass die Exekutive gegenüber anderen gesellschaftlichen Machtzentren ver-
gleichsweise gestärkt wurde. Geht man davon aus, dass eine ähnliche Entwicklung

auch in den lateinamerikanischen Ländern zu beobachten war (Manzetti/Blake 1996: 672f.; MacLeod 2005: 42), dann kann man die Stärkung der Exekutive als Strategie gegen die oben angesprochene politische Fragilität bezeichnen. Diese Anstrengungen zur Stärkung der Exkutive folgen einem Bedürfnis, einen „Staat im Staat" zu schaffen, der die für die neoliberale Transformation notwendigen politischen und institutionellen Brüche durchführen kann. In einer frühen Phase, in der noch keine generelle Zustimmung zur neoliberalen Politik in der staatlichen Bürokratie zu erwarten ist, erscheint das sogar, aus der Perspektive der Reform, als eine gewisse Notwendigkeit.

4.1.1 Die „Depolitisierung" der ökonomischen Führung

Der neoliberale Bruch innerhalb des Staatsapparats und die institutionellen Veränderungen, die eine staatliche Politik auf neoliberaler Basis möglich machten, kamen nach den Entscheidungen des 24. Januar 1980 auf die Tagesordnung. Mit diesem Ziel wurden das erste Mal dem Amt des Staatssekretärs zwei Ausschüsse unterstellt, die die Import- und Exportregime koordinieren und die Geld- und Finanzangelegenheiten beobachten sollten. Der damalige stellvertretende Ministerpräsident Turgut Özal konnte über die Köpfe der zuständigen Minister hinweg Beamte einsetzen. Nach dem Putsch vom 12. September 1980 gewannen diese Ausschüsse unter der Leitung von Özal neben einer bürokratischen auch eine politische Bedeutung. Sie erfüllten die Aufgaben, die sich aus der neoliberalen Reform ergaben, bestimmten neue Organe, setzten ihre Mitglieder ein und fügten ihnen mit der Zeit neue Funktionen hinzu (Güler 2005: 109f.). Die finanziellen Bedürfnisse dieses neuen „Staats im Staate" wurden, indem sie die traditionelle Hierarchie umgingen, durch die Schaffung verschiedener eigener Fonds außerhalb der Zuständigkeit des Finanzministeriums befriedigt (Bayramoğlu 2005: 286), deren Zahl im Jahr 1988 141 erreichte (Güler 2005: 114).

In der Diskussion über diese Veränderungen ist es bis heute Thema, inwieweit die Kräfteverhältnisse in der staatlichen Bürokratie zu Gunsten jener Fraktionen verändert wurden, die dem globalen Markt nahe standen, besonders der Staatsführung, des Staatsschatzes und der Zentralbank (Cox 1992: 31; Panitch 1994: 71). Eine Entwicklung, die die Tendenz zur Stärkung der Exekutive beleuchtet, ist die Übertragung der Aufgaben der Finanzverwaltung und der internationalen Handels- und Wirtschaftsbeziehungen an das neugegründete Finanz- und Außenhandelsministerium (HDTM) am 13. Dezember 1983. Das HDTM wuchs weiter, indem ihm am 14. August 1991 von der staatlichen Planungsagentur die Zuständigkeit für das ausländische Kapital, die Investitionsanreize und die Freihandelszonen übertragen wurden. Es wurde allerdings am 16. September 1993 wieder in das Finanzministerium und das Außenhandelsministerium aufgeteilt.[9] Diese institutionelle Struktur, die in der heißen Phase geschaffen wurde, die durch die Außenschulden in den 1980er Jahren entstanden war, wurde gegen Ende der 1980er Jahre die Basis der ständigen Sorge. Es ist daher nicht verwunderlich, dass in einer Phase, in der die internationalen Beziehungen statt von politischen in erster Linie von wirtschaftlichen Fragen bestimmt waren, das HDTM gegenüber dem Außenministerium zunehmendes Gewicht bekam.

Es wurde bereits an früherer Stelle betont, dass es durch die Umsetzung der neoliberalen Politik eine Zunahme der Korruption gab. Dies war Folge davon, dass die staatliche Bürokratie stärker als zuvor zur Zielscheibe der politischen Intervention wurde. Im Namen der Steigerung der Effektivität wurden die Aufstiegs- und Verdienstmöglichkeiten für Staatsbeamte flexibilisiert. Die dominierenden politischen Parteien begannen ihre Klientel innerhalb der staatlichen Bürokratie zu platzieren. Die Kader der Bürokratie übernahmen das in der Zeit dominierende Weltbild einer türkisch-islamischen Synthese im Sinne einer islamischen Alltagskultur und füllten sich zunehmend mit nationalistisch gesinnten Angestellten (Güler 2005: 119-24). Es entstand ein Typus von Angestellten, der sich durch Ellbogenmentalität und Aufstiegsambitionen auszeichnete. Der Entwurf zur Reform der öffentlichen Verwaltung, der sich zum Ziel setzte, die bereits im privaten Sektor geltenden Konkurrenzbedingungen auch im öffentlichen Sektor durchzusetzen, konnte aufgrund des Widerstands innerhalb der Bürokratie allerdings nicht sofort durchgesetzt werden.

Die Periode, die unter der Maßgabe begonnen wurde, den bürokratischen Kader und Teile der Wirtschaft von politischen Interventionen zu befreien, erlebte 1999 die Gründung einer Reihe neuer Institutionen: die Ministerien zur Regulierung des Bankwesens, des Energiewesens, des öffentlichen Ausschreibungswesens, des Konkurrenzwesens, des Zuckerwesens, des Sparkassen- und Versicherungswesens, die nicht einer Disziplin der Politik, sondern des „Marktes" unterworfen waren.[10] Es sieht jedoch nicht so aus, als würden die neugeschaffenen übergeordneten Institutionen, die einer Reihe von Korruptionsvorwürfen ausgesetzt sind, dafür sorgen können, dass die politischen Kader in absehbarer Zeit durch den Markt statt durch politische Intervention diszipliniert werden könnten.

In der Phase der Neuzusammensetzung der Staatsbürokratie unter der Maßgabe der neoliberalen Ideologie wurden die Grenzen des Marktes neu gezogen und viele Bereiche, die zuvor der Steuerung der Politik unterlagen, „entpolitisiert". Dies betraf besonders den Bereich der Wirtschaftsentwicklung, der einer Logik des Marktes unterworfen wurde, eines Marktes, von dem behauptet wurde, dass er einer eigenen Rationalität unterliegt. In dieser Phase, deren willkürliche und partielle Maßnahmen durch den Hinweis auf den Übergang legitimiert wurden, erfolgt, wie Burnham betont (2000: 18-9), die Definition des Staates als „neutral" durch den Verweis auf den Markt. In dieser Hinsicht ist es wichtig festzustellen, dass sich in der alltäglichen Politik des Staates die Idee artikuliert, dass „die Steigerung der Konkurrenzfähigkeit auf ein globales Niveau" nicht nur dem Kapital zugute komme, sondern den Interessen der Gesellschaft als Ganzes. In der Transformation des türkischen Staates lässt sich dies leicht feststellen. Der erste Schritt einer solchen Artikulation in der Türkei erfolgte, als in der Regierungszeit der Mutterland-Partei (Anavatan Partisi), die 1983 an die Macht kam, damit begonnen wurde, auf Staatsbesuche im Ausland eine Kolonne von Geschäftsleuten mitzuschicken. Auf diese Weise stieg das Prestige der Geschäftsleute gegenüber der Staatsbürokratie und die Interessen der Geschäftswelt wurden gleichgesetzt mit der des Staates, ja der ganzen Gesellschaft. Die konsequente Ergebnisorientiertheit der Geschäftsleute sollte die Unbeholfenheit der Staatsbürokraten überwinden helfen. In den Zeitungen wurden die „Prinzen", die aus den USA importiert und an die Spitzen verschiedener Banken gestellt wurden und die gemeinsam mit Politikern auf Fotos posierten, als die wahren Politiker dieser Zeit dargestellt. Man darf auch nicht aus den Augen verlieren, dass die in den 1980er Jahren begonnene Verschränkung von Staat und Kapital in dem 2001 gegründeten Koordinationskreis zur Verbesserung der Investitionen (Yatırım Ortamını İyileştirme Koordinasyonu Kurulu – YOİKK) und dem seit 2004 jährlich tagenden Investitionsberatungsrat (Yatırım Danışma Konseyleri – YDK) eine fest verankerte Struktur besitzt. Bei den jährlich tagenden Ratssitzungen nehmen neben dem Ministerpräsidenten und seinen Mitarbeitern Vertreter ausländischer Investoren, des IWF und der Weltbank, Vertreter der Vereinigung der Arbeitgeberkammern (TOBB), der Verband der türkischen Industriellen und Geschäftsleute (TÜSİAD), der Rat der türkischen Exporteure (TİM) und der Verband des ausländischen Kapitals (YASED) teil. Ihre gemeinsamen Empfehlungen werden von den Vertretern der Regierung, den Wirtschaftsbürokraten und dem aus TÜSİAD-, TOBB-, TİM- und YASED-Vertretern bestehenden YOİKK umgesetzt.[11] Die enge Beziehung, die Industrie und Staat dabei eingehen, wird nicht als Korruption bezeichnet, sondern als eine Anstrengung definiert, auf dem Wege der Zusammenarbeit die globale Konkurrenzfähigkeit als nationales und gesamtgesellschaftliches Ziel zu fördern.

Die wohl wichtigste und für die Türkei spezifische Entwicklung auf dem Weg zu einer Entpolitisierung der Ökonomie während der neoliberalen Transformation ist die Tatsache, dass die Partei der Gerechtigkeit und Entwicklung (AKP), die 2002 an die Regierung kam, ihre Macht auf einer Kritik des in der Türkei als Staatsideologie firmierenden kemalistischen Modernismus aufbauen konnte. Aus diesem Grund werden die Ersetzung der zivilen Kader der Bürokratie und die Schaffung neuer Leitungsstrukturen durch die AKP nicht als „normale" politische Intervention, sondern als „konterrevolutionär" bewertet und sind im Vergleich zu Machtwechseln früherer Zeiten einer viel stärkeren Kritik und politischen bzw. kulturellen Angriffen ausgesetzt. Dass der während der Regierungszeit der AKP eingesetzte Vorsitzende der Zentralbank, Durmuş Yılmaz, in den Medien neben den an seiner Wohnungstür aufgereihten Schuhen gezeigt wurde, ist eines der eindeutigen Beispiele in diese Richtung.[12] Eines der größten Hindernisse, in der heutigen Türkei Politik und Wirtschaft unter Hinweis auf die autonome Rationalität des Marktes als voneinander getrennt und die Rolle des Staates als „neutral" zu definieren, besteht darin, dass die Eingriffe der AKP in die zivile Bürokratie als Versuch der Schaffung eines islamischen Kaders interpretiert werden.

4.1.2 Politische Stabilität vs. Demokratie

Seit dem Putsch 1980 war es die Figur der „politischen Stabilität", die jedesmal zitiert wurde, wenn es um die Rechtfertigung der Stärkung der Exekutive ging. Dieser Diskurs hat seitdem nichts von seiner Kraft verloren. Er war zunächst der Ausdruck der Suche nach einer Antwort auf die Unfähigkeit, die gesellschaftliche Opposition unter Kontrolle zu bringen, die sich von politischen auf bewaffnete Auseinandersetzungen verlagerte. Später, unter den Bedingungen des Neoliberalismus, artikulierte er das Bedürfnis nach einer unter allen Bedingungen starken Macht. Der Diskurs der „politischen Stabilität" basiert grob auf drei Grundlagen: 1. die Manipulation des Wahlsystems, um die Möglichkeit der Repräsentation verschiedener Forderungen im Parlament zu beschränken, 2. die Verlagerung der Macht vom Parlament auf die Exekutive, indem auf Zwangsmaßnahmen zurückgegriffen wird und 3. politischer Druck, um wegen dieser und anderer Interventionen den Rückgriff auf die Gerichte zu behindern, politischer Druck auf die Judikative und Versuche der Abänderung der Gesetze und des Grundgesetzes.

Die Eingriffe in das Wahlsystem zielen auf die Zähmung der „destruktiven" Linken, der „separatistischen" kurdischen und der „reaktionären" rechten Bewegung, von denen angenommen wird, dass sie den Modernisierungsprozess rückgängig machen könnten.[13] Tatsächlich dienten besonders die der Kontrolle der beiden ersten Bewegungen dienenden Änderungen am Wahlsystem nach dem Putsch von 1980 einer stärkeren Beschränkung der Möglichkeit der Repräsentation. Wegen Verboten konnten an den auf den Putsch folgenden ersten beiden Wahlen 1983 und 1987 wichtige Parteien und politische Führer nicht teilnehmen. Bei den nationalen Wahlen 1983, 1987 und 1991 wurden die Prozenthürden verdoppelt, bei den Wahlen 1995, 1999, 2002 und 2007 galten landesweit 10%-Hürden. Nachdem die Politikverbote nach 1989 aufgehoben wurden, fiel die Anzahl der politischen Parteien, die in der Lage waren, ihre Ansichten im Parlament zu vertreten, beständig: während 1991 noch, von den Unabhängigen einmal abgesehen, von 6 Parteien 5 im Parlament vertreten waren, betrug dieses Verhältnis nach den Wahlen von 1995 12 zu 5, nach den Wahlen von 1999 20 zu 5, nach den Wahlen von 2002 18 zu 2 und nach den Wahlen von 2007 14 zu 3.[14] Neben dem Putsch von 1980 waren es diese Maßnahmen, die den Einfluss einer antikapitalistischen Linken nahezu auslöschten. Auf der anderen Seite war es eine Periode, in der die Repräsentation der kurdischen Bewegung im Parlament trotz Rückschlägen nicht verhindert werden konnte und in der die Partei der islamistischen Bewegung, die Wohlstandspartei (Refah Partisi), bei den Wahlen 1995 mit 21 Prozent zur stärksten Partei wurde und danach langsam den Aufstieg an die Macht vorbereitete. Nachdem die islamistische Bewegung, deren Wohlstandspartei am 28.Februar durch ein Urteil des Nationalen Sicherheitsrats verboten wurde,[15] in den darauf folgenden Wahlen 1999 etwas an Kraft verlor, schaffte sie jedoch 2002 den Schritt in die Regierungsmacht, nachdem sie 2001 von dem durch die Finanzkrise ausgelösten „Ausnahmezustand" politisch enorm profitieren konnte (Uzgel 2006). Neben anderen Faktoren spielt dabei sicherlich eine Rolle, dass der Staat gegenüber all diesen verschiedenen Bewegungen nicht den gleichen Abstand wahrte, sondern nach dem Putsch 1980, entsprechend der US-Politik der Schaffung eines „grünen" Gürtels um die Sowjetunion, lange Zeit islamistische Bewegungen gegen die Linke unterstützte (Tünay 1993: 20).

Ein weiteres Ergebnis der Stärkung der Exekutive mit dem Ziel politischer Stabilität war die Steigerung der Macht des Ministerpräsidenten und des Ministerrats. Wichtige Maßnahmen auf diesem Gebiet traten mit dem neuen Grundgesetz von 1982 in Kraft, das dem Ministerialrat eine Reihe von Erweiterungen zum Erlassen von Gesetzen an die Hand gab (Bayramoğlu 2005: 286). Alle folgenden Regierungen, besonders die der Mutterlandspartei (Anavatan Partisi) unter der Führung von Özal, konnten somit unter Umgehung der gesetzgebenden Organe Änderungen an Gesetzen durchführen. In der Phase der Beschleunigung der neoliberalen Konsolidierung unter der AKP wurden diesen Taktiken neue hinzugefügt. In dieser Periode wurden eine Reihe von Gesetzen, die aufgrund ihres grundlegenden Charakters einzeln eine jeweils längere Beratungszeit erfordert hätten, zu Gesetzespaketen zusammengeschnürt und so schneller verabschiedet. Zugleich wurden Befugnisse der Legislative auf die Ebene der Ministerien verschoben (Ertuğrul 2006).

Eines der größten Probleme der der schnellen Umsetzung der neoliberalen Politik ist es, dass viele eilig entwickelte Vorhaben an der Gesetzgebung hängen bleiben. Diese Situation bringt es mit sich, dass der politische Druck auf die Judikative und seine Bediensteten erhöht wurde, um der von ihnen ausgehenden „Verzögerung" Einhalt zu gebieten. Die Bedeutung der Judikative gewann besonders hinzu, nachdem die AKP nach den Wahlen von 2007 die zur Durchführung von Grundgesetzänderungen notwendige Mehrheit errungen hatte. Die Gerichtsbarkeit wurde von diesem Zeitpunkt an in den Augen der Opposition zur letzten Bastion des Widerstands aufgewertet. Dass der oberste Staatsanwalt im März 2008 beim Verfassungsgericht einen Antrag zum Verbot der AKP wegen „reaktionärer Umtriebe" gestellt hat, ist ein deutliches Beispiel dieses Kampfes zwischen Gerichtsbarkeit und Regierungsmacht.

Die Stärkung der Exekutive, die im Namen der politischen Stabilität für eine schnelle Umsetzung der neoliberalen Politik sorgen soll, ist, seitdem die AKP die Regierung stellt, zu einer ständigen Quelle der Instabilität geworden. Diese Situation kann als Ausdruck einer in allen Ländern, die eine neoliberale Politik umsetzen, zu beobachtenden Tendenz zur Entfremdung der politischen Parteien von ihrer gesellschaftlichen Basis und zugleich als Ergebnis der spezifischen elitistischen und prekarisierenden Modernisierung in der Türkei gewertet werden. Denn, wie es der Jahresbericht der Unabhängigen Sozialwissenschaftler 2006 feststellt,[16] das neoliberale Projekt, das mit der eisernen Disziplin der Finanzmärkte und der internationalen Finanzagenturen regiert, führt dazu, dass die Parteien, die an die Macht kommen, sich in ihren Profilen fast nicht mehr unterscheiden, Politik nicht mehr als ein Ort des Ausgleichs, sondern des Auferlegens von Maßnahmen aufgefasst wird und infolge dessen die politische Auseinandersetzungen in der Gesellschaft schnell an Attraktivität verlieren.[17] Die Stärkung der Exekutive, die in den 1990er Jahren dazu diente, die Probleme des Regierens zu lösen, die daraus resultierten, dass keine Partei alleine an die Macht kommen konnte und ständig instabile Koalitionen entstanden, hat indessen keine besonderen gesellschaftlichen Reaktionen hervorgerufen. Die aus dieser Situation entstandene Legitimationskrise und die auf die Finanzkrise des Jahres 2001 entstandene Machtleere, wurde erst durch die sich erfolgreich als Antipol einer elitären Staatsbürokratie und als Partei des Volkes präsentierende AKP wieder ausgefüllt. Die AKP, die einen Teil ihrer politischen Kraft aus der Kritik der kemalistischen Modernisierung schöpft, hat daraufhin bei verschiedenen Seiten, die sich mit dem Kemalismus identifizieren, besonders der Armee, starke Reaktionen ausgelöst, die zu einer harten Auseinandersetzung innerhalb des Staatsapparates auf formellen und informellen Ebenen führten. Diese begannen, nachdem die Gattinen einiger AKP-Politiker bei den Wahlen zum Amt des Präsidenten[18] mit Kopftüchern auftraten, und mündeten in den Putsch vom 27. April 2007,[19] der von einer Reihe sogenannter „Republikanischer Versammlungen" befolgt wurde, die verschiedene zivilgesellschaftliche Organisationen einberufen hatten und die in einigen Regierungsbezirken größere Menschenmassen auf die Straße brachten. Nach den Wahlen des Jahres 2007, als die AKP nochmals ihren Stimmanteil erhöhen konnte, rächte sie sich dafür mit Verhaftungen, beispielsweise an dem Journalisten İlhan Selçuk, der gegen die AKP opponierte, und mit der Zerschlagung der Ergenekon-Bande.[20] Dass ausgerechnet die Republikanische Volkspartei (Cumhuriyet Halk Partisi – CHP) die AKP des Aufbaus eines „tiefen Staates"[21] beschuldigte, entbehrte nicht einer gewissen Komik.[22] So waren es ironischerweise am Ende die spezifischen historischen Bedingungen der Türkei, die das Entstehen einer von allen Seiten sehnsüchtig gewünschten stabilen Regierung zu einem erneuten Quell politischer Instabilität machten.

4.2 Die Restrukturierung des Staatsapparats

Im Neoliberalismus besteht die verworrene Situation, dass die Sicherheitssysteme des Staats durch die Restrukturierung nicht nur gestärkt, sondern gleichzeitig auch privatisiert werden. Zu welchen Veränderungen des Staatsverständnisses die Tatsache führt, dass Sicherheit zu einer von privaten Sicherheitsgesellschaften und Privatarmeen produzierten Ware wird, steht auf einem anderen Blatt. Die weltweiten Umstrukturierungen der kapitalistischen Produktionsverhältnisse, die zu einer Vertiefung der Ungleichheit, der Korruption und der Verarmung führen, geben den Sicherheitssystemen des Staates eine zentrale Bedeutung, ohne dass die Ursachen der Umstrukturierungen auf das Streben des Kapitals nach Profit reduziert werden können. Die sich in der Türkei ergebenden Tendenzen sind eher das Ergebnis einer neuen Arbeitsteilung zwischen Staat und Privatsektor. Während die heute über 300 privaten Sicherheitsfirmen in der Türkei sich um die Probleme der Alltagskriminalität kümmern, die nicht direkt die kapitalistischen Reproduktionsverhältnisse bedrohen, besorgen die staatlichen Sicherheitsorgane und die Armee das Geschäft der Sicherheit in den Bereichen Überwachung, Wissensproduktion und Vorbeugung, wo es um die imaginierten nationalen und regionalen Bedrohungen geht. Was genau diese Bedrohungen sind, ist dabei seinerseits Gegenstand eines von unterschiedlichen Fraktionen mit harten Bandagen geführten Kampfes um die Definitionsmacht.

Das Outsourcing spezieller Bereiche der inneren Sicherheit an private Firmen wird in der Regel dadurch gerechtfertigt, dass der Staat angeblich kein Geld habe, dem steigenden Sicherheitsbedürfnis gerecht zu werden (South 1997: 105f.). In der Türkei wurden mit der gleichen Begründung 1981 im Gesetz Nummer 2495 die Voraussetzungen dazu geschaffen. Fortan war die Einstellung von Sicherheitspersonal für Banken, Einkaufszentren und große Fabriken möglich. Die eigentliche Explosion des privaten Sicherheitssektors allerdings wurde erst durch das Gesetz Nummer 5188 aus dem Jahre 2005 ermöglicht. Erst dieses Gesetz erlaubte die Gründung von privaten Sicherheitsfirmen, ohne dass eine spezifische Institution dafür Bedarf anmeldet. Haspolat schätzt, dass die mehr als 300 Firmen im Jahr 2005 ungefähr zweihunderttausend Angestellte hatten, während gleichzeitig bei den staatlichen Sicherheitskräften ca. hundertachtzigtausend Menschen beschäftigt waren (Haspolat 2005/2006: 67f.).

Die Zunahme des privaten Sicherheitssektors kann dabei weniger als Schwächung der Sicherheitsfunktionen des Staates, denn als deren Stärkung und Vertiefung verstanden werden. Aufgrund der Zerschlagung des Sozialstaats und der wachsenden Exklusion von Teilen der Bevölkerung nehmen Gewalt und Verbrechen nicht nur gefühlt, sondern objektiv zu (Bora 2004: 23).[23] Der Staat entledigt sich des aufreibenden Tagesgeschäfts mit der Sicherheit, indem er diese Aufgaben privatisiert und von Firmen durchführen lässt, die oft von Pensionisten der Armee und der Polizei gegründet und geführt werden.[24] Wenn man davon ausgeht, dass die auf dem Hintergrund von Armut, Korruption und Hoffnungslosigkeit begangenen Vergehen zunehmen werden, dann erscheint der Staat, der sich aus der direkten Konfrontation mit den „verlorenen" Schichten der Gesellschaft zurückzieht, zunehmend als „neutral" und über den Klassen stehend. Auf der anderen Seite kann er, alltäglicher Sicherheitsfragen entledigt, seine Energie dem Kampf gegen den Terror und die das System bedrohenden gesellschaftlichen Bewegungen widmen. Mit diesem Ziel wurde Ende der 1990er Jahre für jeden Bürger der Türkei eine eigene Identitäts- und Steuernummer eingeführt, die bei allen offiziellen Anlässen genutzt werden muss. Im öffentlichen Raum wurden zunehmend Überwachungskameras installiert. Nach dem 11.September wurde mit der Etablierung des „globalen Ausnahmezustands" diese Kontrolle intensiviert. Die Einrichtung eines auf der Wohnadresse basierenden Melderegisters im Jahre 2006[25] und die Erweiterung des Terrorbekämpfungsgesetzes, dem neue als „Terror" definierte Straftaten[26] hinzugefügt wurden, muss in diesem Zusammenhang gesehen werden.

Der Staat verändert in der Phase der neoliberalen Umgestaltung nicht nur seine Institutionen und die zivile und militärische Bürokratie, sondern entwickelt sich zu einer „sinngebenden Struktur", die zunehmend über die Fähigkeit verfügt, sich auf gesellschaftlicher Ebene neu zu reproduzieren und damit die Veränderungen gleichzeitig zu vergesellschaften (Gambetti 2007: 27). Deutlichster Ausdruck dieser Tendenz sind die im Rahmen der Anpassungsphase an die EU 2006 in 10 Regierungsbezirken eingeführten Pilotprojekte zur Unterstützung der Polizei durch die Bevölkerung. Das Projekt zielt darauf, die Bevölkerung aktiv in die Wahrung der Sicherheit einzubeziehen, die Polizeikräfte in den von ihnen zu kontrollierenden Nachbarschaften anzusiedeln, so in enge Beziehung zur dortigen Bevölkerung zu bringen und sie, indem sie die Wohneinheiten einzeln besuchen, in die Lage zu versetzen, ein detailliertes Wissen über potentielle Vergehen und verdächtige Subjekte zu akkumulieren.[27] Die Rhetorik der Verbesserung der Sicherheitslage, die diese Maßnahmen begleiten, sollte nicht vergessen lassen, dass hier eine neue Kultur der Sicherheit geschaffen wird. Allerdings ist diese Phase keine, die unter der widerspruchsfreien Kontrolle des Staates steht. Gambetti, der die Lynchpolitik in den 2000er Jahren untersucht hat, die der Versuch war, jegliche gesellschaftliche Opposition in Beziehung zur PKK zu bringen, zu kriminalisieren und zu bestrafen, spricht von einem „Outsourcing der Gewalt". Allerdings birgt diese Art von Mobilisierung, die zunächst die Züge der offiziellen Ideologie trägt, auch die Gefahr in sich, dass sie bei Überschreitung einer kritischen Grenze zu gesellschaftlichen Konflikten beitragen kann, die nicht mehr unter Kontrolle zu halten sind (Gambetti 2007: 21, 31-2).

Abschließend kann gesagt werden, dass die Restrukturierung des staatlichen Sicherheitsapparats in der Türkei, aus der Perspektive ihrer Aufgabe betrachtet, die Reproduktion der kapitalistischen Produktionsbeziehungen zu garantieren, zunächst erfolgreich erfüllt, auch wenn sich Widersprüche und Probleme ergeben. Die Umgestaltung entwickelt sich entlang der Linien, die auch in anderen Ländern beobachtet werden können. Allerdings trägt die Tatsache, dass man sich weder innerhalb der staatlichen Strukturen und der Armee, noch innerhalb der gesamten Gesellschaft verbindlich darauf einigen kann, was alles als gegen das System gerichtete Aktivitäten verstanden werden soll, dazu bei, dass dieser Prozess eine gewisse Instabilität und Ungenauigkeit aufweist. Da die existierenden gesetzlichen Grundlagen eine willkürliche Struktur aufweisen, ist es unmöglich, diesen Punkt anhand der Gesetze zu bestimmen. Auf der anderen Seite spielen die Abhängigkeit der Türkei, speziell auf dem militärischen Gebiet, von den USA und die Anpassungsphase an die EU eine bestimmende Rolle. Im Rahmen dieses Artikels ist es leider nicht möglich, die in diesem Bereich geführten Auseinandersetzungen detailliert zu diskutieren. Um aber trotzdem kurz auf diese Fragen einzugehen, kommt in den Augen des Militärs die eigentliche Bedrohung des Systems von Innen, von der „separatistischen" kurdischen und der „antilaizistischen" islamistischen Bewegung. Die Armee, die nach dem Putsch von 1980 kein Problem damit hatte, die Ideologie der türkisch-islamischen Synthese gegen die linke Opposition zu stärken, hat ihre Haltung dazu geändert, seit diese Bewegung in den 1990er Jahren an Kraft gewann und schließlich sogar an die Regierung kam. Darin liegt einer der wichtigsten Gründe dafür, dass sich die Armee neben ihrer Opposition zur AKP auch in einer gewissen Opposition gegen die Anpassung an die EU befindet. Die Gegnerschaft der Armee gegen die EU wird dadurch genährt, dass die Anpassung einer politischen Konstellation förderlich ist, die den Forderungen der kurdischen Bewegung und der islamischen Gruppen einen gewissen Raum für Diskussionen und Verhandlungen öffnet. Ein Grund dafür liegt darin, dass die Definition dessen, was als Bedrohung der nationalen Sicherheit gilt, bis 2000 ein Monopol der Armee war, jetzt aber, im Rahmen der Angleichung an die EU, im Namen der Demokratisierung neu geführt und verhandelt wird. Die gesetzlichen Neuregelungen von 2001 und 2002 können als eine Folge davon gesehen werden. Sie betrafen das Grundgesetz und einige andere Gesetze, regelten die Zusammensetzung des Nationalen Sicherheitsrats (MGK)[28] neu und schwächten die Stellung der Armee darin. Später wurde sogar der Rat selbst verkleinert (Özkan 2006: 369ff.). Aus diesem Grund ist die Armee weiterhin gegen die EU-Angleichung und streitet sich in diesem Punkt mit den großen Kapitalorganisationen wie der TÜSIAD, die diese Phase am liebsten bis zum Ende fortgesetzt sähe.[29]

Eine weitere wichtige Rolle bei der Festlegung der Frage, was in der Türkei als systembedrohend gilt, spielt die Nahostpolitik der USA. In den letzten Jahren betreiben die USA eine Politik der Zusammenarbeit mit kurdischen Gruppen im Irak und versuchen im Rahmen ihres großen Mittelost-Projekts die radikaleren durch die gemäßigten islamistischen Bewegungen unter Kontrolle zu bringen (Uzgel 2008). Das Verhältnis der USA zur türkischen Armee und den kemalistischen Eliten befindet sich wegen der sich widersprechenden Politik in dieser Frage seit einigen Jahren in einem angespannten Zustand. In dieser verworrenen politischen und militärischen Situation verhärteten sich die Beziehungen, als im August 2003 einige türkische Soldaten im Nordirak von amerikanischem Militär gefangen genommen wurden. Die Operation der türkischen Armee gegen Stellungen der PKK im März 2008, die mit der Zustimmung der USA durchgeführt wurde, verbesserte das Verhältnis allerdings wieder merklich.

5 Schluss

Die Restrukturierung der Türkei nach der neoliberalen Logik folgt im Wesentlichen den gleichen Linien, die auch in anderen Ländern des Südens beobachtet werden können. Der Staat zieht sich aus Bereichen, in denen er früher ökonomisch aktiv war, zu Gunsten des privaten Kapitals zurück und sieht sich einer Disziplinierung durch die Finanzmärkte gegenüber, der er sich stärker unterwirft als anderen von innen und von außen kommenden Eingriffen in die Verwaltung. Das Schuldenregime hat heute eine nicht zu unterschätzende Bedeutung sowohl für die Fähigkeit des Staates, mit seinem Budget umzugehen, als auch für die Kapitalakkumulation. Deshalb ist der Erfolg des Staates, seine Legitimität zu reproduzieren, in erster Linie an den Umgang mit dem Schuldenregime gekoppelt. Die auf verschiedenen Ebenen erfolgenden institutionellen Umgestaltungen des Staates hängen in erster Linie von den Beschränkungen und Grenzen ab, die dieses Regime ihm auferlegt.

Die wichtigsten Pfeiler der neoliberalen Reform des Staates in der Türkei sind die Stärkung der Exekutive unter dem Diskurs der politischen Stabilität, die Legitimierung der Maßnahmen der Exekutivorgane durch die Referenz auf die „Selbsttätigkeit" des Marktes und die Stärkung des Sicherheitsapparats, falls die ersten beiden Maßnahmen für die Kontrolle der Gesellschaft nicht ausreichen sollten.

Die Neuerfindung von ethnischen und religiösen Identitäten als Antwort auf durch die neoliberale Globalisierung geschaffene Verwerfungen erzeugt gefährliche Spannungen und Dynamiken. Die Antwort auf die Frage, wer oder was für das lokale Kräfteverhältnis bedrohlich ist, wird in machtvollen Auseinandersetzungen gesucht, deren Ausgang offen ist. Die Armee, die für sich die Definitionsmacht dessen, was eine Gefahr für das System darstellt, reservieren möchte, kann durch den Markt nicht einfach diszipliniert werden und steht weiterhin zur Meisterung gefährlicher Situationen in Bereitschaft.

Aus dem Türkischen von Michael Willenbücher

Anmerkungen

1 Für einen Überblick über die wichtigsten Korruptionsfälle zwischen den 1980er und dem Ende der 1990er Jahre vergleiche Şener 2001: 66-80.

2 Die AKP bekam bei den Wahlen 2007 47% der Stimmen und erreichte damit die notwendige Zahl an Abgeordneten, um Änderungen am Grundgesetz durchführen zu können.

3 Für eine kritische Analyse bezüglich der kapitalistischen Restrukturierung in Russland vergleiche Bedirhanoğlu 2002.

4 Hobsbawm (1994: 409) erinnert daran, dass Hayek 1974 und Friedman 1976 dafür den Nobelpreis bekamen.

5 Für eine ähnliche Einschätzung bezüglich der Türkei siehe Biray Kolluoğlu Kırlı und Zafer Yenal, „Neo-liberalizm, siyaset ve toplumsal hareketler", *Birgün*, 6 Mayıs 2007.

6 Vergleiche „US economic growth drops sharply", *BBC News*, 30 January 2008, http://news.bbc.co.uk/2/hi/business/7217769.stm, ve „Possible U.S. economic downturn draws concern of central bankers", *International Herald Tribune*, 10 September 2007, http://www.iht.com/articles/2007/09/10/news/econ.php.

7 Für einen Überblick über die Länder mit bedeutendem Anteil am US-Staatsschatz ab Januar 2008 siehe http://www.treas.gov/tic/mfh.txt.

8 In der Türkei wird dieses Programm kurz als „24. Januar-Entscheidungen" bezeichnet.

9 Vergleiche http://www.hazine.gov.tr/hmtarihce.htm.

10 Für eine detaillierte Arbeit über die höheren Verwaltungsstrukturen in der Türkei vergleiche Bayramoğlu, 2005.

11 Für eine umfassende Untersuchung über den Einfluss von YDK und YOIKK auf die Richtung der neoliberalen Restrukturierung in der Türkei vergleiche Özdek, 2007.

12 *Akşam*, „Köşe yazarları bu fotoğrafı tartışıyor." 24. April 2006. Die Schuhe vor der Wohnungstür auszuziehen und aufzureihen, damit der Schmutz nicht in die Wohnung kommt, gilt als Zeichen islamischer Lebensführung.

13 Für eine politische Analyse der Veränderungen des Wahlsystems vergleiche Alkan, 2006.

14 Für eine detaillierte Dokumentation der Wahlen in der Türkei vergleiche http://www.konrad.org.tr/secim/index.php.

15 Dies wurde in der Türkei als „Postmoderner Putsch" bezeichnet.

16 Vergleiche „IMF Gözetiminde On Uzun Yıl, 1998-2008: Farklı Hükümetler, Tek Siyaset" BSB (2006).

17 Vergleiche für eine an Poulantzas' Begriff des autoritären Staats angelehnte wichtige Analyse Kannakulam, 2003.

18 Die AKP erreichte dieses Ziel mit der Wahl von Abdullah Gül zum Staatspräsidenten am 28. August 2007.

19 Der Putsch wurde als e-Putsch bezeichnet, weil die Armee nicht eine der dafür üblichen Formen wählte, sondern in einer am 27. April 2007 auf der Webseite des obersten Armeekommandos erschienenen Verlautbarung ihre scharfe Kritik an der Regierung veröffentlichte.

20 Die Ergenekon-Bande ist eine illegale, vorwiegend aus Armeemitgliedern bestehende faschistoide Organisation, die mittels politischer Gewalt und Attentaten den Einfluss von islamistischen und separatistischen Organisationen zurückzudrängen versucht.

21 Der Begriff „tiefer Staat" (*derin devlet*) wird in der Türkei in der Bedeutung von „Staat im Staate" verwendet. Er deutet auf die Verflechtung von Sicherheitskräften, Politik, Justiz, Verwaltung und organisiertem Verbrechen (insbesondere Killerkommandos) hin. (Anm.d.Ü.)

22 *Radikal*, „Baykal: AKP derin devletini inşa ediyor." 22.März 2008.

23 Für die Zunahme von Gewalt in der Gesellschaft im Zusammenhang mit dem Neoliberalismus in Lateinamerika vergleiche Sanchez, 2006.

24 *Evrensel Gazetesi*, „Özel Güvenlikte Derin İlişkiler", 26.01.2008.

25 Für Informationen hierzu vergleiche http://www.tuik.gov.tr/jsp/duyuru/adnks/adnks-Index.html.

26 *Bianet*, „Kırılma Noktası: Terörle Mücadele Yasası", 10 Temmuz 2006, www.bianet.org.

27 *Sabah*, „Scooterlı polisler geliyor", 26 Ağustos 2006.

28 Der Nationale Sicherheitsrat wurde nach dem Militärputsch im Jahr 1960 gegründet und seine Befugnisse wurden nach dem Putsch vom 12.September 1980 erweitert.

29 Vergleiche Bianet, „Ordu kuşatırken „Saldırı altındayız" diyor", 2.Oktober 2007, www.bianet.org.

Literatur

Alkan, Mehmet Ö. (2006): Türkiye'de Seçim Sistemi Tercihinin Misyon Boyutu ve Demokratik Gelişime Etkileri (Siyaset Bilimi ve Siyaset Sosyolojisi Yaklaşımıyla), Anayasa Yargısı, Sayı 23, 133-65

Bayramoğlu, Sonay (2005): Yönetişim Zihniyeti, Türkiye'de Üst Kurullar ve Siyasal İktidarın Dönüşümü, İstanbul: İletişim Yayınları

Bedirhanoğlu, Pınar (2007): The neoliberal discourse on corruption as a means of consent-building: reflections from post-crisis Turkey, Third World Quarterly, Cilt 28, Sayı 7, Ekim 2007, 1239-1254

– (2004): The *Nomenklatura's* Passive Revolution in Russia in the Neoliberal Era, in: Leo McCann (Hrsg.): Russian Transformations: Challenging the Global Narrative içinde, RoutledgeCurzon: 19-41

– (2002): Rusya'da Kapitalist Dönüşüm Süreci, Yolsuzluk ve Neoliberalizm, Toplum ve Bilim, Sayı 92, 217-233

Bilgin, Pınar (2005): Turkey's Changing Security Discourses: The Challenges of Globalisation, European Journal of Political Research, Band 44, 175-201

BSB (2006): IMF Gözetiminde On Uzun Yıl: 1998-2008, Farklı Hükümetler, Tek Siyaset, http://www.bagimsizsosyalbilimciler.org/

– (2007): 2007 İlkyazında Dünya ve Türkiye Ekonomisi, http://www.bagimsizsosyalbilimciler.org/

Bora, Tanıl (2004): Özel Güvenlik ve Polis Toplumu, Birikim, Nummer 178, Februar, 20-3

Boratav, Korkut (1991): 1980'li Yıllarda Türkiye'de Sosyal Sınıflar ve Bölüşüm, İstanbul: Gerçek Yayınevi

– (2002): Türkiye İktisat Tarihi, 1908-2002, Ankara: İmge Yayınevi

Burnham (2000): Globalisation, Depoliticization and Modern Economic Management, in: Werner Bonefeld, Kosmas Psychopedis (Hrsg.): The Politics of Change: Globalisation, Ideology and Critique, New York: Palgrave: 9-30

Cizre, Ümit (2004): Egemen İdeoloji ve Türk Silahlı Kuvvetleri, Kavramsal ve İlişkisel Bir Analiz, in: Ahmet İnsel/Ali Bayramoğlu (Hrsg.): Bir Zümre, Bir Parti, Türkiye'de Ordu: 135-62

Clarke, Simon (1991): State, Class Struggle and the Reproduction of Capital, in: Simon Clarke (Hrsg.): The State Debate, London: Macmillan: 183-203

– (2001): Class Struggle and the Global Overaccumulation of Capital, in: Robert Albritton/Makoto Itoh/Richard Westra/Alan Zuege (Hrsg.): Phases of Capitalist Development: Booms, Crises and Globalizations, New York: Palgrave: 76-92

Cox, Michael (2002): American Power Before and After 11 September: Dizzy with Success?, International Affairs, Band 78, Nummer 2, 261-76

Cox, Robert (1992): Global Perestroika, in: Ralph Miliband, Leo Panitch (Hrsg.): The Socialist Register 1992: New World Order, 26-43

Dedeoğlu, Saniye (2000): Toplumsal Cinsiyet Rolleri Açısından Türkiye'de Aile ve Kadın Emeği, Toplum ve Bilim, Herbst 86, 139-70

Ercan, Fuat (2003): Sermaye Birikiminin Çelişkili Sürekliliği: Türkiye'nin Küresel Kapitalizmle Bütünleşme Sürecine Eleştirel Bir Bakış, in: Neşecan Balkan/Sungur Savran (Hrsg.): Neoliberalizmin Tahribatı, Istanbul: Metis: 9-43

Ertuğrul, İlter (2006): 5553 Sayılı Yasa'nın Anayasa Aykırı Yönleri Hakkında TMMOB Ziraat Mühendisleri Odası'na Verilen Görüş, 23. Dezember 2006

Evans, Peter (1992): The State as Problem and Solution: Predation, Embedded Autonomy, and Structural Change, in: Stephan Haggard/Robert Kaufman (Hrsg.): The Politics of Economic Adjustment: International Constraints, Distributive Conflicts, and the State, Princeton University Press, 139-81

Gambetti, Zeynep (2007): „Linç Girişimleri, Neo-Liberalism ve Güvenlik Devleti", Toplum v e Bilim, Band 109, 7-34.

Gamble, Andrew (2006): Two Faces of Neo-Liberalism, in: Richard Robison (Hrsg.): The Neo-Liberal Revolution: Forging the Market State, London: Palgrave: 20-35

Gramsci, Antonio (1971): Selections from the Prison Notebooks, übersetzt von Q. Hoare and G. N. Smith, New York, International Publishers

Güler, Birgül Ayman (2005): Yeni Sağ ve Devletin Değişimi, Ankara: İmge Kitapevi

Haspolat, Evren (2005/2006): Devlet-Güvenlik İlişkisinin Değişen İçeriği: Dünyada ve Türkiye'de Özel Güvenlik, Eğitim, Bilim, Toplum, Band 4, Nummer 13, 60-79

Hobsbawm, Eric (1995): Age of Extremes, The Short Twentieth Century 1914-1991, London Abacus

Holloway, John (1995): The Abyss Opens: The Rise and Fall of Keynesianism, in: Werner Bonefeld/John Holloway (Hrsg .): Global Capital, National State and the Politics of Money, New York: St.Martin's Press: 7-33

İnsel, Ahmet (2005): Türkiye Toplumunun Bunalımı, Istanbul: İletişim

Kannankulam, John (2003): Authoritarian Statism and Right-wing Populism, Arbeitspapier der Tagung „State and Globalisation: Perspectives from Germany and Turkey" an der Universität Frankfurt 9.-11. Juli 2003

Kaygusuz, Özlem (2006): Türkiye-Avrupa Birliği İlişkilerinin Çıkmazları: Güvenlik, Ulus-Devlet Felsefesi ve Kimlik, Mülkiye, Band XXX, Nummer 251, 115-30

Kazgan, Gülten (2002): Tanzimattan 21. Yüzyıla Türkiye Ekonomisi, Istanbul, Bilgi Üniversitesi Yayınları

Keyman, Fuat (2008): Globalleşme Söylemleri ve Türkiye, http://www.kuyerel.com

MacLeod, Dag (2005): Privatization and the Limits of State Autonomy in Mexico, Latin American Perspectives,143, Band 32, Nummer 4, 36-64

Manzetti, Luigi/Charles Blake (1996): Market Reforms and Corruption in Latin America: New Means for Old Ways, Review of International Political Economy, Band 3, Nummer 4, 662-697

McMichael, Phillip (2001): Globalisation: Trend or Project?, in: Ronen Palan (Hrsg.): Global Political Economy, Contemporary Theories, London und New York: Routledge: 100-113

Morton, Adam David (2007): Disputing the Geopolitics of the States System and Global Capitalism, Cambridge Review of International Affairs, Vol. 20, No. 4, 599-617

Ohmae, Kenichi (1996): The End of the Nation-State: The Rise of Regional Economies, New York: Free Press

Özdek, Yasemin (2007): Türkiye'de Şirket Egemenliği Devri, 31. Mai 2007, http://www.sendika.org/yazi.php?yazi_no=11549

Özdemir, Şennur (2006): MÜSİAD; Anadolu Sermayesinin Dönüşümü ve Türk Modernleşmesinin Derinleşmesi, Ankara: Vadi Yayınları

Özkan, Gencer (2006): Türkiye'de Siyasal Rejim ve Güvenlikleştirme Sorunsalı, in: Burak Ulman/İsmet Akça (Hrsg.): İktisat, Siyaset ve Devlet Üzerine Yazılar: Prof. Dr. Kemali Saybaşılı'ya Armağan, İstanbul: Bağlam Yayınları: 355-78

Panitch, Leo (1994): Globalisation and the State, in: Ralph Miliband/Leo Panitch (Hrsg.): The Socialist Register, London: Merlin Press: 60-93

Panitch, Leo/Sam Gindin (2004): Global Capitalism and American Empire, in: Leo Panitch/Colin Leys (Hrsg.): Socialist Register 2004, The New Imperial Challenge, London: Merlin Press: 1-42

Picciotto, Sol (1991): The Internationalisation of the State, Capital and Class, Nummer 43, 43-63

Sanchez, R., Magaly (2006): Insecurity and Violence as a New Power Relation in Latin America, Annals, AAPSS, Band 606, 178-195

South, Nigel (1997): Control, Crime and 'End of Century Criminology", in: Peter Francis/Pamela Davies/Victor Jupp (Hrsg.): Policing Futures, The Police, Law Enforcement and the Twenty-First Century, Macmillan Press: 104-123

Şener, Nedim (2001): Tepeden Tırnağa Yolsuzluk, Siyahbeyaz, İstanbul: Metis Güncel

Tanzi, Vito (1998): Corruption Around the World: Causes, Consequences, Scope, and Cures, IMF Staff Papers, Band 45, Nummer 4, 559-94

Tünay, Muharrem (1993): The Turkish New Right's Attempt at Hegemony, in: Atila Eralp/ Muharrem Tünay/Birol Yeşilada (Hrsg.): The Political and Socioeconomic Transformation of Turkey, Westport: Praeger: 11-30

Türel, Oktar (1999): Restructuring the Public Sector in Post-1980 Turkey: An Assessment, ERC Working Papers 99/6

Uzgel, İlhan (2004): Ordu Dış Politikanın Neresinde?, in: Ahmet İnsel/Ali Bayramoğlu (Hrsg.): Bir Zümre, Bir Parti, Türkiye'de Ordu, Istanbul: Birikim Yayınları: 311-34

– (2006): AKP: Neoliberal Dönüşümün Yeni Aktörü, Mülkiye Dergisi, Band XXX, Nummer 252, 7-18

– (2008): The AKP Experience As a New Phase of Neoliberal Transformation in Turkey, Arbeitspapier der Konferenz „Transition to Neoliberalism in Middle Income Countries: Policy Dilemmas, Economic Crises, Mass Resistance"des Türk Sosyal Bilimler Derneği am 14./15. Februar 2008 in Ankara

Weiss, Linda (2005): The State-augmenting Effects of Globalization, New Political Economy, Band 10, Nummer 3, 345-53

Wood, Ellen Meiksins (1995): The Separation of the 'Economic' and the 'Political' in Capitalism, in: E.M.Wood, Democracy against Capitalism, Cambridge: Cambridge University Press: 19-48

– (2003): Empire of Capital, London and New York: Verso

Yalman, Galip (2003): Türkiye'de Devlet ve Burjuvazi: Alternatif Bir Okuma Denemesi, in: Neşecan Balkan/Sungur Savran (Hrsg.): Sürekli Kriz Politikaları, İstanbul: Metis: 44-75

Yeldan, Erinç (2001): Küreselleşme Sürecinde Türkiye Ekonomisi, İstanbul: İletişim Yayınları

Yıldırım, Deniz (2008): Crises and Hegemonic Political Solutions: Looking at AKP in Turkey in the light of Debates on Neo-Populism, Arbeitspapier der Konferenz „Transition to Neoliberalism in Middle Income Countries: Policy Dilemmas, Economic Crises, Mass Resistance" des *Türk Sosyal Bilimler Derneği* am 14./15. Februar 2008 in Ankara

Galip L. Yalman

Veränderung der Dynamik im Verhältnis von Staat und Markt
Der Fall der Türkei im Kontext der Europäisierung[1]

1 Einleitung

Die verzwickte Geschichte des Strebens der Türkei nach Mitgliedschaft in der Europäischen Union (EU) bietet interessantes Material für eine Analyse der sich verändernden Modalitäten im Verhältnis von Staat und Markt bzw. Staat und Zivilgesellschaft. Außerdem ist sie ein großartiges Fallbeispiel für eine Untersuchung der Art und Weise, in der die EU als zentraler Spieler auftritt, der die Regeln und Strukturen der Politikgestaltung für Mitglieder sowie für die nach Vollmitgliedschaft strebenden Länder verändert. Da derzeit viele neue und angehende Mitglieder vor der doppelten Herausforderung politischer und wirtschaftlicher Entwicklung einerseits und Anpassung an eine sich rapide ändernde internationale Umwelt andererseits stehen, ist es darüber hinaus auch notwendig, sich ein angemessenes Bild von den komplexen und multidimensionalen Transformationsprozessen zu machen, die, um einen modischen Terminus aus der institutionalistischen Literatur über europäische Integration zu benutzen, als Prozess der *Europäisierung* bezeichnet werden können. Wie Tocci treffend bemerkt:

> Der Entwicklungspfad der Türkei wird durch die Heranführung an die EU entscheidend beeinflusst und unterstützt, was jenem allgemeinen Prozess der Modernisierung und Demokratisierung eine Tendenz in Richtung Europäisierung verleiht. (Tocci 2005: 82)

Andererseits wurde festgestellt, dass die Europäisierungsliteratur zwar eine akademische Wachstumsbranche ist, dass Untersuchungen des türkischen Falls aber Ausnahmen geblieben sind.[2] Denn die Studien, die es hierzu gibt, sind von der Dominanz einer *Staatstradition* gezeichnet, die ihrerseits zu einer Wachstumsbranche für die Spezialisten auf dem betreffenden Gebiet geworden ist.

Es ist allerdings notwendig, den Europäisierungsprozess als besondere Manifestation dessen zu betrachten, was als Transnationalisierung der Prozesse der Formierung von Staaten und Klassen bezeichnet werden kann, und nicht als einen auf Normen basierenden Prozess institutionellen Wandels und/oder der Ermächtigung zivilgesellschaftlicher Akteure, als den ihn institutionalistisch/konstruktivistische Ansätze sehen. Daher ist es auch erforderlich, den Einfluss von Europäisierung sowohl auf die Strukturen des Staates als auch auf gesellschaftliche Akteure in unterschiedlichen nationalen Kontexten unter Berücksichtigung der sich wandelnden Art der Integration peripherer Volkswirtschaften in die Weltwirtschaft zu untersuchen. Auf diese Weise wird es vielleicht möglich sein, das Ausmaß einzuschätzen, in dem die EU, zusammen mit den Bretton-Woods-Institutionen, als strukturelles Merkmal der internen Transformation der Türkei fungiert – oder anders gesagt: als Knotenpunkt der Organisierung des institutionellen Rahmens und der Regeln für unterschiedliche Governance-Modi, die ein breites Spektrum unterschiedlicher Interessen, wirtschaftlicher wie auch bürgerlicher und politischer, umfassen. Dies kann als Internationalisierung spezifischer Policy-Regime thematisiert werden, insofern deren wichtigste Spieler immer mehr dazu neigen, andere Spieler außerhalb des eigenen Landes als Quellen von Policy-Ideen, Politikgestaltung und Implementierung zu berücksichtigen (vgl. Jessop 2002a, 2002b). Anders gesagt, der gesamte Prozess könnte als aktuelle Manifestation der Art und Weise betrachtet werden, durch die sich der Kapitalismus in der Ära neoliberaler Hegemonie auf ungleiche und kombinierte Weise entwickelt.

Dieses Kapitel versucht, eine methodologische Kritik solcher Analysen zu geben, die eine wichtige Rolle in der Verewigung der Hegemonie einer bestimmten Klasse gespielt haben, indem sie in der türkischen öffentlichen Meinung einem Diskurs zum Durchbruch verholfen haben, den ich andernorts als *sowohl regimekritische, als auch hegemoniale* Eigenschaften aufweisend beschrieben habe (Yalman 2002). In der aktuellen Situation kommt einer solchen Kritik gesteigerte Bedeutung zu, denn im Zuge der erhöhten Aufmerksamkeit, mit der die politischen Entwicklungen in der Türkei verfolgt werden, hat jener Diskurs auch einen Widerhall in westlichen Massenmedien sowie in den Politik gestaltenden Kreisen auf europäischer Ebene gefunden. Dies wiederum macht eine Untersuchung der Tendenz dieser diskursiven Analyse erforderlich, den türkischen Staat als zentrale erklärende Variable des Transformationsprozesses zu behandeln, ohne ihn auch hinreichend als Explanandum in Erwägung zu ziehen.

2 Die türkische Staatstradition als Dreh- und Angelpunkt neoliberaler Hegemonie

Man kann durchaus sagen, dass die Beschäftigung mit der Hinterlassenschaft der Staatstradition eine eigene Wachstumsbranche für die Spezialisten auf diesem Gebiet geworden ist. Die partikularistischen Theorien betreffend, die 'Pfadabhängigkeit' als Explanans historischer Entwicklungsprozesse betonen, ist erwähnenswert, dass es in der aktuellen Forschung eine sehr starke Tendenz gibt, die spezifischen Merkmale der türkischen Gesellschaftsformation im Allgemeinen sowie ihres Staates (sowohl in seiner prärepublikanischen als auch gegenwärtigen Phase) im

Besonderen mit Bezug auf etwas zu erklären, das am treffendsten als spezifische Ontologie bezeichnet werden kann. Diese wiederum erforderte eine besondere epistemologische Position. Selbstverständlich würden nicht alle, die als Teil dieses Unternehmens betrachtet werden können, zustimmen, dass es auf ein 'orientalistisches' Verständnis einer besonderen 'Region' oder 'Kultur' abstellt. Tatsächlich teilen manche Vertreter dieser als *türkische Staatstradition* bezeichneten Lesart sogar Edward Saids Kritik des Orientalismus (vgl. Keyman 1995: 98f). Dessen ungeachtet und auch trotz bedeutender methodologischer Differenzen zwischen ihren Verfechtern erscheint die osmanisch-türkische Gesellschaftsformation zunächst als beispielhafter Fall für die Entwicklung partikularistischer Theorien, die beanspruchen, unser Verständnis geschichtlich kontingenter und spezifischer sozialer Formen zu verbessern. Der türkische Staat, ob in seiner prärepublikanischen oder seiner gegenwärtigen Form, wird darum als ein 'abweichender Fall' betrachtet, der mit den Mitteln eurozentrischer oder fundationalistischer Analyse – schönrednerisch als liberale oder marxistische Theorien bezeichnet – nicht erklärt werden könne. Dies wird dann zur *differentia specifica* der osmanisch-türkischen Gesellschaftsformation, unabhängig davon, ob dies im Rahmen der weberianischen oder marxistischen Problematik zum Ausdruck kommt. Methodologisch gesehen erfüllt diese Sichtweise eine Funktion, die analog ist zu der des Islams in der orientalistischen Problematik, insofern seine Behandlung als unabhängige Variable durch die Wahrnehmung gerechtfertigt zu sein scheint, dass es sich bei ihm um ein sämtliche Aspekte des Lebens durchziehendes Phänomen handelt. Dennoch würde die Mehrzahl dieser Studien sich vermutlich dagegen aussprechen, mit etwas identifiziert zu werden, was als der kulturelle Relativismus jener partikularistischen Forschungen bezechnet werden kann, da sie sich letztlich im Rahmen der modernistischen Annahme bewegen, dass das Verschiedene in das Universelle aufgelöst werden müsse.

Bemerkenswert an all diesen Untersuchungen ist, dass sie trotz ihres methodologischen Hangs, den Staat als unabhängige Variable zu behandeln, vor allem zum Anti-Staatlichen tendieren. Obwohl das durchgängige Motiv in diesen Rekonstruktionen die implizite Darstellung des osmanischens und/oder türkischen Staats als eine Entität *sui generis* ist, neigen sie nicht dazu, ihn als erstrebenswertes Ideal zu verherrlichen oder ihn als bereits erreichtes Ziel oder Repräsentanten der organischen Einheit der Gesellschaft zu feiern. Ganz im Gegenteil. Anscheinend wird davon ausgegangen, dass man die Wichtigkeit des Staats als zentrale explanatorische Variable des Entwicklungsprozesses anerkennen müsse, aber meistens eher im Sinne eines Hindernisses der Kapitalakkumulation und/oder der Zivilgesellschaft und/oder der Demokratisierung. In Übereinstimmung mit einem idealisierten westlichen Modell und, in der gegenwärtigen Situation, mit den ökonomischen und politischen Kopenhagener Kriterien für die EU-Erweiterung rührt ihr Anti-Etatismus also daher, dass der betreffende Staat als Hürde gesehen wird, die die Entwicklung von Gesellschaft, Gemeinwesen und/oder Wirtschaft blockiert.

Interessanterweise koinzidiert dieser Hang zu partikularistischen Theorien, die unser Verständnis historisch kontingenter und spezifischer Formen des Lebens erweitern sollen, mit einer Tendenz, die als post-neoliberal bezeichnet werden kann und die die universalistischen Ansprüche des liberalen individualistischen Projekts bestreitet (vgl. Gray 1989: 263). Gäbe letztere den (anti-aufklärerischen) Glauben auf, dass eine jede 'Kultur' ihre eigene 'Form' verwirklichen muss, was eine je besondere Methode für die Entdeckung des sie leitenden Prinzips erforderte, dann wäre ein ähnlicher paradigmatischer Ansatz auch im Falle des türkischen Staats gerechtfertigt, der als losgelöst von seiner sozialen Basis und dessen Wirtschaft als von der Willkür der Inhaber der Staatsmacht abhängig gedacht wird. Nicht nur der Staat wird als Hindernis dargestellt, auch die Bedeutung sozialer Klassen für die betreffende Gesellschaftsformation wird in Frage gestellt, wenn ihnen nicht sogar jegliche Wirksamkeit als Agenten gesellschaftlichen Wandels abgesprochen wird (vgl. Arıcanlı/Thomas 1994; Bates/Krueger 1993). Dadurch entsteht ein offensichtliches Paradox, insofern der Idealfall 'hoher Staatlichkeit' sich als Instrument partikularistischer Interessen herausstellt. Im Allgemeinen wird dies im Rahmen der Problematik des weberianischen Ansatzes hinwegerklärt als Fortdauer erblicher Herrschaft (Mardin 1969).[3] Auf diese Weise wird anscheinend auch die Geschichte kapitalistischer Entwicklung – oder der Mangel derselben – erklärbar gemacht, und zwar im Sinne einer mehr oder minder vorbestimmten Logik der Entfaltung eines spezifisch türkischen Leviathans.

Ungeachtet der Warnung, dass „krude Dichotomien und hermetisch geschlossene Begriffe" der Komplexität der osmanischen Gesellschaftsformation nicht gerecht werden können (Kasaba 1998: 154), bedienen sich die meisten Theorien zum osmanisch-türkischen Staat des Vergleichs mit idealtypischen Formen, welche *nicht* Begriffe zur Bezeichnung eines zu erklärenden Gegenstandes sind und/oder keinerlei Erklärungsmechanismen für diesen Gegenstand anbieten. Anders gesagt: schien der Staat im türkischen Kontext eine objektive Bedeutung in dem Sinne zu haben, dass er ein reales, außerhalb des Bewusstseins und/oder des Begriffsapparates eines Bebachters existierendes Phänomen repräsentiert, so zeigt er sich vielmehr als perfektes Beispiel des Irrglaubens, dass soziale Realität *begrifflich bestimmt* sei in dem Sinne, dass sie sich in subjektivem Sinn erschöpft. So wurde etwa – um nur ein Beispiel jüngeren Datums zu nennen – behauptet:

> Im türkischen Kontext ist der Staat ein Begriff mit eindeutigem Referenten. In seinen Augen ist die Nation eine organische Einheit, deren wahre Interessen nur von der herrschenden kemalistischen Elite erkannt und gefördert werden können. (Keyder 2004)

Ganz gleich ob dies eine (Fehl-)Darstellung der Wirklichkeit seitens der Forscher selbst oder ein (Miss-)Verständnis auf Seiten der politischen Elite oder Bürokratie ist, in jedem Fall wird der osmanisch-türkische Staat wieder einmal als konstitutiver Agent der Gesellschaftsformation identifiziert, und zwar auf Basis der Annahme, dass er anderen Ursprungs ist als die vertragstheoretisch gedachten westlichen Staaten. Das macht es unmöglich, den betreffenden Staat entweder als einen Modus der Assoziierung oder als institutionelles Arrangement zum Zweck des 'Schutzes' seiner 'Verbandsgenossen' zu begreifen. Derartige Versuche, den Staat des Ostens von dem des Westens zu unterscheiden, scheinen sich jedoch nicht bewusst zu sein, dass die liberale vetragstheoretische Erklärung des Staats (als einer 'reinen Zwangsinstitution') auffällig wenig zum Prozess der Staatsentstehung im Allgemeinen zu sagen hat. Vor allem scheint die Tatsache vertuscht zu werden, dass der vertragstheoretische Ansatz keinerlei Interesse an den historischen 'Ursprüngen' des Staates hatte, sondern vielmehr eine logische Übung war.[4] Dies stellte diejenigen vor ein besonders schwieriges Dilemma, die stets versucht haben, die Einzigartigkeit ihres Gegenstandes zu beweisen. Denn sie sind gezwungen, seinen 'historischen' statt 'logischen' Ursprung zu begründen, sofern sie sich nicht einer methodologisch nominalistischen Position anschließen wollen.

In dem Maße, in dem die Institutionen dieses Staats als Quelle der Macht und Verkörperung der Idee des Staates dargestellt werden, erscheinen sie als Ausdrucksformen eines vorgängigen Wesens. Die unbeabsichtigte Implikation einer solchen theoretischen Position wäre daher die Zuschreibung einer 'expressiven Einheit' zu den betreffenden Gesellschaftsformationen sowie die Ablehnung der mit dem Denken der Aufklärung verknüpften Annahme einer universellen Anwendbarkeit aller 'Gesetze' auf alle historischen Entitäten. Dies wiederum würde den Boden für einen relativistischen Blickwinkel bereiten, mit bedeutenden politischen Konsequenzen. Vertreter einer anti-fundationalistischen Analyse würden diesen relativistischen Blickwinkel dann brav reproduzieren und gleichzeitig jeglichen Zusammenhang mit Orientalismus abstreiten. Dennoch wird der türkische Staat auch in seiner postmodernen Version noch als konstitutiver Agent betrachtet, der „seine Identität als aktives Subjekt der Bildung der Nation erhält" (Keyman 1995: 101).

Es ist sehr verlockend, dieser partikularistischen Tendenz, die in ihrem institutionalistischen Moment der Annahme zustimmt, dass den institutionellen Strukturen des Staates ein explanatorischer Primat zukommt, etwas entgegenzusetzen. Denn was an dieser 'Tradition' so einzigartig sein soll, ist keineswegs klar, insofern sie selbst uns ein lebhaftes Beispiel für den hybriden Begriffes des Staats gibt, der zugleich als strategischer 'Akteur' und 'Arena' sowie als Ensemble von Institutionen präsentiert wird. Als kausal wirksamer Agent wäre seine Macht eine Funktion seiner Fähigkeit zur Erschaffung von Institutionen und seiner Fähigkeit zur Extraktion und Mobilisierung von Ressourcen. Und in dem Maße, in dem seine Macht auf direkte Weise mit seiner Fähigkeit zur Definition und Durchsetzung von Eigentumsrechten zusammenhängt (um die Worte der neuen institutionalistischen Literatur zu gebrauchen), wäre er nicht notwendig anders als andere kapitalistische Staaten. Es ist in der Tat bemerkenswert, dass der türkische Staat – wie im kommenden Abschnitt näher ausgeführt – zur Speerspitze dieses Liberalisierungs- und Demokratisierungsprozesses wird, während seine eigene institutionelle Struktur einer gründlichen Überholung unterzogen wird.

3   Die Restrukturierung des türkischen Staats im Kontext der Europäisierung

Die Wiederbelebung der relativistischen Erklärung im Zusammenhang mit dem Heranführungsprozess der Türkei an die EU ist insofern beachtenswert, als sie direkte Auswirkungen auf die Art und Weise hatte, in der versucht wurde, das politische Projekt wirtschaftlicher und politischer Liberalisierung in Übereinstimmung mit den Stand-by-Agreements des IWF und den Kopenhagener Kriterien der EU zu legitimieren versuchte. Denn in den vergangenen zweieinhalb Jahrzehnten wurde sie verwendet als Teil eines ideologischen Feldzugs zur Restrukturierung des Staats mit dem Ziel, einen Prozess struktureller Reform einzuleiten. Sie demonstriert aber auch die hartnäckige Tendenz der betreffenden Forscher, die soziale Wirklichkeit als *begrifflich determiniert* misszuverstehen in dem Sinne, dass sie sich in subjektivem Sinn erschöpfe. Dies macht es unmöglich, den türkischen Staat von der 'Staatstradition' als seiner spezifischen Lesart zu separieren, da von *beiden* gesagt wird, dass sie in einer 'Legitimitätskrise' steckten (vgl. Keyman/ İçduygu 2003). Man kann hierin ein perfektes Beispiel dessen sehen, was realistische Wissenschaftsphilosophen als „linguistischen Fehlschluss" (linguistic fallacy) bezeichnet haben, „die Gestalt, in der der epistemische Fehlschluss im postmodernen Denken heute üblicherweise auftritt". Gemeint ist damit die Vermengung der Analyse der sozialen Wirklichkeit mit „unserem Diskurs über Sein" (Bhaskar 1993: 206).

In vielen solchen Erklärungen taucht der Staat als janusköpfige Entität auf, insofern er die Privilegien einer undemokratischen Hinterlassenschaft personifiziert. Zwar wird die Kontinuität mit der osmanischen Vergangenheit statt eines Bruchs mit ihr hervorgehoben, aber dennoch wird das kemalistische Regime für das Fehlen einer Zivilgesellschaft verantwortlich gemacht (Sunar 1996). Daher wird für die Notwendigkeit einer Aktivierung der zivilgesellschaftlichen Kräfte argumentiert, um diesen Drachen zu besiegen und den Boden für die Überwindung der Mängel jener Hinterlassenschaft zu bereiten (vgl. Heper/Keyman 1999; Keyder 2004). Dennoch wird auch der Staat in die Pflicht genommen, als rationaler Akteur zu handeln, und dabei nicht nur einen Prozess institutioneller Reformen auf den Weg zu bringen, sondern ipso facto auch eine Transformation des Wesens der sozialen Wirklichkeit, wenn auch nur diskursiv:

> [denn] der Staat besitzt keine kohärente ontologische Identität ... seine eigene Identität ist diskursiv konstruiert. Der Staat ... hat keinen ontologischen Status außerhalb der diversen Handlungen, die seine Realität konstituieren ... (Keyman 1995: 101)

Ironischerweise gibt es interessante Parallelen zwischen der Art und Weise, in der die Vertreter dieses ideologischen Feldzuges das kemalistische Projekt der Nationenbildung darstellen (welches einer ihrer üblichen Sündenböcke ist, was etwa im Ruf nach einer 'zweiten Republik' zum Ausdruck kommt (vgl. Toprak 1996: 117), und ihrer eigenen Rechtfertigung der Notwendigkeit, die Kopenhagener Kriterien zu erfüllen.[5] Von dieser Perspektive gesehen „suchte der kemalistische Wille zur Zivilisation das passive orientalische Subjekt in ein aktives zu verwandeln, und zwar in einem Prozess, in welchem dem Nationalstaat die Rolle des Organisators zukam". Entsprechend wird – vermutlich immer noch auf Basis „der epistemologischen und ontologischen Unterscheidung zwischen Okzident und Orient" (Keyman 1995, 103) – „ein gradueller Wandel vom traditionellen monolithischen Verständnis der türkischen Nation hin zu einer Vorstellung von politischer Gemeinschaft" als notwendig erachtet, „die nach einem inklusiveren und wahrhaft bürgerlichen Begriff von Staatsbürgerschaft verlangt", um „ihre Modernität[6] liberal, pluralistisch und multikulturell" zu gestalten (Aydın/Keyman 2004).[7]

Aus dem gleichen Grund wird die Art und Weise der Umsetzung jener 'Reformen' kaum verschieden sein von der Art und Weise, in der die nationalistische Eliten mutmaßlich die Gründungsprinzipien der türkischen Republik etablierten, nämlich „von oben auferlegt" (vgl. Keyman 1995; 104). Der Unterschied ist allerdings, dass der Schuldige unter den gegebenen Umständen von anderer Art sein wird. Statt wie in der frühen republikanischen Ära als Akte eines autoritären Regimes dämonisiert zu werden, werden die dem türkischen Gemeinwesen und der türkischen Wirtschaft von EU, IWF und Weltbank auferlegten Konditionalitäten als notwendig gefeiert, „um das Volk aufzuklären und ihm zum Fortschritt zu verhelfen" (Heper 1985: 51).

Dies unterstreicht zweifellos den Einfluss, den europäische Governance auf politische und sozio-ökonomische Transformationsprozesse in der Türkei hat. Vermittels der politischen Kriterien des Heranführungsprozesses ist die EU zu einer Hauptdeterminante politischen Wandels geworden. Auf der anderen Seite drückte sich hierin zweifellos auch fortschreitende Ernüchterung über die von IWF und Weltbank auferlegten Strukturanpassungsmaßnahmen aus, und zwar insofern der Staat, einem idealisierten westlichen Modell entsprechend, als Hindernis für die Entstehung einer Marktwirtschaft dargestellt wird. Auf diese Weise wird der Glaube an eine mutmaßliche 'Tradition' des Staates als einer Konstante der türkischen politischen Ökonomie aufrechterhalten. Wie diverse Studien westlicher Beobachter über die türkische Strukturanpassung in den 80er Jahren zeigten, wurden die marktorientierten Reformen jener Dekade als unzureichend eingeschätzt im Hinblick auf die Beendigung der Unterordnung von Markt und/oder Zivilgesellschaft unter den 'starken Staat' (vgl. Kirkpatrick/Öniş 1991; Mosley et al. 1991: 147; Rodrik 1991).

Der Start des Stabilisierungsprogramms vom 24. Januar 1980 wurde zunächst begrüßt als ein radikaler Wandel sowohl im Hinblick auf die Art der Artikulation der türkischen Wirtschaft mit der Weltwirtschaft als auch das innerhalb der Gesellschaftsformation vorherrschende Verhältnis von Staat und Wirtschaft.[8] Interessanterweise haben jedoch ex-post-Analysen dieses Umstrukturierungsprozesses mit Bedauern zur Kenntnis genommen, dass „Reformen tendenziell von oben herab eingeleitet werden" (Öniş 2004). Und wieder einmal wurden die „Überbleibsel der Vergangenheit" als entscheidender Einfluss auf den Charakter von Institutionen ins Spiel gebracht, während die politischen Eliten auch weiterhin „für die Zivilgesellschaft unempfänglich" blieben (Sunar 1996: 149; Heper/Keyman 1999: 261). In dieser Perspektive fungieren gesellschaftliche Kräfte bestenfalls als 'einschränkende Faktoren' der Politikgestaltungsfähigkeit staatlicher Eliten. Für die Policy-Analyse ist das von entscheidender Bedeutung, insofern es wenigstens einen Grund für die ansonsten unhaltbare Annahme des etatistischen Ansatzes liefert, dass der Staat als Institution spezifische Strategien und Politiken generiert und implementiert. Anders gesagt: wird Wandel als dem Staat endogen betrachtet, kann eine staatszentrierte Perspektive legitimiert werden als der am besten geeignete Ansatz zur Erklärung der Policy-Wahl. Man braucht sich dann auch nicht mehr darum zu sorgen, wie Institutionen endogenisiert werden können. Wichtiger noch: während einerseits die gesellschaftszentrierten Ansätze aufgrund ihres Unvermögens, die starken Kontinuitäten in national spezifischen Mustern der Wirtschaftspolitik zu erklären, abgelehnt werden, können sämtliche Policy-Wechsel als Elitenentscheidungen erklärt werden, wodurch jeglicher Einfluss, den Verschiebungen in den Formen der Interessenvertretung möglicherweise auf Policy-Resultate haben könnten, ausgeschlossen wird. Beinahe als logische Folgerung daraus wird dann oft argumentiert, dass die traditionell schwache Stellung der wirtschaftlichen Eliten und/oder Gruppen sie dazu neigen lässt, eher zu individueller Manipulation in der Implementierungsphase von Politik zu greifen als zu konstruktivem Engagement in der Phase der Artikulierung und Aggregierung von Interessen im Politikgestaltungsprozess (vgl. Heper 1976; 1985: 104).

Diese Eigenheiten zeigen sich auch in den aktuellen Forschungsarbeiten, die von der Notwendigkeit der Initiierung des Europäisierungsprojekts in der Türkei ausgehen, um der Hinterlassenschaft der Staatstradition ein Ende zu setzen. Dem Prozess der Europäisierung kommt hier die Funktion der „Peitsche äußerer Notwendigkeit" zu, die die Beitrittsländer zur Erfüllung der Kriterien für Mitgliedschaft in der EU zwingt. Er kann also als „ein Prozess erzwungener EU-isierung" beschrieben werden (Diez et al. 2005). Der letzte Monat des Jahres 1999 kann als entscheidender Moment in diesem Prozess betrachtet werden. Nicht nur weil in ihm der Europäische Rat von Helsinki der Türkei den Status eines Beitrittskandidaten gewährte, sondern auch aufgrund der Bewilligung eines dreijährigen Stand-by-Agreements durch den IWF.

In der Ära nach 1999 sah sich die türkische Wirtschaft mit einem doppelten externen Anker in Gestalt der gleichzeitig auferlegten IWF- und EU-Disziplin konfrontiert, der sie offensichtlich rapide in Richtung der Institutionalisierung von Reformen und stärkerer Haushaltsdisziplin drängte (Öniş 2004).

Es ist besonders erwähnenswert, dass die als 'Roadmap' geltende *Beitrittspartner-schaft mit der Türkei* der Europäischen Kommission ihre 'ökonomischen Kriterien' an die Implementierung des Strukturreformprogramms anpasste, das mit IWF und Weltbank vereinbart worden war. Entsprechend unterstrich der *Regelmäßige Bericht über die Fortschritte der Türkei auf dem Weg zum Beitritt* von 2004 die wichtige Rolle der EU-Konditionalitäten in dieser Hinsicht:

> Die seit 2001 aufgelegten wirtschaftlichen Heranführungsprogramme spiegeln den Übergang vor einer vormals kurzfristig ausgerichteten Ad-hoc-Politik zu einer eher mittelfristig ausgerichteten, regelgestützten Politik wider (Europäische Kommission 2004: 60).

Im Einklang mit dem der Lissabon-Strategie der zugrundeliegenden Paradigma, das eine starke Vorliebe für Liberalisierung und Regulierung der Wirtschaft durch Märkte und Wettbewerb auf Kosten politischer Kontrolle der Grundrichtung von Entwicklung aufweist, hat die Europäische Kommission in ihren jährlichen den türkischen 'Übergang' überwachenden Fortschrittsberichten fortwährend die Standardformeln der neoliberalen Reformagenda wiederholt.[9]

Darüber hinaus wurde die Rolle der EU im internen Transformationsprozess auch als die eines „kritischen externen Ankers" beschrieben, der progressive einheimische Kräfte in ihrem Streben nach Demokratisierung unterstütze (Tocci 2004).

> War die EU am Anfang ein Staatsprojekt für die türkische Elite, so war sie nun zu einer Plattform für diejenigen geworden, die dem Autoritarismus der Elite in Ankara Grenzen setzen wollten. ... Im Wissen, dass sie weder über genügend Ressourcen, noch über die Fähigkeit zur Mobilisierung gesellschaftlicher Kräfte verfügten, um den Staat zu besiegen, begannen Oppositionsgruppen den Prozess der Kandidatur [für die EU] als den einzigen Weg zu sehen, auf dem sie Unterstützung für mehr Demokratie, Rechts-staatlichkeit und mehr Pluralismus, wie in den Kopenhagener Kriterien vorgesehen, gewinnen konnten (Keyder 2004).

> Eine glaubwürdige und kohärente Konditionalitätspolitik ist daher [angeblich] not-wendig, um die reformistischen Elemente in der türkischen Gesellschaft zu stärken (Aydın/Keyman 2004).

Damit hört Wandel auf, dem Staat endogen zu sein, wie die Vertreter der Staatstradition behaupten, und die EU wird zu einem „machtvollen Akteur mit systemveränderndem Einfluss". Mit anderen Worten: die EU wird nicht nur dafür gefeiert, dass sie Veränderungen „im Charakter des Verhältnisses von Staat und Gesellschaft in der Türkei" anregt. Vielmehr wird ihr der Status eines Agenten der Globalisierung zugestanden, insofern als ein solcher betrachtet wird, wer „bedeutende Wirkungen auf die Art und Weise ausübt, in der gesellschaftliche Fragen in einem gegebenen nationalen Rahmen konstruiert werden und auch wie sie analysiert werden" (Keyman/İçduygu 2003).

Das Projekt der Europäisierung erhält somit eine sowohl ontologische als auch epistemologische Bedeutung, da es nicht bloß Zweck an sich, sondern auch Mittel zu dem Zweck wird, die 'Pfadabhängigkeit' der türkischen Gesellschaftsformation zu durchbrechen. Daher mag man in ihm durchaus auch ein gutes Beispiel dessen sehen, was als „offensive Projekte" mit „Gründungscharakter" beschrieben wird, da sie „darauf abzielen, aus Pfadabhängigkeiten resultierende Lock-ins zu überwinden" (Von Haldenwang 2005). Von einer realistischen Perspektive gesehen impliziert diese Darstellung der EU ironischerweise, dass sie als „emergente Entität mit kausalen Kräften sui generis" beschrieben wird, die „emergente Raum-Zeiten" hervorbringt (Bhaskar 1993: 275, 125). Nicht weniger bedeutsam ist, dass dies die Totenglocke läutete für die Staatstradition als partikularistische Epistemologie mit dem Anspruch, die spezifischen Eigenschaften der türkischen Gesellschaftsformation zu erklären.

Zwar findet sich einerseits ein deutlicher Widerhall der modernistischen Neigung, das Unterschiedliche in das Universelle aufzulösen. Andererseits jedoch wird ein etatistisch-institutionalistischer Analyseapparat beibehalten, der institutionelle Differenzen zwischen Staaten als Erklärungsfaktoren unterschiedlicher Entwicklungswege betont. In der postmodernen Version kommt dies in „der Entstehung alternativer Modernitäten" zum Ausdruck, die „die Hegemonie des säkularen und staatszentrierten Charakters der türkischen Modernität" in Frage stellen (Keyman/İçduygu 2003). Dies beinhaltet aber keine wie auch immer geartete Anerkennung der Möglichkeit, dass 'nationale Eigenheiten' sehr wohl Ergebnis der Funktionsweise des Kapitalismus als Ganzem sein können, der sich in seiner globalen Ausbreitung ungleich entwickelt. Anders gesagt: im Unterschied zu der Art und Weise, in der die institutionalistische vergleichende politische Ökonomie die 'soziale Marktwirtschaft' in Deutschland oder den 'starken Staat' in Frankreich erklärt, wird jene spezifische nationale Tradition nicht als ein Element nicht marktförmiger Koordination dargestellt. Eher gibt es eine Affinität zum sogenannten neuen Institutionalismus (vgl. North 1990: 42), insofern die Betonung auf kulturellen Faktoren als Explanantia geschichtlicher Besonderheiten liegt (vgl. Keyman/İçduygu 2003).

Paradoxerweise scheinen die politischen Entwicklungen in der Türkei seit Anfang 2007 den Voraussagen dieses einflussreichen Diskurses zu widersprechen, was ein weiteres Mal die Beschränktheit des ihm zugrundeliegenden begrifflichen Paradigmas belegt. Wenn man den zunehmend pessimistischen Einschätzungen der momentanen politischen Situation in der Türkei seitens der liberalen Intelligenz Glauben schenken kann, dann hat die janusköpfige Entität den jüngsten Ansturm der Kräfte des Wandels überstanden. Es wird behauptet, dass der Prozess der Demokratisierung-plus-Europäisierung seitens staatlicher Institutionen, vom Militär über die Justiz bis hin sogar zu den Universitäten, zum Stillstand gebracht wurde. Erwähnenswert ist, dass nach weniger als einem Jahr nach der erdrutschartigen Bestätigung der AKP in den landesweiten Wahlen vom Juli 2007 das Land als politisch instabil gilt und der Regierung bereits „Reformmüdigkeit" unterstellt wird (Patton 2007). Daher sind nun seitens der liberalen Intelligenz Forderungen zu hören, sich wieder fest an den Anker der EU zu binden, um somit das Risiko weiterer Instabilität durch auf Identitäten basierende Spaltungen des politischen Spektrums zu reduzieren.[10]

Dem EU-Anker wird übrigens eine Doppelfunktion zugeschrieben. Einerseits wird er als Instrument gesehen, das „die grundlegende Spaltung zwischen Säkularität und Islam in der türkischen Gesellschaft abmildern hilft" (Öniş 2006). Auf der anderen Seite wird argumentiert, dass er auch dazu diene, „ein System demokratischer Governance [zu schaffen], innerhalb dessen islamische soziale und politische Kräfte als legitime Spieler anerkannt werden können" (Aydın/Çakır 2007). Die jüngsten Entwicklungen jedoch scheinen beide Positionen widerlegt zu haben, insofern die Spaltung Säkularität/Islam von EU-Politikern selbst als eine der Hauptteilungslinien im türkischen Gemeinwesen betrachtet wird. Außerdem lässt die Tatsache, dass Spitzen der AKP vom obersten Staatsanwalt der Verletzung der säkularen Prinzipien der türkischen Verfassung angeklagt wurden, es fraglich erscheinen, ob sie wirklich als legitime Spieler innerhalb eines demokratischen Governance-Systems wahrgenommen werden. Ungeachtet der darauf folgenden Debatte, ob die Klage gegen die AKP von einer europäischen Perspektive aus mit demokratischen Konventionen vereinbar ist oder nicht, wirft dieser Fall die Frage auf, ob der EU-Anker tatsächlich geeignet ist, die aus der Pfadabhängigkeit des türkischen Fall herrührenden Lock-ins zu überwinden.

Es besteht auch die Gefahr, die als Determinanten des Entwicklungsprozesses fungierenden wirklichen Machtkämpfe innerhalb und zwischen Gesellschaften aus den Augen zu verlieren, wenn man jenen institutionellen Strukturen 'kausale Macht' zuschreibt, so dass sie als ein Grund gesehen werden können, der verhindert, dass Länder sich gemäß dem idealisierten Pfad kapitalistischer Entwicklung entwickeln. Andererseits müsste der explanatorische Wert des Governance-Ansatzes für eine Erklärung der Rolle, die gesellschaftlichen Akteuren bei der Bestimmung des

Prozesses europäischer Integration und/oder Beitrittsverhandlungen zukommt, erst noch getestet werden. Denn wie auch die Vertreter institutionalistischer Analyse selbst argumentieren, ist die Entstehung europäischer Governance-Modi im Wesentlichen als inkrementeller Prozess institutionellen Wandels zu begreifen, der durch die Eingliederung supranationaler Elemente eine neue 'Pfadabhängigkeit' für die betreffenden Akteure konstituiert. Wichtiger aber ist, dass die Entwicklung einer kritischen Perspektive schon deswegen angebracht ist, weil die dominanten Ansätze nicht gerade gut darin sind zu ergründen, wie unterschiedliche Interessen strukturiert sind (van Apeldoorn 2005) und welche Rolle die Erzeugung von Normen und Regeln in der Konstruktion hegemonialer Diskurse spielt. In dieser Hinsicht muss die ideologische Bedeutung unterstrichen werden, die im türkischen Kontext der Aussicht auf EU-Mitgliedschaft als Teil eines Versuchs zukommt, die besondere politische und wirtschaftliche Krise zu überwinden, in der das Land sich seit der Jahrtausendwende befindet.

4 Kritische Perspektive

Angesichts der Dominanz entweder norm- oder interessenbasierter Erklärungsweisen für die letzten Erweiterungsrunden der EU (Jileva 2004) ist die Einführung einer kritischeren Perspektive auch noch aus folgenden Gründen wünschenswert. Erstens: zwar versucht der Mehrebenensystemansatz Dichotomie von Intergouvernemtalismus und Supranationalismus in der Analyse der europäischen Integration zu überwinden. Aber es muss gefragt werden, in welchem Maße er auch die Unzulänglichkeiten der dualistischen Konzeption von Staat und Markt überwindet. So wurde bereits behauptet, dass die Beschreibung der EU als eines Mehrebenensystems diesen Dualismus zu reproduzieren tendiert (vgl. Bieling/ Schulten 2003).

Es ist zweitens absolut notwendig, in verschiedenen nationalen Kontexten zu erforschen, ob die Wende zu Governance auf die Förderung von Demokratisierungsprozessen abzielt oder Teil eines Machtkampfes um die Aufrechterhaltung gesellschaftlicher, wirtschaftlicher und politischer Exklusionsprozesse ist, also auf die Verhinderung breiter demokratischer Kontrolle über Entscheidungsfindungsprozesse auf unterschiedlichen Ebenen und/oder die Fortsetzung der Vergesellschaftung von Risiken zugunsten privaten Kapitals abzielt (vgl. Jessop 2002a: 207; 2002b: 200). Kurz, der Europäisierungsprozess muss darauf hin untersucht werden, ob die These zutrifft, dass das Ziel der umgesetzten 'Reformen' nicht nur ein wirksamerer, sondern auch ein mit der Demokratie kongenialerer Staat ist. Außerdem ist es von wesentlicher Bedeutung, auf die Frage von Rechten als einem Fundament der demokratischen Staatsform aufmerksam zu machen. Anders gesagt, es ist notwendig, die Wandlung des Begriffs von Demokratie und/oder Demokratisierung aufzudecken, da es eine Verschiebung zu geben scheint in der Art und Weise, wie die Prioritäten der Definition der politischen und ökonomischen Koordinaten einer demokratischen Ordnung bestimmt werden, während die EU selbst bedeutende Transformationsprozesse durchmacht. Es ist vor allem notwendig, die Beziehung zwischen politischen, bürgerlichen und sozialen Rechten, wie von den Kopenhagener Kriterien für Neumitglieder definiert, hervorzuheben.

Eine in der Debatte um die EU-Erweiterung als Mittel der Europäisierung vernachlässigte Dimension ist *Wettbewerbsfähigkeit*. Dabei handelt es sich nicht einfach um ein rein wirtschaftliches Phänomen, da es eng zusammenhängt mit der Frage von Rechten, besonders sozialen und wirtschaftlichen. Denn die Bindung (und sei sie auch nur rhetorisch) an eine Politik, die Wettbewerbsfähigkeit als substanzielles Staatsziel identifiziert, erzeugt die Gefahr einer Unterordnung von Sozialpolitik unter die Anforderungen von Flexibilität, insofern politische Entscheidungsträger dazu tendieren, sich auf die angebotsseitigen Aspekte internationaler Wettbewerbsfähigkeit zu konzentrieren. In dieser Hinsicht ist es wichtig, Verständnis für die Wahrnehmungen lokaler Akteure zu gewinnen, da 'Regionalität' zu einer wichtigen Dimension von Europäisierung wird. Außerdem muss gefragt werden, ob oder in welchen Maß sich die unterschiedlichen gesellschaftlichen Kräfte, die den Transformationsprozess entweder vorantreiben oder ihm widerstehen, sich bewusst auf das explizite Projekt der Konstruktion eines Wettbewerbsstaats im Zusammenhang mit der EU-Mitgliedschaft und/oder dem Beitrittsprozess beziehen.

Der Analyse der Wirtschaftskreise kommt heute darum eine besondere Bedeutung zu. Die Erfahrungen der beiden letzten Jahrzehnte haben deutlich gezeigt, dass es unmöglich ist, das Verhältnis von Staat und Markt getrennt von den Machtverhältnissen zu analysieren. In einer Zeit, in der *Klasse* sowohl als soziale Kategorie wie auch als Analyseinstrument diskreditiert zu sein scheint, kann man die Bedeutung von Kapitalgruppen als Klassenakteuren im Zusammenhang des neoliberalen Transformationsprozesses sowie als einen zentralen Anpassungsmechanismus im Kontext finanzieller Krisen zwar ignorieren, aber man läuft dann Gefahr, nicht mit der sich verändernden sozialen Realität zurechtzukommen. Um außerdem den Staat als einen Hauptagenten gesellschaftlicher Transformation begreifen zu können, der als Teil der sich verändernden gesellschaftlichen Verhältnisse selbst transformiert wird, ist es unabdingbar, das Verhältnis zwischen Kapitalgruppen und Staat in den Blick zu nehmen.

Eine Anatomie der Kapitalgruppen ist lehrreich, um ihre Bedeutung als Klassenakteure im neoliberalen Transformationsprozess zu beleuchten. Durch sie wird die Rolle dieser 'Gruppen' als zentrale Anpassungsmechanismen im Kontext von Finanzkrisen – in der Türkei wie auch in Lateinamerika und Ostasien – hervorgehoben. Ihre diversifizierte Struktur weist auf ihre Fähigkeit als einer spezifischen institutionellen Form des Kapitals zu Flexibilität und Anpassungsfähigkeit hin. Im

Kontext finanzieller Globalisierung sorgt diese eine große Bandbreite unterschiedlicher Interessen (Banken, verarbeitende Industrie, Außenhandel, Tourismus, Baubranche usw.) umfassende institutionelle Form für die Flexibilität, die notwendig ist, um das relative Gewicht verschiedener Operationsbereiche *innerhalb* der Gruppe in Übereinstimmung mit den sich verändernden Prioritäten makroökonomischer Politik zu verschieben. Insofern war das Verhalten dieser Gruppen eine Bestätigung ihrer Kapazität (als einer spezifischen institutionellen Form des Kapitals) zu Flexibilität und Anpassungsfähigkeit.

5 Schluss

Wie nicht nur zahlreiche Erfahrungen in Lateinamerika, sondern auch der türkische Fall verdeutlichen, scheinen einheimische Kapitalgruppen internationaler wirtschaftlicher Wettbewerbsfähigkeit als einem letztinstanzlichen, durch Verbesserung der Wettbewerbsfähigkeit auf der Mikroebene zu erreichendem Ziel bestenfalls gleichgültig gegenüberzustehen. In den 90er Jahren waren sie, genau wie multinationale Unternehmen, daran interessiert, in Sektoren zu expandieren, für welche der einheimische Markt Priorität besitzt – seien dies kurz zuvor privatisierte öffentliche Infrastrukturen wie Energie oder Telekommunikation oder Zement- und Lebensmittelindustrie. Dabei waren sie offenbar häufig nicht an Investitionen in auf Exportmärkten konkurrierenden Hochtechnologieindustrien interessiert, sondern entschieden sich stattdessen dafür, in Bereiche zu expandieren, in denen es relativ wenig Konkurrenz und/oder weniger Bedarf an Investition in neue Technologien gab. Was die türkischen Gruppen vermutlich von den meisten ihrer Pendants in Schwellenländern der ersten und zweiten Generation unterschied, wo die von bestimmten Familien kontrollierten Gruppen ebenfalls eine Neigung an den Tag gelegt haben, ihre Geschäfte in 'neue Wachstumsbranchen' zu diversifizieren, die mit ihrem Kerngeschäftsbereich zwar nichts zu tun hatten, aber durch staatliche Anreize gefördert wurden, ist das relative Fehlen von Investitionen in Branchen, die die Wettbewerbsfähigkeit der Wirtschaft als Ganzer erhöhen würden. Vor der Zollunion mit der EU gingen viele prominente türkische Geschäftsleute sogar so weit zu behaupten, dass eine liberale Marktwirtschaft nicht bloß als eine wettbewerbsfähige verstanden werden müsse, wodurch sie ihr Engagement in 'komplementären Industrien' wie Offshore-Banking und dergleichen zu rechtfertigen suchten (Yalman 2001).

Wie man in den ostasiatischen Fällen sehen konnte, spielten starke Verbindungen zwischen Finanzinstitutionen und Unternehmen, besonders durch Gruppeneigentum, eine wichtige Rolle bei der Erzeugung 'riskanten Verhaltens' bei denjenigen Firmen, die allgemein als hochgradig fremdfinanziert galten (Claessens et al. 2000). Ebenso wie ihre Pendants in Lateinamerika und Ostasien schienen türkische Kapitalgruppen sich keine Sorgen um die wachsende Abhängigkeit von weiterer Verschuldung als Mittel der Finanzierung des Defizits der Leistungsbilanz auf der Makroebene bzw. von Investitionen und/oder Ausgaben auf der Mikroebene zu machen. Angesichts früherer Erfahrungen mit sich wiederholenden Zahlungsbilanzkrisen waren türkische Kapitalgruppen und ihre Vertreter daher eifrig bemüht, 'korrekten' Politiken, die einen konstanten Devisenfluss aufrechterhielten, ihre Unterstützung zu geben. Die Form dieses Zustroms war dabei zweitrangig. Außerdem schien der finanzielle Liberalisierungsprozess einen Doppeleffekt zu haben: er zog Finanzmittel von produktiven Investitionen ab und stärkte die Geschäftsbanken sowie auch die Gruppen, indem er sie zu Hauptakteuren auf den Geldmärkten im Allgemeinen und den Devisenmärkten im Besonderen machte. Dies wiederum weist auf die Präsenz gesellschaftlicher Kräfte hin, die ein direktes Interesse an der Aufwertung des realen Wechselkurses hatten, da dies Kostensenkungen für die Industriezweige nach sich zieht, die auf den Import von Rohmaterialien und Zwischenprodukten angewiesen sind. Es zeigt auch wieder einmal die traditionelle Abneigung der türkischen Bourgeoisie gegen die Idee einer Anpassung durch Abwertung, da eine Rückkehr zur Politik hoher Wechselkurse verheerende Auswirkungen besonders auf Firmen und Banken hätte haben können, die Differenzen ausnutzen, indem sie im Ausland billig Geld leihen. Die in der Türkei gemachte Erfahrung lehrt auch, dass finanzielle Liberalisierung nicht notwendigerweise bedeutet, dass der Staat nicht mehr als 'Halter asymmetrischer Risiken' fungiert, auch wenn die Mechanismen, durch die das Risiko für die Unternehmer 'vergesellschaftet' wird, sich ändern. Das Wachstum der Staatsschuld verweist in der Tat auf einen Ressourcentransfer zum privaten Sektor hin, der eine Reihe von Formen annimmt – von diversen Subventions- und Rettungsprogrammen bis zu steuerpolitischen Änderungen, die bewusst den Unternehmensbereich begünstigen sollen –, obwohl es wie in anderen vergleichbaren Kontexten auch durchaus Opfer des neoliberalen Umstrukturierungsprozesses im Unternehmensbereich gibt.

Es wäre jedoch falsch anzunehmen, dass die Fähigkeit der Kapitalgruppen, den Wandel zu steuern und zu kontrollieren, stets auch im Hinblick auf die Aufrechterhaltung ihrer Hegemonie als Klasse erfolgreich wäre. Denn die Etablierung kapitalistischer Hegemonie hat ebenso viel mit der Eliminierung des Raums für Alternativen zu tun wie mit der Erzeugung positiver und enthusiastischer Loyalität. Da es kein 'Moment' der Hegemonie gibt, das nicht angefochten wäre, beinhaltet ihre Etablierung und Aufrechterhaltung einen Prozess der Redefinition von Werten sowie irgendeine Form der Vertretung derjenigen Interessen, die von der Teilhabe an den Wohltaten neoliberaler Reformen ausgeschlossen sind und unter den sich ergebenden Krisen am meisten zu leiden haben. Ob die Vertreter der türkischen Wirtschaftskreise in Zivilgesellschaft und Politik die Fähigkeit an den Tag legen werden, ihren Sozialpartnern die Möglichkeit zu gestatten, sich zu organisieren und sich zu einer autonomen politischen Kraft zu entwickeln, muss sich erst noch zeigen. Die Aufs und Abs in der verzwickten Geschichte der türkischen EU-Mitgliedschaft werden in den kommenden Jahren hierzu reichhaltiges Anschauungsmaterial liefern.

Aus dem Englischen von Julian Müller

Anmerkungen

1 Eine frühere Version des Artikels wurde beim 8. Mediterranean Research Meeting, WS-13 „Process of Europeanization in the Eastern Mediterranean: Changing Dynamics of State-Society Relations in Turkey, Greece and Cyprus and the Internationalisation of Policy Regimes", Florenz & Montecatini Terme, Italien, vorgetragen.

2 Siehe Diez et al. (2005) für eine eingehendere Schilderung.

3 Dies ist ein beliebtes Motiv zur Charakterisierung des Verhältnisses von Staat und Gesellschaft in Entwicklungsländern in der Epoche nach 1980; siehe Mouzelis 1994; Oszlak 1986.

4 Vgl. Barry 1989: 63; Spruyt 1994: 84.

5 „Der nationalistische Diskurs ... ist in Wahrheit Produkt des Orientalismus' bzw. eines umgekehrten Orientalismus'. ... Der postkoloniale Staat gewinnt durch nationalistisches Denken seine Identität als aktives Subjekt der Bildung einer Nation. Das Resultat ist die Konstruktion einer Gemeinschaft, in der unterschiedliche Subjektpositionen in eine nationale Identität aufgelöst werden." (Keyman 1995, 100f)

6 Dieser Begriff dominierte in den 80er Jahren die Theorien über Gesellschaft und ersetzte die bis dahin vorherrschenden Begriffe „Industrialismus" oder „Industriegesellschaft" in den 50er und 60er Jahren bzw. „Kapitalismus" in den 70ern. Der Grund für die Verschiebung zum Begriff „Modernität" war, die Aufmerksamkeit abzulenken von dem, was bei Marxisten „Produktivkräfte" oder „gesellschaftliche Produktionsverhältnisse" heißt, hin zu stärker kulturellen und politischen Dimensionen moderner Gesellschaften. (Outhwaite 2000)

7 Es sollte erwähnt werden, dass das Problem unterschiedlicher ethnischer Identitäten und der Neubestimmung des türkischen Nationalitätsverständnisses auch nach der im Oktober 2005 getroffenen Entscheidung der EU, Beitrittsverhandlungen mit der Türkei aufzunehmen, noch politische Abgründe zwischen türkischen Politikern und Intellektuellen aufriss. Auf diese Weise wurde der Charakter des türkischen Staates wieder einmal der Prüfung unterzogen, auch wenn dabei wieder nur die Ausweglosigkeiten der relativistischen Perspektive reproduziert wurden.

8 Siehe Boratav (1994) und Yalman (2002) für kritische Schilderungen dieses recht brutalen Experiments weitreichender ökonomischer und politischer Umstrukturierung.

9 Für ein jüngeres Beispiel siehe die Liste ökonomischer Kriterien in Europäische Kommission (2005).

10 Siehe beispielsweise die von einer Gruppe führender Intellektueller unterzeichnete Petition in der Zeitung *Milliyet* vom 2.3. 2008.

Literatur

Arıcanlı, T./Thomas, M. (1994): Sidestepping Capitalism: On the Ottoman Road to Elsewhere, in: The Journal of Historical Sociology, Vol. 7, Nr. 1

Aydın, S./Keyman, F. (2004) European Integration and the Transformation of Turkish Democracy, CEPS, EU-Turkey Working Papers No. 2, August, www.ceps.be

Aydın, S./Çakır, R. (2007): Political Islam in Turkey, CEPS Working Document, 265/ April www.ceps.eu

Barry, N. (1989): An Introduction to Modern Political Theory, Second Edition, London

Bates, R./Krueger, A. (1993): Generalisations from the Country Studies, in: dies (Hrsg.): Political and Economic Interactions in Economic Policy Reform, Oxford

Bhaskar, R. (1993): Dialectic, London

Bieling, H-J./Schulten (2003): Competitive Restructuring and Industrial Relations within the European Union: Corporatist Involvement and Beyond?, in: Cafruny, A./M. Ryner (Hrsg): A Ruined Fortress: Neoliberal Hegemony and Transformation in Europe, Lanham

Boratav, K. (1994): Contradictions of Structural Adjustment: Capital and the State in Post-1980 Turkey, in: Öncü, A. et al. (Hrsg): Developmentalism and Beyond: Society and Politics in Egypt and Turkey, Cairo

Claessens, S. et al. (2000): Corporate Performance in the East Asian Financial Crisis, The World Bank Research Observer, Vol. 15, Nr. 1

Diez, T. et al. (2005): File: Turkey, Europeanisation and Civil Society: Introduction, in: South European Society and Politics, Vol. 10, Nr. 1

Europäische Kommission (2004): Regelmäßiger Bericht über die Fortschritte der Türkei auf dem Weg zum Beitritt 2004, COM(2004)656 final, Brüssel

– (2005): Vorschlag für einen Beschluss des Rates über die Grundsätze, Prioritäten und Bedingungen der Beitrittspartnerschaft mit der Türkei, KOM(2005)559 endgültig, Brüssel

Gray, J. (1989): Liberalisms : Essays in Political Philosophy

Heper, M. (1976): The Recalcitrance of the Turkish Public Bureaucracy to 'Bourgeois Politics', in: The Middle East Journal, Vol. 30

– (1985): The State Tradition, Walkington, UK

Heper, M./Keyman, E. Fuat (1999): Double-faced State: Political Patronage and the Consolidation of Democracy in Turkey, in: Kedourie/S. (Hrsg.): Turkey Before and After Atatürk, London

Jessop, B. (2002a): Globalisation and the National State, in: Aronowitz, S./Bratsis, P. (Hrsg): Paradigm Lost: State Theory Reconsidered, Minneapolis, pp. 185-216

– (2002b): The Future of the Capitalist State, Cambridge

Jileva, E. (2004): Do norms matter? The principle of solidarity and the EU's eastern enlargement, in: Journal of International Relations and Development, 7

Kasaba, R. (1998): Review Article, in: New Perspectives on Turkey, 18, Spring

Keyder, Ç. (2004): The Turkish Bell Jar, New Left Review, 28

Keyman, E. F. (1995): On the Relation Between Global Modernity and Nationalism: The Crisis of Hegemony and the Rise of (Islamic) Identity in Turkey, in: New Perspectives on Turkey, 13, Fall

–/İçduygu, A. (2003): Globalization, Civil Society and Citizenship in Turkey: Actors, Boundaries and Discourses, in: Citizenship Studies, Vol. 7, Nr. 2

Kirkpatrick, C./Öniş Z. (1991): Turkey, in: Mosley, P. et al. (Hrsg.), Vol. II

Mardin, Ş. (1969): Power, Civil Society and Culture in the Ottoman Empire, in: Comparative Studies in Society and History, Vol. 12

Mosley, P./Harrigan, J./Toye, J. (1991): Aid and Power: The World Bank and Policy-based Lending, Vols. I-II, London

Mouzelis, N. (1994): The State in Late Development, in: Booth, D. (Hrsg.): Rethinking Social Development, London

North, D. (1990): Institutions, Institutional Change and Economic Performance, Cambridge

Oszlak, O. (1986): Public Policies and Political Regimes in Latin America, in: International Social Science Journal, Nr. 108

Outhwaite, W. (2000): Social Structure, in: Sakwa, R./Stevens, A. (Hrsg.): Contemporary Europe London

Öniş, Z. (2004): Turgut Özal and his Economic Legacy: Turkish Neo-Liberalism in Critical Perspective, in: Middle Eastern Studies, Vol. 40, Nr.4, 113-134

– (2006): Globalisation and party transformation: Turkey's Justice and Development Party in perspective, in: Burnell, Peter (Hrsg.): Globalising Democracy: Party politics in emerging democracies, London

Patton. M. (2007): AKP Reform Fatigue in Turkey: What has happened to the EU Process?, in: Mediterranean Politics, Vol. 12, Nr. 3, 339-358

Rodrik, D. (1991): Comment on Turkey, in: Thomas, V. et al. (Hrsg.): Restructuring Economies in Distress, a World Bank Publication, Oxford

Spruyt, H. (1994): The Sovereign State and Its Competitors, New Jersey

Sunar, İ. (1996): State, Society and Democracy in Turkey, in: Mastny, V./Nation, C. (Hrsg): Turkey Between East and West, Boulder

Tocci, N. (2004): Anchoring Turkey to the EU: The Domestic and Foreign Policy Challenges Ahead, in: Evin, A./Tocci, N. (Hrsg): Towards Accession Negotiations: Turkey's Domestic and Foreign Policy Challenges Ahead, Proceedings from the Third Annual EU-Turkey Conference, Siena, 20-21 October, 2003

– (2005): Europeanisation in Turkey: Trigger or Anchor for Reform?, in: South European Society and Politics, Vol. 10, Nr. 1

Toprak, B. (1996): Civil Society in Turkey, in: Norton, A.R. (Hrsg.): Civil Society in the Middle East, Leiden

Van Apeldorn, B. (2005): Transnational Business: Power Structures in Europe's Political Economy, in: Kaiser, W./Starie, P. (Hrsg.): Transnational European Union, London

Von Haldenwang, C. (2005): Systemic Governance and Development in Latin America, in: Cepal Review 85, April

Yalman, G. (2001): Bourgeoisie and the State: Changing Forms of Interest Representation within the Context of Economic Crisis and Structural Adjustment: Turkey during the 1980s, unveröffentlichte PhD-Dissertation, University of Manchester, UK

– (2002): State and Bourgeoisie in Historical Perspective : A Relativist Paradigm or A Panoply of Hegemonic Strategies?, in: Balkan, N./Savran, S. (Hrsg.): The Politics of Permanent Crisis: Class, State and Ideology in Turkey, New York

Özlem Onaran

Die Türkei in der Globalen Ökonomie: Was sind die Auswirkungen auf die Arbeitsverhältnisse?

1 Einführung

Der vorliegende Text diskutiert den Wachstumspfad der Türkei in der post-1980er Periode mit Fokus auf die Auswirkungen auf die Arbeitsverhältnisse. Die Einkommens- und Lohnpolitik spielte eine entscheidende Rolle den Druck auf die Profitraten auszugleichen, der sich durch den Integrationsprozess der Türkei in die globale Ökonomie erhöhte. Der Wachstumspfad der Türkei wurde zunehmend abhängig von Kapitalflüssen, die zugleich Aufschwung und Krisen, sogenannte „boom-and-bust" Zyklen, generierten, die insbesondere durch die Krisen von 1994 und 2001 in Umverteilungsschocks auf Kosten von Lohn- und Arbeitseinkommen mündeten. Dieser Text wird den Trend in der Lohn- und Beschäftigungsentwicklung diskutieren um die Dynamik und Persistenz dieser Umverteilungsschocks aufzudecken. Seit 2006 sieht sich die Türkei mit neuen Risiken aus inländischer und internationaler finanzieller Fragilität konfrontiert, die neue ökonomische Turbulenzen hervorbringen. In diesem Kontext ist es für eine Politikstrategie besonders wichtig, die Umverteilungskonsequenzen von Finanzkrisen nachzuvollziehen.

Der Rest des Artikels ist wie folgend aufgebaut. Abschnitt zwei diskutiert das Wachstumsregime und die „boom-and-bust" Zyklen in der Türkei. Abschnitt drei erläutert die Dynamiken funktionaler Einkommensverteilung mit dem Schwerpunkt auf der Lohnquote. Abschnitt vier präsentiert die Entwicklung von Beschäftigung und Arbeitslosigkeit. Abschnitt fünf diskutiert die institutionellen Aspekte des Arbeitsmarktes und Abschnitt sechs fasst zusammen.

2 Das Wachstumsregime und die „boom-and-bust"-Zyklen in der Türkei

In den 1980er Jahren erlebte die Türkei maßgebliche strukturelle Veränderungen, die sich in einer Verschiebung von einer import-substituierenden Industrialisierungsstrategie hin zu einem export-orientierten Wachstumsmodell ausdrückte. Dies wurde durch ein orthodoxes Strukturanpassungsprogrammen implementiert, das üblicherweise der IWF und die Weltbank verordnen. Seitdem ist die wirtschaftspolitische Entwicklungsstrategie durch einen Abbau von staatlichen Regulierungen im Finanz-, Waren- und Arbeitsmarkt, sowie einer internationalen Öffnung von Handel, ausländischen Direktinvestitionen und Kapitalflüssen geprägt. Die Umverteilung zu Gunsten von Kapitalinteressen wurde durch den Militärputsch von 1980 und einer radikalen Änderung des Arbeitsrechts eingeleitet und drückte sich in Form einer anfänglichen drastischen Senkung der Lohnquote aus. Dies bildete einer der wichtigsten Instrumente der export-orientierten Strategie, den Konkurrenz- und Wettbewerbsdruck auf die Kapitalfraktionen zu moderieren. Diese Politik der liberalisierten Märkte und Spezialisierung auf „komparative Vorteile" des Landes versprach zum einen Effizienz, Export, Wachstum und ausländische Kapitalflüsse zu erhöhen, und zum anderen alle Produktionsfaktoren nach ihren jeweiligen marginalen Produktivitäten zu entlohnen, die eine gerechte Einkommensverteilung und schließlich auch einen Anstieg der Arbeitseinkommen gewährleisten sollte.[1]

Die Türkei liberalisierte 1989 ihre Kapitalmärkte als zweite Stufe ihrer Integration in die Weltwirtschaft. Die Kapitalflüsse setzten sich hauptsächlich aus volatilen Portfolioinvestitionen und kurzfristigen Krediten zusammen, der Anteil der ausländischen Direktinvestitionen (ADI) an den gesamten Finanzflüssen war, mit Ausnahme der Jahre 1989, 2002 und letztlich 2006/2007, zwischen 10-20 Prozent limitiert. Kurzfristige und spekulative Kapitalflüsse führten zu einem fragilen Wachstumspfad und lösten Aufschwungsphasen aus, die typischerweise von Wirtschaftskrisen gefolgt wurden.[2] Die akkumulierten Risiken die mit einer aufgewerteten Währung und hohen Leistungsbilanzdefiziten in Verbindung standen, kombiniert mit einer Misswirtschaft der Binnenverschuldung durch die Regierung, die kurz vor den Parlamentswahlen die unausführbare Obsession hatte die Zinsraten zu senken, löste 1994 eine massive Kapitalflucht aus. Diese erste Währungskrise nach der Liberalisierung des Kapitalmarktes führte zu einer Abwertung der Währung um 23,9 Prozent und zu einer schweren Rezession mit einem Bruttosozialprodukteinsturz von 6,1 Prozent am Ende des Jahres.

Es dauerte nicht lange bis internationale Investoren begannen von den gesunkenen Vermögenspreisen an der Börse und im Anleihemarkt, sowie von der kürzlich abgewerteten Währung zu profitieren. Die Kapitalflüsse behielten in der Periode von 1995-2000 ein hohes Niveau. Ende 1999 wiederholte die Türkei den Fehler, den vorher bereits mehrere Entwicklungsländer begangen, einen Währungsanker als Teil eines Anti-Inflationsprogramms zu implementieren. Wie in vielen anderen Ländern bereits vorher beobachtet wurde, wies die Entwicklung in 2000 nach, dass ein lediglich auf Währungsparität basierender nominaler Anker nur teilweise erfolgreich war die Inflation unter Kontrolle zu bringen. Der Inflationsrückgang reichte nicht aus, um die signifikante reale Aufwertung der Währung, die bis 15,9

Prozent reichte, zu verhindern. Gleichzeitig stieg das Leistungsbilanzdefizit auf 4,9 Prozent des Bruttosozialproduktes, was ein höherer Anteil als vor der Krise 1994 war. Unsicherheiten bezüglich der Aufrechterhaltbarkeit des Leistungsbilanzdefizits und finanzielle Risiken im Privatbankensektor luden eine Serie von pessimistisch-spekulativen Erwartungen ein und die Türkei erlebte eine noch schärfere Krise zu Beginn 2001.[3] Die Kapitalflucht summierte sich bis Ende des Jahres auf 11,3 Prozent des BSP, das wiederum einen historischen Einsturz von 9,5 Prozent verzeichnete.

Zieht man aus den Wachstumszahlen Bilanz, so wird deutlich, dass die durch hohe Volatilität und Krisen gekennzeichnete erste Dekade der internationalen Finanzmarktliberalisierung (1990-2001), mit jahresdurchschnittlichen drei Prozent BSP Wachstum, unter den vier Prozent Jahresdurchschnitt in den 1980ern lag. Dem muss hinzugefügt werden, dass auch die Wachstumszahlen der 1980er, die sich nach der Implementierung des export-orientierten Strukturanpassungsprogramms ergaben, generell unter den Werten der vorhergehenden Dekade der import-substituierenden Industrialisierung lagen (4,8 Prozent Jahresdurchschnitt zwischen 1970-1979). Hieraus kann zusammengefasst werden, dass die Integration in die Weltwirtschaft, die hauptsächlich in einer Verschiebung der industriellen Kapazitäten in Richtung internationale Märkte durch eine signifikante Kontraktion der Binnennachfrage bestand, nicht in der Lage war ein höheres Wirtschaftswachstum zu stimulieren.

Die verheerende Finanzkrise von 2001 und ihre dramatischen Auswirkungen auf die Löhne und Beschäftigung schafften die Voraussetzungen für eine Verschiebung der politischen Kräfte, aus der die pro-islamische „Partei der Gerechtigkeit und Entwicklung" (AKP) an die Macht kam. Nichtsdestotrotz setzte die neue AKP-Regierung eine neoliberale Wirtschaftspolitik fort, die vom IWF und der EU unterstützt wurde und sowohl den Interessen großer inländischer Kapitalfraktionen als auch denen von internationalen Investoren diente. Trotz politischer Konflikte zwischen der Regierung, Geschäftskreisen und der Militärkaste verlief die Wirtschaftspolitik in dieser Periode generell konfliktfrei. Das Ziel der AKP eine pro-islamische kapitalistische Klasse[4] und bürokratische Kader zu etablieren und zu stärken, provozierte Ängste und Widerstand aus dem herrschenden Establishment, das sich aus großen Konglomeraten sowie Militär und ehemaligen Bürokraten zusammensetzt, die versuchen ihre politische Macht und ihren Anteil an der ökonomischen Wohlfahrt des Landes zu verteidigen. Zwischenzeitlich ausgetragene Konflikte mögen auf den ersten Blick als Konflikte über die wirtschaftspolitische Richtung und dessen Inhalt aussehen.[5] Tatsache aber ist, dass die Ursachen des Disputs in den Macht- und Verteilungskämpfen der alten und neu aufstrebenden Eliten zu finden sind. Grosse Arbeitgeberverbände in der Türkei unterstützten peu à peu die Wirtschaftspolitik der AKP, trotz anfänglichen Zögerns, wegen des politischen Drucks, der aus dem Militärestablishment kam. Nichtsdestotrotz hat der Konsens in der Wirtschaftspolitik nicht verhindert, dass zu Beginn 2008 ein juristisches Parteischließungsverfahren gegen die AKP in Vorbereitung ist, dessen Verlauf zu dem jetzigen Zeitpunkt noch unklar ist. Der Chefökonom einer großen türkischen Privatbank kommentiert die Situation wie folgt: Es sei alarmierend, dass

> die Opposition in der Türkei offensichtlich außerstande ist, eine entschiedene und überzeugende Alternative zur AKP anzubieten, die einen pro-EU Kurs, pro-globales Kapital, Pro-Privatisierung und eine Pro-Liberalisierungsagenda verfolgt um politisches Kapital aus diesem Prozess zu schlagen (Akçay 2008).

Auf der anderen Seite kommt die Mehrheit der AKP Stimmen paradoxerweise von den arbeitenden Massen, Armen und Unterprivilegierten, die eindeutig die negativen ökonomischen Konsequenzen der Wirtschaftspolitik der AKP – nach der Krise 2001 sinkende und auf sehr niedrigem Niveau stagnierende Reallöhne, hohe und persistente Arbeitslosigkeit – zu spüren bekommen. Die Regierung war in der Lage, zum einen die religiöse Karte auszuspielen und insbesondere durch den „Kopftuchdisput" die Aufmerksamkeit von den Lebensstandards auf Identitätsfragen zu lenken und zum anderen Hoffnungen und Erwartungen der breiten Mehrheit der Arbeitenden nach materieller Wohlfahrt mit der Wiederherstellung und Aufrechterhaltung von ökonomischer Stabilität zu koppeln. Begrenzte und gezielte Sozialhilfeleistungen an die Ärmsten und zwischenzeitliche Hervorhebung der Gesundheitspolitik verstärkten diese optimistische Erwartungshaltung. Hinzu kommt, dass ein Diskurs der regionalen Investitionsförderung kleine und mittelständische Betriebe und Unternehmen hoffen ließ, die ansonsten negativ von der Wirtschaftspolitik der Regierung betroffen sind, die sich hauptsächlich an große Unternehmen richtet.

Nach der Krise 2001 erfreute sich die Türkei an einem ununterbrochenen und hohen BSP-Wachstum von jahresdurchschnittlich 7,5 Prozent zwischen 2002 und 2005. Wie in anderen vergleichbaren aufstrebenden Ökonomien, den sogenannten *emerging markets*, waren hohe Kapitalflüsse die entscheidende Finanzierungsquelle dieser Wachstumszahlen. Nach den gesunkenen Preisen auf den Anlagemärkten führte die abrupte Abwertung der Währung erneut zu einem Rückgang der bereits niedrigen Vermögenspreise in ausländischer Währung und senkte gleichzeitig die Wahrscheinlichkeit für einer Folgeabwertung, aus der sich Aufwertungserwartungen der Währung für die Folgeperiode speisten. In dieser Periode nach 2001 sicherte der EU-Anker zusätzlich die Kapitalflüsse, und die Direktinvestitionen verzeichneten einen signifikanten Anstieg, die durch politische Bekenntnisse für Privatisierung und Deregulierung, die hohe Abwertung und die gefallenen Vermögenspreise einen Aufschwung erlebten.[6] Ende 2005 war das Resultat eine klassische Aufwertung der Währung und das Leistungsbilanzdefizit erreichte einen historischen Höhepunkt von 6,4 Prozent des BSP. Zu dieser Zeit schien auch nur der Hinweis auf die Risiken, die mit derartig hohen Leistungsbilanzdefiziten verbunden waren, als vollständig pessimistische Panikmache. Die Märkte zelebrierten diesen Prozess als eine grundlegend neue Ära, in der der EU-Anker eine wichtige Rolle spielte, die politischen Risiken zu senken und zusätzliches Potential für höhere Direktinvestitionen zu schaffen. Die Optimisten hoben zusätzlich hervor, dass das Leistungsbilanzdefizit neue Privatinvestitionen finanziere, die die Konkurrenzfähigkeit und Exporte stärken würden. Die Regierung wies auf die Auswirkungen der gestiegenen Ölpreise hin, die sie als Ursache für den Anstieg der Leistungsbilanz verantwortlich machte, und schien auf korrigierende Mechanismen eines freien Wechselkurssystems zu vertrauen, das nach der Krise parallel mit einer Zielinflationspolitik implementiert wurde um spekulative Erwartungen zu vereiteln. Gleichzeitig wurde der steigenden Auslandsverschuldung des privaten Sektors und den Währungsrisiken, den dieser ausgesetzt ist, wenig Aufmerksamkeit geschenkt.

Der Optimismus über den Beginn eines neuen Zeitalters für die Türkische Ökonomie wurde jedoch durch die globalen Turbulenzen in der Weltwirtschaft im Mai und Juni 2006 getrübt. Obwohl der Anfangsschock langsam abgebaut wurde, blieb die Türkei im Nachhinein in einer fragilen Situation (Onaran 2006 und 2007a). Die Risiken der Abhängigkeit der Realwirtschaft von internationalen volatilen Kapitalflüssen wurden durch einen unmittelbaren Rückgang der Wachstumszahlen im dritten Jahresquartal demonstriert, der sich 2007 fortsetzte. Die hohe Wachstumsleistung nach 2002 wurde zwar Vorzeigezeugnis der regierenden AKP, nichtsdestotrotz wird die strukturelle Fragilität dieser Periode jetzt durch neue Turbulenzen in den globalen Finanzmärkten getestet, die insbesondere seit Juli 2007 langsam auftauchen.

3   Einkommensverteilung und Löhne

Inländische und ausländische Investoren profitierten vom „boom-and-bust" Zyklus, in dem sie An- und Verkaufgeschäfte von in türkischer Währung nominierten Vermögenswerten trieben. In Krisenzeiten gehen aus diesem Prozess Gewinner und Verlierer hervor. Dies bedeutet aber nicht, dass es auch notwendigerweise zu Konflikten zwischen den Profitquoten aus dem Finanz- und Nicht-Finanzsektor kommen muss. Die Lohnquote hingegen hat in allen Ländern, die eine Währungskrise erlebt haben, abgenommen (Onaran 2007b und 2009) und Produktionskostenerhöhungen, die mit gestiegenen Finanzverbindlichkeiten verbunden sind, kompensiert. Es gibt auch Belege dafür, dass Industrieunternehmen den Anteil der Finanzaktivitäten an ihren Gesamtumsätzen erhöht haben (Istanbul Chamber of Industry 2003).[7] Die gesamte Ära der Liberalisierung und Integration der Türkei in die Weltwirtschaft seit 1980 ist bemerkenswerterweise durch einen Rückgang der Lohnquote gekennzeichnet.[8]

Aufgrund fehlender umfassender Langzeitstudien für die gesamte Lohnniveauent-wicklung, basiert die vorliegende Analyse auf Lohnquoten aus der Manufakturin-dustrie. Ausführliche Daten für die gesamte Lohnquote sind erste seit 1987 zugäng-lich. Beide Zeitreihen sind in Schaubild 1 zu sehen.[9]

Die internationale Konkurrenzfähigkeit der Türkei beruhte in der Ära der Li-beralisierung auf niedrigen Löhnen. Wie aus der Graphik deutlich zu sehen ist, brach die Lohnquote in der Anfangsphase der neoliberalen Strukturanpassung massiv ein. In der Folgeperiode fand nur eine graduelle und kurzfristige Erholung der Lohnquote statt. Hervorzuheben ist die kurze Periode zwischen 1989-1991, in der die nach dem Militärputsch geschlossenen und Ende der 1980er Jahre wieder zugelassenen Gewerkschaften große Arbeitskämpfe lieferten. Die beiden Finanz-krisen von 1994 und 2001 unterbrachen dies und führten zu einem deutlichen und nachhaltigen Rückgang der Lohnquote in der Türkei. Ein Jahr nach der Krise von 1994 lag die Lohnquote um 24,8 Prozent unter dem Wert vor der Krise in 1993. Das Ausmaß in 2001 fiel weitaus dramatischer aus. Obwohl im Folgejahr der Krise ein zügiger wirtschaftlicher Aufschwung stattfand und das Bruttosozialprodukt-niveau vor der Krise erreichte wurde, fiel die Lohnquote (im Manufaktursektor) kontinuierlich bis 2006, und dieser Rückgang summierte sich in dieser sechsjähri-gen Periode von einem anfänglichen Einbruch von 13,7 Prozent auf insgesamt 30,2

Schaubild 1: Lohnquote an der Wertschöpfung, in Prozent (1970-2006)

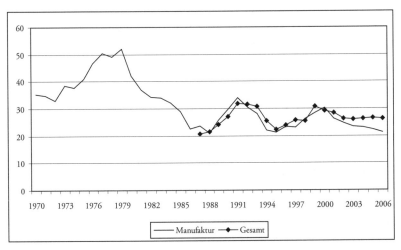

Quelle: Daten aus der volkswirtschaftlichen Gesamtrechnung, verbunden mit Jährlicher
  Erhebung der Beschäftigung, Löhne, Produktion und Trendverlauf in der Manufakturindustrie für die Periode 1970-1986, eigene Berechnung basierend auf Daten des Staatlichen Statistikamtes.

Prozent. Mit der Krise von 2001 wurde nicht nur die langsame Erholungsphase der Löhne nach 1994 unterbrochen, sondern die Lohnquote befand sich 2006 unter dem Niveau von 1994 und deutete mit einem Rückgang von 59,4 Prozent, im Vergleich zu 1979, auf ein historisches Tief hin.

Ökonomische Krisen sind stets mit einem Einbruch der Lohnquote verbunden, jedoch überstieg der Anteil des Rückgangs der Lohnquote deutlich den prozentualen Einbruch der Produktion. Insbesondere im privaten Sektor folgten massive Lohnsenkungen, weil die Angst vor Arbeitsplatzverlust aufgrund von Produktionsrückgang oder Bankrotten anstieg. Hiermit setzten die organisierten Arbeitgeber die Gewerkschaften unter Druck, entweder dramatische Lohnsenkungen hinzunehmen oder Entlassungen ohne Abfindungen zuzustimmen, um den Verlust weiterer Arbeitsplätzen zu verhindern. Als die Krise schließlich überwunden und Profitabilität wiederhergestellt wurde, trugen die Arbeiter weiterhin die Last der Anpassung. Die Krise führte zu einem „Hysterie-Effekt" der die Verhandlungsposition der Gewerkschaften für eine lange Zeit schwächte. Der Schock der Krise und die ultimative Notwendigkeit den Exportsektor wettbewerbsfähig zu halten, wurde zu einem dominanten Aspekt des Arbeitgeberdiskurses, der oppositionelle und militante Tarifverhandlungen von Gewerkschaften vereitelte, deren verbliebene Mitglieder sich häufig mit einem dramatischen Verlust der materiellen Lebensbasis und hohen Schulden konfrontiert fanden. Dies ist ein Unheil, das die Arbeiter in vielen Ländern teilen. Diwan definiert Krisen als Episoden von Verteilungskämpfen, die Verteilungsängste hervorrufen (2001). Crotty und Lee heben die Rolle von Krisen hervor, radikale neoliberale Restrukturierung durchzusetzen, die unter demokratischen Prozeduren und Strukturen sowie in normalen ökonomischen Zeiten nicht durchsetzbar wären. Unmittelbar nach der Krise werden gewöhnlich IWF-Auflagen und Konditionen akzeptiert um an *bailing-out*-Kredite zu gelangen und internationale Gläubiger zu schützen. Parallel steigt die Staatsverschuldung aufgrund von Bürgschaften an das Finanzsystem und an verschuldete Unternehmen. Um diese steigenden Schulden zu bedienen, wird das Erzielen von Primärbudget-Überschüssen zur vordringlichen Aufgabe des Nationalstaates, das mit Privatisierungen von meistens profitablen Unternehmen zu niedrigen Preisen oder exklusiver Lizenzvergabe an ausländische Kapitalgeber flankiert wird. Wie oben erwähnt, werden die Steuerlasten hierbei nicht auf die Kapitalinteressen sondern auf Arbeiterlöhne abgewälzt.

Die Hauptursache für das Schrumpfen der Lohnquote während der Krise ist der Wertverlust der Reallöhne, die teilweise auf den Inflationsschub durch die Abwertung und teilweise auf das Schwinden der Verhandlungsmacht durch sinkende Beschäftigung zurückzuführen sind. Schaubild 2 zeigt die jährliche Veränderung der mit dem Konsumentenpreisindex bereinigten Reallöhne in der Manufakturindustrie.

Schaubild 2: Jährliche prozentualle Veränderung der Reallöne (CPI bereinigt)

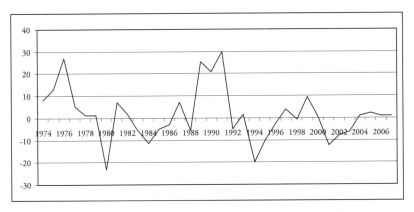

Die Beschäftigung hat in den Krisenjahren ebenso abgenommen, außer in 1980, als die Krise mit dem Militärputsch in Verbindung gebracht wurde, die Entlassungen untersagte. In allen Krisenjahren übertraf der Rückgang der Reallöhne jedoch auch die Veränderungen in der Beschäftigung, und erreichte in den Krisenjahren von 1994 und 2001 dramatische Ausmaße. Diese Differenzen deuten darauf hin, dass die Löhne sensibler und flexibler auf die veränderten Konditionen im Arbeitsmarkt reagieren. Der Rückgang der Reallöhne übertraf ebenso die Abnahme der Produktivität, die in Krisenzeiten rückläufig war. Während in der darauf folgenden Wachstumsperiode die Produktivitäten wieder anstiegen, setzte sich die Abnahme der Reallöhne in einem Zeitraum von drei bis vier Jahren fort.[10] In den jeweiligen folgenden drei Jahren nach den Krisen von 1994 und 2001 erstreckten sich die Reallohnverluste auf 30 bzw. 24,5 Prozent. Die relative Erholung nach 2004 ist vernachlässigbar, weil die Reallöhne in 2007 immer noch mit 21,5 Prozent niedriger liegen als in 1979, trotz signifikanter Produktivitätssteigerung in den vergangenen drei Dekaden.

Zusätzlich zu dem Wachstumsrückgang und dem Entschwinden der Verhandlungsmacht der Arbeiter verschärfte der eingetretene Inflationsschub durch die Währungskrise den Rückgang der Löhne und reduzierte daher den Anteil der Arbeiter. Aufgrund der Importabhängigkeit der Türkei führte die Währungsabwertung zu einem Preisanstieg von importierten Waren und allgemein den Inputkosten für die Ökonomie. Der *pass-through*-Effekt der Abwertung auf inländische Preise generierte einen dramatischen Anstieg der Inflation, wenngleich auch die nominale Abwertung der Währung höher ausfiel. Das Ausmaß des Schocks hängt zum einen mit der Importabhängigkeit der Ökonomie zusammen und zum anderen mit der oligopolistischen Unternehmensstruktur, die eine Veränderung der Importpreise umgehend an die Konsumenten weiterleitet. Diese Preisschocks kommen nicht nur unerwartet, sondern treffen die Löhne der Arbeiter besonders hart. Die mit Arbeitslosigkeit konfrontierten Arbeiter sind, wie oben gezeigt, überwiegend nicht in der Lage ihre Nominallöhne an die Preissteigerungen anzupassen. In dieser Zwischenzeit nutzen die Unternehmen die asymmetrischen Machtstrukturen um die angestiegenen Inputkosten durch Lohnsenkungen zu kompensieren.

Die Abwertungsrate der Währung betrug 1994 169,5 Prozent und 2001 96 Prozent. Das Resultat war ein drastischer Verfall der Reallöhne und der Lohnquote während der Währungskrise. Berechnungen deuten darauf hin, dass ein Anstieg der Währungsabwertung um 10 Prozent zu 2,2 Prozent Rückgang der Lohnquote führt (Onaran 2007a). Eine ähnliche Entwicklung fand in der Anfangsphase der Liberalisierung und Öffnung statt, in der eine weitreichende Devaluierung der Währung die internationale Wettbewerbsfähigkeit der Türkei erhöhen sollte. Der entgegengesetzte Fall tritt ebenso ein, wenn in Phasen von Kapitalflüssen und Währungsaufwertung, wie z.b. zwischen 1989 und 1993, Arbeitgeber aufmerksamer gegenüber Lohnforderungen werden. Wie jedoch oben beschrieben wurde, dauerte diese Phase nicht lange an und wendete sich mit der Währungskrise in die umgekehrte Richtung.

Betrachtet man die Episoden zwischen den Krisen, dann ist nur eine schwache Erholung der Lohnquote festzustellen. Dies widerspricht den Erwartungen orthodoxer Wirtschaftstheorien die vorhersagen, dass einer Öffnung der Wirtschaft und Handelsliberalisierung, in mit Arbeit reichlich ausgestatteten Ländern, zu mehr Beschäftigung und höheren Löhnen führe.

4 Beschäftigung und Arbeitslosigkeit

Nach annähernd drei Dekaden extensiver Liberalisierung in der Türkei hat sich die Einkommensverteilung, entgegen den Versprechungen, die hiermit verbunden waren, deutlich zum Nachteil der Arbeiter verschoben und ist ungerechter geworden. Die Persistenz hoher Arbeitslosigkeit und die Abschwächung beschäftigungsschaffender Kapazitäten der Ökonomie gingen Hand in Hand mit geringeren Lohnkosten.[11] Diese Entwicklung ist besonders aufschlussreich, weil sie die neoliberale These, dass niedrigere Löhne zu mehr Beschäftigung führen, widerlegt. Bemerkenswert ist auch, dass sich diese Entwicklung in einer Zeit abspielt, in der Arbeitsmärkte durch zunehmende Flexibilisierung geprägt sind. Dies wird im fünften Abschnitt detaillierter diskutiert. Dieses Phänomen ist nicht spezifisch für die Türkei. Die Stagnation oder die Abnahme der Beschäftigung in der Manufakturbranche kann auch in den osteuropäischen und lateinamerikanischen Ländern beobachtet werden. Dies zeigt, dass die Zunahme von globalem Wettbewerb zu einem Rückgang der beschäftigungsschaffenden Kapazität von ökonomischem Wachstum, insbesondere in der hier fokussierten Manufakturindustrie, geführt hat.

Für die Türkei kann gesagt werden, dass die Periode nach 2001 durch ein beschäftigungsloses Wachstums geprägt war, was vor allem für Arbeiter schmerzhaft war. Unmittelbar nach der Krise 2001 stieg die landesweite Arbeitslosigkeit auf 8,5 Prozent an, was insbesondere in den urbanen Räumen zu einer Zunahme der Unterschicht, Kriminalität und Gewalt führte (siehe Schaubild 3). Die Arbeitslosigkeit in den Städten stieg 2001 von 11,9 Prozent auf 14,6 Prozent in 2002. Eine Erholung der Beschäftigungszahlen begann erst fünf Jahre später. Allerdings lagen 2007 die Arbeitslosenraten über denen von 2001. Darüber hinaus haben die Turbulenzen auf den Finanzmärkten und das hieraus eingetretene Nachlassen des Wachstums den Aufschwung verlangsamt. Die vollen Auswirkungen müssen noch abgewartet werden.

Schaubild 3: Arbeitslosigkeit (in Prozent)

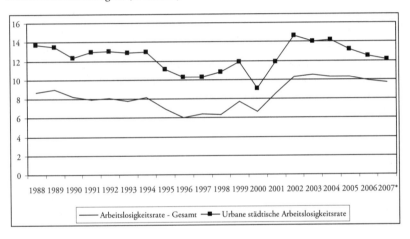

Das Ausmaß und die Auswirkungen der Arbeitslosigkeit auf Frauen und Jugendliche sind noch verheerender. Die Arbeitslosigkeit unter Frauen, die in den Städten leben, liegt bei 17 Prozent, bei einer geringen Erwerbsquote von lediglich 29,4 Prozent (Januar-Oktober 2007). In der Türkei liegt die generelle Erwerbsquote der urbanen Bevölkerung bei 40,2 Prozent. Die geschlechtsspezifische Arbeitsteilung, der Mangel an erschwinglichen Kindertagesstätten und die niedrigen Löhne auf dem Arbeitsmarkt, führen zu einem systematischen Ausschluss von vielen Frauen, aus Erwerbsverhältnissen. Die Türkei nutzt somit nicht die vollen produktiven Kapazitäten und Leistungen ihrer weiblichen Bevölkerung. Auch wenn Frauen die nicht einer Lohnarbeit nachgehen, durch die unsichtbare Hausarbeit produktiv sind, reflektiert dies nicht nur einen Bruchteil ihrer produktiven Leistungen, sondern verstärkt die Ungleichheit durch zunehmende Exklusion aus dem ökonomischen und sozialen Leben, sowie aus dem politischen Entscheidungsprozessen. Nichtsdestotrotz reicht es nicht aus, Frauen zur Partizipation am Arbeitsmarkt zu ermutigen; die Türkei muss eine gezielte makroökonomische Beschäftigungspolitik umsetzten, die mit einem höheren Beschäftigungsziel für Frauen kombiniert. Dies wird im Rahmen ökonomischer und sozialer Konvergenz im Prozess der EU-Mitgliedschaft weiterhin einer der wichtigsten Themen sein.

5   Arbeitsmarktinstitutionen und Flexibilisierung

Mainstream-Theorien führen den geringen Anstieg der Beschäftigung in der Türkei und in anderen Entwicklungsländern, aber auch in entwickelten Industrieländern, auf Arbeitsmarktrigiditäten zurück. Die Analyse der Arbeitsmarktentwicklung nach dem Strukturanpassungsprogramm zeigt jedoch, dass die Arbeiter die gesamte Last der ökonomischen Umorientierung an das nach außen gerichtete Wachstumsmodell getragen haben. Der türkische Arbeitsmarkt war kein Hindernis für die Strukturanpassung, im Gegenteil, die drastische Flexibilisierung der Reallöhne leistete einen essentiellen Beitrag, einen rigide nach oben gerichteten Trend der Profitraten zu ermöglichen und nachhaltig fortzusetzen.

Die institutionelle Struktur des Arbeitsmarktes, die durch eine Handvoll Regulierungen zum Schutz von Arbeiterrechten und einen geringen Grad an Verbindlichkeit charakterisiert ist, die markante Erosion der Kräfte der Gewerkschaften in den vergangen drei Dekaden, die Abwesenheit eines Arbeitslosenversicherungssystems bis 2002, das niedrige Niveau des gesetzlichen Mindestlohns,[12] der ausgedehnte informelle Sektor (der mittlerweile so groß ist wie der formelle, nicht-agrarische Privatsektor), indem noch geringere Löhne als der Mindestlohn üblich sind, und eine sogar im formellen Sektor fehlende adäquate Indexierung der Löhne an die Inflation, erzeugen ein ernstes Glaubwürdigkeitsdefizit von Argumentationen, die Arbeitslosigkeit auf Arbeitsmarktregulierungen und -verzerrungen zurückführen (Onaran 2002).

Die Geschichte der Strukturanpassung in der Türkei zeigt, dass Veränderungen im Arbeitsrecht einen entscheidenden Beitrag zum Rückgang der Lohnquote geleistet haben. Die Militärgesetze, die zwischen 1980-1983 in Kraft waren, verboten gewerkschaftliche Aktivitäten und setzten Streiks und Arbeitskämpfen administrativ ein Ende. Das Grundgesetz von 1982 und die entsprechende Arbeitsgesetzgebung schränkten Arbeiterorganisationen, kollektive Tarifverhandlungen, Streiks und Arbeitsniederlegung und damit den gesamten gesellschaftlichen Rahmen für gewerkschaftliche Aktivitäten entscheidend ein. Das Streikrecht wurde auf Unstimmigkeiten in kollektiven Tarifverhandlungen limitiert. Gewerkschaften wurden jegliche politische Aktivitäten sowie formelle und informelle Verbindungen zu politischen Parteien verboten. Diese restriktiven Regulierungen wurden auch in der Folgeperiode, nach der Rückkehr zum parlamentarischen Regime beibehalten. Das Ausmaß der gewaltsamen Zerschlagung linker Organisationen erzeugte auch nach dem Ende der Militärdiktatur einen weiteren Korrosionsprozess der organisierten Arbeiterkräfte und verstärkte im Allgemeinen die Entpolitisierung der Arbeiterklasse.

Trotz dieser einschneidenden Re-regulierung des Arbeitsmarktes, prägten Forderungen nach weiterführender Flexibilisierung Mitte der 1990er Jahre erneut die politischen Debatten. Arbeitgeberverbände fühlten sich von einer Erholung der Reallöhne nach 1989 gestört und initiierten Debatten über Arbeitsmarktflexibilisierung. Der beschlossene und bevorstehende Eintritt in eine Zollunion mit der Europäischen Union spielte einen einflussreichen Faktor in diesem Prozess, weil es die Arbeitgeber dazu brachte, neue Mittel und Mechanismen zu finden, um die Wirtschaft durch Lohnunterdrückung an eine noch größere Liberalisierung anzupassen. Die jährlichen Ausführungen zu den Arbeitsmarktentwicklungen in den OECD Berichten (OECD 1996: 79) bringen sehr deutlich zum Vorschein, wie informelle Praktiken auch im formellen Sektor zur Anwendung kommen um Regulierungen zu umgehen.[13]

Die Türkei hat zuletzt ihr Arbeitsrecht 2002 verändert und einen weiteren Schritt in Richtung Arbeitsmarktflexibilisierung getan (Taymaz/Özler 2003). Erstens wurde eine gesetzliche Basis für halbtags und befristete Beschäftigung geschaffen. Es wurde erwartet, dass die Arbeitgeber die Lohnkosten durch befristete Anstellung und Auslagerung reduzierten. Zweitens senkte das neue Gesetz die Kosten für Entlassungen und Stilllegung von Mitarbeitern. Drittens wurde die Mitarbeiteruntergrenze in Unternehmen auf 30 erhöht, ab der der Beschäftigungsschutz zur Anwendung kommt.

Im Folgenden werden die maßgeblichen Indikatoren der Arbeitsmarktinstitutionen und der Flexibilisierung diskutiert. In der Türkei sind sowohl Beschäftigungsverhältnisse und Arbeitszeitreglungen als auch Löhne weitestgehend flexibel geregelt. Die Flexibilisierung hat die Last der Anfangsphase der Strukturanpassung und auch der Krisenperioden von den Arbeitgebern auf die Arbeiter abgewälzt. Die nach der Krise weit verbreitete unbezahlte Urlaubsreglung war einer der frappierenden Beispiele dieser Flexibilisierung. Angesichts der Drohung von Arbeitsplatzverlust nahmen viele Arbeiter verschlechterte Arbeitsbedingungen hin und verzichteten auf Rechte und Reglungen aus vorangegangen Tarifverhandlungen. Eine Studie der Metallarbeitergewerkschaft zeigt, dass Arbeitsplatzsicherung einen Vorrang vor Löhnen, auch im Niedriglohnbereich, hat (Özuğurlu/Erten 1999). Nichtsdestotrotz schafft die erhöhte Flexibilisierung weder mehr Beschäftigung noch verbessern sich langfristig die Arbeitsbedingungen für die Arbeiter.[14]

Der niedrige Grad der gewerkschaftlichen Organisation widerlegt die Behauptung von Arbeitgebern und Neoliberalen, dass Gewerkschaften die Quelle für Rigiditäten und somit Arbeitslosigkeit wären. Dieser variiert in der Türkei zwischen 11-58 Prozent und die Deckungsrate der kollektiven Tarifverträge liegt bei lediglich 10-20 Prozent; trotz sektoraler Differenzen liegen diese Werte generell auf unterstem Niveau (Ilkkaracan/Levent 2006). Anstelle Rigiditäten auf Gewerkschaften zurückzuführen ist es aufschlussreicher über einen fehlenden aktiven sozialen Dialog und Institutionen zu sprechen, wie zum Beispiel eine Ausweitung von Betriebsräten, die den Gewerkschaften mehr Gehör verschaffen würde.

Weitere Indikatoren für Arbeitsmarktflexibilisierung wie sektorale Lohndifferentiale und Umsatz pro Beschäftigung zeigen, dass der türkische Arbeitsmarkt flexibler ist als z.b. in den USA (Taymaz/Özler 2005). Der Beschäftigungsschutzindex, den die Gewerkschaften scharf kritisieren, liegt im Vergleich zu anderen Ländern auf einem moderaten Niveau. Die neu verabschiedete Reform des Arbeitsrechts hat den generellen gesetzlichen Schutz vor Beschäftigungsflexibilisierung in der Türkei zwar signifikant erhöht (ebd.), und dieser liegt mittlerweile höher als in Deutschland, Polen und Spanien. Jedoch muss hinzugefügt werden, dass kleine Unternehmen mit weniger als 30 Beschäftigten von dem neuen Arbeitsrecht ausgeschlossen sind.

Die Arbeitszeiten signalisieren nicht nur die Flexibilität im Arbeitsmarkt sondern auch den perversen Zustand, dass in der Türkei hohe Arbeitslosigkeit und extrem hohe Arbeitszeiten koexistieren. Die allgemeine wöchentliche Arbeitszeit liegt bei 45 Stunden. Taylar und Özler haben jedoch kalkuliert, dass die durchschnittliche wöchentliche Arbeitszeit (Überstunden miteinbezogen) de facto bei 50,4 Stunden liegt und hiermit den Oberwert von 48 Wochenarbeitsstunden der EU Beschäftigungsdirektive überschreitet, an die die Türkei im Zuge des Mitgliedschaftsprozesses behauptet aufzuschließen. 77 Prozent der männlichen Beschäftigten in den Städten arbeiten mehr als 40 Stunden und 55 Prozent mehr als 50 Stunden die Woche (Daten aus 2003). Die Türkei befindet sich bezüglich des bezahlten Urlaubs ebenfalls weit entfernt von den EU Standards: Im Gegensatz zur EU-Direktive einer Mindesturlaubszeit von vier Wochen pro Jahr, haben in der Türkei Beschäftigte mit 5 Jahren Dienstzeit ein Anrecht auf 14 Tage und mit 6 bis14 Jahren auf 20 Tage bezahlten Urlaub (Taymaz/Özler 2005).[15]

Diese institutionellen Daten sind jedoch mit Vorsicht zu betrachten, denn die offiziellen Indikatoren für Arbeitsmarktflexibilität umfassen nur den formellen Arbeitssektor. Demgegenüber existiert in der Türkei ein großer informeller Arbeitssektor, der nicht unter das Arbeitsrecht fällt. Erhebungen des Staatlichen Statistikamtes in 2005 für Haushalts- und Erwerbsquoten schätzen 50 Prozent der Gesamtbeschäftigten, 34,2 Prozent der Beschäftigten und 22,7 Prozent der Lohnarbeiter im Nicht-Agrarsektor als nicht formell sozialversichert. In der privaten Manufakturindustrie liegt der Anteil der informellen Beschäftigung bei 41 Prozent und macht 25 Prozent der Wertschöpfung aus (Daten aus 2000; Taymaz/Özler 2005). Auf den ersten Blick mag die informelle Beschäftigung als Motor für die Schaffung von Arbeitsplätzen erscheinen, sie führt jedoch nicht nur zu Ausfällen von Steuereinkommen, sondern auch zur Fortsetzung einer Produktionsstruktur mit geringer Produktivität. Der geringe Grad der Einhaltung von existierenden Reglungen deutet auf den politischen Unwillen der Regierungen hin Arbeitsschutzgesetze durchzusetzen.

Der Anteil der Einkommenssteuer und der Sozialversicherungsabgaben der Arbeitgeber und Arbeitnehmer an den Arbeitskosten in der Türkei, der im Visier der Arbeitgeberverbände steht und als Ursache für die informellen Praxen vorgeschoben wird, liegt bei 42 Prozent (in 2002) und damit deutlich unter den Werten in einigen der neuen EU-Mitgliedsstaaten wie Ungarn, Polen, Tschechien, Slovakien und auch in einkommensstarken Ländern wie Deutschland und Österreich (Taymaz/Özler 2005). Eine gängige Praxis von Privatunternehmen, die Steuerabgaben zu umgehen, ist offiziell niedrigere Löhne auszuweisen, als unter der Hand an Beschäftigte ausgezahlt wird. Die Türkei muss sich in diesem Prozess entscheiden, ob sie zur Liga von Ländern aufschießen möchte, die in scharfer Konkurrenz zueinander versuchen, Wettbewerb durch Abbau von Steuern und Löhnen herzustellen, oder stattdessen ein soziales Wohlfahrtsystem möchte, dass auf hohen Produktivitäten und Löhnen sowie einem angemessenen öffentlichen Budget aufbaut.

6 Schlussfolgerung

Der massive Einbruch der Lohnquote und der Reallöhne sind die aufschlussreichsten Indikatoren, die politische Ökonomie und den Klassencharakter hinter dem militärischen Eingriff von 1980 und den folgenden drei Dekaden an Neoliberalismus zu verdeutlichen. Die Stabilität dieser Politik durch verschiedene Regierungen hindurch, von Mitte-Rechts bis Mitte-Links, diversen Koalitionsregierungen und der jetzigen pro-islamischen Regierung ist erstaunlich. Dieser durchgehende Anti-Arbeiter-Konsens wurde durch die der Arbeiterbewegungen nach 1980, sowohl der Gewerkschaften als auch der politischen Organisationen, begünstigt und nachhaltig ermöglicht. Eine Umorientierung ist heute mehr denn je eine politische Frage, als sie ein technisches Problem darstellt.

Seit 1980 wurde die Integration der Türkei in die Weltwirtschaft und ein Anstieg der Profitabilität der großen Konglomerate primär durch die Senkung der Reallöhne und einer Kontraktion der Binnennachfrage erzielt. Der Anstieg der Exporte beruhte in dieser Phase nicht auf neuen Investitionen und technologischem Fortschritt, sondern mehrheitlich auf der intensiveren Nutzung der in der Planwirtschaftsära in den 1960er und 1970er Jahren aufgebauten Produktionskapazitäten. Die Vernachlässigung von investitionsabhängigen Produktivitätssteigerungen limitierte ebenfalls potentielle Nebeneffekte der Exporten auf die Beschäftigung und Löhne. Festzustellen ist, dass der spätere Investitionsanstieg zwischen 2002-2005 bisher nicht in der Lage war den negativen Trend der Beschäftigung und der Löhne umzudrehen. Des Weiteren stellte sich heraus, dass die Investitionsorientierung durch Verschuldung von Finanzkapitalflüssen abhängt, die insbesondere in Zeiten von globalen Turbulenzen auf den Finanzmärkten ein wichtiger Risikofaktor für die Nachhaltigkeit des Wachstums darstellt.

Die Abhängigkeit der Türkei von internationalen Kapitalflüssen und die nach 1990 stattgefundenen Aufschwung-Krise-Zyklen haben deutliche und nachhaltige negative Auswirkungen auf die Lohnquote gehabt. Das Rätsel, aus neoliberaler Perspektive, warum die Beschäftigung trotz sinkender Löhne und steigender Arbeitsmarktflexibilisierung stagniert, kann mit Fakten aufgelöst werden, die eindeutig belegen, dass Beschäftigung sensibler auf Nachfragesteigerung reagiert als auf Lohnsenkungen (Onaran/Aydıner 2006). Die größtenteils von der Binnennachfrage angeregten Investitionen sind die Lokomotiven, die Nachfrage und Beschäftigung schaffen. In diesem Zusammenhang sind Löhne, die von neoliberaler Politik lediglich als Kosten rezipiert werden, in Wirklichkeit wichtige Komponenten der Binnennachfrage. Wenn Löhne unterdrückt werden, werden Produktion und Investitionen und demzufolge auch die Beschäftigung unterdrückt (Onaran/Yentürk 2001; Onaran/Stockhammer 2005). Diese Einsicht deutet darauf hin, dass Kapital privilegierende Einkommensumverteilung langfristig Wachstumspfade negativ beeinträchtigt. Die steigenden Profite wurden anstatt in Investitionen in physisches Kapital und Maschinen, zunehmend in Finanzinvestitionen kanalisiert. Die größten 500 Industrieunternehmen in der Türkei verzeichnen einen hohen und steigenden Anteil an Zins- und Finanzinvestitionseinkommen in ihren Bilanzen.

Dieser Prozess ist nicht spezifisch für die Türkei. Die globale Krise des Kapitalismus und die Finanzialisierung haben eine generelle Stagnation in Investitionen und hohe Arbeitslosigkeitsraten mit sinkendem Arbeitseinsatz in entwickelten und sich entwickelnden Ländern generiert. Ein gerechter Ausweg aus dieser Krise benötigt eine grundsätzliche Neudefinition der globalen Spielregeln. In Entwicklungsländern wie der Türkei, die keine Handelspolitik verfolgen, die eine industrielle Entwicklung und Einkommenspolitik priorisiert, wird der steigende globale Wettbewerbsdruck auf die Arbeiter abgewälzt. Ferner führt die steigende Frequenz von Krisen in der globalen Ökonomie zu einem kontinuierlichen Schrumpfen der Lohnquote. Die Abhängigkeit von globalen Exportmärkten und die destruktiven Effekte von spekulativen Kapitalflüssen erschwert es Ländern wir der Türkei, einen stabilen Entwicklungspfad zu verfolgen. Um einen potentiellen Nutzen aus der Internationalisierung zu ziehen und eine nicht nur nachhaltige sondern auch egalitäre industrielle Restrukturierung zu gewährleisten, ist eine Kombination aus sowohl Industrie- und Handelspolitik als auch Einkommenspolitik notwendig. Gefragt sind alternative makroökonomische Ansätze und Rahmen, sowie neue globale Institutionen, die helfen diese umzusetzen.

Aus dem Englischen von Ulaş Şener

Anmerkungen

1   Die Türkei hat mit der weitreichenden Öffnung und Handelsliberalisierung in den 1980er Jahren, im buchstäblichen Sinne einen Exportboom mit Manufakturprodukten erlebt, der sich in den 1990er Jahren nach der Zollunion mit der EU fortsetzte. Dieser Exportanstieg wurde von einem signifikanten Anstieg der Importe begleitet, die durch die Zollsenkungen beflügelt wurde. Das Handelsdefizit in der Manufakturbranche, das bereits in der Importsubstitutionsära hoch war, vergrößerte sich deutlich in den 1990er Jahren, aufgrund des aufgewerteten Wechselkurses und der 1995 mit der Europäischen Union beschlossenen Zollunion.

2   Für eine detaillierte Diskussion und Analyse dieser Periode siehe Yentürk (1999) and Onaran (2007b).

3   Für eine detaillierte Übersicht des Anti-Inflationsprogramms siehe Uygur (2001), Yeldan (2002), Akyüz/Boratav (2003) und Boratav/Yeldan (2006).

4   Die AKP hat organische Beziehungen zu dem islamisch-konservativen Arbeitgeberverband MÜSIAT. Abgesehen von einigen großen Unternehmen setzt sich dieser Verband jedoch hauptsächlich aus mittelständischen Unternehmen zusammen.

5   Der im Frühjahr 2006 in der Öffentlichkeit ausgetragene Konflikt um die Ernennung des neuen Zentralbankpräsidenten ist ein exemplarischer Fall für diese Machtkämpfe.

6   Nach 2001 wurde die EU gemeinsam mit dem IWF zum wichtigen Stabilitätsanker, der die Richtung des wirtschaftlichen Pfades und die Glaubwürdigkeit des Stabilitätsprogramms an internationale Investoren sicherte (vgl. Ataç/Grünewald 2008). Die Ziele des IWF Programms überlappten sich mit den ökonomischen Konditionen der EU-Mitgliedschaft, und die Aufsichtsrolle der EU erweiterte sich von den politischen Aspekten auf die wirtschaftliche Entwicklung.

7   Die Umsätze aus Finanziellen Aktivitäten von Nicht-Finanzunternehmen stehen nicht nur in Verbindung mir den Episoden der Währungskrise. Ataç/Grünewald diskutieren, dass „the increased financialisation of Turkey's economy after 1990s was both the result of liberalising the financial markets under the constraints of the global finance and the reorientation of sections of the Turkish bourgeoisie who shifted their economic activities towards the financial market" (2008). Epstein/Power berichten, dass in der Türkei, Mexiko und Korea die Anteile der Rentiereinkommen am Gesamteinkommen in der Folgeperiode der finanziellen Liberalisierung gestiegen sind (2003); dieser Anstieg erfolgte jedoch nicht auf Kosten der Nicht-Finanzunternehmen, was eher auf die materielle Abhängigkeit und Zusammenhang zwischen Industrie- und Finanzkapital hindeutet als auf offene Rivalität zwischen diesen Fraktionen. Diese Entwicklung steht offensichtlich mit einem Rückgang der Lohnquote in Verbindung, die die gestiegenen Finanzierungskosten der Industrieunternehmen kompensierten, sowie mit deren Möglichkeiten ihre Erlöse aus Finanztransaktionen zu steigern. Die Fiskalpolitik der Regierung, die eine Steuerpolitik zugunsten von Kapitaleinkommen verfolgte, und Infrastrukturinvestitionen, die per Binnen- und Auslandsverschuldung zu hohen Zinsraten betrieben wurden, spielten eine wichtige Rolle in diesem Prozess. Während der Anteil der Personalkosten im Staatsbudget kontrahierte, stieg der Anteil der Zinszahlungen wie in den meisten Entwicklungsländern auch in der Türkei an (Onaran 2007b). Die Forderungen von internationalen und inländischen Gläubigern genießen dabei Priori-

tät und die Lohn- und Sozialausgaben sowie die Investitionen müssen die Budgetkürzungen tragen.

8 Die Lohnquote ist definiert durch das Produkt von Durchschnittslohn/Arbeiter und der Anzahl der Beschäftigten, dividiert durch das BSP der Ökonomie (bzw. durch den Anteil der Wertschöpfung der Manufakturbranche).

9 Statistische Daten aus Volkswirtschaftlicher Erhebungen existieren erst seit 1987 für die Lohnquoten aus den übrigen Wirtschaftssektoren. Die hier zu Grunde gelegten Daten stammen aus den jährlichen Erhebungen für Beschäftigung, Entlohnung, Produktion und Tendenzen in der Manufakturindustrie, die zwischen 1950-2001 vom Türkischen Statistik Amt durchgeführt wurden und alle privaten und öffentlichen Unternehmen mit mehr als 10 Beschäftigten umfassten. Die Einkommens- und Lohndaten in der Untersuchung beinhalten Löhne, Einkommen, Überstundenzahlungen, Prämien, Kompensationen, Lohnnebenleitungen vor Abzug der Einkommenssteuer, Sozialversicherung und Pensionsprämien. Der Anteil der Sozialversicherungsabgaben die von den Arbeitnehmern gezahlt wurden ist nicht enthalten. Dies ist auch der Grund warum die Lohnquoten sehr niedrig ausfallen und nicht unmittelbar mit den Daten aus der Volkswirtschaftlichen Erhebung vergleichbar sind. Aufgrund einer Umstellung der statistischen Erhebungsmethode wurden die Daten nach 2001 nicht mehr veröffentlicht, weshalb die Statistik hier für die Periode 2002-2006 mit den jährlichen Veränderungen der Lohnquote des Manufaktursektors aus der Volkswirtschaftlichen Erhebung erweitert wurde. Beide Zeitreihen sind mit einem Korrelationskoeffizienten von 0,87 miteinander verbunden.

10 Als Ausnahme kann 1981 genannt werden, als die Löhne nach dem Militärputsch zunächst einen Anstieg verzeichneten.

11 In der Manufakturbranche ist die jährliche Beschäftigungssteigerung zwischen 1963-1979 von 5,7 Prozent auf 3,3 Prozent zwischen 1980-1995 gesunken. Die Werte für 1999-2005 fallen noch ernüchternder aus und kommen gerade mal auf jährliche 1,2 Prozent. In dieser letzten Periode sind die Reallöhne nicht gestiegen, sondern umgekehrt, um jährliche 4 Prozent geschrumpft. Gleichzeitig stieg die Produktivität, gemessen als Bruttosozialprodukt pro eingesetzten Arbeiter, um jährlich 6,4 Prozent.

12 Zum Vergleich, der halbjährlich festgelegte Mindestlohn, beträgt für die Periode Januar-Juni 2008, bei dem Wechselkurs von Mitte April 2008, 304 Euro Brutto (608 YTL) und 217 EURO Netto (434 YTL). Für Kinderarbeit (unter 16 Jahren) liegt der Nettolohn bei 185 EURO.

13 Der formelle Sektor profitiert dabei vom informellen Arbeitsmarkt durch Auslagerung bzw. *Subcontracting* Unternehmen. Eine weitere Taktik um gesetzliche Reglungen insbesondere das Tarifrechte der Gewerkschaften zu umgehen und Lohnflexibilität zu gewährleisten, besteht in der Fragmentierung und Aufteilung des Unternehmens in kleinere Firmen, die weniger als 10 Mitarbeiter beschäftigen und somit unter der Mitarbeiteruntergrenze liegen, ab der das Arbeitsrecht greift.

14 Bezüglich der Lohnflexibilität, zeigen Daten für den formellen Sektor, dass Löhne nach 1980 sehr sensibel auf Arbeitsmarktkonditionen bzw. Arbeitslosigkeit reagieren (Onaran 2002; İlkkaracan/Selim 2002; İlkkaracan/Yörükoğlu 2004).

15 Hinzugefügt werden sollte, dass die maximale 48-Stunden Reglung der EU-Beschäftigungsdirektive inkonsistent ist mit der heutigen technologischen Entwicklungen im

Kapitalismus, die eine signifikante Senkung der Wochenarbeitszeiten und damit zusätzliche Schaffung von Arbeitsplätzen erlaubt. Die Arbeitgeberverbände in der EU widersetzten sich nicht nur einer Arbeitszeitverkürzung sondern versuchen in bestimmten Fällen, z.b. im Dienstleistungssektor in Deutschland und Frankreich, diesbezüglich gewonnene Rechte der Arbeitnehmer zurückzuschrauben. Die Existenz von hoher Arbeitslosigkeit und unnötig langen Arbeitszeiten im modernen Kapitalismus ist ein wichtiges Zeichen für die Inkompatibilität von Profitmaximierung und menschlichem Wohlstand.

Literatur

Akçay, C. (2008): Turkey weekly macro comment, Yapı Kredi Bank, Strategic Planning and Research Section, mimeo

Akyüz, Y./Boratav, K. (2003): The Making of the Turkish Crisis, in: World Development Vol.31, No.9, 1549-1566

Ataç, I./Grünewald, A. (2008): Stabilization through Europeanization? Discussing the Transformation Dynamics in Turkey, in: Debatte. Journal of Contemporary Central and Eastern Europe, Vol. 16, N: 1, April, 31-54

Crotty, J./Lee, K. (2004): Was the IMF's position of economic regime change in Korea justified? A critique of the IMF's economic and political role before and after the crisis, in: Political Economy Research Institute Working Papers, 77

Diwan, I. (2001): Debt as Sweat: Labor, Financial Crises, and the Globalization of Capital, mimeo, available at http://info.worldbank.org/etools/docs/voddocs/150/332/diwan.pdf, The World Bank

Epstein, G./Power, D. (2003): Rentier incomes and financial crises: an empirical examination of trends and cycles in some OECD countries, in: Political Economy Research Institute Working Papers, 57

Istanbul Chamber of Industry (2003): Turkey's Top 500 Industrial Enterprises, Istanbul: ICI

Ilkkaracan, I./Selim, R. (2003): The role of unemployment in wage determination: further evidence on the wage curve from Turkey, in: Applied Economics, 35 (14), 1589-1598

Ilkkaracan, I./Yörükoğlu, A. (2004): Ücret belirleme süreci, in: Gürsel et al. (ed.): Türkiye İşgücü Piyasasının Kurumsal Yapısı ve İşsizlik içinde, TÜSİAD, Istanbul

Ilkkaracan, I./Levent H. (2006): The Role of Labor Market Institutions in Management of Economic Crises: The Case of Collective Bargaining and Wage Setting in Turkey, EAEPE Annual Conference, İstanbul 2 -4 November 2006

Onaran, Ö. (2002a): Adjusting the economy through labor market: the myth of rigidity, in: Balkan, Neşecan/Savran, Sungur (ed.): Ravages of Neoliberalism: Economy, Society, and Gender in Turkey, Nova Scientific Publishers, New York: 181-194

– (2002b): Measuring wage flexibility: the case of Turkey before and after structural adjustment, in: Applied Economics, 34, 767-781

– (2006): Speculation-led growth and fragility in Turkey: Does EU make a difference or can it happen again?, in: Hein et al. (ed.): Macroeconomics and Macroeconomic Policies – Alternatives Approaches to European Policies, Marburg: Metropolis: 199-226

– (2007a): Capital Flows, Turbulences, and Distribution: The Case of Turkey, in: Intervention, 4(2), 353-374

– (2007b): Life after crisis for labor and capital, in: Yeldan E. et al (ed.): Neoliberal Globalization as New Imperialism: Case Studies on Reconstruction of the Periphery, New York: Nova Scientific Publishers: 200-220

– (2009, forthcoming): Wage share, globalization, and crisis: The case of manufacturing industry in Korea, Mexico, and Turkey, in: International Review of Applied Economics, March 23(2)

–/Aydıner, N. (2006): The controversy over employment policy: Low labor costs and openness, or demand policy? A sectoral analysis for Turkey, mimeo

–/Stockhammer, E. (2005): Two different export-oriented growth strategies under a wage-led accumulation regime: a la Turca and a la South Korea, in: Emerging Markets Finance and Trade, 41(1), 65-89

–/Yenturk, N. (2001): Do low wages stimulate investments? an analysis of the relationship between wages and investments in Turkish private manufacturing industry, in: International Review of Applied Economics, 15(4), 359-374

OECD (1996): OECD Economic Surveys: Turkey, 1996, Paris

Özuğurlu, M./Erten, A. N. (1999): Research on the Identity of the Members (in Turkish), in: Trade Union of United Metal Workers Research Series,1, Istanbul

State Institute of Statistics (SIS) (1950-2001): Survey of Employment, Payments, Production and Tendencies in Manufacturing Industry, electronic data, Ankara

Taymaz, E./Özler, S. (2003): Labour market policies and eu accession: problems and prospects for turkey, in: Hoekman/Togan (Hrsg.): TURKEY: Economic Reform and Accession to the EU, The World Bank, Washington DC

Uygur, E. (2001): Turkey From Crisis to Crisis: 2000 November and 2001 February Crises (in Turkish), in: Turkey Economy Institute, Working Paper, No.2001/1

Yeldan, E. (2002): On the IMF-directed disinflation program in Turkey: A program for stabilization and austerity or a recipe for impoverishment and financial chaos?, in: Balkan and/Savran (Hrsg.): The Ravages of Neo-Liberalism: Economy, Society and Gender in Turkey, New York: Nova Science Pub

Yentürk, N. (1999): Short-Term Capital Inflows and Their Impact on Macroeconomic Order: Turkey in the 1990s, in: Developing Economies, Vol. 37, No. 1, 89-113

Aslı Odman

Laboratorium der Informalität
Angekündigte Arbeitsunfälle in der Schiffsbauindustrie in Tuzla/Istanbul

Gabriel Garcia Márquez erzählt in seiner *Chronik eines angekündigten Todes* vom Montag nach einer prächtigen Hochzeitsfeier, an dem das ganze Dorf von einer bevorstehenden Gewalttat weiß, aber niemand etwas dagegen tut. Einfühlsam rekonstruiert Márquez – von unterschiedlichen Blickpunkten aus – wie sich die Pracht und Freude um die Hochzeitsfeier am nächsten Morgen wendet: Die Braut wird von ihrem designierten Bräutigam zurück in ihr Elternhaus geschickt, ihre Brüder begeben sich auf die Suche nach der vermeintlichen Ehrenbrecherin, Santiago Nasar, und die DorfbewohnerInnen, je nach ihrer Nähe zu Nasar, verschweigen den bevorstehenden Tod in unterschiedlicher Art und Weise (Márquez 1981).

An diese Geschichte erinnern in vieler Hinsicht die seriellen und tödlichen Arbeitsunfälle der letzten Jahre im Schiffsbausektor der Türkei: Nach 2001, dem Jahr der türkischen Finanzkrise, wächst der Schiffsbausektor stetig. Jedoch wachsen seit 2002 auch die registrierten, tödlichen Arbeitsunfälle parallel zum Produktionsniveau an. Seit September letzten Jahres gibt es in der türkischen Öffentlichkeit und in den Medien großes Interesse an dem Warum und Wie dieser Arbeitsunfälle.

Tuzla, der östlichste Stadtteil von Istanbul, wo fast die gesamte Schiffsbauindustrie lokalisiert ist, ist zum Inbegriff für die Auswirkungen der flexibilisierten und prekären Arbeitsverhältnisse auf das Leben der ArbeiterInnen geworden. Obgleich in anderen Sektoren der türkischen Ökonomie ebenfalls prekäre Arbeitsverhältnisse – etwa im fast völlig fragmentarisierten Textilsektor – und mehr tödliche Arbeitsunfälle zu registrieren sind – absolut gesehen etwa in der Bauindustrie –, ist durch den tatkräftigen Einsatz der linken Gewerkschaft im Sektor, die Nähe dieses räumlich zentralisierten Bereiches zu Istanbul, für den es mehrere urbane Transformations- und Deindustrialisierungspläne gibt und die Existenz von Parlamentariern als Arbeitgeber in den Werften der „Vorfall von Tuzla" zu einem allgemeinen Referenzpunkt für die Kritik der neoliberalen Arbeitsverhältnisse, des Wettbewerbsstaates und des ungleich verteilten Wirtschaftswachstums geworden.

Das „Dorf der angekündigten Tode" heißt Tuzla, heute der östlichste Stadtteil von Istanbul. Tuzla war bis in die 1920er Jahre ein Fischer- und Kleinbauerndorf, das hauptsächlich von einer orthodox-griechischen Bevölkerung bewohnt wurde.

Tabelle 1

Jahr	Produktionswert am Schiffsbausektor in der Türkei	Registrierte tödliche Arbeitsunfälle
2001	147.130 DWT	1
2002	84.700 DWT	5
2003	106.450 DWT	3
2004	293.229 DWT	5
2005	331.740 DWT	8
2006	556.285 DWT	10
2007	1.007.968 DWT	13
2008 (bis April)	(noch keine Daten zu Verfügung)	8

Quelle: Kompilation aus den Statistiken des türkischen Arbeitsministeriums (http://www.calisma.gov.tr/is_teftis/tersane.pdf), den Daten der Gewerkschaft der Hafen- und Werftarbeiter Limter-İş und des Arbeitgeberdachverbandes im Schiffsbausektor GİSBİR (www.gisbir.com), in TTBİİK 2008: 60.

Im Zuge des griechisch-türkischen „Bevölkerungsaustausches" 1924 wurde das Gebiet mit „muslimischen BäuerInnen" aus der Umgebung von Thessaloniki neu besiedelt. Die Bevölkerung überstieg bis hinein in die 1980er Jahre nie die 30.000er-Schwelle. Tuzla stieg erst nach den 1980ern in das „industrielle Zeitalter" ein, also relativ spät im Vergleich zu zentraler liegenden Bezirken Istanbuls. Das Jahr des Militärputsches 1980 steht auch symbolisch für einen Bruch im importsubstituierenden und nach dem „nationalen Binnenmarkt" gerichteten Wirtschaftsmodell. Erst ab diesem Zeitpunkt und innerhalb eines exportorientierten Wirtschaftsmodells kann man in der Türkei von einer richtigen Schiffbauindustrie sprechen, die nicht mehr nur eine Ansammlung von kleineren und weit verstreuten Werftanlagen darstellt. 1992 wurde Tuzla per Dekret zum 32. Stadtteil Istanbuls. Heute beheimatet Tuzla über 170.000[1] Menschen, hat fünf von zehn organisierten Industriezentren in ganz Istanbuls[2] und ist auch das Zentrum der türkischen Schiffbauindustrie.

Die Schiffbauindustrie in der Türkei ist heute zu etwa 90% (räumlich und produktionswertmäßig) an der Aydınlı Bucht in Tuzla konzentriert. Tuzla ist somit auch der einzige Fall in der globalen Schiffbauindustrie, wo der Sektor fast völlig an einem Standort zentralisiert ist. Die Entwicklung der Aydınlı Bucht zum Schiffbaustandort verlief entlang mehrerer Momente, im räumlichen, sozialen und metaphorischen Sinne. Auf diese Verschiebungen wollen wir eingehen, um die „Chronik der angekündigten Tode" in Tuzla zu beleuchten.

1 Produktionsverlagerungen im Schiffsbausektor auf der globalen Ebene

Bis Mitte der 1970er Jahre machten die 10 Schiffsbauregionen in Westeuropa und Japan das Zentrum der „globalen" Schiffsbauindustrie aus. Zusammen mit Textil-, Bekleidungs-, Ledergewerbe und dem Bereich Kokerei und Mineralölverarbeitung ist in Europa im Schiffsbau ein dauernder Rückgang in Beschäftigung und Produktion festzustellen. Der Anteil dieser fünf Sektoren an der Wertschöpfung der Industrie auf der EU-Ebene ging zwischen 1979 und 2001 von 12,3% auf 7,3% zurück[3]. Die Schiffsbauindustrie ist somit seit 1975 eine der prägnantesten Beispiele nicht nur der De-industrialisierung und Produktionsverlagerung in und aus Westeuropa, sondern auch der Informalisierung der Beschäftigungsverhältnisse (Strath 1987). In Deutschland etwa wurden innerhalb von nur 12 Jahren (1990-2002) zweidrittel der Arbeitsplätze abgeschafft und die direkte Beschäftigung ging von 59.278 (1990) auf 20.178 (2007) zurück (IG-Metall Küste 2002: 12; Thorsten 2007: 8). Der Großteil dieser Arbeitsplätze wurde räumlich verlagert, welches uns u.a. auch zum Phänomen „Schiffsbauland Türkei" bringt. Ein anderer Teil dieser Arbeitsplätze wurde etwa in Deutschland in eigentlich provisorische Arbeitsformen verschoben, etwa auf Arbeit unter Werkvertragsbasis und Leiharbeit. Diese zwei neuen und im Schiffsbau permanent gewordenen Arbeitsformen übertreffen mittlerweile den Anteil der Stammbelegschaft (der direkten Beschäftigung) an den deutschen Werften mit insgesamt 50-60% zu 50-40% (Thorsten 2007: 8), welches den Bedarf an global vergleichenden Studien über Formen und Perioden der Informalisierung über die nationalen Grenzen hinweg zeigt. Fast zeitgleich bemerkbar ist der Aufbau und Aufstieg der südkoreanischen Schiffsbauindustrie, die heute mit über 30% Marktanteil (in cgt.) weltführend ist (DPT 2006: 6; Amsden 1989: 269ff).

Der Aufbau und Aufstieg einer türkischen Schiffsbauindustrie, die diese Bezeichnung verdient, lässt sich erst Anfang/Mitte der 1980er Jahre datieren. Zu einem regelrechten Boom kam es ab Ende der 1990er Jahre, als wichtige Unternehmer (Reeder), die einst generationenlang Handelskapital im Seehandel akkumuliert hatten, anfingen, in die Schiffsbauindustrie zu investieren. Obgleich der Anteil der Türkei am globalen Schiffsneubau- und -reparaturmarkt nicht einmal 2% übersteigt, ist die Wachstumsrate dieses Sektors insbesondere seit 2003 für die türkische Wirtschaft auffallend und stetig. Die Entwicklung einer Schiffsbauindustrie hat somit, in erster Linie auf der globalen Ebene gesehen, mit einer räumlichen Verschiebung dieser Industrie von „West nach Ost", insbesondere nach Südostasien (Südkorea, Japan und China) und Ost- und Südeuropa (Polen, Kroatien, Türkei) zu tun.

2 Verschiebung im ökonomischen Modell auf der nationalen Ebene nach 1980

Auch Verschiebungen auf der nationalen Ebene spielten eine entscheidende Rolle für den Aufbau einer Schiffsbauindustrie in der Türkei. Von der Dominanz der industriellen Akkumulationsweise in der Türkei kann man erst seit den 1960ern sprechen, welche von der Automobil-, Chemie- und dauerhaften Konsumgüterindustrie getragen war. Diese importsubstituierenden und auf den nationalen Markt gerichteten Industrien waren vom Privatkapital getragen, jedoch vom Staat in Form von billigen Inputs jeglicher Form (Energie, günstige halbfertige Waren- und Investitionsstandorte, protektionistische Massnahmen und restriktive Wirtschafts- und Arbeitspolitik angesichts einer wachsenden ArbeiterInnenbewegung) unterstützt. Der Militärputsch von 1980 war in ökonomischer Hinsicht eine Zäsur der binnenmarktgerichteten Industrialisierung hin zu einem exportorientierten Wirtschaftsmodell (Öniş 1991).

Erst in dieser Phase wagten sich Seehandelsunternehmer richtig in die Schiffsbauindustrie, deren Entwicklung positiv zur Entwicklung des Aussenhandelsvolumens korrelierte. Auf der Unternehmerseite war die Verschiebung vom Handelskapital zum Industriekapital bestimmend: Die führenden acht Familien, die heute den Sektor bestimmen, sind alle seit zwei bis drei Generationen Reeder und stammen von der Schwarzmeerküste (Akdemir 2004: 80ff). Drei Reederfamilien vergrößerten ihre kleinen Werftanlagen am Goldenen Horn in Istanbul ab 1980 als sie nach Tuzla zogen, und andere fünf Reederfamilien investierten erst ab 1995 in die Industrie, dies unmittelbar in Tuzla. Auf der staatlichen Seite waren die zwischen 1980 und 1989 revitalisierten und expandierenden Subventionsfonds für den Schiffsbau (GISAT-Fonds) wichtig für den Aufschwung dieses Sektors.

Eine andere Verschiebung auf der nationalen Ebene war die im Jahr 2000 abgeschlossene Privatisierung des Sektors: Im Jahr 2007 betrug die Anzahl der aktiven Werftanlagen in der Türkei 62, 56 davon gehören dem Privatsektor an. 48 dieser 56 Werften sind an der Aydınlı Bucht in Tuzla beheimatet. Aus diesen 48 Unternehmen wiederum sind 39 Unternehmen Mitglieder des Industriellenverbandes im Schiffsbausektor, nämlich GİSBİR[4]. Dieser Umstand deutet auf eine überdurchschnittliche Institutionalisierung und Kapitalgröße dieser 39 Unternehmen hin. Die vier militärischen und die zwei staatlichen Werften weisen –trotz der ausgebauten Infrastruktur der militärischen – keine privatwirtschaftliche Bedeutung auf. Die zwei am Goldenen Horn „verbliebenen" staatlichen Werften, die seit über 550 Jahren am selben Standort sind und mittlerweile industriellen Kulturbesitz darstellen, haben im Jahr 2000 bei der letzten Privatisierungswelle die Produktionstätigkeit eingestellt und widmen sich nur noch der Reparatur von kleineren Schiffen. Somit ist die Schiffsbauindustrie in der Türkei eine ausschließlich vom Privatsektor

getragene Industrie, in der bis dahin fast zur Gänze („einheimisches") Kapital aus
der Türkei investiert wurde (TTBİİK 2008: 23).

Die türkische Schiffsbauindustrie seit Ende 2007 weist somit eine oligopolisti-
sche Kapitalstruktur, bestehend ausschliesslich aus privaten Investoren, auf, welche
an einem einzigen Produktionsort – der Aydınlı Bucht in Tuzla – groß geworden
sind, eine exzeptionelle Auftragsgarantie und Expansionskraft aufweisen und zusammen ein Exportvolumen von 3.000 Millionen USD[5] aufbringen.

3   Räumliche Verschiebung der Werftanlagen auf der urbanen Ebene: Die Sanierung der Industrie vom Goldenen Horn und der gegenwärtige Stand der Industrie in Tuzla

Die Aydınlı Bucht in Tuzla wurde schon 1969 offiziell zur Schiffsbauregion erklärt
und zur Vermietung für 49 Jahre an potentielle Unternehmer im Sektor freigegeben. Dieser offizielle Akt traf seine eigentlichen AkteurInnen jedoch erst nach 15
Jahren, als in den ersten lokalen Wahlen nach dem 1980er Militärputsch, nämlich
im Jahr 1984, Bedrettin Dalan von der Mutterlandspartei (ANAP) zum ersten
Bürgermeister der Istanbuler Großgemeinde gewählt wurde. Das Motto der Mutterlandspartei, Trägerpartei des liberalen Regulationswandels nach 1980, war auf
lokaler Ebene „die Säuberung des Goldenen Horns von der Industrie" (Eroğlu u.a.
2003: 15ff). Dies bedeutete einen großen Schritt in Richtung Refunktionalisie-
rung der Küstengebiete, welche fast über 150 Jahre durch industrielle Funktionen
gekennzeichnet war: einst der Standort der staatlichen Großindustriebetriebe in
der spätosmanischen Periode, später ab den 1950ern Standort der privat getragenen
Industrien in der Textil-, der Lebensmittel-, Leder-, Papier-, Metall- und Plastikver-
arbeitung. Der Umzug der größeren privaten Industriebetriebe an die Peripherien
von Istanbul fing schon Anfang der 1980er an. Die Verbannung jeglicher Industrie
aus dem Goldenen Horn bedeutete für die dort angesiedelten kleinen Werftanlagen einen Umzug nach Tuzla, der designierten Schiffsbauregion. Zeitlich korre-
spondiert dieser Umzug mit der exportorientierten Wirtschaftsausrichtung und
der Unterstützungspolitik solcher Sektoren durch den Staat, sodass der physische
Umzug auch zu einem qualitativen Ausbau des Sektors führte.

Seit etwa 2002 ist die Schiffsbauindustrie überall auf der Welt mit einem Nach-
frageboom konfrontiert, welcher durch globale Faktoren bedingt ist, jedoch neue
räumliche Entscheidungen auf urbaner und nationaler Ebene nach sich zieht. Die
International Maritime Organisation, die höchste Regulationsinstanz des Seehandels auf globaler Ebene, hat neue, global verbindliche Regulationen erlassen:
Danach dürfen ab 2005 Schiffe, deren Baujahr mehr als 15 Jahren zurück liegt,
nicht mehr in internationalen Gewässern navigieren. Ebenso ist, wegen erhöhter
Umweltschutzmaßnahmen, die Navigation der Schiffe mit einer einzigen Seite ab

2015 verboten. Dazu kommt die Expansion des globalen Außenhandelsvolumens seit 2001, das zu 95% durch den Seeverkehr getragen wird.

Dieser weltweite Boom bei der Nachfrage nach Handelsschiffsneubauten hat in der Türkei dazu geführt, dass die existierende Produktionskapazität in Tuzla seit 2003 völlig ausgelastet ist, das Produktionsvolumen sich innerhalb von 3 Jahren (2004-2007) verdreifacht hat, und die Werften mit der gegenwärtigen Kapazität bis 2011/2013 keine neuen Aufträge mehr aufnehmen können. Die etablierten Schiffsbauunternehmer in Tuzla haben zusammen mit Neuankömmlingen im Sektor angefangen östlich von Istanbul (Kocaeli, Yalova), in Çanakkale (Gelibolu), an der Schwarzmeer- und Mittelmeerküste (Zonguldak, Kastamonu, Samsun, Trabzon und Antalya, Mersin) mit „greenfield investments" diese Hochkonjunktur aufzufangen (DPT 2006:61ff). Das Verkehrsministerium schätzt die Anzahl der Werften für das Jahr 2009 auf 1236, welches eine Verdopplung der Anzahl der Werften und mehr als eine Verdopplung der Produktionskapazität im türkischen Schiffsbau bedeuten wird, da das Ausmaß der neuen Investitionen für größere Schiffsneubauten über 40.000 dwt (dead weight ton) angesetzt ist.

4   Institutionalisierung der Arbeitsverhältnisse in Tuzla im informellen Zeitalter: Verschiebung in das Informelle?

Im Mikrokosmos von Tuzla kann man die konstitutiven Auswirkungen von unterschiedlichen Verschiebungen auf den Schiffsbausektor ablesen: Die räumlichen Verschiebungen auf der globalen und urbanen Ebene durch Produktionsverlagerungen, die Verschiebung der industriellen Aktivitäten vom staatlichen zum privaten Sektor durch Privatisierungen, die Verschiebung des Handelskapitals zum Industriekapital und die Veränderung der formellen Arbeitsform hin zu informellen Formen der Beschäftigung.

In Bezug auf die letztlich erwähnte Verschiebung darf jedoch nicht der Eindruck erweckt werden, dass in der türkischen Ökonomie die formellen, für den Kapitalismus nach dem zweiten Weltkrieg auf europäischer Ebene als „typisch" und „normal" geltenden Arbeitsverhältnisse, die sich im sozialversicherungsrechtlichen und sozialstaatlichen Rahmen abspielten, überhaupt dominant gewesen wären. Zwar ist es ein Faktum, dass nach den staatlichen Statistiken seit Januar 2008 aus einem ca. 23 Millionen großen ökonomisch-aktiven Bevölkerungsanteil[7] etwa 42% überhaupt keine Sozialversicherung haben, was ein eindeutiges Indiz der Existenz eines großen informellen Arbeitsmarktes ist. Jedoch zeigt die Geschichte des dominanten Arbeitsregimes an den Werften in Tuzla eindeutig, dass Informalisierung als sozialwissenschaftliches Konzept nicht immer eine Bewegung weg vom formellen Sektor hin zum informellen Sektor voraussetzt, sondern auch imstande sein sollte, die von Grund auf prekäre, unversicherte und flexible Schaffung von Arbeitsplätzen und ihre raum- und zeitgebundene Entwicklungsdynamik analytisch aufzufangen.[8]

Heute kann man für das Beschäftigungsregime in Tuzla mit ruhigem Gewissen die Bezeichnung „flexibel" und „informell" benutzen. Von den ca 30.000 bis 35.000 ArbeiterInnen in Tuzla[9], die ca. 95% der gesamten Arbeitskraft des Sektors ausmachen, arbeiten zwischen 80 und 90% am Arbeitsplatz des Hauptunternehmens und nicht als Beschäftigte bei Subunternehmen. In der türkischen Sprache benutzt man einen französischen Begriff für diese aufgesplitterten Firmen, deren Zahl niemand wirklich weiß, die man aber zwischen 1.000 bis 1.500 schätzt: *taşeron*[10]. Für den Arbeitsalltag in Tuzla bedeutet dies, dass an einer der mittelgroßen Werften – aus insgesamt 48 in Tuzla – tagtäglich 20-30 unterschiedliche kleinere Unternehmungen mit einer zwischen 3 und 300 divergierenden Arbeiterzahl den Arbeitsplatz (die einzelne Werft) betreten und zwischen 80-90% der eigentlichen Arbeit erledigen. Somit haben die 48 Unternehmungen eine völlig flexible und fragmentarisierte Arbeitskraft zur Verfügung, die sie nach den *business cycles* und der betriebsrationellen Planung einsetzen oder aber raushalten können, ohne dass Fixkosten für sie entstehen.

Die direkt bei den Hauptunternehmern beschäftigten Arbeiter, also die Stammbelegschaft, welche etwa 10-20% der gesamten Arbeiterschaft in Tuzla ausmachen, sind sozusagen in einer Oase von formellen Arbeitsbedingungen innerhalb der informellen Wüste von Tuzla angesiedelt. Ihnen wird die teure Maschinerie anvertraut, etwa die Kräne und Gabelstapler. Die *kadrolu* genannte Stammbelegschaft genießt sozialstaatliche Garantien, geregelte Arbeitszeiten und eine relativ feste Arbeitsgarantie. Diese sichere Position hat eindeutige Auswirkungen auf die Arbeitssicherheit: Aus den 57 Arbeitern, die seit 2000 an den Werften in Arbeitsunfällen umgekommen sind, gehört nur ein einziger der Stammbelegschaft an, die anderen waren bei Subunternehmen beschäftigt.

In Tuzla hat die Praxis der Subunternehmungen somit nicht hauptsächlich mit Erfordernissen der arbeitsspezifischen Spezialisierung, sondern mit Strategien der Lohnkostensenkung durch Kosten- und Risikotransfer an kleinere und mittlere Unternehmen, zu tun. Der Generalsekretär des Unternehmerverbands im Schiffsbausektor GİSBİR, gab wiederholt an, dass die flexible und relativ billige Arbeitskraft den Konkurrenzvorteil der türkischen Schiffsbauindustrie ausmacht und die Türkei ihre Vorrangstellung in der Kategorie mittelgrosse Tankerschiffe und Mega-Jachten für den europäischen Markt (10.-15.000 dwt) den konkurrenzfähigen Arbeitskosten verdankt[11].

Diese etwa 30.000 „flexiblen" Arbeiter, die den Arbeitskostenvorteil für die Hauptunternehmen darstellen, befinden sich nicht auf der Lohnliste derselben, ihre Lohnkosten und die Risiken, die aus dieser expandierenden Schwerindustrie erwachsen, sind auf unzählig viele Klein- und Mittelunternehmen verlagert. Diese

Subunternehmen bilden auch keine homogene Gruppe. Einige davon sind schon seit einigen Dekaden im Sektor und arbeiten stets mit denselben Werften. Sie weisen daher eine gewisse Stabilität an Arbeitsabläufen und sozialen Garantien auf. Die stärksten unter ihnen werden von den Hauptunternehmen *„solution partners"* genannt, andere aber können weniger, z.B. drei Arbeiter, beschäftigen. Sie sind oft Subunternehmer von Subunternehmern – was sich bis zum 5. Grad steigern lässt – und verlagern Kosten und Risiken so weit wie möglich auf die schwächsten Glieder der Kette – die Arbeiter– und sind dauernd der Insolvenzgefahr ausgesetzt. In diesen Segmenten kann sogar eine totale Informalisierung in Form von fehlender Anmeldung beim Industrieministerium bestehen. Als Gemeinsamkeit haben diese heterogenen Subunternehmer in Tuzla, dass sie alle – sei es auch in unterschiedlichen Graden und je nach Kapitalstärke – vom Hauptunternehmen und vom Produktionsprozess an den 48 Werften abhängig sind, im Rahmen von Auktionen Aufträge erhalten und auf Stückbasis bezahlt werden. „Stück" kann die Montagearbeit, der Anstrich usw. eines neuen oder zu reparierenden Schiffes bedeuten, welches innerhalb einer bestimmten Zeitperiode fertig gestellt werden soll, um nicht Entschädigungszahlungen wegen Verspätung zu riskieren.

An dieser Stelle wollen wir uns mit Entstehungszusammenhängen und Entwicklungsdynamiken dieses Arbeitsregimes beschäftigen[12]. Schon Mitte der 1980er Jahre förderten die damals existierenden Hauptunternehmen in Tuzla aktiv die Gründung von Subunternehmen, deren Initiator die damaligen Meister, also einst abhängige Beschäftigte der Werften waren. Die Unterstützung der Gründung von Subunternehmen, die heute den Großteil der Arbeit an Werften entrichten, erfolgte entweder durch Auftragsgarantien, Lieferung von einfachen Produktionsmitteln oder aber durch geringe Gründungskredite durch die Hauptunternehmungen.

Bis ins Jahr 2000 hinein spielten die Migrationsnetzwerke dieser Meister der Gründungsgeneration eine konstitutive Rolle bei der Aufstockung der Arbeitspositionen. Die Arbeitsteilung unter den Subunternehmern trägt heute noch Spuren der kollektiven Herkunft *(hemşehrilik)*, durch welche die internen Migrationsnetzwerke und -wellen in Istanbul reguliert sind. Die Montage- und Schweißungsarbeiten, die mehr Qualifikation erfordern und besser bezahlt sind, werden hauptsächlich Arbeitern mit Migrationshintergrund aus der Schwarzmeerküste (Kastamonu, Trabzon, Ordu, Giresun) und Zentralanatolien (Sivas, Tokat), die Abkratzung und der Neuanstrich von Schiffen wiederum hauptsächlich von Migranten aus Samsun erledigt. Für die schmutzigsten und am niedrigsten bezahlten Arbeiten, sowie die Schiffsreinigungsarbeiten werden Migranten aus den kurdisch- und arabischsprachigen Gebieten Ost- und Südostanatoliens (Muş, Ağrı, Bitlis, Hakkari, Diyarbakır und Urfa) rekrutiert. Im Subklima von Tuzla kann man somit die Migrationshierarchie in Istanbul ablesen, die in den Dekaden nach 1960 entstanden ist: Die in Istanbul zuletzt angekommenen MigrantInnen, die auch durch Auswirkungen des Krieges im Südosten in Form von direkter (politisch-militärischer) und indirekter (ökonomischer) Zwangsmigration exponiert sind, fangen in Tuzla – wie oft auch in anderen Sektoren der Istanbuler Wirtschaft – ganz unten an, vor allem was Arbeits- und Wohnbedingungen angeht. Die strukturelle Konkurrenz am Arbeitsmarkt kann im Klima eines weiter gehenden Krieges in Südostanatolien daher leicht „ethnisiert" werden. Arbeiter, die seit längerer Zeit in Tuzla arbeiten, machen oft die später angekommenen „Kurden" und „Araber für die Lohnkonkurrenz und Lohnsenkungen verantwortlich. *„Sage ich, dass ich nicht unter 40 YTL Tageslohn arbeite, springt ein Urfalı* (aus der Provinz Urfa, von denen die meisten arabischsprachig sind) *ein und ist bereit, für 25 YTL die selbe Arbeit zu verrichten."* sagte ein 40jähriger, relativ erfahrener Arbeiter aus Ordu (an der Schwarzmeerküste).

Die Arbeiter aus den oben genannten Gebieten sind auch am Wohnungsmarkt von Tuzla doppelt benachteiligt: Die sogenannten *bekâr odaları* („Junggesellenzimmer") werden hauptsächlich von vor kurzem nach Tuzla immigrierten Werftarbeitern bewohnt, die ihre Familie in der Heimat zurückgelassen haben und sich zu 10-30 Mann zusammentun, um ein einziges Zimmer mit rudimentärer Infrastruktur mieten zu können. Dieser Umstand erhöht nebenbei bemerkt auch die Solidarität – mit einer Basis in kollektiver Provinzzugehörigkeit–, aber auch ihre Isolation vom Rest der Arbeiter.

Kollektive Provinzzugehörigkeit, als eine informelle, alltagskulturell informierte Regulationsform, ist somit in Tuzla ein historischer Bestandteil des Arbeitsregimes. Oft war der Arbeitgeber, also Inhaber des Subunternehmens, ein Verwandter oder „der Mehmet vom selben Dorf", der selbst ebenfalls aktiv mitarbeitete. Die Grenzen zwischen Arbeitgeber und Arbeiternehmer sind verschwommen, da sich es nur die Inhaber der grössten, also wenige, Subunternehmen leisten können, sich als „Bosse" aus dem Arbeitsprozess rauszuhalten. Insolvenzen, Neugründungen, das Absteigen in baren Arbeiterstatus zählen zum Alltag der Geschichte dieser Klein- und Mittelunternehmen. Tuzla ist ein Sektor, der auf informellen Arbeitsverhältnissen basiert und sich dadurch als eines der Laboratorien des „neoliberalen" Arbeitsregimes in der Türkei eignet.

Der Unterschied zu anderen Formen der Informalisierung, etwa im Vergleich zu in Hamburg angesiedelten ThyssenKrupp Marinesystem gehörenden Werften ist, dass im ersteren Fall „Migrationsnetzwerke" den Arbeitsmarkt und die Arbeitshierarchie unter den Subunternehmen de facto informell reguliert, wobei im letzteren Beispiel Leiharbeit und Arbeit auf Werkvertragsbasis provisorische Rechtsformen sind, welche im Prozess der Informalisierung permanent geworden sind. An diesem Punkt sind gründliche vergleichende Studien erforderlich, um lokale Partikularitäten und Gemeinsamkeiten der Informalisierung und Refunktionalisierungsweisen von alten rechtlichen Formen im informellen Zeitalter auszumachen.

In Tuzla ist das Arbeitsregime in mehreren Aspekten informell. Erstens besteht ein sehr hoher Arbeitskräfteumlauf: Ein Arbeiter, der seit 10 Jahren im Sektor ist, hat durchschnittlich ca. 20 bis 30 Mal das Subunternehmen gewechselt. Abgesehen von den Problemen der einfachen Anmeldung der Arbeiter angesichts dieser hohen Zirkulation, gibt es deswegen alltägliche Verstöße gegen das Sozialversicherungsgesetz. Dies macht in den meisten Fällen eine normale Pension unmöglich. Von gesetzlich festgeschriebenen Ferien und Feiertagen kann für den Großteil der Arbeiter nicht die Rede sein: am Sonntag nicht zur Arbeit zu gehen, bedeutet einen persönlichen Lohnverlust, weil fast alle bei Subunternehmen Beschäftigte auf Tagesbasis bezahlt werden. Die Bezahlung der gesetzlichen Abfindungsentschädigung ist vom individuellen Einsatz der Arbeiter abhängig. Überstunden sind die Regel, wobei ununterbrochene Arbeitszeiten zwischen 12-22 Stunden keinen Ausnahmefall darstellen, weil in diesem total ausgelasteten Sektor Zeit für die Hauptunternehmer wirklich Geld bedeutet. Im Schiffsbausektor – im Arbeitsgesetz als Schwerindustrie klassifiziert –, liegt die gesetzliche Obergrenze der täglichen Arbeitszeit bei 7,5 und wöchentlich bei 37,5 Stunden. Die zur Norm gewordenen Überstunden sind damit informell einzustufen. Bei dringenden Krankheitsfällen und/oder Unfällen springt oft der „*patron*" des Subunternehmens, an Stelle von formellen sozialstaatlichen Garantien, für etwaige Kosten ein. Folglich entsteht zweitens eine abhängige und völlig fragmentarisierte Arbeiterschaft, die in formell juristisch unabhängigen Firmen beschäftigt werden, welche unterschiedliche Größen und Abhängigkeitsgrade vom Hauptunternehmen aufweisen.

5   Gewerkschaften gegenüber der fragmentarisierten Arbeiterschaft

In der auf diese Art und Weise fragmentarisierten Arbeitswelt Tuzlas sind insgesamt zwei Gewerkschaften aktiv, die Schiffsbauarbeiter im Privatsektor organisieren[13]. Die ältere Gewerkschaft Dok-Gemi-İş, die der Konföderation TÜRK-İş (*Konföderation der türkischen Arbeitergewerkschaften*) angehört, wurde zu Zeiten der Dominanz des staatlichen Sektors im nicht sehr bedeutsamen Bereich des Schiffsbaus, nämlich 1947 gegründet. Dok-Gemi-İş scheint in ihrer Organisationspraxis noch ein Relikt des staatsloyalen, bürokratischen und arbeiternehmerfreundlichen Syndikalismus zu sein. Der letzte gewerkschaftliche Reflex von Dok-Gemi-İş war die Mobilisierung gegen die letzte Privatisierungswelle am Goldenen Horn im Jahr 2000. Obgleich die Schiffsbauindustrie fast ausschließlich in Tuzla lokalisiert ist, befindet sich die Gewerkschaftszentrale noch immer am Goldenen Horn. Dok-Gemi-İş fühlt sich nur gegenüber der direkt bei den Hauptunternehmungen beschäftigten Stammbelegschaft, also gegenüber 10-20% der Werftarbeiterschaft, verantwortlich. Die 5.519 Mitglieder sind alle direkt Beschäftigte. Dok-Gemi-İş hat, im Zuge einer Ignoranzpolitik gegenüber dem Großteil der in Subunternehmen beschäftigen Arbeiter, insgesamt 22 Kollektivverträge für die Stammbelegschaft in Tuzla abgeschlossen. Sieben davon sind Kollektivverträge mit den Tochterfirmen von Hauptunternehmen, die ihre Unternehmen aufgesplittert haben, um die nach dem türkischen Arbeitsrecht gültige Grenze für die Gültigkeit bestimmter Vorschriften (Vollzeitbeschäftigung eines Betriebsarztes/einer Betriebsärztin und SicherheitstechnikerIn, Pflichtbeschäftigung von Behinderten usw.) nicht zu überschreiten.

Die jüngere Gewerkschaft im Sektor, Limter-İş, die der Konföderation DİSK (*Konföderation der revolutionären Arbeitergewerkschaften*) angehört, wurde 1976 gegründet, musste aber gemeinsam mit allen anderen Gewerkschaften, die der DİSK angehören, zwischen 1980 und 1992 zusperren und nahm ihre Aktivitäten erst 1993 wieder auf. Nach der restriktiven Arbeitsgesetzgebung, die unmittelbar nach dem Militärputsch 1983 erlassen wurde, muss eine Gewerkschaft mindestens 10% aller ArbeiterInnen auf sektoraler Ebene und 51% auf Betriebsebene als Mitglieder aufweisen, um das Recht auf Kollektivverhandlungen und Streik zu erlangen. Durch dasselbe Gesetz wurde eine notarielle Meldepflicht für jedes Gewerkschaftsmitglied eingeführt, was die Organisation auf Klassenbasis strukturell erschwert. Limter-İş bleibt mit 1.359 Mitgliedern also 8% der offiziell vom Arbeitsministerium erklärten Arbeiterzahl unter der sektoralen Hürde, hauptsächlich weil sie ihre Organisationsmission als eine Vertretung der auf 1.000 bis 1.500 Subunternehmen zersplitterten Arbeiterschaft definiert. Trotzdem war diese zahlen- und finanzmäßig schwächere Gewerkschaft Trägerin einer Opposition gegen das flexible und prekäre Arbeitsregime in Tuzla und das Sprachrohr, durch das die seriell gewordenen Arbeitsunfälle seit September letzten Jahres Gehör in der breiten Öffentlichkeit gewonnen haben (Özbudun 1991).

Durch die Fragmentierung der Arbeiterschaft in unzählige Subunternehmen, die Existenz informeller Solidaritätsnetzwerke das Streben und auch durch die Bestrebungen der Regierung danach, gewerkschaftliche Aktivitäten unter dem Vorwand von Maßnahmen gegen Separatismus/Terrorismus zu delegitimieren, wird die gewerkschaftliche Organisationsarbeit von Limter-İş erschwert. Andererseits aber waren Faktoren, wie die räumliche Zentralisierung des Sektors, seine Nähe zu Istanbul, aber auch die „metaphorische" Nähe von Tuzla zu Ankara – manche Parlamentarier sind mitunter auch Werftinhaber in Tuzla – und letztlich das Fehlen eines bürokratischen Syndikalismusverständnisses vorteilhaft für die Popularisierung und Politisierung des „Vorfall Tuzla" durch die Limter-İş.

Seit Juni letzten Jahres, also in weniger als einem Jahr kamen 21 Arbeiter, die alle in Subunternehmen arbeiteten, bei Arbeitsunfällen um: Arbeiter fielen vom Gerüst, kamen in Gasexplosionen oder durch Stromschlag um. Andere starben durch Einklemmungen zwischen Stahlblöcken oder Absturz von Blöcken oder

Kränen.[14] Dies hätte wiederum durch strukturelle Arbeitssicherheitsmaßnahmen auf Seiten der HauptunternehmerInnen vermieden werden können.

Die schnelle Abfolge dieser Arbeitsunfälle hat – obwohl nicht automatisch – einen eigenen Platz in den Medien geschaffen. Im Oktober 2007 bildete sich durch die Initiative von Limter-İş eine inter-professionelle Kommission, an denen die Berufsverbände von IngenieurInnen (TMMOB), ÄrztInnen (ITO) und AkademikerInnen teilnahmen. Diese publizierte einen unabhängigen Bericht über die Arbeitsbedingungen und die Gründe für die seriellen Arbeitsunfälle. Werftarbeiter und Familien von Arbeiter, die ihre Verwandten an den Werften verloren hatten, gingen nach Ankara und protestierten – mit der Unterstützung einiger ParlamentarierInnen – vor dem Parlament.

Das Interesse und der Zorn der Öffentlichkeit über diese „Arbeitunfälle in Serie" hat eine breite Diskussion über die Folgen des flexiblen und prekären Arbeitsregimes auf das Leben der Arbeiter nach sich gezogen, die den lokalen Rahmen von Tuzla überschritten hat. Zeitschriften und Fernsehkanäle aller politischer Richtungen berichteten in Panikstimmung von „Todeswerften" und „Todesfällen in Serie". Im Parlament wurden hintereinander Anfragen eingereicht und durch Zustimmung aller im Parlament vertretenen Parteien eine Spezialkomission für die Erforschung der „Hintergründe" dieser Arbeitsunfälle errichtet. Der „Vorfall von Tuzla" wurde in den Medien mehr oder weniger – wie in einem forensischen Untersuchungsfall – als Ausnahmeerscheinung, eine unzeitgemäße „Kuriosität" zu Zeiten des Wirtschaftswunderkurses unter der AKP präsentiert. Schwieriger zu thematisieren, waren die Auswirkungen eines hinsichtlich der Beschäftigung völlig fragmentarisierten Schwerindustriesektors und die Verzerrung der Verantwortungsebenen über die Arbeitssicherheit, angesichts der Dominanz unzähliger Subunternehmen, auf die Gestaltung der Arbeitsverhältnisse. Ebenso wenig Eingang in die öffentliche Diskussion fanden die Auswirkungen des seit 2002 stetig steigenden Wirtschaftswachstums, welches durch flexible und unter anderem durch auf Arbeitskostenvorteil setzende Produktion und Intensivierung der Arbeitsgeschwindigkeit erreicht wird, auf das Basisrecht auf Leben der ArbeiterInnen. Die einschlägige Begründung, die vor allem durch das Arbeitsministerium und den Unternehmerverband produziert und oft in der *mainstream*-Presse verbreitet wurde, war das Fehlen von Ausbildung[15] und Qualifikation bei den Arbeitern. Die jahrelange Vernachlässigung von strukturellen Arbeitssicherheitsinvestitionen auf Seiten der Unternehmen wurde durch den dominanten Diskurs[16] oft vertuscht.

Während der symbolische Kampf auf der Diskursebene weiterging, erklärte Limter-İş einen de-facto Streik, der am 27. und 28. Februar dieses Jahres in Tuzla stattfand. Sie organisierte mit der Unterstützung von DİSK, oppositionellen Gewerkschaften von TÜRK-İş, den Berufsverbänden von ÄrztInnen und IngenieurInnen, StudentInnen, linken Gruppierungen und den internationalen Gewerkschaften und Konföderationen[17] einen Marsch und Straßenblockaden, an denen die Beteiligung der UnterstützerInnen außerhalb Tuzlas höchstwahrscheinlich höher war als die Arbeiterbeteiligung aus Tuzla. Das Motto des Streiks war *„Wir haben Recht auf Leben, wir wollen nicht sterben!"*. Die konkreten Forderungen bezogen sich hauptsächlich auf die Durchsetzung des Arbeitsrechts bei Subunternehmen, Arbeitszeit- und Arbeitssicherheitsregulationen.

In Bezug auf die Arbeiterorganisation soll erwähnt werden, dass in Tuzla jenseits von Limter-İş mehrere kleine Arbeitervereine von verschiedenen linken Parteien und Gruppierungen bestehen. Diese sind nicht nur Abbild der fragmentierten Arbeitswelt und des Einflusses des *hemşehrilik*-Systems, sondern auch Erbe der Fragmentierung/Fraktionierung der türkischen Linken nach 1980. Diese Vereine konkurrieren untereinander und natürlich auch mit Limter-İş um die wenigen Arbeiter, die bereit sind, für ihre sozialen und ökonomischen Rechte auch politisch aktiv zu werden. Auch wenn die sozialistische Linie der Gewerkschaftsführer von Limter-İş, ihre Mitgliedschaft in einer kleinen sozialistischen Fraktion und die Tatsache, dass alle noch aktiven Arbeiter an den Werften sind und daher die alltägliche ArbeiterInnenexistenz stets erfahren, einen Großteil der Kohäsion und Stärke von Limter-İş ausmacht, erschweren die selben Tatsachen eine Kooperation der vereinsförmigen Arbeiterorganisationen mit Limter-İş, um eine gemeinsame Arbeiteropposition in Tuzla zu bilden. Dies erschwert für den durchschnittlichen Arbeiter, der tagtäglich und überall mit dem ideologischen Exklusionsdiskurs *„politische Gewerkschaften sind Separatisten/Terroristen"* bombardiert wird und unter großem ökonomischen Zwang, „genug Geld für den Haushalt zu verdienen" steht, den Schritt in die ArbeiterInnenorganisation erheblich.

6 Wo hört die Ökonomie auf, wo fängt die Politik an? Verschiebung der Prioritäten der Staatspolitik

Der Fall in Tuzla dokumentiert auch beispielhaft die neuen Dynamiken und AkteurInnen innerhalb des Wettbewerbsstaates. Gegenwärtig besitzen zwei Parlamentarier (aus der AKP und MHP), ein ehemaliger Parlamentarier (aus der AKP) und die Stadtteilvorsitzende der CHP Werften in Tuzla. Somit ist fast das ganze Parteienspektrum in Ankara auch in Tuzla, in Form von Unternehmen, vertreten. Als die Kritik der breiten Öffentlichkeit angesichts der Serie von Arbeitsunfällen zu laut wurde, und Limter-İş es wagte, diese öffentliche Unterstützung für einen defacto Streik zu mobilisieren, wurde die Schiffsbauindustrie als „Star des türkischen Wirtschaftswachstums" verteidigt, der nicht „verleumdet" werden soll. Prominente Persönlichkeiten aus der hohen Politik (etwa dem Verkehrs- und Arbeitsministerium) und der *community* der Schiffsbauindustriellen (etwa der Generalsekretär der Seehandelskammer und GİSBİR) drückten ihre Sorge darüber aus, dass die rege Berichterstattung über die Arbeitsunfälle, das Image der türkischen Schiffsbauindustrie im Ausland schwer beschädigt hätte. Außerdem vermuteten sie, dass „ausländische KonkurrentInnen" hinter der „Popularisierung des Vorfalls Tuzla" stecken würden[18]. Das konservative Motto, *„Wir sind alle im selben Boot!"* wurde wieder aufgenommen und die Beschäftigungskapazität der Schiffsbauindustrie, sowie der Konkurrent China, „der hinter der Türe wartet" in den Vordergrund gestellt. Am „Vorfall von Tuzla" kann man somit beispielhaft das Argumentationsrepertoire des neo-konservativen türkischen Wettbewerbsstaates ablesen.

Jenseits des legitimatorischen Diskurses ist die in Tuzla längst eingesessene Praxis von Subunternehmen arbeitsrechtlich eindeutig verboten: Der Aufgabenbereich der Subunternehmen ist im zweiten Artikel des türkischen Arbeitsrechtes eindeutig auf Nebenaufgaben beschränkt, die technologischer oder sonstiger Spezialisation bedingen, und darf nicht auf die „eigentliche Arbeit" des Sektors (also im Falle des Schiffsbaus die Bearbeitung von Stahl) ausgeweitet werden (TTBİİK 2008: 37ff). Diese Rechtswidrigkeit wurde in der breiten Öffentlichkeit erstmalig nach der Serie von Arbeitsunfällen thematisiert. Die Tendenz des türkischen Arbeitsministeriums ist es, bei den bevorstehenden Modifikationen zum Arbeitsrecht im sogenannten Beschäftigungspaket *(İstihdam Paketi)* die relevanten Artikel zu den Subunternehmen zu modifizieren[19], um die gesetzliche Lage dem real existierenden flexiblen Arbeitsregime in Tuzla anzupassen und nicht – wie man im Normalfall erwarten würde – umgekehrt. Der „Fall von Tuzla" ist somit nicht nur eines der prägnantesten Beispiele eines von Grund auf informell geschaffenen Arbeitsregimes, sondern auch für die Art und Weise der Schaffung von Gesetzen und Regulationen in Zeiten des türkischen Wettbewerbsstaates, der sich aus einem brüchigen liberal-konservativen Konsens nährt.

Da der Druck der Öffentlichkeit auf die Regierung angesichts der seriell gewordenen Arbeitsunfälle zu groß wurde, wurde im Parlament eine Spezialkommission gegründet, auch besuchte der Arbeitsminister Tuzla zweimal persönlich. Jedoch scheinen derzeit die staatlichen Schritte die strukturellen Gründe der Arbeitsunfälle nicht anzutasten. Abgesehen von den oben erwähnten Modifikationsplänen des türkischen Arbeitsrechtes betont die Regierung (zusammen mit GİSBİR) die Vorrangstellung der „Ausbildung der Arbeiter", um Arbeitsunfälle zu vermeiden. Das „Ausbildungsprotokoll", das zwischen GİSBİR, dem Arbeitsministerium und Dok-Gemi-İş unterzeichnet wurde, soll Alibi-Arbeiterausbildungen in Tuzla initieren. Somit wird das Problem auf die „individuelle Verantwortung der ArbeiterInnen" reduziert, eine Ausbildung über die Arbeitssicherheit zu erlangen. Die Individualisierung von Risiken scheint eines der weiteren Hauptmerkmale der neo-konservativen Regierung zu sein, welche sich als roter Faden auch durch die gegenwärtigen nationalen und lokalen Armutsbekämpfungsprogramme zieht.

Am „Fall Tuzla" kann man auch die Grundlinien der Selbstlegitimation der gegenwärtigen neo-konservativen Regierung sehen: Konzepte wie Redistribution, Arbeitssicherheit, Sozialstaat tauchen fast nie auf. Begriffe wie nationale Entwicklung, national-homogene Interessen, „Feinde, die das türkische Wirtschaftswachstum sabotieren wollen", individuelle Verantwortungen/Hilfestellungen, Staat als Diensleistungsunternehmen haben dagegen einen fixen Platz in den tagtäglichen Diskursen. Die öffentlichen EntscheidungsträgerInnen in Ankara und die privaten Entscheidungsträger in Tuzla weisen eine hohe Diskurskorrespondenz aus, sodass man – wie im ökonomisch-juristischen Bereich – metaphorisch von „public-private-partnerships' sprechen kann, welche staatliche Diskurse betriebswirtschaftlichen staatstragenden Diskursen annähern. Wie weit diese diskursive, personale und ideologische Korrespondenz die soziale Kohäsion angesichts der Existenz einer grossen ArbeiterInnenschaft, die unter Bedingungen der gesteigerten Marktintegration und Kommerzialisierung prekären Arbeits- und Wohnverhältnissen exponiert ist, gewährleisten wird, bleibt offen.

7 Ausblick: die Pracht des Wirtschaftswachtums und der Montag danach...

Das prächtige Wachstum der türkischen Schiffsbauindustrie wurde bis September letzten Jahres einseitig angepriesen. Dass die globale Schiffsbauindustrie in den letzten fünf Jahren um 90% angewachsen ist, die türkische jedoch um 360%[20], wurde laut gefeiert. Ab September letzten Jahres, als die Welle der Serie von Arbeitsunfällen in Tuzla einsetzte und 21 Arbeiter in weniger als einem Jahr umkamen, ließ sich die Feierstimmung gedämpfter vernehmen. Das seit 2002 stetige Wirtschaftswachstum, das die Basis der hoch angepriesenen Stabilität der AKP-Regierung ausmacht, bringt weder Wachstum noch Stabilität für das Leben der informellen Arbeiter und ihrer Familien in Tuzla. Hier scheinen nicht alle im selben Boot zu sitzen.

Hat uns nicht auch schon Gabriel Garcia Márquez in seiner *Chronik eines angekündigten Todes* vom Montag nach einer prächtigen Hochzeitsfeier erzählt, an dem das ganze Dorf von einer bevorstehenden Gewalttat weiß, aber niemand – im Rausch und der Trägheit der Feier des vorangegangenen Tages – etwas dagegen unternehmen kann.

Anmerkungen

1 http://www.tuzla.gov.tr/nufus.htm, die offizielle Website der städtischen Verwaltung (*Kaymakamlık*) von Tuzla.

2 http://www.referansgazetesi.com/haber.aspx?HBR_KOD=66453&ForArsiv=1, aus der Wirtschaftstageszeitung *Referans*, 2.5.2007.

3   Kommission der Europäischen Gemeinschaften (2004): Den Strukturwandel beglei-
    ten. Eine Industriepolitik für die erweiterte Union, Brüssel: 7, abrufbar unter: http://
    eur-lex.europa.eu/LexUriServ/site/de/com/2004/com2004_0274de01.pdf

4   Vgl. auch die offizielle Website von GİSBİR und die Auflistung der Mitglieder des Ver-
    bands; http://www.gisbir.com/DesktopDefault.aspx?tabid=150.

5   Das türkische Bruttoinlandsprodukt beträgt für 2007 aufgerundet 660.000 Millionen
    USD; http://www.tuik.gov.tr/PreTablo.do?tb_id=55&ust_id=16 (aus der Website des
    Staatlichen Statistischen Amtes am 25. April 2008).

6   Website des türkischen Verkehrsministeriums, http://www.ubak.gov.tr/ubak/tr/ilkler.
    php#deniz am 25.4.2008.

7   Seit Januar 2008 beträgt die türkische Bevölkerung ca. 70 Millionen, die Erwerbsquo-
    te liegt bei 47%. 14 Millionen LohnarbeiterInnen leben in den Städten, 9 Millionen
    auf dem Lande, die offizielle Arbeitslosenrate beträgt pauschal 11,3% und die Jugend-
    arbeitslosigkeit 21%, http://www.tuik.gov.tr/PreHaberBultenleri.do?id=1956 (Daten
    des Staatlichen Statischen Amtes seit Januar 2008).

8   Für ein Beispiel, das die Informalisierung des Arbeits- und Wohnungsmarktes in der
    Türkei ab 1980 und die Rolle des Staates darin analysiert, siehe: Odman 2000. Jedoch
    ist dieser Artikel nicht imstande, die neuen Formen der Arbeit und des Wohnens in ih-
    rer Eigendynamik und nicht nur als eine De-formation von den in den 1960ern Jahren
    „als abstrakt" existierenden, teils auch idealisierten formellen Typen zu erklären.

9   Zu den divergierenden (zwischen 5000-40.000!) Beschäftigungszahlen im Schiffs-
    bausektor, die von verschiedenen staatlichen Institutionen und dem Unternehmerver-
    band GİSBİR veröffentlicht werden, siehe TTBİİK 2008: 52ff.

10 Auf Französisch heißt *tâche* einfach eine Tätigkeit, ein Auftrag. Ein *taşeron* steht in der
    Alltagssprache für eine Subunternehmung, die nach dem türkischen Arbeitsrecht Nr.
    4857 definiert ist. Eine Beziehung zwischen einer Hauptunternehmung und einer Sub-
    unternehmung ist nur dann legal, wenn die Subunternehmung einen Auftrag, also einen
    Teil eines Produktionsprozesses von einem Hauptunternehmen übernimmt, entweder
    weil dieser Produktionsschritt eine technologische Spezialisation erfordert, welche im
    Rahmen ihrer Gewerbsdefinition nicht von der Hauptunternehmung erwartet werden
    kann (im Schiffsbau sind dies etwa die Installation von Navigationsgeräten, Konstruk-
    tion von Lagerhallen, elektronische Ausstattung des Schiffes), oder weil dieser eine
    Nebenarbeit zur eigentlichen Arbeit (Betriebsschutz, Kantine, Betriebsreinigung usw.)
    darstellt. Nach dem türkischen Arbeitsrecht dürfen Subunternehmen nicht im Rahmen
    der Kapazitätserweiterung durch die Hauptunternehmungen eingesetzt werden.

11 Aus der schiffsbauspezifischen Internetzeitschrift, *Zeitschrift des Seehandels*: http://
    www.denizticaretgazetesi.com/index.php?haber=5884, 1.9.2007.

12 Die folgenden Analysen stammen aus der Feldforschung der Autorin im Rahmen der
    Tuzla-Kommission (TTBİİK) zwischen Oktober 2007 und April 2008, die im Bericht
    der Tuzla-Kommission zusammengefasst sind. Für die Geschichte des *taşeron*-Systems
    in Tuzla siehe Akdemir 2004: 106ff.

13 Gewerkschaftliche Organisation von Arbeitern an den vier militärischen Werften
    fällt unter den Zuständigkeitsbereich von HARB-İş (*Türkiye Harb Sanayi ve Yardımcı
    İşkolları İşçileri Sendikası* – Die Gewerkschaft der Arbeiter im Verteidigungssektor und

deren Zuliefererindustrien), die zu Zeiten des Kalten Krieges 1956 gegründet wurde und heute der TÜRK-İş angehört.

14 Für die Gründe der Arbeitsunfälle siehe die offiziellen Begutachtungen des türkischen Arbeitsministeriums über die Schiffsbauregion Tuzla für 2007, http://www.calisma. gov.tr/is_teftis/tersane.pdf (April 2007) und http://www.calisma.gov.tr/is_teftis/tershane2.pdf (Oktober 2007).

15 Der Begriff Ausbildung *(eğitim)* hat im Kontext der türkischen Modernierung eine sehr wertbeladene Bedeutung und ist ein Distinktionsmerkmal, durch das Klassen- und Statuslinien gezogen und legitimiert werden.

16 Siehe einige Beispiele für diese oberflächlichen und weit verbreiteten Alltagsbegründungen der seriell gewordenen Arbeitsunfälle in Tuzla: *„Die Arbeiter sind unausgebildet, sie sind Bauern, die aus dem Osten immigrieren und einer städtischen Schwerindustrie nicht standhalten können. Sie setzen ihren Helm nicht auf, legen den Sicherheitsgurt nicht an!"*

17 Diese sind: ITUC (International Trade Union Confederation), IMF (International Metalworkers' Federation), DGB (Deutscher Gewerkschaftsbund), NORDIC-IN (Konföderation skandinavischer Gewerkschaften), SOLIDARNOSC (Unabhängige und Selbstverwaltete Gewerkschaft-Polen), ÖGB (Österreichischer Gewerkschaftsbund), CGIL (Confederazione Generale Italiana del Lavaro) , FIOM (Federazione Impiegati Operai Metallurgici).

18 Für eine ausführliche Zusammenfassung von Interviews mit prominenten Persönlichkeiten der politischen und ökonomischen *community* im Schiffsbausektor, siehe die Monatszeitschrift *Vira Dergisi*, Gemi İnşa Sanayi Satranç Tahtasında, Februar-März 2008: 20ff.

19 Diese bevorstehenden Modifikationen haben mittlerweile den Namen „Tuzla-Modifikationen" bekommen, aus der Wirtschaftszeitschrift *Referans*, 11.3.2008, http://www. referansgazetesi.com/haber.aspx?HBR_KOD=92148.

20 Siehe die Erklärungen des Staatssekretärs Hasan Naiboğlu, der für den Seehandel und die Schiffsbauindustrie zuständig ist, http://www.rotahaber.com/haber/20080405/ Gemi-Sanayi-200-bin-kisi-istihdam-edecek.php, 5.4.2008.

Literatur

Akdemir, Nevra (2004): Kalkınma ve sermaye birikimi sürecinde enformelleşme: Tuzla örneği, (Das Fallbeispiel Tuzla: Informalisierung im Prozess der Entwicklung und der Kapitalakkumulation) Diplomarbeit am Institut für Sozialwissenschaften an der Marmara Universität, Istanbul

Amsden, Alice H. (1989): Asia's Next Giant. South Korea and Late Industrialization, Oxford

DPT (Devlet Planlama Teşkilatı) (2006): IX. Kalkınma Planı, Gemi İnşa Sanayi Özel İhtisas Raporu, Ankara

Eroğlu, Veysel u.a (2003): Haliç'in Dünü, Bugünü ve Yeniden Doğuşu, in: Göncüoğlu, Süleyman Faruk (Hrsg.): Dünü ve Bugünü ile Haliç Sempozyumu, Kadir Has Üniversitesi, Istanbul

IG-Metall Bezirk Küste (2002): Beschäftigung, Auftragslage, Perspektiven im deutschen Schiffsbau, Institut für Arbeit und Wirtschaft: Umfrageergebnisse 2002, Universität Bremen: Institut Arbeit und Wirtschaft

Ludwig, Thorsten/Tholen, Jochen (2007): Beschäftigung, Auftragslage und Perspektiven im deutschen Schiffsbau: Ergebnisse der 16. Betriebsrätebefragung, Universität Bremen, Institut Arbeit und Wirtschaft

Kommission der Europäischen Gemeinschaften (2004): Den Strukturwandel begleiten. Eine Industriepolitik für die erweiterte Union, Brüssel

Márquez, Gabriel Garcia (1981): Chronik eines angekündigten Todes

Odman, Aslı (2000): Informalisierung und Staat: die Türkei seit der neoliberalen Wende 1980, in: PROKLA. Zeitschrift für kritische Sozialwissenschaften, Nr. 120, 449-470

Öniş, Ziya (1991): The Political Economy of Turkey in the 1980s: The Anatomy of Unorthodox Liberalism, in: Heper, Metin (Hrsg): Strong State and Economic Interest Groups. The Post-1980 Turkish Experience, New York and London

Özbudun, Ergun (1991): The Post-1980 Legal Framework of Interest Group Associations, in: Heper, Metin (Hrsg.): Strong State and Economic Interest Groups. The Post-1980 Turkish Experience, New York and London

Strath, Bo (1987): The Politics of De-industrialisation. The Contraction of the West European Shipbuilding Industry, London

TTBİİK=Tuzla Tersaneler Bölgesi İzleme ve İnceleme Komisyonu (2008): Tuzla Tersaneler Bölgesi'ndeki Çalışma Koşulları ve Önlenebilir Seri İş Kazaları Hakkında Rapor (Der Bericht der unabhängigen Tuzla-Kommission über die tödlichen Arbeitsunfälle an den Werften in der Schiffsbauregion Tuzla, Istanbul; abrufbar unter www.paraketa.net/tuzla.pdf)

Vira Dergisi (2008): Gemi İnşa Sanayi Satranç Tahtasında, Nr. 7/Februar-März, 20-25

Ulaş Şener

Die Neoliberalisierung der Geldpolitik
Der monetäre Policy-Mix der Türkei nach der Krise 2001*

Überblick

Die Öffnung und Eingliederung der Türkei in die Weltwirtschaft wurde Anfang der 1980er Jahre durch einen radikalen Kurswechsel der Wirtschaftspolitik beschleunigt. Diese euphemistisch als Modernisierung gelobte Initiierung von Liberalisierung und Deregulierung unter neoliberalen Vorzeichen hat jedoch weder in den 1980er noch in den 1990er Jahren zu einer stabilen wirtschaftlichen und politischen Entwicklung geführt. Während die erste Dekade durch ein staatlich subventioniertes Exportregime geprägt war, schwenkte dies nach der Finanzmarktliberalisierung Anfang der 1990er[1] Jahre hin zu einer Dekade zunehmender Marktorientierung und Finanzialisierung der politökonomischen Landschaft, die durch volatile Kapitalflüsse und Wachstumsverläufe sowie wiederkehrende Finanzkrisen geprägt war. Das Gemeinsame was diese ersten beiden Dekaden der Liberalisierung kennzeichnete, war die steigende Kommodifizierung gesellschaftlich-sozialer Reproduktion, die Fortsetzung einer Politik der Lohnunterdrückung, sowie die steigende Verschuldung des Staates[2] und eine hohe zweistellige (*chronisch-inertielle*) Inflation.

Die Rezession Ende der 1990er Jahre und die kurz darauf folgende schwere Wirtschaftskrise von 2001, markierten sowohl einen Tiefpunkt als auch einen Wendepunkt der neoliberalen Akkumulationspolitik in der Türkei. Nach dieser folgenreichen Krise beschloss die Türkei ein umfangreiches Stabilisierungsprogramm und ein Stand-By Abkommen mit dem IWF, das gleichzeitig auch ihren EU-Kurs intensivierte. Dieser neue Reformpakt versprach die nach der Rezession bereits 1999 aktivierte marktorientierte Privatisierung und Deregulierung in alle

* Ich bedanke mich bei Joachim Becker, Ilker Ataç, Bülent Küçük und Maja Figge für inhaltliche Anregungen und das Lesen und korrigieren des Artikels. Desweiteren danke ich den TeilnehmerInnen des „Doctoral Seminar" an der Eitan Berglas School of Economics in Tel-Aviv/Jaffo für kritische Diskussionen und Hinweise. Für die inhaltlichen Ausführungen bin ich selbstverständlich selbst verantwortlich.

Sektoren auszuweiten. Gleichzeitig beinhaltete er neue Regulierungen für den angeschlagenen Finanz- und Bankensektor (vgl. Öniş/Bakır 2007). Die Europäische Union (EU) begrüßte den Reformkurs der Türkei, weil sie diesen im Einklang mit den geforderten politökonomischen (Kopenhagener) Kriterien für eine Aufnahme der EU-Beitrittsverhandlungen sah. In der hierauf folgenden Post-Krisenära wird von den Befürwortern des neoliberalen Reformkurses die Überwindung der jahrzehntelang hohen Inflation als einer der wichtigsten wirtschaftspolitischen Erfolge der letzten Jahrzehnte hervorgehoben (vgl. Yeldan et al. 2008). Die Inflationssenkung wird zum einen auf den strikten Reformkurs sowie auf die fiskal- und geldpolitische Disziplin und Austerität der letzten zehn Jahre zurückgeführt (vgl. Özatay 2007: 149f) und zum anderen positiv mit dem neuen unabhängigen Status der Zentralbank ab 2001 in Verbindung gebracht. Nach dieser Auffassung ist eine politisch und operational unabhängige Zentralbank der beste Weg die Inflation zu senken und Preisstabilität sicherzustellen (vgl. Bakır 2007: 187).

Dieser Artikel betrachtet die Krise von 2001 sowohl als Bruch als auch als Kontinuität der neoliberalen Politik. Ein Bruch kann insofern darin gesehen werden, dass die radikale neoliberale Deregulierung der ersten beiden Dekaden durch einen institutionellen Paradigmenwechsel nivelliert wurde, der den derzeitigen internationalen Mainstream in der Geldpolitik übernimmt.[3] Die Krise von 2001 führte die türkischen Entscheidungsträger zu der Schlussfolgerung, dass für eine relativ „krisenfreie" Fortsetzung der Marktwirtschaft die institutionelle Vermittlung und Regulierung durch unabhängige entpolitisierte Instanzen unentbehrlich war (vgl. Derviş 2006: 91,144). Im Bereich der Geldpolitik äußerte sich dies dadurch, dass ein neuer regulativer Rahmen ins Leben gerufen wurde. Zum einen wurde 1999 eine Bankenaufsichtsbehörde gegründet (vgl. Şener 2003: 73), die nach der Krise 2001 gestärkt wurde und eine umfangreiche Bankenkonsolidierung und Regulierung vornahm. Zum anderen wurde mit der Reform der Zentralbank, die die Europäische Zentralbank (EZB) zum Vorbild nahm, eine unabhängige Zentralbank (UZB) etabliert, die eine „Entpolitisierung" der Geldpolitik verkündete (vgl. Bakır 2007: 21,102). Damit wurde der kontemporäre internationale Mainstream in der Geldpolitik adaptiert, der das Verhältnis von Politik und Ökonomie an externalisierte Kontroll- und Aufsichtsinstanzen delegiert und prinzipiell „verselbstständigt" (vgl. Watson 2002).[4] Gleichzeitig steht diese regulative Veränderung, wie hier gezeigt werden soll, im Einklang mit den neoliberalen Kernaussagen, die die Politik der Privatisierung auf die Geldpolitik ausweitet, was auf eine Neu-Konfigurierung und Fortführung der neoliberalen Politik der vergangenen Dekaden schließen lässt.

Ich werde mich auf folgende zwei Aspekte konzentrieren. Erstens werden die institutionelle Transformation der Zentralbank und die adaptierte Preisstabilitätspolitik in ihrer internationalen und nationalen Dimension diskutiert. Zweitens wird die hierfür implementierte geldpolitische Strategie analysiert. Dabei stützte ich mich auf die These, dass die Geld- und Fiskalpolitik zunehmend durch die Finanzialisierung geprägt ist (vgl. Argitis/Pitelis 2006). Aufgrund der hohen Binnenverschuldung wurde eine primär nicht kontraktive Geldpolitik verfolgt. Um inflationären Auswirkungen vorzubeugen, wurde offiziell eine kontraktive Fiskalpolitik und ein Zielinflationsregime verkündet. In diesem Kontext argumentiere ich, dass die Inflationssenkung entgegen der praktizierten Zielinflationspolitik, in Verbindung mit der Fortsetzung einer hohen Realzinspolitik und eines aufgewerteten Wechselkurses verstanden werden muss, die jedoch gleichzeitig die Verschuldung und ökonomische Instabilität der Türkei fortsetzen.

Im zweiten Abschnitt werden die theoretischen Annahmen und historischen Hintergründe der Mainstream-Geldtheorie erläutert und mit einer „Finanzialisierung des Akkumulationsregimes" im Neoliberalen Zeitalter verknüpft. Hierbei wird auf den Neu-Konsensus in der Makroökonomie eingegangen, der die heutige Mainstream-Geldtheorie prägt. Im dritten Abschnitt wird die monetäre Stabilisierungspolitik und institutionelle Transformation der türkischen Zentralbank nach der Rezession von 1999 und der Wirtschaftskrise von 2001 erläutert. Der vierte Abschnitt analysiert die zentralen Aspekte des monetären Policy-Mix, wie die Entwicklung der Geldmengenaggregate, Reserve- und Zinspolitik, die auf Preisstabilität und Inflationssenkung durch ein Regime der Zielinflation fixiert ist. Dabei wird auf die Auswirkungen auf zentrale makroökonomische Größen wie Währungskurs, Verschuldung und Arbeitslosigkeit eingegangen. Der fünfte Abschnitt fasst die zentralen Aussagen zusammen.

2 Die Neoliberalisierung der Geldpolitik

Das Verhältnis von Ökonomie und Politik befindet sich in den vergangenen drei Dekaden in einem umfangreichen Strukturwandel, der allgemein durch die Globalisierung und im Besonderen durch die Neoliberalisierung geprägt ist. Nach dem Ende des Bretton Woods Systems[5] und der ökonomischen Stagflation der 1970er Jahre sind monetaristische Paradigmen und hiermit verwandte neoklassische Theorien Schritt für Schritt auf die oberste Agenda der Wirtschaftspolitik gestiegen, die sich für eine grundsätzliche Veränderung der staatlichen Ordnungs- und Interventionspolitik in der Kapitalakkumulation einsetzten.[6] In unterschiedlichen Geschwindigkeiten, politischen Bündniskonstellationen und ökonomischen Ausprägungen erlebte die neoklassische Wirtschaftspolitik eine weltweite Renaissance. Die drückte sich zum einen durch eine angebotsorientierte Liberalisierung, Deregulierung und Prekarisierung von Arbeitsverhältnissen und zum anderen durch zunehmende Wechselkursinstabilitäten, spekulative Finanztransaktionen und schwankende Wachstumsverläufe aus (siehe Itoh/Lapavitsas 1999: 165f.).[7]

In der Geldpolitik äußerte sich dies dadurch, dass Austerität, Inflationsbekämpfung und Preisstabilität allmählich zum Gravitationspunkt der Geldpolitik sowohl in reichen Industrieländern als auch in aufstrebenden Schwellenländern wie der Türkei wurde. Diese geldpolitisch deflationäre Neuorientierung prägte die heutige Mainstream-Ökonomie nachhaltig und begleitete die Herausbildung einer globalen „Finanzialisierung des Akkumulationsregimes". Finanzialisierung bezieht sich dabei auf einen Prozess, in dem Finanzmärkte und -institutionen, finanzielle Motive und Finanzeliten auf nationaler und internationaler Ebene zunehmend die Akkumulations- und Regulierungsweisen der Ökonomie bestimmen und spezifische entwicklungs- und verteilungspolitische Effekte hervorbringen (vgl. Epstein 2001; Argitis/Pitelis 2006; Palley 2007).[8] In diesem Kontext fördert eine strikte Preisstabilitätspolitik die Finanzialisierung, weil sie die Planungssicherheit sowie die Sicherung von Geldkapital erhöht. Die eingeleiteten restriktiven Anti-Inflationsstrategien sollten einen unmittelbaren Wertverlust realisierter Profite durch Inflation verhindern, die aufgrund eines ins Stocken geratenen Akkumulationsprozesses, länger in Form von Geldkapital aufbewahrt wurden als in der Prosperitätsphase der Fordistischen Ära (Schmidt 2008:20).

Diese Transformation war politisch zum einen möglich, weil im Zuge der Finanzialisierung immer mehr Menschen, insbesondere aus weiten Teilen der Mittelschicht, unmittelbar an die Stabilität der Finanzmärkte gebunden wurden. Durch zunehmende Kanalisierung der privaten kleinen Ersparnisse in die Finanzmärkte, die Privatisierung und Ankopplung der Rentensysteme an Finanzinvestitionen, sowie eine zunehmend marktgebundene Konsumentenkreditvergabe, z.B mittels Versicherung durch Hypotheken, horizontalisierte sich die Marktsensibilität und -orientierung und schuf eine soziale Basis für die Legitimierung einer Finanzialisierung (vgl. Watson 2002: 193; Schmidt 2008: 13f). Zum anderen versprach der Neoliberalismus die gestiegenen Arbeitslosigkeits- und Inflationszahlen zu senken, die zu einer Senkung der Reallöhne führten und in unteren (informellen) Lohnkategorien besonders heftig zu spüren waren. In Zeiten hoher Arbeitslosigkeit führt hohe Inflation zu Einkommensumverteilung, weil Arbeiter insbesondere im informellen Sektor nicht über eine ausreichende Verhandlungsmacht verfügen, um die Reallöhne anzupassen (vgl. Becker 2007: 226; Onaran 2008).[9]

Mainstream-Theorien definieren Inflation per se als das größte Hindernis und umgekehrt Preisstabilität als den besten Weg für eine stabile ökonomische Entwicklung. Dabei wird zwischen Inflation und fehlender politischer Unabhängigkeit einer Zentralbank, ein unmittelbares positives Verhältnis konstatiert. Mit einer syllogistischen Schlussfolgerung wird die Entpolitisierung von Geldpolitik, in Gestalt der Etablierung einer unabhängigen Zentralbank, die sich Preisstabilität auf die Fahne schreibt, zum Garanten für eine positive ökonomische Entwicklung. Die unabhängige Zentralbank (UZB) gewann jedoch erst zu Beginn der 1990er

Jahre als institutionelle Reaktion gegenüber unregulierten Finanzmärkten an Popularität. In einem globalen Umfeld von zunehmender Finanzmarktintegration stieg eine UZB zum politischen Anti-Inflationsbekenntnis auf (vgl. Watson 2002: 190; vgl. Şener 2008).

Dieses Paradigma der Entpolitisierung beruht theoretisch auf einem weiteren Set an neoklassischen Annahmen, die eine bestimmte Definition und ein Verhältnis zwischen makroökonomischen Parametern wie Wachstum, Preisstabilität und Beschäftigung konstatieren. Als Bestandteil des neoliberalen Diskurses behauptet die Neoklassik, dass staatliche Fiskalpolitik und diskretionäre Geldpolitik keinen positiven Einfluss auf die obigen makroökonomischen Größen ausüben. Gewerkschaften sowie politische Führungen werden aggressiv und ungeniert als Hauptverantwortliche für Arbeitslosigkeit und Inflation diskreditiert.[10] Geld wird hierbei lediglich auf ein (Tausch)Medium reduziert und eine neutrale und passive Rolle im Wirtschaftskreislauf zugeschrieben. Um inflationären Tendenzen zuvorzukommen, die hauptsächlich auf einen Anspruchsüberschuss (demand inflation) zurückgeführt werden, solle sich der Staat einer Entpolitisierung der Ökonomie und Behebung von Rigiditäten erzeugenden exogenen Marktbeschränkungen widmen.[11] In einer kapitalistischen Ökonomie kann Geld jedoch nicht als wertneutrales und passives Tauschmittel angesehen werden, sondern muss sowohl als Wertstandard, Wertaufbewahrung und Zirkulationsmittel begriffen werden (vgl. Kühnl 2003:25). Die Kapitalakkumulation und die Reproduktion von Arbeit, durch die monetäre Entlohnung (Geldlöhne), werden durch Geld vermittelt (vgl. Becker 2007: 225). Aus den obigen Funktionen und der konstitutiven Rolle des Geldes resultiert, dass Geldpolitik (und auch Fiskalpolitik) entgegen der neoklassischen Theorie nicht neutral sein kann, sondern ökonomische Auswirkungen hat, von denen soziale Gruppen unterschiedlich betroffen sind (vgl. Clausen/Donges 2001: 1313; Chang/Grabel 2004: 183).[12] Dies macht den Zugang zu Geld zum Politikum und Gegenstand verteilungspolitischer Kämpfe.

Der methodisch-konzeptionelle Kern der neoliberalen Theorie setzt sich aus der „Sozialen Wohlfahrtsfunktion" und dessen anscheinend „repräsentativen Individuum" zusammen. Die kombinierte Anwendung dieser beiden Konzepte soll adäquat sozioökonomisches Verhalten auf mikro- oder makroökonomischer Ebene abbilden. Die soziale Wohlfahrtsfunktion aggregiert und simuliert anhand analytisch mathematischer Modelle das suggerierte ökonomische Verhalten des repräsentativen Individuums der wiederum ein Platzhalter des Homo Oeconomicus ist.[13] Die hierdurch generierten und herunterdeklinierten Verhaltensmuster sollen die Realität korrekt wiedergeben und damit eine soziale Relevanz neoliberaler Theorien ausdrücken.[14] Die Normierung und Generalisierung des kognitiven Musters des repräsentativen Individuums hingegen erlaubt, dass „[b]y little more than a definitional trick, orthodox macroeconomists are thus able to elevate themselves to the position* *of legitimate intellectual guardians of society's concerns for the key settings of economic management."* (Watson 2002:187). Hierdurch erheben unabhängige Zentralbanken den Anspruch nicht nur zu wissen, was das Optimale und Richtige ist, sondern auch wie es am effizientesten und zuverlässigsten umzusetzen sei. Geldpolitik wird somit ökonomistisch technisiert und zur Sache von erfahrenen Spezialisten reduziert, die aber ihren sozialen Inhalt und Repräsentation behalten würden, weil sie auf den Grundprinzipien gesellschaftlicher (kapitalistischer) Verhaltensmuster und ihrer Logik basieren. Als Konsequenz wird Preisstabilität und niedrige Inflation als unumgängliche Voraussetzung für die Maximierung gesellschaftlicher Wohlfahrt stilisiert und eingefordert. Itoh/Lapavitsas kritisieren dies zutreffend wie folgt:

> The advocates of central bank independence want to entrust monetary policy to experts with sufficient stability of tenure and freedom to pursue what they deem optimal for society. In their view, the economy is a mechanism obeying its own logic that is disturbed by collective decision-making, rather than a set of social relations over which people are able to exercise conscious control in their collective interest. Hence the monetary planner ought to be independent of even the limited expression of popular will that takes place in elections. That is a profoundly undemocratic view of economic activity in general and monetary policy in particular. It is pure ideology to claim that society cannot employ monetary policy consciously and in its own interests, instead entrusting it to an elite of high priests. The design and execution of monetary policy ought to be subject to democratic participation by broad swathes of the people whose lives are directly affected by it (Itoh/Lapavitsas 1999: 174).

Die zunehmende Liberalisierung der Finanzmärkte und Kapitalflüsse ab Mitte der 1980er führte dazu (vgl. Huffschmid 2002), dass Anfang der 1990er Jahre eine unabhängige Zentralbank als gesonderte institutionelle Strategie auf politische Resonanz stieß und zu einem hegemonialen Konzept aufstieg. Regierungen sowohl in Industrie- als auch Schwellenländern versuchten eine glaubwürdige Preisstabilitätspolitik durch die Etablierung von entpolitisierten Institutionen zu vermitteln (Watson 2002: 190) um Kapitalinvestitionen anzulocken.[15] Hierfür wurde die Gewährleistung von Preisstabilität immer stärker betont und als oberstes Mandat für Zentralbanken bestimmt. Dabei geriet der monetaristische Gedanke, Geldaggregate exogen kontrollieren zu können, in den Hintergrund und wurde durch eine Zielinflationspolitik ersetzt (Arestis/Sawyer 2003). Diese Strategie bestand darin, durch die Festlegung von Leitzinsen sowie An- und Verkauf von Wertpapieren (Offenmarktoperationen) die Liquidität zu steuern. Diese Politik wird als Neu-Konsensus bzw. auch als Neu-Keynesianismus bezeichnet und unterscheidet sich vom Monetarismus durch eine teilweise Übernahme der „endogenen Vorstellung" von Geld.[16] Endogene Geldtheorie zeichnet sich dadurch aus, dass das Thema der Finanzierung sich bereits zu Beginn der Analyse stellt. In einer auf Erwerbslohnarbeit basierenden Ökonomie müssen Unternehmen Zugang zu Geldkrediten haben, um ihre Ausgaben zu finanzieren, bevor sie mit der Produktion beginnen und anschließend aus dem Verkauf der produzierten Waren Einnahmen erzielen können. Das bedeutet, dass das Geldangebot von der Nachfrage der Banken nach Kreditgeld bestimmt wird, die von der Zentralbank akkomodiert werden (vgl. Arestis/Sawyer 2004: 70ff; Hein 2005: 150; Monvoisin/Rochon 2006: 58).[17]

Der Neu-Konsensus in der Makroökonomie steht heute für eine Entpolitisierung von Geldpolitik, Zentralbankunabhängigkeit und Preisstabilität und ist geographisch nicht nur in Industrieländern sondern auch in Schwellenländern verbreitet (vgl. Epstein/Yeldan 2007: 19). Insofern der Neu-Konsensus Fiskalpolitik kaum thematisiert, und so indirekt für irrelevant erklärt (vgl. Arestis/Sawyer 2003), führt er den oben beschriebenen Kern der neoliberalen bzw. neoklassischen Normierung und Normalisierung der Ökonomie fort. Von einer „wirklichen Entpolitisierung" kann jedoch nicht die Rede sein. Mit der Festlegung von kurzfristiger Zinspolitik als oberstes Instrument wurde die neoliberale Forderung der Verschiebung der Umverteilungsfunktion der Geldpolitik und einer aktiven Umverteilungspolitik des Staates zugunsten der Renditeansprüche bekräftigt (vgl. Schmidt 2008:26).

3 Finanzmarktstabilisierung und Zentralbankunabhängigkeit in der Türkei

Der Wachstumspfad der Türkei wurde in den 1990er Jahren nach der Finanzmarktliberalisierung hauptsächlich durch die internationalen Kapitalmärkte induziert und verzeichnete aus diesem Grund einen kongruenten Verlauf mit den volatilen Kapitalflüssen in dieser Periode (vgl. Şener 2003: 51). Dies zeigt sich deutlich an der Finanzkrise von 1994 und der Rezession ab Anfang 1998, die durch hohe Kapitalabflüsse gekennzeichnet waren. Diese Volatilität führte zu einem instabilen Wechselkurs und erschwerte alle Bemühungen die extrem hohen Realzinsen und die Inflation zu senken (vgl. Ataç 2003). Um der Rezession ein Ende zu setzten verabschiedete die damalige sozialdemokratisch-nationalistisch-liberale DSP-MHP-ANAP Koalition Ende 1999 ein Strukturanpassungsprogramm in Vereinbarung mit dem IWF und der Weltbank. Das offizielle Ziel war, die chronische Inflation der vergangen Dekaden und das hohe Realzinsniveau, das die Schuldenakkumulation des Staates durch die 1990er Jahre hindurch verschärfte, zu senken. Preisstabilität sollte durch eine unmittelbare Kopplung der Geld- und Währungspolitik (Währungsregime mit Wechselkursfixierung) sowie der Geld- und Haushaltspolitik hergestellt werden (vgl. Yeldan 2001: 159; Yentürk 2001: 11).[18] Das Reformprogramm ging jedoch über eine Inflationsbekämpfung hinaus. Breite Liberalisierungen und Privatisierungen beabsichtigten den neoliberalen Kurs zu intensivieren und ein investorenfreundliches Klima zu schaffen, um die bisher ausgebliebenen Direktinvestitionen anzuziehen. Diese sollten die volatilen Kapitalflüsse stabilisieren und der Ökonomie nachhaltige Wachstumsimpulse geben. Hierfür sollte der gesamte Staatsapparat konsequent reformiert, und das Verhältnis zwischen Politik und Ökonomie marktförmig ausgerichtet werden.

Das Stabilisierungsprogramm erreichte kurzfristig die monetären Vorgaben (vgl. Cizre/Yeldan 2002: 3). Die stabile Phase dauerte jedoch kürzer als in Ländern wie Mexiko, Brasilien und Russland, in denen ein ähnliches Inflationssenkungsprogramm verfolgt wurde, und mündete im Februar 2001 in eine der schwersten Finanz- und Wirtschaftskrisen, die die Türkei erlebt hatte. Nach der Krise beschloss die Koalitionsregierung ein weiteres umfangreiches Stabilisierungsprogramm und ein Stand-By Abkommen mit dem IWF. Dieser neue Reformpakt versprach die bereits 1999 beschlossene Privatisierung und Deregulierung in alle Sektoren auszuweiten. Gleichzeitig jedoch beinhaltete er neue Regulierungen für den angeschlagenen Finanz- und Bankensektor (vgl. Öniş/Bakır 2007). Für die Geldpolitik bedeutete dies eine Stabilisierung des monetären Sektors durch Bankenkonsolidierung, eine Änderung des Statuts der Türkischen Zentralbank, die auf eine Harmonisierung mit der Europäischen Währungsunion (EWU) abzielte, sowie eine offizielle Rückkehr zu freien Wechselkursen (vgl. Cizre/Yeldan 2002). Dies soll im Folgenden erläutert werden.

Um den Finanzsektor zu stabilisieren, wurde „ein Restrukturierungsprogramm des Bankensektors" verabschiedet und die „Banken Regulierungs- und Aufsichtsbehörde" (BRSA) gestärkt.[19] Die angeschlagenen Staatsbanken wurden konsolidiert. Internationale Aufsicht und Transparenz Standards, neue Regulierungen für Kapital- und Risikomanagement, sowie Kreditrestriktionen wurden eingeführt und die Kapitaldeckungsquote angehoben (vgl. Özatay 2005: 7). Dies umfasste auch die Abschaffung der subventionierten Kreditvergabe, den so genannten *duty losses*, und einen radikalen Abbau von Belegschaft und Filialen.[20] Im Bereich der Privatbanken wurden 25 insolvente bzw. angeschlagene Banken aus dem Bankensystem ausgeschlossen oder mit öffentlichen Mitteln konsolidiert und rekapitalisiert, um anschließend an inländische oder ausländische Investoren verkauft zu werden (vgl. BRSA 2002, 2007).[21] Letztendlich waren es zwei umfangreiche staatliche Interventionen die große Teile des Privatsektors retteten und die Finanzstruktur stabilisierten. Erstens initiierte und koordinierte das Schatzamt einen Schuldentausch (*debt swap*) um die Devisenverbindlichkeiten der privaten Banken zu übernehmen, und organisierte, zweitens, eine Umschuldung, um insolvente private Unternehmen zu retten. Allein die Restrukturierung und Konsolidierung des gesamten Bankensystems summierte sich auf über 47,2 Mrd. USD, was zu diesem Zeitpunkt zu einem Anstieg der öffentlichen Schulden um 33 Prozent des BSP führte (vgl. BRSA 2003: 7).

Das Statut der *Central Bank of the Republic of Turkey* (CBRT) wurde unmittelbar nach der Krise verändert. Das Gesetz beinhaltete institutionelle und regulatorische Veränderungen um die politische und operationale Unabhängigkeit der

CBRT umzusetzen und kodifizierte Preisstabilität als oberstes geldpolitisches Ziel. Der privilegierte Fokus auf Preisstabilität hatte die Konsequenz, dass bisherige klassische makroökonomische Ziele wie Wachstum und Beschäftigung programmatisch heruntergestuft und somit zu sekundären, residualen *ohne Gewähr* Kategorien in der türkischen Geldpolitik wurden. In diesem Punkt hat damit eine vollständige Harmonisierung und Übernahme der geldpolitischen Ziele der EWU und der EZB stattgefunden, indem Beschäftigung, soziale Sicherung, Geschlechtergleichheit mit dem vagen Begriff „high level" verwässert und Wachstum strikt an nicht-inflationäre Entwicklungen geknüpft wurde (vgl. Artikel 2 des EZB Statuts).[22]

In der import-substituierenden nachholenden Entwicklungsphase (bzw. Fordistischen Ära) besaßen Zentralbanken eine integrierte aktive Rolle in der Wirtschaftspolitik, in der sie die Geld- und Fiskalpolitik koordinierten (vgl. Epstein/ Yeldan 2007: 19). Dementsprechend hatte auch die CBRT nach dem alten Statut von 1970 die Aufgabe, die Geldpolitik diskretionär an der ökonomischen Konjunktur und den Wirtschaftsprogrammen der Regierungen unterstützend auszurichten (vgl. Bakır 2007: 85). Das Schatzamt und somit die öffentliche Hand konnte auf kurzfristige Kredite und Darlehen von der CBRT zurückzugreifen. Mit dem neuen Statut wurde der CBRT ein generelles Verbot der Finanzierung von öffentlichen Ausgaben auferlegt und die Liquiditätspolitik hauptsächlich an kurzfristige Zinsinstrumente (Offenmarktpolitik) gebunden (vgl. Şener 2008).

Die internationale Dimension der Zentralbankreform kann auf die Politik des IWF-Weltbank-EU Nexus zurückgeführt werden. Während die ersten beiden, IWF und Weltbank, die Etablierung einer UZB und weit reichende Reformen im Bank- und Finanzsektor als Voraussetzung für ein Stand-By Programm mit Unterstützungskrediten verlangt hatten, forderte die EU diese als Voraussetzung für die Aufnahme der Beitrittsverhandlungen (vgl. Bakır 2007: 75).[23] Es wäre jedoch zu kurz gegriffen, würde die Etablierung einer UZB lediglich als von außen aufoktroyiert betrachtet. Die neoliberale Wirtschaftspolitik stützt sich auf eine inländische Basis.

Die interne Dimension kann zum einen mit einer sich vertiefenden Inkorporation türkischer Kapitalgruppen in die Globalisierung der Produktions- und Finanzstrukturen erklärt werden, die zusätzliche Akkumulationschancen in der Globalisierung wittern. Diese verinnerlichten die Auffassung, dass hohe Inflation und defizitäre Fiskalpolitik das größte Problem für eine Wirtschaft sei, dabei dominierte die Ansicht, dass die Fiskalpolitik die Ursache für die Inflation war. Eine konsequente Deflationspolitik gewann in der Türkei jedoch erst nach der verheerenden Krise 2001 an Boden und wurde unter den türkischen Kapitalfraktionen hegemonial (vgl. TÜSIAD 2002). Angesichts der desaströsen Entwicklung, steigender Zinsen und einer außer Kontrolle zur geraten drohender Verschuldung des Staates, war auch die damalige DSP-MHP-ANAP Koalition zu dem Schluss gekommen, dass eine Kapitalakkumulation die zunehmend auf finanzielle Aktivitäten und Arbitrage abhängt, die die Budgetdefizite finanzieren, nicht mehr tragbar sei (vgl. Ataç/Grünewald 2008: 46). Laut dem damaligen Wirtschaftminister Derviş, forderten auch Bürokraten seit geraumer Zeit die Etablierung einer unabhängigen und starken Zentralbank (siehe Derviş et al. 2006: 73).

In diesem Kontext wurde die Einführung und Einrichtung von unabhängigen regulatorischen Instanzen zum wichtigen Bestandteil des Stabilitätsprogrammes von 2001. Dies sollte außerdem einen Ausgleich und die relative Unabhängigkeit von den Lobby-Aktivitäten inländischer Kapitalfraktionen schaffen (vgl. hierzu Bakır 2007: 128ff). Diese Auffassung leitet sich auch von der oben beschriebenen neoliberalen Hypothese ab, dass politische Entscheidungen und öffentliche Institutionen per se korrumpierbar sind, Ineffizienz und Ungleichgewichte produzieren würden. Entscheidend war, dass es nach der Krise keine ernsthafte intellektuelle Opposition mehr unter Technokraten gegen eine UZB gab (ebd.: 84), was als Indikator der transnationalen Hegemonie neoliberale politökonomischer Konzepte verstanden werden kann.

4   Der Policy-Mix in der Geldpolitik nach der Krise 2001

Die *offizielle* Geldpolitik des Stand-By Abkommens mit dem IWF 2002, die durch die nun unabhängig gewordene Zentralbank verfolgt wurde, beruhte auf folgenden Säulen. Erstens wurden quantitative Richtwerte, so genannte Performanzkriterien für Geldmengenaggregate (Basisgeld und Währungsreserven) festgelegt, die vorübergehend als nominale Anker fungieren und Stabilität signalisieren sollten, um die Inflationserwartungen zu senken. Dies sollte einen Übergang zu einem formalen Zielinflationsregime vorbereiten. Zweitens wurde Offenmarktpolitik zum wichtigsten geldpolitischen Instrument erklärt. Drittens erfolgte ein kontrollierter und stetiger Aufbau von Devisenreserven. Und letztlich viertens, wurde die Fortsetzung eines freien Wechselkurses beschlossen, der nach dem Scheitern der kontrollierten Wechselkursabwertung und dem Kursabsturz im Februar 2001 proklamiert wurde.

Die Geldmengenaggregate stiegen zwischen 2002 und 2007 signifikant über der Inflationsrate an und die Referenzwerte wurden in dieser Zeit quartalsweise angepasst. In dieser Periode verzeichneten Reservegeld und Geldbasis einen Anstieg von 564 bzw. 512 Prozent bei einer kumulativen Inflation von 97 Prozent. Insofern die Geldmenge M1 als Indikator für ökonomische Aktivität betrachtet wird, signalisierte ein 491prozentiger Anstieg in dieser Periode, eine rasant wachsende Nachfrage nach der inländischen Währung und Aufwertung (siehe Abbildung 1).[24]

Die Expansion der Geldmengenaggregate deutet darauf hin, dass die Geldpolitik der Zentralbank nicht primär konktraktiv war, wie sie z.B. von Monetaristen gefor-

Abbildung 1: Geldaggregate in Mrd. YTL in der Türkei 2001-2007

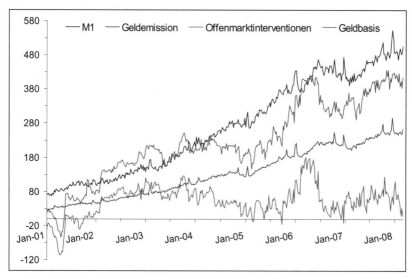

Quelle: CBRT

dert wäre, und keinen negativen Einfluss auf den Wechselkurs hatte. Dies kann zum einen mit der endogenen Betrachtung von Geld erklärt werden, in der Geld als eine residuale Kategorie aufgefasst wird, und Inflation nicht aus einem Nachfrage-Überschuss an Kreditgeld bzw. aus ökonomischer Aktivität resultiert. Eine weitere Erklärung liefert der ehemalige stellvertretende Gouverneur der CBRT Özatay: in einer hoch verschuldeten Ökonomie, wie der Türkei, würde eine anfänglich strikte Geldmengenlimitierung die Gefahr mit sich bringen, die Inflation weiter zu erhöhen. Diese Einsicht geht auf eine Studie von Sargent/Wallace (1981) zurück: Wenn die Interventionsinstrumente einer Zentralbank auf die Wahl zwischen Basisgeld oder An- bzw. Verkauf von Anleihen begrenzt sind und Staatsdefizite bestehen, dann führt eine kontraktive Geldpolitik und eine verminderte *Seigniorage*, d.h. Geldschöpfung, dazu, dass die Fiskalpolitik durch ein Emittieren von neuen Anleihen finanziert werden muss, um eine drohende Zahlungsunfähigkeit zu verhindern. Falls eine Zentralbank eine Hochzinspolitik verfolgt um Kapital anzuziehen und Anleihen zu verkaufen, und die Zinsen dabei die Wachstumsrate der Ökonomie übersteigen, dann würde dies zu einer unhaltbaren Schuldenakkumulation führen. Dies resultiert früher oder später in eine Emission von Basisgeld, weil das Anleihevolumen nicht unendlich über die Ökonomie hinaus steigen kann (vgl. Şener 2008). Um inflationär wirkende Seigniorage zu vermeiden werden aus diesem Grund Fiskalüberschüsse (passive Fiskalpolitik) als Strategie, für die hohe

Zinspolitik und Verschuldung aufzukommen, vorgeschlagen (vgl. Özatay 2007: 131ff, 163).[25]

Fiskaldisziplin wurde also als wichtiger Bestandteil gesehen, um inflationären Druck und eine steigende Verschuldungsakkumulation abzubauen. Ein Austeritätskurs wurde bereits 1999 von der damaligen DSP-MHP-ANAP Koalition initiiert. Ziel war, einen von den EU-Konvergenzkriterien abverlangten jährlichen primären Haushaltsüberschuss von 6,5 Prozent des BSP zu realisieren (vgl. ebd.: 149). Die jetzige konservativ-liberale AKP-Regierung setzte dies ab 2003 intensiv fort und erweiterte es im Rahmen der Fortführung des IWF gestützten Stabilitätsprogramms auf die Periode 2005-2007 (ebd.: 162). Als Resultat ist ein jährlicher primärer Haushaltsüberschuss (vor Zins- und Schuldenzahlungen) von durchschnittlich 5,7 seit 1999 und 6,3 Prozent seit 2001 bis 2006 verzeichnet worden.[26]

Makroökonomisch ergibt sich folgendes Bild: Zwischen 2002 und 2007 ging die Inflation tatsächlich signifikant zurück und die Wirtschaft wuchs mit einem Jahresdurchschnitt von 6,8 Prozent (vgl. hierzu ISS 2007: 19ff). Kapitalimporte spielten in dieser Phase weiterhin eine wichtige Rolle. Zum einen wurden sie benötigt, um die steigenden Leistungs- und Zahlungsbilanzdefizite aus dem explodierenden Importüberhang zu finanzieren.[27] Zum anderen waren sie, wie der kritische ISS Jahresbericht von 2007 zeigt, weiterhin die wichtigste Quelle für das Wirtschaftswachstum in dieser Periode (vgl. ebd.: 48f). Aufgrund der hohen Realzinsen, die ausländisches Kapital anlocken sollten, führte dieser Prozess jedoch auch gleichzeitig zu einer Fortsetzung der (absoluten) Schuldenakkumulation, mit der Besonderheit, dass die Binnenverschuldung zeitweise das Niveau der gesamten Auslandsschulden erreichte und die private Verschuldung auffallend zunahm (siehe Abbildung 2).

Dieser Prozess wurde von einer beträchtlichen Aufstockung der Devisenreserven durch die CBRT begleitet, die der IWF als Stabilitätsmaßnahme verlangt hatte. Die Devisenreserven wurden durch periodische und außerplanmäßige Kaufauktionen von Anfang 2002, von 18,9 Mrd. USD, bis Ende 2007 auf 71,3 Mrd. USD erhöht (CBRT).[28] Diese Devisenkäufe und die hohen Realzinsen verstärkten den Aufwertungstrend und die oben beschriebene Ausweitung der Geldmenge. Die CBRT versuchte diese Liquiditätsexpansion teilweise unter Kontrolle zu halten, um eine negative Wirkung auf die Währungsparität zu verhindern. Hierzu reduzierte sie öffentliche und private Darlehen (ISS 2007:40) und sterilisierte durch Offenmarktinterventionen. Diese Strategie erreichte Mitte 2006 einen Höhepunkt (vgl. Abbildung 1), als die Zinsen für Lira Repo-Auktionen erhöht wurden, um einem Abwertungsdruck entgegenzuwirken, der aus einer abrupten Kapitalflucht entstand (vgl. Onaran 2007). Die Zinserhöhung sollte einen Aufwertungsdruck auf die Lira erzeugen, um den Kapitalabfluss zu begrenzen (vgl. Abbildung 3). Dies demonstrierte, dass die relative Stabilität der Kapitalflüsse im Ausnahmefall keine

Abbildung 2: Öffentliche und Private Auslandsverschuldung der Türkei in Mrd. USD 1998-2007QI

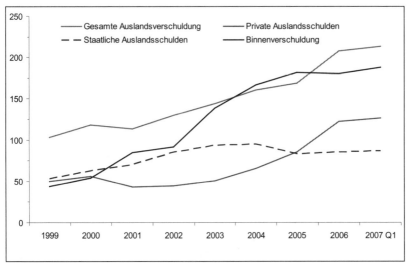

Quelle: CBRT

war, sondern durch hohe Realzinsen weiterhin riskant und teuer erkauft wurde. Die Aufmerksamkeit der Regierung blieb trotz der steigenden Risiken in den Zahlungs- und Leistungsbilanzdefiziten sowie auf den Kapitalmärkten weiterhin auf die Erzielung des primären Fiskalüberschusses und die Politik der Zielinflation fixiert. Diese doppelte Zielstrategie, die weiterhin zur Kontrolle der Inflation beitragen sollte (Yeldan et al. 2007), wird im Folgenden erläutert. Mit der Proklamation eines formellen Zielinflationsregimes 2006 wurde der Fokus auf Geldaggregate offiziell aufgegeben und mit einem Informationsregime aus Quartalsberichten, die über die Inflationsprognosen und die monatlichen Sitzungen des Komitees für Geldpolitik informierten, ersetzt (vgl. Şener 2008).[29] Dabei fällt als erstes auf, dass die Inflationswerte bis 2005 unter die gesetzten Zielwerte sanken, nach 2006 jedoch, bis heute, verfehlt wurden (siehe Tabelle 1).

Trotz dieser Abweichungen und Kritik an den rigiden und niedrigen Zielwerten hält die CBRT an den Zielwerten fest. Die Zentralbank verteidigt diesen Kurs mit der Begründung, ihre Glaubwürdigkeit und Stabilitätsorientierung bewahren zu wollen. Demnach wird argumentiert, dass ein übereiltes Ändern der Zielwerte dem internationalen Ansehen und der Stabilitätspolitik der Bank schaden würde (siehe CBRT 2006: 35f). Eine weitaus plausiblere Erklärung ist, dass die Zentralbank versucht, die rigide Einkommens- und Lohnpolitik der Regierung in den bevorstehenden Tarifrunden zu unterstützen. Dabei sollte den Gewerkschaften, mit Verweis

Tabelle 1: Inflationsziele der Türkischen Zentralbank, in Prozent

	2002	2003	2004	2005	2006	2007	2008	2009
Ziel	35	20	12	8	5	4	4	4
Realisiert	29,7	18,4	9,3	7,7	9,6	8,4	-	-

Quelle: CBRT

auf die Inflationsziele, nur geringfügige Lohnanpassungen signalisiert werden.[30] Wie Özlem Onaran in ihrem Beitrag in diesem Buch zeigt, spielt die Niedriglohnpolitik eine zentrale Rolle dabei die Lasten der Krise von 2001 auf die Arbeiter abzuwälzen. Die Herstellung der Profitabilität und das Wirtschaftswachstum, die in dieser Periode realisiert wurden, stehen in engem Zusammenhang mit den gesunkenen Reallöhnen (vgl. Onaran 2008).

In diesem Zusammenhang spielen Zinserhöhungen eine wichtige politökonomische Rolle. Sie führen indirekt zu Preis-, und laut Argitis/Pitelis, aufgrund von *inter-* und *intra*-Klassenkonflikten zu Inflationssteigerungen. Höhere Zinsen führen demnach zu einem Anstieg der Produktionskosten, weil sie einen Transfer von Industrieeinkommen an das Finanzkapital implizieren. Es wird versucht, diesen *intra*-Klassentransfer durch einen steigenden Druck auf Löhne bzw. höhere Preise zu kompensieren (vgl. Argitis/Pitelis 2006). Rochon/Rossi weisen darauf hin, dass Zentralbanken, die eine Zielinflationspolitik verfolgen, durch eine hohe Zinspolitik versuchen, Lohnsteigerungen zu limitieren, um die aggregierte Nachfrage zu beschränken und das selbst auferlegte Inflationsziel zu erreichen.[31] Zielinflationsstrategien führen demnach generell zu niedrigeren Lohnquoten (Rochon/Rossi 2006: 107).

Eine zweite zentrale Kritik ist methodologischer Art und widerspricht der Mainstream-Behauptung, dass die Strategie der Zielinflation die Ursache für die gesunkenen Inflationswerte ist. Ball/Sheridan zeigen, dass in Ländern die keine Zielinflation verfolgen, gemessen in Inflation, Wachstum und Zinsentwicklungen, ähnliche Resultate zu beobachten sind (2003: 2).[32] Des weiteren ist in der Eurozone ein Rückgang der Inflationszahlen der EU-15 Länder bereits vor Errichtung der EZB zu verzeichnen, die als Flaggschiff der Zielinflationsstrategie gilt. Nach der Gründung der EZB lag die durchschnittliche Inflation in der Eurozone diesmal über dem Zielwert von zwei Prozent (vgl. Rochon/Rossi 2006). Deflationspolitik steht in enger Verbindung mit der Liberalisierung der Finanzmärkte und der Deregulierung der Arbeitsmärkte, die zur oben beschriebenen Finanzialisierung des Akkumulationregimes und einem allgemeinen Rückgang der Lohnquote geführt hat (vgl. ebd.: 88). Ein genereller Rückgang der Inflationsraten in den Industrie- und Schwellenländern kann, nach Schmidt, auch plausibel auf eine neue internationale

Abbildung 3: CBRT Tageszinssätze, Verzinsung für Staatsanleihen und Inflationsrate in der Türkei, in Prozent, 2002-2007

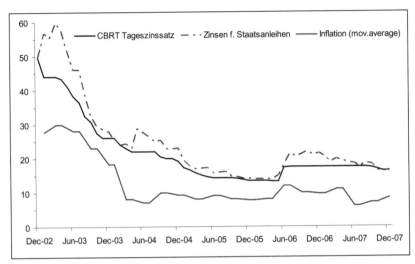

Quelle: CBRT, Staatliche Schatzamt

Arbeitsteilung und einem generellen Fall von Warenpreisen zurückgeführt werden. Dabei hat die steigende Einfuhr von billigen Konsumgütern aus Niedriglohnländern wie China, zu einem Rückgang der Inflation beigetragen (Schmidt 2008: 31; vgl. Arestis/Sawyer 2004: 74f).

Das türkische Beispiel verdeutlicht, dass entgegen der Behauptung neoliberaler Theorie, eine niedrige Inflation per se auch keine Garantie für höhere Beschäftigung und ökonomische Entwicklung ist. Die Daten für die Jahre 2002 bis 2007 zeigen, dass trotz stetigem Wachstum die Gesamtarbeitslosigkeit von 8 auf 10, und die Jugendarbeitslosigkeit von 16 auf 20 Prozent gestiegen ist. Aus diesem Grund trifft es eher zu, diese Phase als *jobless growth* oder *jobless recovery* zu bezeichnen (vgl. Epstein/Yeldan 2007: 6; Onaran 2008). Ebenso ist in der Türkei zu beobachten, dass trotz einem nominalen Rückgang der Zinsen und der Inflation in der hier betrachteten Periode, die Realzinsen im internationalen Vergleich weiterhin relativ hoch bei über 10 Prozent lagen (vgl. Abbildung 3) (Ekzen 2006; Yeldan et al. 2007: 8).[33]

Das Resultat der Hochzinspolitik war eine deutliche Aufwertung der türkischen Wahrung, die Kapitalflüsse sicherstellen und den Wechselkurs vor einer Abwertung schützen sollte. Insofern der Neu-Konsensus Mainstream den Zusammenhang von Zinsniveau und internationalen Kapitalflüssen nicht berücksichtigt, und damit Wechselkurseffekte und internationale Zinszyklen außer Acht lässt, kann es die Zinspolitik einer kleinen offenen Schwellenökonomie wie der Türkei nicht erklären. Die Wechselkursstabilisierung durch eine aufgewertete Währung kann in Ländern wie der Türkei damit erklärt werden, dass der Wechselkurs als wichtigster Anker für die Inflationssenkung gilt.

Es liegt daher nahe, dass die CBRT trotz Ankündigung freier Wechselkurse eine kontrollierte Wechselkurspolitik (*managed flow*) verfolgte. Dies kann darauf zurückgeführt werden, dass das inländische Preisniveau in Schwellenländern wie der Türkei, deren Ökonomie durch eine weit verstreute Abhängigkeit von Importen geprägt ist (Technologie, Rohstoffe und Zwischenkomponenten, Kapital), aufgrund des *pass-through* Effekts bzw. *cost-push* Inflationseffekt im besonderen Maße von einer stabilen (und aufgewerteten) Währungsparität abhängt (vgl. Şener 2008). Ein Wertverlust der Währung führt dadurch in der Regel zu einer Verteuerung der Importe und der direkten Abwälzung auf die inländischen Preise. In hoch verschuldeten Ländern verstärkt der Realschuldeneffekt zusätzlich die Brisanz des Wechselkurses, der im Fall einer Devaluierung zu einer Schuldenfalle und einem Kollaps des BSP führen kann (vgl. Calvo/Reinhart 2000; Eichengreen et al. 2005).[34] Dies führt dazu, dass ein enormer informeller Druck, den überbewerteten Wechselkurs stabil zu halten, auf der Regierung liegt (vgl. Becker 2007: 227f). Um die negative Zahlungsbilanz zu finanzieren und einen negativen Effekt auf die Wechselkurse zu vereiteln, wird ein kontinuierlicher Kapitalfluss benötigt, der in der Regel jedoch ohne hohe Realzinsen nur schwer aufrechthaltbar ist.

5   Schlussbemerkungen

Die Türkei versucht mit den Widersprüchen neoliberaler Wirtschaftspolitik und ihrer Form der internationalen Integration durch einen Mix an systemischer und institutioneller Transformation sowie Deregulierung und Re-Regulierung umzugehen. Dabei ist die Frage, wann oder ob die Türkei je ein vollständiges Mitglied der EU werden wird, heute ungewiss. Unabhängig davon wird die Einhaltung der fiskal- und geldpolitischen (Maastrichter) Konvergenzkriterien der EU als Stabilität fördernde ökonomische Richtlinien angestrebt und im Zuge einer fortschreitenden „Europäisierung" weitestgehend umgesetzt. Dem Zeitgeist entsprechend, nach dem Geld- und Fiskalpolitik zunehmend auf ein Glaubwürdigkeits-Thermometer gegenüber den Finanzmärkten reduziert werden (vgl. Argitis/Pitelis 2006: 67), versucht die Türkei zum einen Mainstream-Konzepte zu adaptieren, und wie hier gezeigt wurde, mit einer entpolitisierten unabhängigen Zentralbank und Zielinflationsstrategie Preisstabilität zu gewährleisten. Zum anderen ist sie in ihrer Rolle als Schwellenland der Wechselkursrisiken „bewusst" und strebt einen aufgewerteten und stabilen Wechselkurs an, der durch ein im internationalen Vergleich hohes Realzinsniveau gewährleistet wird. Diese Hochzinspolitik hat im Kontext der Finanzialisierung zum einen verteilungspolitische Auswirkungen, die inländische und internationale Rentierinteressen begünstigen (vgl. Becker 2007: 227), und führt zum anderen zu einer Fortsetzung der Schuldenakkumulation. In diesem Rahmen bleibt die türkische Ökonomie weiterhin an internationale Kapitalflüsse gebunden, die volatil und destabilisierend sein können, um ihre steigenden Handels- und Leistungsbilanzdefizite zu finanzieren.

Aufgrund der gesamtwirtschaftlichen Risiken mag Preisstabilität ein wichtiges Ziel sein (vgl. Epstein/Yeldan 2007: 6), sie ist aber keine Garantie für eine entwicklungspolitische Strategie, die nicht mehr Armut und Elend produziert. Das türkische Beispiel verdeutlicht, dass trotz institutioneller Reformen, fiskalpolitischer Kontraktion, Inflationssenkung, Privatisierungen und Deregulierung des Arbeitsmarktes und letztlich auch positiver Wachstumszahlen, die Arbeitslosigkeit zugenommen hat und gleichzeitig, milde ausgedrückt, eine Verbesserung der ökonomischen Lage der Beschäftigten ausgeblieben ist. Diese Entwicklung widerspricht den längst hinfälligen neoliberalen Rezepten. Das Gegenteil ist vielmehr der Fall. Betrachtet man die negative Entwicklung der Löhne in der Türkei, so wird deutlich, dass parallel zur Arbeitslosigkeit eine zunehmende „Verarmung trotz bzw. durch Arbeit" stattfindet.[35] Dies findet mittlerweile auch in den reichen Industriestaaten statt und führt zu kontroversen Debatten, wie z.B. in Deutschland um die Einführung von Mindestlöhnen. In diesem Zusammenhang muss die Frage anders gestellt werden. Die Verschärfung der Lebensbedingungen für immer mehr Menschen ist gerade ein Resultat einer spezifischen Wachstumspolitik. In diesem Sinne zeigen sich darin die Grenzen einer monetär geprägten Wirtschaftspolitik, die auf eine passive Fiskalpolitik vertraut und eine Geldpolitik verfolgt die Rentierinteressen begünstigt.

Anmerkungen

1 Der türkische Kapital- und Finanzmarkt wurde, ebenso wie in den meisten übrigen europäischen OECD und EU- Ländern zu Beginn der 1990er Jahre vollständig liberalisiert (vgl. Huffschmid 2002:129).

2 Deutlich wird dies, wenn man sich den Verlauf des Anteils der staatlichen Verschuldung am BSP ansieht. Dieser stieg Mitte der 1990er Jahre von 46 Prozent bis Ende des Jahrzehnts auf 53 Prozent. Nach der Krise 2001 erreichte er einen Rekordwert von 106 Prozent. Alle folgenden statistischen Daten in diesem Artikel wurden, soweit nicht anders angegeben, Informationen des Schatzamtes oder der Türkischen Zentralbank entnommen.

3 Dies betraf insbesondere den Banken- und Finanzsektor: Liberalisierung und scharfe Konkurrenz führten zu einer Instabilität, die die ohnehin verzerrte makroökonomische Entwicklung verstärkte und letztlich die Wirtschaftskrise auslöste (vgl. Şener 2003: 77ff).

4 Dies ist auch Gegenstand neo-strukturalistischer und neo-institutioneller Theorien und Schulen, die institutionelle Strukturen und Kapazitäten, d.h. einen *efficient state*, als entscheidende unabhängige Variable betrachten, die den Erfolg von wirtschaftlichen Reformen und Entwicklung ausmachen sollen. Siehe hierzu auch die Beiträge von Galip Yalman und Pınar Bedirhanoğlu in diesem Buch.

5 Das Bretton Woods System stand für ein institutionelles Arrangement nach dem Zweiten Weltkrieg, das die stärksten internationalen Währungen miteinander gekoppelt hatte um Wechselkursschwankungen zu vermeiden und die Expansion des internationalen Handels zu fördern.

6 Preisstabilität wurde einem hohen Beschäftigungsstand vorgezogen (vgl. Hickel 2003: 38; Clausen/Donges 2001). Itoh/Lapavitsas führen diesen ideologischen Übergang auch auf Widersprüche und Misserfolge klassisch keynesianischer expansiver Interventionspolitik des Staates und auf steigende Budgetdefizite zurück (1999: 199).

7 Für eine elaborierte Analyse dieser Transformation siehe Itoh/Lapavitsas (1999), sowie für einen Überblick und Varianten der Etablierung neoliberaler Regime Ingo Schmidt (2008).

8 Finanzialisierung transformiert das ökonomische System auf Mikro- und Makroebene und führt, nach Esptein, zu einer Begünstigung der Rolle und Funktion des Finanzsektors und deren Hervorhebung als Referenzinstanz für die Restrukturierung des Realsektors. Hiermit ist ein Transfer von Einkommen vom letzteren zum ersteren Sektor verbunden (*Intra*-Kapitaltransfer), der durch ein Drücken der Lohnquoten bzw. -stagnation (*Inter*-Klassentransfer) kompensiert wird (vgl. Epstein 2001; Argitis/Pitelis 2006) Hiervon ist jedoch nicht nur der Realsektor betroffen; der Finanzsektor selber sowie der wachsende tertiäre Dienstleistungssektor werden zunehmend entlang internationalisierter Performanzkriterien gemessen, die Rentierinteressen artikulieren. Investitionsentscheidungen und Technologieeinsatz, Produktions- und Arbeitsbedingungen (Arbeitsvolumen und -intensität), Einkommens- und Lohnpolitik, kurz, das gesamte Akkumulationsregime wird derart restrukturiert, um primär die vorgegebenen Profitraten zu realisieren.

9 Dies führt dazu, dass eine Anti-Inflationspolitik primär nicht auf eine breite gesellschaftliche Ablehnung stößt. Dies ist jedoch nur die eine Seite der Medaille. Eine strikte Deflationspolitik die auf Kreditkontraktion beruht, führt in der Regel auch zu sinkenden Investitionen und ist mit zusätzlicher Arbeitslosigkeit verbunden.

10 Während die Gewerkschaften sowie andere nicht-marktkonforme institutionelle soziale Absicherungen als Grund für zu hohe Löhne ausgemacht werden, die einer sonst bestehenden Nachfrage (und Einsatz) nach Arbeitskräften im Wege stehen oder zum Anstieg der Produktionskosten durch Produktivitätsrückstände führen, werden Politiker und Regierungen von neoliberalen Theoretikern als potentielle Inflationsverursacher bloßgestellt. Diese hätten aufgrund ihrer strukturellen demokratischen Abhängigkeit von ihrer Wählerschaft eine „natürliche Neigung" zu diskretionärer Geldpolitik. Eine diskretionäre Geldpolitik, die versucht durch Inflationsüberraschung (d.h. Reallohnsenkung) die Beschäftigung anzuheben, wird durch die Annahme adaptiver oder rationaler Erwartungen ausgeschlossen .

11 Die Mainstream-Definition von Inflation und die hiervon abgeleitete Geldpolitik spielt eine zentrale „konjunkturelle" Rolle. Während in den 1960er Jahren Zahlungsbilanzdisparitäten als Hauptursache für Inflation identifiziert und eine Flexibilisierung des Währungsregimes gefordert wurde, waren es in den 1970er Jahren so genannte externe Angebotsschocks (steigende Ölpreise) die neue Management- und Technologieparadigmen auf den Plan riefen. In den 1980ern wurde Inflation wirtschaftspolitisch maßgeblich mit Angebotsrigiditäten auf dem Arbeitsmarkt in Verbindung gebracht, die zu einem Anstieg der Löhne und Arbeitskosten über die Produktivitätsentwicklung hinaus geführt hätten (vgl. Watson 2002: 190). Um diese lediglich auf wage-push reduzierte Inflationsauffassung institutionell-interventionistisch zu begegnen, wurden von der orthodoxen Mikro- und Makroökonomie umfangreiche Arbeitsmarktderegulierungen attestiert und vielerorts in unterschiedlichster Form umgesetzt.

12 Heterodoxe Theorien, wie z.B. Post-Keynesianische und Post-Marxistische Theorien, lehnen die von der Neoklassik postulierte Neutralität der Geldpolitik ab (vgl. Hein 2005: 166). Für eine ausführliche Diskussion des Neutralitätsprinzips siehe Schelkle (1995: 22).

13 Der Homo Oeconomicus ist einer der Kernabstraktionen neoklassicher und liberaler Wirtschaftstheorie. Er ist die Personifikation eines Sozialkodex der auf rationaler und Nutzenmaximierender Entscheidungsfindung basiert. Nutzenmaximierung bedeutet in diesem Kontext, dass Präferenzen entlang positiver Grenznutzen ausgerichtet sind, die ordinalen oder kardinalen Charakter haben können. Aufgrund der Dethematisiernug sozialer Strukturen und Verhältnisse die menschliches Verhalten nicht unbeeinflusst lassen, ist dieses starre Konzept bereits vielfältig widerlegt worden.

14 Watson zufolge, erweckt die präzise mathematische Formulierung der sozialen Wohlfahrtsfunktion den (falschen) Eindruck, als ob dieses theoretische Konstrukt objektive und isolierbare Lösungen hätte, aus denen optimale Politikrezepte erstellt werden könnten. Diese Lösungen existieren jedoch lediglich in der formalen Welt und die soziale Wohlfahrtsfunktion hat keine inhärente und explizite ökonomische Bedeutung die im Voraus einwandfrei festgestellt werden könnte (2002: 186f).

15 Diese neue Dominanz drückte sich politisch in unterschiedlichen Formen aus. Nach dem *Washingtoner Konsensus*, deklarierte der IWF und die Weltbank eine UZB als integralen Bestandteil ihrer Strukturanpassungsprogramme und Voraussetzung für Finanzhilfen an Entwicklungsländer. Die Foren der Bank für Internationalen Zahlungsausgleich, in denen Zentralbanker aus allen Ländern zusammentreffen, dienten hierbei als intellektuelle Plattformen auf denen die epistemische Gemeinschaft die Etablierung und Ausweitung von UZB diskutierte und propagierte (Bakır 2007: 91). Spätestens mit der Konstituierung der Europäischen Währungsunion (EWU) und der EZB war dieses Konzept auch zur Agenda in führenden Industriestaaten geworden, das rechtlich verbindlich festgesetzt wurde (ECB 2004: 15).

16 Im Unterschied zu monetaristischen Theorien, die die Nicht-Räumung des Arbeitsmarktes lediglich auf exogene Marktbeschränkungen, d.h. Gewerkschaften und staatliche Regulierungen zurückführen, fokussiert der Neu-Keynesianismus sich auf nominale und reale Rigiditäten, die aus individuellen Rationalverhalten, heterogenem Arbeitsangebot

oder asymmetrischen Informationen entstehen. Für eine ausführliche deutschsprachige Diskussion des Neu-Keynesianismus und ihrer Post-Keynesianischen Kritik siehe Hein (2005: 155). Für eine heterodox-marxistische Diskussion des Konzepts der endogenen Geldmenge siehe Itoh/Lapavitsas (1999: 243).

17 Aus der Perspektive einer historischen Sequenzanalyse folgt, dass Ersparnisse nur ein Resultat vorhergehender Ausgaben sein können. Es sind die Investitionsaktivitäten, die zu Einkommensbildung führen und aus denen wiederum ex-post Ersparnisse entstehen. Hinzu kommt, dass Ersparnisse definitionsgemäß die effektive Nachfrage mindern, Ersparnisse also nicht Investitionen ex-ante finanzieren können (vgl. Rochon 2001: 291).

18 Die vom IWF empfohlene Anti-Inflationsstrategie basierte auf einem so genannten *crawling peg* Wechselkursarrangement, das durch eine geregelte und angekündigte Abwertung der türkischen Währung die Inflation senken sollte (vgl. Şener 2003: 72ff).

19 Die BRSA wurde Mitte 1999 als unabhängiges administratives Organ ins Leben gerufen um die Entwicklungen im Bankensektor zu beaufsichtigen und zu regulieren. Sie konnte jedoch die Krise von 2001 nicht verhindern.

20 Über 800 Filialen von öffentlichen Banken wurden geschlossen und die Hälfte der gesamten Belegschaft wurde entlassen (siehe BRSA 2002: 8ff). Zusätzlich wurde im Stand-By Programm die Absicht verkündet, die Staatsbanken zu privatisieren (vgl. LOI 2002).

21 Der BRSA Bericht zeigt, dass die Gesamtzahl der Banken, inklusive Kommerzielle-, Investitions- und Entwicklungsbanken, von 81 auf 55 nach der Krise sank. Zurzeit operieren 50 Banken in der Türkei (zum Vergleich, in Deutschland gibt es über 2000 Banken). Der inländische Banksektor ist von substantieller Konsolidierung und Konzentration geprägt. Die Anzahl der inländischen Privatbanken fiel in der Post-Krisenära von 44 (1999) auf 19 (2007). Wobei die Anzahl der ausländischen und öffentlichen Banken fast konstant geblieben ist. Erstere steigen von 22 auf 23 und letztere von 7 auf 8 an. Jedoch geben diese Zahlen die Entwicklung nicht vollständig wieder. Die Post-Krisenära ist charakterisiert durch den Eintritt von großen internationalen Banken in den türkischen Finanzsektor durch Übernahmen und Fusionen, wie z.B. HSBC, Fortis oder Citibank, um hier nur einige zu nennen, was auch den Anstieg der Direktinvestitionen in dieser Periode erklärt. Der Anteil der Depositen an den Gesamteinlagen lag im September 2007 bei 93,5 Prozent, von denen 55,4 auf inländische private, 30,9 auf öffentliche und 13,7 Prozent auf ausländische Depositenbanken fielen (siehe BRSA 2002, 2007).

22 Die Interpretation des Artikel 2 vom Exekutiverat der EZB ist deutlich: „*The Treaty thus establishes a clear hierarchy of objectives for the Eurosystem and assigns overriding importance to price stability. By focusing the monetary policy of the ECB on this primary objective, the Treaty makes it clear that ensuring price stability is the most important contribution that monetary policy can make to achieving a favourable economic environment and a high level of employment*" (ECB 2004: 10).

23 Im Kontext der Türkei wird dies als ein *doppelter externer Anker* diskutiert (vgl. Öniş/ Bakır 2007; Onaran 2007).

24 Das Reservegeld setzt sich aus Mindesteinlagen der Geschäftsbanken bei der Zentralbank und der Geldemission (currency issued) zusammen. Geldbasis hingegen ist eine Erweiterung des Reservegeldes um die Offenmarktoperationen (auch als „Repo" be-

kannt). M1 bezeichnet den Bargeldumlauf und die Sichteinlagen inländischer Nichtbanken bei den Geschäftsbanken.

25 Diese wie ein wunderbarer Trick dargestellte Strategie ist eine weitere Variante unausgesprochener neoliberaler Umverteilungspolitik. Die Ausgaben, die für die Realisierung eines primären Fiskalüberschusses gekürzt und in die Schuldenzahlungen kanalisiert werden, sind Mittel, die den öffentlichen sozialen Ausgaben und Leistungen entzogen werden (vgl. Ekzen 2006: 8).

26 Der Überschuss lag seit 2004 über dem Referenzwert von 6,5 (Eigene Rechnung aus Daten des Türkischen Schatzamts und Statistiken des Finanzministeriums für 2008).

27 Lediglich die Leistungsbilanzen von 2005 und 2006 summierten sich auf einen Rekordwert von -55 Mrd. USD und lagen damit über dem gesamten Leistungsbilanzdefizit zwischen 1992 und 2004, das sich insgesamt auf -43 Mrd. USD bezifferte. Die Außenhandelsbilanz gab dementsprechend kein besseres Bild ab. Das Defizit aus dem Import-Export Saldo summierte sich nach der Rezession von 1998 bis 2006 auf insgesamt -170 Mrd. USD. Schließlich lag das Zahlungsbilanzdefizit von 2005 und 2006 summiert bei -14,5 Prozent des BSP, was der Summe zwischen 1996 und 2004 entspricht (Datenquelle: CBRT).

28 Eine derart hohe (ungenutzte) Devisenanhäufung ist in Zeiten von hohen Schulden, hoher Arbeitslosigkeit und Armut, sowie niedrigen Investitionen mit hohen „sozialen Kosten" verbunden. Diese Reservenlagerung ist äußerst umstritten, weil sie Mittel vorbehält, die dazu genutzt werden könnten, die Schuldenzahlungen zu reduzieren, die stattdessen mit einer kontraktionären Fiskalpolitik, d.h. Kürzung öffentlicher sozialer Ausgaben bedient werden müssen. Dies zeigt auch, dass Rentier-Interessen Priorität genießen (siehe Epstein/Yeldan 2007: 11; Ekzen 2006).

29 Der Unterschied zur informellen Zielinflationsphase bestand darin, dass die Sitzungstermine des Komitees für Geldpolitik, in denen die Leitzinsen verkündet werden, nicht bekannt gegeben wurden. Seit dem Übergang zu einem formellen Zielinflationsregime werden die Sitzungstermine im Voraus veröffentlicht.

30 Vgl. Debatte und Interview mit Mahfi Eğilmez in der Tageszeitung Hürriyet vom 04.03.2008

31 Dies leitet sich wiederum davon ab, wie zu Beginn gezeigt wurde, dass Inflation im Mainstream lediglich als Nachfragephänomen betrachtet wird.

32 Für einen Überblick der kritischen Literatur zu Zielinflation siehe Epstein/Yeldan (2007: 6).

33 Ein aktueller internationaler Vergleich zeigt die Dimension dieser Hochzinspolitik. Als dieser Artikel geschrieben wurde, erhöhte die CBRT die Tageszinsen auf 15,75 und den Zinssatz zu dem sich die Banken Geld ausleihen können auf 19,75 Prozent. Damit befindet sich die Türkei weltweit vor Island und Brasilien auf Platz eins. Japan steht mit 0,5 Prozent an letzter Stelle, gefolgt von den USA mit 2 Prozent (vgl. Radikal vom 19. Mai 2008).

34 Eichengreen et al. zufolge, entsteht ein Kollaps der Schuldenzahlungen in den meisten aufstrebenden Ländern aus einem drastischen Wertverlust des Währungskurses als von einem Einsturz des BSP (2005).

35 Das erweiterte Stand-By Abkommen mit dem IWF geht im zweiten Quartal 2008 zu Ende. Es bleibt abzuwarten welchen Kurs die AKP Regierung, angesichts steigender gesellschaftlicher Kritik und den Protesten der Gewerkschaften an der Wirtschaftspolitik,

einschlagen wird. Es gibt erste Anzeichen (siehe Radikal vom 21.Mai 2008), dass die bisherige kontraktive Fiskalpolitik aufgelockert werden kann, um die ausgebliebenen Investitionen, insbesondere in die regionale Förderung, anzukurbeln.

Literatur

Arestis, Philip/Sawyer, Malcom (2003): On the Effectiveness of Monetary Policy and Fiscal Policy, The Levy Economic Institute, Working Paper No. 369

– (2004): Monetary Policy when Money is Endogenous: Going Beyond the 'New Consensus', in: Lavoie, Marc/Seccareccia Mario (ed.): Central Banking in the Modern World – Alternative Perspectives, Cheltenham: Edward Elgar: 70-87

Argitis, George/Pitelis, Christos (2006): Global Finance,Income Distrubution and Capital Accumulation, in: Contributions to Political Economy, Vol. 25, 63-81

Ataç, Ilker (2003): Die Krise der neoliberalen Entwicklungsweise in der Türkei, in: Joachim Becker et al. (Hrsg.): Geld Macht Krise: Finanzmärkte und neoliberale Herrschaft, Wien: Promedia Verlag

– /Grünewald, Andreas (2008): Stabilization through Europeanization? Discussing the Transformation Dynamics in Turkey, in: Debatte. Journal of Contemporary Central and Eastern Europe, Vol. 16, N. 1, April 2008, 31-54

Bakır, Caner (2007): Merkezdeki Banka – Türkiye Cumhuriyet Merkez Bankası ve Uluslararası Bir Karşılaştırma, Istanbul: Istanbul Bilgi Üniversitesi Yayınları

Becker, Joachim (2007): Dollarisation in Latin America and Euroisation in Eastern Europe: Parallels and Differences, in: Becker, Joachim/Weissenbacher, Rudy (Hrsg.): Dollarization, Euroization and Financial Instability – Central and Eastern European Countries between Stagnation and Financial Crises?, Metropolis Verlag: 223-278

BRSA (2002): Sector Restructuring Program Progress Report-V, Banking Regulation and Supervision Agency

– (2003): Sector Restructuring Program Progress Report -VII

– (2007): Monthly Bulletin, September, Ankara

Calvo, G.A./Reinhart,C.M.(2000): Fear of Floating, NBER Working Paper Nr. 7993

CBRT (2006): Annual Report 2006, Central Bank of the Republic of Turkey, Ankara

Chang, Ha-Joon/Grabel, Ilene (2004): Reclaiming Development: An Economic Policy Handbook for Activists and Policymakers, London: Zed Books

Cizre, Ümit/Yeldan, Erinç (2002): Turkey: Economy, Politics and Society in the Post-Crises Era, working paper, http://www.networkideas.org/feathm/jul2002/ft24_Turkey. htm, zuletzt aufgerufen am 6. Mai 2008

Clausen, Jens/Donges, Jürgen (2001): European Monetary Policy: The Onging Debate on Conceptual Issues, Oxford: Blackwell Publishers Ltd: 1309-1326

Derviş, Kemal/Asker, Serhan/Işık, Yusuf (2006): Krizden Çıkış ve Çağdaş Sosyal Demokrasi, Istanbul: Doğan Kitap

ECB (2004): The Monetary Policy of the ECB,European Central Bank, Frankfurt/Main

Eichengreen, Barry./Hausmann, Ricardo/Panizza, Ugo (2005): The Pain of Original Sin, in: Eichengreen Barry/Hausmann, Ricardo (Hrsg.): In Other People's Money. Debt Denomination and Financial Instability in Emerging Market Economies, Chicago: University of Chicago Press

Ekzen, Nazif (2006): AKP Iktisat Politikaları 2002-2006, in: Mülkiyeliler Birliği Dergisi, No. 252

Epstein, Gerald (2001): Financialization, Rentier Interests and Central Bank Policy, Manuscript, Department of Economics, Amherst: University of Massachusetts

–/Yeldan, Erinç (2007): Inflation Targeting, Employment Creation and Economic Development: Assessing the Impacts and Policy Alternatives, Political Economy Research Institute, Amherst: University of Massachusetts

Hein, Eckhard (2005): Reale und monetäre Analyse: Post-Keynesianismus und Neu-Keynesianismus im Vergleich, in: ders. et al. (Hrsg): Neu-Keynesianismus- der neue wirtschaftspolitische Mainstream, Marburg: Metropolis Verlag: 135-175

Hickel, Rudolf (2003): Die Keynesianische Botschaft: Wiederbelebung Gesamtwirtschaftlicher Analyse und Politik, in: Schui, Herbert et al. (Hrsg): Keynes heute, Hamburg: VSA-Verlag: 34-55

Huffschmid, Jörg (2002): Politische Ökonomie der Finanzmärkte, Hamburg: VSA-Verlag

ISS (2007): Independent Social Scientists – Annual Report, www.bagimsizsosyalbilimciler. org, zuletzt aufgerufen am 10. Mai 2008

Itoh, Makoto/Lapavitsas, Costas (1999): Political economy of money and finance, London: Macmillan Press

Kühnl, Peter (2003): Der Wechselkurs als Zwischenziel der Geldpolitik im Aufholprozess, Frankfurt am Main: Peter Lang Verlag

LOI (2002): Letter of Intent to the IMF by the Undersecretariat of Treasury, 18:Januar 2002, Ankara

Monvoisin, Virginie/Rochon, Louis-Philippe (2006): The Post-Keynesian consensus, the new consensus and endogenous money, in: Gnos, Claude/Rochon, Louis-Philippe (ed.): Post-Keynesian Principles of Economic Policy, Cheltenham: Edward Elgar: 57-77

Onaran, Özlem (2007): Capital Flows, Turbulences, and Distribution: The Case of Turkey, in: Intervention, Vol. 4, No. 2

– (2008): Die Türkei in der Globalen Ökonomie: Was sind die Auswirkungen auf die Arbeitsverhältnisse?, in: Ataç, Ilker/Küçük, Bülent/Şener, Ulaş (Hrsg.): Perspektiven auf die Türkei – Ökonomische und gesellschaftliche (Dis)Kontinuitäten im Kontext der Europäisierung, Münster: Verlag Westfälisches Dampfboot

Öniş, Ziya/Bakır, Caner (2007): Turkey's Political Economy in the Age of Financial Globalization: The Significance of the EU Anchor, in: South European Society & Politics, vol. 12, 147-164

Özatay, Fatih (2005): High public debt, multiple equilibria and inflation targeting in Turkey, in: BIS Papers, No. 23, 275-279

– (2007): Monetary Policy Challenges for Turkey in European Union Accession Process, in: Başcı, Erdem et. al. (ed.): Macroeconomic Policies for European Union Accession, Cheltenham: Edward Elgar: 130-165

Palley, Thomas I. (2007): Financialization: What is it and Why it Matters, in: PERI Working Papers, Amherst, Nr. 153, 1-37

Rochon, Louis-Philippe (2001): Cambridge's Contribution to Endogenous Money: Robinson and Kahn on credit and money, in: Review of Political Economy, Volume 13, Number 3

– /Rossi, Sergi (2006): The monetary policy strategy of the European Central Bank. Does inflation targeting lead to a successful stabilization policy, in: Hein Eckhard et.al. (ed.): European Economic Policies – Alternatives to the Orthodox Analysis and Policy Concepts, Marburg: Metropolis: 87-110

Sargent, Thomas J./Wallace, Neil (1981): Some Unpleasant Monetarist Arithmetic, in: Federal Quarterly Review of the Reserve Bank of Minneapolis, Fall

Schelkle, Waltraud (2005): Motive ökonomischer Geldkritik, in: Schelkle, Waltraud/ Nitsch, Manfred (Hrsg.): Rätsel. Geld, Marburg: 11-44

Schmidt, Ingo (2008): Kollektiver Imperialismus, Varianten des Neoliberalismus und neue Regionalmächte, in: ders. (Hrsg.): Spielarten des Neoliberalismus, Hamburg: VSA-Verlag: 7-39

Şener, Ulaş (2003): Finanzmarkliberalisierung und ihre mittelfristigen Effekte auf die türkische Ökonomie: Verschuldung und Finanzkrise 2000/2001, nicht veröffentlichte Magisterarbeit an der Johann Wolfgang Goethe-Universität in Frankfurt am Main

– (2008 forthcoming): Turkish Monetary Policy in a Post-Crises Era: A Further Case of 'New Consensus'?, in: Gnos, Claude/Rochon, Louis-Philippe (ed.): Credit, Money and Macroeconomic Policy – A Post-Keynesian Approach, Cheltenham: Edward Elgar

TÜSIAD (2002): Turkish Industrialists and Businessmen's Association, Report, Istanbul

Watson, Matthew (2002): The institutional paradoxes of monetary orthodoxy: Reflections on the political economy of central bank independence, in: Review of International Political Economy, No.9:1, 183-196

Yeldan, Erinç (2001): Küreselleşme Sürecinde Türkiye Ekonomisi, Istanbul: Iletişim Yayınları

–/Telli, Çağatay/Voyvoda, Ebru (2008): Macroeconomics of Twin-Targeting in Turkey: Analytics of a Financial CGE Model, in: International Review of Applied Economics, Vol.22/2, 227-242

3.
Kemalismus, Nationalismus
und die kurdische Frage

Esra Özyürek

Die Miniaturisierung Atatürks:
Kommodifizierung der Staatlichen Ikonographie

Besucher der Türkei werden direkt von Bildern und Denkmälern Mustafa Kemal Atatürks begrüßt. Bei der Landung auf dem Atatürk-Flughafen in Istanbul werden die Reisenden von zwei gigantischen Bildern des Staatsgründers willkommen geheißen. Der Flughafenbus bringt sie bis zum Taksim-Platz gegenüber der Atatürk-Bibliothek und dem Denkmal zur Erinnerung an den Freiheitskampf, der von Atatürk geleitet wurde. Wenn die Reisenden die Stadt besichtigen, überqueren sie zunächst die Atatürk-Brücke, um dann zahlreiche Statuen, Portraits und Aussprüche des Gründers zu passieren, die jeden verfügbaren öffentlichen Raum dekorieren.

Diese Verbreitung von Bildern Atatürks fällt nicht nur dem Neuankömmling ins Auge. Seit den späten 1990er Jahren haben auch einheimische Türken einen exponentialen Zuwachs der ohnehin schon allgegenwärtigen Bilder Atatürks beobachtet. Obwohl ich unter dem durchdringenden Blick des Gründervaters aufgewachsen bin, hat mich die Omnipräsenz der Atatürkbilder bei meiner Rückkehr nach mehrjähriger Abwesenheit erstaunt. Die Vermehrung der Darstellungen überraschte mich jedoch nicht so sehr wie ihr Auftauchen an ungewohnten, neuen Orten und ihre eigentliche Kommodifizierung: die abgebildete Haltung Atatürks. Kemalistische Unternehmer und Konsumenten hatten sich den Gründervater kreativ für ihr persönliches sowie geschäftliches Leben zueigen gemacht. Plötzlich schien es für jede Branche ein passendes Bild Atatürks zu geben: Atatürk an einem Tisch sitzend für Restaurants und Bars, Atatürk in verschiedenen Haltungen Kaffee trinkend für Kaffeehäuser, einen tanzenden Atatürk für Nachtclubs und sogar Atatürk mit Katzen und Hunden für die Veterinäre. Einzigartige Atatürkposter oder T-Shirts, Tassen und Kristallkugeln mit dem Aufdruck seines Bildes – ein zuvor ungekannter Kontext – hatten sich zu beliebten Geburtstags- und Hochzeitsgeschenken entwickelt. Das Erstaunlichste an diesen neuerdings populären Bildern Atatürks war jedoch, dass der grimmige Blick, der auf den Bildern in staatlichen Behörden zu sehen ist, einem Lächeln gewichen ist.

In den 1990er Jahren dachten kemalistische Politiker und Intellektuelle häufig über die Bedeutung dieser neuen Symbolik Atatürks nach. Sie verglichen das Interesse an dem Politiker mit dem Hass, den die Menschen zu dieser Zeit andernorts gegenüber ihren Staatsoberhäuptern zeigten und betrachteten den Unterschied als ein Zeichen der Stärke von Atatürks Grundsätzen. Viele Politiker und Intellektuelle beschreiben das jüngste Interesse an Atatürk als eine Art Auferstehung (yeniden diriliş) oder Erwachen (uyanış). Doch obwohl dieses Interesse an Atatürk etwas Neues beinhaltet, war er in der türkischen Imagination doch nie wirklich gestorben. Der Kemalismus ist seit den 1930er Jahren die offizielle Staatsideologie der türkischen Republik, und ihr Begründer ist seit seinem Tod 1938 von großen Teilen der Bevölkerung verehrt worden. Ich vertrete den Standpunkt, dass eher die Privatisierung der Produktion, der Verbreitung und des Verbrauchs der Atatürksymbolik sowie die Personifizierung der Form und des Inhalts seiner Repräsentation das Neue an diesem Interesse ist.

Die Privatisierung der Atatürksymbolik ist Teil einer größeren Transformation, die in der Türkei die Grenzen zwischen dem, was als politisch und apolitisch, öffentlich und privat, demokratisch und undemokratisch sowie regierungsnah und regierungsunabhängig gilt, verschiebt, während der Islam in öffentlichen Räumen an Sichtbarkeit gewinnt und die Symbole der säkularen Staatsideologie in die private Domäne rücken. Die Türkei als Nationalstaat gründete auf der Ideologie der Homogenität, der wirtschaftlichen Unabhängigkeit und der Säkularisierung und ersetzte das von islamischen Grundsätzen geleitete pluralistische Osmanische Reich. Heute definieren säkulare Beamte und Bürger ihre Diskurse und Praktiken einerseits im Verhältnis zu den Herausforderungen des politischen Islam, um und andererseits im Verhältnis zu internationalen Organisationen wie der Europäischen Union, dem Internationalen Währungsfonds und der Weltbank. Alle diese Organe kritisieren den türkischen Staat und die Armee dafür, ökonomische, soziale und politische Freiheit zu unterdrücken. Ich argumentiere, dass säkulare türkische Bürger und Beamte versuchen, die Erinnerung an die während Atatürks Präsidentschaft staatlich eingeführte Moderne der 1920er und 1930er Jahre mit dem jüngeren internationalen Druck, eine marktorientierte Moderne zu konstruieren, zu versöhnen. Kemalistische Bürger drücken dieses Bestreben aus, indem sie Symbole der offiziellen Ideologie und des Staates privatisieren und diese erst auf den Markt und dann nachhause tragen. Wenn sie freiwillig Bilder Atatürks erwerben und sie außerhalb der direkten Kontrolle durch die Landesbehörden in den privaten Bereich aufnehmen, vermitteln die Kemalisten eine Botschaft über ihre konsumorientierte und damit nicht erzwungene Verpflichtung gegenüber den Lehren des Gründervaters. Zudem glaube ich, dass die auf dem Markt erhältlichen zugänglicheren Bilder Atatürks eine egalitärere Konzeption des Staats heraufbeschwören, der seine Bürger nicht von oben regiert, sondern sie eher in ein Vertragsverhältnis bindet, das für eine marktorientierte Ökonomie und die Modernität notwendig ist.

Eine stringente soziologische Definition des Kemalismus in der Türkei zu formulieren ist keine leichte Aufgabe. Ähnlich vielen anderen Ideologien, die mehrere

Generationen überdauert haben, war der Kemalismus mannigfaltigen Interpretationen unterworfen und hat verschiedenartige Unterstützer angezogen, deren Verpflichtung gegenüber dem Gründervater sich mit der Zeit und den wandelnden Verhältnissen geändert hat (Insel 2001). In der heutigen Türkei wird häufig zwischen Kemalismus und Atatürkismus unterschieden, wobei ersterer auf eine eher linksgerichtete, nationale, anti-islamistische und neoglobalisierungskritische Interpretation der Lehren des Begründers verweist und die letztere auf ein rechtsgerichtetes, autoritäres Verständnis. Einzelpersonen, die ich in diesem Artikel vage als Kemalisten bezeichne, fühlen sich nicht unbedingt einer dieser politischen Richtungen zugehörig, doch fördern sie die Lehren und Darstellungen des Gründervaters. Zudem habe ich festgestellt, dass die meisten Istanbuler Kemalisten, die in den späten 1990er Jahren eifrig Bilder Atatürks erworben haben, der Mittelschicht und der gehobenen Mittelschicht angehörten; türkische – nicht kurdische – säkulare Weltmänner, die seit zwei Generationen in einer großen Stadt gelebt hatten und sich weder am linken noch am rechten Ende des politischen Spektrums positionierten, sich aber hartnäckig der aufkommenden islamistischen Bewegung entgegenstellten.

1   Die Etablierung und Verbreitung der Atatürksymbolik

Mit dem Ziel, die Nation zu vereinen, setzten die regierenden Kader, kurz nachdem die Türkische Republik 1923 gegründet worden war, die begrenzten Mittel des neuen Staats ein, um den Atatürkkult als neues Symbol zu erschaffen und zu verbreiten. In der berühmten Marathonansprache, die Atatürk in 36 Stunden über sechs Tage vor der Nationalversammlung hielt, definierte er selbst schon 1927 seine Rolle der charismatischen, autoritären Leitfigur für das neue Regime und die neue Nation (Parla 1991). Frühe Darstellungen des Vorsitzenden zeigen ihn als alleinigen Sieger des Griechisch-Türkischen Krieges und als den Schöpfer einer neuen Nation (Ünder 2001). Solche Portraits zielten darauf ab, das neue Oberhaupt zu legitimieren, indem er über die Sultane des Osmanischen Reichs gestellt wurde, die er abgelöst hatte. Der Kult um Atatürk gewann nach seinem Tod im Jahre 1938 weitere Bedeutung und verwandelte den Leib des Gründers in ein unsterbliches Symbol der Nation.

Die visuelle Symbolik der neuen Führung war ein unentbehrlicher Teil des Kultes um Atatürk: Persönliche Photographen begleiteten den Vorsitzenden regelmäßig, um sorgfältig choreographierte Aufnahmen zu machen, die Atatürk in seiner reichen Sammlung westlicher Kleidung wie etwa Smoking, Golfhosen, Pelerine und mit Wanderstock darstellten oder bei „modernen" sozialen Veranstaltungen zeigten: beim Walzertanzen, ein alkoholisches Getränk genießend oder in Gesellschaft von Frauen. Bekannte europäische Bildhauer wie Heinrich Krippel und Pietro Canonica wurden zu Atatürks Lebzeiten beauftragt Statuen seiner Person anzufertigen (Elibal 1973; Bozdoğan 2001). Sie portraitierten den Vorsitzenden in westlicher Zivilkleidung, in militärischer Uniform, einige Male sogar nackt, doch stets mit ernster Miene.[1] Folglich repräsentierte und verkörperte Atatürk die neue Nation und den „neuen Mann", den die Republik zu schaffen suchte (Gür 2001).

Seit den frühen Tagen seiner Regierung begannen Statuen Atatürks und ihre zahllosen Replikate jeden Stadtkern des Landes zu schmücken. Es wurden Gesetze und Anordnungen erlassen, die gewährleisteten, dass Atatürk in allen öffentlichen Büros, Klassenräumen, Gerichten, Gefängnissen und Polizeistationen repräsentiert wurde. Staatlich geförderte Künstler, das Staatliche Materialbeschaffungsamt und Privatunternehmen erfüllten die großen Forderungen der staatlichen Institutionen. Die kleine Auswahl der auf dem Markt erhältlichen Atatürkbilder passt zu der ernsthaften Aura dieser Behörden. Mehmet İnci, der Besitzer einer der ältesten Produktionsstätten für Atatürkstatuen in Istanbul, erklärte mir, dass es grundsätzlich drei Typen der Atatürk-Figuren gebe: den Soldaten, den Staatsmann und den Mann des Volkes. Als ich ihn nach der Möglichkeit fragte, neue Typen der Atatürkdarstellung für sein Sortiment zu formen, erwiderte er, dass dies nicht nötig sei, da die drei genannten ausreichten, um die Anforderungen der Gouverneure und Bürgermeister verschiedener politischer Richtungen zu erfüllen.

Obwohl der Skulpturenmarkt noch immer den öffentlichen Bedarf bediente, war in den späten 1990er Jahren die Entstehung eines Privatmarktes für Bilder und Poster Atatürks zu beobachten, der eine andere Art von Bildern erforderte als jene, die die staatlichen Ämter schmückten. Diese Nachfrage wurde von privaten Druckereien und Photostudios gedeckt, die nach neuen Photographien Atatürks suchten, die den Augen der Öffentlichkeit bisher entzogen waren. So kam es, dass dieselben Firmen, die Poster beliebter Popstars, niedlicher in Handtücher gewickelter Babys oder dramatischer Sonnenuntergänge vermarkteten, nun begannen, Plakate zu drucken, die Atatürk lachend auf einer Schaukel oder im Badeanzug zeigten. Darüber hinaus nutzten einige Photographen und Graphiker neue Computertechnologien, um die alten Schwarzweißfotografien zu kolorieren.

2 Der Konkurrenzkampf mit islamischen Paraphernalien

Ein wichtiger Aspekt, der in den 1990er Jahren zur Kommerzialisierung und Privatisierung der Atatürksymbolik geführt hat, war das Auftauchen islamischer Symbole auf dem öffentlichen politischen Markt. Verschleierte Universitätsstudentinnen, die in die säkularen Institutionen der modernen Republik drängten, waren die ersten Zeichen einer öffentlichen Sichtbarkeit des Islam (Göle 1996). Dieser Trend erreichte seinen Höhepunkt als die islamistische Wohlfahrtspartei Lokalwahlen gewann: sie ließ Straßenschilder in Grün, der Farbe des Islam, streichen, plante einen riesigen Moscheekomplex im Herzen von Istanbuls Hotel- und

Vergnügungsviertel und eröffnete islamische Teegärten im Stadtzentrum (Bartu 1999; Çınar 2001; Gülalp 2001; Houston 2001). Der Islam entwickelte sich zunehmend zu „einem Thema, das adressiert und dem begegnet werden musste" (Öncü 1995: 53).

Der öffentliche Auftritt des Islam wurde teilweise durch die Kommodifizierung der islamischen Symbole ermöglicht. Die Konsumkultur der 1980er und 1990er schaffte eine warenbezogene Identitätspolitik und Lebenshaltung. Islamisten begannen, ihre eigenen Fünfsternehotels zu genießen, wo sie in geschlechtsgetrennten Pools baden konnten (Bilici 2000), Restaurants fanden, die keinen Alkohol ausschenkten (Houston 2001), islamische Radiosender hörten (Azak 2000) und Modeschauen besuchten, um mit den aktuellen Designs für Kopftücher und Mäntel auf dem laufenden zu bleiben (Navaro-Yashin 2002; White 2002).

Kemalisten begegneten dem öffentlichen Auftritt des Islam auf zwei Arten. Die säkularen Staatsbeamten und Offiziere vermehrten zuerst die schon beträchtliche Anzahl im öffentlichen Raum ausgestellter Statuen, Büsten und Portraits Atatürks. Vor allem in den neu entstandenen Vorstadtslums, deren Bewohner bei den Wahlen 1995 vorwiegend für die islamistische Partei gestimmt hatten, unternahm das Militär Anstrengungen, Statuen des Gründervaters zu errichten. Das Bestreben, die islamische Symbolik mit der offiziellen säkularen Repräsentation zu unterdrücken, ist eine alte Strategie, die seit den Gründerjahren der Republik verfolgt wurde. Eine neue Strategie beinhaltete die Kommodifizierung des kemalistischen Symbolismus um gegen islamische Symbole anzutreten. In den 1990er Jahren wurden der Schleier und das Portrait Atatürks zu Symbolen der kulturellen Identität, die auf dem Markplatz miteinander konkurrierten (Hart 1999; Türkmen 2000; Navaro-Yashin 2002). Ich argumentiere, dass der Wettbewerb um mächtige Symbole bedeutende Konsequenzen für die politische Haltung und die kulturelle Identität nach sich gezogen hat. Die kemalistischen Verbraucher privatisierten den Staatssymbolismus, als sie die offiziellen Repräsentationen aus dem traditionellen Bereich des Staates auf den Markt und in ihre Häuser brachten. Bilder Atatürks, die Räume in staatlicher Hand zu schmücken pflegten, wurden von den Verbrauchern nun aus freier Entscheidung in nichtstaatliche Sphären getragen. Wichtiger noch erscheint mir, dass die Bürger die offizielle Staatsideologie zum ersten Mal in der Geschichte der Türkischen Republik als ihres Schutzes bedürftig erkannten und eine persönliche Verantwortung übernahmen, sie zu fördern.

In Istanbul fragte ich mehrere Ladenbesitzer, warum sie Bilder Atatürks in ihren Geschäften ausstellten und sie antworteten, dass sie ihre Liebe zu Atatürk gegenüber jenen zeigen wollten, die seinen Namen beschmutzten. Der Besitzer eines Bürobedarfsladens in Beyoğlu, der in seinem Geschäft verschiedene Atatürkposter und ein *Bismillahirrahmanirrahim*-Schild [Im Namen Gottes, des Gnädigen, des Barmherzigen, Anm. d. Übers.] ausgehängt hatte:

Diese Idioten [Islamisten] begreifen nicht, dass sie nicht hier wären, hätte Atatürk nicht dieses Land gerettet. Ihre Namen wären jetzt Elena oder Kostas und sie würden sich in der Kirche bekreuzigen. Wenn sie den Gebetsruf fünfmal am Tag hören können, liegt das daran, dass Atatürk dieses Land vor den Griechen und den Abendländern gerettet hat. Und nun wagen sie es, den Namen dieses bewundernswerten Mannes schlecht zu machen. Diese Bilder zeigen ihnen, dass die Menschen dieses Landes Atatürk lieben. Das haben sie immer getan und das wird auch so bleiben.

Der Ladenbesitzer mittleren Alters nutzt hier den offiziellen Diskurs zur Kompatibilität des Islam mit dem Kemalismus, der nach dem Militärcoup 1980 eingeleitet wurde, um der islamistischen Kritik an dem Gründervater und seiner Ideologie entgegenzutreten. Zudem klagt er die religiösen Muslime an, ihrem wahren Retter untreu zu sein, der das Land vor der Teilung und einer möglichen Christianisierung durch die Alliierten während des 1. Weltkrieges bewahrt hat. Das einmalige an der Position des Mannes ist die Annahme persönlicher Verantwortung, diese besondere Interpretation des offiziellen Diskurses zu verbreiten, indem er Bilder Atatürks und islamische Paraphernalien verbindet. Offensichtlich findet er die staatlichen Bemühungen nicht ausreichend oder schlagkräftig genug, den Islamisten eine deutliche Botschaft zu vermitteln. Er hat sich besondere Mühe gegeben, den Islamisten eine Lehre zu erteilen, indem er zeigt, dass die Gefolgschaft Atatürks nicht vom Staat auferlegt ist, sondern dass Privatmänner wie er den Gründervater lieben.

Nicht nur einzelne kemalistische Staatsbürger und Verbraucher bekannten sich zu Atatürk, um die islamistische Bewegung herauszufordern, auch Firmen schlossen sich pflichtbewusst dem „Krieg der Symbole" zwischen Kemalisten und Islamisten an. Sie zeigten ihre Treue zu Atatürk, indem sie ihn als Werbefigur einsetzten und die personalisierten Gefühle für den Vorsitzenden hervorhoben. In ähnlicher Weise stellten normale Bürger Bilder auf ihre Tische, steckten sich Buttons ans Jackett und verbalisierten ihre Gefühle der „Liebe" für den Gründervater. Kemalisten trugen ihre Ikonen aus dem konventionellen Bereich des Staates in das private Feld der Zivilgesellschaft, des Marktes und der Wohnung, um dem Aufkommen islamischer Symbole im öffentlichen Raum und der Akzeptanz der islamischen Identität – die durch den Konsum solcher Symbole indiziert wurde – entgegenzutreten.

Einige dieser Kreise suchten ein öffentliches Publikum, doch sie zeichneten sich alle durch Privatmänner aus, die den Symbolismus Atatürks in bewusster Verpflichtung umarmten und nicht unter der direkten Kontrolle des Staats standen. Die Militärjunta von 1980 hat den nationalen Raum sehr erfolgreich mit gigantischen Repräsentationen von Atatürk überzogen. Zudem benannte sie alle bedeutenden technischen Projekte nach ihm, einschließlich der größten Dämme, Brücken und Flughäfen und bedeckte sogar Bergabhänge mit seinem Bild.

Der genannten Junta ging eine Dekade sozialer Gewalt, ökonomischer Krise und politischen Stillstandes im Parlament voraus. Am 12. September 1980 griff die türkische Armee in die Politik ein und hob das Parlament auf, das es nicht geschafft hatte, die politische Situation im Land zu kontrollieren. Das Militär ergriff strenge Maßnahmen zur Entpolitisierung und zur ökonomischen Umstrukturierung. Atatürk war für die Junta das wichtigste Symbol, um die geteilte Nation zusammenzubringen und die Staatsautorität wiedereinzuführen. Der deutlichste Unterschied zwischen den beinahe zwanzig Jahre auseinander liegenden Atatürkkampagnen der frühen 1980er und der späten 1990er lag für die Menschen, mit denen ich gesprochen habe darin, dass die ersteren vom Staat geführt wurden, während die letzte von Bürgern und Verbrauchern initiiert wurden.

Kemalistische Bürger kontrastierten im Gespräch regelmäßig den neuen Voluntarismus im Bekenntnis zum Kemalismus mit der aufgezwungenen Atatürkkampagne während der dreijährigen Militärherrschaft zwischen 1980 und 1983. Bei der Unterscheidung verwiesen sie oftmals auf das Interesse der Verbraucher an Atatürkparaphernalien und damit auf eine kemalistische Ideologie, die von unabhängigen Einzelpersonen ohne staatlichen Zwang initiiert wurde. Sie definierten das neue Interesse als aufrichtig, freiwillig und ernsthaft im Gegensatz zu dem vorherigen erzwungenen, künstlichen Interesse an dem Staatsmann. Selbst die ergebensten Kemalisten geben zu, dass die frühere Atatürkkampagne des Militärregimes nach 1980 „übertrieben" war und die meisten Bürger der Ideologie entfremdet hat.

3   Die Miniaturisierung Atatürks

Die deutlichste Veränderung in den Atatürkdarstellungen in den späten 1990er Jahren war nicht allein ihre Kommerzialisierung sondern auch die Abnahme ihrer Größe. Susan Stewarts (1993) Betrachtungen zu Objekten des Begehrens in der westlichen Kultur geben uns Einsicht in die symbolische Bedeutsamkeit der Größe für die Subjektformation. Für das 18. Jahrhundert beobachtet sie, das die Objekte der Begierde vor allem im Westen zumeist in „gigantischer" Formen oder als Miniaturen erschienen. Stewart argumentiert, dass die gigantische Form, die eine Übertreibung des Äußeren ist, als „Metapher für die abstrakte Autorität des Staates, der Gemeinschaft und des öffentlichen Lebens" stehe (ebd.: xxii). Auf der anderen Seite sei die Miniatur eine „Metapher für den inneren Raum und die Zeit des bürgerlichen Subjekts" (ebd.: xii). Obwohl die politische Ästhetik der Osmanen sich völlig von ihrem westlichen Gegenüber unterschied, ist Stewarts Diskussion doch hilfreich für die Untersuchung der modernen Verwandlung türkischer Staatsbilder.[2]

Frühe Repräsentationsformen der Atatürksymbolik erinnerten an die politische Ästhetik des faschistischen Europa in den 1930er Jahren, die die omnipotente Autorität des Staates durch kolossale Darstellungen ihrer Führer im öffentlichen Raum unterstrich (Falasca-Zamponi 1997). Selbst heute werden traditionelle Standbilder Atatürks, die staatlich hergestellt und verbreitet werden, so massiv wie möglich produziert. Alle Stadt- und Ortskerne in der Türkei sind durch hoch aufragende Statuen Atatürks gekennzeichnet, wobei die Größe vom örtlichen Etat bestimmt wird. Zudem malen staatlich geförderte Künstler bei Nationalfeiertagen hausgroße Stoffportraits von Atatürk, die an den Mauern der größten Staatsgebäude aufgehängt werden.

Die neuerdings populären und kommerzialisierten Atatürkparaphernalien unterscheiden sich deutlich von den oben erläuterten gigantischen und naturalisierten Repräsentationen. Zumeist erscheinen sie als Miniaturen wie Nadeln, Kristallschmuck oder kleine Bilder. Im Gegensatz zu traditionellen Repräsentationen, die öffentliche Plätze besetzen, die niemandem (und daher nur dem Staat) gehören, werden die Miniaturrepräsentationen in Privatgeschäften, zuhause oder, – noch wichtiger -, and den Körpern von Privatpersonen ohne direkten staatlichen Auftrag zur Schau gestellt. Als Miniatur werden Atatürkrepräsentationen, obwohl sie noch Staatsikonen sind, Teil der häuslichen Sphäre des bürgerlichen Subjekts. Bezeichnenderweise werden diese Bilder durch den Akt des käuflichen Erwerbs auf dem Markt von individuellen Bürgern privatisiert. Ein miniaturisiertes und kommerzialisiertes Bild Atatürks privat zu besitzen und auszustellen lässt eine persönliche Beziehung zum Staat erkennen, die der einzelne Bürger wählt und durch den Marktmechanismus der Verbraucherwahl belebt. Das Bild ist ein Beispiel wie kemalistische Familien Atatürks Photo bereitwillig in ihren Familienkreis aufnehmen und den nationalen stattlichen Vorfahren, der ihnen bisher aufgezwungen wurde, durch eigene bewusste Wahl zu einem familiären machen.

Bei meiner Untersuchung, wie sich die türkische Staatssymbolik verwandelt hat, folge ich Bruce Grants Interpretation der Bedeutung von staatlichen Monumenten, die er bei der Analyse der neuen Moskauer Monumente entwickelte, die von russischen Märchen inspiriert wurden. Er macht geltend, dass „die Monumente und ihre mythischen Eigenschaften eher selbst als eine Form der politischen Praxis zu sehen sind statt eine Metasprache, die sich aus verborgenen Realitäten herleitet. Sie schaffen neue Subjekt-Effekte, neue Erkenntnisse und neue Formen der politischen Legitimität" (Grant 2001: 340). Ich argumentiere, dass die neuen Bilder Atatürks sowohl auf ein anderes Staatsideal und auf eine Subjektposition für die Staatsbürger hinweisen und sie produzieren. Die neuen Bilder reduzieren zumindest die mentalen Einflüsse eines allmächtigen Staates, der sich den Bürgern aufzwingt; sie suggerieren einen Staat, der seine Bürger weniger kontrolliert, und auf den sie sich weniger hierarchisch und nach eigener Wahl beziehen können. Doch trotz seiner scheinbar verringerten Macht verstärkt sich der Staatssymbolismus in privaten Räumen, die nicht als staatlicher Bereich erachtet werden.

4   Die Humanisierung Atatürks

Obwohl metaphorisch gigantische Repräsentationen Atatürks in den späten 1990er Jahren noch produziert und abgesetzt wurden, fanden Darstellungen, die ihn auf den alltäglichen Menschen reduzierten, der ein einfacher Mann statt eines Halbgottes oder gar eines Vaters ist, weite Verbreitung. Atatürks Privatleben – vor allem seine Beziehungen zu Frauen – wurde ein zunehmend beliebtes Thema der Darstellung. Nezihe Araz' 1993 erschienenes Buch *Mustafa Kemal'le 1000 gün* [1000 Tage mit Atatürk], das sich auf Atatürks Beziehung zu seiner Frau konzentriert, gab den Ton an. Araz, eine ergebene Kemalistin und Tochter eines Parlamentariers in Atatürks Einheitspartei während der 1930er, erklärt in ihrer Danksagung, dass sie das Buch geschrieben habe, um den neuen Generationen Atatürk nur als Mensch vorzustellen. Sie glaubt, dieser Ansatz wird helfen, um den Gründervater gegen die neue Kritik vonseiten der Islamisten und liberaler Intellektueller zu verteidigen.

> Für die erste Generation der Republik war Atatürk kein Mensch sondern beinahe ein Gott aus dem Olymp. Er war ein abstraktes Konzept, eine göttliche Macht, die das Unmögliche möglich machen und Wunder vollbringen konnte. Selbst wenn die Leute ihn in seinem Auto auf den Straßen Ankaras, in der Nationalversammlung und gelegentlich in Schulen, Sportarenen oder bei Pferderennen sahen, konnten sie ihn nicht wirklich verstehen (Araz 1993: 2f).

Araz glaubt, dass die gottähnlichen Darstellungen Atatürks trotz guter Absichten falsch sind, da sie dazu geführt hätten, dass die Menschen sein Vermächtnis bezweifelten. Sie hofft, dass sich die Menschen Atatürk näher fühlen können, wenn sie ihn von seiner menschlichen Seite als Mann mit Schwächen zeigen kann. Die Entwicklung, die Araz begann, indem sie die menschlichen Qualitäten Atatürks erörterte, fand ihren Höhepunkt als der staatlich geförderte Film *Cumhuriyet* (Die Republik; Öztan 1998) sich 1998 auf Atatürks Privatleben konzentrierte. Die zentrale Geschichte des Films dreht sich um Atatürks Beziehung zu zwei Frauen – seiner Lebensgefährtin Fikriye und seiner Ehefrau Latife, von der er später geschieden wurde. Dolunay Sert, die Latife spielt, sagte in einem Zeitungsinterview:

> Der Film ähnelt einer Dokumentation. Wir wollten einige Tabus brechen und über einige Dinge Aufschluss geben. Atatürk ist ein großartiger Staatsmann, aber er ist auch menschlich. Seine Beziehungen zu Latife und Fikriye haben eine sehr menschliche Seite (Toptaş 1998: 7).

Der beispiellose Charakter des Films kommt zutage, wenn man eine frühere, vom offiziellen Fernsehkanal geförderte Produktion über den Griechisch-Türkischen Krieg betrachtet. Das Privatleben Atatürks findet hier keinerlei Erwähnung, obwohl der zehn Jahre ältere Film mit dem gleichen Regisseur, Drehbuchautor und Hauptdarsteller produziert wurde.

Die Republik brach den Besucherrekord im ganzen Land. Die Zuschauerzahl wurde von Schülern, deren Lehrer sie ins Kino nahmen, aufgebläht. Ich selbst sah ihn in einem Kino voller Mittel- und Oberschüler, die von dem Film so bewegt waren, dass sie Atatürks Frau, die sie nicht mochten, auspfiffen und Mustafa Kemal Beifall klatschten als er sich von ihr scheiden ließ. Nachdem der Film freigegeben worden war, habe ich oft Gespräche über Atatürks Privatleben gehört oder an ihnen teilgenommen. Atatürks Leben, das bisher nur im Klassenzimmer thematisiert wurde und sich auf politische Reden beschränkte, berührte nun neue Bereiche wie etwa den Klatsch in der Familie, bei Freunden und Nachbarn.

Der Umstand, dass Künstler Atatürk in so unterschiedlichen Milieus wie Film, Modeschauen und anderen Veranstaltungen zeigen konnten, weist auch auf eine Entwicklung hin, ihn als normalen Menschen darzustellen. Bis in die 1980er konnten Schauspieler Atatürk nicht in Filmen oder Theaterstücken portraitieren. Die Anthropologen Richard und Nancy Tapper merken an, dass das Tabu, Atatürk filmisch oder theatralisch darzustellen, dem Verbot ähnelt, den Propheten Muhammad zu portraitieren. In dem von Saudi-Arabien finanzierten Film über das Leben Muhammads, *Al Risalah* (Die Botschaft; Akkad 1976), erscheint der Prophet niemals auf der Leinwand. Als das Anthropologenpaar Einwohner Eğridirs in der Türkei befragte, warum sie glaubten, dass noch kein Schauspieler Muhammad oder Atatürk gespielt habe, verwiesen sie auf die Unmöglichkeit einer solchen Idee: „Welcher Mann könnte wohl solche Rollen spielen?" (Tapper/Tapper 1991: 70).

Das Tabu, Atatürk zu spielen wurde 1981 zum ersten Mal gebrochen, als zu seinem hundertsten Geburtstag ein Film über sein Leben freigegeben wurde. Es ist bezeichnend, dass der erste Schauspieler, der Atatürk darstellte, kein Türke sondern Belgier war. Als europäischer Schauspieler stellte Marc Mopty die Auffassung, dass es unmöglich sei, die Rolle des Staatsmannes einem einheimischen Schauspieler zu geben, nicht in Frage. Einige Jahre nach dieser Dokumentation, am Ende der 1980er, begannen türkische Schauspieler Atatürk in Filmen darzustellen und in den späten 1990er Jahren gab es kaum noch Beschränkungen, wer Atatürk darstellen konnte. Einhergehend mit *Die Republik* stellten zahlreiche weitere Stücke Atatürk wie jede andere historische Figur dar, wie etwa *O Bir İnsan* (etwa: *Dieser eine Mensch*), ein Stück aus dem Jahr 1998, das Atatürks Privatleben behandelt und in Istanbul gut besucht war.

Die Tendenz, eher die menschliche als die allmächtige, autoritäre Seite Atatürks darzustellen, begann sich auch in seinen Statuen zu reflektieren. Die große Mehrheit der errichteten Skulpturen Atatürks sind Replikate von Originalstatuen europäischer Künstler, die noch zu seinen Lebzeiten in Auftrag gegeben wurden. Während der späten 1990er erschufen diverse Künstler innovative Gemälde und Skulpturen Atatürks, die seine menschliche Seite betonten. Das erste dieser Bilder, das öffentliche Aufmerksamkeit erregte, wurde von dem bekannten kemalistischen

Künstler Bedri Baykam gemalt, der Atatürk bei einer Partie Backgammon zeigte. Während unseres Gesprächs über das Gemälde erklärte Baykam, er habe „den Staatsmann als Bonvivant, der gute Gespräche, hübsche Frauen, Alkohol und das Backgammonspiel liebte, zeigen" wollen. „Wissen Sie", sagte er mit einem Lächeln im Gesicht, „er war ein wirklicher Mensch." Dieses Werk Baykams, das niemals verkauft und, außer in einer Avantgardegalerie, nie öffentlich ausgestellt wurde, löste keinerlei Kontroversen aus. Eine öffentliche Skulptur jedoch, die einen lächelnden Atatürk darstellt, eröffnete eine hitzige Debatte. Die Figur wurde 1998 in Sincan aufgestellt, einer religiösen Stadt, die 1997 Zeugin einer kontroversen pro-palästinensischen „Jerusalem-Nacht" wurde, die von der islamistischen Wohlfahrtspartei organisiert worden war. Als Warnung an die Islamisten, die während der Versammlung zur Umsetzung des Islamischen Rechts aufriefen, rollte die türkische Armee am folgenden Tag mit Panzern durch die Straßen der Stadt. Der amtierende Gouverneur der Stadt und der *Verein zur Förderung der Ideen Atatürks* beauftragten den Bildhauer Burhan Alkar zum 75. Jahrestag der Republik eine Statue für die Stadtmitte zu erschaffen. Der Bildhauer gestaltete einen lächelnden Atatürk, der sich mit offenen Armen einem kleinen Mädchen zuwendet, das ihm Blumen überreicht. Nachdem die Statue aufgestellt worden war, äußerte der Gouverneur Bedenken, dass es unangemessen sei, einen lächelnden Atatürk darzustellen; er war der Ansicht, dass der Führer als ernsthafte Person portraitiert werden sollte. Der Gouverneur Ali Gün wandte sich an den *Verein der Künstler und Kunstbesitzer* und bat sie die Angemessenheit dieser Darstellung Atatürks anzuzeigen. Er sagte Journalisten, dass er, falls der Bericht nicht zugunsten der Skulptur ausfalle, vor Gericht ziehen und sichergehen würde, dass sie abgebaut werde. Zeitungsberichten zufolge gab der Vizepräsident des Vereins bekannt, dass die Organisation sich nicht in die Freiheit des Künstlers einmischen würde und die Statue gutheiße. Letztendlich wurde sie zum 75. Jahrestag enthüllt und gab den ersten lächelnden Atatürk preis.

5   Von Kopf bis Körper

Ein weiterer Unterschied zwischen den staatlichen und kommerziellen Darstellungen Atatürks betrifft eine neue Repräsentation, die nicht nur das autoritative Haupt des Gründervaters, sondern den ganzen Menschen darstellt. Die traditionellen Bilder Atatürks, besonders jene, die per Gesetz in Regierungsstellen ausgestellt sind, beschränken sich auf den Oberkörper. Diese Portraits – Reproduktionen von Photographien oder Gemälden – zeigen ihn normalerweise vom Kopf bis zu den Schultern in militärischer oder ziviler Kleidung. Darüber hinaus werden Regierungsstellen häufig von Büsten Atatürks geschmückt, die meist sein Haupt nicht aber Nacken und Schultern darstellen. Statuen Atatürks hingegen, die alle Städte und Zentren des Landes dekorieren, zeigen in ihn voller Körpergröße, doch meistens ist der Körper mit deutlich weniger Sorgfalt ausgearbeitet als der Kopf und verstößt oftmals gegen die grundsätzlichsten anatomischen Regeln. Es scheint, als diene der Körper als erweiterter Sockel für das Haupt, dem die größte Sorgfalt und Aufmerksamkeit zukommt.

Diese Fokussierung auf das Haupt des Staatsgründers ist an die zeitgenössische politische Ästhetik des Westens und die türkische Somatologie angelehnt. Im Gegensatz zur politischen Metaphorik des Westens wurden die Sultane in der osmanischen Miniatur meist in voller Gestalt dargestellt (Necipoğlu 2000). Zur selben Zeit als beauftragte europäische Bildhauer hart daran arbeiteten, die eindrucksvollste Darstellung von Atatürks Haupt zu schaffen, reisten die wenigen türkischen Anthropologen – darunter Atatürks Adoptivtochter Afet İnan – durch Anatolien und maßen dort den Schädelumfang der Menschen, um zu belegen, dass die türkische Rasse die Vorläuferin aller Zivilisationen war. Gemäß den Anweisungen Atatürks von 1937 führte İnan die bis dahin umfangreichste anthropologische Studie durch und maß den Kopfumfang von 64.000 Menschen in Anatolien und Thrakien (Aydın 2001). Sie beabsichtigte, die Behauptung anzufechten, dass die Türken der zweitrangigen gelben Rasse angehörten und zu zeigen, dass sie stattdessen dem weißen europäischen *homo alpinus* angehörten, und dass die Türken zudem aus einer homogenen Rasse bestehen.[3] In ihrer Untersuchung definiert sie die Charakteristika der türkischen Rasse durch helle Haut, gerade Nase und farbige Augen (Aydın 2001: 362). Ein kleiner Prozentsatz der türkischen Bürger, einschließlich Atatürks, weisen die aufgelisteten Merkmale auf, und eine derartige physiognomische Beschreibung hinterlässt den größten Teil der türkischen Population als der „Türkischen Rasse" nicht zugehörig. İnans selektive Definition des „Türken" idealisierte den Schädel Atatürks oder den der Vorfahren der Türken als Repräsentation der perfekten (lies: europäischen) Rasse, Teil derer die türkische Nation nun zu sein abzielte.

Atatürks ausgestelltes Haupt repräsentierte nicht nur den perfekten Schädel der türkischen Nation, sondern indizierte auch die Art der Macht im neuen Staat. Die Platzierung von Atatürks Haupt in einer staatlichen Behörde verwandelte alles und jeden im umliegenden Raum zu einer Erweiterung des Kopfes – in anderen Worten in seinen Körper. Dies war nur möglich, nachdem die Massen im Körper einer Nation zusammengefasst waren, eine Entwicklung, die Claude Lefort (1986) als Erschaffung von „Volk als Einheit" in der faschistischen Politik beschreibt. Was Mayfair Mei-hui Yang über den Kult um Mao erörtert (1994), gilt auch für Atatürk. Die Abgleichung von Unterschieden und die Homogenisierung schaffen den Körper der Gesellschaft und verorten jedes Individuum in gleicher Entfernung zum Kopf. Yang definiert diesen Prozess als „ein vereinigter Körper und ein einzelner Kopf" (1994: 264).

Im Gegensatz zu den ernsthaften und einzelgängerischen Portraits seines Hauptes, zeigen die in den 1990er Jahren beliebten Photos Atatürk in voller Körpergröße und in gesellschaftlichen Zusammenhängen. Darüber hinaus lacht und tanzt er auf den meisten dieser Bilder und erfreut sich an einfachen Vergnügungen: beim Essen oder beim Spielen mit seiner jüngsten Adoptivtochter Ülkü. Als ich einen Straßenhändler in Istanbul, der hauptsächlich Bilder Atatürks feilbot, bat, mir das beliebteste Bild seiner Auslage zu zeigen, deutete er auf ein Photo, in welchem Atatürk in einem Korbstuhl sitzend Kaffee trinkt. Dann verwies er auf eine militärische Büste als wenigstgefragte Darstellung. Er sagte, „Niemand will mehr diese Art von Darstellung kaufen." Zivilisten, die ein nahbares, egalitäres Bild Atatürks wünschen, werden von Bildern abgestoßen, die an die offiziellen und besonders an die militärischen Portraits, erinnern.

Der Anblick Atatürks in sozialen Zusammenhängen und bei vergnüglichen Beschäftigungen rief bei kemalistischen Bürgern Aufregung hervor. Ein Bild Atatürks, auf dem er trinkend im Gras liegt und mit Dorfbewohnern singt, unterscheidet sich drastisch von jenen, die in Regierungsgebäuden zu finden sind. Solche Bilder, die ihn in voller Statur bei weltlichen Unternehmungen zeigen, helfen auch, ihn zu entmystifizieren. Sein Lächeln erinnert die Betrachter an das Gefühl der Freude und des Glücks, das sie in den 1930er Jahren erfahren haben. Darüber hinaus erlauben diese Photographien dem Betrachter eine ebenbürtigere Beziehung zu Atatürk aufzubauen. Hinweise, die auf die Umstände dieser Bilder schließen lassen, verweisen auf ihn eher als Teil der Vergangenheit denn der Gegenwart. Die weniger hierarchische Position des in der Vergangenheit angesiedelten Staatsgründers schafft den notwendigen emotionalen Raum für den kaufwilligen Bürger, um ihn zu ehren und seine Bilder zu erwerben.

In der Art und Weise wie diese Bilder Atatürks Alltag widerspiegeln, dienen sie auch als Ikonen des westlichen, säkularen und bourgeoisen Lebensstils. Bei säkularen Türken, die ihre Lebensweise nach dem Sieg der Islamisten in den 1990er Jahren bedroht sahen, waren Photographien Atatürks an Rakı-Tischen (Rakı ist das nationale alkoholische Getränk mit Anisgeschmack) besonders beliebt. Zu dieser Zeit repräsentierte der Kemalismus nicht nur die Staatsideologie, sondern den der Türkei eigenen säkularen und bourgeoisen Lebensstil, der das Tragen westlicher Kleidung, gesellschaftliches Beisammensein beider Geschlechter und Alkoholgenuss einschloss. Die nun beliebten Bilder des Führers assoziierten gewisse Waren und Ausgaben mit seinen Lehren und ermutigten kemalistische Bürger, eine verbrauchsorientierte politische Identität zu bewahren.

6 Verkaufen mit Atatürk

In den späten 1990er Jahren war Atatürk nicht nur ein populäres kommerzielles Bild. Er wurde auch zu einer gebräuchlichen Figur in kommerziellen Anzeigen, um andere Produkte zu verkaufen. Besonders während der 75. Jahresfeier der Türkischen Republik und zum 60. Todestag Atatürks 1998 waren die etablierten Tageszeitungen mit Anzeigen gefüllt, die Atatürk als Hauptbild verwendeten. In der Türkei ist es Handelsbrauch, dass Firmen Anzeigen schalten, um ihren Kunden gute Wünsche zu religiösen und nationalen Feiertagen auszusprechen. Bis in die späten 1990er waren diese Anzeigen jedoch klein und bestanden aus wenigen gerahmten Worten wie etwa „Pelin cologne wünscht Ihnen frohe Feiertage."

Zwischen Ende Oktober und Anfang November 1998, habe ich 51 verschiedene Firmen gezählt, die Zeitungsannoncen gesetzt hatten, die entweder das Bild und/ oder Zitate Atatürks verwendeten. Abhängig von ihrem Etat, setzten einige Firmen ganzseitige farbige Anzeigen; andere kleinere in Schwarzweiß. Am 29. Oktober zum Beispiel beinhaltete die *Sabah*, eine weit verbreitete Tageszeitung, insgesamt 96 Atatürkbilder im Anzeigenformat, zuzüglich weiterer 225 Bilder von ihm, die in derselben Ausgabe abgedruckt waren.[4] Dem Überfluss der Atatürkbilder zum Trotz nutzten die Firmen sein Abbild, um sich selbst und ihre Produkte sichtbar zu machen.[5] Solcherlei Anzeigen und Veranstaltungen stellten Atatürk als bürgerlichen Staatsmann dar, der die Bürger zu anspruchsvollen Käufern erzog.

Textilfirmen – eine blühende Industrie seit der Integration der Türkei in den globalen Markt in den 1980er Jahren – bezogen sich in ihrer Werbung auf Atatürks Geschmack an eleganter Kleidung und seinen ausgewählten Kennerblick als Käufer. *Sarar* zum Beispiel warb mit einem Photo Atatürks in elegantem Mantel und den Worten: „Er lehrte uns, wie man sich kleidet." Eine Modeschau, die zu Atatürks 60. Todestag organisiert wurde, betonte auch wie er die türkische Nation zumindest modisch dahinführte ein guter Konsument zu werden. Am 10. November bot der Modedesigner Faruk Saraç einem ausgewählten und geladenen Publikum über vierzig Outfits Atatürks dar, die er reproduziert hatte. Berühmte Modelle führten seine Kleidung vor, während Originalbilder Atatürks auf eine Leinwand geworfen wurden. In einem Zeitungsinterview zu der Veranstaltung erklärte der Designer folgendermaßen, was ihn zu der Show inspiriert hatte:

> Atatürk trug jene langen Smokings, die in den letzten zwei Jahren in Europa und der Türkei modisch geworden sind, und er tat es schon 1919. Während ich diese Show vorbereitet habe, wurde mir klar, dass Atatürk auch in der Mode eine Leitfigur war (Tageszeitung Milliyet vom 19. Oktober 1998).

Trotz der Referenzen auf seine Rolle als Lehrer, Visionär und Staatsführer unterstreichen solche Anzeigen die bürgerliche Natur seiner Weisheit. Diese Repräsentation Atatürks war ein neuartiges Konstrukt, das Ende der 1990er auftauchte. Es unterschied sich grundlegend von der traditionellen Ansicht der frühen republikanischen Jahre unter Atatürks Führung als einer Zeit der Mühsal, die auf staatlich kontrollierte Produktion Wert legte und den Verbrauch untergrub. Die genannte Sicht auf Atatürk als wählerischem Verbraucher reflektiert daher eher ein erwünschtes Modell für den zeitgenössischen Staat als ein historisches Argument über den Gründerstaat.

Interessanterweise waren viele der Firmen, die Atatürk als Werbeträger einsetzten, ausländischen Ursprungs, beispielsweise Mitsubishi, Nokia, Phillips und Panasonic. Diese Konzerne gaben sich besondere Mühe, ihre Loyalität gegenüber dem Gründervater und seinen Richtlinien zu betonen, indem sie seine Bilder benutzten. In einer Mitsubishi-Werbung für Klimaanlagen beispielsweise wurde das Bild eines im Schnee schlafenden Atatürk verwendet, das im nationalen Befreiungskrieg aufgenommen worden war.[6] Unter dem Photo heißt es: „Wir wollten Sie an die Schwierigkeiten erinnern, die mit der Gründung der Republik verbunden waren." Vertreiber von Panasonic Faxgeräten nahmen ein gewöhnliches Bild Atatürks und schrieben nur: „Er ist völlig anders." Nokia bediente sich einer Landkarte der Türkei, drehte sie um neunzig Grad und schaffte so ein aufrechtes anstelle eines liegenden Rechtecks; darin eingefügt befand sich ein Bild Atatürks in ziviler Kleidung mit der Unterschrift: „Dank Ihnen stehen wir aufrecht." Keine dieser Anzeigen hat einen direkten Bezug zu dem Produkt, das verkauft wird. Die Anzeigen bewarben eher die Unternehmen, die ihre Treue zur Türkischen Republik, zu ihrem Gründervater und seinen Ideen bekundeten als das Produkt. Die Verwendung von Bildern Atatürks, die auf türkischem Nationalismus basierte, erwies sich als eine Form, globale Unternehmen im Kontext des Neuen Marktes lokal zu verorten.

Die Anzeigen türkischer Firmen betonten ihre Hingabe an Atatürk auf ähnliche Weise, anstatt sich auf das Produkt zu konzentrieren. Sie nutzten die Werbung als Möglichkeit festzustellen, wie erfolgreich sie die Ziele Atatürks erfüllen. Eine Werbung der Hemdenmarke Dufy zum Beispiel zeigte ein Bild Atatürks im Oberhemd und das Bild eines zusammengelegten Smokings. Unter dem Bild Atatürks war zu lesen: „Wir brauchen nichts als harte Arbeit;" daneben erwidert Dufy: „Wir haben hart gearbeitet! Am 75. Geburtstag der Republik verkaufen wir Dufy-Hemden in der ganzen Welt." Der Hauptslogan der Kampagne war: „Wir sind stolz auf unseren Vater (*Atamızla*) und unsere Krägen (*yakamızla*)."

Eine beliebte Wochenzeitschrift, *Aktüel*, veröffentlichte einen Artikel über diese Werbung, in dem zu lesen ist:

> Es gibt ein Hemd, das uns an Atatürk erinnert, wo immer wir es sehen: Ata Kragenhemden. Heute sind Ata Kragenhemden wie schon in den 1920er Jahren ein Symbol der Modernität. 1923 sagte Atatürk: „So groß militärische und politische Siege auch immer sein mögen, wenn sie nicht durch wirtschaftliche Siege gekrönt werden, können die errungenen Siege keinen Bestand haben." Heute produzieren Dufys Hightech-Fabriken sorgfältig schicke Hemden. Millionen Männer rund um die Welt tragen türkische Hemden. Durch den Export von Hemden führt Dufy zu dem ökonomischen Sieg, den Atatürk bestimmte (Aktüel vom 21. Oktober 1998).

Wie es von der Wochenzeitschrift aufgegriffen wurde, machte Dufy mit seiner Werbekampagne zwei Aussagen. Zum einen bewerkstelligen sie es erfolgreich, ihr Produkt mit dem Bild Atatürks zu verbinden. Denn obwohl die gesamte osmanische Elite zur Jahrhundertwende Smoking und Hemd trug, wurde dieser Brauch doch in dem Ausmaß mit Atatürk, dem modernisierenden Vater des Landes, assoziiert, dass sie „Ata-Kragen" genannt wurden. Wie der Artikel feststellt, symbolisieren diese Hemden einerseits einen modernen, erlesenen Lebensstil und andererseits gleichermaßen den Gründervater. Folglich bedeutet das Tragen der Dufy-Hemden eine politische Aussage über den Lebensstil, den die Menschen bevorzugen und mit dem Gründervater verbinden. Zum anderen beweist Dufy als Unternehmen, das es in der Verfolgung der Ziele, die Atatürk als erstrebenswert vorgegeben hat, Erfolg bewiesen hat. In seiner Werbung antwortet die Firma stolz auf eine Aussage, die Atatürk mehr als sechzig Jahre zuvor gemacht hat.

Auch Bankexpress, eine Privatbank, bediente sich der beliebten Methode, eine Redewendung Atatürks und damit einen Rückverweis auf ihn zu nutzen. In der Anzeige lesen wir zuerst Atatürks Aussage: „Was die Republik von dir will, sind Generationen mit freiem Verstand und freiem Gewissen." Wie Dufy reagiert Bankexpress darauf stolz: „Die gewandten, fleißigen und gebildeten neuen Generationen, die vor 75 Jahren als Zukunft der Türkischen Republik erträumt wurden, arbeiten heute für Sie bei Bankexpress." Die Abbildung in dieser Werbung zeigt einen Jackettkragen mit je einer Anstecknadel von Atatürk und Bankexpress.

Einige andere Unternehmen haben damit geprahlt, wie sie tatkräftig behilflich waren, Atatürks Ziele zu erreichen. Die Consulting-Firma SAP schreibt in ihrer Anzeige:

> Seine Absicht war es, die Türkei auf die Ebene der Industrieländer zu heben. Unser Ziel ist es, türkischen Gesellschaften zu helfen, auf internationaler Ebene wettbewerbsfähig zu werden...Wir gedenken des 75. Jahrestags aller Republikaner, die darauf hinarbeiten unser Land in die Zukunft zu führen.

Solche positiven Aussagen darüber, die Ziele Atatürks auf den Weg gebracht zu haben, widersprechen der negativen Einschätzung über die Errungenschaften der Politiker in diese Richtung. Wieder einmal scheint es, dass private Unternehmen jenseits des staatlichen Zugriffs die Initiative ergriffen haben und die Ziele Atatürks erfolgreicher umsetzen. In anderen Worten definiert SAP Atatürks Anspruch neu, die Türkei „auf die Ebene der Industrieländer" zu erheben insofern sie sich als internationaler Geschäftspartner betrachten, obwohl die frühe Republik eher ein geschlossener Markt war. Entsprechend dieser neuen Definition erklärt SAP ihr Geschäft als wichtigen Schritt in Richtung der Erfüllung von Atatürks Zielen.

In vielen dieser türkischen wie internationalen Werbeanzeigen stellen die Unternehmen sich selbst als diejenigen dar, die die ursprünglichen Absichten Atatürks am besten erfüllen und den Interessen des türkischen Staats am besten dienen. Die Einzigartigkeit dieses Ansatzes wird deutlich, wenn wir berücksichtigen, dass die Verfolgung von Privatinteressen landläufig den vorrangigen gemeinsamen Zielen guter Staatsangehöriger entgegensteht (Kadıoğlu 1998). Die wachsende Popularität des marktorientierten Modells der Staatsbürgerschaft, die auf Voluntarismus und Staatsunabhängigkeit basiert, ermöglichte es jedoch profitorientierten Privatunternehmen sich selbst als ideale Bürger zu präsentieren. In den Anzeigen propagierten Privatunternehmen die Idee, dass sie allein und nicht die Staatsbediensteten die kemalistischen Ziele der türkischen Republik durch ihr privates Marktengagement erfüllen konnten.

7 Fazit

Der Inhalt und die Verbreitung der Atatürksymbolik bestätigen die Untersuchungen der neueren Literatur über die Anthropologie des Staates, indem sie zeigen, dass die Konzeptualisierung des Staates ein dynamischer und umkämpfter Prozess ist. Neue Entwicklungen auf dem türkischen politischen Markt fügen dieser Literatur, die sich hauptsächlich auf die Repräsentation des Staates und weniger auf seine Aufnahme konzentriert hat, eine neue Dimension bei. Kommodifizierungen der Atatürksymbolik zeigen, dass die Bürger durch ihre direkten Aktionen aktiv an der neuen Verbreitung und der Neuauflage der Staatsrepräsentationen beteiligt sind, indem sie beispielsweise Bilder erwerben und an Orte tragen, die als außerhalb der staatlichen Institutionen verstanden werden, und wenn sie freundlichere, nahbare Bilder des Staatsgründers den einzelgängerischen, ernsthaften Darstellungen bevorzugen.

In den späten 1990er Jahren waren individuelle kemalistische Bürger nicht die einzigen, die freundlichere Bilder Atatürks suchten, um sie in ihr persönliches Leben einzubeziehen. Dutzende Firmen nutzten das Bild des Gründervaters vor allem zum 75. Jahrestag der Republik und zum 60. Todestag Atatürks, um ihre Produkte zu bewerben.

Viele der in der Werbung verwandten Photographien zeigten Atatürk als elegante Führungspersönlichkeit mit einem kostspieligen Geschmack für hochwertige Konsumgüter. Obwohl sie nach wie vor auf seine Rolle als Lehrer, Visionär und Staatsführer verwiesen, beleuchten diese Anzeigen die konsumorientierte Seite seiner Lehren. Sie betonen, dass eine Verbindung zu Atatürk nicht nur eine politische Perspektive bedeutet, sondern auch die Wahl eines Lebensstils, der durch die Nutzung verschiedener Waren erreicht werden kann. Diese Repräsentation Atatürks war eine neuartige Konstruktion, die erst in den 1990er Jahren auftauchte. Sie unterschied sich drastisch von der traditionellen Betrachtung der frühen republikanischen Jahre, einer Zeit der Mühsal, die staatlich kontrollierte Produktion förderte und den Verbrauch untergrub. Das nationalistische Einparteienregime Atatürks versuchte vor allem, demonstrativen Konsum zu vermeiden und assoziierte Mehrausgaben sogar mit religiösen Minderheiten, die als Blutegel der Republik betrachtet wurden (Bali 2000). Das neue Bild Atatürks als wählerischem Konsumenten reflektiert eher den Wunsch, eine Verbindung zwischen den Gründerprinzipien und dem Lebensstil der zeitgenössischen Eliten zu schaffen als eine historische Aussage. Eine solche Assoziierung erlaubt dem Säkularismus sich selbst als konsumorientierte politische Identität zu konstruieren, die mit der aufkommenden islamischen Identität, die durch den Gebrauch religiöser Symbole sichtbar wird, in Wettbewerb tritt. Wichtiger noch erlaubt sie, dass sich säkulare Staatssymbole zur Massenware entwickeln, die in die Privatsphäre, die mit der Verbreitung der neoliberalen Ideologie wachsende Bedeutung gewann, getragen wurden.

Die seit kurzem erkennbare Verschmelzung von Konsumdenken und Politik ist nicht allein der Türkei eigen. In den späten 1980er und den 1990er Jahren haben internationale Kreditanstalten und politische Entscheidungsträger Verbindungen zwischen freier Marktwirtschaft und Demokratie geknüpft. Der Entwicklungsbericht der Weltbank erwähnt 1990 beispielsweise die Liberalisierung des Handels und die Privatisierung nationaler Ökonomien mit begrenztem Einfluss des Staats als Ziel der 1980er. Seither haben viele Ökonomen und Entscheidungsträger fest daran geglaubt, dass „die kapitalistische Entwicklung die notwendigen Konditionen für den Aufbau der Demokratie schaffen" würde (Oxhorn/Ducatenzelier 1998: 8). Während der letzten Jahre haben einige Gelehrte beobachtet, in welcher Weise der Konsum zu einer neuen Form der politischen Äußerung geworden ist, dabei aber nicht immer die Demokratie gefördert hat (Moore 2001; Reid 2001).

Eine Form, in der Wissenschaftler die Beziehung von Konsum und Staatsbürgerschaft studieren, besteht darin, die Märkte als eine Art Zivilgesellschaft zu betrachten, die neue Räume für politisches Engagement öffnet statt zu entfremden. (Canclini 2001; Yudice 1995). Andere behaupten, dass eine konsum- und unternehmensorientierte Politik das politische Feld begrenzt oder vernichtet, indem sie es als privates Anliegen definiert (Comaroff/Comaroff 2000). Regierungstechnokraten schöpfen sogar Marktmetaphern aus und nutzen Marktstrategien wie Meinungsumfragen, um ihr Land demokratisch erscheinen zu lassen und um ausländische Investoren anzuziehen (Paley 2001). Unter diesen Umständen beleuchten Kapitalgesellschaften und Regierungsstellen einen oberflächlichen Konsens innerhalb der Gesellschaft und vermeiden es, Interessenkollisionen zu formulieren.

Der Konsum realer Repräsentationen des Staates von türkischen Bürgern legt eine einzigartige Form des politischen Engagements nahe, das weder ganz in die positiven noch in die verleumdenden Diskussionen über die Integration des Marktes und des politischen Felds passen. In einer Zeit, in der Marktideologien mit der Absicht ineffiziente und lästige Staaten kleinzuhalten in so genannte Zweite und Dritte Länder importiert werden, ist der Erwerb staatlicher Symbole besonders geladen. Der wichtigste Aspekt dieses Phänomens zeigt, dass das Marktverhalten nicht unbedingt in die Bereiche schlüpft, die von den Regierungen freigemacht werden. Die Kommerzialisierung des mächtigsten Staatssymbols der Türkei ist eine

Demonstration der Tatsache, dass die Verstrickung in den Symbolismus des Marktes die Staatspolitik weder demokratisiert noch ausrottet. Vielmehr übernehmen die Bürger die Verantwortung, die Staatsideologie gegen ihre Kritiker zu verteidigen und sie zu verbreiten. Unter dem Marktsymbolismus, der der Verbraucherwahl und nicht dem staatlichen Absatz den Vorrang gibt, nutzen Kemalisten neue Konzepte wie etwa „ehrenamtliche Unterstützung" und „Liebe", um die Gründungsprinzipien des türkischen Staates und den militärischen Druck gegen die Islamisten zu legitimieren. Während türkische Konsumenten versuchen, die Bedeutung brachialer staatlicher Gewalt mit Marktverhalten zu maskieren, macht ihre neue Verbrauchsstruktur den staatlichen Säkularismus allgegenwärtig, indem sie ihn in Bereiche einführen, die zuvor unberührt geblieben waren.

Aus dem Englischen von Christine Mathioszek

Anmerkungen

1 Eine der bemerkenswertesten Statuen Atatürks schmückt das Zentrum der Provinzstadt Afyon. 1936 von Heinrich Krippel erschaffen, zeigt sie einen nackten Atatürk, der mit erhobenen Händen im Begriff steht, den gefallenen und ebenfalls nackten griechischen Feind ein letztes Mal zu schlagen.

2 Zur politischen Ästhetik des Osmanischen Reichs siehe Necipoğlu (2000), Renda (2000) und Çağman (2000).

3 Afet İnan verteidigte ihren Doktortitel 1939 mit dieser Untersuchung an der Genfer Universität. Eine türkische Übersetzung dieser Dissertation wurde später veröffentlicht (İnan 1947).

4 Hierbei zählte ich Bilder von Atatürks Mausoleum, Bilder der Häuser, in denen er gewohnt hat und seine Museen als Bilder Atatürks. Obwohl viele andere Bilder in Beziehung zu ihm standen, z.B. „Atatürks Frauen" oder „Atatürks Jugend," habe ich sie nicht in die Zählung einbezogen. 119 dieser Bilder gehörten zu den vier Atatürkalben, die der Zeitung beigelegt waren. Wenn wir diese Bilder ausschließen, gab es ein Atatürkbild zu jedem einzelnen anderen Bild in der Zeitung.

5 Infolge des ökonomischen Liberalisierungsprogramms der 1980er wuchs der türkische Werbemarkt drastisch an. In den 1990er Jahren entdeckten die türkischen Werbefirmen, das Anzeigen, die sich auf örtliche Charaktere und Werte bezogen erfolgreicher waren als die alten Kampagnen, die Repliken der europäischen Werbung waren. Für eine sehr interessante Diskussion über den Weg des indischen Werbesektors, der Mitte der 1990er globale und lokale Interessen zusammenbrachte, siehe Mazzarella (2003).

6 Es ist wichtig anzumerken, dass es sich hier nicht um den Mitsubishikonzern, sondern um lokale Mitsubishivertriebshändler handelt, die diese Werbung finanziert haben.

Literatur

Akkad, Moustapha Dir. (1976): The Message (Al Risalah), 177 min. Filmco International Productions, Hollywood

Araz, Nezihe (1993): Mustafa Kemal'le 1000 Gün, Istanbul: Apa Ofest

Aydın, Suavi (2001): Cumhuriyet'in İdeolojik Şekillenmesinde Antropoloji'nin Rolü: Irkçı Paradigmanın Yükselişi ve Düşüşü, in: Modern Türkiye'de Siyasi Düşünce: Kemalizm, Istanbul: İletişim,Vol. 2, 344-369

Azak, Umut (2000): İslami radyolar ve türbanlı spikerler, in: Göle, Nilüfer (ed.): İslamın kamusal yüzleri, Istanbul: Metis, 93-109

Bali, Rıfat (2000): Cumhuriyet Yıllarında Türkiye Yahudileri: Bir Türkleştirme Serüveni, 1923-1945. Istanbul: İletişim

Bartu, Ayfer (1999): Who Owns the Old Quarters? Rewriting Histories in a Global Era, in: Keyder, Çağlar (Hrsg.): Istanbul: Between the Global and the Local, Lanham: Rowman and Littlefield Publishers Inc., 31-46

Bilici, Mücahit (2000): Islamin bronzlaşan yüzü: Caprice Hotel örnek olayı, in: Göle, Nilüfer (Hrsg.): Islamın kamusal yüzleri, Istanbul: Metis, 216-236

Bozdoğan, Sibel (2001): Modernism and Nation Building: Turkish Architectural Culture in the Early Republic, Seattle: University of Washington Press

Çağman, Filiz (2000): Istanbul Sarayının Yorumu: Üstad Osman ve Dizisi, in: Kangal, Selmin (Hrsg.): Padişahin Portresi: Tesavir-i Al-i Osman, Istanbul: İş Bankası Yayınları, 164-187

Canclini, Nestor Garcia (2001): Consumers and Citizens: Globalization and Multicultural Conflicts, Minneapolis: University of Minnesota Press.

Çınar, Alev (2001): National History as a Contested Site: The Conquest of Istanbul and Islamist Negotiations of the Nation, in: Comprative Studies in Society and History 43(2), 364-91

Comaroff, John/Comaroff, Jean (2000): Millenial Capitalism: First Thoughts on a Second Coming, in: Public Culture 12(2), 291-343

Elibal, Gültekin (1973): Atatürk, Resim ve Heykel, Istanbul: İş Bankası Yayınları

Falasca-Zamponi, Simonetta (1997): Fascist Spectacle: The Aesthetics of Power in Mussolini's Italy, Berkeley: University of California Press

Göle, Nilüfer (1996): The Forbidden Modern: Civilization and Veiling. Ann Arbor: University of Michigan Press

Grant, Bruce (2001): New Moscow Monuments, or, States of Innocence, in: American Ethnologist 28(2), 332-362

Gülalp, Haldun (2001): Globalization and Political Islam: The Social Bases of Turkey's Welfare Party, in: International Journal of Middle East Studies 33(3), 433-448

Gür, Faik (2001): Atatürk heykelleri ve Türkiye'de resmi tarihin görselleşmesi, in: Toplum ve Bilim 90, 147-166

Hart, Kimberly (1999): Images and Aftermaths: The Use and Contextualization of Atatürk Imagery in Political Debates in Turkey, in: Political and Legal Anthropology 22(1), 66-84

Houston, Christopher (2001): Brewing of Islamist Modernity: Tea Gardens and Public Space in Istanbul, in: Theory, Culture, and Society 18(6), 77-97

Insel, Ahmet (Hrsg.) (2001): Modern Türkiye'de siyasi düşünce: Kemalizm, Vol. 2. Istanbul: İletişim

Kadıoğlu, Ayşe (1998): Cumhuriyet İdaresi Demokrasi Muhakemesi. Istanbul: Metis Yayınları

Lefort, Claude (1986): The Political Forms of Modern Society: Bureaucracy, Democracy, Totalitarianism, Cambridge: The MIT Press

Mazzarella, William (2003): Shoveling Smoke: Advertising and Globalization in Contemporary India, Durham: Duke University Press

Moore, David (2001): Neo-Liberal Globalization and the Triple Crisis of Modernization in Africa: Zimbabwe, the Democratic Republic of the Congo, and South Africa, in: Third World Quarterly 22(6), 909-929

Navaro-Yashin, Yael (2002): Faces of the State: Secularism and Public Life in Turkey, Princeton: Princeton University Press

Necipoğlu, Gülru (2000): Osmanlı Sultanlarının Portre Dizilerine Karşılaştırmalı bir Bakış, in: Kangal, Selmin (Hrsg.): Padişahın Portresi: Tesavir-i Al-i Osman, Istanbul: İş Bankası Yayınları, 22-61

Ökten, Nazlı (2001): Ölümsüz bir ölüm, sonsuz bir yas: Türkiye'de 10 Kasım, in: Özyürek, Esra (Hrsg.): Hatırladıklarıyla ve unuttuklarıyla Türkiye'nin toplumsal hafızası, Istanbul: İletişim Yayınları, 325-346

Öncü, Ayşe (1995): Packaging Islam: Cultural Politics on the Landscape of Turkish Commercial Television, in: Public Culture, Vol. 8, 51-71

Oxhorn, Philip D./Ducatenzelier, Graciela (1998): Economic Reform and Democratization in Latin America, in: Phillip, D. et al. (Hrsg.): What Kind Democracy? What Kind of Market? Latin America in the Age of Neoliberalism, University Park: Pennsylvania State University: 3-19

Öztan, Ziya, Dir. (1998): Cumhuriyet, 150 min, Turkish Radio and Television, Ankara.

Paley, Julia (2001): Marketing Democracy: Power and Social Movements in Post-Dictatorship Chile, Berkeley: University of California Press

Parla, Taha (1991): Türkiye'de Siyasi Kültürün Resmi Kaynakları, Vol.1 and 2, Istanbul: İletişim Yayınları

Reid, Ben (2001): The Philippine Democratic Uprising and the Contradictions of Neoliberalism: EDSA II, in: Third World Quarterly 22(5), 777-793

Renda, Günsel (2000): Portrenin Son Yüzyılı, in: Kangal, Selmin (Hrsg.): Padişahin Portresi: Tesavir-i Al-i Osman, Istanbul: İş Bankası Yayınları, 442-543

Stewart, Susan (1993): On Longing: Narratives of the Miniature, the Gigantic, the Souvenir, the Collection, Durham: Duke University Press

Tapper, Nancy/Tapper, Richard (1991): Religion, Education, and Continuity in a Provincial Town, in: Tapper (Hrsg.): Islam in Modern Turkey: Religion, Politics, and Literature in a Secular State, London: I.B.Tauris, 56-83

Toptaş, Nilgün (1998): Seven Kadının Büyük Hatası, in: Radikal Cumartesi, Oktober 29:7

Türkmen, Buket (2000): Laikliğin dönüşümü: liseli gençler, türban ve Atatürk rozeti, in: Göle, Nilüfer (Hrsg.): İslamın kamusal yüzleri, Istanbul: Metis, 110-147

Ünder, Hasan (2001): Atatürk İmgesinin Siyasi Yaşamdaki Rolü, in: İnsel, Ahmet (Hrsg.): Modern Türkiye'de Siyasi Düşünce: Kemalizm, vol.2, Istanbul: İletişim, 138-155

White, Jenny (2002): Islamist Mobilization in Turkey: A Study in Vernacular Politics, Seattle: University of Washington Press

Yang, Mayfair Mei-hui (1994): Gifts, Favors, Banquets: The Art of Social Relationships in China, Ithaca, N.Y.: Cornell University Press

Yudice, George (1995): Civil Society, Consumption and Governmentality in an Age of Global Restructuring: An Introduction, in: Social Text 14(4), 1-25

Mesut Yeğen

Türkischer Nationalismus, Staatsbürgerschaft und die kurdische Frage[1]

1 Einleitung

Die kurdische Frage ist in den letzten einhundert Jahren ein allgegenwärtiges Thema in der türkischen Politik gewesen und hat als solche in der Agenda des türkischen Nationalismus einen privilegierten Platz eingenommen. Sie war zu keiner Zeit ein homogenes Ereignis, sondern hat vielmehr diverse Formen angenommen, wie militärischer Widerstand, massive politische Unzufriedenheit, Mangel an kultureller Integration und tiefste Armut. Desgleichen variierte die Wahrnehmung der kurdischen Frage innerhalb des türkischen Nationalismus erheblich. Sie bedeutete für den türkischen Nationalismus sowohl „regionale Zurückgebliebenheit" und „rückschrittlichen, politischen Reaktionismus" als auch „Banditentum" und „Aufwiegelung aus dem Ausland" und zuletzt „Pseudo-Staatsbürgerschaft". Im Folgenden werde ich den Versuch unternehmen zu klären, wie der etablierte (*mainstream*) türkische Nationalismus[2] die kurdische Frage wahrgenommen hat.

Ich vertrete im Wesentlichen drei Argumente. Zunächst stelle ich fest, dass, obwohl der türkische Nationalismus die kurdische Frage in verschiedenster Weise perzipierte, eines während der gesamten republikanischen Ära für ihn doch nahezu unverändert blieb: dass Kurden türkisch werden konnten. Dies zeigt, dass der türkische Nationalismus kurdische Bürger als „werdende Türken" betrachtete. Des Weiteren stelle ich fest, dass die Tatsache, dass Kurden als werdende Türken angesehen wurden, entscheidende Auswirkungen im Bereich der Staatsbürgerschaftspraktiken (*citizenship practices*) in der Türkei hatte.[3] Wie ich unten zeigen werde, waren – während nicht-muslimische Bürger der Republik wie Griechen und Armenier das Subjekt von diskriminierenden Praktiken bezüglich der Staatsangehörigkeit waren – nicht-türkische, muslimische Bürger wie die Kurden das Subjekt von Assimilationspraktiken. Zuletzt stelle ich fest, dass im letzten Jahrzehnt schrittweise eine nicht unwesentliche Verlagerung in der Wahrnehmung der kurdischen Frage durch den türkischen Nationalismus stattgefunden hat. Wie ich unten diskutieren werde, ist die langlebige Imagination von den Kurden als 'werdende Türken' nicht mehr so dominant, wie sie einmal war.

2 Der Türkische Nationalismus, *Islahat* (Reformen) und die kurdische Frage

Der türkische Nationalismus bildete sich im späten neunzehnten Jahrhundert als eine sprachliche und kulturelle Bewegung heraus (Mardin 1962). Bis zum Ende der Balkankriege jedoch, die 1913 mit großen Verlusten osmanischen Territoriums endeten, hatte der türkische Nationalismus den Osmanismus, die im späten 19. und frühen 20. Jahrhundert vorherrschende Strategie politischer Integration, niedergeschlagen. Zu gegebener Zeit war die osmanische Politik des 19. Jahrhunderts von Anstrengungen rund um das vom Staat verhängte *Islahat*-Programm geprägt, welches die Auflösung des Osmanischen Staates verhindern sollte, indem die klassischen osmanischen Verwaltungsorgane durch einen modernen und zentralen Apparat ersetzt wurden. Dementsprechend sah der damalige türkische Nationalismus die bis dahin bedeutungslosen kurdischen Unruhen aus der Perspektive der Logik von *Islahat*. Um es konkreter zu sagen, der türkische Nationalismus um die Jahrhundertwende nahm die kurdische Frage in Bezug auf die Reformen wahr, die die Macht des Staates zu stärken beabsichtigten, und insbesondere in Bezug auf diejenigen Reformen, die die moderne Staatsmacht in die „Peripherie" verbreiteten. Wie die folgende Ansprache eines osmanischen Offiziers der Armee am ersten Tag der Jungtürken-Revolution offenbart, war die kurdische Frage für die Nationalisten des frühen zwanzigsten Jahrhunderts nichts mehr als eine Reaktion der von dem *Islahat*-Programm verärgerten Kräfte an der Peripherie:

> Die Verfassung hat Grundherrschaft und Stammherrschaft abgeschafft. Von nun an sind Grundbesitzer und Pförtner gleich. Es gibt keine Grundherrschaft mehr. Es gibt keine Stämme mehr. [...] Fürchtet die Soldaten nicht wie früher. Der Militärdienst ist eine religiöse Pflicht. [...] Stammeskämpfe sind des Teufels. Der Militärdienst hingegen ist Gottesdienst. [...] Seht Steuern nicht länger als ein Unglück an. Die Kurden haben ein einziges Problem, es ist die Ignoranz (zitiert nach Kutlay 1992: 176ff)

Die „Fakten", die der türkische Nationalismus wahrnahm, wenn er die Kurden und das Territorium, das sie bewohnten betrachtete waren, dass ihre politische Loyalität dem Stamm galt, dass sie nicht den Militärdienst antreten würden, dass sie nicht enthusiastisch waren, Steuern an die Zentralmacht zu bezahlen, und dass sie ignorant waren. Mit anderen Worten, der türkische Nationalismus sah in den kurdischen Unruhen eine Fülle von Hindernissen, die die Verbreitung einer modernen politischen und administrativen Macht in die kurdische Region verhinderten. Die Anhänger des türkischen Nationalismus waren natürlich dazu bestimmt, derartige Behinderungen mit Hilfe des *Islahat*-Programms zu beseitigen.

Wie überwältigend der Einfluss des Geistes von *Islahat* auf den türkischen Nationalismus auch war, so war er doch nicht die einzige Inspirationsquelle. Er verfolgte ebenfalls das Ziel, die türkische Bevölkerung zum dominanten Volk des multi-ethnischen Osmanischen Reiches zu machen. Die Idee, dass die Türken die *unsur-i aslı* (wichtigste ethnische Gruppe) des Osmanischen Reiches seien, war schon in Umlauf, bevor die *Jungtürken* die Macht ergriffen. Nach ihrer Machtergreifung verfolgten die *Jungtürken* indes die Taktik, die türkische Bevölkerung aus dem Status der *unsur-i aslı* in den der *millet-i hakime* (beherrschendes/dominantes Volk)[4] zu befördern. Während demgemäß von anderen ethnischen Gruppen gegründete Vereine verboten wurden, wurden Institutionen wie die Staatsbibliothek, das Nationalarchiv, das Staatskino, die Nationale Musikorganisation, Sport- und Jugendorganisationen wie die 'Türkische Kraft', Kulturorganisationen, wie die 'Türkische Gesundheit' alle unter die Schirmherrschaft der 'Gesellschaft von Einheit und Fortschritt' (GEF) (Tunaya 1988: 34f) gestellt. Somit setzte der türkische Nationalismus einen Generalplan in die Tat um, der darauf abzielte, die Türken zum dominanten Volk zu machen.

Wie der türkische Nationalismus die kurdische Frage in den drei Jahrzehnten vor der Gründung der Republik wahrnahm, war folglich hauptsächlich von der doppelten Mission der Nationalisten geprägt: Türkisierung des öffentlichen Raumes und Verstärkung der Zentralisierung der Administration. Der Widerstand der Kurden dem gegenüber brachte die türkischen Nationalisten dazu die kurdische Frage hinsichtlich zweier Perspektiven zu betrachten. In ihren Augen behinderte sie zum einen die Etablierung der Türken als *millet-i hakime* und zum anderen widersetzte sie sich der Etablierung eines modernen Staates und einer modernen Gesellschaft. Grundsätzlich war eines in der Sprache des türkischen Nationalismus offenkundig: wenn die kurdische Frage im Spiel war, überwogen Themen und Akzente zum Diskurs des *Islahat* gegenüber denen zum Diskurs des Nationalismus.[5] Dies kann im Wesentlichen einerseits darauf zurückgeführt werden, dass der türkische Nationalismus dem *Islahat* entsprungen war, andererseits auf den Widerstand der Kurden, die überwiegend gegen das *Islahat*-Programm waren, welches die Autonomie der kurdischen Siedlungsgebiete zu beenden beabsichtigte.[6]

3   Türkischer Nationalismus, *İnkılap* und die kurdische Frage

Der erste Weltkrieg erzwang einen Umschwung im Denken und Handeln des türkischen Nationalismus. Dass die Nationalisten die politische Macht räumen mussten, war ein unwesentliches Resultat des Krieges. Eine viel gewichtigere Konsequenz war der Zusammenbruch des Reiches. Gegen Ende des Krieges war das Territorium des Osmanischen Imperiums auf Anatolien zurückgeschrumpft und der Staatsapparat war nicht mehr in der Lage, eine ernstzunehmende administrative, politische und militärische Macht über das, was von dem Reich übrig geblieben war auszuüben. Indes war die signifikanteste Folge des Krieges, bezüglich ihrer Auswirkungen auf die zukünftige Bewegungsrichtung des türkischen Nationalismus, die abrupte Muslimisierung Anatoliens. Von den beiden nicht-muslimischen Bevölkerungen Anatoliens waren die Armenier deportiert oder getötet und die Griechen waren mit den Muslimen Griechenlands ausgetauscht worden.[7]

In der Zwischenzeit hatte – obwohl viele der wichtigsten politischen Persönlichkeiten vertrieben worden waren – kein anderes politisches Programm in Anatolien einen der reformistisch-nationalistischen Bewegung vergleichbar eifrigen Kader. Dies wurde am offenkundigsten durch die Einleitung des Unabhängigkeitskrieges, welcher nicht nur die Besetzung Anatoliens aufhob, sondern ebenfalls kurz nach dem Zusammenbruch des Imperiums eine starke politische Macht wiedereinführte. 1922 war die reformistisch-nationalistische Idee an die Macht zurückgekehrt.

Es gab zwar eine offenkundige Kontinuität zwischen den beiden reformistischen Nationalismen vor und nach dem Krieg, sowohl bezüglich der personellen Rekrutierung als auch der Ideologie. Was jedoch die Beziehung zwischen diesen beiden charakterisierte, war eher Diskontinuität als Kontinuität. Dies hatte freilich mit der Serie dramatischer Ereignisse und Veränderungen zu tun, die in den Jahren stattfanden, bevor die Nationalisten wieder an die Macht gelangten. Um es zu wiederholen, obwohl er im Ersten Weltkrieg besiegt worden war, blieben der reformistisch-nationalistische Kader und die Idee machtvoll, und Anatolien wurde ein homogenerer sozialer Raum. Es waren diese Ereignisse und Veränderungen, die der Diskontinuität in der reformistisch-nationalistischen Idee den Weg ebneten.

Die Diskontinuität im Bereich der *Islahats* trat dank des überwältigenden Erfolges des reformistisch-nationalistischen Kaders auf, der die Besetzung Anatoliens beendete und die Staatsmacht wiedereinsetzte. Dieser Erfolg stattete die reformistischen Nationalisten sowohl mit Macht als auch mit Legitimität aus, was die Entwicklung der reformistischen Idee zu einem radikaleren und jakobinischen Programm erleichterte. Diese jakobinische Form des Reformismus ist in der türkischen Politik als die Idee oder das Programm des *Inkılap* bekannt. Eine straffe *Inkılap*-Politik beherrschte die ersten fünfzehn Jahre des neuen Regimes. Die Ablösung des Sultanats und Kalifats durch eine säkulare Republik war gefolgt von *Inkılaps* in den Bereichen von Gesetzgebung, Bildungswesen, Verwaltung etc.

Was die Diskontinuität im türkischen Nationalismus anbetrifft, so veranlasste die „relative Homogenisierung" Anatoliens die mächtigen Nationalisten seinerzeit ihre Vorkriegsmaßnahmen zu revidieren. Wie bereits dargelegt, war der Nationalismus der vorangegangenen Periode bestrebt die türkische Bevölkerung zur *millet-i hakime* in der multi-ethnischen osmanischen Gesellschaft zu machen. Nachdem sie die türkische Republik gegründet hatten, waren die Nationalisten nun ehrgeiziger. Ihre Aufgabe war es nun, die „Nation" zur ultimativen Kategorie der politischen Folgsamkeit zu machen und einen Nationalstaat aus den Überresten des Osmanischen Reiches zu errichten. Der gewichtigste Signifikant innerhalb dieses Umschwungs im türkischen Nationalismus war die neue Verfassung selbst. Wie in der Rechtfertigung der Verfassung von 1924 statuiert wird, ist die neue Türkische Republik

> [ein] Nationalstaat. Sie ist kein multinationaler Staat. Der Staat kennt kein anderes Volk als die Türken. Es gibt andere Völker, die von verschiedenen Rassen herkommen und innerhalb des Landes die gleichen Rechte haben sollen. Jedoch ist es nicht möglich diesen Völkern Rechte gemäß ihrem rassischen [ethnischen] Status zu geben.

Der Fall war klar. Während der türkische Nationalismus an der Macht die Existenz anderer ethnischer Gemeinschaften 1924 (immer noch) einräumte, begann er sich zu weigern, die vorausgesetzten 'kulturellen' Rechte dieser Gemeinschaften anzuerkennen. Alle 'jetzigen Bürger' der Türkischen Republik, einschließlich der Kurden, waren eingeladen Türken zu werden. Es begann also die Verwirklichung einer umfassenden gesetzlichen Assimilationspolitik.[8] Allerdings wurde dieser Prozess frühzeitig hinfällig. Nicht weil die Assimilation erfolgreich oder abgeschlossen gewesen wäre, sondern vielmehr, weil die Bindung an eine rassistische Version des Türkentums im Autoritarismus der 1930er Jahre den türkischen Nationalismus veranlasste, die schiere Existenz anderer ethnischer Gemeinschaften neben den Türken in Anatolien zu leugnen. Der berühmten Maxime zufolge, die vom etablierten türkischen Nationalismus bis in die 1990er Jahre aufrechterhalten wurde, und die von einigen Strömungen des extremen Nationalismus immer noch verfochten wird, existierten die Kurden überhaupt nicht. Da der türkische Nationalismus dieses 'Faktum' nun entdeckt hatte, wäre es inkonsistent gewesen, die Bürger einzuladen Türken zu werden.

Dieser Umschwung in der reformistisch-nationalistischen Vorstellung veranlasste einige wesentliche Veränderungen in der Beziehung zwischen türkischem Nationalismus und der kurdischen Frage. Die Veränderungen verschärften zum einen die kurdischen Unruhen und änderten zum anderen die Wahrnehmung des türkischen Nationalismus bezüglich der kurdischen Frage. Obwohl die Kurden nun 'unsichtbar' waren, musste die kurdische Frage noch verschwinden. Weder die Errichtung der Türkischen Republik als Nationalstaat noch die beschleunigte Durchführung der Reformen, die auf eine Aufkündigung der losen Beziehungen zwischen den Kurden in der Peripherie und dem politischen Zentrum zielten, waren den Kurden willkommen. Die auf die Staatsgründung folgenden Jahre zeugen von einer wachsenden kurdischen Unzufriedenheit, welche zwischenzeitlich die Form von Revolten und Aufständen gegen die Staatsmacht annahm. Die Unzufriedenheit der Kurden war eine zweifache, sie widersetzten sich sowohl der Logik der Reform als auch der Logik des Nationalstaates. Dies veranlasste die reformistischen Nationalisten, die kurdische Frage im Rahmen der Notwendigkeit zu betrachten, eine unter der Logik des Imperiums *beherrschte* heterogene Gesellschaft in eine von einem modernen Nationalstaat *regierte* homogene Gesellschaft zu transformieren. In der Absicht, sowohl einen Nationalstaat zu bilden als auch die Errichtung einer säkularen und modernen Gesellschaft zu beschleunigen, *verstand* der damalige türkische Nationalismus die kurdische Frage, indem er sich einer hybriden Sprache bediente, die alle diese Komponenten ausdrückte.

Ein exemplarischer Text für diese Wahrnehmung ist die Rede des Vorsitzenden der „Unabhängigkeitsgerichte" (*istiklal mahkemeleri*), die die Anführer des kurdischen Aufstandes 1925 zum Tode verurteilten.

> Einige von euch benutzten Menschen für ihre persönliche Belange, und einige von euch folgten *ausländischer Verhetzung* und politischen Bestrebungen, aber alle von euch marschierten auf ein Ziel: die Errichtung eines unabhängigen Kurdistans. [...] Eure politische Reaktion und Rebellion wurden alsbald durch das entschlossenes Handeln der *Regierung der Republik* und der tödlichen Schläge der *republikanischen Armee* vernichtet. [...] Jeder muss wissen, dass die junge republikanische Staatsgewalt jegliche verfluchte Aktivität der Verhetzung und politischen Reaktion unter keinen Umständen stillschweigend dulden wird, sie wird diese Art von Banditentum mittels präziser Maßnahmen unterbinden. Die armen Menschen dieser Region, die unter der Herrschaft von Scheichs und Großgrundbesitzern ausgebeutet und unterdrückt wurden, werden frei sein von eurer Aufhetzung und eurer Bösartigkeit, und sie werden den effizienten Wegen unserer Republik, die Fortschritt und Wohlstand versprechen, folgen [Betonung durch den Autor] (zitiert in Aybars 1988: 325f).

Eine genaue Betrachtung offenbart, dass der Text von einer fatalen Rivalität spricht: Politische Reaktion, Banditentum, Scheichs und Großgrundbesitzer waren auf der einen, die Regierung und Armee der Republik, welche Fortschritt und Wohlstand versprechen, auf der anderen Seite; ein Zusammenstoß war absehbar. Die Regierung und die Armee der Republik waren die Hüter eines säkularen und nationalen Staates und seiner Gesellschaft gegenüber denjenigen, die sich diesen widersetzten. Die Sprache des Textes erweckt den Eindruck, dass jedes einzelne soziale und politische Element, welches die reformistischen Nationalisten zu liquidieren beabsichtigten, sich im kurdischen Aufstand von 1925 versammelt fand. Politische Reaktionäre, Banditen, Großgrundbesitzer und Scheichs, kurz, eine Bande des Bösen, die der Gründung des Nationalstaates und der Verbreitung der Zentralverwaltung in die Peripherie Widerstand leistete. Es ist ganz offensichtlich, dass das Aufeinanderprallen dieser Bande des Bösen und derjenigen, die sie dafür hielten, eine Dualität widerspiegelt, die die oben erwähnte fatale Rivalität repräsentiert. Die kurdische Frage war in diesem besonderen Fall des kurdischen Aufstandes von 1925 nichts als ein Widerstand der *Vergangenheit* gegen die *Gegenwart*, letztere repräsentiert durch das politische Programm der reformistischen Nationalisten. In anderen Worten, in den Augen der Nationalisten offenbarte sich in den kurdischen Unruhen der Kampf zwischen dem Gegenwärtigen, das Fortschritt und Wohlstand versprach, und dem Vergangenen, welches ersteres zu zerstören trachtete. Für eine lange Zeit nahm der damalige türkische Nationalismus die kurdische Frage auf der Basis dieser fatalen Rivalität von Vergangenheit und Gegenwart wahr.[9]

Das Siedlungsgesetz von 1934 – ein privilegierter Text des türkischen Nationalismus der 1930er Jahre – ist exemplarisch für die oben beschriebene Auffassung. Angesicht des wachsenden Widerstands und zweier großer kurdischer Aufstände 1925 und 1930 verfolgte das neue Regime eine Strategie, die darauf abzielte die kurdische Frage mit einem ausführlichen Siedlungsgesetz zu lösen. Obwohl das ultimative Ziel des Gesetzes, die Türkifizierung (Assimilierung) von Nichttürken, deutlich erkennbar war, erweckt der Text den Eindruck, dass diejenigen, die man assimilieren wollte, lediglich wenige Stammesleute ohne ethnische Identität waren. Einer der zentralen Artikel des Siedlungsgesetzes lautet:

> [D]as Gesetz erkennt nicht die politische und administrative Autorität *der Stämme* an [...] alle zuvor anerkannten Rechte wurden abgeschafft, selbst wenn sie offiziell dokumentiert waren. *Stammesfürstentümer*, [...] Scheichtümer und alle ihre Organisationen und Bestandteile sind abgeschafft [Betonung durch den Autor].

Ein anderes Überbleibsel der pre-modernen Vergangenheit war das Banditentum. Obgleich der Kurdische Aufstand von Ağrı 1930 von einer modernen und säkularen Organisation, der *Hoybun*, angeführt wurde, wurde er vom türkischen Nationalismus als Beispiel für Banditentum abgestempelt. Im Sommer 1930 waren die Zeitungen voll von Berichten davon, „wie die Briganden vernichtet" wurden. So berichtete die Tageszeitung *Cumhuriyet* am 9. November: „unsere Luftwaffe hat die *Briganden* schwer getroffen" (Betonung durch den Autor).

4 Türkischer Nationalismus, das *Außen* und die kurdische Frage

Das oben gezeichnete Narrativ zeigt, dass die Errichtung einer modernen säkularen und nationalen 'Staatsgesellschaft' aus dem Osmanischen Reich heraus mit einer langen Periode von Kriegen einherging: von den Balkankriegen über den ersten Weltkrieg hinaus bis zum Unabhängigkeitskrieg. Dies bereitete denjenigen, die diese Errichtung verfolgten, Sorgen bezüglich des 'Außen'. Weite Teile des osmanischen Territoriums, einschließlich des Herzens des Imperiums, gingen in einer bemerkenswert kurzen Zeit zwischen 1912 und 1918 verloren. Diese traumatische Serie von Ereignissen beunruhigte die Nationalisten bezüglich der zukünftigen Absichten der äußeren Großmächte unruhig. Aus diesem Grund zögerte der türkische Nationalismus nicht lange und stellte einen Zusammenhang zwischen den Kurdischen Unruhen und dem *Außen* her.

Die grundsätzliche Annahme, dass die kurdischen Unruhen auf eine *Verhetzung von Außen* zurückzuführen seien, wurde bereits 1925 aufgestellt und verbreitet. Wie das oben genannte Zitat zeigt, schlussfolgerten die Unabhängigkeitsgerichte in ihrem Urteil von 1925, dass der Aufstand von Ausländern angestiftet worden sei. Diese Wahrnehmung wurde nahezu durchgängig von allen Varianten des türkischen Nationalismus geteilt. Eines muss in jedem Fall betont werden: ebenso wie sich die

Vorstellung des türkischen Nationalismus vom *Außen,* des ausländischen Staates, der als größte Bedrohung für den türkischen Staat angesehen wurde, von einer Periode zur nächsten änderte, so wechselte auch der jeweilige Staat, der angeblich die Kurden aufhetzte. Diejenigen Außenstehenden, die die Kurden aufhetzten, konnten mal westliche Imperialisten, mal nördliche Kommunisten und zu anderen Zeiten wiederum südliche Nachbarn sein. Nach dem Unabhängigkeitskrieg waren die aufhetzenden Außenstehenden die westlichen Mächte, insbesondere Großbritannien. Während des kalten Krieges, nachdem die Türkei der NATO beigetreten war, war es die UdSSR.

Die Anklageschrift eines Falles von 1963 spiegelt eindeutig sowohl die nationalistische Behauptung wider, dass die kurdischen Unruhen auf Verhetzung von außen entstanden, als auch, dass die Natur dieser äußeren Gegner des türkischen Nationalismus ständig wechselte:

> Von der Gründung der Republik an [...] beabsichtigten einige ausländische Staaten Unruhe in Anatolien zu verursachen. Tatsächlich beruhten die Aufstände von Sheikh Said, Ağrı und Dersim auf konterrevolutionären Aktionen einiger Stämme, die von ausländischen Mächten aufgehetzt wurden. [...] Der Inhalt der gegenwärtigen ausländischen Verhetzung ist [indes] nicht derselbe wie in der Vergangenheit. Während die vorangegangenen ausländischen Verhetzungen von den imperialistischen Staaten, die Interessen in Mittelost hatten, verursacht wurden, werden die heutigen Verhetzungen von kommunistischen Aktivitäten verursacht. Während die Aufgehetzten [früher] Scheichs und Stammesführer waren, sind es heute einige wenige Intellektuelle. [...] Heute [...] ist die kurdische Idee gänzlich ein Produkt der Verhetzung durch den internationalen Kommunismus (zitiert nach Şadilili 1980: 184f).

Dieser Text verdeutlicht, dass die vermuteten Aufhetzer der kurdischen Frage gleichzeitig mit der Auffassung der Türkei von ihrer externen Bedrohung wechseln. Der letzte Punkt in diesem Text, den es zu unterstreichen gilt, ist, dass der türkische Nationalismus seine frühere Wahrnehmung der kurdischen Frage offensichtlich nicht aufgegeben hat, selbst wenn diese als Ergebnis einer Aufhetzung angesehen wurde. In den Augen des türkischen Nationalismus der 1960er Jahre waren die von Außenstehenden Aufgehetzten keine normalen Bürger, sondern entweder reaktionäre Scheichs oder pre-moderne Stammesführer oder einige Intellektuelle. Mit anderen Worten, die kurdischen Unruhen der 1960er Jahre waren dem türkischen Nationalismus nach weiterhin eine Angelegenheit einer rückschrittlichen Reaktion sowie einer Verhetzung durch Außenstehende.

5 Türkischer Nationalismus, *Entwicklung* und die kurdische Frage

Die geplante Errichtung eine modernen und säkularen 'nationalstaatlichen Gesellschaft' inspirierte fortwährend bis in die 1950er Jahre hinein die Wahrnehmung der kurdischen Frage durch den türkischen Nationalismus. Das Ende der kurdischen Aufstände bezeugt, dass der türkische Nationalismus sein Ziel, die politische Integration zu erreichen, zu dieser Zeit nahezu erfüllt hatte. Gleichwohl schlug sich dieser Erfolg noch nicht in der ökonomischen Sphäre nieder. Die Marktbeziehungen in den von Kurden bewohnten Gebieten waren immer noch weit davon entfernt ausgedehnt zu sein. Mit anderen Worten, eine ökonomische Integration war noch nicht erreicht. Dies veranlasste den türkischen Nationalismus sich dieses Themas anzunehmen.

Sobald sich der türkische Nationalismus in die Aufgabe der Ausbreitung von Marktbeziehungen in die von Kurden bewohnten Gebiete vertiefte, begann er die kurdische Frage im Rahmen der Anforderungen zur ökonomischen Integration wahrzunehmen. Sowohl die Demokratische Partei (*Demokrat Partisi*), welche die Gründerpartei der Republik, die Republikanische Volkspartei (*Cumhuriyet Halk Partisi*), 1950 zu Fall brachte, als auch deren Nachfolgepartei, die Gerechtigkeitspartei (*Adalet Partisi*), nahmen die kurdischen Unruhen über den Diskurs der ökonomischen Integration und Entwicklung wahr. Für den etablierten Nationalismus der 1950er und 1960er an der Macht war augenscheinlich, was die Kurden tun mussten. Jetzt, da ihr Widerstand gegen die politische Integration gebrochen war, erwartete man von ihnen, sich über den Markt in die neue nationalstaatliche Gesellschaft zu integrieren.

Die Gerechtigkeitspartei-Regierung versprach 1965 die ökonomischen Missstände und Asymmetrien zwischen den geografischen Regionen zu verringern, indem sie die massive Unterentwicklung in Ost- und Südostanatolien anführte, Gebiete, die größtenteils von Kurden bewohnt waren (T.B.M.M. 1988: 104). Es war allerdings offensichtlich, dass Entwicklung nicht das einzige Anliegen war, welches sich hinter dem regen Interesse der Regierung für diese Gebiete versteckte. Der Mangel an Integration zwischen dem regionalen und dem nationalen Markt war für die Machthaber vielmehr von überragendem Interesse. Diese genetische Beziehung zwischen der Entwicklung der Region und ihrer Integration in den nationalen Markt wurde im Programm der Gerechtigkeitspartei-Regierung von 1969 deutlich hervorgehoben:

> Eine weitere wichtige Angelegenheit, die wir betonen, ist die der Entwicklung der östlichen Region. Die Entwicklung aller Gebiete unseres Landes, dessen territoriale und nationale Integrität unteilbar ist, ist eine grundlegende Notwendigkeit. [...] Es ist unser Ziel alle diese Gebiete der Türkei auf den gegenwärtigen Stand der Zivilisation zu bringen. Daher [...] sehen wir es für notwendig an, besondere Maßnahmen in den Gebieten zu ergreifen, wo die Rückständigkeit massiv und akut ist. Das Ziel dieser besonderen Maßnahmen ist nicht, privilegierte Regionen zu erschaffen, sondern *die Integration zu schmieden* [Betonung durch den Autor] (T.B.M.M. 1988: 155).

Dieser Text offenbart, dass in den Augen des damaligen etablierten Nationalismus der Entwicklungsaspekt nicht nur eine Angelegenheit für sich war. Vielmehr wurde sie als eine Frage der ökonomischen Entwicklung angesehen, welche wiederum als eine Frage der Zivilisation betrachtet wurde. Mit anderen Worten, Entwicklung wurde als Träger zur Behebung des Mangels an Integration zwischen der regionalen und der nationalen Ökonomie gedeutet. Oder: wenn der Nationalismus jener Zeit die kurdische Frage betrachtete, sah er den Mangel an ökonomischer Integration.[10]

Bis hierher zeigt das Narrativ, dass die Sprache des türkischen Nationalismus in der Interpretation der kurdischen Frage weder einheitlich noch klar war. Trotz dieser Uneindeutigkeit in Wahrnehmung und Sprache blieb eines für den türkischen Nationalismus nahezu unverändert: *Kurden konnten Türken werden.* Mit anderen Worten, der türkische Nationalismus der Republikanischen Ära nahm die Kurden prinzipiell als 'werdende Türken' wahr. Folglich wurde die Assimilationstür für Kurden in der Türkei offen gehalten.

6 Türkischer Nationalismus, Staatsbürgerschaft und die kurdische Frage

Die Staatsbürgerschaftspraktiken sind in der Türkei von einer elementaren Asymmetrie gekennzeichnet. Wenn man es kühn formuliert, hat diese Asymmetrie mit der Tatsache zu tun, dass das Türkischsein niemals eine stabile Kategorie gewesen war. Stattdessen war das Türkischsein, wie es in den vergangenen und in der gegenwärtigen türkischen Verfassung definiert wurde, charakteristischerweise prekär. Es war sowohl offen als auch geschlossen für Nicht-Türken, offen für Nicht-Türken, aber nicht für alle unter ihnen.

Die gleichzeitige Offenheit und Geschlossenheit des Türkischseins ist im Grundgesetz der Republik zu sehen. Artikel 88 der Verfassung von 1924 besagt, dass „die Menschen der Türkei ungeachtet ihrer Religion und ihrer Rasse, hinsichtlich der Staatsbürgerschaft, als türkisch erachtet werden" (Kili/Gözbüyük 2000: 138). Auf den ersten Blick macht der Artikel 88 den Eindruck, dass das Türkischsein allen Einwohnern des Landes ungeachtet ihrer ethnischen oder religiösen Herkunft offen stand. Eine nähere Betrachtung dieses Artikels zeigt hingegen etwas anderes. Dies wird am deutlichsten, wenn man die Verfassung von 1924 mit den ihr vorausgehenden und nachfolgenden Verfassungen vergleicht. Der entsprechende Artikel der Verfassung von 1876, Artikel 8, lautet folgendermaßen: „von welcher Religion oder Sekte sie auch herkommen, alle Individuen, die dem Osmanischen Staat unterliegen, werden als Osmanen erachtet." Die Verfassung von 1961 formuliert es noch einfacher. Artikel 54 dieser Verfassung, der sich im Artikel 66 der derzeitigen Verfassung wiederfindet, besagt: „Jeder, der durch die Staatsbürgerschaft an die Türkei gebunden ist, ist türkisch." (Kili/Gözbüyük 2000: 188, 283).

Diese vergleichende Lesart zeigt einen bizarren Umstand: Artikel 88 der Verfassung von 1924 unterscheidet sich von seinen Gegenstücken von 1876 und 1961 dahingehend, dass sein Wortlaut eine 'Zusatzerklärung' beinhaltet: „hinsichtlich der Staatsbürgerschaft". Diesen Vorbehalt gibt es in den anderen beiden Verfassungen nicht. Dies wirft folgende Fragen auf die es zu beantworten gilt: Was ist mit Türkischsein „hinsichtlich der Staatsbürgerschaft" gemeint? Heißt es, dass es in den Augen des türkischen Staates ein Türkischsein über das Türkischsein hinsichtlich der Staatsbürgerschaft hinaus gibt? Die Antwort liegt in den Protokollen der Parlamentssitzungen, in denen der Artikel 88 diskutiert wurde.

Die Protokolle zeigen, dass der Wortlaut des Artikels 88, wie er zunächst in die Versammlung eingebracht worden war, sich wesentlich von dem unterscheidet, wie er letztendlich die Versammlung als Verfassungsartikel verließ. Der Artikel las sich zunächst so: „Die Menschen der Türkei ungeachtet ihrer Religion und Rasse werden als türkisch erachtet" (Gözbüyük/Sezgin 1957: 436). Dies bestätigt die oben genannte Folgerung. Um zu verstehen, wie und wann die Zusatzerklärung„hinsichtlich der Staatsbürgerschaft" dem Artikel 88 hinzugefügt wurde, ist eine weitere Erforschung der Protokolle der Versammlung erforderlich. Nachdem der Artikel 88 der Parlamentssitzung vorgelegt worden war, herrschte sogleich Uneinigkeit unter den anwesenden Mitgliedern hinsichtlich seines Wortlauts. Einige Abgeordnete äußerten ihre Einwände gegenüber der Verwendung des Begriffs 'türkisch', um alle Menschen der Türkei zu definieren. Hamdullah Suphi, ein bekannter Abgeordneter und führender Ideologe des türkischen Nationalismus wandte ein:

> Es mag ja ein Ziel sein, jede Person innerhalb unserer politischen Grenzen Türke zu nennen. Doch wie Sie sehen, haben wir gerade erst einen sehr schwierigen Kampf hinter uns und niemand von uns ist der Ansicht, dass dies vorüber ist. Wir sagen hier, dass die Subjekte des Staates, der Türkischen Republik, alle Türken sind. Dennoch strengt sich die Regierung andererseits an, die Griechen und Armenier, die in den von den Ausländern errichteten Organisationen arbeiten, hinauszuwerfen. Wenn wir beabsichtigen diese Leute hinauszuwerfen, weil sie Griechen und Armenier sind, was würdet ihr antworten, wenn man uns sagt, dass entsprechend von eurem Parlament verabschiedeten Gesetzes sie doch Türken sind? Der Begriff Staatsbürgerschaft eignet sich nicht, um dieses Ziel, das in den Köpfen und Herzen steht, zu erklären. Wir können sicher eine Formulierung finden (...). *Jedenfalls gibt es eine Wahrheit. Sie können nicht Türken sein* [Betonung durch den Autor] (Gözbüyük/Sezgin 1957: 441).

Hierauf stellte der Abgeordnete Hamdullah Suphi den Antrag Artikel 88 zu novellieren, und die Mitglieder der Versammlung stimmten einer Änderung und der oben erwähnten Endfassung zu. Jetzt können wir erfassen, dass die Einschränkung im Wortlaut des Artikels 88 strategisch war. Die Hinzufügung der Zusatzerklärung beruhte auf der Tatsache, dass die Legislatoren 'Türkischsein' als etwas anderes verstanden als „Türkischsein hinsichtlich der Staatsbürgerschaft". Darüber hinaus zeigt sie, dass die Versammlung fest entschlossen schien, nicht auf diese „zweite" Idee des Türkischseins zu verzichten, die eine weit tiefere Bedeutung hatte als die, welche die türkische Staatsbürgerschaft implizierte. Kurz gesagt, Artikel 88 erschuf eine offizielle Kluft zwischen Staatsbürgerschaft und Türkischsein.

Diese genauere Betrachtung des Artikels 88 zeigt deutlich, dass die Versammlung von 1924 nicht mit der Idee zufrieden war, die das Türkischsein als einen Status bestimmte, der von jedem Bewohner des Landes unabhängig von seiner ethnischen oder religiösen Herkunft erlangt werden konnte. Von jetzt an blieb der Versammlung keine andere Möglichkeit als die Kategorie des Türkischseins zu stratifizieren. Letztendlich stratifizierte die Verfassung von 1924 das Türkischsein in zwei Kategorien: „Türkischsein als Staatsbürgerschaft" und „Türkischsein als solches". Mit anderen Worten gab es für den türkischen Staat immer schon einen Unterschied zwischen „Türken als solchen" und „Verfassungs-Türken".[11] Diejenigen, die als Verfassungs-Türken qualifiziert wurden, waren nicht-muslimische Bürger der Republik und wurden nach außen hin Gegenstand von diskriminierenden Staatsbürgerschaftspraktiken.[12] Mit anderen Worten, nicht-muslimische türkische Bürger wurden zumeist als Bewohner der Türkei angesehen, die nicht zur Assimilation geneigt oder geeignet waren. Als solche wurden sie als türkisch nur hinsichtlich der Staatsbürgerschaft angesehen.

Das obige Narrativ erklärt, wie es dazu kam, dass die Kurden als Bürger mit dem Vermögen, sich türkisch zu assimilieren, erachtet wurden. Weil sie anatolische Muslime waren, wurden die Kurden als 'werdende Türken' wahrgenommen und eingeladen, „Türken als solche" zu werden. Einige haben im Laufe der Jahre diese Einladung angenommen.

7 Von 'werdenden Türken' zu Pseudo-Bürgern

Heute ändert sich das gesamte oben gezeichnete Bild. Es gibt Anzeichen, die darauf hindeuten, dass das Vertrauen des türkischen Nationalismus in das Vermögen der Kurden türkisch zu werden heute nicht mehr so fest ist wie zuvor. Gegenwärtig scheint der türkische Nationalismus sich darauf vorzubereiten seine Betrachtung der Kurden als werdende Türken aufzugeben. Es gibt inzwischen Anzeichen dafür, dass der türkische Nationalismus zum ersten Mal in seiner Geschichte eine Beziehung zwischen Kurden und Nicht-Muslimsein herstellt. Die Begriffe „jüdische Kurden" und „einheimische Loizidus" sind Zeichen für diesen Einfluss.

Die Verknüpfung „jüdische Kurden" ging unmittelbar nach der Besetzung des Irak durch die USA in das Vokabular des türkischen Nationalismus ein. Die banale Tatsache, dass es einige kurdisch sprechende Juden in Israel gibt (Sabar 1982; Brauer 1993), wurde plötzlich – mit einer geringfügigen Änderung – in den türkischen Medien populär. Die Erfindung der „Tatsache", dass einige führende kurdische Figuren entweder konvertierte oder „Geheim-Juden" seien, wurde von der Behauptung gefolgt, dass viele israelische Bürger unlängst Land im kurdisch bevölkerten

Südostanatolien gekauft hätten und dass es eine geheime jüdische Gemeinschaft in Urfa gebe, einer kurdisch bevölkerten Stadt in Südostanatolien. Schließlich wird gegenwärtig im Internet auf vielen Websites und in zirkulierenden E-Mails behauptet, dass die meisten, wenn nicht alle Kurden in Wirklichkeit konvertierte Juden seien, und dass die Kurden das Werkzeug des jüdischen Zieles seien, das Land zwischen Nil und Euphrat zu beherrschen.[13]

Was den Begriff 'einheimische Loizidus' anbetrifft, so hat dieser einen anderen Hintergrund. Der Europäische Gerichtshof für Menschenrechte ordnete 1998 an, dass die Türkei an Titiana Loizidou, eine Bürgerin Zyperns, die nach der türkischen Intervention 1974 ihr Grundeigentum verloren hatte, eine Wiedergutmachung zu leisten habe. Die türkische Republik zahlte 2003 schlussendlich eine Wiedergutmachung von 1,1 Mio. Euro.[14] Der Loizidou-Fall hat offenkundig nichts mit türkischen Staatsbürgern zu tun. Dennoch wurde von Fikret Bila, einem bekannten Kolumnisten, eine Verbindung zwischen türkischen Staatsbürgern und dem Loizidou-Fall hergestellt, und zwar, als die türkische Regierung ein Gesetz vorbereitete, um die in der letzten Dekade während des bewaffneten Konfliktes zwischen türkischer Armee und PKK aufgetretenen Schäden zu kompensieren.[15] Es ist bekannt, dass während dieses Konfliktes tausende von Dörfern in den östlichen Gebieten zwangsevakuiert und verbrannt wurden.[16] Infolgedessen wandten sich viele türkische Bürger kurdischer Herkunft an den Europäischen Gerichtshof für Menschenrechte und verklagten den türkischen Staat. Es ist anzunehmen, dass die Regierung das 'Gesetz zur Kompensation der aus dem Terrorismus und dem Kampf gegen den Terrorismus hervorgegangenen Schäden' vorbereitete, um zu vermeiden mit massiven Schadenersatzansprüchen konfrontiert zu werden.[17] Bilas Beurteilung dieses Gesetzes war indes ausgefallen. Für ihn war der Zweck des Gesetzes 'einheimische Loizidus' zu vermeiden.[18]

Ich bin der Überzeugung, dass diese verknüpften Begriffe als Symptome in Betracht gezogen werden müssen, die viel über die Zweifel des türkischen Nationalismus am Türkischsein der Kurden aussagen. In beiden Fällen werden Kurden ganz offensichtlich mit einer Form des Nicht-Muslimseins in Verbindung gebracht: jüdisch (jüdische Kurden) oder christlich (einheimische Loizidus) zu sein. Meiner Ansicht nach deutet die Assoziation von Kurden mit einer Form des Nicht-Muslimseins darauf hin, dass der türkische Nationalismus sich darauf vorbereitet, seine Überzeugung von den Kurden als 'werdende Türken' aufzugeben. Es ist, als seien diese verknüpften Begriffe gerade darum aufgetaucht, weil der türkische Nationalismus seinen Glauben an eine andere Verknüpfung verloren hat, und zwar an Türkisch-Kurden, d.h. an das Vermögen der Kurden türkisch zu werden.[19] Von der Identifikation von Kurden mit einer Form des Nicht-Muslimseins ausgehend festzustellen, dass der türkische Nationalismus plötzlich unterstelle, dass Kurden in Wirklichkeit keine Muslime seien, ist natürlich nicht legitim. Diese Begriffe weisen auf keinen Fall auf eine solche Absurdität hin. Sie zeigen vielmehr an, dass die Kurden in den Augen des türkischen Nationalismus *wie* die anderen *Nicht-Muslime* Anatoliens seien, welche traditionell als diejenigen wahrgenommen wurden, die aus dem Gültigkeitsbereich des Türkischseins hinausfielen.

Gegenwärtig gibt es Anzeichen dafür, dass nicht nur durchschnittliche türkische Bürger, sondern auch der türkische Staat – der führende Anhänger und Verbreiter des etablierten türkischen Nationalismus – kurz davor steht sein Bild von den Kurden zu erneuern. Das offenkundigste dieser Anzeichen ist der Gebrauch des Begriffs „Pseudo-Bürger", der einer Aussage des Generalstabs unmittelbar nach den landesweiten Newroz-Demonstrationen im Jahr 2005 entstammt. Die Demonstrationen in jenem Jahr waren beispiellos hinsichtlich sowohl der starken Symbolik als auch der sich versammelnden Massen.[20] Hunderttausende kurdische Bürger nahmen teil und die Bilder der Demonstrationen waren sehr beredt. Die starke Symbolik in Form von Flaggen und Plakaten bezeugte, dass eine große Zahl von Kurden sich von der türkischen politischen Gemeinschaft entfremdet fühlte. In einem Fall, während einer einzelnen Demonstration in Mersin, entweihten zwei kurdische Jungen eine türkische Flagge. Daraufhin gab der Generalstab sofort eine an die „Große Türkische Nation" adressierte Erklärung ab:

> [D]ie unschuldigen Aktivitäten zur Feier der Ankunft des Frühlings wurden *von einer Gruppe* in dem Ausmaß vorangetrieben, dass die Türkische Flagge, das Symbol der erhabenen türkischen Nation [...] entweiht wurde. In ihrer langen Geschichte hat die türkische Nation gute und schlechte Zeiten, Treuebruch und Sieg erlebt. Jedoch ist sie noch nie einem derartigen Verrat durch ihre eigenen „Pseudo-Bürger" in ihrem eigenen Heimatland begegnet. Dies ist Verrat [Betonung durch den Autor].[21]

Diese Erklärung war insofern signifikant, als zum ersten Mal Autoritäten des Staates in der Türkei Individuen, die gegen das Gesetzt verstoßen hatten, anklagten, „Pseudo-Bürger" im Vergleich zu den Staatsbürgern zu sein. Es ist hier wichtig zu beachten, dass diese Erklärung nicht nur an die beiden jungen Gesetzesübertreter, die die Flagge entweihten gerichtet war, oder nur an den reinen Akt der Entweihung. Vielmehr war der Adressat der Erklärung der beispiellose Symbolismus der Newroz-Demonstrationen von 2005. Dies wurde sofort von einer Anzahl von Leuten beobachtet und erkannt. Gündüz Aktan, ein ehemaliger Diplomat und pro-staatlich eingestellter Kolumnist der Tageszeitung *Radikal* und jetziges Mitglied des Parlaments (Nationalistische Bewegungspartei, *Milliyetçi Hareket Partisi*) erklärte, dass es nicht richtig wäre, die Aussage auf einen 'Flaggen-Vorfall' zu reduzieren.[22] Für ihn gilt: „Ebenso wie die Flagge ein Symbol ist, hat die Erklärung ihre eigene Symbolik".

Der Generalstab war nicht die einzige öffentliche Institution, die den Begriff 'Pseudo-Bürger' verwendete. Einige Tage nachdem der Generalstab seine Erklärung abgegeben hatte, gab der Senat der Ankara Universität eine Deklaration in Beantwortung der kürzlich stattgefundenen Ereignisse heraus. Die Deklaration des Senats lautete folgendermaßen: der Senat „verurteilt [...] die Entweihung der türkischen Flagge [...] durch eine Gruppe von Pseudo-Bürgern".[23] Auf diese Deklaration folgend fand eine Internetdiskussion zwischen dem akademischen Personal und Nusret Aras, dem Rektor der Universität, statt. Der Rektor begann seine Ausführungen mit: „die Flaggen-Krise, die in Diyarbakır begann und sich in Mersin fortsetzte [...]."[24] Dies war ein irreführender Satz, da der Flaggen-Vorfall sich nicht in Diyarbakır ereignete, der Stadt, in der sich die größten Massen während der Newroz-Demonstrationen von 2005 versammelten. Dieser Satz sollte vielleicht als Versprecher genommen werden, der darauf hindeutet, dass der Anlass für den Gebrauch des Begriffs Pseudo-Bürger nicht nur der „Flaggen-Vorfall" war, sondern die Newroz-Demonstrationen in ihrer Gesamtheit.

Ein anderes zeitnahes Ereignis bekräftigt dieses Argument. Am 17. November 2005 starteten Kampfflugzeuge Tiefflüge über tausenden von marschierenden kurdischen Bürgern in Yüksekova, die zu einer Beerdigung von drei Menschen unterwegs waren, welche von Sicherheitskräften bei einer vorangegangenen Demonstration gegen ein Bombenattentat auf einen Buchladen in Şemdinli erschossen worden waren. Das charakteristische Schlüsselelement dieser Beerdigung war wieder der Grad der zum Einsatz gebrachten Symbolik. Viele Demonstranten trugen Plakate von Öcalan und die Flagge der PKK. Diese tiefe Symbolik, die in der Beerdigung lag, war bei den staatlichen Autoritäten nicht willkommen. Dies spiegelte sich in einem anderen symbolischen Akt wieder: den beiden Kampfflugzeugen im Tiefflug über der Prozession.[25]

Die oben beschriebenen Vorfälle legen nahe, dass nicht nur einige gewöhnliche Anhänger des türkischen Nationalismus, sondern auch Teile der türkischen Bürokratie nicht länger die Anhänger der langlebigen Imagination sind, dass Kurden 'werdende Türken' seien. Die Vorstellung, dass Kurden genau wie die anderen muslimischen Bevölkerungen Anatoliens durch Assimilation türkisch werden würden, scheint nicht mehr so glaubhaft zu sein wie zuvor. Im Gegenteil weisen genau dieselben Zeichen darauf hin, dass einige nicht-offizielle und offizielle Anhänger des etablierten türkischen Nationalismus ihr Vertrauen in die Loyalität der Kurden in der Türkei verloren haben. Dies zeigt andererseits, dass allmählich ein fundamentaler Bruch in der Wahrnehmung der kurdischen Frage durch den etablierten türkischen Nationalismus stattfindet. Es ist, als ob die Banditen der Vergangenheit allmählich zu den Pseudo-Bürgern von heute werden.

Es ist auffallend, dass diese auf einen möglichen Umschwung des Status der Kurden von 'werdenden Türken' zu 'Pseudo-Bürgern' deutenden Anzeichen nicht während des „Krieges geringer Intensität" in den 1990ern in Erscheinung getreten waren. Der bewaffnete Konflikt der letzten Dekade hat ganz offensichtlich Zweifel am Enthusiasmus der Kurden türkisch zu werden aufkommen lassen. Eine, wenn auch verhüllte, wachsende Feindseligkeit gegen Kurden wurde spürbar. Gelegentlich traten Zusammenstöße zwischen türkischen und kurdischen Menschenmengen auf, insbesondere in den Kleinstädten im Westen, die in den letzten zehn Jahren kurdische Immigranten aufgenommen hatten. Dennoch ist immer noch offensichtlich, dass die Feindschaft gegenüber Kurden auf zwei Ebenen lokal geblieben ist. Weder war der türkische Nationalismus als ganzer von dieser Feindschaft ergriffen, noch traf die Feindschaft alle Kurden. Mit anderen Worten blieb der Konflikt, wie es Henri J. Barkey und Graham E. Fuller richtig deuten, ein Konflikt zwischen einer 'schwachen, sich zu mobilisieren versuchenden Gemeinschaft und dem Staat' und entwickelte sich nicht zu einem Konflikt zwischen 'zwei mobilisierten, gegeneinander antretenden Gemeinschaften'.

8 Fazit

Warum fand dieser Umschwung in der Imagination von den Kurden als 'werdende Türken' zu 'Pseudo-Bürgern' statt, nachdem der Krieg geringer Intensität beendet war und nicht während des Krieges? Oder warum nahmen die Zweifel an dem Vermögen der Kurden türkisch zu werden nicht ab, sobald der türkische Staat den bewaffneten Konflikt gewonnen hatte? Ich nehme an, dass es einige fest verknüpfte und miteinander konkurrierende Gründe für diese scheinbar merkwürdigen Ergebnisse gibt. Sobald der Krieg beendet war, sah sich der türkische Nationalismus mit einer ganz neuen schwerwiegenden Tatsache konfrontiert: Die Kurden hatten der Türkifizierung widerstanden, und schlimmer noch, die Tendenz ging 'in die andere Richtung' – und zwar auf die Durchsetzung der kurdischen Identität hin (Barkey/Füller 1998: 184). Die Enttäuschung war schwer, nicht nur weil das Diktum des türkischen Nationalismus, dass die Muslime Anatoliens sich türkisch assimilieren würden, nicht mehr so zuverlässig war wie angenommen. Der Umstand, dass die Kurden eine der größten Gruppen unter den muslimischen Bevölkerungen sind, verschlimmerte zusätzlich die Enttäuschung des türkischen Nationalismus. Hinzu kommt, dass ein beträchtlicher Teil der Kurden immer noch in einem bestimmten Gebiet des Landes ansässig ist. Zusammengefasst, am Ende der 1990er Jahre stößt der türkische Nationalismus, der sich so lange bemüht hatte, eine mono-linguale und homogene politische Gemeinschaft aus den muslimischen Bevölkerungen Anatoliens zu machen, auf ein nichttolerierbares Resultat: es gibt eine *zweite* territorial-linguistische Gemeinschaft neben den Türken in der Türkei, und die Türkifizierung über Jahrzehnte hinweg konnte an dieser Tatsache nichts ändern. Dieses nichttolerierbare Resultat ist als Hauptgrund für die grundlegende Veränderung, die jüngst in der Vorstellung des türkischen Nationalismus von den Kurden stattgefunden hat, zu nennen.

Ein weiterer Grund ist die beschleunigte schrittweise Etablierung einer von Kurden geführten Staatsgewalt im Nordirak nach dem Irakkrieg 2003. Sowohl in dem

Gebiet als auch in der Geschichte der Kurden sind Kurden zum ersten Mal Subjekte einer Staatsgewalt, die von ihnen selbst geführt wird. Die Etablierung einer Selbstverwaltung durch Kurden im Irak und die Erkenntnis, dass der Irak ein Bundesstaat sein wird, in dem Kurden als ein konstituierender Teil der Bevölkerung angesehen werden, sind für den türkischen Nationalismus ärgerlich genug. Allerdings scheint er wesentlich mehr von der Tatsache irritiert zu sein, dass die Kurden der Türkei nicht seine Feindseligkeit gegenüber der kurdischen Administration im Irak teilen. Offenbar hat das Bild, dass die türkischen Kurden von Mesud Barzani, einem der beiden Repräsentanten der irakischen Kurden, haben, so überhaupt nichts mit dem zu tun, welches der türkische Nationalismus entwirft. Während letzterer darauf beharrt, Barzani als nichts mehr als ein Stammesoberhaupt ohne jegliche für eine politische Führerschaft notwendige Begabung und Anlagen anzusehen, nehmen manche nationalistischen Kurden der Türkei Bazani als einen respektable politische Führungskraft für die irakischen Kurden wahr. Dass die Kurden der Türkei die Feindseligkeit des türkischen Nationalismus gegenüber der kurdischen Staatsgewalt und ihren Vorsitzenden im Irak nicht teilen, verstärkt wiederum dessen Besorgnis und veranlasst, dass sein Bild von den Kurden sich verändert.

Ein dritter Grund gleichen Ursprungs hat mit der Kandidatur der Türkei für die EU-Mitgliedschaft zu tun. Bekanntermaßen führte der türkische Staat in den letzten Jahren einige verfassungsmäßige und rechtliche Reformen durch, um als EU-Mitgliedskandidat anerkannt zu werden. Die Todesstrafe wurde abgeschafft, einem staatlichen TV-Sender ist es 'erlaubt' zum ersten Mal in kurdischer Sprache zu übertragen (allerdings für weniger als eine Stunde pro Woche), und die kurdische Sprache darf jetzt in einigen privaten Institutionen unterrichtet werden. Der türkische Nationalismus ist sich jetzt der Tatsache bewusst, dass es in einer Türkei, die auf die EU-Mitgliedschaft zugeht, schwieriger werden wird, die kurdische Frage mit den Instrumenten der Vergangenheit, wie massive Assimilation oder Zwangsumsiedelung, anzugehen. Folgendes ist noch dramatischer: weil die Türkei sich *en route* auf die EU-Mitgliedschaft zubewegt, mag es sein, dass sie aufgefordert wird, weitgehende Reformen durchzuführen, um die Hindernisse gegen die Produktion und Reproduktion des Kurdischseins in der Türkei zu beseitigen. Mit anderen Worten, die Fortschritte der Türkei im Prozess zur EU-Mitgliedschaft könnten den gegenwärtigen Status der Kurden noch verstärken, welcher, wie oben ausgeführt wurde, annäherungsweise einer territorial-linguistischen Gemeinschaft neben den Türken entsprächen. Kurz gesagt, die EU-Kandidatur der Türkei verstärkt eher, was für den türkischen Nationalismus längst schon unerträglich ist: dass die Kurden nicht türkisch assimilierbar sind und als solche eine zweite territorial-linguistische Gemeinschaft in der Türkei geworden sind. Als solche hat die in den letzten Jahren mühevolle Beziehung zwischen Türkei und EU die Sorge des türkischen Nationalismus bezüglich der kurdischen Frage in der Türkei noch vertieft.

Diese vom EU-Beitrittsprozess angetriebene Sorge hat ebenfalls einen erheblichen Beitrag zu der oben erwähnten grundlegenden Veränderung in der Imagination des türkischen Nationalismus von den Kurden geleistet.

Zusammengefasst, die landesweiten und regionalen Ereignisse der letzten zwei Dekaden haben die kurdische Bevölkerung in eine parallele, zweite Völkerschaft (*nation*) innerhalb der Grenzen der türkischen Republik transformiert, und dies hat, wenig überraschend, den türkischen Nationalismus traumatisiert, der doch so lange darauf hin gearbeitet hatte, eine mono-linguale politische Gemeinschaft zu erschaffen.

Letzten Endes scheint die Feststellung plausibel, dass das Sichtbarwerden der Kurden in der Türkei als zweite *Nation* einen fundamentalen Bruch dahingehend verursacht hat, wie der türkische Nationalismus die kurdische Frage wahrnimmt. Die kurdische Frage wurde, wie bereits festgestellt, vom türkischen Nationalismus auf sehr unterschiedliche Weise wahrgenommen, während die Idee, dass die Kurden 'werdende Türken' seien, konstant blieb. Heute allerdings scheint diese Idee nicht mehr so glaubhaft. Stattdessen scheint der türkische Nationalismus inzwischen sehr von der Idee angezogen zu sein, dass die gegenwärtige kurdische Frage eine Frage der „Pseudo-Bürgerschaft" ist. Es ist natürlich unwahr zu behaupten, dass diese Idee diejenige, dass Kurden werdende Türken seien, ersetzt hat. Es scheint vielmehr, dass der türkische Nationalismus heute hin und her schwankt zwischen der Idee, dass Kurden 'werdende Türken' und der Idee, dass Kurden „Pseudo-Bürger" seien.

Aus dem Englischen von Sandra Pollex

Anmerkungen

1   Eine frühere Version dieses Artikels erschien in *Ethnic and Racial Studies*, Bd. 30, Nr. 1, 2007.

2   Es gibt natürlich viele verschieden Formen des türkischen Nationalismus, wie etwa einen (rechts-, *d. Ü.*) extremen, einen linksgerichteten und einen islamistischen. Mit etabliertem türkischen Nationalismus meine ich hingegen die Version, die Anfang des 20. Jh. darauf zielte, einen modernen Nationalstaat und eine säkulare Gesellschaft zu errichten, und die später zur Richtschnur für das *Establishment* der Türkei wurde.

3   Mit 'Staatsbürgerschaft' wurde der Begriff *citizenship* übersetzt und bezeichnet das Regulationsverhältnis zwischen dem Individuum und der politischen Gemeinschaft, wobei der Teilbegriff „Staat" im Deutschen zu Missverständnissen führen kann, wenn er auf den Staat als Instanz dieser Regulation bezogen wird. Der Begriff *citizen* wurde mit 'Bürger' übersetzt und bezeichnet die politische Person, die an der politischen Gemeinschaft teilnimmt und keinesfalls die Privatperson, die der Begriff im Deutschen auch impliziert. (*d. Ü.*)

4 Zu diesem Umschwung vom Gedanken des *unsur-i aslı* zu dem des *millet-i hakime* siehe Hanioğlu (1989: 626-644)

5 Dies wurde auch von Tarık Zafer Tunaya (1988) hervorgehoben. Für Tunaya (1988: 407) gab es einen wesentlichen Unterschied, wie der GEF sich der kurdischen Frage näherte und wie er sich der armenischen oder arabischen Frage näherte. Die kurdische Frage wurde als eine Frage der Verbesserung der sozio-ökonomischen Bedingungen der östlichen Gebiete angesehen. Wenn wir diese Auffassung in die Sprache dieser Arbeit übersetzen, war die kurdische Frage für die GEF-Nationalisten im Wesentlichen eine Frage von *Islahat*.

6 Das bedeutet allerdings nicht, dass der Widerstand der Kurden gegen *Islahat* keinerlei ethnischen Gehalt gehabt hätte. Gerade weil die Stammesorganisationen und die periphere Ökonomie, die das *Islahat*-Programm aufzulösen beabsichtigte, die beiden privilegierten sozialen Räume waren, in denen Kurden ihre kollektive Identität erfuhren, hatte jeglicher Druck auf diese Räume und jeglicher Widerstand, um diese zu bewahren, notwendigerweise einen ethnischen Gehalt. Als sich der Angriff von *Islahat* auf diese Räume verstärkte, kämpften die Kurden härter dagegen an, um sie zu erhalten. Für eine ausführlichere Diskussion zum ethnischen Gehalt von *Islahat* und den von ihm ausgelösten Widerstand siehe Yeğen (1996). Zur Bedeutung der Stämme, peripheren Ökonomie und Religion in der kollektiven Identität von Kurden siehe Olson (1989) und Bruinessen (1992).

7 Die Muslimisierung des osmanischen Territoriums hatte bereits zuvor begonnen. Das Osmanische Reich hatte schon vor Ende des ersten Weltkrieges einige seiner von Nicht-Muslimen und nicht-türkischen Bevölkerungen bewohnten Territorien verloren. Ebenso die Flucht von Massen von Muslimen während des neunzehnten und frühen zwanzigsten Jahrhunderts vom Balkan und aus dem Kaukasus nach Anatolien trug zu demselben Prozess bei. Zum Muslimisierungsprozess Anatoliens gegen Ende des Osmanischen Reiches siehe (Karpat 1985: 60-77). Während Nicht-Muslime insgesamt annäherungsweise 27 % der osmanischen Gesamtbevölkerung von 1885 ausmachten (Behar 1996: 46) waren 1927 nur 3 % der Bevölkerung der Türkei Nicht-Muslime (Dündar 1999: 159). Es wird auch geschätzt, dass zwischen 1923 und 1939 fast eine Million Menschen vom Balkan in die Türkei migrierten (Kirişçi 2000). Für einen Gesamtüberblick über diesen Prozess siehe Karpat (1985), Akgündüz (1998) und Kirişçi (2000).

8 Ein bekanntes Beispiel des Assimilationsprogramms war das Siedlungsgesetz von 1934. Die Zielsetzung dieses Gesetzes war folgende: „Die Türkische Republik kann diejenigen nicht dulden, die die türkische Staatsbürgerschaft und alle sich damit bietenden Rechte genießen würden ohne der türkischen Flagge ergeben zu sein. Daher beschreibt dieses Gesetz genau, wie solche Leute in die türkische Kultur assimiliert werden. In der Türkischen Republik muss das Türkischsein eines jeden, der sagt, dass er/sie türkisch sei, für den türkischen Staat erwiesen und klar sein." (T.B.M.M., Zabıt Ceridesi [Protokolle des Parlaments], 4. Periode, 23-24:89. Für eine Untersuchung des Siedlungsgesetzes von 1934 siehe Beşikçi (1978).

9 Der folgende Text zeigt, dass eine bekannte zeitgenössische Figur des türkischen Nationalismus, Yusuf Akçura, die kurdische Frage hinsichtlich desselben Konfliktes wahrnimmt. In seiner Einschätzung der kurdischen Rebellion von 1925 führt er aus: „Während die Türkische Republik sich bemüht ein zeitgemäßer Staat zu werden, tun sich rechtliche, soziale, ökonomische, traditionelle und diplomatische Hindernisse auf. Diese Hindernisse

sind entweder darauf zurückzuführen, dass der osmanische Staat zu den Zivilisationen des Orients gehört, oder auf den Zerfall der Organisation des osmanischen Staates. Nun haben diese Individuen, Institutionen und Gruppen, die diese Hindernisse repräsentieren, eine Art Front gegen die Anstrengungen der Republik gebildet. [...] Wie man der letzten kurdischen Reaktion entnehmen kann, ist die Türkische Republik verpflichtet diese reaktionäre Front in kürzester Zeit zu vernichten." (Akçura 1925: 19)

10 Es ist zu beachten, dass die Wahrnehmung der kurdischen Frage als eine Angelegenheit regionaler Unterentwicklung in den folgenden Jahren aus dem Diskurs des türkischen Nationalismus nicht verschwand. Sie wurde hingegen seitdem zu einer festen Konstante des türkischen Nationalismus. Wie Ömer Faruk Gençkayas Arbeit (1996: 101) zeigt, setzte sich die Wahrnehmung der kurdischen Frage als eine Frage der ökonomischen Integration bis in die 1980er und 1990er Jahre fort. Viele Abgeordnete des Parlamentes nahmen die Angelegenheit als ein „sozio-ökonomisches Problem von durch die feudale Struktur geförderter Unterentwicklung" wahr.

11 Während Staatsbürgerschaft und Türkischsein im Artikel 54 der Verfassung von 1961 und im Artikel 66 der Verfassung von 1982 definiert wurden, bestimmt die Kluft zwischen Staatsbürgerschaft und Türkischsein dauerhaft den allgemeinen Geist dieser beiden Verfassungen. Beide Verfassungen sind durch Inkonsistenzen in der Terminologie der Definitionen von Staat und Bürgern charakterisiert. Während der erste Artikel der Verfassung von 1961 den Staat als den Staat Türkei oder die Republik Türkei definiert, findet sich in den meisten verbleibenden Artikeln der Begriff 'Türkischer Staat'. Desgleichen wird – während in vielen Artikel, die die Rechte und Pflichten der Bürger erklären, die Begriffe „jeder" oder „Bürger" benutzt werden – in Artikeln, die das Dienstrecht (Artikel 58 und 60) und die Voraussetzungen, um Abgeordneter zu werden (Artikel 68) bestimmen, plötzlich der Begriff „jeder Türke" anstatt von „jeder" oder „Bürger" eingesetzt. Die Verfassung von 1982 ist ebenfalls von einer ähnlichen inkonsistenten Terminologie geprägt. Während in den meisten Artikeln der Begriff „jeder" benutzt wird, wenn die „Subjekte" des türkischen Staates erwähnt werden, gibt es ebenfalls Artikel, die die Begriffe „Bürger" (Artikel 67 und 68), „Türkische Bürger" (Artikel 59 und 62), und „jeder Türke" verwenden. Für diese beiden Verfassungen siehe Kili/Gözbüyük (2000).

12 Obwohl Nicht-Muslime des Landes als Bürger der Republik definiert sind, wurde es ihnen nicht erlaubt alle den türkischen Bürgern gewährten Rechte auszuüben. In Übereinstimmung mit dem 1926 verabschiedeten Gesetz, welches Türkischsein anstatt türkische Staatsbürgerschaft als Voraussetzung für das Staatsamt bestimmte, wurden viele Nicht-Muslime aus ihren Ämtern in der Verwaltung entlassen. Der vierte Absatz des Artikels 788 legte fest, dass Türkisch*sein* eine Voraussetzung für die Belegung eines Staatsamtes sei (Aktar 1996: 11). Dieses Gesetz war bis 1965 in Gebrauch. Desgleichen waren die Tore mancher Institutionen, wie der Armee, für Nicht-Muslime geschlossen. Nicht-muslimischen Bürger der Republik sind immer noch Subjekte solcher Praktiken, zumindest gelegentlich. Immerhin ist zu beachten, dass nicht alle nicht-muslimischen Bürger der Republik die gleiche Laufbahn in der Erfahrung von Staatsbürgerschaftsrechten hinter sich haben. Einige nicht-muslimische Gemeinschaften wie Assyrer, Chaldäer und Nasturi wurden nicht einmal anerkannt. Als solche war es diesen Gemeinschaften nicht erlaubt, ihre sprachlichen und religiösen Rechte auszuüben, die von den anerkannten Gemeinschaften, z.B. Griechen, Armeniern und Juden in Anspruch

genommen wurden. Darüber hinaus haben jedoch auch diese drei Gemeinschaften ihre anerkannten Rechte nicht in der gleichen Weise erfahren. Die Beziehungen, die die Bürger jüdischer Herkunft zum Staat hatten, waren relativ unproblematisch im Vergleich zu den zwischen dem Staat und den Bürgern griechischer oder armenischer Herkunft.

13 Siehe www.bozkurt.net; www.otuken.org

14 http://www.yenisafak.com.tr/arsiv/2003/aralik/03/g05.html

15 http://www.milliyet.com/2004/01/19/yazar/bila.html

16 Die Zahlen in dem von der Türkischen Nationalversammlung (GNAT) 1998 angefertigten Bericht geben an, dass über dreitausend Dörfer evakuiert wurden. Für den Bericht siehe GNAT (1998).

17 Zum Gesetz vom 17. Juli 2004 siehe http://www.tbmm.gov.tr/kanunlar/k5233.html

18 http://www.milliyet.com/2004/01/19/yazar/bila.html

19 Hinweise, die auf diese Auswirkung hinsichtlich der Verwendung der Begriffe „jüdische Kurden" und „einheimische Loizidus" deuten, sind nicht belegt. Zweifel an dem Diktum, dass Kurden zukünftige Türken seien, begegnet man häufig insbesondere in Leserkommentaren im Internet bezüglich Nachrichten, die die Kurden betreffen. Zu einigen Beispielen dieser Leserkommentare siehe: http://www.hurriyetim.com.tr/haber/0,,sid~1@w~2@tarih~2005-01-27-m@nvid~529242,00.asp

20 Sowohl Plakate von Abdullah Öcalan, dem gefangenen Vorsitzenden der PKK als auch die kurdische Flagge des Konföderalismus, die Öcalan für die Kurden im Mittleren Osten entworfen hatte, wurden während der Demonstrationen in Istanbul, Ankara, Izmir, Diyarbakır, Urfa, Mersin und Adana extensiv eingesetzt.

21 http://www.hurriyetim.com.tr/haber/0,,sid~1@w~2@tarih~2005-03-22-m@nvid~553006,00.asp

22 http://www.radikal.com.tr/haber.php?haberno=147472&tarih=24/03/2005

23 http://www.ankara.edu.tr/yazi.php?yad=2802 (24.März 2005)

24 http://www.ankara.edu.tr/yazi.php?yad=2838 (30. März 2005)

25 http://www.radikal.com.tr/haber.php?haberno=170375 (18. November 2005); http://www.milliyet.com.tr/2005/11/18/guncel/axgun01.html

Literatur

Akçura, Yusuf (1984) [1925]: Asri Türk Devleti ve münevverelere düşen vazife, in: Saçak, Nr. 34, 12-19

Akgündüz, Ahmet (1998): Migration to and from Turkey, 1783-1960: types, numbers and ethno-religious dimensions, in: Journal of Ethnic and Migration Studies, Bd. 24, Nr. 1, 97-120

Aktar, Ayhan (1996): Cumhuriyetin ilk yıllarında uygulanan „türkleştirme" politikaları, in: Tarih ve Toplum, Nr. 156, 4-18

Aybars, Ergun (1988): İstiklal Mahkemeleri (1920-1927), İzmir: Dokuz Eylül Üniversitesi Yayınları

Barkey, Henri J./Fuller, Graham E. (1998): Turkey's Kurdish Question, Oxford: Rowman & Littlefield

Behar, Cem (1996): Osmanlı İmparatorluğu'nun ve Türkiye'nin Nüfusu 1500-192, Tarihi İstatistikler Dizisi Cilt 2, Ankara: Devlet İstatistik Enstitüsü

Beşikçi, İsmail (1978): Kürtlerin Mecburi İskanı, İstanbul: Komal Yayınevi

Brauer, Erich (1993): The Jews of Kurdistan, Detroit: Wayne University Press

Bruinessen, Martin Van (1992): Agha, Sheikh and the State: the Social and Political Structures of Kurdistan, London: Zed Books

Canefe, Nergis (2002): Turkish nationalism and ethno-symbolic analysis: the rules of exception, in: Nations and Nationalism, Bd. 8, Nr. 2, 133-155

Dündar, Fuat (1999): Türkiye Nüfus Sayımlarında Azınlıklar, İstanbul: Doz Yayınları

Gençkaya, Ömer F. (1996): The Kurdish issue in Turkish politics: an overview, in: Islamic World Report, Bd.1, Nr.3, 94-101

GNAT (1998): Doğu ve Güneydoğu Anadolu'da Boşaltılan Yerleşim Birimleri Nedeniyle Göç Eden Yurttaşlarımızın Sorunlarının Araştırılarak Alınması Gereken Tedbirlerin Tespit Edilmesi Amacıyla Kurulan Meclis Araştırması Komisyonu Raporu

Gözbüyük, Şeref/Sezgin, Zekai (1957): 1924 Anayasası Hakkında Meclis Görüşmeleri, Ankara: AÜSBF Yayını

Hallı, Reşat (1972): Türkiye Cumhuriyeti'nde Ayaklanmalar 1924-1938, Ankara: Genelkurmay Harp Tarihi Bşk. Yayını

Hanioğlu, Şükrü (1989): Osmanlı İttihad ve Terakki Cemiyeti ve Jön Türklük Cilt.1. (1889-1902), İstanbul: İletişim Yayınları

Karpat, Kemal (1985): Ottoman Population 1830-1914. Demographic and Social Characteristics, Wisconsin & London: The University of Wisconsin Press

Kili, Suna/Gözübüyük, A. Şeref (2000): Türk Anayasa Metinleri, Ankara: Türkiye İş Bankası Yayını

Kutlay, Naci (1992): İttihat Terakki ve Kürtler, Ankara: Beybun Yayınları

Mardin, Şerif (1962): The Genesis of Young Ottoman Thought, Princeton: Princeton University Press

Olson, Robert (1989): The Emergence of Kurdish Nationalism and the Sheikh Said Rebellion, Austin: University of Texas Press

Özdoğan, Gülay G. (2001): „Turan"dan „Bozkurt"a. Tek Parti Döneminde Türkçülük (1931-1946)', İstanbul: İletişim Yayınları

Sabar, Yona (1982): The Folk Literature of Kurdistani Jews, New Haven: Yale University Press

Şadillili, Vedat (1980): Türkiye'de Kürtçülük Hareketleri ve İsyanlar, Ankara: Kon Yayınları

T.B.M.M. (1988): Hükümetler ve Programları, Cilt II, Ankara: T.B.M.M.

Tunaya, T. Zafer (1988): Türkiye'de Siyasal Partiler I: İkinci Meşrutiyet Dönemi, Istanbul: Hürriyet Vakfı Yayınları

Yeğen, Mesut (1996): The Turkish state discourse and the exclusion of Kurdish identity, in: Middle Eastern Studies, Bd. 32, Nr. 2, 216-229

– (2004): Citizenship and ethnicity in Turkey, in: Middle Eastern Studies, Bd. 40, Nr. 6, 51-55

Nazan Üstündağ

Kurdische und türkische Gemeinden in Esenyurt: Feindschaft und Gastfreundschaft im Alltag[1]

KARWAN[2]	*Caravan*
Kani diherikin	Es flossen Springbrunnen
Karwan diçün	Der Caravan war im Begriff loszufahren
Tişt nema li dü	Nichts wurde zurückgelassen
Hevi ar ü dü	Keine Hoffnung, weder Feuer noch Rauch
Ü baye gerok	Nur ein wandernder Wind
Ji xew rakirin	Sie haben tiefe Erinnerungen
Birhatinen kür	Aus ihrer Asche geweckt
Çave teyi giri	Deine weinenden Augen,
Leve teyi gezo ax ax	Deine Honiglippen
Karwan diçe zü	Der Caravan rauscht davon
Şare mi ni dür	Erzähle meiner Stadt, weit entfernt
Beje bav ü de	Erzähle meiner Mutter und dem Vater
Yara çav li re	Erzähle meinem wartenden Liebhaber
Eze bem, bem ü bem	Ich werde zurückkehren, zurückkehren, zurückkehren
We bete ew roj	Dieser Tag wird kommen

> In Cizre, wo wir herkamen, gab es alle zwei Tage so etwas wie einen Krieg. Tagsüber spielten wir gewöhnlich unsere Spiele. Nachts hörten wir Gewehrfeuer und versteckten uns zuhause. Im Sommer schliefen wir immer auf dem Dach unsers Hauses. Eines Tages ging ein Kugelhagel hernieder; meine Mutter nahm meinen Bruder und rannte weg. Mein Vater rannte auch weg. Ich war die Einzige, die auf dem Dach zurückblieb. Die Kugeln trafen das Metall unserer Bettgestelle. Ich war das Einzige, was nicht getroffen wurde. Als der Morgen kam, gab mein Vater mir tausend Lire. Mein Großvater gab mir ebenfalls tausend Lire. Ich kaufte mir an diesem Tag viel Schokolade. Istanbul ist voll des Bösen. Cizre ist nicht so. Es ist von Bergen umgeben. Jeder würde gerne dort bleiben. Wenn es nicht solche Dinge wie Krieg gäbe, wäre ich dort mein ganzes Leben geblieben.[3]

In der Zeit zwischen 1993 und 1999, als der bewaffnete Konflikt zwischen dem türkischen Staat und der PKK sich auf dem Höhepunkt[4] befand, wurden 3438 ländliche Siedlungen in der südöstlichen Region der Türkei von türkischen Armeekräften evakuiert. Dies war Teil einer Politik, die auf die Unterminierung der allgemeinen Unterstützung und logistischen Hilfe, die die PKK von der kurdischen Bevölkerung bekam, ausgerichtet war.[5] Als ein Ergebnis der Evakuierungspolitik wird geschätzt, dass 4 bis 4,5 Millionen Kurden(innen) gezwungen wurden, ihre Heimat zu verlassen, um sich in urbanen Gebieten wie Diyarbakır, İzmir, Mersin, Adana und Istanbul wieder anzusiedeln.[6] Es ist weiterhin umfassend dokumentiert, dass die gewaltsam verdrängten Migranten(innen) nicht nur ihr Zuhause verloren, sondern während der Verdrängung Opfer zahlreicher Formen von Gewalttätigkeiten wurden, zu denen Tötungen, Folter, Schläge und Schikane zu zählen sind. Vielmehr hörten nach der Umsiedlung Verhaftungen und Verleumdungen nicht auf; und gekoppelt mit Arbeitslosigkeit, Armut und Diskriminierung und auch Feindseligkeit, die ihnen von der lokalen Bevölkerung entgegengebracht wurde, hat sich ihr Gefühl der Schikanierung und Unterdrückung vertieft.[7] Während gewaltsam verdrängte Kurden(innen) nach der Verhaftung Abdullah Öcalans 1999[8] einige Aufmerksamkeit und Anerkennung in der Öffentlichkeit erfuhren, erscheint die Möglichkeit zurückzukehren für die meisten dieser Leute unwahrscheinlich.[9] Dieser Text stellt einen vorläufigen Versuch dar, sich der Erfahrung einer verdrängten kurdischen Person in ihrem Alltagskontext zu nähern.

Indem sie sich auf Lacans Analyse der Antigone bezieht, argumentiert Veena Das, die sich intensiv mit verdrängter Bevölkerung in Indien beschäftigt hat, dass man in Anbetracht der Auslieferung an gewalttätige Kräfte gezwungen ist, sich auf der Grenze zu bewegen, „an der das Selbst sich teilt in das, was zerstört werden kann und in das, das aushalten muss" (2000: 207). Als Antigone erklärt, warum sie sich in Angesicht des Todes des Bruders über das Gesetz hinweggesetzt hat, spricht sie über die Einzigartigkeit und Unersetzbarkeit des Bruders. Laut Lacan an der Grenze des eigenen Todes, und zugleich von der Nicht-Ersetzbarkeit des Bruders sprechend, produziert Antigone eine bestimmte Art der Wahrheit über Macht und das Gesetz des Staates, welches funktioniert, indem es Gleichheit auslöscht, und über Beziehungen, für die die Kraft des Gesetzes nicht verantwortlich ist. Es braucht nicht gesagt zu werden, dass es die Tatsache ist, dass Antigone in Kürze sterben wird, welches sie zu einer heroischen und tragischen Figur macht, die in der westlichen Vorstellungswelt eingeprägt ist. Ihre Worte werden das letzte Mal gehört, können folglich nicht ignoriert und müssen reflektiert werden. Für viele Menschen jedoch muss die Grenze, von der Antigone spricht, konstruiert, besetzt und im Alltag ausgehalten werden. So fragt Das

> wie man das Zeugnis von der Kriminalität gesellschaftlicher Herrschaft erträgt, die die Einzigartigkeit des Seins an die ewige Vergesslichkeit ausliefert, nicht durch einen Akt der dramatischen Überschreitung, sondern durch einen Abstieg in den Alltag? Wie schafft man es, den Verlust nicht einfach durch eine dramatische Geste des Trotzes zu artikulieren und anstelle dessen zu lernen, die Welt in einer Geste des Trauerns zu bewohnen oder wieder zu bewohnen?" (ebd.: 208).

Das vergiftete Wissen, das durch das Miterleben von Gewalt erzeugt wird und das an die Kriminalität gesellschaftlicher Gesetze erinnert, sucht die kurdischen Migranten(innen) in ihrem Alltag heim. In der feindlichen urbanen Umgebung müssen das Selbst und die Gemeinschaft umgestaltet und wiederhergestellt werden. Das Überleben der Familie muss der Tatsache zum Trotz neu geordnet werden, dass nun die konstituierende Gewalt, auf der jedes Gesetz beruht, erfahren wurde und nicht vergessen werden kann. Narrative des Vergangenen, das Leben auf dem Dorf und der Gemeinschaft, ebenso wie detaillierte Berichte von deren Zerstörung, sind die primären Begebenheiten, durch die kurdische Menschen ihren Verlusten eine Bedeutung zuschreiben, die Welt wieder bewohnen und sich selbst neu erfinden. Nichtsdestotrotz geht es in diesem Text nicht darum, auf welche Weise die Vertretung und Zugehörigkeit kurdischer Menschen produziert werden. Ich hoffe, dass die Zitate, die am Anfang eines jeden Abschnittes dieses Textes stehen und die aus den Berichten der Vertriebenen entnommen wurden, als ein Ausdruck dieser Vertretung dienen werden. Es geht in diesem Text vielmehr darum zu erforschen, wie das Wissen, das eine solche Vertretung produziert, den Alltag des urbanen Gewebes durchdringt. Nochmals hoffe ich, dass die Nebeneinanderstellung der emotional stark berührenden Berichte der kurdischen vertriebenen Menschen mit dem unausweichlichen rational-diskursiven Tonfall dieses Textes die radikale Differenz widerspiegeln wird, die zerstörte Gemeinden in den urbanen, nationalen Räumen der Modernität darstellen.

Auf den folgenden Seiten werde ich ausführen, dass um die Art und Weise zu verstehen, wie kurdische Menschen an den Orten, an die sie ziehen, empfangen werden, man dem Gebaren des Staates als einem alltäglichen Akteur (sowohl als einer Körperlichkeit als einer Phantasie) innerhalb des urbanen Kontextes eine hohe Aufmerksamkeit widmen muss. Die Stimmen und die Vertretung der kurdischen Menschen agieren gegen das Vorübergehende, das Wissen und den Umgang, die der auf Staat und Modernität ausgerichtete urbane Raum generiert. Während allein dieser Umstand ihre Anerkennung als einer verletzten Gemeinschaft durch frühere urbane Bewohner begrenzt und gewalttätigen Konflikten Auftrieb verschafft, eröffnet er aber manchmal auch die Möglichkeiten für nicht-staatliche Gemeinschaftswesen im urbanen Raum. Ich gehe davon aus, dass diese Momente eine Basis formen können, um sich eine oppositionelle Politik des Friedens und des Lebens vorzustellen und umzusetzen, was in der Türkei so dringend benötigt wird.

1   Die kurdische Präsenz im Urbanen

Obwohl die Vertreibung von „verdächtigen Bevölkerungen" weltweit eine übliche Praxis ist, unterscheidet sich der Status der kurdischen Bevölkerung in der Türkei von vielen dieser Fälle, da die vertriebene Bevölkerung nicht als Flüchtlinge oder als politische Asylsuchende kategorisiert werden kann. Der Status der kurdischen Migranten(innen) ähnelt dem des Flüchtlings, da sie ihre Heimat gewaltsam und unfreiwillig verließen, da sie eine spezifische ethnische Gruppe bilden und eine andere Sprache als die der Gast-Stadt sprechen. Noch dazu sind die Dynamiken, die ihre Vertreibung produzierten, teilweise noch in Aktion und es wurden vom Staat keine formalen Mechanismen geschaffen, um eine Verbesserungen ihrer Situation zu ermöglichen. Wie auch bei Flüchtlingen, sind sie in der urbanen Umgebung ihrer gelernten Fähigkeiten beraubt, die kulturellen Formen und Praxen, die ihnen selbstverständlich sind, sind unterbrochen und sie müssen unter harschen ökonomischen Bedingungen leben.

Auf der anderen Seite wohnen sie, anders als Flüchtlinge, weiterhin in dem Land, indem sie wenigstens auf legaler Ebene die Staatsbürgerschaft zugestanden bekommen haben. In diesem Sinn hat sich auf der Ebene ihres legalen Status wenig verändert, auch wenn der alltägliche Kontext, in dem sich ihr Leben entfaltet, enorme Transformationen erfahren hat. Es ist diese Tatsache, die sie auf der einen Seite besser wappnet, mit den momentanen Bedingungen zurechtzukommen (wie vorläufige Arbeit und Wohnungen zu finden, oder berechtigt zu sein, das Bildungs- und Gesundheitswesen zu nutzen); die es auf der anderen Seite schwierig macht, innerhalb des urbanen Raums als eine spezifische Gruppe mit bestimmten Forderungen und Verletzungen wahrgenommen zu werden. Im Gegenteil – wie viele von ihnen ausdrücklich erwähnen, ist es am schmerzvollsten, von Behörden, NGOs und Akademikern gleichermaßen als die Formierung einer dritten Einwanderungswelle in die Türkei angesehen zu werden und von früheren Migranten(innen) nur in Kategorien ihrer größeren Armut und „Ignoranz" urbaner Lebensgewohnheiten unterschieden zu werden.[10] Sobald sie das urbane Gebiet betreten, werden sie Teil eines größeren Narratives der kapitalistischen Entwicklung und Welt, in der die spezifischen Verletzungen, die sie erlitten haben und die ursächlichen Probleme, die ihre „Migration" verursacht haben, versteckt werden und unerfasst bleiben. Auf der anderen Seite bilden gewaltsam vertriebene kurdische Menschen im Moment die wichtigste gesellschaftliche Basis für kurdische Politik und werden noch dazu immer mehr zu einem wichtigen Zeichen des Urbanen in der türkischen nationalen Vorstellungswelt. Für die kurdische Bewegung bezeugt allein die Tatsache, dass Millionen von Zivilisten heimatlos gemacht, verletzt und geschändet wurden, die Ungerechtigkeit des türkischen Staates und entlarvt seine Missachtung für grundsätzliche Menschenrechte – eine Tatsache, die von kurdischen Gruppen, die in nationaler und internationaler Lobbyarbeit und Verhandlungen engagiert sind, angeführt wird. Während im Konflikt zwischen Kurden(innen) und dem türkischen Staat verletzte und geschändete Körper als Zeichen staatlicher Gewalt reichlich vorhanden sind, hat die gewaltsame Migration deutlich gemacht, dass auch gewöhnliche und unschuldige Menschen nicht vom „Gesetz" des Staates ausgenommen werden. Kurdische

Migranten(innen) spielen auch in der Transformation der kurdischen Bewegung von einer regionalen Angelegenheit zu einer Sache des urbanen und nationalen Raumes eine wesentliche Rolle. Die Sichtbarkeit von Kurden(innen) als politische Aktivisten(innen) und als Subjekte von elementaren Leistungsansprüchen im Urbanen destabilisiert die souveräne Identität staatlicher Institutionen und die der „echten" urbanen Bewohner(innen), zu denen auch frühere Migranten(innen) zählen. Sogar wenn sich im üblichen Modus an sie gewendet wird, das heißt als Subjekte einer von Migration und Armut betroffenen modernen Sozialpolitik, hat die kurdische Bevölkerung die Begriffe transformiert, über die sich diese Politik in der Türkei konstituiert hat. Zum Beispiel über die Einführung des lange tabuisierten Begriffes des „Traumas" in das Vokabular des Sozialwesens und der NGOs. Während sich NGOs und staatliche Institutionen noch immer auf frühere Diskurse der „Unterentwicklung" und „Rückständigkeit" berufen, um neue Strategien der Regierungsgewalt und Herrschaft in den Gebieten zu etablieren, in denen die kurdische Bevölkerung aufwächst, bleibt das Zeichen des(r) gewaltsam vertriebenen kurdischen Migranten(in) als Exzess prägend bestehen. Die kurdische Sichtbarkeit im Urbanen ist in anderen Worten nur mit Schwierigkeit durch die Diskurse von Unterentwicklung oder regionaler Bedrohung zu decken, mit der in der Türkei immer schon und ausschließlich von Ethnizität und ländlich-städtischer Differenz gesprochen wurde. So muss im Kontext der Türkei die Frage, die Das formuliert, nicht nur darauf beruhen, „wie das bezeugende Subjekt es in einer Geste des Trauerns lernt, die Welt zu bewohnen oder wieder zu bewohnen", sondern auch darauf, wie das bezeugende Subjekt die Welt, die es bewohnt, neu erschafft und durch diese Geste transformiert. Die Schwierigkeit, mit der man konfrontiert ist, wenn man diese Frage zu beantworten sucht, liegt an der Tatsache, dass die vertriebene kurdische Bevölkerung nicht aus einer homogenen Gruppe besteht, die einfach zu benennen und beschreiben wäre. Im Gegenteil ist es sehr schwer, die sich ihnen stellenden Probleme, die von ihnen entwickelten Überlebensstrategien, ihre sich verändernden Identitäten, ihre Bedürfnisse oder ihre neue Formen der Zugehörigkeit bzw. Nichtzugehörigkeit mit einem einheitlichen Maß zu beurteilen. Noch wäre es gerecht, davon auszugehen, dass sie zumindest vor ihrer Vertreibung eine homogene Gruppe gebildet hätten. Am wichtigsten ist hierbei, dass ihre Beziehungen zur kurdischen Widerstandsbewegung im Allgemeinen und zur kurdischen Guerilla im Besonderen eine enorme Mannigfaltigkeit aufzeigen, die auch den bildlichen Ausdruck berühren, über den sie ihre vergangenen und gegenwärtigen Erfahrungen erzählen. Während diejenigen, die über Ideologie und informelle Bindungen eng an die Bewegung gebunden waren, ihre Vertreibung als „Opfer" für die Bewegung und als den Inbegriff der von einem nationalistischen Staat aufgezwungenen Ungerechtigkeiten erleben, reden die mit einer ambivalenteren Beziehung zur Bewegung von ihrer Vergangenheit wie ihrer Gegenwart als eines individualisierten täglichen Kampfes dagegen, vom Leben und der Geschichte ausgelöscht zu werden, welches sie als das Los aller Armen und weniger Mächtigen ansehen, unabhängig von Ort, Geschichte und Nationalität. Für diese Menschen ist weder das heimatliche Dorf noch die Stadt ein Ort der Zugehörigkeit, da, wie einer von ihnen feststellt, „es so ist und immer so sein wird. Jedes Mal wenn ich einen Backstein anfasse, um ein Heim zu bauen, wird immer einer kommen, um es zu zerstören."

Ebenfalls haben sich die Bindungen kurdischer Migranten(innen) zur Bewegung nach dem Ankommen im Urbanen verändert, abhängig davon, welcher Diskriminierung und Polizeigewalt sie ausgesetzt waren oder welche Hilfe sie von Familie und anderen Kurden(innen) erhielten. Während einige militanter und stärker politisch aktiv wurden, hielten sich andere aus Angst vor weiterem Ausschluss und Marginalisierung im urbanen Raum von der kurdischen Gemeinde völlig fern, genauso wie vor dem „Verrat", den sie von Verwandten erfuhren. Darüber hinaus spielen die Orte der Ankunft nach der Vertreibung eine wichtige Rolle für die Art und Weise, wie vergangene und gegenwärtige Erfahrungen interpretiert und Heilmittel gesucht werden. Zum Beispiel wünschen sich diejenigen, die von ihren Dörfern in die Stadtzentren gezogen sind, aber in der kurdischen Region geblieben sind, noch immer zurückzukehren, und das „Wiedererlangen des Vergangenen" formt die Vorstellung, um die sich ihre politischen und sozialen Aktivitäten gruppieren; während diejenigen, die in große Städte wie Izmir oder Istanbul gezogen sind, stärkere Bindungen an die urbane Struktur eingegangen sind und zum Teil dazu geneigt sind, Verbesserungen in der Sphäre der urbanen Verwaltung zu suchen.[11]

Die folgende Analyse basiert auf meinen Studien in einem Teil Istanbuls namens Esenyurt, ein ehemals besetzter und von Migranten(innen) gegründeter Stadtteil. Es ist ein Ort, an dem die vertriebene Bevölkerung weniger Hoffnung auf Rückkehr und, relativ gesehen, weniger Bedürfnis danach hat. Sie ist eher dazu geneigt, Teil der urbanen Gemeinschaft zu sein. Obwohl Viele am Anfang noch ihr Bedürfnis nach Rückkehr ausdrückten, erklärten sie im Laufe der Zeit, die wir zusammen verbrachten, dass das Leben in der Stadt auch mehr Möglichkeiten und in manchen Dingen mehr Freiheit ermöglicht, besonders in Bezug auf das Geschlechterverhältnis. Mehr noch hatten die meisten Menschen, mit denen ich sprach, schon enge Bindungen mit urbanen Organisationen geschlossen und waren von urbanen Dienstleistungen abhängig geworden, auch wenn dies oft durch Verwandte geschah, die sich in der kurdischen Gemeinde etabliert hatten. Ihre ideologische und politische Nähe zur kurdischen Bewegung war in verschiedenen Graden ausgeprägt und sie hatten verschiedenartige Probleme mit ihr. Nichtsdestotrotz teilten sie alle ein Gefühl der Zugehörigkeit zu einer verletzten Gemeinschaft und eine grundsätzliche Verpflichtung gegenüber einer bestimmten Art ethnischer Politik.

Während meiner „formalen" Feldstudie sammelte ich lebensgeschichtliche Narrative von 15 vertriebenen kurdischen Frauen. Indem sie ihre Geschichten von einer

Position der Zeugenschaft aus erzählten, sahen die kurdischen Frauen mich als eine Mitzeugin an. In anderen Worten wurde die Zeugenschaft die Figur, durch die wir kommunizierten und unsere Beziehung etablierten. Ich wurde ihnen als Türkin mit einem sofortig folgenden „aber" vorgestellt, das meine Bereitschaft zum Zuhören erklärte. Trotz aller Unterschiede, die unsere Beziehung strukturierten, hat das Teilen des Aktes der Zeugenschaft durch Ohr und Auge für sie wie für mich die Gemeinschaft rekonstituiert, zu der wir gehörten. Der Akt, Zeuge des Leidens der „anderen" zu sein, produziert eine Dringlichkeit zu handeln. Ich behaupte, dass es an der Produktion einer „bezeugenden Stimme" liegt, die eine Zuhörerschaft einfordert und im Sinne der Dringlichkeit es diese ist, die einem neuen Diskurs Auftrieb verschafft und neue Formen der Beziehungen im urbanen Kontext sich etablieren lässt, die angesprochen, diskutiert und repräsentiert werden müssen. Aber zuerst werde ich beschreiben, wie die bezeugende Stimme im Kontext der nationalen und internationalen Politik produziert wird.

2 Die Konstruktion der bezeugenden Stimme

I *Tochter:* Da unser Dorf ein großes Dorf mit 200 Häusern ist, gibt es dort einen Armeeposten. Es war Mitte Juni 1993. Weil es im Sommer sehr heiß war, waren mein Vater und meine Brüder auf dem Dach. Plötzlich gab es eine Explosion. Zuerst konnten wir nicht verstehen, was passierte. Leute rannten hin und her. Wir sahen aus dem Fenster. Jemand auf der Straße sagte, wir sollten reingehen und uns verstecken. Die Soldaten schossen in Richtung des Dorfes. Wir wussten nicht, wo mein Vater war. Meine Mutter hörte jemanden schreien, dass mein Onkel erschossen worden war. Ich nehme an, dass mein Vater hinausgegangen war, um nach ihm zu suchen. Bis zum Morgen blieben wir unter dem Bett. Das Schiessen ging weiter. Am Morgen brachten Soldaten uns alle auf den Dorfplatz. Dort war es, dass meine Mutter die Leiche meines Vaters sah. Sie befahlen uns, das Dorf zu verlassen. Sie brannten alles nieder und schrieen, dass wir den Terroristen helfen würden. Später hörten wir, dass einige Männer im Dorf heimlich die Leichen beerdigten, nachdem wir gezwungen worden waren, fort zugehen.
Mutter (auf Kurdisch): Wir ließen alles zurück. Wir konnten nichts behalten. Wir verließen das Haus mit dem, was wir am Leibe trugen, als sie uns auf dem Dorfplatz zusammen trieben. Die Soldaten verbrannten alle Tiere. Wir gingen mit einigen unserer Dorfbewohner in ein nahe gelegenes Dorf. Die Soldaten kamen hinter uns her und brannten dieses auch nieder. Der Mukhtar unseres Dorfes fuhr in die Bezirkshauptstadt um herauszufinden, was los war. Er kam zurück und erzählte uns, dass nichts sie aufhalten werde. Wir gingen zu einem Verwandten meines Mannes, der in Mardin lebte. Dort blieben wir eine Woche. Dann gingen wir zu einem anderen seiner Verwandten in Diyarbakır. Dort blieben wir zwei Wochen. Wir hofften, zurückkehren zu können. Vergiss das Zurückkehren. Sie hatten alle Straßen versperrt. Wir wurden an den Orten, an denen wir blieben, zur Last. Jeder sah uns als Last an. Als hätten wir

etwas Schlechtes getan. Die Frau des Verwandten meines Mannes behandelte uns während unseres Aufenthaltes schlecht. Sie gab uns kein Essen. Ich nahm die Kinder und ging in das Haus meines Vaters. Sogar dort waren wir eine Last. Er hatte ein Haus in Esenyurt gebaut, als er dort als Saisonarbeiter auf Baustellen gearbeitet hatte. Er sagte uns, dass es für uns das Beste wäre, wenn wir dorthin gingen. Also landeten wir hier. Wir haben nichts. Gibt es für uns irgendeine Hoffnung? Selbst wenn wir zurückkehren würden, gibt es unser Dorf nicht mehr.

II Dieser Ehemann von mir, der nicht mehr spricht, wurde mehrmals verhaftet und gefoltert. Ich weiß nicht, was die Anschuldigungen waren. Es gibt immer irgendwas. Bald nach seiner letzten Verhaftung kamen die Soldaten ins Dorf. Sie versammelten uns alle auf dem Dorfplatz. Sie fragten, ob wir endlich zustimmen würden, Dorfbeschützer zu werden. Wir sagten nein. Warum sollten wir? Also brannten sie all unsere Häuser nieder und zwangen uns wegzugehen. Wir zogen von Dorf zu Dorf, von einem verwandten Haus zum nächsten. Niemand nahm uns für mehr als ein paar Tage auf. Wir kamen hierher. Schau dir die nackten Wände an, die nackten Räume. Es gibt nichts. Wir haben nichts. Wir sind nichts. Und mein Ehemann kann weder sprechen, noch arbeiten, noch rausgehen. Kein Brot. Kein Geld. Alles wegen der Folter und den Schlägen.

III Vorher ging es uns recht gut. Wie soll ich sagen? Jetzt ist es so, als wären wir herunter gefallen. Es ist nicht wie, wenn wir nach Istanbul kamen, und wir essen, trinken, wandern herum. Man ist in schlechter Verfassung. Ich schwöre zu Gott, es gibt Tage, an denen wir nicht mal ein Stück Brot zu essen finden. Wie ich sagte, gibt es viele Tage, an denen wir nicht mal ein Stück Brot zu essen finden. Als erstes zerstörten sie das Dorf. Wir kamen nach Bulan. Bulan ist der Bezirk. Wir fingen an, im Bezirk zu leben. Am nächsten Tag kam das Spezialteam[12] nach Bulan. Ich habe eine Tochter, sie ist im Moment in der Schule. Sie war klein und hatte gerade angefangen zu laufen. Sie saß in einer Zimmerecke. Was sehe ich? Der Soldat hält sie an ihrem Arm und schmeißt sie auf den Boden. Ich sage zu ihm: „Lass mich dein Opfer sein. Ihr habt schon das Dorf niedergebrannt. Was wollt ihr noch von diesen Kindern? Wo sollen wir hingehen? Ihr habt unser Dorf niedergebrannt. Dies ist die Stadt." Er sagte: „Ihr habt hier keinen Platz. Verpisst euch nach Europa. Ihr habt in der Türkei keinen Platz mehr." Ich griff nach dem Kind, er nahm sie und schmiss sie wieder runter. Das andere Mädchen fing an zu weinen. Sie sagte: „Lass uns meinen Vater holen. Sie werden uns umbringen." Meine Schwiegermutter kam aus einem anderen Raum. Sie flehte: „Was wollt ihr? Lasst mich euer Opfer sein. Dies ist die Stadt. Meine Kinder sind nicht in die Berge gegangen.[13] Seht, sie sind alle zuhause." Sie sagten, dass ein Kerl namens Tanju der Anführer der PKK sei. Nun, wir haben tatsächlich einen Tanju zuhause, er ist mein Schwager. Aber zu dem Zeitpunkt war er vier Jahre alt. Ich sagte zu ihnen: „Ich schwöre bei Gott, dies ist der Tanju, nach dem ihr sucht." Sie glaubten es nicht. Sie gingen an diesem Tag weg. Aber sie ließen uns nicht in Frieden. Sie kommen am Morgen, sie kommen in der Nacht. Du weißt, dass der Ort, an dem wir lebten, im Wald war. Das ist da, wo die PKK sich versteckt. Es würde Kämpfe geben. Sie wollten, dass wir Dorfbeschützer werden. Sie schlugen unsere Männer. Die Männer sagten, „Nein, wir werden keine Dorfbeschützer. Erst schlagt ihr uns und dann gebt ihr uns Waffen und verlangt, dass wir Dorfbeschützer werden. Nein, mit uns nicht." Deswegen haben sie das Dorf niedergebrannt. Wir gingen in die Stadt. Dort haben sie uns auch nicht in Ruhe gelassen. „Wenn ihr also keine Dorfbeschützer werdet, dann verpisst euch. Geht nach Europa. Ihr habt keinen Platz in der Türkei." Wir haben so viele schreckliche Sachen erlebt und es geht weiter. Wir kamen nach Istanbul, nach Alibeyköy. Dort haben sich einige Leute wegen uns beschwert. Sie sagten, diese Leute sind Terroristen. Eines Tages fand uns die Polizei hier. Am Ende kamen wir hierher nach Esenyurt.

Ja, ich bin kurdisch. Warum sollte ich meine Realität verleugnen? Warum sollte ich sagen, ich sei es nicht? Ich bin kurdisch. Es ist wahr. Ich habe nicht gesehen, dass mein Ehemann etwas Illegales gemacht hat. Er ist ein guter Mann. Er ist ein sehr guter Mann. Jeden Tag, jeden Tag kamen sie. Der Druck hört nie auf. Er verlässt nicht mal das Haus. Mein Sohn möchte auch nicht rausgehen. Er hat die ganze Zeit Angst: „Mutter, die Polizei kommt. Mutter, die Soldaten kommen." Wir sind die ganze Zeit unter Druck.

Die Narrative, in denen kurdische Frauen und Männer Gewalt darstellen, sind nicht unmittelbare und unvermittelte Produkte der eigentlichen Gewalt. Im Gegenteil ist das unmittelbare Produkt von Gewalt der Verlust des Narratives und der Sprache (Malkki 1995; Jackson 2002; Scarry 1985). Sobald der Alltag von unerwarteter Gewalt zerstört ist, finden es die meisten Menschen schwierig, über ihre Erfahrungen zu sprechen und sich zeitlich und räumlich wieder mit der Welt zu verknüpfen. In welchem Maß die Sprache wieder gewonnen wird und wie das Format, in dem von der Erfahrungen kommuniziert wird, aussieht, hängt sehr von Institutionen und Gemeinschaften ab, die auf die Erinnerungen und Identitäten der verletzten Menschen Anspruch erheben. Im jüngsten Kontext der Türkei sind es überwiegend die von kurdischen Aktivisten(innen) gegründeten Parteien und Institutionen, die Anspruch auf die Erinnerungen und Identitäten der vertriebenen kurdischen Menschen erheben. Diese Institutionen organisieren die Narrative verschiedener kurdischer Menschen zu einer politischen Stimme und einem Narrativ des gemeinschaftlichen Leidens. Dies geschieht durch eine detaillierte Dokumentation, einer umfassenden Sammlung und der Verbreitung der Aussagen über Vertreibung, sowie über das Schaffen internationaler Treffen und kultureller Veranstaltungen. Diese Aktivitäten ermöglichen es auch, dass ein therapeutischer Raum innerhalb der Bewegung entsteht, in dem „es privaten Erfahrungen des Schmerzes erlaubt ist, sich in den Bereich der öffentlich artikulierten Erfahrungen des Schmerzes hinaus zu bewegen" (Das 1996: 193).

In dem Bezirk, in dem ich meine Feldstudie machte, war die pro-kurdische politische Partei HADEP (Volksdemokratiepartei) (jetzt DTP, Partei der demokratischen Gesellschaft)[14] der wichtigste Raum, in dem verschiedene kurdische Frauen

und Männer zusammen kamen, um sich zu treffen, wo Geschichten der Vertreibung die Runde machten und wo die kurdische Identität politisiert wurde. Oberflächlich schien das Parteibüro in Esenyurt ein Versammlungsort zu sein. Auf einer
tieferen Ebene jedoch war die Partizipation am sozialen Raum der Partei, der sich
in ihrem Büro materialisierte, das Verhältnis, „über die sich die Identifikationen
ihrer Mitglieder formten und transformierten" (Warner 2002: 87). Sobald sie eine
freie Minute hatten, suchten die Menschen das Parteibüro auf und saßen gewöhnlich im am Eingang gelegenen Gemeinschaftsraum, um Tee zu trinken und sich
über alltägliche Ereignisse zu unterhalten – meistens auf Kurdisch. Die meisten
Menschen kannten sich schon vorher, und wenn nicht, wurden sie sofort einander
vorgestellt und konnten sich leicht über gemeinsame Bekannte einbringen. In diesem Gemeinschaftsraum war es üblich, dass Männer und Frauen sich trafen und
ohne viel Zurückhaltung wurden Witze gemacht. Am Eingang gab es auch einen
Tisch, an dem kurdische Zeitungen und Publikationen verkauft wurden, und immer, wenn sie Geld übrig hatten, kauften die Menschen sie, um die Bewegung zu
unterstützen – unabhängig davon, ob sie sie lesen würden oder nicht. In diesem
Raum war es auch üblich, dass Männer und Frauen ihre persönlichen Geschichten
teilten, die jüngsten Nachrichten in MedTV[15] diskutierten und die Möglichkeiten
analysierten, ob ihre Verwandten – denen vorgeworfen wurde, Helfer oder Mitglieder der PKK zu sein – aus dem Gefängnis entlassen würden, oder ob es ihnen
selbst gelänge, in ihre evakuierten Dörfer zurückzukehren. Im Büro der HADEP
wurden die Frauen, deren Ehemänner eine Haftstrafe absaßen, mit dem größten
Respekt behandelt, genau wie diejenigen, deren Männer während der Vertreibung
getötet worden waren.

  Der Vorsitzende saß in einem eigenen Raum, der aber für alle, die ihn sehen
wollten, leicht zugänglich war. Die jüngeren Menschen trafen sich in einem tieferen
Stockwerk, wo Vorträge über kurdische Kultur gehalten wurden. In ihrem Büro
veranstaltete HADEP regelmäßige Zusammenkünfte, bei denen aus anderen Teilen Istanbuls kurdische Musikgruppen kamen um aufzuspielen. Bei diesen Zusammenkünften zeigte die Jugend, die Kultur-Unterricht erhalten hatte, was sie gelernt
hatte, und alle anderen machten mit. Oft hielt der Tanz über viele Stunden an.[16]
Alle Menschen kurdischer Identität, die ich in Esenyurt kenne, nahmen an diesen
Zusammenkünften teil. Nachbarschaftstreffen in den Häusern ihrer Mitglieder
stärkten das enge Band zwischen der HADEP und ihren Angehörigen. Auf den
Treffen sprachen die Menschen meistens über Makropolitiken, die die kurdische
Identität betrafen oder über die Lokalpolitik Esenyurts.

  Eine weitere wichtige Aktivität der HADEP war die Mobilisierung kurdischer
Menschen für die Teilnahme an Massenveranstaltungen wie Newroz[17] oder dem
Tag der Arbeit am ersten Mai. Vor einem solchen Ereignis gingen gewöhnlich Par-
teimitglieder von Tür zu Tür, um die Menschen über die Busse, die sie zum Ort

des Geschehens bringen würden, zu informieren. Die kurdischen Frauen von Esenyurt mochten diese Treffen besonders gerne und ließen nie eines aus. Selbst wenn es regnete oder kalt war, wenn ihre Männer wegen der Arbeit nicht mit konnten und selbst wenn sie kleine Kinder hatten, taten sie alles Notwendige, um es zum Treffen zu schaffen. Die Parolen des Treffens, das Ausmaß der Beteiligung, der gemeinsame Halay-Tanz nach dem Treffen und die Menschen, die die Frauen sahen, bildeten den Klatsch der folgenden Woche.

Letztlich stellte HADEP ein Netzwerk kurdischer Migranten(innen) in Esenyurt zur Verfügung, durch das Zugang zu Mietwohnungen und Arbeit gefunden werden konnte. Frauen, die sich im Büro der HADEP trafen, informierten sich gegenseitig über verfügbare Putzjobs in Esenkent.[18] Männer mit reicheren Verwandten woanders garantierten, dass ärmere kurdische Menschen in Esenyurt die notwendige Arbeit wie Bau-, Maler- und Klempner-Arbeiten an deren Häusern erledigten.

Abgesehen davon, dass sie die kurdische Identität politisierte und die Bedingungen schaffte, sich eine kurdische Gemeinde vorzustellen, nahm die HADEP mit anderen Worten die Rolle einer Gesellschaft an, die sich auf den Ursprung des Ortes (in migrantischen Nachbarschaften weit verbreitet) gründete, da sie der vertriebenen Bevölkerung mit Informationen und Bindungen versorgte, die ihre Niederlassung in der Stadt erleichterte. Als solche spielte die HADEP in den Leben kurdischer Männer und Frauen eine Schlüsselrolle, die mit dem Anfangspunkt der Ankunft in der Stadt begann und sicherlich sogar schon davor. Sie hatte einen enormen Einfluss darauf, wie die Sprache und die Narrative der kurdischen Menschen sich formten.

Neben HADEP war es eine weitere Organisation, die für die Leben der vertriebenen kurdischen Migranten (innen) in Esenyurt wichtig war. Die GÖÇDER (Gesellschaft für kulturelle und soziale Unterstützung von Migranten(innen)) zielt darauf, vertriebenen Kurden(innen) zu helfen, und Lobbyarbeit in der internationalen Arena für die Anerkennung der gewaltsamen Massenvertreibung sowie der Rückkehr der Migranten(innen) in ihre Heimat zu machen. GÖÇDER sammelt Informationen der Vertriebenen, unterhält Archive ihrer Geschichten, veröffentlicht Zeitschriften, macht Petitionen, findet Anwälte für die Inlands-Vertriebenen, um ihre Fälle vor den Europäischen Menschengerichtshof zu bringen und informiert sie über jüngste juristische Veränderungen. GÖÇDER[19] hat auch internationale Verbindungen mit kurdischen Organisationen in der Diaspora und anderen Organisationen in Europa, die an der Situation vertriebener Menschen weltweit interessiert sind. In der Tat sind es im Wesentlichen die weltweiten Verbindungen, die kurdische Organisationen etabliert haben, und der internationale Druck, dem die Türkei in Bezug auf die kurdische Sache ausgesetzt ist, die das Auftreten einer kurdischen Gegenöffentlichkeit in der Türkei möglich machen.

Die Struktur und der Kontext, wie die Erinnerungen von Vertreibung bei den organisierten Treffen und in den gesammelten Dokumente einzeln erzählt werden, ähneln sich sehr und ihre Stärke entwickelt sich aus ihrer Wiederholung, die in den verschiedenen Kontexten immer und immer wieder wiederkehrt. Frauen und Männer nehmen an jedem Treffen teil und erzählen ihre Geschichte mit kaum einer Veränderung. Sogar in politischen oder akademischen Veranstaltungen, wo Diskurse über „Objektivität" und „Formalismus" dominieren, schaffen die Frauen und Männer Möglichkeiten, darüber zu sprechen, was sie „miterlebt" haben und verändern so die Begrifflichkeiten, mit denen die Öffentlichkeit dieser Veranstaltungen konstruiert wird. Mehr noch gleicht sich auch die Darstellung der Erinnerungswiedergabe von Gewalt bis hin zu den Stellen, an denen geklagt und an denen allgemeine Aussagen gemacht werden. Das Wiedererzählen und die Wiederholung der Geschichte der Gewalt im selben Format macht diese für den/die Geschichtenerzähler(in) und auch die Zuhörerschaft nicht weniger authentisch. In der Tat ist es die Wiederholung, die diesen Darstellungen eine politische Bedeutung gibt. Wiederholungen fassen die verschiedenen Geschichten zu einer einzigen Stimme der Kurden(innen) zusammen.[20] Während die Schaffung einer ethnischen Gemeinde, die innerhalb eines internationalen Kontextes sprechen und gehört werden kann, ein wichtiger Untersuchungsgegenstand ist, habe ich keinen Raum, dieses in diesem Text zu erörtern. Im folgenden Abschnitt werde ich meine Aufmerksamkeit darauf richten, wie die performative Stimme des Kurdischseins im Alltag des urbanen Kontextes operiert, in dem die Gewalt gegen Kurden(innen) in den letzten fünf Jahren eskaliert ist.

3 Die Grenzen der kurdischen Gegenöffentlichkeit: Die Produktion von Feindseligkeit

I Wir waren Bauern. Wir lebten gut und hatten Hoffnung. Es war unser Zuhause. Aber 1995 haben sie wegen dem Terrorismus unsere Dörfer niedergebrannt. Und glaube mir, wenn ich sage, dass es wegen nichts war, weswegen sie dies taten. Selbst wenn man mich vor den Präsidenten stellen würde, würde ich dasselbe sagen. Wir waren nicht schuldig. Glaub mir. Wir waren nicht schuldig. Unser Dorf war nahe dem Zentrum. Wir hatten nie einen Terroristen gesehen. Es war wegen nichts. Warum? Weil sie die Regionen verschwinden lassen wollen. Die Soldaten kamen und brannten es nieder. Ein paar Soldaten hatten Mitleid und ließen einige Familien zusätzliche Kleidung mitnehmen. Manche gingen ohne irgendwas fort. Unsre Katze blieb im Haus und wurde ebenfalls verbrannt. Der Staat macht solche Dinge nicht. Aber ich sage die Wahrheit. Glaub mir, dass der Staat uns dies angetan hat. Wir kamen hierher. Wir litten nur. Meine Söhne sind Absolventen der höheren Schule. Aber wenn sie sagen, sie kommen aus der Region, knallen ihnen die Leute die Tür vor der Nase zu. Wir sind Staatsbürger der Türkei.

Der Staat sollte uns nicht diskriminieren. Was kann ich dir noch erzählen? Welch andere Geschichte könnte ich womöglich erzählen? Mein Mann starb aus Kummer, kurz nachdem wir hierher kamen.

Nun, ich kann dir erzählen, dass ich im Dorf glücklich war. Wir hatten alles. Meine Söhne gingen in die Schule. Wir hatten grüne Weiden und wunderschönes Land. Alles wuchs dort. Es war wunderschön. Ich hatte Freunde und einen guten Mann. Ich weiß nicht, ob du weißt, wie das Landwirtschaften geht. Aber wir hatten alle Ausrüstung dafür. Um genau zu sein, haben sich die Dinge in den letzten Jahren erheblich verbessert. Wir hatten Strom und Wasser. Wir haben niemandem wehgetan. Wir lebten friedlich. Wir hatten keinen Grund, das Dorf zu verlassen, wenn es nicht nach dem Staat gegangen wäre. Was sie taten, macht keinen Sinn. Was sie uns antaten, ist gegen die Menschenrechte.

II Du kennst das Dorfleben, Es ist nicht so, dass man alles hat. Aber es ist definitiv besser als das hier. Der Schnee im Winter. Das Grün im Frühling. Es ist unser Zuhause. Dein Heimatland. Was gibt es besseres als dein Heimatland? Man hat seine selbst gemachten Betten. Selbstangebautes Essen. Echtes Gemüse und Obst. Das Wasser ist umsonst. Wunderschöne Berge. Wir haben alles verloren. Wir konnten nichts mitnehmen als sie unser Dorf niederbrannten. Nicht mal unsere Betten. Alles wurde zerstört. Die Häuser, die Tiere. Es sind nun vier oder fünf Jahre. Ich wache immer noch auf und denke, ich bin da. Dann erinnere ich mich. Ich bin an diesem Ort.

III Lass mich dir die ganze Geschichte erzählen. Sie hatten das Dorfbeschützersystem legalisiert. Irgendwann in den 80ern. 18 Soldaten waren in unser Dorf gekommen. Wir sagten: „Nein. Wir werden keine Dorfbeschützer werden." Zu der Zeit hatten fünf oder sechs benachbarte Dörfer das Dorfbeschützersystem akzeptiert. Sie sagten es sei eine Pflicht, Dorfbeschützer zu werden. Aber in der Zeit waren sie noch nicht so gewalttätig, wie sie in den 90ern werden würden. 1994 sagten die Soldaten eines Tages zu uns: „Ihr werdet zu dem und dem Dorf gehen. Ihr werdet unter unserer Beobachtung wählen." Es war nicht einmal eine wichtige Wahl. Es war irgendeine lokale Wahl. Der Chef des Armeepostens kam zu uns und befahl uns, in dieses Dorf zu gehen. Alle Männer gingen durch den Schnee. Es war März. Im März verwandelt sich der Schnee in der Nacht zu Eis. Sie liefen alle durch den Schnee und über das Eis. Nur ein paar Männer blieben da. Sie riefen uns auf den Dorfplatz. Der Kommandeur sagte: „Ihr werdet alle Dorfbeschützer." Unser Mukhtar war da, aber er hatte Angst. Also sagte mein Mann zu ihnen: „Wir akzeptieren dieses Beschützersystem nicht. Nicht in diesem Leben. Niemals." Der Kommandeur sagte: „Dann brennen wir dieses Dorf nieder." Mein Mann sagte: „Brennt es nieder, wenn ihr wollt. Diese Angelegenheit wird nicht mal zu Ende sein, wenn ihr die Dörfer niederbrennt. Das Problem wird nicht mal dann gelöst sein, wenn ihr uns tötet." Im April brannten sie es wirklich nieder. Sie schlugen alle Männer. Sie hatten uns vorher informiert. Also waren wir Frauen geflohen, bevor sie kamen. Es gab so viel Folter in dieser Zeit. So viele Schläge für die Männer.

Dieses Jahr ging ich in das Dorf meines Onkels. Es ist nicht mehr so schlimm. Es war wieder März. Kurz vor Newroz. Sie hatten alle HADEP Mitglieder mitgenommen. Aber sie haben sie nicht gefoltert. Ich werde dennoch nie zurückgehen. Das Dorf ist weg. Es wird nicht dasselbe sein. Dieses Mal, als ich zum Dorf meines Onkels ging, weinte und weinte ich. Ich werde nie zurückgehen. Wenn du zurückgehst, wächst dein Verlangen.

IV Nach all dieser Ungerechtigkeit und Grausamkeit haben wir noch immer Angst. Im Dorf war das Wasser sauber und die Luft war sauber. Es war umsonst. Hier gibt es nichts außer Staub, Rauch und Beton. Die Orte, an denen wir leben, sind feucht und ungesund. Aber ich habe die Wichtigkeit der Freiheit kennen gelernt. Deswegen bereue ich all diese Grausamkeit und Folter nicht.

V Lass mich dir erzählen, was ich am meisten vermisse. Hm, ich vermisse unsere Gespräche mit den anderen Frauen auf der einen Seite des Brunnens, wo wir immer unser Wasser holen. Kann irgendjemand so sein wie deine Kindheitsfreunde? Kindheit ist Unterhaltung, Wohlergehen. Beim Brunnen war es so, als wären wir Kinder, als wären wir nicht verheiratet, als wäre wir nicht alt geworden, als würden wir nicht die Last der Kinder tragen.

Unglücklicherweise ist der Ruf nach Zeugenschaft, der sich in der Sprache der Vertriebenen artikuliert und der das Gesetz, den Staat und die angenommene progressive Zeitweiligkeit der Migration angreift, für diejenigen, die ihr zuhören, beunruhigend. Er hat den Effekt, die Öffentlichkeit, zu der die Vertriebenen sprechen, abzugrenzen. Die meisten Menschen in Esenyurt wollen nicht als Teilnehmende einer solchen Öffentlichkeit angesehen werden oder „in einer solchen Szene präsent sein" (Warner 2002: 86). Im Gegenteil sehen andere Gemeinden in Esenyurt die Kurden(innen) als eine Bedrohung sowohl für den unausweichlichen Fortschritt Esenyurts als auch für die „nationale" Einheit.

In Esenyurt werden die vertriebenen Menschen meistens „die Migranten aus dem Osten" genannt; ein Ausdruck, der den unfreiwilligen Aspekt ihrer Migration und die Grundlage ihrer Gemeinschaft (welches Verlust und Gewalt sind) versteckt. Diese Migranten(innen) aus dem Osten sind laut anderen Menschen in Esenyurt durch multiple Eigenschaften gekennzeichnet, die alle in Diskurs von Modernität und „westlicher Zivilisation" verortet sind. Die Menschen sagen, dass die neuen Migranten(innen) aus dem Osten viele Kinder haben, sich oft an Schlägereien beteiligen, nicht wissen, was Sauberkeit ist, ignorant sind und sich nicht um die Nachbarn kümmern. Die Rolle der Frauen in den Familien wird oftmals benutzt, um die angenommenen „unzivilisierten" Eigenschaften der „Leute aus dem Osten" zu begründen. Ich habe oft erlebt, dass Leute, die nach „unterdrückten" Menschen für mich zum Gespräch „gesucht" haben, sich oft auf Frauen unter den kurdischen Migranten(innen) bezogen haben – die, so wurde konstatiert, von ihren männlichen Verwandten nicht aus ihren Häusern gelassen wurden oder die gezwungen wurden, polygame Ehen einzugehen. Junge Mädchen wollten gewöhnlich keine „Leute aus dem Osten" heiraten, da sie davon ausgingen, dass es unüberwindbare kulturelle Differenzen zwischen ihnen gab, die über kurz oder lang die Ehe scheitern lassen würden.

Viele Menschen machten die Migranten(innen) aus dem Osten auch dafür verantwortlich, Esenyurts Weg zur Modernisierung zu zerstören, da sie „keine Bereitschaft zeigten, sich an urbane Bedingungen anzupassen". Einige Frauen fragten mich, „also, da du die Soziologin bist, erkläre uns, warum sich die Leute aus dem Osten so eifrig an ihrer Kultur festklammern und sich nicht ein wenig verändern wollen, nachdem sie in die Stadt gekommen sind?" Was hier als Kultur angesehen wurde ging von angeblich lauten Hochzeiten der „Leute aus dem Osten" bis zu deren Konsummustern oder ihrer Beziehungen zu ihren Kindern. Manche gingen sogar so weit zu sagen, dass es unmöglich geworden sei, in Esenyurt zu leben, seit die Zahl der „Migranten(innen) aus dem Osten" angestiegen ist. Sie glaubten, dass die Kinder der neuen Migranten(innen) einen schlechten Einfluss auf ihrer eigenen Kinder ausübten. Es war deutlich, dass „der Osten" im Ausdruck „Leute aus dem Osten" weniger die Referenz zu einem geographischen Gebiet, als eine Konstruktion war, die alles zusammenfasste, was die Menschen als ein Hindernis dem Fortschritt gegenüber ansahen. Zum Beispiel wusste man augenblicklich, dass wenn die Menschen den Begriff „Migranten aus dem Osten" benutzten, die Leute aus Kars aus dieser Kategorie ausgenommen waren, obwohl die Menschen aus der Stadt Kars, die Esenyurt dominieren, auch aus dem Osten und größtenteils ethnische Kurden (innen) sind. Im Gegenteil benutzten Mittelstandsangehörige aus Kars den Begriff oft, um sich von den Neuankömmlingen zu unterscheiden. Aber wenn die Menschen in politischen Begriffen von ihrem gegenüber den neuen Migranten(innen) gehegten Argwohn sprachen, wurde ein anderes Vokabular mobilisiert, das sich aus den Diskursen, die von Staat und Medien produziert wurden, speiste. Dann wurden die Migranten(innen) aus dem Osten plötzlich zu Kurden(innen), die jederzeit bereit waren, die Nation zu verraten. Die Menschen, mit denen ich nach den letzten Kommunalwahlen sprach, sagten zum Beispiel, dass der Grund für die Wahlniederlage des letzten Bürgermeisters von Esenyurt, Gürbüz Çapan, an der Tatsache lag, dass er zunehmend engere Bande mit den Gruppen in Esenyurt einging, die mit „den Terroristen" assoziiert wurden. Die politische Allianz, die die DEHAP und Çapans Partei, der sozialdemokratischen SHP, etabliert hatten, und die Ankündigung der DEHAP, dass sie keinen kommunalen Kandidaten in Esenyurt aufstellen werde und stattdessen Çapan in dieser Wahl unterstützen würde, war ein Grund für diesen Glauben. Dass Çapan kürzlich im lokalen Fernsehen von Kars erschienen war, wo er behauptete, dass es die Kurden(innen) gewesen seien, die den Unabhängigkeitskrieg in den östlichen Regionen geführt hatten und nicht Atatürk, war ein weiterer Grund. Ohne weiteres unterstütze er die kurdische Forderung, eine geteilten Souveränität der kurdischen und türkischen Ethnizitäten in der Verfassung[21] zu verankern, indem er sagte, dass „während Menschen ihr Blut für das Land vergossen, Atatürk und seine Freunde hinter den Damen des Palastes her rannten". Es muss nicht gesagt werden, dass nach seiner Rede juristische Anklagen gegen Çapan erhoben wurden, aber wichtiger ist, dass er seine schon schwindende Popularität beim konservativen Flügel in Esenyurt verlor.

Vertrieben Kurden(innen) und frühere Migranten(innen) gingen in dem Gebiet oft Schlägereien ein. Obwohl kleinere Schlägereien wegen Kindern, Müll, wegen Land und wegen der „Ehre" in Esenyurt üblich waren, wurde ihr Ausmaß automatisch drastischer, sobald Kurden involviert waren, die tatsächlich Kurdisch sprachen und als Kurden bekannt waren. Insgesamt wurden Kurden(innen) als Unruhestifter angesehen und ihnen wurde vorgeworfen, alles in eine politische Sache zu verwandeln, obwohl, soweit ich es übersehen konnte, das Gegenteil viel öfter der Fall war. Wenn jemand seine Schulden nicht bezahlte, oder seinen Nachbarn nicht genug „Respekt" zollte, und wenn dieser Jemand kurdisch war, dann wurde er von den Leuten „kıro"[22] (was einen sexualisierten und ethnisierten Begriff der Maskulinität anzeigt) genannt oder es wurden Gerüchte in Umlauf gebracht, dass er sein Geld für die Unterstützung der „terroristischen Organisation" verwendete. Kurzum, welche Beschwerden auch immer die Menschen über den Staat hatten, sobald die kurdische Bewegung zum Thema wurde, waren sich die Menschen in Esenyurt darin einig, dass die Kurden(innen) das Land spalteten und dass sie nicht vertrauenswürdig waren. Während diese Einigkeit größtenteils von den staatlichen und medialen Diskursen herrührte (und so eine diskursiv konstituierte Position einnimmt), stammt sie auch von der tatsächlichen Bedrohung her, die die PKK für die Menschen in Esenyurt und anderswo darstellte, da der Staat sich nicht nur einer ideologischen Dominanz erfreute, sondern sich auch permanent die Körper seiner Staatsbürger aneignete und durch den Militärdienst zwischen sich und ihnen Vertrautheit herstellte.

Seit dem Beginn der kurdischen Rebellion ist der obligatorische Wehrdienst ein gefährliches Unterfangen geworden. Viele Männer aus Esenyurt leisteten ihren Wehrdienst im Südosten, wo sie entweder dem Risiko ausgesetzt waren, in Kämpfe mit der PKK zu geraten oder tatsächlich gegen sie kämpfen mussten. Einige Familien haben in der Tat ihre Kinder im Krieg verloren. Aber wichtiger ist noch, dass die Möglichkeit, sie zu verlieren – gekoppelt mit der konstanten Bombardierung durch Medien und Staat, die den „Verlust der Soldaten" dramatisierten – eine Kultur schuf, die das Militär, seine Aktionen und Diskurse hochschätzte. Die hegemoniale Öffentlichkeit in der Türkei ist offen für die Übersetzung des privaten Leidens in einen öffentlich artikulierten Schmerz, wenn es sich um den Verlust von Soldaten handelt. Weinende Mütter, trauernde Väter, Nachbarschaften, die protestieren und den „Terrorismus" verurteilen, bestimmen seit Mitte der 80er die Tagesnachrichten. Darüber hinaus waren die Menschen in Esenyurt irritiert, weil sie glaubten, dass obwohl der „Täter" all dieses Schmerzes (Abdullah Öcalan) verhaftet wurde, er aufgrund des Drucks aus der EU nicht die Todesstrafe erhielt. Die Menschen wollten ganz einfach, dass jemand die Schuld für ihr Leiden bezahlen sollte (oder eher das Leiden ihres Staates und seiner Soldaten, mit denen sie sich durch den Mechanismus des Wehrdienstes identifiziert hatten). Dementsprechend gewann im Laufe meiner Feldstudie die Vendetta gegen die Kurden(innen) trotz des Waffenstillstandes an Stärke. Die Wut auf die PKK ließ sich einfach in öffentliche Proteste und privaten Hass gegen vertriebene Menschen übertragen, von denen bekannt war, dass sie die kurdische Sache unterstützten. Diese Wut beeinflusste auch, wie die Menschen wählten (in allgemeinen und lokalen Wahlen) und wie sie in einer stereotypisierten Sprache generell über die Kurden (innen) sprachen.

Nichtsdestotrotz ist die Präsenz des Staates in Esenyurt viel tiefer, als sowohl eine ideologische als eine institutionelle Analyse uns zu begreifen erlauben würden. Trotz gegenteiliger Annahme, ist es in der Tat so, dass Orte wie Esenyurt, die von Migranten(innen) geschaffen wurden und die an den Rändern des Urbanen gelegen sind, eng mit dem Staat verwoben sind. Ich will damit sagen, dass die Aktionen der Menschen aus Esenyurt, die Art der Strukturen und Diskurse, in die sie investieren, nicht verstanden werden können und keinen Sinn machen, wenn man die Unternehmungen des Staates nicht als eine Fantasie ihrer Psyche versteht.

Da Esenyurt in den 1980ern in einem Raum geschaffen wurde, in dem es keine juristischen Dokumente oder Baugenehmigungen, keine Infrastruktur, keine formelle Wirtschaft und nicht einmal einen legalen Status gab, wurden hier schon immer an den Staat gerichtete Bedürfnisse produziert. Es ist vielmehr so, dass die Ordnung in Esenyurt primär über die Organisierung des Lebens um die Annahme und/oder die Verweigerung legaler Dokumente, Besuche verschiedener staatlichen Institutionen und Untersuchungen der Gendarmerie und munizipalen Polizei hergestellt wird, die aus vielfältigen Gründen inklusive Schulden, politischer Aktivitäten, geringfügiger Vergehen, Betrug, Arbeits- und Verkehrsunfällen und Konflikten auf der Straße und in den Wohnungen resultieren. Während für diejenigen, die einen mehr oder weniger stabilen Status in Esenyurt erreicht haben, indem sie in den Besitz eines Haus und Unternehmens gekommen sind, die wachsende Präsenz des Staates (in Form von Kommunalbehörden, urbaner Pläne, Bereitstellung von Infrastruktur) eine nach oben strebende Mobilität bedeutet, ist für diejenigen, die noch immer unter Armut leiden, der Staat die Instanz, die ihre Verletzungen mit den an sie gerichteten Hilfsprogrammen heilt. Mit anderen Worten erfreut sich der Staat in Esenyurt einer Vertrautheit mit seinen Staatsbürgern, die weit jenseits eines rationalen Verständnisses von Staatsbürgerschaft liegt. Der Staat ist der verabscheute und geheiligte Liebhaber, um den sich das Leben entwickelt. Gemeinden kommen zusammen und fallen im Kampf um den Einfluss auf den Staat auseinander, sie werden in dem Ausmaß geschaffen und zerstört, in dem die Kommunalbehörden oder rivalisierende Parteien sie anerkennen oder dementsprechend nicht als Wähler mit geteilten Tendenzen beachten. In einer solchen Umgebung setzten die Narrative kurdischer Menschen sorgfältig gehütete Geheimnisse frei und verraten den intimen Pakt, den ein jeder türkischer Staatsbürger mit seinem Staat haben muss. Mit anderen Worten: die sind Kurden(innen) mit ihrer fremden Sprache (sowohl wortwörtlich als metaphorisch) verstoßene Gäste, die den Sinn von Zuhause und Gemütlichkeit in Esenyurt in Frage stellen. Nichtsdestotrotz bleibe ich dabei, dass echte Gelegenheiten im urbanen Raum eingebettet sind, um die verletzten Beziehungen wieder herzustellen, die in generalisierenden Berichten unsichtbar gemacht werden. Diese Gelegenheiten entwickeln sich aus der Art und Weise, wie die vertriebene Bevölkerung den Alltag wieder einnimmt und ihre Stimmen, die in der kurdischen Gegenöffentlichkeit produziert werden, in die Verwebungen urbaner Beziehungen herein trägt.

Um es ausdrücklicher zu formulieren, während die Wirkungen der kurdischen Vertretung in der Türkei oft auf ihre öffentliche Sichtbarkeit und Diskurs und auf ihren Erfolg oder Misserfolg reduziert werden, die EU Druck auf den türkischen Staat ausüben zu lassen, seine Gesetze zu ändern, behaupte ich, dass die Wirkungen der kurdischen Vertretung eher in der Art und Weise zu sehen sind, wie sie sich Orte „zu eigen" machen – indem sie die affektiven Dimensionen ihrer öffentlichen Darstellungen in den Raum des alltäglichen Lebens tragen. Die Bewältigung des Alltags erfordert die Interaktion verschiedener Gemeinden in ihrem Überlebenskampf, der im Gegenzug diese Gemeinden auch wiedererschafft und Gemeinsamkeiten zwischen ihnen produziert, die die hegemonial definierten „allgemeinen Maßnahmen des sich-einig-Seins unterbrechen" (Williams 2002: 287).

4 Als Gast zu Esenyurt dazuzugehören: Die Frage der Gastfreundschaft

I Mitten im Winter ist es unmöglich, einen sauberen Park zu finden. Ich schwöre bei Gott, jedes Mal wenn ich in einen Park gehe, ist er voll vergammelnden Obst oder leerer Saftdosen. Immer ist Müll da. Eines Tages gingen wir in den Park. Da war eine dreckige Windel. Irgendjemand muss sie hingeworfen haben. Es war so dreckig. Wir saßen zusammen mit den Kindern auf einer Bank. Ich gab dem Kind zweihundertfünfzig Lira, damit es Kerne kauft. An diesem Tag war es heiß. Die Kinder spielten. Ein Junge kam zu meiner Tochter und schlug ihr ins Gesicht. Er sagt: „Es ist verboten, hier Kerne zu essen." Ich sagte zu ihm: „Siehst du nicht, dass es hier überall dreckig ist?" Da war dieser Typ, der uns aus seinem Fenster aus beobachtete. Er sagte: „Verpisst euch, das hier ist nicht euer Ort." Ich dachte er spricht zu irgendwelchen Kindern, die seinem

Haus nahe gekommen waren. Er schrie wieder: „Frau, kannst du mich nicht hören? Bist du taub? Verpisst euch." Ich sagte: „Wer bist du denn, um mir zu sagen, ich soll mich verpissen? Siehst du dieses Kopftuch? Wie kannst du so was sagen? Wenn du ein Mann bist, komm her. Hast du denn keine Scham?" Er sagte zu mir: „Komm du nur her." Aber dann kam er in den Park. Er stieß mein Kind. Ich sagte zu ihm: „Komm zur Besinnung. Ich bin eine Frau. Du verpiss dich. Ich werde nicht weggehen. Dies ist ein Park des Staates, nicht der deines Vaters. Wenn du wie ein Mensch hergekommen wärest und mir gesagt hättest 'Tante, deine Kinder machen den Park kaputt', hätte ich meine Kinder genommen und wäre gegangen. Was gibt dir das Recht aus dem Fenster zu schreien wie ein Hund?" Er kam weiter auf mich zu. Ich sagte zu ihm: „Trotz des Kopftuches auf meinem Kopf, betrachte mich nicht als kleiner als du es bist. Ich trete dir in den Arsch." Dann kam eine Frau und fing an, ihn anzuschreien. „Schämst du dich nicht vor dir selber? Na und, dass du der Mukhtar geworden bist, du bist noch immer ein Hund." Also ist er der Mukhtar des Bezirks. „Wo auch immer wir hingehen, landen wir in Schwierigkeiten", sagte ich zu mir selbst. Wie um alles in der Welt befahl ich dem Mukhtar, sich zu verpissen?

II Seit wir hierher gekommen sind, gibt uns niemand ein Heim zur Miete. Sie sagen, man hat zu viele Kinder. Sie sagen, sie wollen keine Kurden(innen). Dies und das. Wir sind auf dieser Erde alle Mieter. Sie kennen diese einfache Tatsache nicht. Ich gehe zum Arzt. Er beleidigt mich. Also gebar ich mein Kind zuhause. Man hat sowieso schon Schmerzen. Warum soll man sich dann noch mit Beleidigungen beschäftigen? Ich gehe in die Schule meines Kindes. Der Lehrer will nicht mit mir reden. Warum? Weil ich kein Geld habe. Ohne Geld bist du nichts. Werden wir in dieser Welt keinen heimischen Herd haben?

III Sie sagen, wir seien ignorant. Zur Schule zu gehen ist Bildung? Ignoranz ist etwas anderes. Ignoranz ist, die Menschenrechte nicht zu respektieren. Die Rechte der Frauen nicht zu respektieren. Oh ja, ich weiß nicht, wie man liest und schreibt. Aber Gott sei Dank, ich bin nicht so ignorant, wie es hier die meisten Leute sind. Ja, wir leben auf dem Dorf. Wollten wir hierher kommen? Nein. Die Leute hier sagen zu uns „ihr seid im Exil". Gott sei Dank bin ich nicht im Exil. Habe ich irgendetwas getan, dass ich das Exil verdiene? Bin ich weggelaufen? Habe ich ein Verbrechen begangen? Nein, ich bin nicht im Exil. Ich wurde gezwungen, zu migrieren. Ich kenne den Wert des Friedens und des Heims. Jetzt nennen sie mich nie eine Exilantin.

IV Mein Schwager geriet in eine Schlägerei. 500 Leute sind mit Messern hinter ihm her. Es ging alles wegen einem Kind los. Die Mutter des Kindes beschimpfte ihn. Also ging er zu dieser Frau und sagte: „Schwägerin. Was du tust, ist schlecht. Wir sind alle Nachbarn hier." Irgendein Typ ging zu ihm und schlug ihn. Offensichtlich sind sie alle miteinander verwandt. Seine Frau rannte zu unserem Haus und erzählte uns die Geschichte. Wir gingen raus und sahen zweihundert, vielleicht dreihundert Leute, die hinter ihm her waren. Sie kamen alle aus Kars. Mein anderer Bruder war bei ihm. Er sagte zu den Leuten: „Ich kenn ihn nicht". Kannst du das glauben? Sein eigener Bruder. Er dachte: „Ich muss mich selbst schützen, lass sie ihn umbringen." Mein Mann rannte in die Menge. Er sagte zur Menge: „Habt ihr den Verstand verloren? Ihr habt ihm schon wehgetan. Ihr seid Metzger. Ein Mensch rennt nicht mit dreihundert Leuten hinter einem her. Ihr seid Tiere." Ich nahm mittlerweile meinen Schwager mit ins Haus. Er blutete. Da war auch eine Frau, die schrie: „Sind denn keine Menschen unter euch. Lasst den Mann frei." Wir gingen zur Polizeiwache. Aber, in Esenyurt ist Kars der Staat. Also gingen wir ins Krankenhaus. Wir gingen wieder zur Gendarmerie und zeigten ihnen die Krankenhauspapiere. Wir haben das Recht, sie zu verklagen, weißt du? Danach kam eine von ihnen zu unserem Haus. Sie sagte, „Seht her, ihr klagt die falschen Leute an. Es waren alles Drogenabhängige, die hinter euch her waren. Nicht wir." Mein Mann sagte: „Zeig sie mir, wo sind sie? Wenn du nicht schuldig bist, dann geh nach Hause und setz dich mit gutem Gewissen hin. Es ist dumm, die Abhängigen zu beschuldigen. Warum sollten sie hinter uns her sein?"

Dann kam ein weiterer Verwandter von ihnen. Er war ein Finanzbeamter. Dieser große Kerl fleht meinen Mann an. Der sagte: „Sieh mal, die Dinge sind nicht so, wie du sie kennst. Wir wurden gezwungen herzukommen. Wir haben Respekt. Bei uns ist Respekt reichhaltig vorhanden. Aber ist es menschlich, dass dreihundert hinter einem einzelnen her sind? Nicht fünf, nicht sechs. Dreihundert. Jetzt kommt ihr zu uns. Das wichtige ist als erstes, nicht die Mauer zu zerstören. Eine Mauer zu bauen ist schwierig. Zu zerstören ist einfach. Ich weiß das sehr gut, weil meine Mauer seit vierzig Jahren zerstört wird. Seit dem Tag, an dem ich geboren wurde. Ich habe einen Hut. Ich nehme ihn und gehe, wenn du willst. Ich will keinen Konflikt. Ihr habt keine Angst vor dem Töten. Aber wir schon. Wir töten niemanden. Wir haben Angst vor dem Töten und Sterben. Wir scheren uns nur um unser Brot."

Die obigen Narrative sind Zeugnisse davon, dass die kurdischen Menschen in Esenyurt oftmals als „Fremde" in der Stadt behandelt werden, die von Türken(innen) und denen, die sich mit Türken(innen) identifizieren, bewohnt wird. In seinen bewegenden Vorlesungen zu Gastfreundschaft weist Derrida (2000) auf eine produktive Unvergleichbarkeit hin, die in die Beziehung zwischen Gastgeber und Fremden eingebaut ist. Dies basiert auf der Tatsache, dass diese Beziehung (die der Gastfreundschaft) von zwei verschiedenen Gesetzten zugleich abhängig ist. Auf der einen Seite haben wir das „hyperbolische Gesetz der Gastfreundschaft", welches bedingungslos und unhinterfragt ausgeführt werden sollte. Auf der anderen Seite gibt es in jedem spezifischen Kontext multiple Gesetze der Gastfreundschaft, welch die Bedingungen definieren, unter denen Gastfreundschaft verdient wird. Die spezifischen Gesetze der Gastfreundschaft, die die Menschen, die in Esenyurt leben, bereit sind, den Kurden(innen) zu geben, sind von der Präsenz des Staates in Esenyurt überzeichnet. Nichtsdestotrotz zeigen die Narrative der kurdischen Menschen, dass vertriebene Migranten(innen) auf die Anwohner Esenyurts reagieren, indem sie das Gesetz der bedingungslosen Gastfreundschaft anrufen und ihre Gastgeber zu Geiseln machen. Sie zwingen letztere dazu, die Verantwortung des Gastgebers zu übernehmen und sie als das anzuerkennen, was sie sind: eine verletzte Gemeinschaft. Indem sie dies tun, zeigen sie die Spuren ihrer Verletzungen, welche die erzwungene Migration oder die Gewalt, zum Gast im eigenen Zuhause gemacht worden zu sein, hinterlassen haben. In diesem Fall weichen Ethik und Politik voneinander ab und ein Raum ist eröffnet, aus dem neue Aktionen und Zuneigungen vorgestellt und ausgeübt werden können. Kurdische Menschen erinnern die Anwohner(innen) von Esenyurt wiederholt daran, dass es der Staat ist, der den Raum besetzt, es der Souverän ist, der letztlich besitzt, der letztlich der Gastgeber ist. Als Staatsbürger zu einem Nationalstaat dazuzugehören, stellt sich darüber her, diese fundamentale Regel zu akzeptieren. Das hyperbolische Gesetzt der Gastfreundschaft kann nur erlangt werden, wenn die Trennung zwischen Gastgeber und Gästen durch die gemeinsame Erkenntnis aufgehoben wird, dass „wir alle Mieter in dieser Welt sind."

Ich spreche hier nicht über das Derridasche Vielleicht, ein Vielleicht, das immer verschoben ist. Die Armut, die Esenyurt betrifft, die Intensität des Staates als Gebender und Nehmender im Alltag, die Gewalttätigkeit des Kapitals, von denen der Lebensunterhalt abhängt und ein verbreitetes Gefühl, sich wirklich am kulturellen Rand zu befinden, zwingt die Bewohner(innen) Esenyurts, eine andere Körperschaft darzustellen, als hegemonial hergestellt. Auch wenn viele der Anwohner(innen) Esenyurts die Geschichten der kurdischen Menschen nicht glauben und sie immer und immer wieder über ihre Vergangenheit ausfragen, eröffnet ihre Eingelassenheit mit der kurdischen Sache und ihren Ideologien, die Bewältigung des Alltags und ihre geteilte Abhängigkeit von Materiellem wie Brot, Kopftuch und Herd grundsätzliche Möglichkeiten, Beziehungen zu etablieren, die nicht über die Präsenz des Staates vermittelt werden. Solche Beziehungen stellen Frieden und Gastfreundschaft dar und negieren Krieg und Feindschaft, indem sie die das Spiel der Souveränität mit dem Konkreten der alltäglichen Kämpfe nebeneinander stellen. Im Alltag wird das Leben gemacht, während die Inszenierung der Souveränität das Leben zerstört und tötet. Ich behaupte, dass genau in der staatszentrierten Realität des fortwährenden Exil das Urbane von einem Bereich der Macht zu einem Bereich der Zugehörigkeit transformiert wird.

5   Schlussfolgerung

I Auf wen kann ich mich in Esenyurt verlassen? Nun, nicht nur auf die Kurden(innen), auf Leute von ganz verschiedenen Orten. Meine Nachbarn. Jeder kennt die Probleme von jedem in meiner Nachbarschaft. Sie wissen, was uns passiert ist. Sie sind aus Artvin, aus Tokat. Sie sind unsere Nachbarn. Vielleicht war ein Verwandter von ihm ein Soldat, der im Krieg gestorben ist. Vielleicht habe ich jemanden in den Bergen. Das macht nicht wirklich was aus. Wir reden da nicht drüber.

II Ich ging zum Büro des Schulleiters. Er sagte zu mir, dass meine Kinder sauber in die Schule kommen. „Warum sollte ich ihnen helfen?" Ich fragte ihn, wem er denn helfen würde? Er sagte: „Schau dir diese Kinder an. Sie haben nichts anzuziehen." Ich sagte: „Schau nicht seine Kleidung an, guck dir sein Haus an. Dieses Geld ist nicht vom Staat gegeben worden, internationale Organisationen haben dir dieses Geld gegeben. Du kannst uns nicht diskriminieren. Komm, sieh dir mein Haus an." Meine Nachbarn sind am nächsten Tag zu ihm gegangen und haben ihm meine Situation erklärt. Er entschuldigte sich bei mir und gab mir das Geld.

III Als wir hier ankamen, kam ich mit einer Decke. Drei Kinder und wir. Eine Frau kam rüber. Sie sagte: „Wir sind aus Bulgarien." Sie sagte: „Warum lasst ihr die Kinder auf dem Boden schlafen? Sie werden sich erkälten." Ich sagte: „Sie mögen es so." Ich erzählte ihr nicht, dass wir nur eine Decke hatten. Sie wussten nicht, dass wir nichts aus dem Dorf mitnehmen konnten. Sie wussten nicht, was uns zugestoßen war. Am nächsten Tag kam eine weitere Frau und sah dasselbe. Am nächsten Tag kamen sie beide zusammen. Sie fragten: „Wo sind eure Sachen?" Ich sagte, sie seien im Dorf und dass unsere Verwandten sie uns schicken würden. Am nächsten Tag kamen drei Frauen, eine brachte ein Bett, eine eine Steppdecke, die Dritte einen Teppich. Am vierten Tag kam eine weitere Frau und brachte Teller. So habe ich dieses Zuhause gebaut.

IV Ich weine wegen allem. Wenn eine weint, weine ich mit ihr. Ich sah neulich ein Kind auf der Straße weinen. Ich fragte es: „Warum weinst du?" Er sagte: „Ich habe das Geld, das ich verdient habe, verloren." Unser Vermieter hatte am Vortag ein paar Kleidungsstücke für meine Kinder vorbeigebracht. Aber, sieh, dieses Kind arbeitete. Meine Kinder gehen zur Schule. Also gab ich ihm die Kleidung. Ich sagte zu meinem Mann: „Heute rauchen wir nicht." Und ich gab ihm unser Zigarettengeld. Ich gab ihm auch Suppe. Eine andere Nachbarin kam an dem Abend bei uns vorbei und gab ihm auch etwas Geld. Diese Nachbarschaft ist eine gute Nachbarschaft.

Ich habe in diesem Artikel aufgezeigt, dass es in Esenyurt multiple Prozesse gibt, durch die der Staat eine Vertrautheit mit seinen Bürgern schafft und seine souveräne Identität wiederherstellt. Die Narrative der inländisch vertriebenen kurdischen Frauen und das Wissen, das die produzieren, sind unter diesen Umständen tatsächlich Gift. Auf der Ebene der öffentlichen Rede und der alltäglichen Begegnungen zeigen und decken sie die Grenzen der Staatsbürgerschaft und die Grausamkeit des Gesetzes auf. Dementsprechend wird das Urbane politisch und räumlich wiedererschaffen, wenn sie ihre Stimmen in das Gewebe des Alltags tragen. Ich behaupte, dass während die urbane Begegnung möglicherweise zu Feindseligkeit führt, sobald solche Grenzen aufgedeckt werden, sie auch zu einer Möglichkeit werden kann, in der leidende und durch eine nationale und kulturelle Geschichte gespaltene Gemeinden neue Wege der Interaktion finden können. An diesem Punkt bleiben solche Interaktionen verstreut. Nichtsdestotrotz scheint mir in einem Land wie der Türkei, in dem es unmöglich ist, sich überhaupt vorzustellen, dass Wahrheits- und Wiedergutmachungskommissionen etabliert werden könnten, um für Kriegsverbrechen Rechenschaft abzulegen, dass die einzige Möglichkeit für Wiedergutmachung darin besteht, Wege der öffentlichen Repräsentation zu produzieren, die zeigen, wie nicht-staatliche Formen der Wiedergutmachung an der Basis tatsächlich stattfinden, so verstreut sie auch sein mögen.

Aus dem Englischen von Sophia Schmitz

Anmerkungen

1   Ein Auszug dieses Textes wurde erstmals auf dem Workshop über „(Post)Conflict and Remaking of Place and Space: Economies, Institutions and Networks" in Khartoum, Sudan 2004 präsentiert.

2   Ein Lied Ahmet Kayas (aus dem Album Caravan), der aus der Türkei wegen seiner politischen Verbindung zur kurdischen Bewegung fliehen musste und der als politischer Asylsuchender am 16. November 1999 in Europa starb. (Liedtext und Komposition von Khoshnav Tilli).

3   Ausschnitt aus einem Interview mit einem 12jährigen Kind, das in der Zeitschrift GÖÇDER (Assoziation für Kultur und Soziale Unterstützung von Migranten) im September 1998 gedruckt wurde.

4   PKK (Arbeiterpartei Kurdistans) ist der Name der Organisation, die den bewaffneten Aufstand der Kurden(innen) anführt. Während sie eine stabile Guerilla in der kurdischen Region aufrecht erhält (inklusive Teilen des Irak, Syriens und Irans), hat die PKK auch enge formale und informelle Bindungen zu kurdischen legalen Parteien, Organisationen und Aktivisten (innen) in der Türkei.

5   Normalerweise begann dies mit einem langsamen Prozess, in dem das Militär die Dörfer mehrmals aufsuchte und sie dazu zwang, Dorfbeschützer zu werden, die vom Staat bewaffnet wurden und das Dorf vor Guerillaangriffen „beschützen" sollten. Nach zahlreichen solcher Begebenheiten besetzten die Soldaten das Dorf, brannten sämtliche Häuser nieder und zwangen die Dorfbewohner, fortzugehen.

6   Die Zahlen sind widersprüchlich. Ich verlasse mich hier auf einen Bericht der Assoziation der Migranten, der sich nicht nur auf die gewaltsam Vertriebenen bezieht, sondern auch auf diejenigen, die aufgrund der durch den Konflikt verursachten Repression und ökonomischer Schwierigkeiten gezwungen waren, ihre Heimat zu verlassen.

7   Siehe http://www.gocder.com/rapor.htm für einen ausführlichen Untersuchungsbericht über die Bedingungen der gewaltsam vertriebenen Migranten (innen) in großen Städten.

8   Abdullah Öcalan ist der Anführer der PKK. Er wurde im Februar 1999 in Kenia verhaftet und in der Türkei zum Tode verurteilt. Da die Türkei die Todesstrafe als Teil des Programms, den Standards der Europäischen Union gerecht zu werden, ausgesetzt hat, wird er auf einer Insel der Türkei in Isolationshaft gehalten.

9   Obwohl kurdische Migranten(innen) mehrere Fälle vor dem europäischen Gericht als auch vor türkischen Gerichten gewonnen haben und ihnen ihre Rückkehr vom türkischen Staat gewährt wurde, sind sie noch immer mit vielen Problemen konfrontiert. Am wichtigsten ist, dass die Dorfbeschützer, die in der Region blieben und das evakuierte Land besetzt haben, nicht willens sind, das Land mit den Rückkehrern zu teilen. Bis heute hat der Staat keine Maßnahmen ergriffen, den Rückkehrprozess zu sichern und diese Probleme zu lösen.

10 Auch wenn Schriften über kurdische Migranten (innen) die Tatsache anerkennen, dass in ihrem Fall die Migration unfreiwillig vorging, heißt dies nicht automatisch, dass diese Schriften die Bedeutung und Effekte dieser Tatsache hervorheben. Sie beschäftigen sich eher mit soziologischen Variablen (Erziehung, Anstellung, Einkünfte, etc.), um die vertriebene Bevölkerung zu definieren und in dem Feld des urbanen Managements zu situieren, als sich damit auseinanderzusetzen, was gewaltsame Vertreibung einer ethnischen Minderheit im Sinne des urbanen Raums und Subjektivität bedeutet. Ich schlage im Gegensatz dazu vor, dass von den erlittenen Verletzungen der kurdischen Migranten(innen) und von deren Sichtbarkeit im Urbanen in einer anderen Sprache gesprochen werden muss, die eine Transformation der urbanen Politik und in der Repräsentation des Urbanen erlaubt.

11 Ich habe an anderer Stelle behauptet, dass Frauen die Narrative ihrer Dörfer verschiedenartig konstruieren, abhängig vom Kontext, in dem sie sprechen und sie als Mittel benutzen, um Berechtigungen für staatliche Unterstützung, freie Gesundheitsversorgung und so weiter zu bekommen.(*The Institutional Production of Incoherent/Strategic Selves: The Memories of Displaced Kurdish Women in Esenyurt*, auf dem Workshop über Erinnerungspolitik in Istanbul 2002 präsentiert.

12 Das Spezialteam bezieht sich auf Soldaten, die exklusiv für den Kampf gegen den Terrorismus und den Kampfeinsatz trainiert werden.

13 „In die Berge gehen" wird als Äquivalent dafür benutzt, Mitglied der PKK zu werden, da die PKK-Mitglieder meistens in den Bergen positioniert sind, die die kurdischen Städte umgeben.

14 Das Verfassungsgericht hat die HADEP 2003 auf der Grundlage der Anklage, enge Bindungen mit der PKK zu unterhalten, ethnische Teilungen zu provozieren und die nationale Einheit zu bedrohen, verboten. Die DEHAP (Demokratische Volkspartei) trat an die Stelle der HADEP. Diese wurde anschließend von der DTP ersetzt.

15 MedTV ist der Fernsehkanal der Kurden (innen), der in Belgien gesendet wird und in der Türkei per Satellit empfangen werden kann. 1999 wurde seine Zulassung gekündigt und sendete unter dem Namen Medya TV bis 2004, auch wenn jeder in Esenyurt ihn weiterhin MedTV nannte. Seit kurzem sendet er unter dem Namen Roj TV.

16 Siehe Stokes 1994, wie Musik als Mittel gebraucht wird, eine ethnische Identität und geographische Bindungen unter Migranten (innen) zu schaffen.

17 Newroz wird bei den Kurden(innen) als der Tag gefeiert, an dem der Frühling ankommt, und ist im letzten Jahrzehnt zu einem sehr politisierten Ereignis geworden. Für die symbolische und wirkliche Bedeutung von Newroz für die kurdische Gegenöffentlichkeit siehe Gambetti 2005.

18 Esenkent ist eine obere Mittelschichtgegend nahe Esenyurt.

19 An dieser Stelle würde ich gerne Şefika Gürbüz für ihre unschätzbare Hilfe bei meiner Untersuchung über die Vertriebenen und für ihre freundliche Unterstützung danken.

20 Man könnte behaupten, dass der Exzess der Gewalt, der nicht rekonstruiert, kommuniziert und ausgearbeitet werden kann, nur durch eine strenge narrative Kontrolle bewältigt werden kann, ohne die betroffenen Subjekte zu überkommen. Die Ausrufe und Klagen sind dann Zeugnisse der an sich unbeschreiblichen Exzesse der Gewalt.

21 Eine der jüngsten Forderungen der kurdischen Opposition ist, dass die Kurden(innen) als konstituierend für die türkische Republik anerkannt werden und dass dies in der Verfassung ausgedrückt wird.

22 Siehe Öncü 2000 für die Diskussion um die Verbreitung solcher Ausdrücke in den Medien.

Literatur

Das, Veena (1996): Critical Events: An Anthropological Perspective on Contemporary India, New Delhi: Oxford University Press

– (2000): The Act of Witnessing: Violence, Poisonous Knowledge, and Subjectivity, in: Das Veena et al. (Hrsg.): Violence and Subjectivity, Berkeley, Los Angeles, London, University of California Press

Derrida, Jacques (2000): Of Hospitality, Stanford University Press

Gambetti, Zeynep (2005): The Conflictual (Trans)formation of the Public Sphere: The Case of Diyarbakır, in: New Perspectives on Turkey, No: 32, Spring

Jackson, Michael (2002): The Politics of Storytelling: Violence, Transgression and Intersubjectivity, Copenhagen: Museum Tusculanum Press

Malkki, Liisa Helena (1997): Speechless Emissaries: Refugees, Humanitarianism, and Dehistoricization, in: Karen Fog-Olwig/Kirsten Hastrup (Hrsg.): Siting Culture: The Shifting of Anthropological Object, London und New York: Routledge

Öncü, Ayşe (2000): İstanbullular ve Ötekiler: Küreselcilik Çağında Orta Sınıf Olamanın Kültürel Kozmolojisi, in: Çağlar Keyder (Hrsg.): Istanbul Küresel ile Yerel Arasında, Istanbul: Metis Yayınları

Scarry, Elaine (1985): The Body in Pain: The Making and Unmaking of the World, New York and Oxford: Oxford University Press

Stokes, Martin (Hrsg.) (1994): Ethnicity, Identity, and Music: The Musical Construction of Place, Oxford and Province, USA: Berg

Üstündağ, Nazan (2002): The Institutional Production of Fragmented Selves: Village Narratives of Displaced Kurdish Women. Der Text wurde auf dem Erinnerung und Politik Workshop an der Boğaziçi Universität, Istanbul vorgetragen

– (2005): Belonging to the Modern: Women's Suffering and Subjectivities in Urban Turkey, Unpublished Thesis, Indiana University

Warner, Michael (2002): Publics and Counterpublics, in: Public Culture, Vol.14(1), 49-90

Williams, Gareth (2002): The Other Side of the Popular: Neoliberalism and Subalternity in Latin America, Durham and London: Duke University Press

Emre Arslan

Türkische Ultranationalisten:
Zwischen Staatsmacht, Kemalismus und Islam

1 Einleitung

Fast jeder Staat, der gewöhnlich als Nationalstaat bezeichnet wird, versucht sich als vorgeschichtliche und ewige Gemeinschaft darzustellen, obwohl die Idee der Nation ein modernes Phänomen ist. Die Zugehörigkeit zu der Gemeinschaft einer Nation wird in der Regel nicht durch eine bewusste Wahl oder Auseinandersetzung mit dieser erlangt. Daher wird die nationale Zugehörigkeit aus nationalistischer Perspektive als eine Art Schicksal und natürliche Begebenheit betrachtet, die nicht allein als rationale Kategorisierung verstanden werden kann. Auch viele politische Parteien, die normalerweise nicht als nationalistisch angesehen werden – wie Sozialdemokraten, Liberale und Konservative – vernachlässigen ein solches Hinterfragen des Rahmens des Nationalstaates, in welchem sie Politik betreiben. Obwohl sie keine Nationalisten sind, ist die Idee der Nation trotzdem ein wesentlicher Bestandteil ihres Weltbildes. Der Ultranationalismus instrumentalisiert und bearbeitet die nicht hinterfragte Basis der Idee der Nation und mobilisiert so Massen. Ideologisch gesehen kann man den Ultranationalismus vom Nationalismus anhand der Betonung der „Idee der Herrschernation" unterscheiden. Ultranationalisten beanspruchen für ihre Nation, dass sie überlegener als andere Nationen ist. Eine logische Konsequenz dieser Vorstellung ist zumeist die politische Forderung nach einer territorialen Expansion des vorhandenen Staatsgebiets. Ultranationalisten legitimieren ihre scheinbare Überlegenheit und die Politik der Expansion hauptsächlich mit mythischen Erzählungen.

Insbesondere in den 1930er Jahren formierte sich eine deutliche ultranationalistische und rassistische Ideologie in der Türkei. Diese Phase des Türkismus (türkischer Nationalismus mit irredentistischer Politik) wurde hauptsächlich von den in Europa aufkommenden Ideen des Faschismus und Nationalsozialismus beeinflusst. (Özdoğan 2001: 46-55). Die türkischen Ultranationalisten, die in diesen Jahren ihre Ideen viel mehr an die Öffentlichkeit tragen konnten, waren eher eine ideologische und elitäre Strömung als eine politische Bewegung mit einer breiten Basis. Erst in der Mitte der 1960er Jahre, mit der Entstehung der *Ülkücü*-Bewegung[1], konnten die türkischen Ultranationalisten Massen mobilisieren, wobei die Verbindung zwischen ideologischer Konstruktion durch Mythen und Machtansprüchen der ultranationalistischen Politiker ersichtlicher wurde. Die MHP als eine extrem hierarchische politische Partei mobilisierte breite Massen durch eine systematische Propaganda des Nationenmythos und verfolgte gewalttätige Aktionen. Da die MHP Massen von Menschen organisiert und beeinflusst, kann sie nicht mehr als eine intellektuelle Strömung, sondern muss vielmehr als eine politische Bewegung bezeichnet werden (Bora/Can 1994: 52). In dieser Phase nahmen die Studien zur mythischen Geschichte der Nation, romantische Vorstellungen und die kulturelle Arbeit ab. Stattdessen wurden Theorien zur politischen Mobilisierung der Massen unter dem Führerprinzip und militärisch organisierte politische Parteiarbeit zu den zentralen Merkmalen des türkischen Ultranationalismus. Meistens interessierten *Ülkücü*s sich mehr für praktische Aufgaben innerhalb der Institution und deren politische Ziele, die mit ultranationalistischen Mythen am einfachsten zu legitimieren sind.

Bora und Can bezeichnen die Grauen Wölfe als eine *eigentümlich* faschistische Bewegung (1994: 46). Um der verbreiteten Tendenz einer Vernachlässigung der Besonderheiten der Grauen Wölfen in der türkischen Literatur vorzubeugen, benutzen sie den Ausdruck *Ülkücü-Bewegung* statt *„faschistische Bewegung"* (Bora und Can 1994: 45). Andererseits wird bereits durch Bora und Cans Bezeichnung der Ülkücü-Bewegung als eine *eigentümlich* faschistische Bewegung ersichtlich, dass sie die Ülkücüs unter der politischen Kategorie des *Faschismus* einordnen. Da sich die erste ultranationalistische Bewegung und Partei, die die politische Macht ergriff, in Italien befand, stammt der Begriff *Faschismus* ursprünglich aus dem Italienischen. Weil die ideologischen Elemente und die organisatorischen Strukturen anderer ultranationalistischer Bewegungen, Parteien und Regimes dem italienischen Faschismus ähneln, wird in der Literatur häufig der Begriff *Faschismus* angewendet.[2]

Da der Begriff *Faschismus* heute einen politischen Kampfbegriff darstellt und die Grauen Wölfe[3] diesen Begriff häufig ablehnen, ist es schwer, diese Bezeichnung ohne Vereinfachung und Missverständnisse als ein wissenschaftliches Analysemittel zu benutzen. Der Begriff *Ultranationalismus* scheint besser geeignet zu sein, um die politischen und ideologischen Eigenschaften der Grauen Wölfe zu bezeichnen. Mit diesem Begriff ist es möglich, die gemeinsame Basis zwischen den italienischen Faschisten, den deutschen Nationalsozialisten und den türkischen Grauen Wölfen ohne Missachtung ihrer Besonderheiten zu analysieren. Eine ultranationalistische Weltanschauung, die die Idee der Nation als das zentrale und ursprüngliche Element für ihr politisches Konzept bestimmt, ist die grundlegendste Gemeinsamkeit all dieser Bewegungen.[4] Sie betrachten Geschichte als Verhältnisse zwischen den Nationen (Kriege und Allianzen) und nehmen ihre eigene Nation als überlegen und besonders wahr.

In dieser Arbeit werden die geschichtlichen Verstrickungen der türkischen *Ül-küçüs* mit der Staatsmacht, dem Islam und dem Kemalismus dargestellt. Das Kriterium, das in dieser Arbeit für eine Periodisierung der Ülkücü-Bewegung benutzt wird, ist die Veränderung ihrer mythischen Symbole, Erzählungen und Rituale in Bezug auf ihre Form und Bedeutung. Eine Analyse dieser Elemente verdeutlicht nicht nur die immer intensiver gewordene Einbeziehung der islamischen Elemente in die Ülkücü-Bewegung, sondern auch die Widerstände gegen diese Entwicklung innerhalb der Kreise der türkischen Ultranationalisten. Die „Islamisierung" des türkischen Ultranationalismus durch die Ülkücüs seit den 1960er Jahren kann als ein Bruch in der Tradition des türkischen Ultranationalismus angesehen werden. Im ersten Teil der Arbeit wird dieser Islamisierungsprozess in den 1960er und 1970er Jahren dargestellt. Die Situation der Ülkücüs nach dem Militärputsch von 1980 ist besonders geeignet, um die komplizierten Verhältnisse zwischen der Staatsmacht und der MHP zu verdeutlichen. Obwohl das damalige Militärregime aufgrund einer intensiven Einbeziehung der ultranationalistischen und islamischen Elemente in den Kemalismus ideologisch sehr nah bei der MHP angesiedelt war, bestrafte dieses Regime die Ülkücüs. Die Ereignisse, Wahrnehmungen und Reaktionen der Ülkücüs in dieser Zeit werden im zweiten Teil dieser Arbeit beschrieben. In den 1990er Jahren durchlebten die Ülkücüs eine Phase, in der sie immer mehr Anerkennung, Lob und Respekt genossen. Spätestens mit ihrem großen Wahlerfolg im Jahr 1999 war die MHP nicht mehr nur eine marginale Partei in der türkischen Politik. Die Gründe und Ereignisse, die dieser Entwicklung zu Grunde liegen, sind Thema des dritten Teils. Das Fazit der Arbeit konzentriert sich auf eine Auswertung ihrer verschiedenen ideologischen Richtungen und der damit verbundenen Dilemmata der Ülkücüs vor dem Hintergrund der dargestellten geschichtlichen Fakten.

2 Kampf um die Symbole: Die Drei Halbmonde und der Grauer Wolf

Kemalismus als türkische Staatsideologie war in seiner frühen formativen Periode (1923-1945) als ideologisches Projekt auf die Massenbewegung nicht angewiesen. Im Gegenteil, die Kemalistische Elite versuchte, jede Form von Massenbewegung zu kontrollieren und zu verhindern. Erst in den 1960er Jahren spielten politische Massenbewegungen in der türkischen Politik eine bedeutsame Rolle. Der erste Auslöser war die sozialistische Bewegung. Die Verbreitung der sozialistischen und revolutionären Ideologien in der türkischen Bevölkerung während der 1970er Jahre bildete in den Augen des türkischen Machtblocks den wichtigsten Unsicherheitsfaktor (Turan 2001: 137). Der Ultranationalismus war in jenen Jahren eine reaktionäre Mobilisierung gegen eine „Kommunismusgefahr" in der türkischen Gesellschaft. Die drastische politische Karriere von Alparslan Türkeş veranschaulicht den sich verändernden Charakter des türkischen Ultranationalismus in der türkischen Politik besonders gut.

Während der 1950er Jahre hatte Türkeş beim Militär eine gehobene Position inne und nahm am ersten Militärputsch der Türkei am 27. Mai 1960 gegen die Adnan Menderes-Regierung teil. Im Gegensatz zur Mehrheit der Putschisten propagierte Türkeş, dass das Komitee der Putschisten (Komitee der Nationalen Union, MBK) weiterhin an der Macht bleiben und eine nationalistischere Politik durchziehen sollte (Taylak 1977: 132-3). Während dieses Machtkampfs in der MBK wurde er mit 13 anderen Mitgliedern von dem Komitee entlassen. Die Mehrheitsgruppe im Komitee schickte Türkeş ins Ausland (Turan, 2001: 133). Als er 1963 in die Türkei zurückkehren durfte, versuchte er, „von unten" mit verschiedenen politischen Gruppierungen die Macht zu ergreifen. Er gestaltete Vereine und Organisationen gegen den Kommunismus und trat 1965 einer ultrakonservativen Partei, CKMP, bei. Kurz nach seinem Beitritt konnte er mit seinen Verbündeten die Partei „erobern": Er war schon im Jahr 1965 Parteivorsitzender. Türkeş begann, für die Partei eine durchdachte nationalistische Ideologie vorzubereiten und eine hierarchische Parteistruktur aufzubauen.

1969 fand ein Sonderkongress der Partei in Adana statt. Die erste wichtige Veränderung auf diesem Kongress war die Umbenennung des Parteinamens (Ayvazoğlu, 2002: 574). Der neue Name, Partei der Nationalistischen Bewegung (*Milliyetçi Hareket Partisi*)[5], MHP, zeigte zweierlei Veränderungen: Während das Wort *nationalistisch* das neue ideologische Zentrum der Partei verdeutlichte, war das Wort *Bewegung* ein Zeichen für die neue politische Strategie und Form der Partei. Die aktive Teilnahme junger Mitglieder, die teilweise eine militärische Erziehung in Kommandocamps erhielten, war das entscheidende Element der neuen Politik. Schon auf dem Partei-Kongress von 1967 hatte sich Türkeş als Parteivorsitzender viele Vorrechte gesichert und seine Position wurde sogar mit dem Titel „Führer" (*Başbuğ*) verehrt. Auf dem Kongress von 1969 erhielt Türkeş noch größere Entscheidungsbefugnisse.

Eine dritte Veränderung des Kongresses von 1969 war die Anerkennung der Drei Halbmonde[6] als neues Symbol der Parteifahne. Der türkistische und rassistische Flügel der Partei bemühte sich darum, den Grauen Wolf[7] als Parteisymbol durchzusetzen. Türkeş war sich aber bewusst, dass islamische Inhalte und Symbole wichtige Elemente für die Mobilisierung der Masse in der Türkei waren (Türkeş 1998: 138; Büyükbaş 1994: 26). Der Kampf um die Symbole war in Wirklichkeit ein Kampf um die Rolle des Islam in der ultranationalistischen Ideologie. Die türkischen Ultranationalisten distanzierten sich zwischen 1930 und 1960 vom Islam. Einige Ultranationalisten sahen im Islam sogar ein Mittel des arabischen Imperialismus gegenüber der türkischen „Rasse" (Akgün/Çalış 2002: 595). Türkeş und Bölükbaşı (ein ehemaliger Vorsitzender der Partei) schätzten den Islam aber als ein wichtiges Motiv für die künftige ultranationalistische Politik als Bewegung ein. In diesem Sinne war der Kampf um die Symbole gleichzeitig ein Kampf um die ideologische Richtung der Partei.

Die Wahl der Drei Halbmonde als Symbol der Parteifahne und der Kampf gegen einige Türkisten bedeutete aber nicht die Eliminierung der türkistischen Elemente aus der Partei (Ayvazoğlu 2002: 574; Mete 2002: 703). Die Idee der Herrschernation war immer noch das Kernelement der MHP, wie das anderer ultranationalistischer Parteien. Was sich durch den Kongress von 1969 veränderte, war die Verknüpfung religiöser Denkstrukturen mit türkischem Ultranationalismus. Eine nähere Betrachtung der symbolischen Veränderung im Kongress verdeutlicht die Hauptrolle des Nationalismus als MHP-Ideologie. Erstens wurde der Graue Wolf als Symbol keineswegs kritisiert oder sich davon distanziert, sondern er wurde nach wie vor als ein wichtiges Symbol für die türkischen Ultranationalisten angesehen. Daher wurde er als Symbol für die Jugendorganisation der Partei ausgewählt: Das Emblem der Jugendorganisation war ein Grauer Wolf in einem Halbmond. Zweitens wurde das Symbol der Drei Halbmonde zu einem ultranationalistischen Symbol umgestaltet. Traditionell sind die Drei Halbmonde voneinander getrennt angeordnet und zeigen alle in die gleiche Richtung. Bei den Ülkücüs wurden die Drei Halbmonde gestalterisch jedoch derart miteinander verknüpft, dass sie deutliche Parallelen zum Hakenkreuz aufwiesen (Turan 2001: 134). Nach einer starken Kritik der Öffentlichkeit wegen dieser eindeutigen Assoziation mit dem deutschen Faschismus mussten sie diese Gestaltung aufgeben. Trotz dieser taktischen Veränderung aufgrund des öffentlichen Drucks kann davon ausgegangen werden, dass der Versuch der Ultranationalisierung religiöser Symbole eine der wichtigsten Strategien der Ülkücüs seit den 1960er Jahren darstellt.

Die Besonderheit der MHP für die konservativen Intellektuellen war ihre so genannte „Straßenkraft" (*sokak gücü*). Ein anderer Flügel des Rechtsextremismus in der Türkei, die islamistische Bewegung, lockte noch mehr Wähler an und baute eine bessere Beziehung zu den wohlhabenden Klassen auf, die die Partei finanziell unterstützen und absichern konnten. Außerdem hatte die islamische Partei (Milli Selamet Partisi, MSP) einen viel entwickelteren ideologischen Rahmen und Hintergrund. Die Jugendgruppe der islamischen Partei (die sich selbst *Akıncılar* [„Eroberer"] nannte) zog aber wesentlich weniger Jugendliche an und verhielt sich passiver als die Ülkücüs. Die Ülkücüs waren ohne Zweifel die wichtigste und die stärkste gewaltbereite Kraft der türkischen Rechten gegen die linke Bewegung. Die Ülkücü-Bewegung kompensierte ihr ideologisches Unvermögen durch eine dynamische Bewegung, die sich unter das militärische Engagement eines Führers als Chefkommandanten stellte.

Weil die Marginalität der MHP-Stimmen in den Großstädten deutlicher zutage trat, wurde die Partei als eine radikale Provinzpartei betrachtet.[8] Je mehr die MHP eine Politik entwickelte, die auf die Gedankenwelt und Resentiments der ultrakonservativen und reaktionären Segmente der sunnitischen Muslime zugeschnitten war, desto mehr gewannen islamische Sinnbilder in der Partei an Gewicht (ebd.: 148). In der Bürgerkriegsstimmung von 1978 und 1979 nahm der islamische Ton besonders zu.[9]

1979 veröffentlichte Muhsin Yazıcıoğlu, der damalige Führer der Jugendorganisation, eine neue Zeitung, die die damals bereits vorhandene Jugendzeitung ersetzen sollte, der ein staatliches Verbot drohte. Ein Mitglied der Zeitungsredaktion, Lütfi Seyhsuvaroğlu, wollte den Namen „Neue Türkei" (*Yeni Türkiye*) durchsetzen. Er begründete diesen Vorschlag wie folgt: „Warum ich den Namen *Yeni Türkiye* wünschte, lag daran, dass ich nach einer Möglichkeit suchte, auch mit der 'nationalen Linken' zusammenzukommen und eine Zusammenarbeit zu erreichen. Bevor wir die Zeitung veröffentlichten, sprach ich mit Attila Ilhan[10] und fragte ihn, ob er für uns schreiben werde" (Yanardağ 2002: 197). Seyhsuvaroğlus Vorschlag zur Namensgebung wurde aber von den anderen Mitgliedern nicht akzeptiert. Die Zeitungsredaktion entschied sich für den Namen *Nizam-ı Alem*, der die nationalistischen Muslime anlocken sollte (Yazıcıoğlu 1998: 130). Der Begriff *Nizam-ı Alem* (Weltordnung) spielt auf die gewünschte Wiederbelebung des Osmanischen Reichs in Verbindung mit der Idee der Weltherrschaft des Islam unter türkischer Führung an. Mit ihren am Osmanischen Reich orientierten politischen Vorstellungen und der Betonung des Islam distanzierte sich die Zeitungsredaktion gleichzeitig vom türkischen Staat und von dessen offizieller Ideologie. Auch Parolen wie „Oh, Allah, ich fange mit Allah an, Allah ist groß" (arabische Parole: *Ya Allah, Bismillah, Allah-ü Ekber*) und „Der Sieg gehört dem Islam bis zu unserem Tode" (*Kanımız Aksa da Zafer İslamın*) waren verbreitet (Akgün/Çalış 2002: 599; Büyükbaş 1994: 19). Als die Zeitung eine Auflage von bis zu 100.000 Exemplaren erreichte, wertete Türkeş diesen Erfolg als ein Bedrohungspotential für seine eigene Macht und die ultranationalistische Richtung in der Partei und ließ die Zeitung einstellen. Trotz Unmutes in der Jugendorganisation und bei einigen Intellektuellen konnte Türkeş seine Entscheidung durchsetzen (Can 2002: 678).

Während der ereignisreichen Phase der Massenmobilisierung in den 1970er Jahren gewannen islamische Elemente, Symbole und Parolen für den türkischen Ultranationalismus stark an Gewicht (Yazıcıoğlu 1998: 131). Die Mobilisierung der Massen durch islamische Elemente hatte für die Ülkücüs zweierlei Konsequenzen: Einerseits erhielt die Partei zusätzliche Kraft, indem sie durch diese neuen Motive ihre Legitimität und ihren Spielraum in der Gesellschaft einfacher und effektiver verbreiten konnten. Andererseits mussten sie sich mit einem neuen ideologischen Gebiet auseinandersetzen, das ihrer ursprünglichen politischen Herrschaftsvorstellung, nämlich dem Turanideal,[11] widersprach. Der führende Kader der MHP versuchte, unterschiedliche Formeln und Parolen zu finden, um diesen

Widerspruch aufzulösen. Eine der bekanntesten dieser Formeln in den 1970er Jahren lautete: „Wir sind Türken wie der Tanrı-Berg[12] und Muslime wie der Hira-Berg[13]" (Ayvazoğlu 2002: 576). Eine andere, ähnlich berühmte Parole, die seit den 1970er Jahren für die Ülkücüs die Konstellation von Türkismus und Islamismus veranschaulichen soll, heißt: „Unsere Körper sind Türken, unsere Seelen sind der Islam".

3 Militärputsch in 1980 und türkische Ultranationalisten

Der Entstehungsprozess der Bewegung der Grauen Wölfe in den 1960er Jahren erlebte einen Widerspruch zwischen den vorislamisch orientierten älteren ultranationalistischen Eliten und den jüngeren ultranationalistischen Eliten, die den Islam als ein notwendiges Element für eine Mobilisierung der Massen ansahen. In den 1960er und insbesondere in den 1970er Jahren spielte die Konstruktion des Führerkults in der Politik der Ülkücüs eine entscheidende Rolle. Die Geschichte nach 1980 innerhalb der Türkei zeigt, dass die politischen Mythen ohne eine Tolerierung und Unterstützung der Staatsmacht ihre Lebendigkeit und ihren Wert für die *Ülkücüs* verloren haben. Am 12. September 1980 erlebte die Türkei zum dritten Mal in ihrer Geschichte des Mehrparteiensystems eine politische Intervention des Militärs. Wie für alle anderen politischen Parteien und Gruppen war der Militärputsch auch für die MHP ein Bruch. Die Partei und die Jugendorganisation (*Ülkü Ocakları*) wurden geschlossen und fast alle Ülkücü-Funktionäre wurden vom Militärstaatsanwalt angeklagt. Neben anderen Funktionären musste auch Türkeş vor Gericht. Türkeş' Gerichtsprozess zog sich von 1981 bis 1990 hin und er musste während dieser Zeit für viereinhalb Jahre ins Gefängnis. Gegen die Ülkücüs wurden vom Militärregime jedoch nicht nur Gefängnisstrafen, sondern auch Todesstrafen verhängt: Neun militante Ülkücüs wurden vom Militärregime hingerichtet.

Das erste Ziel des Militärputsches war die Vernichtung der sozialistischen Bewegung in der Türkei. In kurzer Zeit war es dem Militärregime gelungen, die sozialistischen Gruppen und Parteien fast ohne Widerstand zu beseitigen. Die damaligen türkischen Sozialisten gaben – aus Sicht des Militärregimes überraschend schnell – ihren anfänglichen Widerstand auf. Es wurde von einigen Wissenschaftlern und Politikern zu Recht behauptet, dass die überraschende Entkräftung der Sozialisten einer der wichtigsten Gründe des anschließenden harschen Angriffs des Militärs gegen Ülkücüs darstellte (Turan 2001: 153). Ein Ülkücü-Journalist, Arslan Tekin, äußerte sich zu dieser These wie folgt:

> Die Revolutionäre[14] beschäftigten sich am Anfang nicht mit Ülkücüs. Als sie bei den Linken keine Bewegung mehr sahen und alle linken Gruppen nacheinander ausrotten konnten, attackierten sie diesmal die Ülkücüs. (...) Ülkücüs hatten nie wegen einer Beloh-

nung gegen die Separatisten und andere zerstörerische Kräfte gekämpft. Sie erwarteten aber auch nicht, bestraft zu werden. Die Revolution des 12. Septembers verhielt sich so, als ob derjenige, der sein Land liebt, und derjenige, der es nicht liebt, gleich seien und bestrafte beide Seiten in ähnlichem Maße. (...) Während 9 Ülkücüs hingerichtet wurden, sind viele jugendliche Ülkücüs wegen der Nachwirkungen der Folter erkrankt und sogar ums Leben gekommen. Und Tausende erhielten Gefängnisstrafen (Yanardağ 2002: 236).

Die erste Verteidigungsstrategie der MHP-Führungskader war ein übertriebenes Lob an den türkischen Staat und das Militär, um die Missverständnissituation zu überwinden (Ülkü 1995: 79). Diese selbsterniedrigende und selbstzerstörerische Unterwerfung überzeugte weder das türkische Militär, noch begeisterte es die Ülkücü-Militanten, die in den Gefängnissen von Vertretern des Militärregimes gefoltert wurden (Ülkü 1995: 83ff.). Die MHP-Wähler jedoch unterstützten – teilweise wegen des übertriebenen Lobs – fast alle die neue Verfassung des Militärregimes, die u.a. die Führungskader der MHP-Politik verbot. Im Referendum für die neue Verfassung im Jahr 1982 genoss das Militärregime besonders in solchen Gebieten, in denen traditionellerweise am meisten die MHP gewählt wurde, maximale Unterstützung. Ülkücü-Zeitungen wie „Neuer Sturm" (*Yeni Hamle*), „Unser Heim" (*Bizim Ocak*) und „Neue Gedanken" (*Yeni Düşünce*) lobten ständig den ideologischen Hintergrund des Militärputsches und versuchten, eine Verbindung zur Ülkücü-Ideologie zu finden und aufzuzeigen.

Der Versuch der Ülkücüs, zwischen der MHP als nationalistischer Bewegung und dem Militärregime als Repräsentant des türkischen Staats eine Wesenseinheit zu identifizieren, blieb ohne Erfolg und verhinderte nicht die Ausweitung der MHP-Gerichtsprozesse (Ülkü 1995: 39). 1981 erstellte der Staatsanwalt des Militärgerichts, Nurettin Soyer, eine fast 1.000-seitige Anklageschrift, in der u.a. für 219 Ülkücüs (u.a. Türkeş) die Todesstrafe verlangt wurde. In dieser Anklageschrift wurde die MHP als eine bewaffnete faschistische und rassistische Bande bezeichnet. 1986 vollendete der Militärstaatsanwalt eine noch umfangreichere (mehr als 2.000 Seiten) inhaltliche Beurteilung der MHP-Prozesse.

Die zweite Form der ideologischen Erklärung der Situation und der Position der Ülkücüs unter dem Militärregime wurde von Nevzat Kösoğlu, dem damaligen Vizegeneralsekretär der Partei, formuliert. Seine „soziologische Erklärung" vor dem Gericht lautete wie folgt:

> Die Gesellschaft ist ein lebendiger Organismus. Während für ein Individuum Leben, Eigentum und „Ehrgefühl" (*ırz*)[15] die unmittelbar empfindsamen Punkte sind, sind Begriffe wie Religion, Fahne, Vaterland und Nation die empfindsamen Punkte der Gesellschaft. Wenn es zu einem Angriff gegen diese Punkte kommt, taucht hier die größte Gegenwirkung auf. Die Wissenschaft der Soziologie stellt diese Tatsache fest. Und sie erkennt diese Gegenwirkung als Verteidigungsreflex, bitte achten Sie darauf, noch nicht einmal als Reaktion, sondern als Reflex. Diese Gegenwirkung ist unbewusst. Genau das passierte auch in der Türkei (zitiert in Yanardağ 2002: 267).

Die These vom unbewussten „nationalen Verteidigungsreflex" wurde von vielen Ülkücü-Autoren und -Militanten übernommen und häufig benutzt (Ülkü 1995: 92f.). Juristisch gesehen, war der Sinn dieser Verteidigungsstrategie, die Schuldunfähigkeit der türkischen Ultranationalisten zu beweisen. Eine „unbewusste" und „reflexartige" Aktion befreit den Täter von jeglichem Schuld- und Verantwortungsgefühl. Diese Verteidigungslogik, die sich nicht mit dem Geschehenen auseinandersetzt, sondern lediglich den psychischen Entwicklungsvorgang der Handelnden erklären soll, ist (pseudo)psychologisch, aber v.a. mythisch, insofern, als dass sie das Handeln von einer unerklärbaren Ursache (einem unbewussten Reflex) abhängig macht.

Die dritte Erklärungsweise der Situation der Ülkücüs nach dem 1980er Militärputsch wurde durch die Idee einer „List" entwickelt. Diese Erklärung war unter den militanten Ülkücüs, die in den Gefängnissen vom Militärregime gefoltert wurden, beliebter. Insbesondere in der zweiten Hälfte der 1980er Jahre wurde diese Erklärung, aufgrund des Einflussverlusts des Militärregimes und wegen Erfahrungsberichten der gefangenen Ülkücüs, beliebter als die ersten zwei Erklärungsweisen. Diese dritte Form der Erklärung bedeutete eine klare Distanzierung vom Militärputsch des 12. September 1980. Während die ersten zwei Thesen partielle oder unbewusste Schuldakte der Ülkücüs eingestanden, stellte die Listthese eine selbstbewusste Positionierung dar. Nach dieser Erklärung wurden die türkischen Ultranationalisten von fremden, bösen und/oder marxistischen Machtzentren im türkischen Staat betrogen (ebd.: 15). In einigen Versionen dieser These war der Träger der List eine kleine Gruppe im Militärregime (insbesondere der Staatsanwalt des Militärgerichts, Nurettin Soyer, der die MHP-Prozesse führte), in anderen Versionen das ganze Militärregime (v.a. Kenan Evren, der als Generalstab den Putsch durchführte) oder sogar der türkische Staat selbst (ebd.: 40).

Ein Teil der ultranationalistischen Ideologie ist die Identifizierung des Staates mit der Nation (oder Gesellschaft) auf einer ideellen Ebene. Aus dieser Perspektive soll der Staat der ultranationalistischen Partei gehören, weil diese Partei der wirkliche Vertreter und Besitzer der Nation ist. In seiner Verteidigungsrede vor dem Militärgericht spiegeln folgende Worte des damaligen Vizepräsidenten der MHP, Mehmet Doğan, diese Logik wider:

> Ein Eigentumsbesitzer kümmert sich um Frieden, Ruhe, Brüderlichkeit und Harmonie in dem Gebiet, welches ihm gehört. Da wir uns als die wirklichen Besitzer dieses Eigentums der türkischen Nation gesehen haben, sind wir gegen jeden möglichen Terror und Separatismus. Das ist ja unsere natürliche Mission" (Doğan 1993: 26).

Die Rede von Doğan offenbart eine der grundlegenden Ideen des Ultranationalismus: Die ultranationalistische Partei stellt sich selbst als der wirkliche Eigentümer und dadurch einzig legitime Vertreter der Nation und des Staates vor. Diese Einstellung war eine der größten Schwächen der MHP nach dem Militärputsch vom 12. September 1980. Für eine Bewegung, die den Staat verherrlichte, war es sehr schwer, eine eindeutige Repression seitens des Staatsapparats gegen die Partei und die Parteimitglieder zu erklären. In den 1980er Jahren verloren die mythischen Symbole und Geschichten ihre Bedeutung und ihren Einfluss auf die Ülkücüs. Neben anderen mythischen Elementen wie den Drei Halbmonden, dem Grauen Wolf und dem *Ergenekon*[16] verlor sich auch die Bedeutung des Führer-Mythos (*Başbuğ*), obwohl es den Parteikadern in der Bürgerkriegsstimmung der 1970er Jahre gelungen war, einen extrem starken Führerkult aufzubauen und lebendig zu halten.

4 Steigende Legitimität des Ultranationalismus in der Türkei

In den 1990er Jahren erlebte die MHP ein unregelmäßiges, aber ständiges politisches Wachstum und wurde bei der Wahl 1999 mit 18 Prozent die zweitgrößte Partei der Türkei und die größte unter den rechten Parteien. Im Vergleich zur Wahl von 1995 verdoppelte die MHP ihre Stimmenanzahl (von 8,6% auf 18%), und dieses Ergebnis überraschte sogar viele MHP-Anhänger. Diesen Erfolg der MHP interpretierten viele Journalisten und Akademiker in erster Linie als eine Reaktion der türkischen Bevölkerung gegen die Kurdenbewegung (Turan, 2001: 160; Mete, 2002: 701). Gerade vor der Wahl wurde Abdullah Öcalan, der Chef der PKK (Arbeiterpartei Kurdistans, die die kurdische Bewegung anführte), mit Hilfe der USA, vom türkischen Geheimdienst in Kenia festgenommen. Bülent Ecevits DSP (Demokratische Linke Partei), die in den 1990er Jahren eine starke nationalistische Linie verfolgte, und die MHP waren die zwei erfolgreichsten Parteien der Wahl von 1999. Schließlich wurde die DSP die größte und die MHP die zweitgrößte Partei der Wahl, die nach der Festnahme Öcalans in einer nationalen Euphoriestimmung stattfand.[17]

Anfang der 1990er Jahre erreichte die PKK ihre stärkste Präsenz in den kurdischen Regionen, die hauptsächlich in Südostanatolien liegen. Die Macht der PKK in Südanatolien war so groß, dass die „Kurdenfrage" als das lebenswichtigste Problem der türkischen Politik auftauchte (Bozarslan, 2002: 863). Trotz aller Drohungen und Andeutungen in den Ülkücü-Medien gegenüber der Kurdenbewegung führten die türkischen Ultranationalisten keinen bewaffneten Kampf gegen die kurdischen Nationalisten. Der von ihnen genannte Grund hierfür war das Misstrauen der MHP gegenüber dem türkischen Staat, das sie seit ihren schlechten Erfahrungen nach dem Militärputsch vom 12. September 1980 hegten. Gelegentlich wurde von MHP-Kadern erklärt, dass der bewaffnete Kampf gegen die PKK die Aufgabe des türkischen Militärs sei und dass die Ülkücüs vom Staat nicht ausgenutzt werden möchten (Büyükbaş 1994: 16ff.).

Zwei Tatsachen bezüglich der damaligen Situation ermöglichen einen tieferen Einblick in die Verhaltensweise der Ülkücüs: Erstens lebten in der Kriegsregion, d.h. in Südostanatolien, sehr wenige ethnisch-türkische Einwohner (und dadurch auch nur wenige türkische Nationalisten). Der PKK war es nicht gelungen, in anderen Regionen der Türkei ausreichende politische oder militärische Verbündete zu finden. Türkische Sozialisten, die teilweise die kurdische Bewegung unterstützten, spielten in der türkischen Politik nur eine marginale Rolle. Daher konnte der bewaffnete Aufstand der kurdischen Bewegung ihren regionalen Charakter nicht überwinden. Als zweite Tatsache muss betont werden, dass die Ülkücüs auf eine indirekte Weise doch am Kampf gegen die Kurdenbewegung aktiv teilnahmen. 1993 wurden vom türkischen Militär Spezialkommandoeinheiten (*Özel Timler*), die hauptsächlich aus Ülkücüs bestanden, gebildet. Eine der populären Zeitungen in der Türkei, Hürriyet, brachte diese Nachricht unter der Schlagzeile: „Ülkücü-Armee gegen PKK" (06. 08. 1993). Auch die Ülkücü-Zeitung schrieb, dass viele Ülkücüs sich für die *Özel Tim* beworben hätten (Bora 2004: 117). Viele dieser Soldaten in den Einheiten trugen die Symbole der MHP wie die Drei Halbmonde und den Grauen Wolf und terrorisierten die Bevölkerung in Südostanatolien. Diese Kommandos verhielten sich derart eigenmächtig, dass sie während eines ihrer Trauerzüge mit ihren MHP-Fahnen und Grauen-Wolf-Handzeichen gegen den Gouverneur (*Vali*)[18] protestierten. In der türkischen Öffentlichkeit wurden diese Einheiten als bewaffnete und willkürlich agierende Ülkücü-Kommandos kritisiert. Türkeş wies offen auf den Ülkücü-Charakter dieser Einheiten hin: „Wenn die Spezialkommandoeinheiten Ülkücüs sind, ist das doch gut" (zitiert in Yanardağ, 2002: 474). Nicht nur in diesen Einheiten, sondern auch in Bezug auf andere Sicherheitskräfte des Staates in den kurdischen Gebieten, herrschte eine Hegemonie der Ülkücüs. In manchen Fällen trat dies so offen zutage wie in Siirt, wo die MHP die Telefonnummer der Stadtpolizeistation als ihre Kontaktnummer angab (Bora 2004: 121).

Für den Legitimationsgewinn der MHP spielte der zuvor genannte Trauerzug der türkischen Soldaten, die gegen die kurdische Bewegung kämpften, eine enorme Rolle. Es war der MHP gelungen, ihre Fahnen, Symbole und Parolen zu einem üblichen Bestandteil dieser Rituale zu machen. Fast alle „Märtyrerrituale" waren gleichzeitig eine Demonstration der türkischen Ultranationalisten. Dort wurden MHP-Fahnen getragen und Parolen wie „Tod der PKK" und „Die Türkei wird ein Grab für Apo [Abdullah Öcalan]" gerufen (ebd.: 115). Auch beim Initiationsritual vom jungen Mann zum Soldaten erschienen Ülkücüs mit ihren Fahnen, Symbolen und Parolen. Wie Bora und Can betonen, „wurden bei diesen Ritualen die Leiden und Schäden durch den Krieg abgeschwächt und die Macht und Feierstimmung hervorgehoben" (2004: 107).

Ein weiteres historisches Ereignis wirkte sich auf die Legitimität und Popularität der MHP aus. Der Zusammenbruch der Sowjetunion und der Ostblockländer veränderte die Situation der türkischen Faschisten, denn zwei ihrer zentralen ideologischen Hintergründe waren unmittelbar mit der Existenz der Sowjetunion verknüpft: „Antikommunismus" und „Gefangene Türken unter der Herrschaft der Russen". Nach dem Zusammenbruch des Realsozialismus und der Unabhängigkeit der türkischstämmigen Länder in Zentralasien, verloren beide ideologischen Elemente ihre Bedeutung. Kommunismus als Feindbild und Türken in Zentralasien als „Gefangene der kommunistischen Russen" konnten in der türkischen Gesellschaft nicht mehr als glaubwürdige Argumente funktionieren.

Anfang der 1990er Jahre erschien es vielen Türken, die nicht unbedingt MHP-Sympathisanten waren, als ob die Unabhängigkeit der türkischstämmigen Länder in Zentralasien eine Möglichkeit für die imperialistische Politik der Türkei werden könne. Solche imperialen Fantasien beanspruchte auch der türkische Staat für sich und träumte von einer regionalen Machtposition mit Hilfe seiner sprachlichen und kulturellen Ähnlichkeit mit den türkischstämmigen Ländern. Die rasanten politischen Veränderungen in Zentralasien und die dadurch aufkommenden imperialen Fantasien eröffneten der MHP und der ultranationalistischen Ideologie eine neue Rolle in der türkischen Politik. Neben vielen Unternehmern wurde auch Türkeş von der türkischen Regierung als ein ständiger Begleiter staatlicher Besuche zwischen der Türkei und den zentralasiatischen Ländern eingesetzt.

In den 1990er Jahren tauchte mit der steigenden Legitimität des Ultranationalismus ein großer Fetisch- und Ikonenmarkt der MHP auf. Bora und Can glauben, dass diese Welle des Ülkücü- Fetischmarktes als eine ergänzende Form des „Pop-Ülkücülük" oder „Pop-Nationalismus" der 1990er Jahre verstanden werden müsse (2004: 316). Nach diesen MHP-Forschern passte die Welle des nationalen Fetischmarkts (Schlüsselanhänger, Ringe, Halsketten, Schmuckstücke, T-Shirts, Poster, Fahnen, CDs und Kassetten) gut zu der Haupteigenschaft des Pop-Nationalismus: der unkomplizierten Zugehörigkeit. Bora und Can betrachten die Verbreitung des Grauen-Wolf-Mythos als einen zentralen Aspekt dieser Fetischmarktwelle:

> Es war auch typisch [in den 1990er Jahren; Anm. d. Verf.], dass das Bild und die Legende des Grauen Wolfes (der Graue Wolf, der die türkische Nation wieder zusammenbringen und sie zur Weltherrschaft führen wird!), das in den 1980er Jahren wegen der Angst vor einem Heidentumsimage weniger gebraucht wurde[19], sich nun extrem verbreitete. Der Graue-Wolf-Mythos wurde mit viel Mühe umgestaltet und als wesentlich verschieden von anderen Tieren (...), einem Menschen ähnlich, als ein Totem dargestellt. Eine weibliche Ülkücü als Asena (die Wölfin, die angeblich den Türken den Ausgang des Ergenekons zeigte) zu bezeichnen, war üblich. Ein Journalist, Kemal Çapraz, der die Spuren des Grauen Wolfes in Geschichten, Texten und Geographien suchte, wurde als 'Grauer-Wolf-Forscher' berühmt-berüchtigt (Bora/Can 2004: 161).

Die Mytheninflation der MHP und der Fetischmarkt des Pop-Nationalismus zeigten aber nur eine kurzfristige direkte politische Wirkung. Die häufige Präsenz ultranationalistischer Mythen in der Öffentlichkeit half der MHP in gewisse Maße bei ihrer Machtergreifung. Der Erfolg in der 1999er Wahl beweist, dass die Popularität der MHP-Mythen zu einer breiten Mobilisierung der Massen beitrug. Ende der 1990er Jahre wurde es für den türkischen Machtblock offensichtlich, dass die materiellen und wirtschaftlichen Grundlage der Türkei zu schwach für eine imperialistische Politik in Zentralasien bzw. für ein Turanideal waren. Trotz ihrer häufigen Präsenz in der Öffentlichkeit waren Mythen wie Turan und Grauer Wolf für die Ülkücüs und auch für die türkische Öffentlichkeit nicht mehr, wie zu Beginn der 1990er Jahre, von großem Interesse.

Einige Ereignisse des beginnenden 21. Jahrhunderts zeigen, dass der türkische Staat und die Regierung unter DSP, ANAP und MHP gegenüber den großen Problemen in der Türkei machtlos waren. 2001 erlebte die türkische Republik eine der größten Wirtschaftskrisen ihrer Geschichte. Das Erdbeben vom 17. August 1999 offenbarte, wie unfähig die türkische Regierung war, Hilfsaktionen während eines Ausnahmezustands effektiv zu organisieren. Auch die neue Orientierung der USA, als größte Weltmacht, nach dem Terroranschlag vom 11. September 2001, verhalf der türkischen Regierung nicht zu einer Steigerung ihres Selbstbewusstseins.

Angesichts des Wahlergebnisses im Jahr 2002[20] kann die These formuliert werden, dass der große Wahlerfolg von 1999 für die MHP gleichzeitig der Beginn der Verkleinerung ihres politischen Spielraums war. Während ihres dreijährigen politischen Machterlebnisses in der Koalitionsregierung konnte die MHP keine klare Linie entwickeln. In einer Stimmung der nationalen Erregung produzierte die MHP eine Lynchstimmung gegen Öcalan (Özkırımlı 2002: 711). Vor der Wahl forderte die MHP gegen Öcalan die härteste exekutive Maßnahme, sprich die Hinrichtung. Während ihrer Regierungszeit wurde der MHP von den politischen Mächten der Türkei, insbesondere vom Militär, demonstriert, dass sie bei entscheidenden und sensiblen Fragen wie der Kurdenpolitik kein Mitspracherecht hatte.

Auch bei anderen wichtigen Themen wie der Kopftuchfrage und dem EU-Beitritt der Türkei hatte die MHP Schwierigkeiten, eine klare Linie zu entwickeln. Die MHP propagierte in konservativen Regionen wie dem mittleren und östlichen Anatolien ihre islamische Seite. Andererseits präsentierte sie sich in Großstädten als Versicherung gegen die islamische Bewegung und als Schützer des Laizismus. Der neue Führer der Partei, Bahçeli, ließ sich z.B. von der wichtigsten kemalistischen linken Zeitung, Cumhuriyet, interviewen und versuchte, mit der Angst der kemalistischen Linken vor der islamischen Bewegung zu spielen. Diese Strategie von Bahçeli war so erfolgreich, dass einige der wichtigsten Redakteure und Journalisten der Zeitung wie Ilhan Selçuk und Attila İlhan, die gleichzeitig auch Einfluss auf türkische Sozialisten hatten, die türkistische Linie der MHP als nichtislamische Richtung engagiert lobten. Selçuk besuchte Bahçeli im Jahr 2002, um seine Symphatie für die MHP auszudrücken. Vor der politischen Wahl 2007 verteidigte er die Partei gegen die linken und liberalen Kritiker:

Es ist wahr, dass die Vertreter der MHP die härteste Opposition gegen die AKP machen... Diejenigen, die einen moderaten islamischen Staat unter der Kontrolle der USA
möchten und pseudo-intellektuelle und liberale Haufen mögen die MHP nicht. Sie
sagen: Die MHP wird stärker! Die Politiker und Medienleute in diesem Land, die mit
ihrem Magen denken, beschweren sich nicht über den Islamismus, sondern fürchten
sich vor dem" (26. 06. 2007).

Wie viele kemalistische Linke hoffte Selçuk auf eine Koalitionsregierung zwischen
der kemalistischen CHP und der nationalistischen MHP. In der Wahl erhöhte aber
die AKP ihren Stimmenanteil auf 48 % und vertiefte ihre Macht im Land weiter.
Nach ihrem Misserfolg im Jahr 2002 war MHP jetzt mit 14 % die drittgrößte Partei
im Parlament. 2008 initiierte die MHP eine gesetzliche Regelung zur Aufhebung
des Kopftuchverbots in den Universitäten, um die islamische Wählerschaft anzulocken. Diese Strategie der Partei führte zu einer heftigen Kritik seitens der kemalistischen Nationalisten. Selçuk als Chefredakteur der Cumhuriyet erklärte die MHP als
islamistisch, antinationalistisch und amerikanistisch (27. 01. 2008).

Auch bezüglich eines EU-Beitritts der Türkei wirkte sich eine unklare Position
der Partei positiv auf die Wahlergebnisse aus. Die Partei propagierte einen „ehren-
haften" Beitritt in die EU. Dieser Diskurs, der auf abstrakter Ebene sehr angenehm
klang, half der MHP nicht weiter, als sie, als Teil der Koalitionsregierung, konkrete
Entscheidungen treffen musste. Die offenkundigsten realpolitischen Schwierigkeiten begegneten der MHP mit der Forderung der EU nach einem umfangreichen
Gesetzespaket, das u.a. die Abschaffung der Todesstrafe enthielt. Die MHP hatte
keine Kraft, die Hinrichtung Öcalans gegen die wichtigste Perspektive des türkischen Machtblocks, den EU-Beitritt der Türkei, durchzusetzen.

Seit den 1990er Jahren gewann die MHP immer mehr Respekt und Anerkennung bei der türkischen Staatsmacht und bei den kemalistischen Eliten. Wegen ihrer
nationalistischen und staatstreuen Ideologie wurde die MHP von einigen Kemalisten als eine Verbündete gegen den kurdischen Nationalismus und die islamistische
Bewegung wahrgenommen. Der Austritt einiger islamistischen Funktionäre aus
der MHP im Jahr 1994 führte zu einer stärkeren Akzeptanz der MHP unter Kemalisten. Die MHP versuchte mit einem Doppeldiskurs sowohl kemalistische als
auch islamistische Wähler anzulocken. Tatsächlich erhielt die Partei nicht nur die
Stimmen von Kemalisten, die Angst vor einer Islamisierung hatten, sondern paradoxerweise auch von Ultrakonservativen, die die MHP als ein geeignetes Mittel
für eine islamisierte Gesellschaft ansahen. Die Wahl von 1999 zeigte, dass sich die
türkischen Wähler nicht mit einer leidenden islamischen Partei solidarisierten, sondern eine andere Partei, deren Legitimität von Seiten der Machtzentren anerkannt
wurde, wählten. In dieser Wahl gewann die MHP viele Stimmen von Wählern, die
glaubten, dass eine islamische Partei keine Chance erhalten würde, zu tatsächlicher
politischer Macht zu gelangen.

5 Fazit: Ülkücüs zwischen Kemalismus und Islam?

Die Grauen Wölfe weisen einen starken Rassismus und eine pantürkische Überlegenheitsdoktrin auf. Für die Ülkücüs gilt aber eine Überlegenheitsvorstellung des Islam und des Osmanischen Reiches genauso viel wie der Pantürkismus. In der Entstehungsphase der Bewegung der Grauen Wölfe in den 1960er Jahren erlebten die türkischen Ultranationalisten sogar einen Bruch mit dem rassistischen Ultranationalismus des Türkismus der 1930er Jahre. Seit den 60er Jahren bildet der Islam zunehmend einen untrennbaren Teil des türkischen Ultranationalismus. Um ihren politischen Machtraum auszuweiten, versuchten die Grauen Wölfe, neben der Tradition des Türkentums die Tradition des Islam in ihre Politik mit einzubeziehen, und erreichten in den 1960er und 1970er Jahren auf diesem Wege einen Massencharakter. Bei der ultranationalistischen Einbeziehung des Islam spielt die Raumvorstellung eine besondere Rolle. Türkische Ultranationalisten beziehen sich auf geschichtlich-räumliche Konnotationen des Islam, nämlich als Ideologie einer imperialen Macht. Räumlich impliziert der Islam die ganze Welt, da der Koran sich auf die gesamte Menschheit bezieht und somit für alle Menschen gültig sein soll. Geschichtlich gesehen bedeutet der Islam für die türkischen Ultranationalisten die Herrschaft der Osmanen in Teilen Asiens, Afrikas und Europas (Die Symbolik der drei Halbmonde kommt von diesen drei Kontinenten).

Die distanzierte Haltung der offiziellen Staatsideologie gegenüber dem Islam erschwerte die Beziehungen zwischen den türkischen Ultranationalisten und islamischen Gruppierungen. Da die Ultranationalisten den Staat nie direkt kritisierten und sich mit seiner Macht identifizieren wollten, übte ihre Führung gegenüber dem Kemalismus keine direkte Kritik aus. Andererseits wollten sie aber doch die Macht des Islam innerhalb der türkischen Gesellschaft für ihre Belange ausnutzen. Denn je mehr es der MHP gelingt, diese beiden Ideologien miteinander zu verbinden, desto mehr Spielraum gewinnt sie für ihre Politik.

Der bestehende Kompromiss zwischen ihrer offiziellen Ideologie und der Einbeziehung des politischen Islam bildet jedoch keine Garantie für eine andauernde harmonische Beziehung. Die türkischen Ultranationalisten konnten den Islam nicht immer für ihre Mobilisierungsarbeit der Massen funktionalisieren. Statt dessen mussten sie sich auch mit Kritik von beiden Seiten (islamischer und kemalistischer) auseinandersetzen und ihre eigene Ideologie verteidigen. Außerdem stellte der Islam für die Ultranationalisten nicht immer nur ein Mittel der Mobilisierung der Massen dar, sondern barg häufig auch die Gefahr des Verlusts von Teilnehmern, die, wenn sie sich nicht mehr mit der MHP identifizieren konnten, direkt in die islamistische Partei überwechselten. Die Abspaltungen von der Partei (in der Türkei BBP, in Deutschland ATİB und ANF) ergaben sich durch ihre ideologischen Unterschiede in der Betonung des Islam.

Für die MHP blieb der Islam aber ein schwieriges Thema, da sie den Angriffen sowohl der Laizisten als auch der Islamisten standhalten musste (Büyükbaş 1994: 94ff.). Ihre Einbeziehung von islamischen Elementen als politisches Mittel war ein ernster Verdachtsfaktor für das Militär, das den Laizismus als offizielle Ideologie der Türkei verteidigte. Daher bemühte sich die MHP, das Militär davon zu überzeugen, dass sie für die offizielle Ideologie keinerlei Gefahr darstelle. Andererseits begegneten der MHP von islamistischer Seite Vorwürfe, sie seien keine „wahren" Muslime und ihre Beibehaltung vorislamischer Symbole wie dem Grauen Wolf widerspreche dem Islam (ebd.: 19).

Je mehr die MHP kemalistische und islamistische Elemente miteinander kombinieren konnte, desto mehr erreichte sie politische Erfolge. Für die laizistische und islamistische Wählerschaft hob die Partei ihre unterschiedlichen Seiten hervor. Die MHP verwendet häufiger als andere Parteien in der Türkei einen politischen Doppeldiskurs. In diesem Sinne kann ein Pendeln der türkischen Ultranationalisten zwischen kemalistischen und islamistischen Diskursen festgestellt werden. Dieses Pendeln existiert jedoch nur in der jetzigen geschichtlichen Konstellation der türkischen Politik. Je mehr islamische Elemente ein Teil der Staatsideologie in der Türkei werden, desto weniger braucht die MHP zwischen Islam und Kemalismus zu pendeln. Solange aber ein ideologischer Kampf zwischen Kemalismus und Islam in der türkischen Politik herrscht, kann diagnostiziert werden, dass türkische Ultranationalisten zwischen diesen Ideologien pendeln müssen.

Anmerkungen

1   Die offizielle Benennung der türkischen Nationalisten ist *Ülkücü*, was wörtlich „Idealist" bzw. „Idealismus" heißt. Die türkischen Nationalisten nennen sich *Ülkücü* und bezeichnen ihr idealistisches Weltbild als Fundament ihrer Weltanschauung.

2   Um Missverständnisse zu vermeiden, ist in der englischen Sprache eine Unterscheidung von kleingeschriebenem und großgeschriebenem Faschismus üblich geworden: „As is now standard practice, lower case 'fascism' designates international 'generic' fascism, as opposed to upper case 'Fascism', which refers exclusively to Mussolini's movement and regime" (Griffin, 1998: xii). Michi Ebata hebt hingegen die Unterschiede zwischen dem italienischen Faschismus und dem deutschen Nationalsozialismus hervor (1997: 21).

3   Die türkischen Ultranationalisten sind meistens auch unter dem Namen „Graue Wölfe" bekannt. Das Symbol des Grauen Wolfes basiert auf einer mythischen Erzählung. Türkische Ultranationalisten bezeichnen sich aber auch selbst als Graue Wölfe und verwenden diesen Namen als Symbol ihrer Jugendorganisation.

4   Die *Faschismus*-Definition von Roger Griffin hebt die Verbindungen zwischen Ultranationalismus, Faschismus und Mythos hervor: „Fascism is a genus of political ideology whose mythic core in its various permutations is a *palangenetic* form of populist ultranationalism" (1995: 4). Da das griechische Wort *palangenetic* Wiedergeburt bedeutet, betont Griffin in seiner Definition die Bedeutung der Ursprungsideen für den populären Ultranationalismus.

5 Der alte Name der Partei hieß Republikanische Bauern-Volkspartei (*Cumhuriyetçi Köylü Millet Partisi*).

6 Für die Ülkücüs ist diese Symbolik der Drei Halbmonde wegen ihrer Verherrlichung der türkischen Vergangenheit und ihrer imperialen Konnotationen wichtig. Die Ülkücüs verbinden diese Symbolik immer mit dem Osmanischen Reich, das eine große Macht und die islamische Weltanschauung offenbart.

7 Ülkücüs beschreiben den Grauen Wolf als „das Symbol der Türken" und erwähnen eine mythische Erzählung, die den Grauen Wolf als „Wegweiser der Türken" darstellt.

8 In der Wahl von 1977 erhielt die MHP in Istanbul ungefähr 2% der Stimmen, obwohl ihr landesweiter Prozentsatz bei 6.4% lag. Mit 22.9% war die Partei in Yozgat, einer Stadt in Ostanatolien, wo provinzielle Wirtschafts- und Kulturverhältnisse herrschten, am erfolgreichsten. Als das wichtigste kulturelle Grundelement dominierte in diesen Gebieten eine religiöse Weltanschauung.

9 1978 wurden in Kahramanmaraş bei einem Massaker von Ülkücüs an Aleviten 111 Personen – nach offizielle Angaben – ermordet. Bei diesem Massaker nutzte die MHP das Ressentiment der ultrakonservativen Sunniten den Aleviten gegenüber aus.

10 Attila Ilhan war ein in der Türkei bekannter Dichter und Schriftsteller. Er schrieb auch politische Kommentare, in denen v.a. der Nationalismus des Kemalismus als Antiimperialismus und das Volkstumsprinzip des Kemalismus als Sozialismus dargestellt werden.

11 Das Ideal eines Staats, der von allen Türken in der Welt gegründet werden soll.

12 Ein Berg, der in Zentralasien liegt, und der angeblich für die alten Türken heilig war.

13 Nach islamischem Glauben ist der Berg Hira der Ort, an dem die ersten Sätze des Korans dem Propheten Mohammed offenbart wurden.

14 Tekin übernimmt unhinterfragt die Terminologie der Putschisten und benutzt für den Militärputsch vom 12. September das türkische Wort „Ihtilal" (Aufstand, Revolution), obwohl dies nicht der Fall war.

15 In konservativen türkischen Verhältnissen impliziert das Wort *ırz* für einen Mann Ehre in Bezug auf seine Frau und seine weiblichen Verwandten (Schwestern, Mutter usw.), denen gegenüber er besonders in sexueller Hinsicht zu Kontrolle und Schutz verpflichtet ist.

16 Eine Legende, die von Ülkücüs ultranationalistisch interpretiert wird. Das Thema dieser Legende ist die Flucht einiger Türken in ein bergiges Gebiet nach einer großen militärischen Niederlage, ihr Aufenthalt und ihre demographische Vermehrung in diesem isolierten Gebiet, die Überwindung eines Eisberges durch dessen Abschmelzung, die Rückkehr in die ursprüngliche Heimat, sowie der Sieg gegen ihre Feinde.

17 Die vorangegangenen und nachfolgenden Wahlergebnisse der DSP deuten auf den großen Einfluss dieser nationalen Euphorie auf den Erfolg der DSP im Jahr 1995: 11%, 1999: 22%, 2002: 1% (!).

18 Im türkischen politischen System ist der *Vali* der höchste Staatsbeamte einer Stadt. Anders als *Belediye Başkanı* (Bürgermeister) wird der Vali nicht durch Stimmen der Bürger gewählt, sondern vom Staat ernannt.

19 Der geringere Gebrauch des Grauen Wolfes in den 1980er Jahren ist nicht in erster Linie auf eine Sorge vor der islamischen Sensibilität gegenüber dem Heidentum zurück-

zuführen. In den 1980er Jahren wurden nicht nur türkistische Mythen, sondern auch islamische Mythen von den Ülkücüs seltener benutzt. In ihrer leidenden und schwachen Situation konnten die Ülkücüs gar keinen politischen Mythos (weder einen islamischen noch vorislamischen) pflegen oder entwickeln. Wird der geringere Gebrauch des Grauen-Wolf-Mythos mit einer islamischen Sensibilität erklärt, ist es nicht möglich, die geringere Verwendung *von islamischen Mythen wie der islamischen Weltordnung (Nizam-ı Alem)* und den Drei Halbmonden zu erklären.

20 Mit 8% der Wählerstimmen gelangte die MHP nicht ins Parlament.

Literatur

Akgün, Birol/Çalış, H. Şaban (2002): Tanrı Dağı Kadar Türk, Hira Dağı Kadar Müslüman. Türk Milliyetçiliğinin Terkibinde İslamcı Doz in: Bora, Tanıl (Hrsg.), Modern Türkiye'de Siyasi Düşünce: Milliyetçilik, Istanbul, 584-613

Ayvazoğlu, Beşir (2002): Tanrıdağ'dan Hira Dağı'na Uzun İnce Yollar, in Bora, Tanıl (Hrsg.) Modern Türkiye'de Siyasi Düşünce: Milliyetçilik, Istanbul

Bora, Tanıl/Can, Kemal (1994): Devlet, Ocak, Dergah, Istanbul

Bora, Tanıl/Can, Kemal (2004): Devlet ve Kuzgun, Istanbul

Bozarslan, Hamit (2002): Kürd Milliyetçiliği ve Kürd Hareketi, in: Bora, Tanıl (Hrsg.), Modern Türkiye'de Siyasi Düşünce: Milliyetçilik, Istanbul

Büyükbaş, Adnan (1994): Ülkü ve Ülkücülük Şuuru, Istanbul

Can, Kemal (2002): Ülkücü Hareketin İdeolojisi, in: Bora, Tanıl (Hrsg.) Modern Türkiye'de Siyasi Düşünce: Milliyetçilik Istanbul

Darendelioğlu, İlhan E. (1994): Türk Milliyetçiliği Tarihinde Büyük Kavga, Istanbul

Djuric, Mihailo (1979): Mythos, Wissenschaft, Ideologie, Amsterdam

Doğan, Mehmet (1993): Savunma, Ankara

Linz, Juan (1978): Introduction, in: Walter Laqueur (Hrsg.), Fascism, Carolina

Mete, Ömer Lütfi (2002): Türk Milliyetçiliğine 'Sivil' Bakış, in: Bora, Tanıl (Hrsg.) Modern Türkiye'de Siyasi Düşünce: Milliyetçilik, Istanbul

Özdoğan, Günay Göksu (2001): 'Turan'dan 'Bozkurt'a Tek Parti Döneminde Türkçülük (1931-1946), Istanbul

Özkırımlı, Umut (2002): Türkiye'de Gayriresmi ve Popüler Milliyetçilik, in: Bora Tanıl (Hrsg.) Modern Türkiye'de Siyasi Düşünce: Milliyetçilik, Istanbul

Parla, Taha (1989): Ziya Gökalp, Kemalizm ve Türkiye'de Korporatizm, Istanbul

Selçuk, İlhan: 22 Temmuzda MHP'nin Durumu, Cumhuriyet 26.6.2007

–: Meğer Milliyetçi Değilmiş, Cumhuriyet, 27.01.2008

Taylak, Muammer (1977): 27 Mayıs ve Türkeş, Ankara

Turan, Rıdvan (2001): Kurt Kapanı, Türkiye'de Faşizm, Ankara

Türkeş, Alparslan (1998): Her Türlü Emperyalizme Karşı, Ankara

Ülkü, İrfan (1995): 12 Eylülde Ülkücüler, Istanbul

Yanardağ, Merdan (2002): MHP Değişti mi? Ülkücü Hareketin Analitik Tarihi, Istanbul

Yazıcıoğlu, Muhsin (1998): Yeni Bir Dünya İçin, Yeni Bir Türkiye İçin, Ankara

4.
Geschlechterverhältnisse und feministische Politik

Nükhet Sirman[1]

Die Familisierung der Staatsbürgerschaft in der Türkei[2]

In diesem Text soll eine Sichtweise vorgeschlagen werden, die eine Geschlechter-Perspektive auf die Frage nach Staatsbürgerschaft und Souveränität im postkolonialen Kontext der Türkei ermöglicht. Die Überlegungen basieren auf der Vorannahme, dass die Untersuchung eines Rechtsdiskurses, obwohl in den meisten Studien zu Staatsbürgerschaft üblich, sich nicht dazu eignet, die tatsächliche Funktionsweise einer vergeschlechtlichen Staatsbürgerschaft insbesondere unter postkolonialen Bedingungen zu bestimmen. Stattdessen wird die Verhandlung der Frage nach Zugehörigkeit zu einem Staat sowohl im Bezug auf Identität als auch auf die Konstitution eines Subjekts als Bürger als ein Prozess verstanden, der den Staat selbst konstituiert.

Um zu zeigen, dass nicht von einer universellen Funktionsweise der Charakteristika von Identität und Staat ausgegangen werden kann, untersucht der Text die Entstehung des Nationalstaates unter postkolonialen Bedingungen. Die Aufmerksamkeit wird auf die kulturellen Codes gelenkt, die es ermöglichen, die ausschließenden Effekte von Klasse, Geschlecht und *Race* zu erhalten, ohne diese (als solche) in den Staatsangehörigkeit konstituierenden Diskursen zu benennen. Diese Differenzkategorien werden als Effekte der Diskurse selbst verstanden. Voraussetzung dafür ist, auf den den Staat selbst konstituierenden Haupt-Diskurs zu fokussieren und zu verstehen, wie Ausschlussmechanismen zu Effekten der Herstellung einer holistischen und deshalb souveränen Gemeinschaft, wie dem Nationalstaat, werden. Dies soll ermöglichen, die diskursiven Bewegungen einzugrenzen, durch die die Diskrepanz zwischen Herrschaft (z.B. egalitäre Verfassungen) und Praktiken für die Subjekte der Nation verständlich und akzeptabel gemacht werden können, ohne auf eine interessengeleitete Analyse zurückzugreifen. Ich hoffe, diese Perspektive erlaubt es, zum einen die Beharrlichkeit dieser Ausschlussmechanismen trotz der gegen sie gerichteten Menschenrechtsdiskurse zu verstehen und zum anderen die Möglichkeit für alternative Diskurse des Widerstands zu eröffnen.

Ich werde argumentieren, dass die Herausbildung eines nationalen souveränen Staates in dem Prozess der Konstituierung der Nation als einer spezifischen Staatsform immer das Ergebnis von Diskursen über die Identität der Nation ist. Zugleich konstruieren diese Diskurse die Identität des vollständigen Bürgers. In der Konsequenz wird der Bürger mit einem besonderen Paket aus Rechten und Pflichten ausgestattet. Er wird zum Subjekt spezifischer Wirkungsweisen der Macht und einer besonderen moralischen Subjektivität, die sich jeweils entsprechend ihrer konstitutiven Diskurse unterscheidet. Anhand der Untersuchung dieser Diskurse am Beispiel der Türkei möchte ich die These aufstellen, dass diese spezifische Form der in diesen Diskursen entstandenen Staatsbürgerschaft am Treffendsten als familiäre Staatsbürgerschaft bezeichnet werden kann. Ich werde zeigen, dass in ihnen auf einen vergeschlechtlichen Diskurs verwiesen wird, in dem der ideale Bürger als souveräner Ehemann und seine abhängige Ehefrau/Mutter stattdessen als Individuum eingeschrieben ist. Das führt dazu, dass die jeweilige zugeschriebene Position innerhalb eines familiären Diskurses eine Person zugleich mit dem Status ausstattet, der ihr innerhalb des Staates zukommt. Öffentliche Identitäten erhalten ihren Sinn in erster Linie durch die familiären Identitäten, die ebenfalls im Kontext der sie produzierenden Diskurse spezifisch sind und nicht als weitere universelle Identitäten verstanden werden sollten. Die Verwendung von angeblich mit universellen Bedeutungen versehenen Kategorien, wie Familie oder Bürger, lässt also den daraus resultierenden Diskurs über die Nation und sein Verhältnis zu seinem Subjekt als universell erscheinen. Deshalb wird die Analyse der auf diesem universellen Diskurs basierenden Staatsbürgerschaft weitgehend in eine Mängelliste verwandelt: das Fehlen von Menschenrechten, individuellen Freiheiten, Frauenrechten usw.

Statt vom universellen Diskurs des Bürgers auszugehen, versucht der Text also, die Diskurse und Praktiken nachzuzeichnen, durch die der türkische Nationalstaat erst hergestellt wurde.

Ich werde zeigen, dass die Entstehung einer Vorstellung von der Kernfamilie im gleichen Zug mit der Herstellung des Nationalstaates als modern stattfand. Diese Auseinandersetzung mit Modernität möchte ich als postkoloniale Bedingung beschreiben, die nach Hall bedeutet, dass wir die Diskurse und Praktiken eines spezifischen Ortes im Kontext des „euro-imperialen Abenteuers" (1996: 252) betrachten müssen. Die allgemeine Skizze des Prozesses, in dem in der Türkei die Nation als modern gedacht wird, folgt im Grossen und Ganzen dem Verlauf, wie er in zahlreichen theoretischen Darstellungen (nach)gezeichnet wird.

Vorliegender Aufsatz versucht, dieses Narrativ zunächst im Bezug auf die Konzeption des Staates sowie die Art und Weise, wie die Moderne in diesem Staat imaginiert wurde, zu begreifen. Durch die präzise Identifizierung der Akteure der Veränderung unter Berücksichtigung ihres Stellenwerts innerhalb des Staatsgebildes wird nachvollziehbar, das die Veränderung der Verfasstheit des Staates mit dem Wandel intimer Beziehungen verknüpft wurde. Ich werde zeigen, dass das Hauptanliegen, die Herausbildung eines vollständigen nationalen Subjektes, des Ideal-Bürgers, zu einer Umarbeitung der Abhängigkeitsverhältnisse führte, die für die politische Ordnung, in der sich die Akteure des Nationalismus selbst befanden, charakteristisch waren. Als sich das Osmanische Reich, „der kranke Mann von Europa", sich verschiedener imperialer Bestrebungen ausgesetzt sah, begannen seine Eliten, über den Staat als Ganzen im Verhältnis zu Europa sowie aus der Perspektive des Widerstands gegen diese imperialen Entwürfe nachzudenken. Die Erfindung neuer Formen von intimen Beziehungen, wie die patriarchale Kernfamilie, produzierte eine Neuorganisierung und Neuregulierung von Begehren und konstituierte zugleich Souveränität, die nationale Gemeinschaft und das moderne Individuum. Es wird zu zeigen sein, dass der Wille zur Bildung einer nationalen Gemeinschaft, ob osmanisch oder türkisch, in diesem Prozess den entscheidenden Schritt zur Absicherung der Souveränität des Staates darstellt.[3] Durch die mit der Kernfamilie einhergehenden Formen der Intimität wurde die Moral des vollständigen Bürgers hergestellt und die Bürger wurden zu Subjekten des modernen Nationalstaats. Insofern dieses Familienmodell eine vergeschlechtlichte Konstruktion ist, sollte es anschließend möglich sein, das Wesen der Staatsbürgerschaft selbst als vergeschlechtlicht zu analysieren.

1   Von der Frauenfrage zu Gender: Die neue Familie

Um zu verstehen, wie Nationalismus Gender konstituiert, ist es unerlässlich, den Staat als Ganzes zu betrachten und zu begreifen, in welchem Bezug Geschlechterverhältnisse besonders unter postkolonialen Bedingungen zu anderen Machtverhältnissen stehen. Studien zum Nationalismus machen normalerweise in den meisten nationalistischen Diskursen die Familie als Ort der Intervention aus. Die meisten dieser Ansätze begreifen Familie in diesen Diskursen als Metapher für den Staat. Fanon spricht zum Beispiel über das koloniale Begehren, die Kolonie zu domestizieren und zu regieren, wie man eine Familie regiert (McClintock 1996: 265). Merkwürdigerweise spricht er aber auch über die neuen familiären Regulierungen unter kolonialer Herrschaft. In der Tat zeichnen sich die meisten Nationalismen dadurch aus, dass sie versuchen die Familie nach neuen Prinzipien umzugestalten. Allerdings wurde bisher nur sehr wenig über die Gründe gesagt, die die Familie besonders unter postkolonialen Bedingungen zu einem solch zentralen Ort nationalistischer Intervention machen. Es ist auffallend, dass unter diesen Bedingungen die Umgestaltung häufig im Bezug zu einer Vorstellung von Modernität gedacht wird, also zu gesellschaftlichen Diskursen der Kolonisatoren. Dieses Verhältnis zwischen dem Verständnis von Familie und Nationalismus bedarf weitergehender Betrachtung.

Wenn, mit Anderson gedacht, die Nation zu imaginieren, bedeutet, sich ein neues Modell von Gemeinschaft vorzustellen, lässt sich die These aufstellen, dass die Funktion dieser neuen Familienmodelle darin besteht, diese nationale Gemeinschaft mit Inhalt zu füllen. Theoretisch können die Verbindungen zwischen Nation als 'imagined community' und Familie verschiedentlich konstituiert sein.

Viele Autoren begreifen diese Relation zuallererst als metaphorische (vgl. Sommer 1991; McClintock 1996). Danach kommt der Familie aufgrund ihrer Eigenschaft, ein 'natürliches' Beziehungsmodell darzustellen, die Rolle zu, die Verbindungen zu repräsentieren, die angeblich zwischen den Personen bestehen, aus denen sich die Nation zusammensetzt. Die Erfindung der 'neuen Familie' und der Nation als 'natürlich' gegeben dient zur Unsichtbarmachung und zur Legitimation der Machtverhältnisse, die für beide Arten von Gemeinschaft konstitutiv sind. Allerdings wird die neue Familie in vielen postkolonialen Kontexten nicht als 'natürlich', sondern als modern imaginiert.

Andere Autoren haben versucht, die Beziehung zwischen Nation und Familie soziologisch und strukturell zu erfassen. Kandiyoti (1991) argumentiert beispielsweise, dass die 'neue Familie' dazu beiträgt, die Sozialstrukturen aufzulösen, die gerade in islamischen Gesellschaften wie dem Osmanischen Reich die Bestrebungen nach Zentralisierung behindern. Jayawardena (1988) hingegen erscheinen sowohl die 'neue Familie' wie auch die 'neue Frau' als besser geeignet, dem Bedürfnis der lokalen Bourgeoisie nach Modernität zu entsprechen. Demnach trägt die 'neue Familie' in sich modernisierenden Gesellschaften auch dazu bei, (aus)gebildete Arbeitskräfte bereitzustellen.

Obwohl diese Ansätze die Wichtigkeit von Frauen und Familie für nationalistische Projekte betonen, richten sie nicht genug Aufmerksamkeit auf das Verhältnis von Macht und Geschlecht. Bestenfalls betrachten sie Macht als etwas, das irgendwie außerhalb von Geschlecht liegt und durch politische Mittel ausgeübt wird. Um zu begreifen, wie Nation und Macht in das Subjekt eingeschrieben sind, ist es deshalb unerlässlich, den Prozess der Herstellung von Subjektivitäten als zugleich geschlechtlich und national codiert zu verstehen. Die 'neue Frau' und die 'neue Familie' sind nicht einfach Kategorien, die vom Staat produziert werden; sie bringen selbst neue Konfigurationen von Macht und Begehren hervor. Diese Konfigurationen verlangen danach, dass Macht und Souveränität auf vollständig neue Weise imaginiert werden. Wie Kandiyoti (1998) in einem neueren Artikel betont, bringen diese Konfigurationen auch neue Männlichkeiten hervor, genauer gesagt, neue Bürger. Allerdings situiert Kandiyoti diese Männlichkeiten weiterhin innerhalb der Problematik des Modernismus. Innerhalb der Moderne wird, nach Kandiyoti, der autoritäre Mann mit dem Bauern assoziiert und so in ein Symbol für Rückwärtsgerichtetheit verwandelt. Unerwähnt bleiben jedoch die Ursachen für die Macht des modernen Mannes, die eng mit der neuen Familienordnung verknüpft sind.

Der 'neue Mann', der aufgeklärte Vater also, der sorgfältig die Erziehung seiner Kinder (vor allem seiner Töchter) vorausplant, wird selbst durch die neuen Techniken der Subjektivierung erzeugt, wie Chatterjee zeigt, und ist daher zutiefst in die modernen Formen der Macht eingebunden. Chatterjee (1993) stellt fest, dass in kolonialen Gesellschaften wie Indien Frauen und die Familie zu kritischen Kategorien nationalistischer Diskurse werden, weil die Kolonisatoren die öffentliche Arena bestimmen. Nach Chatterjee besteht in solchen Situationen die kulturelle Schwierigkeit, nationale Identitäten sowohl als modern als auch als in Differenz zu den westlichen Kolonisatoren imaginieren zu müssen. Chatterjee beschreibt die Hauptakteure dieses imaginativen Vorgangs nicht als bourgeois sondern als Angehörige der Mittelklasse. Er benutzt diesen Begriff, um zu zeigen, dass er sich auf die Klasse einer Gruppe von Menschen bezieht, die in einem gewissen Sinn in der Mitte gefangen sind und die in dem Prozess kultureller Produktion von diesem eher neuen Standpunkt innerhalb der Gesellschaft aus agieren. 'In der Mitte gefangen' meint, dass sie sich dem britischen kolonialen Apparat ohnmächtig gegenüber sehen und gleichzeitig dessen Modus, seine Souveränität auszuüben, nur bewundern können. Sie ersehnen für sich selbst Modernität, da diese ihnen als besonders effizient erscheint, ihre eigene Souveränität zu etablieren. Es sind die Teile der Gesellschaft, die damit befasst sind, sich eine neue Gemeinschaft vorzustellen: als einen Prozess, der dazu führt, bereits existierende Diskurse und Praktiken, von Religion über Literatur und die Familie bis zur Wissenschaft, im Verhältnis zur Moderne neu zu definieren. Ergebnis dieses Prozesses ist eine Neuanordnung von Teilen alter kultureller Diskurse und Begehren unter den Vorzeichen von Hindu-Nationalität unter kolonialen Bedingungen. Unter diesen Bedingungen erhält die hinduistische Familie, insbesondere die 'Hindu-Frau' die Rolle als Repräsentantin östlicher hinduistischer Moral, die unberührt von fremder Beherrschung erhalten werden konnte. Das Streben nach Macht und Souveränität, das die indische Mittelklasse aufbauend auf ihrem Verständnis von Familie, Weiblichkeit und Männlichkeit, dazu motiviert, eine hinduistische Mittelklasse-Kultur zu etablieren, lässt sich daher als Begehren beschreiben, das folglich in diesem Prozess dazu beiträgt, die neue 'Hindu-Familie' und die neuen Bürger und Bürgerinnen der neuen indischen Nation herzustellen.

Chatterjees Ansatz ist besonders hilfreich, um die Souveränität des Nationalstaats und die Prozesse der Subjektformation unter postkolonialen Bedingungen zu theoretisieren. Dadurch wird es endlich möglich, die Versuche nationalistischer Diskurse und Praktiken, die Familie und die Identität nationaler Subjekte neu zu strukturieren, differenziert zu betrachten. Sie sind also weder nur als Metapher zu verstehen, mit der die neue Nation gedacht wird (die Nation als größere, aber der Familie ähnliche Struktur) noch als bloßes Mittel, mit dem das für die neue Staatsform notwendige soziale Kapital (wie etwa patriotische Bürger oder gebildete Arbeitskräfte) hergestellt werden kann. Vielmehr können Familie, Nation und Geschlecht so als mit den Methoden verknüpft gedacht werden, durch die Macht unter postkolonialen Bedingungen konstituiert, begriffen und ausgeübt wird. Nationalismus wird folglich zu einer konstitutiven Kraft, die die Familienbande, die Beziehungen zwischen den Familienmitgliedern sowie zwischen Familien und den staatlichen Institutionen zusammenhält. Dadurch können weiterreichende Erkenntnisse als die einer Dichotomie von öffentlich und privat erhalten werden. Es lässt sich nämlich verstehen, dass dieser Vorgang nicht nur einfach die Naturalisierung der Macht darstellt, sondern vielmehr als ihre Konstituierung auf der Ebene des Staates gesehen werden kann. Geschlecht und Familie rücken also ins Zentrum dessen, was Foucault als Gouvernementalität bezeichnet hat. Nationalismus stellt sich ebenfalls komplexer dar als eine politische Ideologie, nämlich als eine diskursive Praxis, die konstitutiv für Institutionen, Subjektivität und alltägliches Leben ist. Überdies erlaubt uns diese Perspektive, die Operationen der Mikrobereiche der Macht mit den Themen der Makroebene wie die Herausbildung des Staates und der Staatsbürgerschaft zu verlinken, und Subjektivität und Souveränität, Geschlecht und Nation innerhalb desselben Rahmens zu analysieren. (vgl. Abu-Lughod 1998; Chatterjee 1993)

2 Ein Mann sein.[4] Geschlechterkonstruktion in der Türkei

Es gibt bereits einige Studien, die es sich zur Aufgabe gemacht haben, die Akteure des Nationalismus in der Türkei zu untersuchen. Kandiyoti zeigt beispielsweise in einem Artikel, der sich mit Romanen beschäftigt, die im Osmanischen Reich nach den Reformbewegungen 1839[5] entstanden, dass diese Romane von dem Unbehagen der (männlichen) Autoren/Schriftsteller gegenüber den Weiblichkeitsentwürfen handeln, mit denen sie sich in der Gesellschaft konfrontiert sahen (Kandiyoti 1988). Indem Kandiyoti dieses Unbehagen als Produkt der männlichen Sicht auf die Auswirkungen von Reformen und Modernität darstellt, verortet sie Weiblichkeit ein weiteres Mal im Kontext der Problematik der Moderne. Um Weiblichkeit hingegen innerhalb ihres eigenen Kontexts zu situieren, lohnt es sich, die Analyse der frühen osmanischen Bewegung von Şerif Mardin (1966) heranzuziehen. In seiner mittlerweile klassischen Studie weist er nach, dass die ersten Nationalisten des osmanischen Reiches sich aus aufstrebenden Bürokraten und ehrgeizigen Intellektuellen zusammensetzten, deren Streben nach Aufstiegsmöglichkeiten durch die Veränderungen innerhalb der Bürokratie nach 1839 enttäuscht wurde. Ich möchte die These formulieren, dass diese jungen Männer dieselbe mittlere Position besetzten, die von Chatterjee als diejenige beschrieben wurde, die von den Akteuren des Nationalismus besetzt wird. Angesichts des Fehlens von Untersuchungen, die sich mit dem alltäglichen Leben und der Familie in der späten osmanischen Zeit beschäftigen, möchte ich ein Analysemodell vorschlagen, dass durch anthropologische Studien informiert ist. Sie liefern den Verweis darauf, dass die Geschlechterordnung der türkischen Gesellschaft eine Situation produziert, die in der Folge eine Gruppe von Autoren und Denkern hervorbringt, die aufgrund ihrer eigenen Ohnmacht sozialen Wandel forderten. Ich hoffe dieses Modell ermöglicht es, neue

Fragen im Bezug auf die sich verändernden Machtverhältnisse in der späten osmanischen Gesellschaft im Verhältnis zu Geschlecht, Familie und Nationalismus zu formulieren und so im zweiten Schritt den vollständigen Bürger in seiner oder ihrer jeweiligen geschlechtlichen Ausprägung zu identifizieren.

Um das soziologische Gefüge des späten osmanischen Reiches zu definieren, wird von einer Gesellschaftsordnung ausgegangen, die durch, wie ich es hier nennen möchte, „große Häuser" strukturiert ist. Andere AutorInnen haben diese auch als „Häuser-Gesellschaften" bezeichnet (Joyce/Gillespie 2000). Der Topkapı Palast stellt als größtes Haus des Landes ein geeignetes Modell dar, um die Eigenschaften des Verhältnisses von Macht und Gesellschaftsordnung zu betrachten. Eine behutsame Analyse der Funktion des Palastes als Institution zeigt, dass das Verhältnis zwischen Familie und politischer Macht sehr viel stärker verwoben ist als sich mit dem einfachen Modell der Metapher erkennen lässt. In diesem Modell sind soziale und familiäre Ordnung, Politik und Verwandtschaft, gleichermaßen konstitutiv und das Oberhaupt des Hauses ist zugleich Vater und Souverän. Um die Herrschaft über sein Territorium zu erhalten, erzeugt das 'große Haus' ständig kleinere Versionen von sich selbst und verteilt diese als Verwaltungseinheiten auf dem gesamten Reichsgebiet. Bürokraten christlicher Herkunft wurden auf Posten in verschiedenen Teilen des Reiches gesetzt, um die osmanische Ordnung zu etablieren und zu repräsentieren. Sie waren nicht nur zum Islam konvertiert, sondern wurden tatsächlich auch zu Mitgliedern des osmanischen Hauses (inklusive des Groß-Wesirs[6]) und heirateten Frauen aus dem Harem, die ebenfalls konvertiert oder Töchter von Konvertiten waren (inklusive der Töchter oder Schwestern des Sultans) (Peirce 1993). Mit der Zeit wurden diese jungen Männer, die zu Mitgliedern des 'großen Hauses' gemacht wurden, auch aus muslimischen Teilen der Bevölkerung rekrutiert. Die kleineren Häuser, die dem 'großen Haus' nachempfunden waren, erzeugten wiederum ihre eigenen Ableger, die intelligente junge Männer in ihrer jeweiligen Umgebung anzogen und sie wiederum zu Mitgliedern des Hauses machten. Dieses System ordnete die Häuser wie Satelliten umeinander an, mit dem Palast an der Spitze einer Gesellschaftsordnung, in der Verwandtschaft und Macht aufs engste miteinander verbunden waren.

Die wichtigste persönliche Tugend in diesem System ist es, seinen Platz zu kennen und genau einschätzen zu können, wem Respekt entgegengebracht werden muss, wem man untergeordnet ist und wen man dominieren muss. Bräute, Stallknechte, Köche und Gärtner sind Abhängige des Oberhaupts des Hauses. Seinen Platz zu kennen, bedeutet in der Lage zu sein, die Frage „Wem gehörst du?" mit dem Namen des Oberhaupts des Hauses, zu dem man gehört, zu beantworten. Diese Frage wird normalerweise von einer weiteren ergänzt, die dazu dient, die Person noch präziser einordnen zu können: „Und was bist du?" Die richtige Antwort auf diese Frage ist, das Verhältnis zu benennen, durch das die Person an die Position der Macht gebunden ist, die durch das Oberhaupt des Hauses repräsentiert wird. Die Antwort auf diese Frage kann also darin bestehen, entweder die Verwandtschaftsbeziehung, wie etwa in „Ich bin die jüngere Braut", oder das Verhältnis, das die Arbeitsteilung zum Ausdruck bringt, wie „Ich bin für dafür zuständig, den Kaffee zu kochen", zu benennen. In dem im Westen der Türkei gelegenen Dorf Tuz wurden noch in den 1980er Jahren diese Fragen routinemäßig von Menschen wie mir abgefragt, die nicht unmittelbar eingeordnet werden konnten (Sirman 1988). In diesem Ort, wo die Existenzgrundlage von Baumwolle produzierenden Familienhöfen erwirtschaftet werden muss, funktionierten die Verbindungen von Identität und Macht noch immer wie im osmanischen Palast. Von Anthropologen wird diese Struktur als ein ökonomisches Tauschverhältnis nach dem Prinzip der Umverteilung bezeichnet. Alle materiellen und symbolischen Ressourcen des Hauses wurden zentral gesammelt und anschließend an die Mitglieder des Hauses entsprechend ihres jeweiligen Status umverteilt. Alle vom Haus Abhängigen – von der jungen Tochter, die auf dem Feld Baumwolle sammelt, bis zum Sohn, der in der nahe gelegenen Fischerei-Kooperative arbeitet – geben ihre Einkünfte an den Haushaltsvorstand, üblicherweise den Vater, ab und dieser verteilt wiederum entsprechend seiner Einschätzung von Bedarf und Gerechtigkeit das eingesammelte Einkommen. Der Haushaltsvorstand wurde häufig als der „Besitzer des Hauses" bezeichnet. Im osmanischen Modell verteilte der Besitzer des Hauses auch die Ressourcen an sein Gefolge, die ihm aufgrund seiner Abhängigkeitsbeziehung von einem noch mächtigeren Herrn zufielen. Diese Hierarchie zwischen den Häusern mit dem Palast an der Spitze schuf nach Mardin eine personalisierte Gesellschaft, in der sich Moral um die Tatsache strukturierte, dass Macht eine wichtigere Ressource darstellte als Reichtum (1991).

In einer solchen Gesellschaftsordnung lässt sich nicht von einer Unterscheidung in öffentlich und privat sprechen. Die Gesellschaftsordnung und die Möglichkeit von Souveränität sind das Ergebnis der Kontrolle der Verwandtschaftsbeziehungen und der Sexualität. Die 'großen Häuser' sind miteinander verknüpft und es gibt keinen physischen oder metaphorischen Raum außerhalb, der die sozialen Beziehungen strukturieren könnte. Erst als im Zuge der *Tanzimat* der Ort der Souveränität nach außerhalb der Palastmauern verlegt wurde, begann sich dieser Raum zu öffnen. Wie dieser Raum strukturiert werden sollte, wurde für die Osmanen wie auch für die Republikaner, die nach ihnen kamen, zum Gegenstand der Sorge, da der Verhaltenskodex und die für diesen Raum geeigneten Gesprächsthemen lange Zeit ihre Mehrdeutigkeit behielten. Die Problematik bestand in nichts Geringerem als der Neustrukturierung von Macht und Souveränität. Die Osmanen sorgten sich öffentlich um die (Verhaltens)regeln und es entstand eine Literatur, die sich mit Verhalten und Betragen beschäftigte und einen gebildeten öffentlichen (übersetzten) Verhaltenscodex anbot, der die Beziehungen unter 'Fremden' regulierte, also von Menschen, deren Position gegenüber einander mehrdeutig war. Dieses Fehlen von Verhaltensregeln ist immer als Unfähigkeit, sich an die Modernität anzupassen, verstanden worden. Als Fehlen einer türkischen Moderne plagt es bis heute das nationale Imaginäre. Diese Sorge verweist auf die Kontinuität der Wirkungsweisen der alten Vorstellungen von Staat und Souveränität unter Bedingungen, in denen sie ihre Legitimität an einen anderen, als modern bezeichneten Zustand verloren haben. Basis dieser Kontinuität ist ein Modus, der erdacht und verstanden wird, in dem der Blick woanders hin gerichtet wird, auf den imperialen Westen.

Liest man Mardins Studie aus der von Chatterjee vorgeschlagenen Perspektive, wird eines besonders deutlich: Da die frühen Nationalisten in der Folge der *Tanzimat* als Männer die Ohnmacht des in der Mitte Gefangenseins spürten, wurden sie zu Agenten eines neuen Diskurses, in dem sich Form und Inhalt des lokalen osmanischen und des europäischen politisch-kulturellen Diskurses hybridisierten. Neue Diskurskategorien wie Volk, Gesellschaft, osmanische Kultur tauchten in der Kritik der *Tanzimat* auf und trugen schließlich dazu bei, die Ausprägungen von Subjektformation, von kulturellen Kategorien und die Gesellschaftsordnung selbst zu transformieren.

Um die genauen Bedeutungen dieser neuen Kategorien und die Attribute zu verstehen, die ihnen in den auf eine Veränderung gerichteten Diskursen zugesprochen werden, lohnt sich ein genauer Blick auf einige dieser literarischen Texte. Die Romane und Theaterstücke der als *Tanzimat*-Ära bezeichneten Phase bringen eine tiefe Sorge um das Staatswesen und die richtigen Handlungsweisen sowohl des Alltags wie auch der Regierung zum Ausdruck (Mardin 1966; 1974; Kandiyoti 1988; Parla 1990; Sirman 2000a). In der Tat thematisiert dieses neue Schreiben die Unsicherheit und zeigt die Versuche, die Kluft, die durch den Rückzug des 'großen Hauses' von der Gemeinschaft entstanden ist, mit verschiedenen Diagnosen und Lösungsvorschlägen auszugleichen. Dieser Rückzug wird hauptsächlich von den gebildeten Männern wahrgenommen, die sich in der alten Ordnung als dem 'großen Haus' zugehörig verorten und die Leiter der Bürokratie empor klettern konnten. Indem die *Tanzimat* eine Autonomie der Bürokraten gegenüber dem Palast schuf, stattete sie die mächtigen Männern dieses Bereichs mit Handlungsfreiheit gegenüber der Gemeinschaft und dem Palast aus (Mardin 1966).[7] Diese hatte den Rückzug des 'großen Hauses' von der Gemeinschaft und die Entstehung einer Erbklasse zur Folge, die ihre eigene begrenzte Definition von Verwandtschaft hatte. In diesen Texten wird zentral die Frage verhandelt, wie man in der neuen Ordnung, in der das 'große Haus' nicht mehr wie bisher die sozialen und politischen Beziehungen strukturiert, zu einem richtigen Mann wird. Die Trope der romantischen Liebe, die im *Tanzimat*-Roman von machthungrigen Vätern durchkreuzt wird, ist als Mittel der Autoren zu verstehen, mit dem sie diese neue Klasse von Bürokraten zu delegitimieren suchen. Dadurch delegitimierten sie schließlich das 'große Haus' selbst und erzeugten ein Bedürfnis nach alternativen Bindungen, die dazu dienen konnten, soziale Beziehungen zu definieren und zu legitimieren. Liebe, als Ausdruck des Göttlichen, wird in ihrer Fähigkeit, die Legitimation für neue Arrangements zu erteilen, eine dieser alternativen Bindungen, die sich eher auf die Person als auf das Haus gründeten (Sirman 2000a).[8] Aber nicht alle Arten der Liebe werden sanktioniert: Während einige heilig sind, werden andere als reine Lust abgelehnt. Was auf dem Spiel steht, ist das individuelle Begehren und die Frage, wie es domestiziert werden kann. In diesem Versuch, das Begehren des Individuums als den Grund zu bestimmen, auf dem die neue Ordnung gebildet werden soll, ist eine doppelte Operation am Werk. Das Begehren muss definiert werden, aber dafür müssen zugleich seine Grenzen bestimmt werden. Liebe wird folglich als machtvolle Kraft definiert, die überwacht werden muss, da sie sowohl die Ordnung schaffen wie auch brechen kann. Die Schriftsteller, die es sich zur Aufgabe machen, die richtigen Grenzen der Liebe zu definieren, sind also an der Bestimmung der Moral der neuen Ordnung beteiligt, indem sie für sich beanspruchen, den „common sense" zu repräsentieren. Dies machen sie durch absolute Texte, wie es Parla (1990) nennt, die die Möglichkeit jeglicher alternativen Perspektive verweigern.

Im *Tanzimat*-Roman ist Liebe die Grundlage des Subjekts und der Beziehungen zwischen Subjekten und die neue Basis für die Funktionsweisen der Macht. Geschlechtsidentitäten, wie sie in diesen Romanen definiert und entwickelt wurden, wurden nach der Gründung der türkischen Republik 1923 tatsächlich zur Norm. Das bürgerliche Gesetzbuch, das 1926 in Kraft trat, bestimmt den Ehemann als Familienoberhaupt und Ernährer, während die Ehefrau als Helferin und Beraterin des Ehemanns definiert wird. Frauen wurden also innerhalb der Familie dem Ehemann untergeordnet. Das Verhältnis verheirateter Frauen zum Staat war durch den Ehemann, als Repräsentanten der Familie in der Öffentlichkeit, vermittelt. Während die Frauen dem Ehemann als Repräsentanten untergeordnet wurden, erklärte hingegen die 1924 verabschiedete Verfassung alle Bürger als gleich, unabhängig von Klasse, Geschlecht, Glauben oder Ethnizität. Durch diese Gesetzgebung wurde geschlechtliche Staatsbürgerschaft in der Türkei auf eine Linie mit Praktiken gebracht, die zu dieser Zeit in Europa dominant waren. Dennoch erwies sich der andere Weg, der zu einem vergleichbaren Endpunkt führen sollte, als ausschlaggebend für die Position von Frauen innerhalb der türkischen Gesellschaft. Während in Europa und den Vereinigten Staaten zahlreiche Reformen den rechtlichen Status der Frauen gegenüber dem Ehemann veränderten, erwiesen sich solche Umarbeitungen in der Türkei als sehr mühsam. Erst 2002 wurden im Rahmen der Beitrittsbemühungen der Türkei zur Europäischen Union Mann und Frau in der Ehe rechtlich gleichgestellt[9]. Die Funktionsweise von Staatsbürgerschaft basierte also in der Türkei auf Diskursen, die sich von denjenigen unterschieden, die im Westen den Bürger konstituierten. Diese Diskurse waren von einem Nationalismus geprägt, der wie Chatterjee und Hall gezeigt haben, das nationale Selbst mit dem des souveränen Westens verknüpft sah.

Die Nation stellte in diesen Diskursen die Basis der Rechtmäßigkeit dar, die die Grenzen des Wandels zog und sein Hauptziel definierte. Was in diesen Diskursen angesprochen wurde, war nichts weniger als die Konstituierung der Subjekte der neuen Ordnung: Was sollte die Identität der neuen Machthaber sein, wer sollte ihnen helfen und sie mit Legitimität ausstatten, wen sollten sie regieren und wie sollte das Verhältnis zwischen Regierenden und Regierten entworfen werden? Die Suche nach Antworten begann am Machtsitz der alten Ordnung, dem Haus, und die Antwort, die gefunden wurde, war die Transformation des Hauses in eine Familie. Diese Lösung trieb einen Keil zwischen die Identität derjenigen, die nach Souveränität strebten, und den Charakter der Regierung, zwischen die Domäne des Hauses und die Domäne des Staates. Im Nationalismus begann diese Trennung des Privaten vom Öffentlichen zur Quelle der Sorge um die Gesundheit der Gesellschaft zu werden. Heute kommt diese Sorge in der Faszination für Korruption und Vetternwirtschaft[10] zum Ausdruck. Für die Kritiker der alten Ordnung war es jedoch einfach eine Frage von Hierarchien, das Persönliche und die Nation zu denken, statt es als eine Reihe getrennter und nicht miteinander verwandter Themen zu verstehen.

Der Übergang vom Haus zur Familie ist also nichts weniger als der Übergang zu einer neuen Staatsform, in der die Prozesse der Herstellung eines Subjekts, das in den politischen Prozess der Beratung eingreifen kann, erneuert werden müssen. Diese Veränderung affizierte alle Subjekte derart, dass der Ausdruck „Die Souveränität gehört dem Volk" eine Realität erhielt. Diese Veränderung bedeutet nicht weniger, als den Wechsel des politischen Regimes von der Monarchie zur Republik. In diesem Prozess konstituierten sich die Nation, die sich aus geeigneten vergeschlechtlichen Subjekten zusammensetzte, und der Staat gegenseitig. Nationalismus spielt in dieser Transformation eine entscheidende Rolle. Denn die Liebe zur Nation erlaubt die legitime Kritik an der alten Ordnung, liefert die Rechtfertigung für neue Hierarchien und legitimiert die Vorherrschaft, die Männer nun in ihrer Funktion als Ehemänner/Haushaltsvorstände und als vor dem Gesetz gleich geltend über Frauen als Ehefrauen ausüben können. Die Familie wird so zur zentralen Einheit, die das neue Regierungssystem ermöglicht.

Die neue Familie resultiert aus dem Ausscheiden zahlreicher Angehöriger des alten Hauses und platziert an Stelle des Vaters das Ehepaar und die Kinder im Zentrum. Es überrascht nicht, dass diese Einheit Kernfamilie genannt wird.[11] Der Kern des Hauses, befreit von seinen schützenden Abhängigkeiten, wird für die Öffentlichkeit als ein unstrukturierter und leerer Raum vollständig sichtbar, den es zu definieren gilt. Durch die Abwesenheit der alten Hierarchie, also den Abhängigkeitsmustern und Verwandtschaftsregeln, die diese Abhängigkeiten regulierten, entsteht das Problem, sich die Beziehungen der Gleichheit, wie sie zwischen den Oberhäuptern dieser neuen (kleinen) Haushalte herrschen sollen, vorzustellen und sie zu strukturieren. Trotz dieser Schwierigkeiten ist das Modell der Kernfamilie heute auf der Ebene der sozialen und kulturellen Praxis hegemonial. Anders als im von Chatterjee beschriebenen indischen Fall, ist die Kernfamilie in der Türkei als europäisch und deshalb als modern und vernünftig gepriesen worden. Jegliche andere Form des Haushalts oder der Sexualität ist weder akzeptiert noch verstanden. Ehelosigkeit ist beispielsweise kein anzustrebender sozialer Status und als richtiger Bürger, richtige Bürgerin ist man entweder Ehemann oder Ehefrau. Das gilt nicht einfach für die Gesellschaft als Ganzes, sondern ist als solches auch in den von Zwang geprägten Staatsapparat eingeschrieben. Eine unverheiratete Person wird beispielsweise eher einer politischen oder anderen Straftat verdächtigt, als eine verheiratete Person mit Kindern. Der Anteil verheirateter Personen in der Bevölkerung belief sich 1990 auf 95 Prozent.

Mit der Herausbildung konkurrierender Modelle des Nationalen, hielten die neuen Machthaber noch stärker an dem Familienmodell fest. Andere neue Modelle wie auch das Alte dienten als unpassendes Anderes des hegemonialen Diskurses im Kampf um die richtige nationale Ordnung und Kultur. Dies erlaubte es den herrschenden Klassen, jeglichen Gegendiskurs auf Basis islamischer oder regionaler/ethnischer Identität und Differenz als ewigen Kampf des Alten gegen das Neue zu verwerfen. Durch diese Gegenüberstellung entstand eine Kulturpolitik, die abstreiten konnte, überhaupt politisch zu sein, und die alle politischen Probleme ins Verhältnis zu dieser Dichotomie setzte (wie z.B. modern-traditionell oder progressiv-obskurantistisch). Frauen wurden erneut aufgefordert, die einzigartige Tradition zu erfinden, die diese Dichotomie verlangte. Die Rolle der osmanischen Frau wurde demnach als vollständig den Launen der Großfamilie ausgesetzt entworfen und mit der emanzipierten Frau der Republik verglichen. Aufgrund des tatsächlichen Fehlens von Untersuchungen des osmanischen Alltags und der zugleich stetig anwachsenden Zahl von Abhandlungen, die von Republikanern zugunsten ihres Anliegens verfasst werden, bleibt dieser Mythos der osmanischen Frau erhalten. Dieser Diskurs konnte also auch als Praxis der Regulierung dienen, da verschiedene Praktiken innerhalb des Staates dieser Dichotomie entsprechend als bedeutsam übersetzt werden konnten. Einige Praktiken von Familie und Geschlecht konnten dabei gelobt werden, während andere als traditionell ausgeschlossen wurden. Die Gesamtheit, die wir als Nation bezeichnen, ist also das Produkt kultureller Bemühungen von Subjekten, die es als zwingend notwendig erachten, diese Mythen aufrechtzuerhalten und so zu rechtmäßigen Bürgern des türkischen Nationalstaats zu werden.

Die Bedingungen der daraus entstehenden Konfiguration, die ich als familiäre Familie bezeichnet habe, lassen sich scheinbar ziemlich gut durch das klassische liberale

Modell verstehen. Mit einigen Ausnahmen, die die wirkliche Geschichte erzählen, können einige Aussagen getroffen werden: Anscheinend werden die individuellen Rechte im Gesetz verbürgt. Die Privatsphäre wird als außerhalb des öffentlichen Bereichs verortet, der in ökonomischen Begriffen als am Wettbewerb orientiert, jedoch im politischen Sinn als korporatistisch verstanden wird. Und schließlich scheint eine universalistische Definition des Bürgers das Verhältnis Staat-Subjekt zu bestimmen. Von dieser Regel bestehen keine Ausnahmen durch Definition bestimmter Kategorien von Personen, unabhängig davon, ob sie durch eine religiöse Gemeinschaft oder Ethnizität bestimmt werden. Wie von Joseph (1997) für den Libanon aufgezeigt wurde, markiert das Private eine unterhalb der nationalen Ebene angesiedelte Grenzziehung, innerhalb derer patriarchale Kontrollmechanismen wirken. Es ist jedoch kein Bereich, in dem es für Verwandtschaft möglich ist, Verbindungen zwischen großen Personengruppen zu errichten. Im Gegenteil errichten die Gesetze in der Türkei eine spezifische Vorstellung von der modernen patriarchalen Familie, die keine Bindungen außerhalb ihrer Grenzen anerkennt. Nichtsdestotrotz wird in der Türkei, wie in vielen postkolonialen Staaten, das Verhalten zwischen Personen in der öffentlichen Sphäre eher durch die Moral der Verwandtschaft als das Gesetz reguliert. Dies scheint der vorherigen Aussage auf den ersten Blick zu widersprechen und benötigt daher eine weitere Erklärung. Beziehungen zwischen Unbekannten im öffentlichen Bereich werden durch die Verwendung von Verwandtschaftsbegriffen oder andere kommunale Formen der Zugehörigkeit wie dem Lokalpatriotismus in fiktive Verwandtschaftsverhältnisse umgewandelt (Duben 1982; Erder 1999). Die Transformation der Öffentlichkeit in das Kommunale erfolgte einerseits durch einen Diskurs der Bruderschaft, wie sie bei Pateman beschrieben wird, und andererseits einen Dikurs der Intimität, der weiter unten beschrieben und durch Nationalismus als Mittel, die Beziehungen unter 'Fremden' zu regulieren, hergestellt wird. Im Unterschied zu dem schwachen Staat, der von Joseph gezeichnet wird, ist es in der Türkei tatsächlich die Stärke des Staates und insbesondere seiner Diskurse über das Wesen der Gesellschaft und die Staatsform, die Verwandtschaft wieder in den Bereich der Öffentlichkeit überführen. Und dennoch wird diese Form der Staatsbürgerschaft von den gebildeten Eliten als irgendwie unterlegen betrachtet. Dies hat zur Folge, dass diese alltäglichen Formen der Staatsbürgerschaft in den Bereich des Ausgeschlossenen, in Gestalt des noch nicht Modernisierten, verschoben werden. So lassen sich die Bürgerrechte in der Türkei im Namen der Herausbildung eines starken modernen Staates mit ihrer konstituierenden Einheit, der starken Kernfamilie, einschränken. Im Weiteren bleiben noch die Maßnahmen aufzuzeigen, mit denen die für den modernen Bürger notwendige Subjektivität hegemonial wurde. So wird das Subjekt bestimmbar, das von dieser Hegemonie ausgeschlossen wird, und es lässt sich verstehen, wie diese Exklusionen in der Vorstellung von Modernität in der Türkei unsichtbar gemacht werden.

3 Die glückliche Familie in der Türkei und ihre Geheimnisse

Wenn Mythen, wie Roland Barthes (1970) gezeigt hat, den sozial (semiotisch) konstituierten Charakter der Realität verstecken, müssen diese zwangsläufig auf ihrem Grund Spuren ihres Herstellungsprozesses aufweisen. Wenn ich diese Spuren als Geheimnisse verstehe, ist das größte Geheimnis, dass sowohl die Nation als auch die Moderne selbst fragile Konstruktionen darstellen. Die Nation ist tatsächlich eine zerbrechliche Einheit, eine Einheit die von Brüchen durchzogen ist. Um diese Risse und Spalten zu reparieren, werden häufig sekundäre Mythen produziert. Ein Weg, dies zu tun, ist es, andere Identitäten, andere Begehren und andere Geschichten zu vergessen, wie Renan (1990) uns mit seinem Ausdruck „erinnern, um zu vergessen" so passend ins Gedächtnis ruft. Um zu vergessen, dass die nationale Kleinfamilie bestehend aus Vater, Mutter und Kindern, als neue Regierungsform der Nation von einer bestimmten Gruppe der Bevölkerung konstituiert wurde, mussten 'große Häuser', Großfamilien und Stammesformen von Verwandtschaft in Zeichen der Vergangenheit und Rückwärtsgewandtheit verwandelt werden, deren Funktion anschließend das Andere dieser hegemonialen Konstruktion darstellen sollte. Die alte Ordnung musste zuerst vergessen und dann erinnert werden, jedoch nur im Rahmen von definierten Disziplinen, Theorien und Diskursen. Der zentrale Begriff, an dem sich diese Neu-Organisierung festmachen lässt, ist das Verständnis von Liebe (*sevgi*).[12]

Bis zur Mitte des 20. Jahrhunderts blieb Liebe das Hauptthema kultureller Produktion. Diese Auseinandersetzung mit Liebe bedeutete nichts anderes als die Ausdifferenzierung der Eigenschaften der Beziehung, die zwischen den Bürgern herrschen sollte. Diese sollte die Nation wie auch die Familie konstituieren und zugleich an die Stelle der komplexen Anordnung von Abhängigkeiten rücken, die delegitimiert worden waren. Diese Liebe (*sevgi*) wurde als persönliche Qualität etabliert, die die Balance zwischen Vernunft und Emotionen erhalten sollte. Diese ließ eher Abhängigkeit statt Zwang zum Produkt individuellen Begehrens werden. Begehren lässt sich am Besten durch eine Analyse des Konzepts von Liebe als sozial konstituiert untersuchen (Abu-Lughod 1986). Soweit Liebe eine Beziehung zwischen *ego* und *alter* bestimmt, kann sie als starke Emotion verstanden werden, die konstitutiv für das Subjekt ist. Liebe erlaubt es dem Subjekt, den Anderen als dasjenige zu erkennen, was ermöglicht, den Mangel auszugleichen und ganz zu werden. Dieses Begehren nach dem Anderen, mit dem Ziel endlich Vollständigkeit zu erlangen, muss zugleich überwacht werden, da nur die richtige Liebe diese Aufgabe erfüllen kann. Daher wird die Definition von Liebe zu einem Mittel, mit dem Geschlechterverhältnisse, Sexualität und Subjektivität simultan hergestellt werden und als solche den Gemeinschaften Gestalt verleihen, die diese Vervollständigung ermöglichen: Die Familie und die Nation.

Um den Weg aufzuspüren, durch den diese Liebe erzeugt wird, ist es notwendig ein weiteres Mal die Romane zu betrachten. Die ersten Romane, die im osmanischen Reich geschrieben wurden, versuchen ein Gleichgewicht zwischen den befreienden Aspekten von leidenschaftlicher Liebe (*aşk*) und den Gefahren, die sie für jegliche Gesellschaftsordnung darstellen kann, herzustellen. Die Romane spielen oft in 'großen Häusern' und beschreiben das Chaos, in das eine Familie gerät, wenn keine rechtmäßige Ordnung etabliert werden kann. Die Abwesenheit eines absoluten Vaters schafft eine Situation, in der verschiedene Akteure miteinander um die Macht konkurrieren, verschiedene Diskurse zu entfalten. Mit der Zeit werden jedoch eher die Eigenschaften von Weiblichkeit als von Männlichkeit zu einem kritischen Knotenpunkt, von dem die Gesundheit der Familie und der Nation abhängt. Die Subjektivität von Männern wird nicht länger in Frage gestellt, sondern als natürlich akzeptiert. Frauen sind diejenigen, denen es obliegt, sich langsam und mühsam in moderne Subjekte zu verwandeln, um Stabilität und Ordnung zu gewährleisten. Männliche Subjektivität wird also naturalisiert und stabilisiert, während weibliche Subjektivität als problematisch bestimmt wird und deshalb überwacht werden muss. Nach Barthes wird der moderne Mann in der Bourgeoisie schließlich zum Souverän, indem er sich selbst als „die soziale (Kategorie), die sich einer Benennung entzieht" (Barthes 1986: 163, zit. nach Gürbilek 1994: 44) begründet. Lässt man den schnauzbärtigen Mann, den rückwärtsgewandten Bauern, außer Acht, bleibt die einzige soziale Sorge die leidenschaftliche Liebe (*aşk*). Der einzige Ansatzpunkt, um dieses unberechenbare Gefühl unter Kontrolle zu halten, liegt in der Subjektivität der Frauen. Um die Verantwortung auf sich zu nehmen, die 'neue Familie' zu gründen und zu unterhalten, müssen sie in gebildete Subjekte verwandelt werden, die sich über die Nation und wissenschaftliche Methoden bewusst sind.

Die Problematisierung von Frauen im türkischen Roman brachte Schwierigkeiten mit sich für Frauen, die der Mittelklasse angehörten und sich selbst in der Position befanden, die Hauptlast dieser Transformationsprozesse zu tragen. Die Romane von Halide Edip Adıvar, der ersten Schriftstellerin der Türkei, machen deutlich, wie ungemein schwer es Frauen fiel, sich mit der Frau, die mühelos ihren Platz in der Gesellschaft akzeptiert, zu identifizieren und sich in die Heldinnen zu verwandeln, die alles, sogar ihr eigenes Leben, für die Nation opfern. Viele der Liebesromane, die in den ersten zwei Jahrzehnten nach der Gründung der Republik veröffentlicht wurden, bemühten sich, verschiedene Narrative anzubieten, die zeigten, wie das Begehren von Frauen in Liebe (*sevgi*) für die Nation, ihren Ehemann, die Kinder und die Gesellschaftsordnung verwandelt werden konnte. Diese Narrative erzeugen eine Weiblichkeit, die sich ziemlich von der unterscheidet, die Chatterjee für Indien beschrieben hat. Obwohl dieses Modell Frauen auch zur Essenz des Nationalen macht, geschieht dies nicht aufgrund einer Reinheit, die Weiblichkeit inhärent ist, sondern aufgrund der Vernunftfähigkeit von Frauen. Liebe und Opferbereitschaft für die Nation werden in diesen Erzählungen als weibliche Eigenschaften dargestellt, die nicht natürlich gegeben sind, sondern durch Bildung und Selbstdisziplin erlernt werden. Die typischen Geschichten dieser Liebesromane kreisen um die Endscheidungsfindung der Heldin für einen Ehegatten. Falsche Entscheidungen und die Schwierigkeit, den passenden Partner zu erkennen, führen zu einer Reihe von Prüfungen, die die Heldin zu durchlaufen hat. Am Ende realisiert sie dann, dass die größte Tugend darin besteht, seinen Platz in der Gesellschaft anzuerkennen, und dass nur Gefühle, die durch den Verstand gemäßigt sind, diesen Erfolg erreichen können. Die richtige Weiblichkeit besteht darin, die barmherzige und tugendhafte Mutter der Nation zu sein. Dieser Status bestimmt nun die 'neue Frau' und damit kann jede Frau, unabhängig davon, wie zweifelhaft ihre Vergangenheit ist, dieses Ideal erreichen. Und diese 'neue Frau' wird die Erzeugerin der 'neuen Familie' sein (Sirman 2000b).

Die Aufforderung an Frauen sich entsprechend des Bildes republikanischer Weiblichkeit zu verändern, fand in der ersten Hälfte des 20. Jahrhunderts Verbreitung in unzähligen Massenmedien wie billigen Liebesromanen, wöchentlichen Frauenzeitschriften, Filmen und verstärkt in literarischen Magazinen. Nach derselben narrativen Struktur wurden Frauen, die nach einem Mittelklasse-Leben strebten, durch die dafür notwendigen Schritte geleitet. Um Frauen anzusprechen, griffen verschiedene Wochenzeitschriften in den 1940er und 1950er Jahren auf das formelhafte Versprechen zurück: „Wir lüften die Geheimnisse eines glücklichen Familienlebens". Das Geheimnis war gewöhnlich das gleiche, nur der Wortlaut änderte sich. Diese Zeitschriften erzählten Frauen, dass sie, um glücklich zu sein, andere glücklich machen und aufhören müssten, an den falschen Orten nach Glück zu suchen. Nur wenn Frauen die Persönlichkeit ihrer Ehegatten respektierten, könnte Glück erlangt werden. Über Jahre gab es eine populäre Serie mit dem Titel „Glückliche Familien verraten die Geheimnisse ihres Glücks", die sehr strukturierte Interviews mit Ehefrauen von prominenten Politikern, Ärzten und Universitätsprofessoren in den Mittelpunkt stellte. Diese wurden von großen Fotografien untermalt, die Kernfamilien in formaler Kleidung und der Familienhierarchie entsprechend angeordnet zeigten. Der Vater überragt die Kinder und seine sittsam neben ihm platzierte Ehefrau als Helferin und Beraterin. Der Schlüssel zum Glücklichsein war immer der gleiche: Liebe (*sevgi*) und Respekt. Leidenschaftliche Liebe (*aşk*) wurde schließlich vertrieben, alles wurde an seinen Platz gerückt und die Ordnung, die der Vernunft am Ehesten entsprach, wurde sowohl im privaten (Familien)Leben wie in der Öffentlichkeit errichtet. Die neuen Souveräne konnten nun stolz für den Diskurs einstehen, der ihnen zur Macht verholfen hatte, indem sie seine konstitutiven Elemente bereits in ihrer Haltung zum Ausdruck brachten.

Um die eheliche Familie sowohl auf institutioneller wie auf subjektiver Ebene hegemonial werden zu lassen, wurde in vielen Bereichen eine Reihe von Maßnahmen ergriffen. Schulbücher wurden zum Pflichtteil des Lehrplans, die die Familie als aus Vater, Mutter und Kindern bestehend definierten und dies mit sehr westlich aussehenden Abbildungen dieser Vorstellung von Familie bebilderten.[13] Das bürgerliche Gesetzbuch selbst enthält eine besondere Form der ehelichen Familie, die eindeutig von nach Geschlecht unterschiedenen Machtverhältnissen durchzogen ist. 1934 wurde das Nachnamen-Gesetz verabschiedet, nach dem Personen über 18 Jahre innerhalb einer Frist von drei Monaten einen Nachnamen annehmen mussten. Diese Maßnahme richtete sich gegen das 'große Haus', wo Zugehörigkeit durch eine Anzahl von umständlichen Anrufungen markiert wurde, die durch die hierarchische Struktur der Verwandtschaft geregelt waren. Mit einem Schlag wurde die Identität einer Person fixiert, vereinzelt und jede Spur von Abhängigkeit voneinander war getilgt. Ausweise wurden obligatorisch und es wurden Melderegister eingeführt. Eheschließungen wurden ebenfalls bei der Stadtverwaltung registriert. Nur Paare, die auf diese Weise verheiratet waren, kamen in den Genuss des Erbrechts, das im neuen bürgerlichen Gesetzbuch verankert war.[14] Dieses Gesetzbuch ist noch immer ein Symbol der säkularen republikanischen Ordnung, da es für Geschlechtergleichheit steht. Ehe und Privatleben gelten fortan als von Vernunft regiert, die selbst als Versicherung der Geschlechtergleichheit erachtet wird.

Geschlechtergleichheit ist von zentraler Bedeutung als eine Gleichheit, die alle Ungleichheiten beendete. Die Kernfamilie wird als Stütze dieser Ordnung mit strukturellen und kulturellen Funktionen ausgestattet. Durch ihre Institution wird auf struktureller Ebene Gleichheit zwischen den Menschen erreicht und die Hierarchien des Reiches werden in einer als revolutionär beschreibbaren Geschwindigkeit gekippt. Seitdem werden neue Hierarchien mit anderen Legitimationsdiskursen errichtet und jede Ähnlichkeit, die zwischen ihnen und den alten Versionen der Diskurse entstehen könnte, wird sorgfältig kaschiert. Auf der Ebene des Diskurses wird Macht außerdem mit Vernunft und Bildung statt mit Abhängigkeitsbeziehungen von den bereits Mächtigen verknüpft. Dabei ist am Wichtigsten, dass Männer nun nicht mehr als Väter, sondern auf rechtlicher Ebene in ihrer Funktion als Ehemänner zum Souverän innerhalb der Familie und des Staatswesens werden. Sie werden als unabhängige Subjekte definiert, die in der Lage sind, mit dem Staat ein formales Verhältnis einzugehen. Frauen werden hingegen als Mütter verherrlicht und sind nur insofern Bürgerinnen, da sie ihre Rolle als Helferinnen und Beraterinnen ausfüllen.[15]

Wie in klassischer liberaler Theorie definiert wird, postuliert die Trennung in öffentlich und privat, dass das Private von freundschaftlichen und selbstlosen Beziehungen oder von dem, was ich *sevgi* genannt habe, bestimmt sein soll, während interessengeleitete Beziehungen die öffentliche Sphäre dominieren. Und dennoch sollen in der Türkei auch die Beziehungen in der Öffentlichkeit durch *sevgi* charakterisiert sein. „Das Privatleben erhält eine Seele, Liebe (*aşk*), Freundschaft und

Ehe", wie Nurdan Gürbilek über Yakup Kadri Karaosmanoğlus Roman *Ankara* schreibt, jedoch nur, wenn die Sensibilität des neuen Subjekts in den öffentlichen Bereich mit einfließt (Gürbilek 1992: 62). Die Hauptstadt Ankara wird sich nur von einer „provisorischen Stütze" zu einem Modell der Nation verändern, wenn es der Vertrautheit in der Öffentlichkeit den Vorrang gibt. Privatsphäre verliert dann in Ankara ihren Sinn, da Ankara als eine Stadt, in der es keine Fremden gibt, selbst zu einem Zuhause wird (ebd.: 63). Diese Öffentlichkeit, die von Karaosmanoğlu mit Begriffen beschrieben wird, die für das Subjekt reserviert sind, ist nichts anderes als die Nation selbst. Herzfeld (1996) prägt den Begriff „kulturelle Intimität", um die kulturelle Konstruktion des richtigen Verhaltens als nationales Subjekt zu beschreiben. Er verweist darauf, dass bestimmte Dinge nur von denjenigen geteilt werden können, die auch wirklich dazugehören.[16] Das Subjekt, das sich sowohl im öffentlichen wie im privaten Bereich entsprechend dieser Maxime verhält, kann nur ein Subjekt sein, das versteht, was *sevgi* bedeutet, und das sich nach der Befriedigung sehnt, die von diesem Gefühl erfüllt wird. Nur *sevgi* ermöglicht es dem Subjekt, ein Geheimnis für sich zu behalten. Nur ein solches Subjekt ist in der Lage, die Grenzen zwischen privat und öffentlich abzubauen.

Die Praxis, Geheimnisse zu bewahren, entsteht zuallererst innerhalb der Familie. Alle Sozialforscher, die versuchen, die Familie in der Türkei zu untersuchen, sind unmittelbar mit der Frage konfrontiert: „Warum interessieren Sie sich für unsere Familiengeheimnisse?" Die Geheimnisse können ganz unterschiedlich sein. Der Mangel von Liebe, Respekt und Aufrichtigkeit ist vielleicht das zentrale Geheimnis, das Interviewte im Kopf haben, wenn sie diese Frage stellen. Die Frauenbewegung der 1980er Jahre in der Türkei deckte ein weiteres gut bewachtes Familiengeheimnis auf: die häusliche Gewalt. Feministinnen haben eine beachtliche Menge an Energie aufgewendet und tun dies noch immer, um häusliche Gewalt zu einem Thema zu machen, das öffentlich angesprochen werden kann. Aus einer modernistisch und liberalen Perspektive könnte leicht argumentiert werden, dass es sich dabei um ein weiteres Beispiel für das Hinterherhinken des politischen Bewusstseins handelt. Aber Feministinnen stammen aus den Schichten derjenigen Frauen, die der nationalistische Diskurs mit mehr Macht ausgestattet hat. Sie fanden es selbst schwierig, dieses Familiengeheimnis zu lüften, besonders da die Gewalt nicht nur mit der „traditionellen" Welt der Landbevölkerung assoziiert werden konnte.[17]

Es gibt eine weitere Kategorie des Geheimnisses, die bisher nicht von Feministinnen aufgedeckt worden ist: das Geheimnis des Traditionellen. Viele Praktiken, die als traditionell bezeichnet werden, wie etwa arrangierte Ehen und Ehen zwischen nahen Verwandten, prägen sogar im städtischen Kontext und in der Mittelschicht noch immer die familiären Beziehungen. Dabei handelt es sich natürlich um familiäre Praktiken, die mit dem 'großen Haus' und mit Verwandtschaft als die Gesellschaftsordnung regulierendem Element assoziiert werden. Diese Praktiken

als traditionell zu bezeichnen, verweist darauf, dass sie im Verhältnis zu Modernität bewertet werden. Zugleich wird darin die Hoffnung zum Ausdruck gebracht,
dass sie eines Tages in der Zukunft gänzlich abgeschafft sein werden.[18] Das größte
Geheimnis in der Nation ist also die wackelige Hegemonie, mit der die Kernfamilie ausgestattet ist. Die Anthropologin Emilie Olson findet zu ihrer Überraschung
heraus, dass in Ankara, dem Sitz der Moderne, die Mehrheit der berufstätigen
Mittelklasse-Frauen es vorzieht, ihre Freizeit mit anderen Frauen zu verbringen
und Homosozialität für beide Geschlechter der modernen Mittelklasse die bestimmende Form der Sozialität ist. Anders ausgedrückt ist die Klasse, die die Ehe zum
Ideal erklärte, selbst nicht in der Lage dazu, die Vereinigung von Geist und Seele,
die durch diese Vorstellung auferlegt wird, umzusetzen (Olson 1982:54f). Ebenso
wenig folgen Beziehungen innerhalb des Hauses dem Muster der Ehe. Wie Duben
und Behar für Istanbul in den frühen 1990er Jahren herausgefunden haben (1991),
sind Tanten und Onkel sowie Schwager und Schwägerinnen nicht außerhalb des
Hauses verortet, sondern stellen die wesentlichen Personengruppen dar, mit denen
im Alltag kooperative wie auch konkurrenzbetonte soziale Beziehungen geführt
werden.

In der Tat stellt die Verwendung von Verwandtschaftsbezeichnungen zwischen
sich unbekannten Menschen in urbanen Raum die Vertrautheit her, die Gürbilek
beschrieben hat. Dabei trägt diese Anrede auch dazu bei, die auf Geschlecht und
Alter basierenden Hierarchien zu installieren, durch die sie geprägt sind. Die be-
harrliche Suche nach dem inflationären Gebrauch von Verwandtschaftsbezeichnungen unter (mittlerweile städtischen) rückständigen und deshalb traditionellen
Gecekondus[19] trägt nur dazu bei, den hohen Stellenwert der Verwandtschaftsvor-
stellungen für die Regulierung von modernen Sozialverhältnissen unsichtbar zu
machen. Das 'große Haus' ist tatsächlich noch immer lebendig und erfreut sich in
allen Aspekten des sozialen Lebens von der Politik bis zu institutionellen Verhältnissen, zu Arbeits- und Kapitalmärkten bester Gesundheit. Väter, abhängige junge
Männer und hierarchische Verhältnisse zwischen den Haushaltsvorständen gibt es
weiterhin. Sie wurden einfach den Anforderungen der Moderne entsprechend umgestaltet und bestehen beide in friedlicher Koexistenz fort. Demnach ist das größte
nationale Geheimnis also, dass das Ideal der Kernfamilie neben der Allgegenwär-
tigkeit des 'großen Hauses' weiter besteht, indem durch dieses Ideal der Diskurs
und die Praxis der nationalen Souveränität gestaltet werden.

Der letzte Aspekt des Geheimnisses, den es zu betrachten gilt, ist auf der Ebene
des Subjekts angesiedelt. Das abhängige Subjekt des 'großen Hauses' wird neben
dem unabhängigen modernen Subjekt, dem Bürger des liberalen Diskurses, wiederhergestellt. Für Mittelklasse-Subjekte, die ihr ganzen Leben danach streben, sich
mit diesem idealen modernen Subjekt zu identifizieren, verursacht die Koexistenz
dieser beiden Subjektivitäten ernsthafte Probleme. Einen Beleg hierfür liefern die

Schwierigkeiten, die es interviewten Frauen über 65 Jahren bereitete, das Personalpronomen in der ersten Person zu verwenden, wenn sie aufgefordert waren, ihre Lebensgeschichte zu erzählen (Sirman 2000c; Çetinoğlu/Koğacıoğlu 2000). Die Lebensgeschichten von Männern der Mittelklasse erzählten die Geschichte der Republik und listeten alle Fehlentscheidungen der aufeinander folgenden Regierungen auf. Mit anderen Worten, erzählten sie die Geschichte eines frustrierten Souveräns, dessen Herrschaftsbereich nicht den gesamten Staat umfasst. Auf subjektiver Ebene werden die Verwirrung, die durch die familiäre Staatsbürgerschaft verursacht wurde, und die Last zu vieler Geheimnisse als quälend empfunden.

3 Fazit

In diesem Aufsatz wurde versucht, der diskursiven Formation der Staatsbürgerschaft in der Türkei auf die Spur zu kommen. Um die besondere Gestalt zu verstehen, die sie in ihrer Ausübung annimmt, wurde der Fokus auf die Verfahren gerichtet, durch die vergeschlechtliche Subjekte hergestellt werden. Der Aufsatz ist mit der Schwierigkeit konfrontiert, das zu erklären, was als Diskrepanz zwischen Praxis und Regel beschrieben wurde. Türkische Kategorien der Staatsbürgerschaft behaupten universell zu sein und zur gleichen Zeit verfügt die Mehrheit der Bevölkerung nicht über die Rechte, die mit Staatsbürgerschaft assoziiert sind. Die Unfähigkeit des Staates, nach dem Gesetz gleichen Zugang zu Rechten für alle Bürger zu garantieren, wurde häufig als Strukturschwäche, aufgrund von ökonomischer Instabilität oder verschiedenen Hindernissen bei der gerechten Verteilung der Ressourcen beschrieben. Vorausgesetzt das stimmt, wird auf diese Weise trotzdem nicht erklärbar, wodurch die Erfindung aufrechterhalten wird. Um eine Antwort auf diese Frage zu finden, wurde versucht, den Bedingungen und Diskursen nachzuspüren, die zur Einführung der Staatsbürgerschaft in der Türkei im Kontext des Problematik, nationale Souveränität zu erlangen, geführt haben.

Nationale Diskurse in der Türkei entstanden im Kontext von sehr realen Befürchtungen, Ziel imperialistischer Aggression zu sein. Dies führte dazu, dass in dem Prozess, die neue Gemeinschaft zu imaginieren, die Erlangung von Souveränität zum Dreh- und Angelpunkt wurde. Das Anliegen der Souveränität des Staates produzierte Diskurse, die die Position des aufgeklärten männlichen Subjekts innerhalb dieser Staatsform als Ursache für das Problem ausmachten und deshalb Staatsbürgerschaft zur Grundlage machten, auf der die neue Staatsform errichtet wurde. Statt der Abhängigkeit von einem mächtigen Oberherr wurde Liebe in den nationalistischen Diskursen als die neue, vernünftige und deshalb moderne Form der Beziehung ausgemacht, die den Bürger an den Nationalstaat binden sollte. Die Kernfamilie bildete den Ort, an dem dieses Gefühl der Liebe erzeugt und gepflegt werden sollte. Diese Konfiguration produzierte das Modell des Bürgers, das ihn (und in Ergänzung auch sie) innerhalb eines vorgestellten Lebenswandels verortete, der alle Aspekte der sozialen Interaktion abdecken sollte. Wie Lomnitz anhand des mexikanischen Konzepts der Staatsbürgerschaft ausführt, wurden Bevölkerungsteile, die nicht in diese Lebensweise passten, wie bäuerliche Landbewohner, Angehörige ethnischer Minderheiten, ungebildete oder tief religiöse Menschen (bei denen der Glaube die Vernunft überwiegt) als verworfen ausgeschlossen (1999). In der Türkei erhielt dieses Verworfene den Namen des Traditionellen und wurde mit osmanischen Regierungspraktiken assoziiert, die verdrängt werden mussten, um nationale Souveränität zu erlangen. Diese diskursive Konstruktion des Traditionellen stellt das Geheimnis der türkischen Staatsbürgerschaft dar.

Mit dieser These wird versucht, das Problem anzusprechen, dass nicht nur die oben genannten Gruppen, sondern alle Bürger jeder Zeit in Verworfene verwandelt werden können. Und zwar deshalb, weil das „Traditionelle" in den Tagesablauf integriert ein wesentlicher Bestandteil des normalen Alltagslebens ist. Das Traditionelle findet sich auf vielen Ebenen: Es wird in den Befürchtungen der oben beschriebenen Zeitschriften angesprochen. Durch die Verleugnung weitläufiger Verwandtschaftsnetzwerke wird versucht, es zu vertuschen. Allgemeiner gesprochen, kommt es durch die rechtliche Unterordnung der modernen, der Mittelklasse angehörenden Frauen zum Vorschein. Was als das „Traditionelle" bezeichnet wird, beeinflusst in der Tat die Art und Weise, in der die Modernität verstanden und praktiziert wird. Lebensstile der Mittelklasse werden erst durch den Aufbau weitläufiger Netzwerke, die durch Verwandtschaftsnormen reguliert werden, möglich. Liebe reicht nicht aus, um die Bande der Gleichheit zu pflegen, die in nationalistischen Diskursen vorgesehen waren, sondern führt dazu, auf Abhängigkeit basierende Bindungen zu schaffen, nicht nur zwischen den Eheleuten innerhalb der Kernfamilie sondern auch zwischen Familienoberhäuptern. Im Namen der Liebe zur Nation und der Herstellung einer konfliktfreien Öffentlichkeit sollen intime Beziehungen in den Bereich einwirken, der zuvor von Interesse beherrscht werden sollte. Die Bedeutungen der alten Ordnung, des Traditionellen, füllen also die Frage mit Inhalt, wie Liebe die Beziehungen unter den Bürgern und zwischen Bürger und Staat regulieren soll. Die Herstellung des modernen türkischen Subjekts als Bürger basiert daher auf der Funktionsweise der Verbindungen, die die alte Ordnung zum Vorbild haben. Eine Funktionsweise, die in dem Moment ausgeblendet wird, in dem sie wirksam wird. Das Traditionelle befindet sich im Herz der Konstitution des Modernen. Es wird zu dem Geheimnis, das um jeden Preis geleugnet werden muss, wenn diese Erfindung der Herrschaft erhalten werden soll.

Aus dem Englischen von Maja Figge

Anmerkungen

1 Ich bedanke mich bei Dicle Koğacıoğlu, Nazan Üstündağ und Halide Velioğlu, die mich ich auf einige in diesem Aufsatz ausgeführten Aspekte aufmerksam machten und mit mir ausgiebig diskutierten. Nazan Üstündağ hat mir geholfen, meine ungeordneten Gedanken zu sortieren; dafür bin ich ihr zu besonderem Dank verpflichtet.

2 Anmerkung der Herausgeber: Dieser Aufsatz basiert auf der von der Autorin überarbeiteten englischen Fassung des Textes: The Making of Familial Citizenship in Turkey, in: Keyman, F./İçduygu, A. (Hrsg.): Challenges to Citizenship in a Globalizing World. European Questions and Turkish Experiences, London: Routledge, 2005.

3 Die ersten Nationalisten in der Türkei imaginierten/entwarfen einen osmanischen Staat als multiethnischen, in dem Religion und Ethnizität gegenüber der Akzeptanz der gerechten osmanischen Ordnung, repräsentiert durch den Sultan, sekundär waren. In den 1890er Jahren im Angesicht sezessionistischer Bewegungen verschiedener Ethnizitäten innerhalb des Reiches begann dieses Projekt von einem türkischen Nationalismus abgelöst zu werden, der sich in seiner aktuellen Form im Prozess des türkischen Befreiungskrieges im Anschluss an den Ersten Weltkrieg herausbildete.

4 Auf türkisch *Adam Olmak*. Das türkische Wort für Mann ist *adam* wie in Adam and Eva; es bezieht sich hauptsächlich auf die mit diesem Status assoziierten Attribute der Weisheit und der Macht. Es ist möglich ein Mann zu sein, aber nicht *adam*. Die Überschriften in diesem Teil des Aufsatzes wurden von der Autorin für eine Ausstellung mit dem Titel „Drei Generation der Republik" (*Üç Kuşak* Cumhuriyet) entwickelt, die 1998 zum 75. Jahrestag der Gründung der türkischen Republik von der Türkischen Stiftung für Geschichte organisiert wurde.

5 Diese Reformbewegungen, in der türkischen Geschichtsschreibung *Tanzimat* genannt, wurden von der zentralen Bürokratie initiiert. Die Effekte des sozialen Wandels, den diese Reformen in Gang brachten, zeigten sich in der türkischen Literatur nach den 1870er Jahren.

6 Diese halb-verpflichteten Bürokraten wurden *devşirme* genannt, ein Begriff, der „transformiert" bedeutet.

7 Die größte Veränderung seit 1839 war die Emanzipation der herrschenden Klasse, die bis dahin zur Bürokratie verpflichtet gewesen war. Die Angehörigen dieser Klasse konnten als Sklaven des Palastes weder ihren Reichtum noch ihre Macht an ihre Söhne weitergeben, da diese vom Palast jeder Zeit zurückgenommen werden konnte. Die *Tanzimat*-Reformen gaben diesen Bürokraten die Sicherheit eines Vermögens, das sie dafür nutzten, Mitglieder ihrer Familien für den Staatsdienst auszubilden.

8 Zum Verhältnis von Liebe zum Göttlichen in der klassischen osmanischen Literatur vgl. Holbrook (1994).

9 Die Effekte der Gesetzesänderungen sind derzeit noch nicht deutlich. Viele Klauseln im Strafgesetz, die geschlechtliche Verbrechen wie Ehebruch und Ehrenmorde regeln, werden nun überarbeitet.

10 Korruption und Vetternwirtschaft in der Bürokratie und in der Regierung sind in den letzten Jahren als Krankheit ausgemacht worden, die es zu bekämpfen gilt. Die Begriffe werden verwendet, um das Scheitern der Trennung von privat und öffentlich sowie von Familie und Verwandtschaft und staatlichen Angelegenheiten zu beschreiben.

11 Soziologisch betrachtet, wäre es angemessen diese Familie als Ehe-Familie zu bezeichnen, da es die Verbindungen zu der vorherigen Generation ist, die abgewertet wird. Für eine Diskussion dieser Begriffe vgl. Duben (1982).

12 Im türkischen gibt es zwei Ausdrücke für Liebe. *Aşk* bezeichnet die leidenschaftliche Liebe und *sevgi* meint die mütterliche oder brüderliche Liebe. Ich werde den Begriff Liebe verwenden, um sevgi zu bezeichnen und den Begriff leidenschaftliche Liebe mit dem türkischen Wort in Klammern, um die erste Referenz anzuzeigen. Ein weiterer Begriff, *muhabbet*, der bis in die 1920er Jahre verwendet wurde, bezeichnete ebenfalls Liebe wie in dem Wort *sevgi*.

13 Diese Zeichnungen fanden ebenfalls Verwendung in von Hand gezeichneten Anzeigen für Haushaltsgeräte und -produkte, die zunehmend in Zeitungen und Zeitschriften auftauchten. 1935 veröffentlichte eine Zeitschrift eine Liste mit einfach erhältlichen Mitteln zur medizinischen Behandlung (Soda, Essig und ähnliches) neben einem Abdruck von Jean-Jacques Rousseaus *Emile*, alles illustriert durch eine Zeichnung dieser idealen Familie.

14 Diese Eheschließungen werden als staatliche (*resmi*) Hochzeiten bezeichnet, während die traditionelle Zeremonie religiöse Zeremonie genannt wird, da sie gemäß der Gesetze des Korans erfolgt. Viele Hochzeiten wurden weiterhin nur mit dieser religiösen/kommunalen Zeremonie geschlossen und der Staat musste alle zehn Jahre ein Amnestiegesetz verabschieden, um die Kinder aus solchen Ehen, die vor dem Gesetz als illegitim galten, anzuerkennen.

15 Die Narrative des Unabhängigkeitskrieges (1920-1923) repräsentieren als Gründungsmythen diese Beziehung folgendermaßen: Die Männer kämpfen für die Nation, während die Frauen die Munition an die Front tragen.

16 Ein häufig zitiertes Sprichwort transportiert die gleiche Auffassung: Der gebrochene Arm muss im Ärmel bleiben.

17 Das Geheimnis familiärer Gewalt in der Türkei ist nicht, wie Feministinnen in Europa festgestellt haben, dass diese so weit verbreitet ist, sondern das sie auch in gebildeten Haushalten häufig vorkommt.

18 An dieser Stelle muss eine Unterscheidung im Bezug auf Moderne gemacht werden. Während arrangierte Ehen im Widerspruch zu der Erwartung an ein mit Vernunft ausgestattetes Individuum stehen, wird die Ehe zwischen nahen Verwandten als medizinisches Risiko eingestuft und mit dem Traditionellen insofern verknüpft, das sich darin die Ignoranz und Unwissenheit zeigt, ein weiterer Begriff, der durch seine Referenz zur Wissenschaft das Moderne anspricht.

19 „über Nacht erbaute" Viertel

Literatur

Abu-Lughod, Lila (1986): Veiled Sentiments. Honor and Poetry in a Bedouin Society, Los Angeles: University of California Press

– (Hrsg.) (1998): Remaking Women. Feminism and Modernity in the Middle East, Princeton: Princeton University Press

Anderson, Benedict (1983): Imagined Communities: Reflections on the Origins and Spread of Nationalism, Londra: Verso

Babha, Homi K. (1990): DissemiNation: time, narrative and the margins of the modern nation, in: Homi Bhabha (Hrsg.): Nation and Narration, London/New York: Routledge: 291-323

Barthes, Roland (1986): Günümüzde Söylem, Yazı Nedir?, Istanbul: Hil.

- (1970): Mythologies, Paris: Seuil

Chatterjee, Partha (1986): Nationalist Thought and the Colonial World: A Derivative Discourse?, London: Zed Books

- (1993): The Nation and Its Fragments: Colonial and Postcolonial Histories, Princeton: Princeton University Press

Çetinoğlu, Dalita/Koğacıoğlu, Dicle (2000): Reading Together: Two Life Stories of the Republican Era, in: Crossroads of History: Experience, Memory, Orality. Proceedings of the XI. International Oral History Association Conference, Istanbul: Boğaziçi Üniversitesi, vol. 2: 727-34

Duben, Alan (1982): The Significance of Family and Kinship in Urban Turkey, in: Çiğdem Kağıtçıbaşı (Hrsg.): Sex Roles, Family and Community in Turkey, Indiana: Indiana University Press, 73-99

Duben, Alan/Behar, Cem (1991): Istanbul Households: Marriage, Family and Fertility, 1880-1940, Cambridge: Cambridge University Press

Erder, Sema (1999): Where Do You Hail From?: Localism and Networks in Istanbul, in: Çağlar Keyder (Hrsg.): Istanbul Between the Global and the Local, New York: Rowman and Littlefield: 161-171

Fanon, Frantz (1965): A Dying Colonialism, New York: Grove Press

- (1967) Black Skin, White Masks, New York: Grove Press

Gellner, Ernest (1983): Nations and Nationalism, Oxford: Basil Blackwell

Göle, Nilüfer (1996): The Forbidden Modern: Civilization and Veiling, Ann Arbor/Michigan: University of Michigan Press

Gürbilek, Nurdan (1992): VitrindeYaşamak 1980'lerin Kültürel İklimi, İstanbul: Metis

Hall, Stuart (1996): When Was the Post-Colonial'? Thinking at the Limit, in: Chambers, Ian and Curti, Lidia (Hrsg.): The Post-Colonial Question. Common Skies, Divided Horizons, London/New York: Routledge: 242-260

Herzfeld, Micheal (1996): Cultural Intimacy. Poetics in the Nation-State, London: Routledge

Hobsbawm, Eric (1990): Nations and Nationalism Since 1780, Programme, Myth, Reality, Cambridge: Cambridge University Press

Holbrook, Victoria R. (1994): The Unreadable Shores of Love. Turkish Modernity and Mystic Romance, Texas/Austin: University of Texas Press

Jayawardena, Kumari (1988): Feminism and Nationalism in the Third World, London: Zed Press

Joseph, Suad (1997): The Public/Private-The Imagined Boundary in the Imagined Nation/State/Community: The Lebanese Case, in: Feminist Review 57, Autumn: 73-92

Joyce, Rosemary A./Gillespie, Susan D. (Hrsg.) (2000): Beyond Kinship. Social and Marital Reproduction in House Societies, Philadelphia: University of Pennsylvania Press

Kandiyoti, Deniz (1988): Slave Girls, Temptresses and Comrades. Images of Women in The Turkish Novel, in: Feminist Issues 8(1), 33-50

– (Hrsg.) (1991): Women, Islam and the State, Philadelphia: Temple University Press

– (1998): Some Awkward Questions on Women and Modernity in Turkey, in: Lila Abu-Lughod (Hrsg.): Remaking Women. Feminism and Modernity in the Middle East, Princeton: Princeton University Press: 270-287

Karaosmanoğlu, Yakup Kadri (1994): Ankara, Istanbul: İletişim (org. 1934)

Lomnitz, Claudio (1999): Modes of Citizenship in Mexico, in: Public Culture 11(1), 269-293

Mardin, Şerif (1966): The Genesis of Young Ottoman Thought, Princeton: Princeton University Press

– (1974): Superwesternization in Urban Life in the Ottoman Empire in the Last Quarter of the 19th Century, in: Peter Benedict and Erol Tümertekin (Hrsg.): Turkey: Geographical and Social Perspectives, Leiden: Brill

- (1991): Türkiye: Bir Ekonomik Kodun Dönüşümü, in: Türk Modernleşmesi. vol 4, Istanbul: İletişim, 194-237

McClintock, Anne (1996): No Longer in a Future Heaven: Women and Nationalism in South Africa, in: Geoff Eley and Ronald Grigor Suny (Hrsg.): Becoming National, Oxford: Oxford University Press, 260-284

Olson, Emelie A. (1982): Duofocal Family Structure and an Alternative Model of Husband-Wife Relationship, in: Çiğdem Kağıtçıbaşı (Hrsg.): Sex Roles, Family and Community in Turkey, Indiana: Indiana University Press, 33-72

Parla, Jale (1990): Babalar ve Oğullar, Istanbul: İletişim

Pateman, Carol (1988): The Sexual Contract. Stanford, California: Stanford University Press

Peirce, Leslie P. (1993): The Imperial Harem, Women and Sovereignty in the Ottoman Empire, Oxford: Oxford University Press

Povinelli, Elizabeth (2002): The Cunning of Recognition, Durham and London: Duke University Press

Renan, Ernest (1990): What is a Nation?, in: Homi Bhabha (Hrsg.): Nation and Narration, London: Routledge, 8-24

Sirman, Nükhet (1988): Peasants and Family Farms: The Position of Households in Cotton Production in a Village of Western Turkey, University of London, unveröffentlichte Dissertation

– (2000a): Gender Construction and and Nationalist Discourse: Dethroning the Father in the Early Turkish Novel, in: Feride Acar and Ayşe Güneş-Ayata (Hrsg.): Gender and Identity Construction. Women of Central Asia, the Caucasus and Turkey, Leiden: Brill,162-176

– (2000b): Writing the usual love story: the fashioning of conjugal and national subjects in Turkey, in: V.A. Goddard (Hrsg.): Gender, Agency and Change, London: Routledge, 250-272

– (2000c): Who Can Have a Life Story? Cultural Contexts and the Gendered Narration of Lives, in: Crossroads of History: Experience, Memory, Orality. Proceedings of the XI. International Oral History Association Conference, Istanbul: Boğaziçi Üniversitesi, vol. 2, 884-8

Sommer, Doris (1991): Foundational Fictions The National Romances of Latin America, Los Angeles: University of California Press

Anıl Al-Rebholz

Zivilgesellschaft, NGOisierung und Frauenbewegungen in der Türkei der 2000er Jahre[1]

Im Zuge des neoliberalen Globalisierungsprozesses vollziehen sich neben der Umsetzung eines umfangreichen neoliberalen Wirtschaftsmodells weltweit einerseits ein Souveränitätsverlust von Nationalstaaten und andererseits eine Reorganisierung von Staatlichkeit. Dieser neoliberale strukturelle Wandel impliziert mit dem Rückzug des Staats aus dem Sozialen simultan eine umfassende Reformulierung des Sozialen und Politischen. So hat sich der Ort politischer Konflikte und gesellschaftlicher Auseinandersetzungen vom Staat zur Zivilgesellschaft verschoben. Die Verschiebung oppositioneller Politik in zivilgesellschaftliche Sphären sehen wir seit den Achtzigern auch in der Türkei, wo insbesondere seit den Neunzigern unterschiedliche zivilgesellschaftliche Akteure, so auch die verschiedenen Frauenbewegungen durch eine NGOisierung geprägt sind. Die damit verbundene projektbasierte neo-liberale Konzeptualisierung des Sozialen im Prozess der EU-Beitrittverhandlungen hat sich seit den Zweitausender Jahren beschleunigt, wenn nicht sogar radikalisiert. In diesem Beitrag werden die neuen Organisations- und Entwicklungsdynamiken der Frauenbewegungen (insbesondere der türkischen und der kurdischen) in den Zweitausender Jahren fokussiert und die Konsequenzen dieser neuen Dynamiken für die Prozesse der Wissensproduktion und für die Verschiebung der Bedeutung der oppositionellen Politik untersucht.

Im ersten Teil des Aufsatzes wird die Entwicklung der Frauenbewegung mit Bezug auf deren Organisationsform, Ideologie und Positionierung in der Zivilgesellschaft kurz skizziert. Hier werden die Veränderungen im feministischen Politikverständnis im Zuge der Transformation der Frauenbewegung dargestellt und ihr herrschaftskritisches Potential problematisiert. Der zweite Teil konzentriert sich auf die NGOisierung der zivilgesellschaftlichen Szene und der Konsequenzen für die Wissensproduktions- und für die politischen Prozesse. Im letzten Teil wird dann speziell auf die NGOisierung der Frauenbewegung und deren Bedeutung für die Re-Konfiguration der Staat-Zivilgesellschaft-Verhältnisse fokussiert, um abschließend Impulse für eine sich als herrschaftskritisch verstehende feministische Politik zu skizzieren.

1 Neoliberale Hegemonie, Zivilgesellschaft, Frauenbewegungen

Der Militärputsch von 1980 markiert einen umfangreichen und tiefgehenden gesellschaftlichen und wirtschaftlichen strukturellen Wandel in der Türkei, welcher
als Versuch des Aufbaus einer neuen Hegemonie verstanden werden soll. Die damit
zusammenhängende Transformation hegemonialer Verhältnisse wird von vielen
AutorInnen unter der Rubrik neoliberale Restrukturierung der Staat-Zivilgesellschaft-Verhältnisse erfasst und analysiert (s. Öniş 1997: 749; Erdoğan/Üstüner
2002: 198). In diesen Analysen wird jeweils eine Dimension dieser umfangreichen
Wandlung unter die Lupe genommen[2] und sie fokussieren hauptsächlich die Konsequenzen der neoliberalen Umstrukturierung im wirtschaftlichen Bereich und
auf der staatlich-politischen Ebene. Es herrscht jedoch noch großer Bedarf die wei-
terführenden Implikationen dieser soziokulturellen Transformation, der Sozialen
Bewegungen und die neuen Formen des sozialen Protests herauszuarbeiten. An
dieser Stelle möchte ich betonen, dass neoliberale Politiken – neben einem Wirtschaftsmodell, einer bestimmten Form von Staatlichkeit und einem bestimmten
politischen System – ein sehr umfangreiches Gesellschafts- und Kulturmodell mit
sich bringen:

> Unter Neoliberalismus verstehen wir ein Projekt, das über seine wirtschaftlichen Impli-
> kationen (Konsolidierung des Staatshaushaltes, Inflationsbekämpfung, Liberalisierung
> des Handels, Deregulierung, Privatisierung) und deren gewaltsame Durchsetzung hinaus
> eine umfassende Ökonomisierung des Sozialen impliziert. Neoliberalismus ist nicht
> nur ein ökonomisches, sondern auch ein sozial-kulturelles Programm. Es gründet auf
> neosozialdarwinistischen Prinzipien und richtet sich gegen Solidarpraktiken aller Art
> (Kaltmeier/Kastner/Tuider 2004: 14).

Für den türkischen Kontext heißt das, dass die neoliberale Ummodellierung der
Staats-Gesellschafts-Verhältnisse jeweils einen eigenen Entwurf eines Gesellschaftsmodells mit sich bringt, welches eine neue Definition der Geschlechterverhältnisse,
ein neues Staatbürgerschaftsregime, eine neue politische Kultur, eigene Produk-
tions-, Konsum- und Lebensweisen[3] – kurz: eine umdefinierte Alltagskultur beinhaltet. Viel wichtiger aber ist, dass dieses Gesellschaftsmodell von einem neuen
Praxis-Wissens-Komplex[4] begleitet wird, d.h. die Etablierung bzw. die Durchsetzung
der neoliberalen Hegemonie geht einher mit bestimmten Wissens- und Diskursope-
rationen. Vor diesem Hintergrund betrachte ich das Aufkommen der feministischen
Bewegung zusammen mit anderen Sozialen Bewegungen – die auf der Politisierung
ethnischer, religiöser und kultureller Identitäten beruhen – in dem Zeitraum nach
1980[5] im Rahmen der Transformation der Staats-Gesellschafts-Verhältnisse in der
Türkei. So sehe ich die sozialen Bewegungen zum einen als ein Symptom für einen
Prozess, in dem sich die Zivilgesellschaft neu erkennt, neu definiert und neu auf sich
bezieht, und zum anderen als eine notwendige Konsequenz sich verändernder Verhältnisse zwischen dem türkischen Staat und der Gesellschaft.

Die zweite Frauenbewegung[6] entsteht in der Türkei als erste oppositionelle Bewegung im Zeitraum nach dem Militärputsch von 1980, wo alle politischen Institutionen und Aktivitäten verboten und weitgehend beschränkt waren.[7] Die Geschichte der Entwicklung der zweiten Frauenbewegung seit 1980, die heute knapp drei Dekaden umfasst, wird von verschieden Autorinnen in mehr oder weniger (weitgehend akzeptierten) identische Phasen periodisiert. Demnach wird die erste Phase (1980-1990) als feministische Phase[8] und die zweite Dekade als Phase der Frauenbewegung bezeichnet.

Die neunziger Jahre markieren gleichzeitig die Phase der Institutionalisierung (s. Kerestecioğlu 2004: 75), in der das angesammelte und angeeignete Wissen sowie die Erfahrungen aus der feministischen Bewegung der vorherigen zehn Jahre als Standpunkte und Politiken verschiedener Frauengruppen (radikale und sozialistische Feministinnen, islamische Frauengruppen, kurdische Frauen, liberale Frauen, kemalistische Feministinnen, Säkularistinnen und Menschenrechtsaktivistinnen) durch die zahlreich neu gegründeten Frauenorganisationen umgesetzt wird. Deshalb ist dies auch eine Phase, die durch Diversifizierung und Pluralisierung gekennzeichnet ist, das heißt unterschiedliche ideologische Strömungen und politische Positionierungen kommen zum Tragen und es treten verschiedene Definitionen von Frauenidentitäten und -interessen hervor.

In der noch nicht abgeschlossenen dritten Dekade – in der wir uns momentan befinden – sind verschiedene Tendenzen festzustellen. So beobachten wir, dass das Menschenrechtsparadigma zusammen mit den EU- Beitrittsverhandlungen, die einen großen Teil der Diskussionen der politischen Öffentlichkeit der Türkei bestimmen, auch die Agenda der feministischen Politik dominieren. Gleichzeitig kann diese Phase, in der sich die Radikalisierung der Implikationen des Projektfeminismus zeigt, deren Beginn bereits Ende der Achtziger Jahre (s. Tekeli 1992: 140) bzw. Anfang der Neunziger Jahre festgestellt wurde, als Phase der Radikalisierung der NGOisierung der Frauenbewegung bezeichnet werden.

Worin besteht der Beitrag der zweiten Frauenbewegung zur Demokratisierung und zur Entwicklung der Zivilgesellschaft in der Türkei, und nach welchen Kriterien soll ihr Beitrag bemessen werden? Sozialen Bewegungen wird eine emanzipatorische Perspektive und Demokratisierungspotential zugeschrieben, weil sie, indem sie als zivilgesellschaftliche Akteure Cultural Politics[9] betreiben und gegen Unterdrückung der sozialen Identitäten kämpfen, existierende soziale Verhältnisse ändern wollen, um zur Erweiterung der Bürgerschaftskonzepte beizutragen (s. Nash 2000: 146). Das Demokratisierungspotential ist somit einer der zentralen Bewertungsmassstäbe für soziale Bewegungen (Kaltmeier/Kastner/Tuider 2004: 7). Die Frage, die hier im Zusammenhang der Durchsetzung des neoliberalen Gesellschaftsmodells in der Türkei verfolgt wird, lautet: Inwieweit werden durch die feministische Politik in der Türkei die Herrschaftsverhältnisse in Frage gestellt?

Der Beitrag der feministischen Bewegung zum Demokratisierungsprozess und zur Beförderung der demokratischen Kultur kann entlang vier Achsen behandelt werden: das Selbst-Verständnis (Subjektposition), das Verhältnis zum Staat, die Organisationsform und die soziale Kritik. Hier möchte ich mich ausschließlich auf die soziale Kritik, die seitens der Feministinnen geübt worden ist, beschränken.[10] Die soziale Kritik der Feministinnen an den herrschenden gesellschaftlichen Verhältnisse kann unter zwei miteinander verwobenen Aspekten betrachtet werden: Der Erweiterung des öffentlichen politischen Diskurses, indem bisher nicht beachtete Probleme und Gesellschaftsbereiche thematisiert und zur Sprache gebracht werden – und zwar aus einer ganz neuen Perspektive, mit einer neuen Sprache, Wörtern und einer neuen Grammatik. Der zweite Aspekt wäre die Transformation der politischen Kultur und die Definition eines neuen Bereiches des Politischen. Die Artikulation feministischer Themen findet durch ganz neue Organisationsformen und Methoden statt und hat eine Transformation der politischen Kultur bewirkt. In dieser Hinsicht kann die Wirkung der feministischen Ideologie und der Frauenbewegung nicht nur auf die Bereiche Frauenstatus und Emanzipation der Frauen beschränkt werden, denn die Frauenbewegung in der Türkei hat auch eine integrierte Kritik geübt, welche auf unterschiedliche Bereiche der Gesellschaft anzuwenden ist:

> While staging social opposition to expose specific problems of Turkish women, the women's movement also directed an integrated criticism towards conventional relations and mechanisms entrenched culturally, politically, sociologically, economic, etc., in every field. This approach questioned the status-quo in its every aspect and called for 'a new democratic society' (Çubukçu 2004a: 57).

Wie die Feministinnen einen neuen Bereich des Politischen definiert haben, möchte ich hier im Zusammenhang zur Transformation der politischen Kultur ausführlicher diskutieren, weil die Definition gleichzeitig Erfolg bzw. Misserfolg und die Grenzen der feministischen Politik in der Türkei bis in die heutigen Zeiten bestimmt. Dass die Frauenbewegung die Parameter demokratischer Partizipation erweiterte, indem sie jenseits der bloßen formalen Demokratie eine substantielle Demokratie gefordert hat, wird in der Literatur mehrfach betont (s. Arat 1999: 231; Çubukçu 2004b). Bewusst darüber, dass juristische Reformen nicht ausreichen, um gesellschaftliche Änderungen zu erzielen, haben sich die Feministinnen der Intervention in alltägliche Praxen und Glauben (Sirman 1989: 20) als ihr eigentliches, politisches Ziel definiert und sich von formalen Partizipationskanälen distanziert. Diesem feministischen Verständnis der Politik als Politik des Alltags und einer Politik der alltäglichen Praxen liegt eine radikale Kritik an der Definition und den Grenzen des Politischen zugrunde.

Die Themen und die Radikalität eines solchen feministischen Politikverständnisses stoßen in der politischen Öffentlichkeit auf derart große Resonanz, dass wir gleich zu Beginn der zweiten Phase der Frauenbewegung die verzerrte Integration der Frauenthemen in fast allen Parteiprogrammen wieder finden.[11] Die Feministinnen bleiben nicht ohne Reaktion auf das rhetorische Ausschlachten der Frauenthemen durch die etablierten Parteien für deren Wahlkampagnen. Sie veröffentlichen Protestnoten, in denen sie das konventionelle Verständnis von Politik und politischer Kultur erneut kritisieren. Daraus kristallisierte sich eine feministische Definition von Politik heraus:

> Es wird übersehen, dass die wahre und die eigentliche Substanz der Politik darin besteht, die alltäglichen Beziehungen, zu sich, seiner Umgebung, zu seiner Position, zu der verwendeten Sprache, kritisch zu betrachten, in Frage stellen zu können, und dies alles zu verändern zu versuchen. Das ist zugleich ein Prozess der Selbstkonstruktion und nach meiner Meinung gibt es keine politischere Daseinsform als diese (Devecioğlu 1991: 82; Übersetzung Al-Rebholz).

Die radikale Kritik an den konventionellen Formen der Politik (Wahl, Parteienpolitik) und die grundlegende Kritik an den gesellschaftlichen Werten und Praxen hat zwiespältige Konsequenzen für die feministische Politik. Einerseits konnten die Feministinnen, gerade wegen ihres unkonventionellen Verständnisses von Politik, die Radikalität ihrer Position bewahren, andererseits erforderte dies ein Rückzug aus den üblichen Formen des Politischen – Parteipolitik, Parlament, Regierung und letztendlich den Institutionen des Staates.

Şirin Tekeli macht uns auf die Gefahr aufmerksam, dass die Feministinnen möglicherweise ihre Fähigkeit zur Kritik verlieren oder assimiliert würden, falls sie sich in der konventionellen Politik engagieren würden. Was wäre dann eine Alternative? Sie schlägt vor:

> Der Rahmen in dem Politik stattfindet, die Normen und Werte auf denen sie basiert, ändern zu können; in diesem Sinne kann gesagt werden, dass wir uns mit dem Vorschlag konfrontiert sehen, eine gegensätzliche Kultur zu pflegen. Tatsächlich, nach Meinung der feministischen Frauen sind die Ursachen des Zustandes, der die Frauen macht- und kraftlos macht, der Autorität des Mannes sich unterordnen lässt, folglich zu Unterdrückten und Menschen zweiter Klasse macht, in den familiären Beziehungen, der Autorität dort und in der existierenden Gesellschaft, wo dies als Privatleben aus der Öffentlichkeit und der politischen Arena ausgeschlossen wird, zu suchen (Tekeli 1991: 4; Übersetzung Al-Rebholz).

Gerade in diesem unkonventionellen Verständnis von Politik liegt die zentrale Stärke aber auch Schwäche des Feminismus: Das feministische Dilemma in der Türkei besteht darin, dass die Feministinnen auch durch ihr Wissen über das Frau-Sein die herrschenden gesellschaftlichen Werte und Praxen, bis in den Mikrokosmos des Alltags zwischenmenschlicher Beziehungen in Frage stellen und daher auf eine Transformation der existierenden politische Kultur des Landes hinwirken; in dem sie sich aber als eine marginale Gruppe oder als Subkultur (vgl. Bora 1996: 40) verstehen, laufen sie Gefahr, eine passive und marginale Rolle in der türkischen Politik zu spielen. Diese marginale Rolle ist auch an den Reaktionen der Feministinnen auf die Transformation der feministischen Bewegung zur Frauenbewegung erkennbar. Nach dieser Periodisierung wird der feministischen Bewegung Radikalität (im Diskurs) und Unabhängigkeit (finanzielle, organisatorische und institutionelle) zugeschrieben; während die Frauenbewegung jene Organisationen beinhaltet, in der Frauen verschiedener ideologischer Ausrichtung (kemalistische, liberale, islamische, radikale, sozialistische), verschiedener Kulturen und Ethnien (kurdische Frauen) sich zusammenschließen (s. Zihnioğlu 1996: 34). Diese Entwicklung wird von der Mehrheit der Feministinnen kritisch betrachtet und den achtziger Jahren, an deren vielfältige und lebendige Aktivitäten und Radikalität sich die Frauen mit Nostalgie erinnern, gegenübergestellt (s. Bora 1996: 40).

Im Zuge dieser Transformation beobachten wir die Diversifizierung feministischer Gruppen, die sich durch eine Kristallisierung von Positionierungen, die Pluralisierung von Ideologien, Methoden, Organisationsformen, Problembereichen, Themen und Perspektiven auszeichnet. Was Anfang der Achtziger in den drei großen Städten der Türkei mit sehr kleinen Frauengruppen beginnt, hat sich in andere Städte, wie Diyarbakır, Bursa, Adana, Mersin, Van, Eskişehir, Gaziantep und Samsun verbreitet. Die feministischen Ideen, die Politik und Gesellschaftskritik, die von einer kleinen Gruppe sehr gut ausgebildeter, der Mittelklasse zugehörigen feministischer Frauen in den achtziger Jahren in Gang gesetzt wurden, sind in den Neunzigern von verschiedenen Frauengruppen, die an keinen Selbsterfahrungsgruppen teilgenommen hatten – wie von den Feministinnen zu Recht öfters hingewiesen wurde – angeeignet, wenn nicht sogar vereinnahmt worden. Daher bilden die neunziger Jahre einen Umbruch für die Feministinnen, geprägt von einer Stagnation der feministischen Bewegung. Trotz der Kritik dieser Transformation seitens der Feministinnen sind sie selbst Teil dieser Entwicklungen, sie selbst haben sich in verschiedenen Frauen-NGOs, Frauen- Plattformen, Zeitschriften, Vereinen oder Frauenhäusern organisiert. In der dritten Dekade der Frauenbewegung, in der wir uns aktuell befinden, besteht die Chance für die Feministinnen, die, nach den Erfahrungen der neunziger Jahre, eine aktivere Rolle in der Mitgestaltung der zivilgesellschaftlichen Szene in der Türkei einnehmen, eine differenzierte Herrschaftskritik auszuüben. Diese Möglichkeit wird im dritten Teil des Aufsatzes im Rahmen der mit dem EU-Beitritt und der radikalen NGOisierung der Frauenbewegung zusammenhängenden gesellschaftlichen Entwicklungen geprüft.

2 Konsequenzen der NGO-Arbeit für die Wissensproduktions- und die politischen Prozesse

In diesem Teil sollen die Fragen, was kennzeichnet die NGO-Arbeit und welche Rolle und Funktion nehmen die NGOs als politische Akteure ein, mittels sozialwissenschaftlichen Ansätzen diskutiert werden. Dies ist wichtig, um die Konsequenzen der NGOisierung der zivilgesellschaftlichen politischen Szene und der damit verbundenen projektbasierten Arbeitweise in der Türkei für die Wissensproduktions- und für die politischen Prozesse interpretieren zu können.

NGOs sind Akteure in einer weltgesellschaftlichen politischen Szene, in der die Akteure von Wirtschaft, Finanzen, Wissenschaft und Recht grenzüberschreitend und in globalen Netzen kooperieren und kommunizieren (s. Klein/Walk/Brunnengräber 2005: 35). NGOs erbringen einen Informations- und Wissenstransfer zwischen nationalen und internationalen Netzwerken (s. ebd.: 48). Viel wichtiger aber ist, dass sie nicht nur Wissen und Information transferieren, sondern selbst Wissen produzieren und an politischen Prozessen teilnehmen, indem sie Problembeschreibung leisten (s. ebd.: 62). Diese Tätigkeit der Problembeschreibung darf aber keineswegs als ein neutraler Prozess unabhängig von der Politik verstanden werden. Im Gegenteil, indem NGOs bestimmte soziale Konflikte als solche erkennen und für diese Problembereiche in Form von Projekten Lösungen produzieren, nehmen sie aktiv am politischen Prozess teil. So stellt Demirović fest, dass die NGOs nicht nur Interessen vermitteln, sondern auch zur Interessensbildung beitragen (2001: 166).

Bei der Aufgabe der Beschreibung lokaler Probleme hilft es den NGOs, dass sie über wertvolles lokales Wissen verfügen und als Experten dieses lokalen Wissens moralische Autorität und Vertrauen genießen – nicht nur auf der nationalen sondern auch auf der internationale Ebene (s. ebd.: 145). Die Staaten sind – in der neuen Weltordnung – auf die Sozialen Bewegungen und NGOs als Quelle der Legitimität und auf deren Expertise angewiesen, und in dieser Hinsicht sind die Grenzen zwischen den NGOs und den Staaten nicht so deutlich zu erkennen:

> The movements give the process of developing norms legitimacy, both nationally and internationally, and engagement with social movements also gives states access to the expertise within these movements. A growing number of activists are becoming state or United Nation officials or consultants, highlighting the greater fluidity between State and NGO boundaries (Stienstra 1999: 268).

Besonders im türkischen Kontext gewinnt dieser Legitimationsaspekt der NGO-Arbeit an Bedeutung. Die Türkei wird oft wegen Menschenrechtsverletzungen und Demokratiedefiziten in ihrem politischen System kritisiert. Hinzu kommt der Druck seitens der EU, dass ihr politisches System sich an gewissen Standards (z.B. in Bezug auf die kurdische Frage, Minderheitenrechte, Status der Frauen) anpassen möge. In dieser Hinsicht sind die Regierenden und die Politiker auf die Unterstützung zivilgesellschaftlicher Akteure und NGOs sowie deren Legitimationskapital dringend angewiesen. Dies fällt besonders bei der intensivierten Beteiligung der NGOs als politische Akteure an den Entscheidungsmechanismen im Prozess der Türkei-EU-Beitrittsverhandlungen auf (s. Tarih Vakfı 2001).[12] Neben dem Legitimationskapital und der Problembeschreibungsfähigkeit hat die Arbeit der NGOs noch einen wichtigen und umstrittenen Aspekt: die finanzielle Abhängigkeit von öffentlichen Ressourcen. Dies heißt:

> NGOs müssen, anders als die materiell und personell gut ausgestattete Lobby der Privatwirtschaft, die Öffentlichkeit suchen, um Ihre Ressourcen erwirtschaften zu können (Klein/Walk/Brunnengräber 2005: 56).

Die finanzielle Abhängigkeit bringt mit sich, dass die NGOs auf Projektbasis arbeiten. Die Probleme und die Konsequenzen dieser Arbeitsweise anhand von Projekten, die im türkischen Kontext meistens durch ausländische Fonds finanziert werden (Tarih Vakfı 2003), werden auch in der türkischen Öffentlichkeit thematisiert. Abgesehen von Beispielen der Korruption und Betrug bei der Nutzung dieser Projektgelder von NGOs in der Türkei[13] hat die projektabhängige Arbeitsweise eine andere wichtige Konsequenz sowohl für die Produktion des gesellschaftlichen Wissens als auch für die politische Organisation der Zivilgesellschaft. Unter anderem wird die Professionalisierung der NGO-Arbeit (ebd.: 7) und die elitäre Kultur des NGO-Personals (ebd. 8) hervorgehoben. Der Elitismus und die Professionalisierung bringen mit sich, dass den Organisationen meistens der Kontakt zur Basis fehlt und ihnen die organische Verbindung zur Gesellschaft nicht zur Verfügung steht. Dies wiederum führt dazu, dass das Wissen, welches durch die Projekte von den NGOs produziert wird, nicht vergesellschaftet werden kann und die Basis nicht erreicht wird (ebd.: 164).

Es wird des Weiteren beobachtet, dass die projektbasierte NGO-Arbeit im türkischen Kontext zur weiteren Fragmentierung der Zivilgesellschaft führt. So wird argumentiert, dass internationale NGOs und supranationale Institutionen[14] finanzielle Möglichkeiten für die sozialen Gruppen, Ethnien, Kulturen anbieten, die vom hegemonialen Zentrum ausgeschlossen sind bzw. denen staatliche finanzielle Mittel und Machtquellen nicht zur Verfügung stehen, sich als politische Gruppe in der Zivilgesellschaft zu organisieren. Oder anders gesagt: diese Gruppen suchen nach jeglicher Solidarität (darunter finanzielle, ideologische oder organisatorische Unterstützung) der zivilgesellschaftlichen Netzwerke und Machtressourcen außerhalb der Türkei (ebd.: 2003). So haben sich die Gruppen, die als Modernisierungsverlierer in der Türkei gelten, jene Gruppen, die durch die von oben geführten staatszentrierten Modernisierungsprojekte nicht erreicht oder besonders sanktioniert wurden, entlang alternativer Identitäten organisiert, die von der universalistisch säkularen türkischen Identität der Republik nicht integriert oder ausgeschlossen wurden. Nach Ferhat Kentel entstanden alternative Kulturen und neue Gemeinschaften in der Zivilgesellschaft, die sich jeweils um eine alternative Lebensweise (z.B. die islamische) und alternative Kulturen (z.B. die kurdische Kultur oder die alevitische Kultur) in eigenen NGOs organisieren und die jeweils eigene Projekte entwerfen (s. ebd. 4f.). Diese Entwicklungen können als Entstehung neuer Machtzentren (ebd. 7) und als weitere Fragmentierung der

Zivilgesellschaft entlang der politischen Subkulturen und subalternen Identitäten bezeichnet werden.

Im nächsten Teil analysiere ich die Dynamiken dieses Prozesses für die Landschaft des Frauenaktivismus und werfe die Frage auf, ob die NGOisierung der Frauenbewegung zusammen mit der NGOisierung der zivilgesellschaftlichen politischen Aktivitäten insgesamt als Anzeichen der Etablierung einer neuen Form von Governance verstanden werden soll. Dabei werden die Positionierungen unterschiedlicher Frauengruppen und Einsichten der feministischen Kritik am Projektfeminismus in die Diskussion miteinbezogen.

3 Zur feministischen Kritik an NGOisierung und Projektfeminismus

Markieren die neunziger Jahre mit der relativen Stagnation der Bewegung für die Feministinnen eine Phase der Suche, so kennzeichnet die Phase nach der Jahrhundertwende das Aufgreifen des Menschenrechtsdiskurses durch die Feministinnen (s. Interview mit Nükhet Sirman).[15] In den 2000er Jahren wird die Tagesordnung der gesamten türkischen Öffentlichkeit so auch die der verschiedenen Frauengruppen von Diskussionen über den EU-Beitritt und dem Menschenrechtsparadigma dominiert. Die Aufnahme der EU-Beitrittsverhandlungen[16] hat einen umfassenden Prozess ausgelöst, welcher eine umfangreiche Re-Konfiguration des Sozialen und des Politischen in der Türkei bedeutet. In diesem Zusammenhang möchte ich mich im Folgenden ausschließlich auf die Konsequenzen dieses Prozesses auf die Frauenaktivitäten und auf die feministische Kritik der Aktivistinnen kurdischer und türkischer Herkunft konzentrieren.

Bereits Ende der Achtziger Jahre wird von Tekeli der Beginn einer neuen Phase in der Frauenbewegung angekündigt, die den Frauen neue Fähigkeiten und Fertigkeiten abverlangt.[17] Die Institutionalisierung und Professionalisierung der Bewegung brachte sehr viele Probleme mit sich, barg aber auch Chancen von neuen Erkenntnissen, Einblicken und Möglichkeiten für die Entwicklung neuer Strategien für die feministische Politik.[18] Die Notwendigkeit mit anderen staatlichen und nichtstaatlichen Institutionen und Gruppen zu kooperieren und zusammenarbeiten zu müssen, bot die Gelegenheit, diese Verhältnisse aus der feministischen Perspektive zu thematisieren (s. Tayli/Mefküre 1997: 83). Die Postionisierung der Feministinnen in den Achtzigern gegenüber dem Staat war von einer Anti-Staats-Ideologie mit einer insgesamt negativen Haltung dem Staat gegenüber bestimmt. Mit der Institutionalisierung der Bewegung einhergehend musste sich diese negative Haltung ändern. Insbesondere im Prozess der Vorbereitung des neuen Zivilrechts, welches ab dem Januar 2002 in Kraft treten sollte, mussten die Frauen-NGOs der verschiedensten ideologischen Strömungen nicht nur mit anderen Frauengruppen in Frauenplattformen zusammentreffen und kooperieren, sie mussten auch mit staatlichen Institutionen, wie dem Parlament, Ministerien und Stadtverwaltungen zusammenarbeiten. Bei der Verbesserung des türkischen Strafrechts haben die Frauenorganisationen aktiv mitgewirkt.[19] Diese Zusammenarbeit zwischen den Frauenplattformen und den staatlichen Institutionen wird als Zeichen für die Vertiefung des Dialoges zwischen dem Staat und der Zivilgesellschaft in der Türkei interpretiert (s. Kerestecioğlu 2004: 76).

Allerdings ist die Kooperation zwischen den Frauen-NGOs und dem türkischen Staat nicht immer als einfach zu bezeichnen. Seit der Gründung der Generaldirektion für den Status der Frau und Frauenangelegenheiten im Jahr 1990 (s. Çubukçu 2004b) sowie der Einrichtung des Ministeriums für Frauenangelegenheiten und Soziales kann dieses Verhältnis am besten als Miteinander von Konflikt und Kooperation bezeichnet werden. In dieser Beziehung möchten die Frauenorganisationen, sich auf ihre Erfolge bei den Änderungen im Zivil- und im Strafrecht in der Vergangenheit stützend, eine aktivere Rolle in der Mitgestaltung der Frauenpolitik des Staats spielen und im EU-Beitrittsprozess an den Entscheidungsmechanismen mitwirken.[20] Hingegen variiert die Haltung der staatlichen Akteure gegenüber den Frauen-NGOs zwischen Kooperation – auch wegen des großen Drucks der Europäischen Union und der Vereinten Nationen auf die Regierung[21] – und dem Versuch, diese Zusammenarbeit mit möglichst wenig Zugeständnissen seitens des Staats oder dem totalen Ausschluss auszunutzen. Hier muss dennoch angemerkt werden, dass trotz dieser Schwierigkeiten die Frauenorganisationen in dieser Beziehung eine vorteilhaftere Position mit mehr Handlungsspielraum im Vergleich zu den staatlichen Institutionen im EU- Beitrittsprozess innehaben und sich dessen durchaus bewusst sind. Der Grund dafür ist darin zu sehen, dass die Frauen als zivile Akteurinnen der feministischen Bewegung und verschiedener Frauenbewegungen als der Basis näher gelten und von daher, ausgestattet mit diesem Legitimationskapital, größeres Ansehen und Vertrauen in den Augen der EU-Akteure als so manch staatliche Akteure, genießen. In dieser Hinsicht muss auch die Mitgliedschaft der türkischen Frauenorganisationen in der Europäischen Frauen Lobby (EWL) erwähnt werden.[22]

Das Verhältnis der Feministinnen zu den Frauen- NGOs ist auch nicht eindimensional und unumstritten. Die Auffassungen der verschiedenen Frauengruppen zur Frauenpolitik im Rahmen der NGOs sind auch davon abhängig, was für ein Verständnis von feministischer Politik der jeweiligen Gruppe zugrunde liegt. Während kurdische Aktivistinnen eher eine positive Haltung gegenüber der NGO-Arbeit einnehmen, ist bei den Feministinnen mit türkischer Herkunft, eher eine kritische Haltung zu beobachten. Wie oben gezeigt wurde, ist einer der wichtigsten Aspekte der NGO-Arbeit hinsichtlich des Wissensproduktionsprozesses, dass sie Problembeschreibungen leisten. Genau dies wird von Nebahat Akkoç, der Vorsitzenden des kurdischen Frauenzentrums Ka-Mer in Diyarbakır, als Hauptaufgabe der NGOs betont. Problembenennung wird auch als Teil der politischen Arbeit verstanden und in dieser Hinsicht problematisiert sie die einseitige Wahrnehmung von feministischer Politik beschränkt auf die Frauenfrage:

> Man denkt in der Türkei, die Feministinnen hätten sich, außer mit der Frauenfrage, mit nichts anderem beschäftigen wollen. Das stimmt so gar nicht. Wir stehen solch einer großen Problematik gegenüber, sodass keine Frauenorganisation sie alleine jemals bewältigen könnte. Wir reden hier von einem riesigen Problem. Wieso organisieren wir uns dann? Wir wollen das Problem benennen, an die Öffentlichkeit bringen, um dann über die Lösungsalternativen reden zu können. Im Grunde wollen wir Politik machen. Daher hat die Frauenproblematik mehrere Inhalte und ist mehrdimensional (Interview mit Nebahat Akkoç).[23]

Dagegen sind die Feministinnen eher skeptisch, ob die NGOs einen geeigneten Rahmen, eine passende Organisationsform, für eine sich als feministisch verstehende Frauenpolitik abgeben. Dies nicht zuletzt aufgrund des oft erhobenen Einwandes, ob Frauen, die in NGOs arbeiten, als Feministinnen bezeichnet werden können.

> In den 1990er Jahren begegneten wir immer wieder Frauen, die sich nicht als Feministinnen sehen wollten und in Sätzen wie „ich bin zwar keine Feministin, aber..." redeten. Als gegen Ende der 1990er Jahre dann die NGO's entstanden, haben sie sich daran beteiligt, ohne dass sie eine feministische Perspektive hatten. Niemand von denen hat sich auch die Mühe gemacht, sich in der Hinsicht weiterzubilden. Nur wenige von ihnen haben sich dann als Feministin bezeichnet (Interview mit Nükhet Sirman).

Die NGOisierung der Frauenbewegungen hat auch zu selbstkritischen Reflektionen darüber geführt, ob die feministische Bewegung, nachdem sie ihre Ideen in Projekten und in Organisationen umgesetzt hat, doch nicht von ihrer Radikalität verloren hat und ob sie nicht, indem sie in zivilgesellschaftlichen Organisationen arbeiten, als Organe beliebiger Entwicklungsprogramme und in Ergänzung zum damals viel kritisierten und gefürchteten Staat operieren (Bora 1996: 40). Sich darüber beklagend, dass die feministische Politik sich in eine Art Entwicklungspolitik verwandelt hat bzw. damit gleichgesetzt wird, fragt Bora: (ob) die Diskurse über die Verschlankung des Staats und das Delegieren einiger sozialer Aufgaben des Staats an NGOs zeitlich in die gleiche Periode zusammenfallen doch mehr als ein Zufall wäre (vgl. ebd.)?

Diese skeptische Haltung gegenüber der Zusammenarbeit mit dem türkischen Staat wird von kurdischen Aktivistinnen nicht geteilt. Im Einklang mit ihrem Verständnis von Frauenpolitik als Erleichterung der Lebensbedingungen der Frauen, auf die Lösung ganz konkreter Alltagsprobleme kurdischer Frauen abzielend (wie Wasserversorgung, Abwesenheit von Gesundheits- und Bildungsinstitutionen (vgl. Üstündağ 2006: 24), wird die Zusammenarbeit mit dem Staat befürwortet, sogar die aktive Rolle des Staats gewünscht. So wird an die sozialen Aufgaben und Pflichten des Staats erinnert. In dieser Hinsicht unterscheidet Nebahat Akkoç zwischen den möglichen Aufgaben einer Frauen- NGO und den Aufgaben des Staats:

> Ich weiß heute sehr genau, dass ich die Probleme der Frauen nicht lösen kann, ich habe nicht die Macht und Kraft dafür, übrigens sollte ich auch nicht ihre Probleme lösen, wir sind nämlich nicht das Sozialamt, wir betreiben hier keine Sozialpolitik. Wir beschäftigen uns zwar schon mit den einzelnen Frauen, wir unterstützen sie, aber wir tun das, damit sie mit der Gewalt umgehen, ihr ausweichen können. Wir tun das, weil wir Politik machen wollen. Ansonsten, wenn wir unsere Aufgabe auf die soziale Fürsorge reduzieren würden, dafür gibt es doch den Staat. Wieso gibt es ihn denn dann (Interview mit Nebahat Akkoç)?

Eine andere Entwicklung, die zusammen mit der NGOiserung der Frauenbewegung einhergeht, ist die Verbreitung des Projekt- Feminismus. Die Feministinnen hatten schon in den neunziger Jahren im Rahmen von Projekten, um weiter existieren zu können, gearbeitet. In den 2000er Jahren hat sich die Projektlandschaft in Folge von aufgelegten Fonds der Europäischen Union und der Vereinten Nationen vervielfältigt (s. Sirman 2006: 22). Die Umsetzung feministischer Ideologie in Projekten der Frauen-NGOs hat weitgehende Konsequenzen sowohl für die Wissensproduktion als auch für die Politik, denn das Verlagern der Frauenfrage auf Projekte geht einher mit der technokratischen Konstruktion des Sozialen im Sinne neoliberaler Politik und Subjektivierungsprozessen.

So merkt die feministische Anthropologin Sirman zum Beispiel an, dass über die Frauen, die in Rahmen der von den Frauen-NGOs angebotenen Projekte[24] an Bildungsprogrammen teilnehmen, Wissen erhoben wird, welches bei der Entwicklung der neuen Gouvernementalitätstechniken weiter benutzt werden soll. In ihrer Analyse werden diese Techniken und die neuen Formen der Subjektivierung in der türkischen Gesellschaft zueinander in Bezug gesetzt. (ebd.). Auch von Yasemin İpek wird die projektbasierte Arbeit der Frauen-NGOs und in diesem Zusammenhang die NGOs der kemalistischen Frauenelite problematisiert. Sie zeigt, wie diese Frauen als Modernisierungsagenten des türkischen Staats – der seine sozialen Aufgaben nicht mehr erfüllen kann – agieren, und wie durch die ehrenamtliche Tätigkeit neoliberale Politiken und Rationalitäten an das kemalistische Modernisierungsprojekt und den Nationalismus anschlussfähig gemacht werden (s. İpek 2006).

Neben den Implikationen für die Wissensproduktion werden auch die politischen Konsequenzen dieses Prozesses betont. Diese können im Rahmen der Re-Strukturierung der zivilgesellschaftlichen politischen Szene im Allgemeinen und im Besonderen die Re- Strukturierung der Landschaft des Frauenaktivismus in der Türkei entlang der neuen und alten Dynamiken und Kräfteverhältnisse erfasst werden . So wird von der anti-militaristischen, feministischen Aktivistin und Soziologin Pınar Selek betont, dass die projektbasierte Arbeit im Rahmen der NGOs die elitäre Kultur in der Gesellschaft weiter befördere:

> Zivilgesellschaftliche Arbeit wird immer mehr als Projekt formuliert, in Rahmen von Projekten betrieben. Das bringt die Professionalisierung der NGOs und die werden immer elitärer. Außerdem wird der NGO- Bereich mit der Zeit zunehmend als ein professioneller Jobbereich gesehen. Es gab sowieso eine elitäre Kultur, eine elitäre Struktur in der Gesellschaft, und diese hat den elitären Charakter der NGOs noch weiter gefördert. Die NGOs haben die gesellschaftlichen Beziehungen, die Solidaritäts-Netzwerke nicht weiter verstärkt. Daher sind die zivilgesellschaftlichen Aktivitäten nicht stark genug (Interview mit Pınar Selek).

In Zusammenhang mit der Beförderung der elitären Kultur in der Gesellschaft wird besonders die Arbeitsweise und die Positionierung der so genannten kemalistischen Frauenorganisationen[25] von Feministinnen thematisiert. In diesem Rahmen wird auf die pro-staatliche, pro-militaristische Haltung mancher Frauenorganisationen aufmerksam gemacht und zwischen system- und machtkritischen NGOs, die wirklich unabhängig sind, und den pro-systemischen Organisationen, die mit ihren zivilgesellschaftlichen Aktivitäten eher das existierende politische System unterstützen, unterschieden (Interview mit Pinar Selek). So wird die Reproduktion des türkischen Staats innerhalb der Zivilgesellschaft festgestellt.

Anhand der bisher ausgeführten verschiedenen Positionen und Dynamiken in der zivilgesellschaftliche Landschaft des Frauenaktivismus, möchte ich die Frage aufwerfen, ob die oben geschilderte Zusammenarbeit zwischen den Frauen- NGOs und dem türkischen Staat als demokratische Beteiligung der Frauen an der Regierung,[26] als Vereinnahmung des Erfolges des Feminismus in der Türkei durch staatliche Institutionen oder aber als eine Form von Governance verstanden werden soll?[27] Diese Verflechtung der NGOs mit den staatlichen Akteuren, die in diesem Beitrag mit Bezug auf den Frauenaktivismus im Zusammenhang mit den intensivierten EU-Beitritts-Verhandlungen diskutiert wurde, betrachte ich, anlehnend an Alex Demirović's Ansatz,[28] als eine Form von Governance, die einen Teil der Transformation der Staats-Gesellschafts-Verhältnisse bildet. Governance bezeichnet dabei neuartige Entscheidungs- bzw. Steuerungsmuster auf supranationaler wie auf nationaler Ebene, kurz eine neue Technologie des Regierens (s. Sauer 2004: 125). Sie ist gekennzeichnet durch eine frühzeitige Einbindung zivilgesellschaftlicher Akteure in den politischen Prozess unter Zurücktreten der Dominanz staatlicher Akteure (s. ebd.: 111).

Im türkischen Kontext bezeichnet diese Form der Governance eine intensivierte Mitbeteiligung zivilgesellschaftlicher Akteure und NGOs am Regieren. Im EU-Beitrittprozess wird die Partizipation zivilgesellschaftlicher Akteure und Organisationen am Regieren besonders gewünscht und bewilligt. Durch diese Zusammenarbeit mit zivilgesellschaftlichen Akteuren erreichen die Regierenden zweierlei: Die

Beteiligung ziviler Akteure an der Regierung kann als Beleg für die Fortschritte der Demokratisierungskarriere des Landes angeführt werden; gleichzeitig schöpfen die Regierenden aus dieser Zusammenarbeit Legitimität für ihre Herrschaftsweise.

Diese neue Technologie des Regierens geht einher mit einer Transformation von Staatlichkeit in der Türkei und hat ambivalente Konsequenzen für die feministische Politik. Einerseits impliziert der Umbau nationalstaatlicher Institutionen Entsolidarisierung und Entpolitisierungsprozesse, andererseits bietet der Rückzug des Staats aus dem Sozialen die Möglichkeit der Selbstorganisation von BürgerInnen und mehr Demokratisierung (s. Sauer 2004: 109). Eine der Fragen, die in diesem Zusammenhang aufgeworfen wird, ist, ob „Governance eine frauenfreundliche Alternative zum patriarchalen (National-)Staat sein kann (ebd.)?" Auch wenn – besonders im Rahmen der Global Governance-Strukturen – mehr Einflusschancen und Partizipationsmöglichkeiten für Frauengruppen und Frauen- NGOs zu erkennen sind – wie die Weltfrauenkonferenzen zum Teil zeigen, bedeutet Governance nicht eine herrschaftsfreie Form von Regieren. Im Gegenteil, es impliziert auch eine Reorganisation patriarchaler Praxen (vgl. ebd.: 125). Dennoch im türkischen Kontext bestehen die Chancen für Frauengruppen stärker auf die Entscheidungen, die unmittelbar ihr Leben und Bedürfnisse betreffen, Einfluss zu nehmen. Dabei hängt der Erfolg respektive Misserfolg der Frauengruppen in diesem Prozess davon ab, wie die Interessen und Identitäten der verschiedenen Frauengruppen definiert werden und was für ein Verständnis von feministischer Politik zu Grunde liegt.

4 Schlussbemerkungen

Der Politologe Baskın Oran, der in der Türkei besonders mit seinen Arbeiten über die Minderheiten bekannt wurde, stellt in einem Interview – durchaus mit provozierendem Unterton – fest: In der türkischen Geschichte hat es zwei mal Revolutionen von Oben gegeben: Eine ist der Kemalismus der Zwanziger Jahre, die andere ist der EU-Beitrittsprozess der Türkei in den 2000er (Düzel 2006, Interview mit Baskın Oran, Übersetzung Al-Rebholz). In diesem Prozess der Revolution von Oben bilden die Feministinnen und die verschiedenen Frauenorganisationen sicherlich eine eher der Basis nähere Gruppe und von daher, so wie sie in den letzten Dekaden agierten, werden sie als wegbereitende politische Subjekte aktiv in der Mitgestaltung dieses Prozess (vgl. Çubukçu 2004b: 121) weiter teilnehmen.

Abschließend möchte ich, stützend auf die Überlegungen von Birgit Sauer im Rahmen einer feministischen Staats-Theorie über das Verhältnis von Staat und Zivilgesellschaft, einige Anmerkungen für die Zukunft der feministischen Politik in der Türkei anstellen. Ich denke, dass ein Verständnis von feministischer Politik als Politik außerhalb des Staates, wie es in der Türkei bis jetzt von Feministinnen gepflegt wurde, weder strategisch wünschenswert noch analytisch zutreffend ist, da der

Staat keinen den Individuen bloß äußerlichen Verwaltungsapparat bildet (s. Sauer 2004: 123). Auch eine feministische Politik, die sich über die Gegensätzlichkeiten zwischen Zivilgesellschaft und dem Staat als Pro-Zivilgesellschaft und Gegen-Staat positioniert, ist nicht wünschenswert, da sich auch in der zivilgesellschaftlichen Sphäre geschlechtsspezifische Herrschaftsverhältnisse formieren (s. ebd.: 122). Aber auch eine Analyse, die mit der Trennung Privat – Öffentlichkeit operiert, ist nicht ausreichend. Eine feministische Politik sollte im Zusammenhang dieser sich neu etablierenden Herrschafts- und Steuerungsmuster auch die Änderungen patriarchaler Herrschaft und geschlechtsspezifischer Machtformen erkennen und entsprechend die Implikationen dieser Entwicklungen sowohl in der privaten Sphäre, der zivilgesellschaftlichen Sphäre aber auch auf der staatlichen Ebene reflektieren, um daraus ableitend Strategien des politischen Handelns zu entwickeln.

Anmerkungen

1 Für ihre wertvollen Kommentare und Hinweise möchte ich den Herausgebern dieses Buches herzlich danken. Für die Korrekturen in der deutschen Sprache gilt mein Dank Jörn Rebholz.

2 Von Galip Yalman wird das Hauptmerkmal der politisch-institutionellen Änderungen seit den Achtziger Jahren als „*Restrukturierung des türkischen Staats*" interpretiert (s. Yalman 2002: 38). In ähnlicher Weise machen auch Faruk Birtek und Binnaz Toprak in ihrer Analyse des Zusammenhangs zwischen neoliberaler Restrukturierung und dem Aufkommen des politischen Islams in der Türkei auf die sich veränderte Staats-Ideologie aufmerksam (s. Birtek/Toprak 1993).

3 Dass der Neoliberalismus „... zu einem kaum noch in Frage gestellten Bestandteil von Produktions-, Konsum- und Lebensweise der Gesellschaft geworden ist," wird als seine zentrale Stärke in der Literatur betont (s. Klein/Walk/Brunnengräber 2005: 26).

4 Zur Verwendung des Begriffs *Praxis-Wissens- Komplex* im Zusammenhang mit dem gesellschaftlichen Wissensproduktionsprozess und dem Diskurs und den Wissenspraxen von Intellektuellen siehe Alex Demirović (1992: 153).

5 Im Jahr 1981 beginnen in Istanbul und Ankara gut ausgebildete Mittelklasse-Akademikerinnen sich in ersten feministischen Selbsterfahrungsgruppen zu organisieren. Im Jahr 1984 beginnt der Krieg zwischen dem türkischen Staat und der Arbeiter- Partei-Kurdistans (PKK), der über fünfzehn Jahre bis zur Festnahme von Abdullah Öcalan im Jahr 1999 in Nairobi andauert (s. Şimşek 2004: 131). Im Jahr 1986 wird in Ankara das erste Büro des heute größten Menschenrechtsvereins (IHD) in der Türkei eröffnet. Die erste Demonstration von Studentinnen für das Tragen ihres Kopftuchs auf dem Campus findet 1987 statt.

6 Die erste Frauenbewegung entsteht im Osmanischen Reich Ende des neunzehnten Jahrhunderts und erlebt ihre Hochphase bis zur Gründung der Republik im Jahre 1923. Diese Frauenbewegung ist vergleichbar mit der damaligen europäischen Frauenbewegung; sie forderte Gleichbehandlung vor dem Gesetz, im Berufsleben, in der Gesellschaft und in der Familie sowie das Wahlrecht für Frauen.

7   Şirin Tekeli schreibt „(...) mit der Gründung von feministischen Diskussionsgruppen nach 1982 ist die feministische Bewegung die erste, ja wurde sogar die wegbereitende Gruppierung der demokratischen Opposition, die sich gegen den Militärputsch von 1980 bildete" (1991: 43).

8   Tekeli unterteilt diese erste Periode wiederum in vier Phasen: 1. Die versteckte Vorbereitungs-Phase (1975-1980), 2. Die Phase des Erwachens (1981-1983), 3. Die Phase der Suche nach Legitimation (1983-1986) und 4. Die Phase der Wandlung zu einer Bewegung (nach 1987). Für eine sehr informative und detaillierte Periodisierung dieser ersten Phasen der zweiten Frauenbewegung siehe Tekeli (1989).

9   *Cultural Politics* wird definiert als Infragestellung bisher gesellschaftlich akzeptierter Bedeutungen und kultureller Praxen, um sie umzuschreiben, neu formulieren zu können und um alternative Bedeutungen für eine neue Grammatik und eine Demokratisierung des Alltagslebens zu schaffen (s. Nash 2000: 29). Soziale Bewegungen sind gleichzeitig auch Ausdruck des Kampfes um die Identitäten (ebd.: 141), da sie Anspruch auf gesellschaftlich nicht akzeptierte oder unterdrückte Identitäten erheben, oder um neuen Identitäten zu Anerkennung verhelfen.

10 Besonders in der ersten Phase der Entwicklung eines feministischen Bewusstseins engagieren sich die Feministinnen in der Kritik der vier Ideologien, welche die politische Öffentlichkeit der Türkei dominieren: Dem kemalistischen Projekt und dem damit verbundenen türkischen Nationalismus, der linken Ideologie, dem politischen Islam und dem patriarchalen System. Indem die Feministinnen sich mit diesen vier Ideologien auseinandersetzen, indem sie in der politischen Öffentlichkeit Raum für sich schaffen, verschaffen sie sich eine Subjektposition, einen diskursiven Raum, in dem sie ihre Anliegen und Bedürfnisse artikulieren können. Zur Analyse dieser Subjektposition, der feministischen Organisationsform und dem Verhältnis der Feministinnen zum türkischen Staat siehe Al-Rebholz (2007).

11 Die Politologin Yeşim Arat stellt die unerwartete Anwesenheit der Frauenthemen in verschieden Parteiprogrammen bei der allgemeinen Wahl zum Nationalparlament vom 20. Oktober 1991 fest (1994: 246).

12 Spätestens seit Anfang der 2000er Jahre bildet der Ausdruck *mit der Unterstützung unserer Zivilgesellschafts-Organisationen* eines der Hauptrhetorikelemente im Jargon der PolitikerInnen – egal, ob er aus dem Mund des Vorsitzenden der Islamischen Partei Tayyip Erdoğans, oder des nationalistischen Parteivorsitzenden Devlet Bahçeli oder aus dem Mund des Vorsitzenden der republikanischen Volkspartei Deniz Baykal zu hören ist.

13 Insbesondere werden unter oppositionellen, zivilgesellschaftlichen Akteuren viele Anekdoten über kommerzielle Firmen, die für die NGOs in der Türkei Projektanträge verfassen, ausgetauscht (s. Demircan 2006). Diese Projekte – meistens durch die EU und internationale NGOs finanziert – werden, wenn nötig auch von diesen Firmen durchgeführt. Es treten durchaus auch Fälle auf, bei denen staatliche Akteure und Institutionen mittels Projektaufträgen an *zivilgesellschaftliche Firmen* auch von diesen Geldern Gebrauch machen. Am Ende haben wir eine NGO- und eine Projektlandschaft, bei der die Grenzen zwischen staatlichen und zivilen Akteuren bzw. die Grenzen zwischen der staatlichen und der zivilgesellschaftliche Sphäre nicht mehr zu erkennen sind.

14 Dazu zählen u.a. die EU, die Vereinten Nationen oder die türkische Dependance des Open Society Institute von George Soros in İstanbul.

15 Abgesehen von der Entstehung der Frauenorganisationen und Plattformen, die ihre Aufgabe als Erweiterung der Gleichberechtigung der Frauen und sich von daher als Verfechterinnen der Frauen-Menschenrechte verstehen, wird das Menschenrechtsthema auch Gegenstand der theoretischen Diskussionen innerhalb feministischer Kreise. So argumentiert z.b. Aksu Bora weder für einen universalistischen Ansatz („Es gibt keine Frauenrechte, nur Menschenrechte"), noch für den Slogan der linken Kreise („Die Menschenrechte sind Ausdruck der Klasseninteressen der Bourgeoisie"), sondern sie wirft die Frage auf, ob das Menschenrechtsthema einen geeigneten Rahmen für die feministische Politik abbilden kann? Dabei bezieht sie sich auf den „Human Capability-" Begriff von Martha Nussbaum (s. Bora 2002: 62ff.). Die Frauenkritik der Menschenrechte werden auch von der feministischen Politologin Fatmagül Berktay im Rahmen der liberalen Theorie anhand der Trennung zwischen der privaten und öffentlichen Sphäre diskutiert. Die Entwicklung der gesetzlichen Änderungen bezüglich der Frauenrechte in der Türkei sind ebenso Thema bei ihr (s. Berktay 2003).

16 Im Dezember 2004 entschieden die Regierungschefs der EU, dass ab Oktober 2005 mit der Türkei Verhandlungen über einen EU-Beitritt aufgenommen werden. Voraussetzungen dafür sind die Fortsetzung der begonnenen Reformen, eine weitere Verbesserung der Menschenrechtssituation und insbesondere die Unterzeichnung eines Abkommens mit den 10 neuen EU-Mitgliedsstaaten (darunter auch Zypern) noch vor Beginn dieser Verhandlungen.

17 From 1989 onwards, efforts have been concentrated on creating shelters for battered women, and other feminist initiatives, which require new skills such as fund-raising, organisation, and management (Tekeli 1992: 140).

18 Mit den neu gegründeten Vereinen und Frauenprojekten mussten die Frauen lernen, im Rahmen der Gesetze zu operieren. Sie mussten mit Institutionen der Regierung oder etwa kommunalen Verwaltungen zusammen arbeiten und kooperieren, die bislang abgelehnt wurden. Das Geld, dass im Vergleich zum Mangel der vorherigen Jahrzehnte, jetzt in großen Mengen über Fonds internationaler NGOs zur Verfügung steht, bringt den Druck mit sich, feministische Ideale und Ideen in kurzer Zeit in effektive Projekte umzuwandeln und einzusetzen, sowie Rechenschaftspflichten gegenüber internationalen Institutionen in Form von Berichten, Projektanträgen und Begründungschreiben, warum ein Projekt weiter unterstützt werden soll, wahrzunehmen (s. Tayli/Mefküre 1997: 81).

19 Für eine detaillierte Schilderung der von Frauenorganisationen eingeforderten Änderungen im türkischen Strafrecht, die unmittelbar die Frauenkörper und den sozialen Status der Frauen betreffen, siehe Çubukcu (2004c: 17).

20 So besuchte z.B. eine Frauenplattform bestehend aus 54 Frauenorganisationen verschiedener Städte der Türkei am 6. Juli 2006 Nimet Çubukcu, Staatsministerin für Frauen- und Familienfragen, in Ankara um ihre Forderungen bezüglich der Gleichberechtigung der Frauen in der Gesellschaft, der Zusammenarbeit zwischen den Frauenorganisationen und dem Ministerium, der Entwicklung einer gemeinsamen Frauenpolitik im Prozess des EU- Beitritts der Türkei, mitzuteilen (s. http://www.bianet. org/2006/07/28/82906.htm).

21 Die Regierung in der Türkei steht unter dem Druck seitens der Europäischen Union und der Vereinten Nationen besonders gegen *häusliche Gewalt* und gegen *Gewalt gegen*

Frauen vorzugehen (s. http://www.fr-online.de/top_news/?sid=cfaded9264b740ef59f
d485e7351341a&em_cnt=1061704).

22 Im Oktober 2004 erhalten die Frauenorganisation aus der Türkei den vollen Mitglied-
schaftsstatus der EWL, was als Triumph der Frauenbewegung in der Türkei bejubelt
wurde (vgl. http://www.kazete.com.tr/index.php?sayfa=selma&bolum=yazarlar). Zum
aktiven Engagement der Frauenbewegung für den EU-Beitritt der Türkei siehe Çubukçu-
Uçan (2004b).

23 Alle Interviews, die in diesem Aufsatz zitiert werden, sind im Rahmen meines Disser-
tationsprojektes „Konkurrierende Konzeptionen von Zivilgesellschaft und die Formierung unterschiedlicher intellektueller Praxen in der Türkei der 90er Jahre" erhoben
worden. Ich möchte mich an dieser Stelle bei all meinen Forschungspartnerinnen für
Ihr Vertrauen, ihre Zeit und für die produktive Gespräche danken.

24 Sirman verortet die projektbasierte NGO Arbeit im Rahmen des Entwicklungsdis-
kurses. Demnach unterteilt dieser Diskurs die Bevölkerung in zwei Gruppen: als *entwickelte* und als *unentwickelte* Gruppen. Im Rahmen eines solchen Ansatzes wird der
Erfolg der Frauenpolitik nur nach der Zahl der erreichten Frauen bewertet. Darüber
hinaus wird in diesen Projekten eine Art Frauenkategorie als *zu Entwickelnde* konstruiert. Demgemäß werden die Frauen im Rahmen der Projekte aus ihrer sozialen Umgebung und ihrem Alltagsleben entkontextualisiert, letztendlich als eine Figur in der von
NGOs erhobenen Datums behandelt. Diese Art von Frauenpolitik wird von Sirman als
Virtueller Feminismus, ihre Protagonistinnen als *Virtuelle Feministinnen* bezeichnet (s.
Sirman 2006).

25 Mit Bezug auf diese Organisationen sei der Beitrag von Yasemin İpek erwähnt. In Ihrer
Forschung führt İpek Interviews mit Ehrenamtlichen einer der größten kemalistischen
Frauenorganisation in der Türkei. Anhand der Diskurse der interviewten Frauen über
deren ehrenamtliche Tätigkeit, zeigt sie, wie das *kemalistische Modernisierungsprojekt*
im Rahmen von Projekten der Frauenelite in der Zivilgesellschaft weitergeführt wird.
Untersucht wird, wie die elitäre Haltung zusammen mit der kemalistischen Aufklä-
rungsmission über den Ehrenamtlichkeitsdiskurs mit Hilfe des Appells an die soziale
Verantwortung der Ausgebildeten gegenüber den ignoranten Massen in den Narrativen
der Frauen reproduziert wird. (s. İpek 2006).

26 Anlehnend an dem Begriff der „Paradoxen Erfolge" von Hagemann-White (1997) machen Dackweiler und Schäfer auf die Dilemmata vor dem die Feministinnen der zweiten
Frauenbewegung in Deutschland stehen (1999: 206) aufmerksam und stellen die Frage,
ob die Institutionalisierung der Frauenprojekte und deren Integration ins soziale System
als Erfolg oder Misserfolg bewertet werden sollen? Sie kommen zu dem Schluss: „Wenn
jedoch auf einer bewegungssoziologischen Ebene davon ausgegangen wird, dass die Vereinnahmung von Projekten und Ideen Sozialer Bewegungen durch etablierte Organisationen Zeichen ihres gesellschaftlichen Einflusses ist (Dahlerup 1986: 16), war die neue
Frauenbewegung in dieser Hinsicht sehr erfolgreich (ebd.: 207)."

27 In diesem Sinne ist die Analyse von Veronica Schild über die Rolle der Frauen-NGOs bei
der Etablierung eines neuen Staatsbürgerschaftsverständnisses neoliberaler Rationalität
in Chile besonders interessant. Schild zeigt, wie emanzipatorische Inhalte damaliger
chilenischer Feministinnen durch die neuen Frauen-NGOs und Frauenförderprogram-

me der Regierung absorbiert wurden, aber auch die Feministinnen selbst eine begünstigende Rolle in der Umsetzung der neoliberalen Agenda spielten (s. Schild 2004).

28 Zusammenhängend mit seinem Vorschlag, die NGO als „eine besondere politische Form", als „ein soziales Verhältnis" zu erfassen analysiert Alex Demirović das Auftreten von NGOs, als ein Symptom dafür, dass eine Änderung der Staat – Gesellschaft – Verhältnisse, eine Transformation der Staatlichkeit stattfindet (2001: 146f.).

Literatur

Al-Rebholz, Anıl (2007): Feminist Production of Knowledge and Redefinition of Politics in Turkey, in: Behmenburg, L. et al. (Hrsg.): Wissensschaf(f)t Geschlecht, Königstein, 217-234

Arat,Yeşim (1994): Toward a Democratic Society: The Women's Movement in Turkey in the 1980s, in: Women's Studies International Forum, Vol 17, No: 2/3, 241-248

– (1999) Frauen und Demokratie in der Türkei, in: Abels, G./Sifft, S. (ed.): Demokratie als Projekt. Frankfurt/Main, 231-247

Berktay, Fatmagül (2003): Kadınların İnsan Hakları: İnsan Hakları Hukukunda Yeni Bir Açılım, in: Berktay, Fatmagül (ed.): Tarihin Cinsiyeti, İstanbul, 35-64

Birtek, Faruk/Toprak, Binnaz (1993): The Conflictual Agendas of neo-liberal Reconstruction and the Rise of Islamic politics in Turkey, in: Praxis International, 192-212

Bora, Aksu (1996): Kadın Hareketi: Nereden Nereye. in: Birikim, März 1996, 39-41

– (2002): Bizi Bu Fark Yaraları Öldürür, in: Defter, Vol. 45, 57-67

Çubukçu, Sevgi Uçan (2004a): Post-1980 Women's Movement in Turkey: A Challenge to Patriarchy, in: The Position of Women in Turkey and in the European Union: Achievements, Problems, Prospects, İstanbul, 55-74

– (2004b): İkinci dalga feminizminin açtığı alan: Demokratikleşmeden AB'ye, in: Birikim, Ağustos-Eylül 2004, 113-121

Demircan, Sunay (2006): Bize de Bu (mu) Yakışır?, in: Diken, Şeyhmus (ed.): Türkiye'de Sivil Hayat ve Demokrasi, Ankara: 8-10

Demirović, Alex (1992): Regulation und Hegemonie. Intellektuelle, Wissenspraktiken und Akkumulation, in: Demirović, Alex et al. (Hrsg.): Hegemonie und Staat, Münster, 128-157

– (2001): NGO, Staat und Zivilgesellschaft. Zur Transformation von Hegemonie, in: Brand, Ulrich et al. (Hrsg.): Nichtregierungsorganisationen in der Transformation des Staates, Münster, 141-168

Dackweiler, Regina/Schäfer, Reinhild (1999): Lokal – national – international. Frauenbewegungspolitik im Rück- und Ausblick, in: Klein, Ansgar et al. (Hrsg.): Neue Soziale Bewegungen, Wiesbaden, 199-224

Devecioğlu, Ayşegül (1991): Seçimler, Siyaset ve Kadınlar, in: Birikim, Oktober 1991, 82-84

Düzel, Neşe (2006): Interview mit Baskın Oran, in: Radikal vom 2. Oktober 2006

Erdoğan, Necmi/Üstüner, Fahriye (2002): Quest für Hegemony:Discourses on Democracy, in: Balkan, N./Savran, S. (ed.): The Politics of permanent Crisis: Class, Ideology and State in Turkey, Nova Press, 195-213

İpek, Yasemin (2006): „Görevimiz Gönüllülük":1990'lar, Gönüllü Kuruluşlar, Gönüllü Vatandaşlar, in: Amargi, Vol. 3, 17-21

Kaltmeier, Olaf/Kastner, Jens/Tuider, Elisabeth (2004): Cultural Politics im Neoliberalismus, in: Kaltmeier, Olaf et al. (Hrsg.): Neoliberalismus, Autonomie, Widerstand. Münster: 7-30.

Kerestecioğlu, Inci Özkan (2004): Women's Movement in the 1990s: Demand for Democracy and Equality, in: The Position of Women in Turkey and in the European Union: Achievements, Problems, Prospects, İstanbul, 75-97

Klein, Ansgar/Walk, Heike/Brunnengräber, Achim (2005): Mobile Herausforderer und Alternative Eliten NGO als Hoffnungsträger einer demokratischen Globalisierung?, in: Brunnengräber et al. (Hrsg.): NGO im Prozess der Globalisierung. Bonn, 10-77

Nash, Kate (2000): Contemporary Political Sociology, Massachusetts

Öniş, Ziya (1997): The Political Economy of Islamic resurgence in Turkey: the rise of the Welfare Party in perspective, in: Third World Quarterly, Vol. 18, No. 4, 743-766.

Sauer, Birgit (2004): Staat – Institutionen – Governance, in: Rosenberger, S.K/Sauer, B. (Hrsg.): Politikwissenschaft und Geschlecht. Wien,107-125

Schild, Veronica (2004): Die Freiheit der Frauen und gesellschaftlicher Fortschritt. Feministinnen, der Staat und die Armen bei der Schaffung neoliberaler Gouvernementalität, in: Kaltmeier, Olaf et al. (Hrsg.): Neoliberalismus, Autonomie, Widerstand. Münster: 81-100.

Şimşek Sefa (2004): New Social Movements in Turkey since 1980, in: Turkish Studies, Vol. 5, No. 2

Sirman, Nükhet (1989): Feminism in Turkey: A Short History, in: New Perspectives on Turkey, Fall 1989, 3(1), 1-34

– (2006): Proje Toplumunun Sanal Kadinlari, in: Amargi, Vol. 3

Stienstra, Deborah (1999): Of Roots, Leaves, and Trees: Gender, Social Movements, and Global Governance, in: Meyer, Mary K./Prügl, Elisabeth (Hrsg.): Gender Politics in Global Governance, 260-272

Tarih Vakfı (2001): Avrupa Birliği Devlet ve STK'lar. İstanbul

– (2003): Projeler, Projecilik ve Sivil Toplum Kuruluşları, İstanbul

Tayli, Ülfet/Mefküre, Fatma (1997): Kollektif bir yapı deneyimi olarak Mor Çatı, in: Birikim, Mart, 80-85

Tekeli, Şirin (1989): 80'lerde Türkiye'de Kadınların Kurtuluşu Hareketinin Gelişmesi, in: Birikim, Temmuz, 34-41

– (1991a): Frauen in der Türkei der 80er Jahre, in: Neusel, Ayla et al. (Hrsg.): Aufstand im Haus der Frauen, Berlin

– (1991b): Egemen Kültürün Eleştirisi Olarak Kadın Hareketi: Otoritarizm ve Demokrasi, in: Archiv des Frauen Bibliothek, İstanbul, 1-9

– (1992): Europe, European Feminism, and Women in Turkey, in: Women's Studies International Forum, Vol.15, No.1, 139-143

Üstündağ, Nazan (2006): Türkiye'de Projecilik Üzerine Eleştirel bir Değerlendirme, in: Amargi, Vol. 3, 23-24

Yalman, Galip (2002): The Turkish State and Bourgeoisie in historical perspective, in: Balkan, N./Savran, S. (ed.): The Politics of permanent Crisis: Class, Ideology and State in Turkey, Nova Press, 21-54

Zihnioğlu, Yaprak (1996): Üslup sorunu vardı ama konuşulmazdı, in: Birikim, Mart, 31-35

Interviews:

Interview mit Nebahat Akkoç (Ka-Mer Diyarbakır, März 2006)
Interview mit Nükhet Sirman (Bosphorus Universität, İstanbul-Bebek April 2006)
Interview mit Pınar Selek (Amargi, İstanbul- Beyoğlu, April 2006)

Internetquellen:

http://www.fr-online.de/top_news/?sid=cfaded9264b740ef59fd485e7351341a&em_cnt=1061704
http://www.kazete.com.tr/index.php?sayfa=selma&bolum=yazarlar
http://www.bianet.org/2006/07/28/82906.htm

Bihter Somersan

Geschlechterverhältnisse in der Türkei
– Hegemoniale Männlichkeit und Frauenbewegung[1]

Die feministische Staatsforschung zeigt, dass staatliche Institutionen und politische Organisationen *bemannt* sind. Politische Prozesse werden vorwiegend von Männerbeziehungen und androzentrischen Netzwerken geprägt (vgl. Kreisky 1995: 92f.), während Frauen die Ausgegrenzten und Fremden bleiben (Demirović/ Pühl 1997: 2f.). Männliche Lebenserfahrungen und Interessen bilden sich in allen Dimensionen der gesellschaftlichen, politischen und staatlichen Strukturen ab. Es handelt sich „um einen Ausschluss, subalternen Einschluss, Unterdrückung, Abwertung, Geringschätzung und Nichtbeachtung von Frauen" (Sauer 2004: 14). Diese hegemoniale Männlichkeit in der Politik ist auch in der Türkei evident.

In diesem Artikel werde ich die politischen Praktiken der Protagonistinnen aus der Frauenbewegung in der Türkei diskutieren. Es geht mir hauptsächlich um die exemplarische Darstellung von Ausschlusserfahrungen von Politikerinnen und von Aktivistinnen der Frauenbewegung, die sich auf dem politischen Feld bewegen[2]. Folgende Fragestellungen sollen bearbeitet werden: Inwiefern werden in der Türkei politischen Akteurinnen von Aushandlungsprozessen in der Politik ausgeschlossen? Wie artikulieren sich männlich codierte Praktiken und Normen gegenüber Frauen und wie nehmen Frauen diese wahr?

Hegemoniale Männlichkeit ist, Connell zu Folge, das Ergebnis konkreter sozialer Praktiken (Connell 1995: 77). Sie sind nicht fixiert, sondern „Konfigurationen von Praktiken, die in einer sich wandelnden Struktur von Beziehung entstehen" (ebd: 81). Der Staat wird im Feld geschlechtsspezifisch strukturierter sozialer Verhältnisse verortet, wo er die Funktion übernimmt, soziale Verhältnisse zu stiften und zu verändern (Pühl 2001: 47). Demnach geht aus jedem Staat, als Ergebnis sozialer Kämpfe, ein Geschlechterregime hervor, „also eine institutionell verfestigte geschlechtsspezifische Struktur, die insgesamt für ein „gendered" Feld sorgt, auf dem Männer und Frauen bestimmte Positionen einnehmen" (Connell zitiert nach Pühl 2001: 47). Entscheidend ist, dass der Staat sich ständig verändert. Das bedeutet, dass „die Position des Staates in der Geschlechterpolitik (...) nicht fix" (Connell 1992: 532) sondern modifizierbar ist. Der Staat ist somit nicht ein Subjekt sondern ein umkämpftes Kräfteverhältnis. So folgert auch Wendy Brown: „Despite the almost unavoidable tendency to speak of the state as an „it", the domain we call the state is not a thing, system, or subject, but a significantly unbounded terrain of powers and techniques, an ensemble of discourses, rules, and practices, cohabiting in limited, tension-ridden, often contradictory relation with one another" (Brown 1995: 174).

In dieser Hinsicht wird der Staat als ein Geflecht von Institutionen, Diskursen und Praktiken begriffen. Nur innerhalb dieser diskurstheoretischen Auslegung kann der Staat auf seine hegemoniale Männlichkeit und hinsichtlich der Produktion von geschlechtsspezifischer Herrschaft untersucht werden. Doch trotz der Demaskierung dieser männlichen Hegemonie bleiben „Staat und Öffentlichkeit männliche Institutionen, selbst wenn Frauen dort Positionen innehaben: Die Räume sind *männlich* codiert, und Frauen können deshalb nicht *als Frauen* teilnehmen, sondern müssen das männlich soziale Geschlecht übernehmen" (Sauer 2001: 52). Moderne politische System und Institutionen produzieren Geschlechterverhältnisse und Zweigeschlechtlichkeit in Form von „benachteiligter Weiblichkeit und privilegierter Männlichkeit" (ebd.). Vor dem Hintergrund männlich strukturierter politischer Prozesse werden weibliche Interessen und politische Formen marginalisiert. Birgit Sauer vermerkt in diesem Zusammenhang:

> „Der politische Willenbildungsprozess basiert auf diesen Hegemonieverhältnissen: Männliche Identitäten und Interessen werden repräsentiert, weibliche hingegen vornehmlich symbolisiert. Sie sind dadurch politischer Durchsetzungskraft entzogen" (Sauer 2004: 19).

Es ist jedoch entscheidend, das Verhältnis zwischen Frauen und Staat nicht bloß als Ausschluss zu charakterisieren, weil staatliche Akteure zeitweise auch frauenfreundliche Politiken als Ergebnis von Aushandlungsprozessen durchsetzen können (ebd.: 14). Daher gilt der Staat auch nicht per se als patriarchalisch, weil er eine *Quantität* von Männern aufweist, „vielmehr ist eine strukturelle *Staatsmännlichkeit* [...] in politischen Normen, Praktiken und Institutionen eingelassen" (ebd.:18). Diese strukturelle Männlichkeit als eine Herrschaftsform ist aber nicht per se den Männern zugeordnet, noch sind die Frauen per se Opfer dieser Herrschaft. „Diese Herrschaft muss ebenso ständig erneuert werden wie die Männlichkeit der Männer – und im Verhältnis dazu die Weiblichkeit der Frauen (Demirović/Pühl 1997: 3). Denn der Staat besteht aus Diskursen und „muss stets neu hergestellt und reproduziert werden, und gerade deshalb ist er auch *veränderbar*" (Sauer 2004: 21). Aus dieser Perspektive kann die Staatsmännlichkeit als ein sich immer wieder neu produzierender *Aushandlungsprozess* begriffen werden, der es ermöglicht, maskulinistische Herrschaftsmechanismen aufzudecken und zu transformieren (vgl. auch Connell 1992: 532). Zentral ist daher, von einer reduktionistischen Sicht des Staates als einem ausschließlich „patriarchalen Herrschaftsapparat" abzusehen, um zu einem differenzierten feministischen Staatsverständnis zu gelangen. Angelehnt an diesen theoretischen Rahmen werde ich im ersten Teil der Arbeit die historische

Entwicklung der Frauenbewegung in der Türkei darstellen. Im zweiten Teil werden Erfahrungsberichte politischer Akteurinnen in formalen staatlichen Strukturen und in der Zivilgesellschaft diskutiert. Diese (inter)subjektiven Wahrnehmungen der Frauen und die politischen Praktiken, die sie hieraus entwickeln, sind grundlegend für einen Ansatz einer feministischen Gegenhegemonie.

1 Traditionslinien und Geschichte der türkischen Frauenbewegung

Die weit verbreitete Ansicht, dass die türkischen Frauen nie für ihre Staatsbürgerrechte kämpfen mussten, sondern sie vom „Gründungsvater" der türkischen Republik, Atatürk, *geschenkt* bekommen haben, wurde durch die *Entdeckung* der osmanischen Frauenbewegung weitgehend widerlegt. Feministische Forschungsarbeit brachte die bislang totgeschwiegene osmanische Frauenbewegung an die Öffentlichkeit, die für die Frauenbewegung nach 1980 wichtige Traditionslinien bieten sollte (Çakır 1996). Seit dem Ende des 19. Jahrhunderts, Jahrzehnte vor der Erlangung des allgemeinen Wahlrechts für Frauen im Jahr 1934, kämpften osmanische Feministinnen für ihre Rechte als Frauen und Staatsbürgerinnen und wehrten sich gegen das traditionelle Rollenverständnis, in das sie von der Gesellschaft und den religiösen Praktiken gezwungen wurden. Sie agierten in verschiedenen Vereinen, Zeitschriften und organisierten sporadische Protestversammlungen (Çakır 1996). Die Frauen stammten zumeist aus den oberen Schichten des Beamtentums oder waren Töchter und Ehefrauen von hochrangigen Soldaten und Offizieren. Ihre hohe Bildung machte es möglich, die erste Welle der Frauenbewegung in Europa und Amerika in fremdsprachigen Zeitungen und Zeitschriften zu verfolgen. Dies motivierte sie zur Formulierung ihrer eigenen Anliegen und Streitpunkte. Die zahlreichen Vereine hatten feministische, politische, nationalistische, bildungsorientierte, kulturelle und philanthropische Anliegen. Am 17. Dezember 1908 formierten sich eine Gruppe von Frauen vor dem Regierungsgebäude und verlangte den Eintritt als *Zuhörerinnen* (Çakır 1996: 148).

Dieser Protest erhielt durch seinen radikalen Charakter große öffentliche Aufmerksamkeit. Weitere Mobilisierungen wurden später durch die feministische Zeitschrift, die *Welt der Frauen*, organisiert, die als Presseorgan des radikalen feministischen *Vereins zur Verteidigung der Rechte der Osmanischen Frau* agierte. Der Verein solidarisierte sich auch mit einer französischen feministischen Vereinigung. Einige französische Feministinnen wurden *unterstützende Mitglieder* und berichteten in Frankreich über die osmanische Frauenbewegung (ebd.: 64). Als sich 1921 die Forderung nach einem politischen Wahlrecht als ein Hauptanliegen der Frauen durchsetzte, gründeten die Frauen 1923 die *Frauenvolkspartei*. In ihrer Deklaration an die neu gegründete Regierung der Republik erklärten sie, dass ihr Anliegen darin bestehe, die Lage der Frauen auf sozialer, ökonomischer und insbesondere politischer Ebene zu verbessern. Die *Frauenpartei* wurde mit der Begründung, dass vor der Erlangung des Wahlrechts die Frauen keine Politik betreiben dürfen, nicht zugelassen.

Nach der Gründung der Türkischen Republik im Jahr 1923 wurden alle feministischen Vereine vom männlichen Regierungskader geschlossen oder radikal feministische Frauen wurden durch *Gleichheitsfeministinnen* ersetzt, die keine kritischen und feministischen Streitpunkte mehr thematisierten. Die Leiterin und Gründerin des feministischen Vereins *Union der Frauen*, Nezihe Muhittin, die sich vehement für das Wahlrecht einsetzte, wurde im September 1927 aus ihrem Amt entlassen und der Verein wurde zu einer kulturellen und philanthropischen Vereinigung transformiert. Die Kongresse für die Durchsetzung des Frauenwahlrechts, die Nezihe Muhittin in Istanbul organisiert hatte, lösten eine heftige Kritik in der Presse aus und der Verein wurde zu einer *gemäßigten* Haltung aufgerufen. Da Muhittin ihre Forderungen nicht zurücknehmen wollte, wurde sie zum Rücktritt gezwungen (ebd.: 77f.).

Dieser staatliche Eingriff zur Verhinderung feministischer Politiken war der Indikator für den aufsteigenden Staatsfeminismus, der bis 1980 andauern sollte. Der Staatsfeminismus war dadurch charakterisiert, dass er rechtliche und politische Reformprozesse nach kemalistischen Leitideen und Grundprinzipen zugunsten der Frauen einleitete, dafür aber jegliche Formulierung von feministischen Interessen und Ansprüchen ausblendete. Die türkischen Frauen erhielten 1934 das Wahlrecht auf nationaler Ebene. Dies war ein Ergebnis von Atatürk's persönlichem politischen Engagement zugunsten der Frauen, der Aktionen der osmanischen Frauenbewegung und des symbolischen Charakters und der Instrumentalisierung der Besserung des Status der Frauen als ein Indikator für westlichen Fortschritt und Demokratie. 1934 wurden 18 Frauen in das Parlament gewählt und erlangten damit 4.6% der Sitze im Parlament. Diese Quote wurde in der Geschichte der türkischen Republik erst im Jahr 2008 mit einem Frauenanteil von 9,1% übertroffen. Dies weist auf den ausschließlich symbolischen Charakter des erlangten Wahlrechts hin, der die hegemoniale Männlichkeit in politischen und staatlichen Strukturen nicht verändern konnte.

Şirin Tekeli, eine der Pionierinnen der türkischen Frauenforschung nach 1980 stellt fest, dass „diese Reformen *von oben*, auf patriarchalen Normen basierten, die in der Definition des Verhältnisses der Frauen zum Staat und zu der Gesellschaft ausschlaggebend waren" (Tekeli 1990: 270). Diese Definition basierte auf einer nationalen Konstruktion des weiblichen Subjekts: Die moderne türkische Frau war eine ebenbürtige und pflichtbewusste Staatsbürgerin, die für die *befreienden* Reformen Atatürks dankbar zu sein hatte, sie war die Mutter der Nation, die nährende Trägerin der Familie und symbolisierte zugleich westlichen Fortschritt mit „Leib und Seele".

Nach der Einlösung der Forderung nach einem Wahlrecht für Frauen im Jahre 1934 stagnierte die türkische Frauenbewegung fünfundvierzig Jahre lang. Der Staatsfeminismus deklarierte die türkische Frau als *emanzipiert* und *befreit*. Die Phase von 1924 bis 1980 gilt als eine *Lücke* in der Frauenbewegung, wo zwar innerhalb der gesamtgesellschaftlichen kemalistischen Revolution frauenfreundliche Reformen verabschiedet wurden, der feministische Aktivismus aber nach der endgültigen Schließung der *Union der Frauen* 1935 vollständig zum Stillstand kam.

Die zweite Welle der türkischen Frauenbewegung wird in der feministischen Literatur im Kontext neuer sozialer Bewegungen, der Zivilgesellschaft und von Demokratisierungsprozessen in der Türkei thematisiert (vgl. hierzu: Tekeli 1990, 1995, Arat 1994). Die Frauenbewegung entstand also nach dem Militärputsch von 1980, nach einer rigiden Militärherrschaft und einer zwanghaften *Depolitisierung* der türkischen Gesellschaft. Alle politischen Vereinigungen wurden brutal zerschlagen und alle linken Intellektuellen verfolgt und inhaftiert. Wie konnte es dazu kommen, dass die Frauenbewegung in einer Zeit solcher struktureller Hindernisse in Form einer neuen sozialen Bewegung entstehen konnte und später durch die feministische Literatur sogar als treibende Kraft im Demokratisierungsprozess der Türkei bezeichnet wurde? (Arat 1994).

In den Anfängen organisierten sich die Frauen in den Universitäten, in Diskussionsgruppen und feministischen Zirkeln. Diese Netzwerke veröffentlichten zahlreiche feministische Publikationen. Die Yazko, die *Kooperative der SchriftstellerInnen und ÜbersetzerInnen* in Istanbul, war eine starke Antriebskraft in den ersten Jahren der Mobilisierung. 1982 wurde ein dreitägiges Symposium veranstaltet, wo die französische Feministin Gisele Halimi als Gastrednerin eingeladen wurde. Trotz des andauernden allgemeinen Verbots der politischen Zusammenkünfte und Versammlungen während des Militärregimes im Jahre 1982 konnten diese feministischen Zusammenkünfte stattfinden. Die Frauen thematisierten strittige Punkte wie Gewalt gegen Frauen, frauendiskriminierende Gesetze und soziale Praktiken, Ausbeutung der Frauenerwerbsarbeit, unbezahlte Hausarbeit und waren bestrebt, durch Massenmobilisierungen und Proteste eine Politisierung des Privaten zu erreichen (Bora/Günal 2002).

Die anfängliche Euphorie der Frauenbewegung in den 1980ern verstummte bald und die zahlreichen Aktivistinnen in der Bewegung gerieten in einen aufreibenden Konflikt über die Zielsetzung und ideologische Ausrichtung der Frauenbewegung. Parallel zum Straßenaktivismus der Frauen fand auch eine Institutionalisierung in Form von Gründungen von Frauenforschungszentren und Frauenbibliotheken statt, die zur Bildung eines feministischen Bewusstseins und Errichtung wertvoller Traditionslinien beitrugen.[3] Die Errichtung einer umstrittenen staatlichen Institution 1990, der Generaldirektion für den Status der Frau löste eine heftige Diskussion unter den Feministinnen aus. Das Aufgabengebiet des Direktoriats umfasst

Themen der Bildung, der Gesundheit, der Erwerbstätigkeit, Gewalt, Entscheidungsmechanismen, internationale Beziehungen und Medien. Ziel ist die „Verbesserung des Status der Frau." Da die Generaldirektion unmittelbar an das staatliche Ministerpräsidium angebunden ist, distanzieren sich die autonomen und radikalen Feministinnen explizit von dieser Institution und verweigern jegliche Zusammenarbeit mit dieser *staatsfeministischen* Institution. Die kemalistische Grundhaltung des Direktoriats, die zwar emanzipatorische Ansprüche erhebt, ist fern von einer herrschaftskritischen feministischen Perspektive.

Die Kluft zwischen den liberal kemalistischen und den linken, sozialistischen, marxistischen, kurdischen, islamistischen und radikalen Frauen mit ihren verschiedenen Positionen, führte schließlich zu einem Bruch in der Frauenbewegung. Die Frauen *zerstritten* sich auf dem Frauenkongress im Jahre 1989 wegen unüberbrückbarer politischer Differenzen. Die sozialistischen Feministinnen verließen den Kongress und beschimpften die anderen Teilnehmerinnen als *bourgeois*. Der Kongress markierte für die Feministinnen das vorläufige *Ende* der Frauenbewegung.

In den folgenden Jahren fanden viele dieser Frauen in kleinen Gruppen wieder zusammen und sahen den Kongress von 1989 als einen Meilenstein in der Frauenbewegung an, der durch die ausgetragenen Differenzen die Bewegung nur stärker machen konnte. Andere Feministinnen, die sogar in den Gründungsphasen sehr aktiv waren, wurden jedoch so entmutigt, dass sie der Frauenbewegung endgültig den Rücken kehrten (Amargi 2005: 188ff.).

Kurdische Feministinnen gründeten 1990 die *Autonome Kurdische Frauengruppe* und veröffentlichten Zeitschriften wie *Roza* und *Jujin*, worin sie ihre kurdische und feministische Identität, ihre Beziehungen zu den linken kurdischen Genossen und patriarchale und nationalistische Herrschaftsformen hinterfragten (ebd.: 221). Die Zeitschriften wurden sehr populär innerhalb der autonomen feministischen Bewegung und die Solidarität zwischen verschiedenen Frauenidentitäten und insbesondere zwischen herrschaftskritischen Frauengruppen nahm zu.

Mit dem aufkommenden politischen Islam trat auch die islamisch-religiöse Frau in die öffentliche Sphäre. Zahlreiche Frauen engagierten sich im Wahlkampf der islamistischen *Wohlfahrtspartei* im Jahr 1995. Durch diese Politisierung begannen die *religiösen* Frauen, wie sie sich selbst benennen, sich innerhalb des feministischen Diskurses zu artikulieren. Aussagen wie *„Ich bin eine religiöse Feministin"* in feministischen Zeitschriften führten zu Meinungsverschiedenheiten über die Inklusion der Islamistinnen oder *religiösen* Frauen in die Frauenbewegung. Viele vertraten die Ansicht, dass Religion an sich und der Islam die Unterdrückung der Frau legitimiere und dass dies unvereinbar sei mit jeglichem feministischen Ansatz. Andere wiederum unterstützten die Vielfalt in der Frauenbewegung und sahen in diesem islamistischen Diskurs eine Möglichkeit, die Frauenbewegung von einer einseitigen, autoritär-hierarchischen und ausschließenden Haltung und Praxis zu befreien.

Diejenigen religiösen Frauen, die tatsächlich innerhalb ihres islamischen Glaubens emanzipatorische Forderungen hatten, solidarisierten sich 1995 auf feministischen Protestmärschen mit den linken und autonomen Feministinnen und riefen lauthals Slogans wie: „Wir werden uns keinem Prediger (*hoca*), keinem Ehemann (*koca*) und keinem General (*paşa*) unterwerfen (ebd.: 246). Dieser einfache Slogan veranschaulicht mit einer scharfen rhetorischen Klarheit, durch welche zentralen Akteure und die mit ihnen verbundenen Institutionen hegemoniale Männlichkeit in der Türkei ausgeübt und reproduziert wird.

Der *paşa* steht für den strukturell eingeschriebenen hegemonialen Militarismus in der Türkei, der seit der Kemalistischen Revolution männliche Werte und Normen, die sich in gesellschaftlichen Strukturen abbilden, produziert und aufrechterhält. „*Jeder Türke wird als Soldat geboren!*“ rufen alle Männer während den Märschen in ihrer Militärdienstzeit. Dieser Slogan wird im Zuge der Sozialisierung der türkischen Männer durch das Schulsystem und das Militär so verbreitet, dass es nicht verwunderlich erscheint, wenn junge Schulmädchen bei nationalen Feiern stolz rufen, dass jeder Türke als Soldat geboren wird (vgl. Altınay 2000: 264 ff.). Die Frauen sind jedoch von diesem national geheiligten Soldatentum völlig ausgeschlossen und dadurch keine vollwertigen Staatsbürgerinnen (vgl. Demirović/Pühl 1997). „Die [androzentrische und männerbündische] politische Logik orientiert sich an der Entscheidung über den Ernstfall, also am Übergang in den Krieg, die Sphäre der männlichen Bewährung – Männlichkeit ist die Bewährung im Ernstfall“ (ebd.: 5).

Das Militär agiert seit der Gründung der Republik als die machtvollste staatliche Institution innerhalb des hegemonialen Kräfteverhältnisses. Somit steht die Geringschätzung und Ausschließung der Frauen als politische Akteurinnen in bedeutendem Zusammenhang mit der maskulinistischen, rigiden und militärisch politischen Kultur der Türkei (vgl. auch Wasmuth 1997). Die Ankündigung des Ungehorsams gegenüber dem *paşa* im feministischen Slogan symbolisiert zugleich auch den Anspruch auf Demokratisierung, den die Feministinnen erheben. Sie beziehen sich zum einen auf die zahlreichen Militärputsche in der türkischen Geschichte, wo die Militärregimes durch repressive und herrschaftliche Regelungen und Praktiken demokratische Strukturen in der Türkei mehrfach ausgelöscht haben. Zum anderen steht der militärische Kader als der Garant der Kemalistischen Grundprinzipien, wie Laizismus, den Islamististen gegenüber. Militärische Akteure und Institutionen argumentieren und handeln insbesondere gegen die Zulassung des Kopftuches in öffentlichen Institutionen. Der Slogan der Feministinnen lehnt somit auch diese militärische Haltung ab und spricht für alle möglichen Formen von demokratischen Freiheiten und zeigt somit die Solidarität der autonomen Frauenbewegung mit religiösen und islamistischen Frauen.

Der *koca* bedeutet Ehemann. Der Begriff steht aber auch für die Institution Familie und die darin eingeschriebenen patriarchalen Strukturen, die durch das

Rechtssystem und staatliche Institutionen, wie Polizei, aufrechterhalten werden. Der Verein *Lila Dach*, der Frauen, die Opfer von Männergewalt geworden sind, Unterkunft und rechtliche Hilfe anbietet, nimmt zumeist hilfesuchende Frauen auf, die von der Polizei wieder *zurück nach Hause* geschickt werden. Diese gängige Praxis auf Polizeistationen, die von männlicher Gewalt geflohenen Frauen zu *überreden*, dass sie wieder *brav* zu ihren Ehemännern zurückgehen sollen, zeigt die tief eingeschriebene hegemoniale Männlichkeit, die durch staatliche Akteure vermittelt wird. Männer kooperieren mit Männern: Polizeibeamte rufen vor Wut tobende Ehemänner, die Gewalttäter, an und *bitten* sie, ihre Ehefrauen abzuholen und nicht *zu streng* mit ihnen zu sein.

Das Gesetz zur Aufrechterhaltung der Familie als Grundbestandteil des Familienrechts in der Türkei erweist sich in der Praxis als frauenfeindlich. „Familie ist auch in der Sicht der heutigen konservativen Theoriebildung ein genuin politischer Begriff. Denn von ihrem Bestand soll die Stabilität der Werteorientierungen und der Bestand des staatlichen Gemeinwesens selbst abhängen" (Demirović/Pühl 1997: 6). In diesem Sinne entscheiden Richter bei Ehescheidungsfällen zumeist zugunsten der Männer oder erschweren den Prozess der Scheidung, da bis zum Schluss versucht wird, die Ehe zugunsten der *Aufrecherhaltung der Familie* zu *retten*. Der Familienmythos wird durch Praktiken des modernen Staates konstituiert, versetzt die Frau somit in ein traditionelles Rollenverständnis und unterstützt die Reproduktion von Männlichkeit.

Das letzte angesprochene Subjekt im feministischen Slogan ist der *hoca*, der islamische Prediger. Spannend ist, dass gerade auf Solidaritätsveranstaltungen der religiösen und autonomen Feministinnen dieser Spruch aufkommt. Er soll aufzeigen, dass auch religiöse Frauen den *hoca* und die damit verbundenen religiösen Normen und Praktiken als patriarchal ansehen. Religiöse Praktiken versuchen ebenfalls, die Frau in die private Sphäre zu drängen, aus der die religiösen Feministinnen versuchen herauszutreten. Diese Aufzählung der männlich hegemonialen Subjekte und die damit verbundenen Institutionen und Sphären, in denen sich diese Männlichkeit verdichten, zeigt auch die Distanzierung der autonomen Feministinnen zu männlich hegemonialen Diskursen der Politik.

Wie der Solidaritätsmarsch der autonomen und religiösen Feministinnen deutlich macht, erlebt die feministische Bewegung in den letzten Jahren wieder einen Aufschwung in Form einer steigenden Solidarität untereinander, Massenmobilisierungen und Petitionen, verschiedenen feministischen Projekten und einem immer präsenten Diskurs in den Medien. Die *Strafgesetz-Frauenplattform*, die seit 2002 zahlreiche Feministinnen zusammenbrachte, um gegen die frauendiskriminierenden Paragraphen des Strafgesetzes rechtlich und politisch zu protestieren, fand großen Zuspruch in der Öffentlichkeit und auch Unterstützung von weiblichen Abgeordneten im Parlament. Die Revisionen des Strafgesetzes zugunsten der Frauen sind als ein großer Erfolg der Frauenbewegung zu betrachten. Da viele Reformen zugunsten der Frauen im Kontext des EU Beitrittsprozesses „erzwungen" oder vom Staat gefördert werden, könnte angenommen werden, dass die Durchsetzungskraft der Frauenbewegung bei den Aushandlungsprozessen der Reformen nur eine symbolische ist. Insbesondere die Entwicklung der Reformen im Strafgesetzbuch zeigen aber, wie die Frauen seit Jahren für Änderungen im Strafgesetzbuch auf allen politischen Ebenen kämpfen und wie sie sich für die unmittelbare Implementation der neuen Gesetze einsetzen. Das neue Strafgesetzbuch, das am 1. Juni 2005 in Kraft trat, enthält entscheidende Änderungen zugunsten der Frauen: sexuelle Gewalt gegen Frauen wird nicht mehr als ein Verschulden gegen die *Gesellschaft* und die *Traditionen* interpretiert sondern als ein Verstoß gegen die individuelle *Person* selbst; Vergewaltigung in der Ehe unterliegt *demselben* Strafprozess wie Vergewaltigung außerhalb der Ehe; sexuelle Belästigung am Arbeitsplatz, häusliche Gewalt und Misshandlung gegen Frauen sind *fortan* eine Straftat; Frauen dürfen ohne richterlichen Beschluss zu keiner genitalen Untersuchung gezwungen werden und *Ehrenmorde* an Frauen gelten nun als Mord.[4]

Die Strafgesetz-Plattform wurde auch von der *Frauenkooperative Amargi* unterstützt, die eine starke treibende Kraft in der aktuellen Frauenbewegung ist. Die Offenheit zur Kooperation mit kurdischen, religiösen, sozialistischen Feministinnen und Aktivistinnen, feministischen Anwältinnen und Frauenforscherinnen oder vielmehr die Tatsache, dass *Amargi* sich aus all diesen Frauen zusammensetzt und die Erfahrungen der Unterdrückung und Gewalt im *Frausein* als unabstreitbare Gemeinsamkeit trotz aller Differenzen ins Zentrum stellt, verleiht ihr die Katalysatorrolle im Kampf gegen maskulinistische, nationalistische, klassenbedingte und ethnische Herrschaftsformen. Die zahlreichen Publikationen von Projekten, Büchern, Erfahrungsberichten und der dreimonatlichen feministischen Zeitschrift *Amargi – Feministische Theorie und Politik* sind Grundsteine in der aktuellen türkischen feministischen Theorie und Praxis.

Weiterhin ist *Kader*, der *Verein zur Unterstützung und Nominierung von Parteienkandidatinnen* für das Parlament, eine zentrale Organisation, deren Gründungszweck die Durchsetzung einer parlamentarischen Frauenquote und die Schaffung der strukturellen Möglichkeiten für den Zugang der Frauen ins Parlament ist. Zahlreiche feministische Anwältinnen und Akademikerinnen arbeiten eng mit Frauenabgeordneten aller Parteien zusammen und betreiben eine entschiedene Lobbypolitik. Anfänglich wurde Kader durch die linke und autonome Frauenbewegung als ein *bürgerlicher* Verein der *Politik der Mitte* kritisiert, der nur Kandidatinnen der *rechten, konservativen* Parteien unterstützen würde. Doch momentan ist die feministische Anwältin Hülya Gülbahar die Leiterin des Vereins. Diese Frau ist eine der Initiatorinnen der *Strafgesetz – Frauenplattform* und eine entschiedene Aktivistin der autonomen Frauenbewegung und arbeitet eng mit Frauengruppen wie *Amargi*, mit staatlichen Frauenkommissionen und mit verschiedenen Frauen-organisationen zusammen.

Nach dem erneuten Wahlsieg der AKP im Jahr 2007 erhitzte sich die Diskussion über die islamistische Politik der Regierung und gipfelte in einer erneuten Kopftuch-debatte, die zuerst in den 1980ern aufgekommen war. Der Körper und das äußere Erscheinungsbild der Frau wurden erneut zum Brennpunkt der elitär-laizistischen und islamistischen Ideologiekämpfe. Die aktuelle Änderung im Grundgesetzbuch 2008, die nun das Tragen von Kopftüchern in den Universitäten zulässt[5], spaltete die Gesellschaft und auch die Frauenbewegung in verschiedene Fraktionen. Dem Glauben an eine Demokratisierung des Staates und der Gesellschaft durch das Er-langen von Grundrechten, wie die Freiheit ein Kopftuch zu tragen, steht die Angst gegenüber, die durch die kemalistische Revolution erlangten Freiheiten, insbeson-dere die Gleichstellung der Frau, durch eine islamistische *Revolution*, wie sie die Ke-malisten definieren, zu verlieren. Beide Diskurse werden hauptsächlich von Män-nern geführt und implementieren eine maskulinistische Sprache, in der die Frau nur als Objekt und Instrument erscheint. Die männlich codierte politische Sprache polarisiert die Frauen innerhalb der Terminologien, wie gläubig gegen ungläubig, für und gegen Glaubensfreiheit, Türbanisten[6] gegen Anti-Türbanisten, Freiheits-verteidiger gegen Unterdrücker oder gar *Faschisten, Befreite* gegen Gefangene und Unterdrückte. Die Frauen vergessen hierbei, dass sie trotz ihrer Differenzen einen *gemeinsamen* Ausschluss, eine Abwertung und Instrumentalisierung erfahren. Die Unfähigkeit, eine weibliche Sprache innerhalb von diesem Diskurs zu entwickeln, eine Sprache, die das gemeinsame *Frau-Sein* zum Schwerpunkt macht, hemmt das Potential, auf einer *gemeinsamen* Plattform zu agieren. Eine Plattform, die in den letzten zehn Jahren durch die Zusammenarbeit, Aushandlungen, Annäherungen und *Entdämonisierungen* von eingefahrenen Ängsten auf beiden Seiten, der reli-giösen und der autonomen Feministinnen, mühsam aufgebaut wurde (vgl. Coşar 2008: 9)

Zusammenfassend ist zu sagen, dass die Frauenbewegung in der Türkei, trotz ihrer *Flautezeiten* und Auseinandersetzungen zwischen verschiedenen Ideolo-gien heute als die politisch stärkste und aktivste soziale Bewegung in der Türkei angesehen werden kann. Diese Ansicht stützt sich auf die rechtlichen Erfolge der Bewegung so wie die eng geknüpften Netzwerke, die öffentliche Sichtbarkeit, den Aktivismus und die diversen Projekte verschiedener Frauengruppen. Im Folgenden werde ich anhand von zwei verschiedenen Erfahrungsberichten, die subjektiven Sichtweisen und Wahrnehmungen dieser Frauen im Hinblick auf die hegemoniale Männlichkeit in der Politik aufzeigen.

2 Radikale Aktivistinnen: Damals Revolutionärin, heute Feministin? Oder: Damals gefährlich, heute harmlos?

In meinen Interviews[7] mit verschiedenen politischen Aktivistinnen, die sich primär als Feministinnen bezeichnen, sind sich überschneidende Biographien und politische Positionierungen gegenüber dem Staat zu beobachten. Viele dieser Frauen waren ehemalige Aktivistinnen in der linken Bewegung der siebziger Jahre. Sie waren alle in den vom Staat als *illegal* bezeichneten und verfolgten *Untergrundsorganisationen* politisch aktiv, engagierten sich in bewaffneten Straßenkämpfen gegen faschistische Gruppen und gegen die Polizei, wurden jahrelang inhaftiert und Opfer physischer und psychologischer Folter.

Ihre revolutionären Standpunkte und Aktionen mit dem Ziel der Errichtung einer *freien Gesellschaft* transformierten sich nach dem Militärputsch von 1980, der die gesamte linke Bewegung gewaltsam zerschlug, weitgehend zu einer feministischen Identität. Heute definieren sie ihre feministische Identität als primären politischen Bezug. Zu ihrer Abkoppelung von der linken Bewegung trugen verschiedene Faktoren bei: ihre Begegnungen und Erfahrungen der Unterdrückung und Diskriminierung durch männliche *Genossen* innerhalb der linken Bewegung und die geschlechtspezifischen und gewaltsamen Praktiken des türkischen Staates zu dieser Zeit. Heute engagieren sich diese Frauen entweder autonom als Feministinnen außerhalb von organisatorischen Strukturen oder sie stehen laut ihrer Aussage lediglich *„in Kontakt und Zusammenarbeit"* mit Frauenorganisationen.

In einem Interview mit einer ehemaligen Aktivistin einer leninistischen Organisation erfuhr ich, dass diese Abwertung der Frauen auch innerhalb der Organisation als maskulinistische Herrschaftspraxis ausgeübt wurde, so dass die Frauen vom *Kern* der Organisation ausgeschlossen wurden. Dies deutet darauf hin, dass Männerbünde geschlechtsspezifische Ausschlusspraktiken innerhalb von staatlichen Institutionen wie auch in Organisationen und Parteien aufweisen (Sauer 2001: 146).

> „Fünf Frauen und ich waren die Aktivsten in der Organisation. Wir trugen Waffen, diskutierten mit Männern und bestimmten die politische Agenda. Eines Tages wurden wir zum ersten Mal von dem führenden Genossen des männlichen Kaders zum runden Tisch eingeladen, wo nur die Spitze der Organisation teilnahm. Es wurde eine lange Rede gehalten, wie stolz die Männer sind, dass wir Frauen es bis in den Kern geschafft hatten und wie wichtig wir Genossinnen für die Zukunft der Organisation waren.(..) Später als die Protokolle der Organisation in die Hände der Polizei gerieten und ich verhaftet wurde, näherte sich mir der Polizeibeamte bei der Befragung in einer sarkastischen grinsenden Art und fragte: „Herr Emin, wie geht's Ihnen denn heute?" Ich war irritiert, da wir zwar (als Schutzmaßnahme) Pseudonyme benutzten, aber meines war Emine (Frauenname) und nicht Emin (Männername). Ich verstand dann, dass der Führungskader unsere Namen als männliche in die Protokolle der Hauptsitzung verzeichnet hatte. Ich kann Ihnen gar nicht sagen, wie gedemütigt ich mich fühlte, als dieser Beamte sich lustig

darüber machte, wie die Männer unsere Anwesenheit als Frauen verleugneten und sich offensichtlich dafür schämten."

Dieselbe Aktivistin erfuhr eine andere Form der Abwertung, diesmal als eine *aufrechte Staatsbürgerin*, als sie als Hauptorganisatorin der Demonstration am 8. März, dem Weltfrauentag, die Autorisierung der Protestversammlung von einem Polizeibeamten einholen musste. Der Beamte verlangte eine Liste der Frauenorganisationen, die an der Demonstration teilnehmen würden. Sie zählte alle Frauenorganisation der Reihe nach auf, aber der Beamte war nicht sehr interessiert und fragte ausschließlich, ob „irgendwelche Frauenabteilungen von radikalen Parteien" an der Demonstration teilnehmen würden.

> „Ich, als eine Frau, die immer politisch und radikal war, die ihren [vom Staat entwendeten] Reisepass erst 1998 zurückbekam und eine Akte als gefährliche Staatsfeindin hatte, bemerkte, dass mich dieser Polizeichef nicht ernst nahm und nie mehr ernst nehmen würde, da ich mich jetzt nur noch mit Frauenthemen beschäftigte.(...) Ich wollte laut aufschreien: Hey, ich bin radikal, ich bin gegen den Staat, ich bin immer noch gefährlich, aber ich wusste, dass es nichts bringen würde."

Frauenthemen und -streitpunkte, Forderungen und Interessen von Frauen, feministische Praktiken und Politik stellen nicht nur keine Bedrohung für staatliche Institutionen und Akteure dar, gleichzeitig wird auch eine strategische Abwertung und *Dethematisierung* von Frauenangelegenheiten praktiziert (Jessop 2001: 13). Diese hegemonialen Normen und Praktiken sind auch auf den formalen Ebenen der Politik wieder zu finden, die im nächsten Abschnitt an Hand der Erfahrungen politischer Akteurinnen deutlich werden.

3 Politische Akteurinnen: Maskuline Praktiken auf dem Weg zur Machterlangung?

Frauen, die auf lokaler oder nationaler Ebene Politik machen, sind in der Türkei nur in geringer Anzahl vertreten. Bis zu den Neuwahlen im Jahr 2007 betrug der Anteil der Frauen im nationalen Parlament 4.4%, nach dem erneuten Wahlsieg der AKP im Juli 2007 stieg die Zahl auf 9.1%. 1935, als Atatürk 18 Frauen einen Sitz im Parlament gab, machte der Anteil der Frauen 4.6% im Parlament aus. Dieser Prozentsatz wurde im Jahre 2007 zum ersten Mal in der Geschichte der Türkischen Republik übertroffen. Der symbolische Charakter der weiblichen Parlamentsabgeordneten in den Anfangsjahren der türkischen Republik, der die *Modernität* der Türkei gegenüber westlichen Mächten *beweisen* sollte, währt bis heute, weil wenn nur 50 weibliche einer Überzahl von 550 männlichen Parlamentsabgeordneten gegenüberstehen, entspricht dies kaum einem demokratischen Staatsmodell. Frauen erscheinen im Modernisierungsprozess der Türkei durchgehend lediglich als zentrale Symbolfiguren.

Bei den Landesbezirkswahlen im Jahr 2004 hatte die regierende Partei AKP keine einzige Kandidatin, die Oppositionspartei CHP, die den Anspruch erhebt, eine linke Partei zu sein, die Atatürk's laizistische Doktrin aufrechterhält, hatte in 81 Bezirken lediglich zwei weibliche Kandidatinnen aufgestellt. Nur eine Frau wurde als Kandidatin einer linken kurdischen Partei, die immer die Mehrheit der Stimmen im überwiegend von Kurden und Kurdinnen bewohnten Südosten erhält, zur Bürgermeisterin von diesem Bezirk gewählt.

Im Interview wurde offensichtlich, dass die Bürgermeisterin keine explizit feministische Politik vertritt, dafür aber eine hohe Sensibilität für die Anliegen der Frauen in Tunceli aufweist. Sie initiierte die Errichtung von Frauenhäusern und solidarisierte sich mit den Frauen. Da sie selbst als kurdische Bürgermeisterin täglich die Erfahrung von selektiven Praktiken verschiedener staatlicher Institutionen gegenüber der kurdischen Partei macht, erscheinen feministische Ansprüche oder Politiken für sie als unrealistisch und undurchführbar. Weiterhin erklärte sie, dass sie nicht den konventionellen Weg eines Aufstiegs in den Parteirängen verfolgt hatte, sondern von einem sehr einflussreichen männlichen Parteikader direkt auf den ersten Platz in der Wahlliste platziert und schließlich gewählt wurde. Dieselben Erfahrungen machte auch die Parteichefin einer konservativen Partei:

> „Es wäre für mich niemals möglich gewesen zur Parteispitze aufzusteigen, wenn ich wie irgendeine Frau in der Partei versucht hätte, für eine gute Platzierung in den Parteilisten zu kämpfen. Ich war ein Protegé vom ehemaligen Parteiführer, der mich in diese Position brachte und dem Parteikader verdeutlichte, dass ich die Favoritin war. Somit sicherte ich mir die Unterstützung der Parteimitglieder und Parteiführer, die ich sonst nie bekommen hätte. Meine Expertise in der Wirtschaft, als ehemalige Wirtschaftsministerin und der allgemeine Brauch in der Partei, sich für Zukunftsprognosen der wirtschaftlichen Entwicklung an mich zu wenden und mir zu vertrauen, sicherten meine unterstützte und respektierte Führung."

Ähnliche Erfahrungen sind bei Tansu Çiller, der einzigen Premierministerin in der 85jährigen Geschichte der türkischen Republik zu beobachten. Es war allgemein bekannt, dass sie unter dem schützenden Schirm von Süleyman Demirel stand, dem früheren Chef ihrer Partei, der rechts-liberalen DYP, dem ehemaligen Staatspräsidenten und einer der einflussreichsten Männer in der politischen Geschichte der Türkei. Die Frauen, die in den obersten Positionen des Staates *Macht* erlangten, wendeten alle ähnliche Strategien an, um in die Ebenen der *hohen* Politik eingelassen zu werden.

Die Parteichefin erzählt:

> „Ich hatte niemals Probleme, mich in männlichen Zirkeln zu artikulieren, das gleiche gilt auch für Politik. Es ist meine Art laut zu sprechen, meine Gesten sind dynamisch und ich habe eine hartnäckige Natur. Die männlichen Parteimitglieder bezogen mich immer mit ein, ich wurde zu ihren Abendessen oder sonstigen Treffen eingeladen. Also ich glaube schon, dass ich im engen Kreis der Partei war."

Die Laufbahnen vieler dieser Politikerinnen zeigen auf, dass Frau nicht nur einen starken Mann aus der Parteielite zur Seite haben muss, um politisch erfolgreich zu sein, sondern dass Frau auch eine maskuline – oder zumindest keine weibliche – Art und Sprache als Requisite benötigt, um innerhalb staatlicher Machtstrukturen zu agieren und zu überleben. Diese Beispiele machen deutlich, dass Politik aus Männerfreundschaften besteht, der politische Aushandlungsprozess an Männer*stammtischen* ausgetragen wird und *Männerbünde* eine „männergemäße, männerbezogene, exklusiv von Männern geprägte Form der Gesellung" darstellen (vgl. Kreisky 1995: 94f., Demirović/Pühl 1997: 4f.). Die Einbeziehung in die männlichen Zirkeln als Frau kann nur erfolgen, wie im Fall der Parteichefin und der ehemaligen Staatskanzlerin, wenn die Frau dem männlichen Verständnis von Macht und Machtausübung entspricht und weibliche politische Inhalte und Praktiken vermeidet. Die Partei der interviewten Parteichefin, die den Anspruch erhebt, eine Feministin zu sein, nominierte nur zwei Frauen in die Parteiliste der Lokalwahlen im Jahr 2004, als sie als Parteiführerin amtierte. Tatsächlich initiierte sie später einige frauenfreundliche Reformen in der Partei und brachte feministische Ansprüche und Interessen auf die Agenda, wie z.B. die Durchsetzung der 33%-Quote für Frauen in den Parteirängen.

> „Ich habe darauf bestanden 5 Frauen in die ersten fünf Plätze der Parteiliste zu bringen, was ich auch durchgesetzt habe. Es war für mich ein vorrangiges politisches Ziel, die Anzahl der Frauen in der Partei zu erhöhen. Am nächsten Morgen erhielt ich einen Anruf vom mächtigsten Parteibürokraten: „Ich weiß, du ziehst Frauen vor und ich hatte bis jetzt nichts dagegen einzuwenden, aber wirklich, versuchst du jetzt die Partei in eine Frauenpartei umzuwandeln?" Ich wurde wild vor Wut. Ich sagte, zeig mir doch eine einzige Frau, die bis jetzt gewählt wurde.'

Eine Parteichefin, der dieser Parteibürokrat hierarchisch untersteht, scheint für ihn keine Bedrohung darzustellen, sie erscheint gestützt durch politisch machtvolle Männer der Partei und durch ihre maskulinistische Art als geschlechtslos. Obwohl die beiden Interviewpartnerinnen völlig unterschiedliche Konzepte von Politik, Staat und der Kategorie *Frau* haben, zeichnen sich die Ausführungen der Aktivistinnen und Politikerinnen durch zwei Gemeinsamkeiten aus, die sie alle als Frau zumeist in derselben Art und Weise erfahren haben: Ausschließung und Abwertung. „Den Freunden stehen also die Fremden gegenüber, fremd sind die, die existentiell anders sind." (Demirović/Pühl 1997: 4). Anders sind diejenigen, die nicht in maskulinistischen Formen denken, handeln und Politik machen. Alle Formen der Einschließung gelten nur für die, die sich bereit erklären, ihre weibliche und feministische Identität aufzugeben. Somit ist die Inklusion selbst nur eine partielle. Anhand der Erfahrungsberichte der politischen Akteurinnen ist beobachtbar, dass weibliche Subjekte entweder hinsichtlich ihrer symbolischen Funktion, als Expertinnen, Gefährtinnen oder harmlose Aktivistinnen geformt werden.

Die Parteichefin vermerkte, dass sie ohne ihr gut fundiertes ökonomisches Expertenwissen in der Partei nie so respektiert worden wäre. In vielen Biographien von Politikerinnen und Parlamentarierinnen ist ein sehr hoher Bildungsgrad zu beobachten. Viele werden auch direkt als Professorinnen und Expertinnen in diversen Fachbereichen aus den Universitäten rekrutiert. Der durchschnittliche Bildungsgrad der Männer hingegen ist nicht mit den der Frauen zu vergleichen und erweist sich als erstaunlich niedrig. Die leninistische Aktivistin erscheint als eine Genossin, als eine *Soldatin* der leninistischen Organisation und ist doch ein *unterworfenes Subjekt*, wenn sie den Genossen Kaffee bringt oder ihre Anwesenheit einfach verleugnet wird. Ein Polizeibeamter erkennt sie nicht als Individuum an, weil er den feministischen Aktivismus einer ehemaligen politisch verfolgten Frau als apolitisch und unbedeutend betrachtet.

4 Schlussbetrachtung

Die jüngsten Veränderungen im sozialstaatlichen Bereich, wie die neuen Regelungen der *Sozialversicherungen und Allgemeinen Krankenversicherung* (SSGSS),[8] haben wieder die Bildung einer Frauenplattform bewirkt, die gegen die frauenfeindlichen Regelungen vehement protestiert. Es werden landesweit Proteste von den Gewerkschaften und anderen Akteuren gegen diese Gesetzesnovelle veranstaltet, weil viele errungene Rechte im Zuge einer neoliberalen Politik weggenommen werden. Hiervon sind Frauen in doppelter Weise negativ betroffen. Die sozialen Rechte von Witwen, unverheirateten Frauen und arbeitenden Müttern wurden innerhalb der neuen Regelungen drastisch beschränkt. Die gesetzliche Vorschrift für Arbeitgeber, die über 150 Arbeitnehmer beschäftigen, Kindertagesstätten bereitzustellen, wurde aufgehoben. Die Regierungspartei AKP *versprach* stattdessen, für jedes geborene Kind bis zum fünften Lebensjahr 300 Türkische Lira zu zahlen.

Diese politischen Maßnahmen der Regierungspartei spiegeln neokonservativ-liberale und patriarchale Politik wider, die beabsichtigt Frauen aus dem öffentlichen Raum wieder ins Private und die Rollen als Ehefrauen und Mütter zurückzudrängen. *Ledige* Frauen fallen, gemäß den neuen Regelungen, nach dem 18. Lebensjahr aus der Sozialversicherung ihrer Väter heraus. Von der Rücknahme sozialstaatlicher Rechte sind die Frauen besonders hart betroffen, weil sie aufgrund ihres Geschlechts stärker von Armut bedroht sind. Das höhere Armutsrisiko für Frauen durch die Benachteiligung durch vergeschlechtlichte staatliche Strukturen und eine maskulinistische Sozialpolitik trägt auch unmittelbar zur Reproduktion der patriarchalen Familie und zu geschlechtsspezifischen Unterschieden auf dem Arbeitsmarkt bei (vgl. Jessop 1997: 286f.).

Die verschiedenen Frauenorganisationen, die sich für frauenfreundliche Reformen im Strafgesetzbuch unter dem Namen *Türkisches Strafgesetz – Frauenplatt-*

form (TCK – Kadın Platformu) engagierten, organisierten sich im selben Rahmen für Reformen im Grundgesetz und im Sozialrecht. Diese Frauenplattform stellt einen wichtigen Kern einer feministischen *Gegenhegemonie* dar. Feministische Aktivistinnen, Anwältinnen, Akademikerinnen und Politikerinnen mit diversen politischen Ausrichtungen stellen seit 2002 einen feministischen Diskurs her und mischen sich erfolgreich in staatliche Aushandlungsprozesse ein (Sauer 2004: 23). Nach ihren Erfolgen in der frauenfreundlichen Revision des Strafgesetzes, den Protesten gegen die Änderungen im Grundgesetz als *Grundgesetzplattform* ist ihre jüngste Forderung die vollständige Rücknahme der Sozialversicherungsnovelle. Die Verhandlungen erstrecken sich über ein weites Netzwerk bis in verschiedene staatliche Institutionen hinein, wo mögliche „diskursive Räume für eine Neuformatierung der Geschlechterverhältnisse" (ebd.) geschaffen werden.

Die Entwicklungen der Frauenbewegung in den letzten Jahren weisen eine Expansion dieser diskursiven Räume auf, die feministische Redefinitionen möglich machen. Die zunehmende Zusammenarbeit von staatlichen und nicht-staatlichen Akteurinnen in verschiedenen Aushandlungsprozessen führt zu Erfolgen in der Feminisierung der türkischen Politik. Nur wenn der *Staat als Praxis* (ebd.: 22) begriffen wird, kann er „in der Gesellschaft gelebt werden, er muss zu einem *allgemeinen Volksurteil* geworden sein, das Bestandteil der alltäglichen Lebensweise ist, damit er Herrschaft verkörpern und ausüben kann" (Demirović 1987: 150). Solch ein Staatskonzept und eine -praxis können dazu beitragen, neben der Aufdeckung existierender herrschaftsförmiger Geschlechterverhältnisse neue politische Praktiken und Lebensweisen zu entwerfen, die zu einem Abbau von männlicher Herrschaft führen können.

Die politischen Praktiken der türkischen Feministinnen in den letzten Jahren verifizieren durch ihre Erfolge viele der kritischen feministischen Theorien und Strategien für eine Feminisierung von Staat und Politik. Das hängt mitunter auch damit zusammen, dass die Akteurinnen der Frauenbewegung aus Erfahrung gelernt haben, dass politische Theorie und Praxis nicht voneinander zu trennen sind. Wenn der Staat also „in der Gesellschaft gelebt wird" (ebd.), können die Feminisierungswellen innerhalb dieses Kräfteverhältnisses, die von Frauen und Männern hergestellt werden, zu geschlechtersensiblen Praktiken in der türkischen Politik führen.

Anmerkungen

1   Ich möchte mich bei den Herausgebern dieses Buches für die detaillierte Überarbeitung des Textes und für ihre theoretisch konstruktiven Anregungen bedanken. Weiterhin gilt mein Dank Evi Genetti, Gundula Ludwig und Monika Mayrhofer, die durch ihre Kommentare zu dem Text auch meine fortlaufende Arbeit positiv bereichert haben.

2 Für die Analyse feministischer Politik vor dem Hintergrund männlich hegemonialer Geschlechterverhältnisse in der Türkei, stütze ich mich auf die „hegemonialen Männlichkeitstheorien" von Robert Connell, die feministischen Staatstheorien von Birgit Sauer und Eva Kreisky und die diskurstheoretischen Auslegungen von Alex Demirović, Katharina Pühl und Wendy Brown.

3 Für einen dokumentarischen Bericht der Frauenbewegung nach 1980 mit Interviews mit den Pionierinnen und Akteurinnen der türkischen Frauenbewegung siehe: Amargi 2005.

4 Die sogenannten *Ehrenmorde* sind traditionalistisch legitimierte Ermordungen (meist) der Frauen, die *entehrt* worden sind. Die männlichen Familienmitglieder werden aufgefordert, die Ehre der Familie durch die Tötung ihrer Schwestern oder Töchter, die des Geschlechtsverkehrs beschuldigt werden, wieder herzustellen. Die türkische Justiz hat bislang diesen Morden Strafmilderung zugesprochen, da sie als gesellschaftliche *Ehrensache interpretiert wurden*. Viele junge Frauen werden Opfer dieser Morde oder begehen Selbstmord, um solch einem Schicksal zu entgehen. Der Kampf gegen *Ehrenmörder* und eine Änderung im Strafgesetzbuch war seit Jahrzehnten ein zentrales Anliegen der Feministinnen.

5 Dieses Gesetz wurde zwar von der Regierung mit den Mehrheitsstimmen der AKP erlassen, ist aber formal juristisch bis heute nicht in Kraft getreten, weil es noch formal vom Obersten Gerichtshof bestätigt werden muss. Das Gesetz beschränkt sich lediglich auf den Zugang zu Hochschulen mit Kopftüchern und umfasst keine anderen gesellschaftlichen Bereiche.

6 Der *türban* ist die islamistische Kopfbedeckung, die in einer bestimmten Art und Weise auf dem Kopf gebunden wird, *başörtüsü* hingegen ist das Kopftuch, das keine *islamistische,* aber eine *traditionelle* Art der Kopfbedeckung ist. Die *Kopftuchdebatte,* wie sie bislang übersetzt wurde, ist die *Türbandebatte.*

7 Die Interviews habe ich im Rahmen meiner Dissertation und meiner Feldforschung in den Jahren 2004-2008 durchgeführt. Ich habe 15 Frauen interviewt, die auf verschiedenen Ebenen Politik machen. Es ging mir bei den Interwiews hauptsächlich darum, die subjektiven Perspektiven und Erfahrungen dieser Frauen in der türkischen Politik zu diskutieren.

8 Am 31. Mai 2006 wurden die Reformen im Sozialversicherungsgesetz vom Parlament verabschiedet. Diese Reformen sind – wie auch die Kopftuchregelung – noch nicht in Kraft getreten, da das *Hohe Gericht* einige Paragraphen des neu verabschiedeten Gesetzes geändert hat. Dadurch muss das Reformpaket erneut dem Parlament zur Beschlussfassung vorgelegt werden.

Literatur

Altınay, Ayşe Gül (Hrsg.) (2000): Vatan, Millet, Kadınlar, İletişim Yayınları, S. 246-280

Amargi (2005): Özgürlüğü Ararken – Kadın Hareketinde Mücadele Deneyimleri, Amargi Kadın Bilimsel ve Kültürel Araştırmalar Yayıncılık ve Dayanışma Kooperatifi, İstanbul

Arat, Yeşim (1994): Toward a Democratic Society: The Women's Movement in Turkey in the 1980's, Women's Studies International Forum, 17(3), pp. 241-248

Bora, Aksu/Günal Asena (Hrsg.) (2002): 90'larda Türkiye'de Feminizm, İletişim Yayınları, İstanbul

Brown, Wendy (1995): States of Injury: Power and Freedom in Late Modernity, Princeton: Princeton University Press

Çakır, Serpil (1996): Osmanlı Kadın Hareketi, Istanbul: Metis Yayınları

Connell, Robert (1995): Masculinities, Cambridge: Polity Press

– (1992): The State, gender, and sexual politics, in; Theory and Society Nr.5, S. 507-544

Coşar, Simten (2008): Başörtüsü/Türban Meselesi: Bi(tirile)meyecek bir Resim mi?, in: Amargi- Feministische Theorie und Politik, S.S Amargi Kadın Bilimsel ve Kültürel Araştırmalar Yayıncılık ve Dayanışma Kooperatifi, Istanbul, 9-11

Demirović, Alex (1997): Demokratie und Herrschaft. Aspekte kritischer Gesellschaftstheorie, Münster: Westfälisches Dampfboot

– (1987): Nicos Poulantzas. Eine kritische Auseinandersetzung, Hamburg: Argument Verlag

–/Pühl, Katharina (1997): Identitätspolitik und die Transformation von Staatlichkeit: Geschlechterverhältnisse und Staat als komplexe materielle Relation, in: E. Kreisky und B. Sauer, (Hrsg.): Geschlechterverhältnisse im Kontext Politischer Transformation, Opladen, 220-240

Jessop, Bob (2001): Die geschlechtsspezifischen Selektivitäten des Staates, in: E. Kreisky, Eva/Lang, Sabine/Sauer Birgit (Hrsg.): EU. Geschlecht. Staat, WUV Universitätsverlag, 55-85

Kreisky, Eva (1995a): Der Staat ohne Geschlecht? Ansätze feministischer Staatskritik und feministischer Staatserklärung, in: E. Kreisky/B. Sauer (Hrsg.): Feministische Standpunkte in der Politikwissenschaft. Eine Einführung, Frankfurt/M./New York: Campus Verlag, 203-222

– (1995b): Der Stoff, aus dem die Staaten sind. Zur männerbündischen Fundierung politischer Ordnung. In: Becker-Schmidt/Axeli-Knapp (Hrsg.): Das Geschlechterverhältnis als Gegenstand der Sozialwissenschaften, Frankfurt/M./New York: Campus Verlag, 85-124

– (1992): Der Staat als Männerbund: Der Versuch einer feministischen Staatssicht, Staat aus feministischer Sicht (E. Biester, B. Geissel, S. Lang, B. Sauer, P. Schaefter, and B. Young, (Hrsg.): Dokumentation des Workshops der ad-hoc Gruppe/Politik und Geschlecht" in der Deutschen Vereinigung für Politische Wissenschaft (DVPW) Anlässlich des 18. Wissenschaftlichen Kongresses der DVPW, Oktober 1991

Pühl, Katharina (2001): Geschlechterverhältnisse und die Veränderung von Staatlichkeit in Europa – Ansätze eines theoretischen Perspektivenwechsels, in, E. Kreisky, S. Lang, B. Sauer (Hrsg.): EU. Geschlecht. Staat, WUV Universitätsverlag, 33-54

Phillips, Anne (1998): Feminism and Politics, Oxford University Press, New York

Sauer, Birgit (2001): Die Asche des Souveräns: Staat und Demokratie in der Geschlechterdebatte, Frankfurt/M.: Campus

– (2004): Geschlecht und Politik- Institutionelle Verhältnisse, Verhinderungen und Chancen, in: R.Gahn (Hrsg.): Alte und neue Ungleichheiten: Transformationen und Reproduktionen von Geschlechterverhältnissen in unterschiedlichen gesellschaftlichen Bereichen, Berlin: Wissenschaftlicher Verlag Berlin

Tekeli, Şirin (Hg.) (1995): Women in Modern Turkish Society, Zed Books Ltd, New Jersey
– (1990): Women in the Changing Political Associations of the 1980's, in: A. Finkel and N. Sirman, (Hrsg.): Turkish State, Turkish Society, London: Routledge: 259-288

Wasmuth, Ulrike (1997): Zum Zusammenhang zwischen Nationalismus, Krieg und Geschlecht, Staat und Privatheit, in: B. Kerchner/G. Welde (Hrsg.): Aktuelle Studien zu einem Schwierigen Verhältnis, Opladen: Leske/Budrich: 223-236

AutorInnen

Meltem Ahıska lehrt als Associate Professor am Fachbereich Soziologie an der Boğaziçi Universität in Istanbul. Sie hat mehrere Bücher und Aufsätze zu Okzidentalismus, politische Kultur und Subjektivität in der Türkei veröffentlicht: *Radyonun Sihirli Kapısı. Garbiyatçılık ve Politik Öznellik* (The Magical Door of Radio: Occidentalism and Political Subjectivity), Istanbul 2005; *Occidentalism in Turkey: Questions of Modernity and National Identity in Turkish Radio Broadcasting*, I.B. Tauris London 2008.

Anıl Al-Rebholz studierte Soziologie an der Boğaziçi Universität in Istanbul und ist derzeit Doktorantin im Internationalen Promotionsprogramm Gesellschaftswissenschaften (IPC) der J.W.Goethe-Universität in Frankfurt/Main. Ihre Arbeitsschwerpunkte umfassen Zivilgesellschaftstheorien, Wissensproduktionsprozesse und Frauenbewegungen in der Türkei. Zuletzt veröffentlichte: „Feminist Production of Knowledge and Redefinition of Politics in Turkey", in: Wissensschaf(f)t Geschlecht, (Hg. L. Behmenburg et al.), Ulrike Helmer Verlag Königstein 2007.

Emre Arslan ist Lehrbeauftragter für besondere Aufgaben an der Fakultät für Soziologie an der Universität Bielefeld. Er promovierte 2008 an derselben Fakultät zum Thema „Türkische Graue Wölfe in Deutschland". Seine Schwerpunkte sind Nationalismus, Transnationalisierung, Migration und Entwicklung.

Ilker Ataç ist Lehrbeauftragter und Projektmitarbeiter am Institut für Politikwissenschaft der Universität Wien. Er hat Politikwissenschaft und Volkswirtschaftslehre an der Universität Wien, Wirtschaftsuniversität Wien und am University College London studiert. Er schließt derzeit seine Promotion am Fachbereich Gesellschaftswissenschaften der J.W.Goethe-Universität in Frankfurt/Main ab. Zuletzt herausgegeben, das Schwerpunktheft der Zeitschrift Journal für Entwicklungspolitik zum Thema Periphere Staatlichkeit: Kritische Staatstheorie des globalen Südens. Forschungsschwerpunkte sind politische Ökonomie, Staatstheorie und Migration.

Pınar Bedirhanoğlu ist Assistent Professor an der Fakultät für Internationale Beziehungen der Middle East Technical University (METU) in Ankara. Sie promovierte am European Institute der Universität Sussex. Ihre Forschungsschwerpunkte liegen in internationaler politischer Ökonomie, Neoliberalismus und Staat, kapitalistische Transformation in Russland und Kritik des Transformationstheorie, sowie Neo-Gramscianische Theorien in Internationalen Beziehungen.

Tanıl Bora lehrt Politikwissenschaften und moderne türkische Geschichte in Ankara. Er arbeitet als Journalist und ist Redakteur der Zeitschrift *Birikim* und Mitherausgeber der Zeitschrift *Toplum ve Bilim*. Er ist Herausgeber der Bücherreiche *Modern Türkiye'de Siyasî Düşünce* in dessen Reihe bisher über 300 AutorInnenbeiträge erschienen sind. Seine Schwerpunkte sind Politische Ideologien in der Türkei, insbesondere rechte Ideologien und kritische Analyse des Nationalismus.

Bülent Küçük ist zurzeit Post-doctoral Fellow im Forschungsprojekt „Eurosphere" an der Sabancı Universität in Istanbul. Er studierte Soziologie und Sozialwissenschaften an der METU in Ankara und an der Humboldt Universität zu Berlin und promovierte am Institut für Sozialwissenschaften der HUB. Buchveröffentlichung: *Die Türkei und das andere Europa, Phantasmen der Identität im Beitrittsdiskurs*, Bielefeld: transcript, 2008.

Özlem Onaran ist Gastprofessorin an der Hochschule für Angewandte Wissenschaften in Berlin, sowie Lektorin und wissenschaftliche Mitarbeiterin an der Wirtschaftsuniversität Wien. Ihre Forschungsschwerpunkte umfassen Globalisierung, Verteilungs- und Investitionspolitik. Sie veröffentlichte zahlreiche Artikel in verschiedenen Zeitschriften wie *World Development, Cambridge Journal of Economics, Eastern European Economics, Labour*.

Esra Özyürek lehrt als Associate Professor in Anthropologie an der Universität California, San Diego. Momentan arbeitet sie an einer vergleichenden Studie über christliche Konvertierungen in der Türkei und islamische Konvertierungen in Deutschland. Buchveröffentlichungen: *Nostalgia for the Modern: State Secularism and Everyday Politics in Turkey*, Duke University 2006; *Politics of Public Memory in Turkey*, Syracuse University 2006.

Nükhet Sirman ist Anthropologin und arbeitet als Professorin am Fachbereich Soziologie der Boğaziçi Universität in Istanbul. Sie forscht über gesellschaftliche Geschlechterverhältnisse, Feminismus, Nationalismus und ist aktiv in Frauen-NGO's. Zuletzt veröffentliche sie eine Studie über die Frauenmorde in Diyarbakır sowie den Artikel „Constituting the Modern Family as the Social in the Transition from Empire to Nation- State", in: *Ways to Modernity in Greece and Turkey*, (Hg. A. Frangoudaki und Ç. Keyder), I. B. Tauris London 2007.

Bihter Somersan arbeitet als Lehrbeauftragte an der Fakultät für Kommunikationswissenschaften an der Yeditepe Universität in Istanbul. Sie studierte Politologie und promoviert zurzeit am Fachbereich Gesellschaftswissenschaften an der J.W.Goethe-Universität in Frankfurt/Main. Ihre Schwerpunkte sind feministische Staatstheorie, Politische Ideengeschichte und Demokratietheorien.

Ulaş Şener promoviert zurzeit an der Universität Potsdam über die Geld- und Währungspolitik der Türkischen Zentralbank im Zuge der EU-Integration und ist Stipendiat der Heinrich-Böll-Stiftung. Er studierte Politologie, Volkswirtschaft und Philosophie an der J.W.Goethe-Universität in Frankfurt/Main. Zuletzt veröffentlich: „Turkish Monetary Policy in the Post-Crises Era: A Further Case of New Consensus?",